임상 사례로 보는 심리 진단 및 치료

임상 사례로 보는
심리 진단 및 치료

2022년 3월 14일 초판 1쇄 펴냄
2023년 10월 25일 초판 3쇄 펴냄

지은이 신민섭·박은희·최승원·양재원·장은진·이영준·유성진
　　　　박선영·최윤경·원성두·김일중·박중규·진주희 지음

책임편집 정세민
편집 정용준
디자인 김진운
본문조판 민들레
마케팅 김현주

펴낸이 권현준
펴낸곳 ㈜사회평론아카데미
등록번호 2013-000247(2013년 8월 23일)
전화 02-326-1545
팩스 02-326-1626
주소 03993 서울특별시 마포구 월드컵북로6길 56
이메일 academy@sapyoung.com
홈페이지 www.sapyoung.com

ⓒ 신민섭·박은희·최승원·양재원·장은진·이영준·유성진
　　박선영·최윤경·원성두·김일중·박중규·진주희, 2022

ISBN 979-11-6707-037-1 93180

임상 사례로 보는
심리 진단 및 치료

신민섭 · 박은희 · 최승원 · 양재원 · 장은진 · 이영준 · 유성진
박선영 · 최윤경 · 원성두 · 김일중 · 박중규 · 진주희 지음

사회평론아카데미

서문

심리 진단과 치료는 임상 현장에서 일하는 심리학 전문가에게 필수적인 과업이다. 심리 진단은 단순히 DSM이나 ICD의 준거에 따라 정신의학적 진단을 부여하는 것 이상의 일이다. 심리 진단에는 내담자의 문제해결에 궁극적인 도움을 주기 위한 구체적인 정보가 포함되어야 하며, 이는 심리평가 보고서의 형식에 맞추어 기술되어야 한다. 즉, 심리평가 및 진단은 개별 내담자의 의뢰 사유를 비롯하여 가족력 및 개인력, 생활 환경 등의 광범위한 역사, 행동 관찰, 정신의학적 진단과 사례개념화, 치료적 권고 등으로 구성된다. 이 같은 핵심 내용은 심리학 전문가가 내담자와 협력적으로 작업하여 다양한 출처의 원자료와 전문지식과 기술을 통합함으로써 완성된다.

정신건강 분야에서 심리학 전문가가 과학자-임상가로서 교육과 훈련을 거쳐야 한다는 직무 모형은 1949년 미국심리학회(American Psychological Association)의 볼더 회의(Boulder conference)에서 수립되었다. 1890년 제임스 매킨 커텔(James McKeen Cattel)이 '정신검사(mental test)'라는 용어를 소개하고 1905년 알프레드 비네(Alfred Binet)가 최초의 지능 검사를 개발한 이후 50여년 동안 다양한 심리검사와 평가 도구가 개발·보급되면서, 심리평가 및 진단이라는 과업이 심리학 전문가의 주요 임무가 되었던 것이다. 인간행동의 기본 원리를 규명하고자 하는 심리학은 과학적 실증주의를 초석으로 삼았기에 심리치료 현장의 수요에 따라 다양한 심리평가 도구가 개발될 수 있었다. 특히 정신건강 분야에서는 임상심리학이 평가와 치료 개입에서 중추적 역할을 담당하였으며, 이러한 발전은 오늘날에도 계속되고 있다.

심리학 전문가가 되기 위해서는 대학에서 심리학 전 분야의 기본 지식을 습득하고, 심리통계, 심리측정 및 검사, 행동 평가, 연구방법론 등의 과목을 이수해야 한다. 이러한 지식은 다양한 인간행동을 정확하게 측정하고 평가하는 토대가 된다. 심리학의 기본 지식을 갖춘 뒤 정신건강 분야의 심리학 전문가가 되려면 대개 대학원 및 임상수련 과정을 거치는데, 이 책은 주로 대학원 수준 이상에서 중급 과정의 입문서이자 일종의 교과서 역할을 할 수 있을 것으로 기대한다.

이 책은 구체적인 정신병리 사례를 통해 심리평가 및 진단, 치료 개입의 전문성을 향상시키고자 하는 독자를 위하여 집필되었다. 교육적 목적을 위하여 일부 내용은 가감하였고, 특히 익명성이 철저하게 보장되도록 수정하였다. 또한 독자의 편의를 고려하여 일관된 구성으로 각 장의 내용을 기술하였다. 그러므로 임상 현장에 따라 이 책의 지침을 선별하여 적용할 수 있을 것이다.

돌이켜보면 그 무엇보다도 소중한 배움의 기회를 제공해준다는 점에서 내담자는 우리의 스승이라 할 수 있다. 임상 현장에서 심리학 전문가의 임무는 항상 변하고 있으며, 전문가로서 숙지해야 하는 지식과 도구, 방법들도 계속해서 발전하고 있다. 그러므로 이상적인 기준에서 보면 이 책의 곳곳에 부족한 점이 있겠으나, 이렇게나마 저자들의 경험을 공유함으로써 임상심리학 분야의 발전에 기여하겠다는 한결같은 소망이 있었음을 말해두고자 한다. 혹여 오류나 개선할 점이 있다면 주저 없이 알려주시기를 바라며, 이 책이 출간 의도대로 잘 활용되기를 고대한다.

2022년 2월
저자 일동

차례

12 품행장애 Conduct Disorder 433

13 알츠하이머병 Alzheimer's Disease 467

참고문헌
※ 참고문헌은 사회평론아카데미 홈페이지 자료실(bit.ly/임상사례진단)에서 내려받을 수 있습니다.

01

심리 진단

Psychological Diagnosis

1 임상 사례의 중요성

정신병리에 대한 이론적 지식은 학교에서 강의를 들으며 배울 수 있지만, 개개인이 가진 다양한 정신병리를 깊이 이해하고 진단하는 방법과 절차는 임상 현장에서 경험한 사례를 통해서만 가장 잘 익힐 수 있다. 사례에 대한 경험 없이는 한 개인의 고유한 생물학적, 환경적, 성격적 특성으로 인해 특정 정신병리가 윤색되고(embellished), 변형되고, 복잡해진 양상을 체계적·통합적으로 깊이 있게 이해하기 어렵기 때문이다. 다시 말해 책에는 다양한 정신병리의 전형적인 특성(prototype)이 기술되어 있으므로 이를 통해 각 정신병리를 구성하는 전형적인 증상들에 대한 지식을 얻을 수는 있지만, 개인이 가진 고유의 성향과 연령, 성별, 개인력(personal history) 등에 따라 변형된 증상들의 다양하고 복잡한 특성을 생생하게 보여주지는 못한다. 하지만 임상 사례를 통해서는 외견상 복잡해 보이는 개인의 핵심적인 정신병리의 참 모습을 그려볼 수 있고, 그들이 경험하는 심리적 고통에 다가갈 수 있으며, 따라서 최적의 치료적 방안을 제공할 수 있다.

환자들이 호소하는 증상들은 저마다 배경이 되는 개인적인 스토리(개인력)가 있다. 영화나 연극, 소설과 같은 예술 작품을 감상할 때도 작품의 배경이 되는 스토리와 핵심 주제, 작가가 의도한 메시지를 깊이 이해할 때 큰 감동과 삶에 대한 통찰을 얻을 수 있듯이, 임상 장면에서도 정확한 진단과 치료를 위해서는 환자의 개인적인 배경 정보와 증상의 기저에 있는 핵심적인 갈등 및 심리적 고통에 대한 이해가 필수적이다.

심리 진단을 위해서는 정신병리나 성격이론에 대한 정확한 지식을 갖추어야 한다. 이뿐만 아니라 환자나 가족, 혹은 중요한 정보원들(informants)과의 면담을 통해 주 호소 문제(chief complaints) 및 심각도, 증상의 경과 및 촉발요인, 심리사회적 스트레스(예: 가

족 구성원의 사망 혹은 이혼, 학대나 방임, 학업적·경제적·직업적 스트레스), 정신장애나 심리
장애의 가족력, 병전기능 및 현재의 기능 수준을 파악하고, 기타 신체적 질병이나 의학
적 검사 소견에 대한 자료를 수집해야 한다. 또한 정확한 진단과 감별 진단을 위해 필요
한 다양한 심리검사를 실시하고, 검사 수행 시 환자가 보인 인상이나 수검 태도, 그리고
검사 반응을 채점하여 얻은 객관적 수치 및 질적 자료 등 다양한 원천으로부터 많은 정보
를 수집해야 한다. 이러한 다양한 자료들을 취합하여 종합적으로 해석하고 환자의 취약
성(vulnerability)뿐만 아니라 회복탄력성(resilience)과 같은 심리적 자산과 보호요인(pro-
tective factor) 등도 함께 고려하여, 정신장애 진단과 더불어 최적의 치료방법을 제시하는
총체적이고 전문적인 활동이 심리 진단이라 할 수 있다. 그렇기에 심리 진단은 상당히
복잡하고 어려운 과정이지만, 임상 경험을 통해 핵심 정신병리를 탐지할 수 있는 혜안을
조금씩 발달시킨다면 진단을 내리는 과정이 점차 쉬워질 수 있다.

때로는 풍부한 임상 경험을 통해 습득하게 된 직관적 능력이 초기 진단적 인상(initial
diagnostic impression)을 형성하는 데 도움이 되기도 한다. 그러나 결코 직관에 따라 진
단적 결론을 내려서는 안 되며, 심리 진단을 할 때에는 반드시 그러한 진단적 인상을 타
당화해줄 객관적 근거를 세심하게 찾아보고 제시해야 한다. 즉, 과학자-임상가(scien-
tist-practitioner)로서 사례를 관찰하고, 다양한 원천에서 얻은 수많은 퍼즐조각 같은 자료
를 취합하여, 가이드라인에 따라 퍼즐을 전체적인 틀 안에서 맞추어보면서 가장 타당한
잠정적 진단을 구성해보고, 그러한 진단을 지지하는 정보와 그렇지 않은 정보들을 체계
적으로 관찰하고 논리적으로 추론함으로써 최종적인 진단에 도달할 수 있다. 이를 위해
서는 사례를 통한 반복적인 학습과 지도감독이 반드시 필요하다.

2 심리 진단

'심리 진단' 혹은 '정신장애 진단'이란 심리적·정신적 문제를 가진 환자/내담자들의 핵심적인 증상과 심각도, 원인 등을 정확하게 이해하고 파악하여 가장 적합한 치료를 제공하기 위해서 반드시 선행되어야 하는 과정이다. 이러한 심리 진단은 구조화된 혹은 비구조화된 면담, 행동 관찰, 다양한 종류의 전통적 심리검사 및 신경심리검사, 혹은 전산화된 검사 (경우에 따라서는 의학적 검사, 뇌영상 검사도 포함) 등을 실시하여 여러 정보원으로부터 정보를 수집하고, 각 정보들의 중요도를 고려해서 진단적으로 구조화하는 과정을 통해 이루어진다. 심리 진단은 임상 현장에서 일하는 임상심리전문가나 정신건강임상심리사들이 가장 많은 시간을 투자하는 고유의 중요한 업무이므로 이들의 수련 과정에서 가장 큰 비중을 차지한다.

1) 심리 진단 작업의 구성 요소

일반적으로 심리 진단 작업에서는 다음의 일곱 가지 중요한 질문들에 대해 체계적으로 탐색해야 한다.

① 환자/내담자가 어떤 유형의 정신적·심리적 문제를 가지고 있는가?
환자/내담자에게 어떠한 인지, 정서, 행동, 성격 및 대인관계 문제가 있는지, 그 문제가

학업적, 직업적, 사회적 기능 저하를 초래할 정도인지, 이로 인해 환자 개인이나 가족이 심한 고통을 경험하고 있는지 확인해야 한다.

② 환자가 보이는 증상의 임상적 양상이 DSM-5나 ICD-10/11 진단기준을 충족하는가?
심리 진단에서는 진단기준에 부합할 정도의 임상 증후군(syndrome)을 보이는지를 면밀히 살펴보아야 한다. DSM-5(American Psychiatric Association [APA], 2013/2015)가 제시한 정신질환의 정의에 따르면 "정신질환은 임상적으로 중요한 증후군이다. 즉, 사회적, 개인적, 직업적 기능의 장애와 고통을 유발하는 행동적이거나 심리적인 증상들의 집합체"이다. 예를 들어 지하철에서 어떤 사람과 부딪힌 후 바이러스에 감염된 것 같다는 반복적이고 지속적인 침투 사고와 세척(washing) 행동 및 심한 불안을 보이는 환자의 경우, 이러한 증상들이 DSM-5 강박장애 진단기준에 부합하는 정도의 임상 증후군에 해당하는지, 혹시 다른 진단에 부합하는 증상들(예: 범불안장애, 질병불안장애)도 있는지 확인해야 한다.

③ 심리검사 결과에서도 그러한 임상 진단을 확증해주는 근거를 제공하는가? 만일 지지해주지 않는다면 심리검사 결과는 어떤 장애를 시사하는가?
청소년들의 경우, 품행 문제를 주 호소로 심리학적 진단 평가가 의뢰되는 경우가 종종 있다. 학교 가기를 거부하거나 친구들과 몰려다니면서 담배를 피우고 술을 마시고 돈을 빼앗고 가출을 하는 등 품행장애가 의심되는 청소년을 예로 들 수 있다. 그러나 이러한 청소년에게 심리 진단 검사와 면담을 실시했을 때, 품행장애보다는 우울장애를 시사하는 결과를 보이는 경우가 드물지 않은 편이다. 그렇기에 우울한 아동·청소년들이 외현적으로 보이는 이러한 행동 문제를 '우울증과 등가(depressive equivalent) 증상', '가면 쓴, 또는 위장된 우울증(masked depression)'이라고 한다. 내면의 우울증이 외현적인 행동으로 가려졌다는 의미이다. 또 다른 예를 들어보면, 폭식과 구토행동을 반복적으로 보여 신경성 식욕부진증(폭식/제거형)이 의심되는 20세 여성의 심리검사 반응들에서 그러한 임상 진단을 지지해주는 결과와 더불어 B군 성격장애(경계성-연극성) 특성을 시사하는 소견을 보이는 경우도 종종 있다.

④ 고려해야 할 감별 진단은 무엇인가?

어떤 정신과적 증상들은 여러 다른 장애에서도 보일 수 있으며, 특정 장애의 전구증상 (prodromal symptom)으로 나타나기도 한다. 예를 들어 강박장애는 정신병의 전구증상과 감별할 필요가 있다. 강박행동은 정신병적이지 않은 이상행동의 일종이라 할 수 있다. 이때 강박행동을 유발하는 강박사고는 지배 관념(overvalued idea)의 형태로 나타날 수 있는데, 지배 관념이란 다른 사람들이 보기에는 별로 중요하지 않지만 그 사람의 가장 강력한 감정과 연결되어있기 때문에 지나치게 큰 가치나 의미를 부여하고 집착하여 거기서 벗어나지 못하는 사고를 말한다(이정균, 김용식, 1994). 만약 환자의 강박사고가 지배 관념의 수준을 넘어서 망상적인 수준을 보인다면, 그의 강박 증상이 조현병이나 정신병적 장애의 전구증상일 가능성을 염두에 두고 세심히 감별 진단해야 한다.

⑤ 증상을 유발하고 지속시키는 생물학적 요인, 정신내적 요인, 가족요인 그리고 사회문화적 요인은 무엇인가? 이를 생물심리사회적 모형에 입각하여 어떻게 사례개념화할 수 있는가?

생물심리사회적 모형(biopsychosocial model)은 심리학적 평가와 치료에 있어서 전통적인 접근방식이다. 이 모형에서는 개인이 현재 보이는 모든 종합적인 증상들에 영향을 미치는 요인들을 생물학적 요인(예: 유전, 신체 발달, 소아기 질환, 과거 신체적 손상이나 질환, 수술), 심리적 요인(예: 인지, 정서, 행동, 의사소통, 대인관계, 역경에 대처하는 방식), 사회적 요인(예: 가족, 문화적 집단 및 학교, 종교 단체, 직장 등 다양한 기관에서의 상호작용)으로 구체화하여 제시한다(Morrison, 2014/2015).

⑥ 예후는 어떠할 것인가?

개인이 가진 위험요인(예: 정신장애 가족력, 가정불화, 실직 등 유전적-환경적 요인)과 보호요인(예: 우수한 지능, 사회적 지지체계) 등이 정신장애의 예후에 어떻게 영향을 줄 것인지 논할 수 있다.

⑦ 어떤 치료적 개입이 필요한가?

우선적으로 취해야 할 치료적 개입(예: 입원, 외래 통원치료)은 무엇인지, 어떤 유형의 치료(예: 약물치료, 정신역동치료, 인지행동치료, 가족치료)가 효과적일지 제안해야 한다.

심리 진단 작업에서는 상술한 질문들에 대해 탐색하고, 이를 정리한 결과를 심리 진단 보고서에 가능한 한 명확하게 기술해야 한다.

---

2) 로드맵과 최종 진단

심리 진단 시 최종 진단으로 나아가는 각 단계를 안내해주는 로드맵이 있다면 환자를 정확히 진단하고 치료적 조언을 하는 데 도움이 될 것이다. 심리 진단 과정에서 환자의 임상 증상 및 여러 정보원들과의 면담에서 수집한 많은 정보들, 다양한 심리검사에서 얻은 정보들이 바로 이러한 로드맵을 구성해줄 수 있다.

정신과적 진단을 위한 로드맵의 간략한 개관은 아래와 같다. 여기서는 Morrison(2014/2015)에서 제시한 '진단을 위한 로드맵(roadmap for diagnosis)'을 약간 보완 및 수정하여 심리 진단을 위한 로드맵을 구성하였다.

① 가능한 한 완벽한 데이터베이스를 모아라

환자를 가능한 한 완벽하게 기술할 수 있는 자료를 수집해야 한다. 여기에는 현 병력, 이전의 정신과적 과거력 및 개인력(아동·청소년의 경우에는 반드시 발달력을 포함해야 한다), 사회경제적 배경 및 가족력, 의학적 병력, 정신상태검사(mental status examination) 결과가 포함된다. 대체로 면담 자료의 대부분은 환자와 가족 구성원 등 여러 정보제공자로부터 얻는다.

② 증후군을 파악하라

증후군은 함께 발생하는 증상들의 집합으로, 확인 가능한 질병을 나타내준다. 예를 들어 우울감, 흥미나 즐거움의 상실, 무가치감, 주의집중 곤란, 수면 문제, 식욕 저하 등은 주요우울장애의 증상들이다. 그러나 이러한 증상을 1~2개 보인다고 주요우울장애라고 진단하지는 않으며, 다른 정신장애를 가진 환자들도 위와 같은 증상들을 호소할 수 있다.

증후군, 즉 'syndrome'의 그리스어 어원은 '함께 움직이거나 발생하는 것들'을 의미한다. 이는 증후군이 증상(symptom)과 징후(sign)의 단순한 집합체 이상임을 뜻한다. 요컨대 증후군이란 '모두 함께 식별할 수 있는 패턴으로 발생하여 특정 장애의 존재를 의미하는 증상, 징후, 그리고 사건'이라고 이해할 수 있다. 따라서 증후군에는 발병 연령, 발병 속도, 촉발요인, 이전 삽화의 과거력, 현재 삽화의 지속 기간, 직업적·사회적 기능이 손상된 정도와 같은 다양한 특징들이 포함된다(Morrison, 2014/2015). 그러므로 DSM-5의 주요우울장애는 몇몇 증상이 아닌 하나의 증후군을 의미한다.

③ 초기에 모든 가능한 대안적 진단들을 생각하라

환자에게 있을 수 있다고 생각되는, 즉 감별 진단해야 할 정신장애들을 심리 진단 과정을 시작하는 시점부터 빠짐없이 구성해야 한다. 어떤 장애의 가능성도 간과하지 않으려면, 심리 진단 작업 초기에 마치 넓은 그물망을 치듯이 환자에게 가능한 모든 진단을 파악하여 체계적으로 샅샅이 검토해야 한다.

예를 들면 관계사고(idea of reference)와 환청(auditory hallucination)을 호소하며 내원한 환자를 진단하는 경우 정신병적 장애를 우선적으로 떠올릴 수 있다. 그러나 정신병리에 대한 지식이나 임상 경험을 통해 이러한 증상을 보일 수 있는 다른 장애들 역시 모두 고려해보아야 한다(예: 조현병 및 기타 정신병적 장애, 양극성장애, 정신병적 양상이 동반된 주요우울장애, 조현형 성격장애 등).

④ 감별 진단에 필요한 심리검사들을 실시하고, 검사에서 얻은 정보들을 빠짐없이 수집하라

환자에게 있을 수 있다고 생각되는 장애들을 감별 진단하기 위해 필요한 심리검사들을 실시한다. 검사 수행 시 환자가 보인 태도나 인상, 검사 반응을 채점하여 얻은 객관적 수치들과 질적 자료 등 모든 정보를 가능한 한 빠짐없이 수집해야 한다.

예를 들어 청소년 ADHD와 제II형 양극성장애의 감별 진단이 필요한 경우에는 WAIS, MMPI, HTP 검사, 로르샤흐 검사, SCT 등으로 구성된 정신과적 진단 평가 배터리뿐만 아니라, 전산화된 주의력 검사인 연속수행 검사(CPT), 전두엽-관리기능 검사 배터리, 자기보고식 ADHD 평가 척도, 자기보고식 우울 척도(예: K-BDI-II), 조증 척도(예: K-YMRS, DSM-5 자기보고식 조증 척도, DSM-5 부모용 조증 평가 척도) 들을 실시해야 한다.

⑤ 의사결정 나무를 이용하여 가장 가능성이 큰 잠정적 진단을 선택하라

다양한 원천으로부터 수많은 퍼즐조각 같은 자료들을 얻었다면, 이에 입각하여 잠정적 진단(provisional diagnosis)을 선택해야 한다. 가장 가능성이 큰 잠정적 진단을 택하기 위해서는 '의사결정 나무(decision tree)'를 이용할 수 있다. 의사결정 나무는 여러 자료를 일련의 단계로 도표화하여 하향 화살표로 나타낸 것으로, '예/아니요'로 한 단계씩 체계적으로 대답해 내려가는 분석 방법이다.

이때의 진단은 DSM-5(APA, 2013/2015)나 ICD-10(World Health Organization [WHO], 1992)/ICD-11(WHO, 2018)에 포함된 구체적인 진단기준에 기반을 두어야 한다. 또한 임상가는 자신의 잠정적인 진단적 인상을 지지하는 자료뿐만 아니라 지지하지 않는 자료들역시 주의 깊게 고려해야 한다. 특히, 현재 환자가 보이는 증상과 부합하지 않는 정서 혹은 특정한 정신장애의 일반적인 경과에 부합하지 않는 증상 양상과 같이 서로 모순되는 정보에 주의해야 한다.

⑥ 주 진단과 동반이환될 수 있는 다른 진단의 가능성을 파악하라

예를 들어 주 진단이 사회불안장애라면, 사회적 상황을 회피하는 환자의 행동이 회피성 성격장애 진단도 동반이환(co-morbid)하는 정도인지 파악해보아야 한다.

⑦ 사례개념화를 하고 심리 진단 보고서를 작성하라

심리 진단 보고서는 의뢰 사유와 실시한 검사 종류에 따라 다소 달라질 수 있으나, 일반적으로 정신과적 진단 평가 보고서에는 환자의 인적 사항(예: 이름, 성별, 연령, 학력, 직업, 결혼 상태), 실시된 심리검사와 실시일, 의뢰 사유, 전반적인 외모(general appearance) 및 검사 시 보인 행동 관찰, 심리검사 결과 평가치와 이에 대한 영역별 해석(예: 지적 능력, 신경인지기능, 사고 및 지각, 정서, 성격 및 대인관계, 방어기제 및 정신역동, 예후), 그리고 임상심리전문가나 정신건강임상심리사의 소견과 결론을 요약해서 내린 진단적 인상 및 치료적 제언이 포함된다.

3) 진단을 보류해야 하는 경우

임상 장면에서 매주 진행되는 사례회의 혹은 증례토의에 참석해보면 DSM-5나 ICD-10/11 진단분류체계에서 제시하는 진단범주에 명확하게 들어맞아서 큰 고민 없이 진단을 내리게 되는 사례는 많지 않다. 물론 진단을 내리기 어렵거나 복잡한 사례를 주로 발표하기 때문이기도 하지만, 정신과 전공의나 전문의, 정신건강 임상심리사, 간호사, 사회복지사 등 관련 전문가들이 한 사례에 대해 각자 수집한 자료에 입각한 소견을 발표하고 심도 있게 토론을 한 후에도 최종 진단을 내리기를 보류하고 좀 더 관찰해보자고 하는 경우가 종종 있다. 수십 년간의 풍부한 임상 경험이 있는 전문가들도 간혹 진단적 결론을 내리는 것을 보류하기도 한다.

심리적·정신적 문제를 가진 개인을 정확하게 이해하고 안전하게 진단을 내리고자 한다면, 확신이 서지 않을 때는 정신장애 진단을 결정적으로(conclusively) 내리지 않는 것이 바람직하다. 추가 면담 및 행동 관찰, 필요하면 추가적인 검사를 실시하여 가능한 한 정확하고 안전하게 최종 진단을 내리는 데 필요한 핵심적인 퍼즐조각(핵심 정보)을 찾아야 한다.

물론 정신장애 진단을 내리는 것은 여러 가지 장점이 있다. 진단명을 통해 치료진 간 의사소통뿐만 아니라 치료자와 환자, 치료자와 보호자 간 의사소통이 효율적으로 이루어져 환자를 보다 신속하고 적절하게 치료할 수 있다. 또한 특정 장애로 진단을 내리면 가장 우선적이고 적합한 치료적 개입을 결정하거나 관련 분야 정신건강 전문가들과 치료적 협업을 하는 데 도움이 된다(신민섭 등, 2019).

그러나 정확하지 않은 진단을 내리는 것은 부적절한 치료적 개입을 선택하게 되거나 사회적 낙인을 갖게 하는 등 환자에게 더 해로운 결과를 초래할 가능성이 있다. 따라서 진단을 내릴 때는 반드시 이 진단을 통해 환자가 어떠한 도움을 받을 수 있는지 진지하게 생각하고, 신중하고 정확하게 정신과적 진단을 적용해야 한다.

4) 심리 진단 평가 도구들

다음 장부터는 다양한 정신병리 사례를 통해 심리 진단이 이루어지는 실제적 예를 구체적으로 제시할 것이다. 심리 진단에서 주로 사용되는 평가 기법들은 정신/심리장애에 따라 약간 달라질 수 있으나, 대표적으로 사용되는 기법들은 다음과 같다.

(1) 면담: 환자 및 부모 면담, 가족 면담

환자가 자신의 문제에 대한 심리적 통찰이 부족하거나 인지적, 정서적 혼란감이 심할 때는 자기 자신의 문제를 인식하고 표현하는 데 어려움이 있다. 또한 방어적인 태도로 면담에 협조적으로 임하지 않을 수도 않다. 이러한 경우에는 부모나 형제, 배우자 등 가족 구성원, 그 외에 친구, 교사, 직장 동료, 이전 치료자 등 중요한 타인들과의 면담에서 필요한 정보를 얻을 수 있다.

면담(interview)은 비구조화된 면담과 구조화된 면담으로 구분된다. 임상 진단을 위해 국내에서 사용되는 대표적인 구조화된 면담은 다음과 같다.

명칭	참고문헌	한국판
정동장애와 조현병 스케줄 (Schedule for Affective Disorder and Schizophrenia: SADS)	Endicott & Spitzer, 1978	이호영, 송동호, 1987
학령기 아동용 정동장애와 조현병 스케줄-현재 및 일생형 (Kiddie Schedule for Affective Disorders and Schizophrenia-Present and Lifetime Version: K-SADS-PL)	Kaufman et al., 1997	Kim et al., 2003
진단 면담 스케줄 (Diagnostic Interview Schedule: DIS)	Robins et al., 1981	서국희 등, 2001
아동용 진단 면담 스케줄 (Diagnostic Interview Schedule for Children: DISC-IV)	Schaffer et al., 2000	조수철 등, 2007
DSM-5의 구조화된 임상적 면담 (Structured Clinical Interview for DSM-IV, DSM-5: SCID, SCID-5)	First et al., 2016	한오수, 홍진표, 2000

(2) 심리검사

심리검사(psychological tests)는 진단 과정에서 의심이 되는 특정 문제들을 보다 정확하게 파악하고 이해하기 위해 사용된다. 대체로 심리 진단 의뢰 사유에 따라 다양한 검사들을 조합하여 구성된 심리검사 배터리를 실시한다. 자주 사용되는 심리검사는 다음과 같다.

	명칭	참고문헌
개별 지능 검사	한국판 웩슬러 성인용 지능 검사 4판(K-WAIS-IV)	황순택 등, 2012
	한국판 웩슬러 아동용 지능 검사 4판, 5판(K-WISC-IV, K-WISC-V)	곽금주 등, 2011; 곽금주, 장승민, 2019
객관적 성격 검사	다면적 인성 검사-2(Minnesota Multiphasic Personality Inventory-2: MMPI-2)	한경희 등, 2005
	성격 평가 질문지(Personality Assessment Inventory: PAI)	김영환 등, 2001
	기질 및 성격 검사(Temperament and Character Inventory: TCI)	민병배 등, 2007
투사적 검사	로르샤흐 검사(Rorschach Test)	Rorschach, 1921, 1942; Exner, 2003
	집-나무-사람(HTP) 검사	Buck, 1948; Hammer, 1969
	운동성 가족화 검사(Kinetic Family Drawing: KFD)	Burns & Kaufman, 1970
	문장 완성 검사(Sentence Completion Test: SCT)	Payne, 1928
	주제 통각 검사(Thematic Apperception Test: TAT)	Murray, 1943; Stein, 1955
신경심리 학적 검사	전산화된 주의력 검사	홍강의 등, 2010; 유한익 등, 2009; Conners, 2000, 2014
	한국판 웩슬러 기억 검사 4판(K-WMS-IV)	최진영 등, 2012
	Rey-Kim 기억 검사-II	김홍근, 1999
	위스콘신 카드분류 검사(Wisconsin Card Sorting Test: WCST)-Computer Version 4	Heaton & PAR, 2003
	선로 잇기 검사(Trail Making Test: TMT), 아동 색-선로 검사 (Children's Color Trail Test: CCTT)	Reitan, 1958, 1992; 신민섭, 구훈정, 2007
	스트룹 검사(Stroop Test), 스트룹 아동 색상-단어 검사	Hammes, 1978; Golden, 1978; 김홍근, 1999; 신민섭, 박민주, 2007
	단어유창성 검사, 도안유창성 검사, 복합도형 검사(CFT), 레이-언어기억 검사(AVLT)를 포함하는 Kims 전두엽-관리기능 신경심리검사-II(Kims Frontal-Executive Function Test-II: K-FENT-II)	김홍근, 2014

(3) 평가 척도

한국판이 제작되어 임상 장면에서 자주 사용되는 평가 척도(rating scales)에는 자기보고식 척도, 부모·교사용 평가 척도, 그리고 임상가용 평가 척도가 있다. 일부 척도들을 소개하면 다음과 같으며, 이 외에도 다양한 평가 척도들이 국내에서 사용되고 있다.

	명칭	참고문헌	한국판
자기보고식 평가 척도	벡 우울 척도-Ⅱ (Beck Depression Inventory-Ⅱ: BDI-Ⅱ)	Beck et al., 1996	김지혜 등, 2019
	벡 불안 척도 (Beck Anxiety Inventory: BAI)	Beck et al., 1988	육성필, 김중술, 1997
	역학연구센터 우울 척도 (Center for Epidemiologic Studies Depression Scale: CES-D)	Radloff, 1977	전겸구 등, 2001
	스필버그의 상태-특성 불안 척도 (Spielberger's State-Trait Anxiety Inventory: STAI)	Spielberger et al., 1983	김정택, 신동균, 1978
	모슬리 강박 척도 (Maudsley Obsessive Compulsive Inventory: MOCI)	Hodgson & Rachman, 1977	민병배, 원호택, 1999
부모·교사용 평가 척도	아동·청소년 행동 평가 척도-부모용 (Child Behavior Checklist: CBCL 6-18)	Achenbach & Rescorla, 2001	오경자, 김영아 2010
	아동·청소년 행동 평가 척도-교사용 (Teacher's Report Form: TRF 6-18)	Achenbach & Rescorla, 2001	오경자, 김영아 2010
	ADHD 평가 척도 (ADHD Rating Scale: ARS)	DuPual et al., 1998	김영신 등, 2003
임상가용 평가 척도	해밀턴 우울 평가 척도 (Hamilton Rating Scale for Depression: HAM-D or HDRS)	Hamilton, 1960	이중서 등, 2005
	해밀턴 불안 척도 (Hamilton Anxiety Rating Scale: HAM-A)	Hamilton, 1959	김창윤, 2001
	예일-브라운 강박 척도 (Yale-Brown Obsessive Compulsive Scale: Y-BOCS)	Goodman et al., 1989	Seol et al., 2013
	Young 조증 평가 척도 (Young Mania Rating Scale: YMRS)	Young et al., 1978	정희연 등, 2003
	사회성숙도 검사 (Social Maturity Scale: SMS)	Doll, 1991	김승국, 김옥기, 1995
	아동 자폐 평정 척도 (Childhood Autism Rating Scale: CARS)	Schopler et al., 2010	이소연 등, 2019

3 사례를 통한 심리 진단 예시

이 절에서는 간단한 사례를 제시한 후, Morrison(2014/2015)의 '진단을 위한 로드맵'을 인용하여 심리 진단에 이르는 과정을 기술하고자 한다. 2장부터 정신장애별로 사례를 제시한 후 심리검사 결과와 이에 대한 영역별 해석 및 사례개념화, 정신병리에 대한 이론적 설명과 치료에 대해 구체적으로 소개하고 있으므로, 여기에서는 일반적인 심리 진단 과정을 개략적으로 설명하였다.

1) 임상 사례

- 정보제공자: 본인, 환부, 환모
- 연령 및 성별: 30세 여성
- 학력: 대졸
- 직업: 무직
- 동거 가족: 부모, 오빠, 여동생

K씨는 대학교에 입학할 때까지는 별 문제가 없었다. 그러나 대학교 3학년 때인 약 8년 전부터 친구들이 자신에 대해 험담을 하는 느낌이 들기 시작해서 학교 수업을 자주 빠지기 시작하였다. 처음에 이 사실을 어머니에게 이야기하니 어머니는 아닐 거라고 안심시

켜주었지만, 그러한 느낌이 지속되자 친구들을 피하고 등교도 거부하게 되면서 중상위권이었던 성적이 크게 떨어졌다. 당시 K씨를 매우 아껴주었던 외조모가 돌아가셨는데, 이후에 우울감과 과민한 기분(irritability) 등으로 정신건강의학과 개인병원에 내원하였으나 치료는 받지 않았다.

대학 졸업 후에는 대부분의 시간을 집에서 보냈다. 간혹 카페나 편의점 아르바이트를 하기도 했으나, 손님들이 자신의 이야기를 하는 것 같은 느낌과 누군가가 자신을 스토킹하는 것 같다는 관계사고가 발생하여 여러 차례 일하는 곳을 바꾸다 결국 모두 그만두었다. 약 3년 전부터는 이유 없이 부모에게 욕을 하는 등 폭력적인 모습을 보이기 시작했고, 거실 장식장에 컵을 집어 던져서 깨진 유리 조각으로 자해한 적이 있으며, 식사도 잘 하지 않아서 체중이 7kg 정도 감소했다. 발병 전에는 친구들과 잘 어울리면서 남을 배려하고 여동생이나 어머니의 일도 잘 도와주었기 때문에, 이와 같은 K씨의 폭력적인 행동에 가족들이 크게 놀랐다. 또한 부모에게 성형수술을 하게 해달라고 하여 쌍꺼풀수술, 치아교정술을 받았다.

특히 2년 전에는 모든 사람들이 자신을 싫어하고 해칠 것 같다는 피해망상(persecutory delusion)과 우울감을 호소하였고, 자신의 몸이 누군가에 의해 조종되는 듯한 느낌이 들었으며, '죽으라'는 소리가 들리는 등 명령 환청(command hallucination)도 있었다. 또한 "맞은편 집 남자가 내 흉을 보고 쳐다본다."라고 말하면서 밖에서 보이지 않게 창문에 종이를 붙이고 낮에도 어둡게 커튼을 친 채로 방 안에서만 지내기도 하였다. 이에 개인병원을 방문하였고 병원에서 처방받은 약을 복용하면서 약 1년간은 잘 지냈다. 그러다 6개월 전부터 K씨는 뜬금없이 공무원고시를 준비하겠다며 학원에 등록했다. 밤을 새며 시험공부를 한다면서도 전혀 주의집중하지 못한 채 2주 정도를 들떠 지냈다.

그러다 갑자기 말도 안 하고 먹지도 않으며 침대에만 누워 있었고, 허공을 보며 혼잣말을 하는 등 환청이 의심되는 모습과 함께 누군가 자신을 쫓아온다는 피해사고를 보였다. 그 당시 K씨는 새벽 3시에 일어나서 음악을 크게 틀어놓고 러닝머신에서 달리거나 밖으로 뛰쳐나가기도 했는데, 어머니가 걱정되어 따라 나가보니 혼잣말하며 소리 지르는 모습을 보였다. 그러나 K씨 스스로 환청이나 망상을 직접 표현하지는 않았다. 오히려 K씨 자신은 정상이고 부모가 정신병자이며 자신을 이렇게 만든 건 부모라고 말하면서 화를 내고 적대적인 행동을 보였으며, 약 복용도 자의로 중단했다. 이후 연기같이 희미한 형상의 여자가 보이는 환시를 호소하였고, 상기 증상이 더 심해졌으며, 인지기능 저하도 동반되어 기억력 저하를 호소하였고 책을 읽어도 이해하지 못했다. 우울감, 불안감, 초조감 등으로 인해 자살시도 위험("아파트 옥상에서 뛰어내리고 싶은 충동")까지 심해지면서 K씨는 부모와 함께 정신건강의학과에 내원하여 본인의 동의하에 입원하였다. 진료의가 내린 초기 진단적 소견은 조현병과 제I형 양극성장애의 감별 진단이었으며, 이를 위해 심리 진단 검사가 의뢰되었다.

2) 진단을 위한 로드맵

진료의가 의뢰한 사유에 따라, 우선 심리 진단 검사를 통한 감별 진단의 핵심 포인트는 사고장애와 기분장애의 유형 및 심각도일 것이다. K씨가 보이는 증상에서 핵심적인 장애는 무엇인가? 조현병 수준의 사고장애인가, 아니면 기분장애 증상이 더 핵심적이며 정신병적 증상은 조현병에 부합할 정도로 심하지는 않고 양극성장애에 수반된 것인가? 이러한 질문들에 대한 대답을 얻기 위해서는 인지기능 검사 등 객관적 검사와 투사적 검사가 포함된 정신과적 진단 평가에서 드러난 사고장애 지표, 정서조절장애를 시사하는 결과 및 징후를 살펴봐야 한다.

우선 외견상 보이는 K씨의 임상 증상이 DSM-5에서의 조현병과 제I형 양극성장애 진단기준에 부합하는지를 살펴보자. K씨의 사례에 정신병적 증상의 지속 기간이 명확히 기술되어있지 않으나 대체로 DSM-5 조현병 진단기준(APA, 2013/2015)을 충족하는 것처럼 보인다.

DSM-5 조현병(Schizophrenia) 진단기준

A. 다음 증상 중 둘(혹은 그 이상)이 1개월의 기간(성공적으로 치료가 되면 그 이하) 동안의 상당 부분의 시간에 존재하고, 이들 중 최소한 하나는 (1) 내지 (2) 혹은 (3)이어야 한다.
   1. 망상

2. 환각
3. 와해된 언어(예, 빈번한 탈선 혹은 지리멸렬)
4. 극도로 와해된 또는 긴장성 행동
5. 음성증상(예, 감퇴된 감정 표현 혹은 무의욕증)
B. 장애의 발병 이래 상당 부분의 시간 동안 일, 대인관계 혹은 자기관리 같은 주요 영역의 한 가지 이상에서 기능 수준이 발병 전 성취된 수준 이하로 현저하게 저하된다(혹은 아동기 또는 청소년기에 발병하는 경우, 기대 수준의 대인관계적·학문적·직업적 기능을 성취하지 못함).
C. 장애의 지속적 징후가 최소 6개월 동안 계속된다. 이러한 6개월의 기간은 진단기준 A에 해당하는 증상(예, 활성기 증상)이 있는 최소 1개월(성공적으로 치료되면 그 이하)을 포함해야 하고, 전구증상이나 잔류 증상의 기간을 포함할 수 있다. 이러한 전구기나 잔류기 동안 장애의 징후는 단지음성 증상으로 나타나거나, 진단기준 A에 열거된 증상의 2가지 이상이 약화된 형태(예, 이상한 믿음, 흔치 않은 지각 경험)로 나타날 수 있다.
D. 조현정동장애와 정신병적 양상을 동반한 우울 또는 양극성 장애는 배제된다. 왜냐하면 ① 주요우울 또는 조증 삽화가 활성기 증상과 동시에 일어나지 않기 때문이거나, ② 기분 삽화가 활성기 증상 동안 일어난다고 해도 병의 활성기 및 잔류기 전체 지속 기간의 일부에만 존재하기 때문이다.
E. 장애가 물질(예, 남용약물, 치료약물)의 생리적 효과나 다른 의학적 상태로 인한 것이 아니다.
F. 자폐스펙트럼장애나 아동기 발병 의사소통장애의 병력이 있는 경우, 조현병의 추가 진단은 조현병의 다른 필요 증상에 더하여 뚜렷한 망상이나 환각이 최소 1개월(성공적으로 치료되면 그 이하)동안 있을 때에만 내려진다.

K씨가 보고한 '모든 사람들이 자신을 싫어하고 해칠 것 같다는 생각과 자신의 몸이 누군가에 의해 조종되는 듯한 느낌'은 조현병의 핵심 증상인 피해망상과 피조종망상(delusion of being controlled)에 해당할 수 있다. 그러나 망상은 "사실과 다른 잘못된 신념(false belief)으로서, 환자의 교육 수준이나 환경과 부합하지 않고 현실과 동떨어진 생각이며, 이성이나 논리적인 방법으로 교정되지 않는 특성을 가진다."(이정균, 김용식, 1994) 따라서 '~할 것 같다, ~한 듯한 느낌'이라는 K씨의 표현은 명백한 반박 증거나 다른 의견에도 불구하고 굳게 믿는 잘못된 망상적 신념이라기보다는 망상적 사고나 느낌(delusion-like idea)일 수 있으므로, 추가 면담을 통해 이를 좀 더 탐색해보아야 할 것이다. '친구들이 자신을 험담하고 다른 사람들이 자신의 이야기를 하는 것 같은 느낌'과 '누군가가 자신을 스토킹하는 것 같다'는 관계사고도 조현병, 양극성장애, 우울장애, 망상장애 등에서 모두 나타날 수 있다. 명령 환청도 조현병의 핵심 증상 중 하나이지만, '죽으라'는 내용의 환청은 정신병적 양상이 동반된 양극성장애나 주요우울장애에서도 보일 수 있는 증

상이므로 추가적인 탐색과 정보가 필요해 보인다. 또한 Morrison(2014/2016)의 지침에 따르면 정신병적 증상 발병 전에 사회적, 직업적으로 기능이 좋았을 경우 진단의 초점을 조현병에 두기보다는 정신병적 우울증이나 기타 정신병적 장애를 고려해야 한다. 발병 전 K씨는 중상위권 학교 성적과 원만한 교우관계를 유지하며 남을 배려하고 가족의 일도 잘 도와주었다고 한다. 그러므로 조현병보다는 정신병적 우울증이나 양극성장애의 가능성을 고려해보아야 할 것이다.

최근에 보인 삽화는 외견상 조증, 우울 증상의 혼재성 양상(mixed features)을 동반하고 있으며, DSM-5 제I형 양극성장애 진단기준(APA, 2013/2015)을 충족하는 것처럼 보인다. K씨는 8년 전 피해사고가 수반된 우울 증상을 처음 보인 이후로, 조증이 의심되는 삽화 2회(3년 전, 6개월 전), 우울 삽화 3회(8년 전, 2년 전, 입원 직전)를 보인 것으로 생각해볼 수 있다.

DSM-5 제I형 양극성장애(Bipolar I Disorder) 진단기준

제I형 양극성장애를 진단하기 위해서는 조증 삽화에 대한 다음의 진단기준을 만족시켜야 한다. 조증 삽화는 경조증이나 주요우울 삽화에 선행하거나 뒤따를 수 있다.

조증 삽화

A. 비정상적으로 들뜨거나, 의기양양하거나, 과민한 기분, 그리고 목표 지향적 활동과 에너지의 증가가 적어도 일주일간(만약 입원이 필요한 정도라면 기간과 상관없이) 거의 매일, 하루 중 대부분 지속되는 분명한 기간이 있다.

B. 기분장애 및 증가된 에너지와 활동을 보이는 기간 중 다음 증상 가운데 3가지(또는 그 이상)를 보이며(기분이 단지 과민하기만 하다면 4가지) 평소 모습에 비해 변화가 뚜렷하고 심각한 정도로 나타난다.

  1. 자존감의 증가 또는 과대감

  2. 수면 욕구의 감소(예, 단 3시간의 수면으로도 충분하다고 느낌)

  3. 평소보다 말이 많아지거나 끊기 어려울 정도로 계속 말을 함

  4. 사고의 비약 또는 사고가 질주하듯 빠른 속도로 꼬리를 무는 듯한 주관적인 경험

  5. 주관적으로 보고하거나 객관적으로 관찰되는 주의산만(예, 중요하지 않거나 관계없는 외적 자극에 너무 쉽게 주의가 분산됨)

  6. 목표 지향적 활동의 증가(직장이나 학교에서의 사회적 활동 또는 성적 활동) 또는 정신운동 초조(예, 목적이나 목표 없이 부산하게 움직임)

  7. 고통스러운 결과를 초래할 가능성이 높은 활동에의 지나친 몰두(예, 과도한 쇼핑 등 과소비, 무분별한 성행위, 어리석은 사업 투자 등)

C. 기분장애가 사회적·직업적 기능의 현저한 손상을 초래할 정도로 충분히 심각하거나 자해나 타

해를 예방하기 위해 입원이 필요, 또는 정신병적 양상이 동반된다.

D. 삽화가 물질(예, 남용약물, 치료약물, 기타 치료)의 생리적 효과나 다른 의학적 상태로 인한 것이 아니다.

주의점: 진단기준 A부터 D까지는 조증 삽화를 구성한다. 일생 동안 적어도 1회는 조증 삽화가 있어야 제형 양극성장애로 진단될 수 있다.

주요우울 삽화

A. 다음의 증상 가운데 5가지(또는 그 이상)의 증상이 2주 연속으로 지속되며 이전의 기능 상태와 비교할 때 변화를 보이는 경우, 증상 가운데 적어도 하나는 (1) 우울 기분이거나 (2) 흥미나 즐거움의 상실이어야 한다.

  1. 하루 중 대부분, 그리고 거의 매일 지속되는 우울 기분이 주관적인 보고(예, 슬픔, 공허감 또는 절망감)나 객관적인 관찰(예, 울 것 같은 표정)에서 드러남(**주의점**: 아동·청소년의 경우 과민한 기분으로 나타나기도 함)

  2. 거의 매일, 하루 중 대부분, 거의 또는 모든 일상 활동에 대해 흥미나 즐거움이 뚜렷하게 저하됨

  3. 체중 조절을 하고 있지 않은 상태에서 의미 있는 체중의 감소(예, 1개월 동안 5% 이상의 체중 변화)나 체중의 증가, 거의 매일 나타나는 식욕의 감소나 증가가 있음

  4. 거의 매일 나타나는 불면이나 과다수면

  5. 거의 매일 나타나는 정신운동 초조나 지연(객관적으로 관찰 가능함, 단지 주관적인 좌불안석 또는 처지는 느낌뿐만이 아님)

  6. 거의 매일 나타나는 피로나 활력의 상실

  7. 거의 매일 무가치감 또는 과도하거나 부적절한 죄책감(망상적일 수도 있는)을 느낌(단순히 병이 있다는 데 대한 자책이나 죄책감이 아님)

  8. 거의 매일 나타나는 사고력이나 집중력의 감소 또는 우유부단함(주관적으로 호소하거나 객관적으로 관찰 가능함)

  9. 반복적인 죽음에 대한 생각(단지 죽음에 대한 두려움이 아닌), 구체적인 계획 없이 반복되는 자살 사고, 또는 자살 시도나 자살 수행에 대한 구체적인 계획

B. 증상이 사회적, 직업적, 또는 다른 중요한 기능 영역에서 임상적으로 현저한 고통이나 손상을 초래한다.

C. 삽화가 물질의 생리적 효과나 다른 의학적 상태로 인한 것이 아니다.

주의점: 진단기준 A부터 C까지는 주요우울 삽화를 구성한다. 주요우울 삽화는 제형 양극성장애에서 흔히 나타나지만 제형 양극성장애를 진단하는 필수 조건은 아니다.

제I형 양극성장애

A. 적어도 1회의 조증 삽화를 만족한다("조증 삽화" 하단의 진단기준 A부터 D까지).

B. 조증 및 주요우울 삽화는 조현정동장애, 조현병, 조현양상장애, 망상장애, 달리 명시된, 또는 명시되지 않은 조현병 스펙트럼 및 기타 정신병적 장애로 더 잘 설명되지 않는다.

부호화와 기록 절차

제형 양극성장애에 대한 진단 부호는 현재 또는 가장 최근의 삽화를 근거로 하며 그 삽화와 관련된 증상의 심각도, 정신병적 양상의 유무, 그리고 관해 여부를 바탕으로 한다. 현재 증상의 심각도와 정신병적 양상은 조증 또는 주요우울 삽화의 진단기준을 완전히 충족할 경우에만 적용된다.

사례에서 K씨는 조증과 우울 삽화를 보이기는 했으나, 양극성장애에서 전형적으로 나타나는 과대망상(grandiose delusion)과 증가된 자존감(hightened self-esteem), 다행감(euphoria), 사고 질주(racing thoughts), 사고의 비약(flight of idea), 압출 언어(pressured speech) 등은 두드러지지 않았다. 그러나 조증에서 가장 흔한 증상은 과민한 기분이며(71%), 적대감이 흔히 나타나고, 다음으로 유쾌한 기분(63%), 대범한 기분(60%), 불안정한 기분(49%), 우울한 기분(46%)이 나타난다. 우울한 기간에는 '머리가 멍청해졌다', '집중이 안 된다', '기억력이 심하게 나빠졌다'고 호소하는데(대한신경정신의학회, 2017), 이는 K씨의 사례와 일치한다.

한 가지 추가로 고려해보아야 할 감별 진단은 조현정동장애(Schizoaffective Disorder)이다. 조현정동장애와 정신병적 양상이 동반된 제I형 양극성장애를 감별 진단할 때 중요한 진단기준은 "평생의 유병 기간 동안 주요 기분(주요우울 또는 조증) 삽화 없이 존재하는 2주 이상의 망상이나 환각"(APA, 2013/2015) 여부이다. K씨의 사례에서는 피해망상이나 관계사고, 환청, 환시 등을 보일 때 주요우울 삽화나 조증 삽화도 동반했던 것으로 보이므로 조현정동장애의 가능성은 낮아 보이나, 추가 면담을 통해 이에 대한 보다 자세한 정보를 수집하는 것도 필요해 보인다. 이 장의 목적은 심리 진단 과정에 대한 전반적인 개관 및 로드맵을 제공하는 것이므로 조현정동장애의 감별 진단에 대한 자세한 설명은 생략하고자 한다. '3장 양극성장애'와 '10장 조현병'의 사례에서 더 자세히 배울 수 있을 것이다.

3) 심리평가 결과와 진단에의 적용

이 절에서는 조현병과 제I형 양극성장애를 감별 진단하기 위해 실시한 제반 심리검사 결과에서 이러한 진단을 지지하는 증거들을 보이고 있는지 확인해보고자 한다. 다음 장부터 사례별 심리검사 결과의 원자료를 제시하고 결과 해석을 통해 심리 진단하는 과정을 자세히 설명하므로 여기에서는 간략하게만 살펴본다.

(1) 사고 및 인지 영역

로르샤흐 검사는 비구조화된 특성 때문에 사고의 조직화와 현실검증력을 평가하는 데 유용한 검사이다. 일반적으로 조현병이 양극성장애보다 더 높은 사고장애와 지각적 왜곡을 시사하는 반응을 보이는 반면, 망상적이긴 하지만 조증 삽화를 보이는 환자의 사고나 관념은 조현병에서보다 상대적으로 더 양호한 형태를 보여주며 덜 지리멸렬하다고 알려져 있다(Kleiger, 2017/2020).

K씨의 사례에서 로르샤흐 검사의 지각-사고 지표(perceptual-thinking index: PTI)(Exner & Erdberg, 2005)와 조현병 사고장애 지표(thought disorder index: TDI)(Johnston & Holtzman, 1979)는 조현병 진단 지표보다 낮아서 유의미하지 않았고, 평범 반응(popular response)은 4개였다(I, V, VII, VIII번 카드). 이는 현재 관습적인 수준의 지각과 판단력이 어느 정도 유지되고 있으며 지각적 왜곡이 심한 수준은 아님을 보여준다(P=4, X-%=7%). 특히 I번 카드의 첫 반응(sign-in 반응)으로 평범 반응을 보인 것(I번 카드: "박쥐")은 세상에 대한 지각과 접근방식이 크게 일탈되어 있거나 동떨어져 있지 않으며 비교적 단순한 자극이거나 자신의 갈등 영역과 관련되지 않은 상황에서는 사회적 통념에 보편적인 방식으로 반응할 수 있음을 시사하는 것으로, 치료적 예후를 예측하는 데 있어 희망적인 반응이라 할 수 있다. 그러나 VI번 카드의 "참외를 반으로 가른 것, 희끗희끗 씨가 있어서"라는 음영 반응은 K씨가 대인관계 상황에서 상당히 예민하고 편집증적(paranoid) 경향이 있음을 시사하는 징후이므로, 피해사고나 관계사고를 보일 가능성이 있을 것으로 해석된다. 양호한 언어적 이해력과 개념형성 능력에 일치하게(K-WAIS-IV 언어이해지수=117) 사고의 생산성은 적절하였지만(총 반응수 R=24) 잘 통합된 반응과 좋은 인간 표상 반응(good human response: GHR)은 매우 적고 주로 단편적이었으므로, 친숙하지 않거나 스트레스를 유발하는 상황에 유연하고 효율적으로 대응하는 데 범퍼와 같은 역할을 해줄 만한 심리사회적 대처자원은 부족할 것으로 여겨진다.

K씨는 '기억력이 저하되고 책을 읽어도 이해가 안 된다'며 인지기능 저하를 호소했으나 K-WAIS-IV 결과 인지기능은 비교적 잘 유지되고 있는 수준이었다. 즉, 전체지능지수(FSIQ)는 99로 [평균] 수준에 해당하였지만, 네 가지 지수 점수들 간의 차이가 크며 소검사 프로파일을 고려할 때 병전지능은 [평균 상]에서 [우수] 수준은 되어 보인다. 구체

적으로 살펴보면, 언어이해지수(VCI)는 117로 [평균 상] 수준이었다. 어휘 및 공통성 소검사의 경우 평가치 13~15점으로 기본적인 언어적 이해 및 표현력과 추상적 개념형성 능력이 우수한 편이었고, 이해 소검사 평가치는 13점으로 사회적 규범에 대한 습득과 판단력도 양호한 수준이었다. 상식 소검사도 11점으로 학습 및 교육 경험에 의해 습득된 상식도 비교적 적절히 유지되고 있었다.

지각추론지수(PRI)는 96으로 [평균] 수준에 해당하지만, 언어이해지수에 비해 유의미하게 낮은 수준이다(VCI-PRI>11, p<.05). 이는 K씨가 학습 경험과 관련이 없거나 정답이 즉각적으로 떠오르지 않거나 친숙하지 않은 과제 상황에서의 문제해결 능력은 상대적으로 부진함을 시사한다. 빠진곳찾기 소검사는 평가치 14점으로 지각추론 소검사들 중에서 가장 높았다. 이는 핵심적인 요소를 변별하는 지각적 예민성이 우수함을 가리키므로 인지적 강점이라 할 수 있지만, 다른 한편으로는 K씨가 외부 환경적 자극에 예민하고 과잉경계적인 특성이 있음을 시사하기에 오히려 피해사고 형성에 기여할 가능성이 있다.

작업기억지수(WMI)도 102로 [평균] 수준에 해당하나 역시 언어이해지수에 비해 유의미하게 낮은 수준이었다(VCI-WMI>10.95, p<.05). 산수 소검사는 평가치 13점으로 단기간의 집중력과 암산 능력은 양호하나, 숫자 소검사는 평가치 7점으로 청각적 주의력 및 작업기억력이 매우 불안정하게 발휘되고 있음을 알 수 있다.

처리속도지수(PSI)는 82로 [평균 하] 수준이며 언어이해지수, 작업기억지수에 비해 유의미하게 낮은 수준이므로(VCI-PSI>12.85, WMI-PSI>13.62, p<.05), 전반적으로 인지능력을 발휘하는 데 효율성이 저하되어 있으며, 주관적으로 주의력과 기억력의 저하를 호소할 수 있어 보인다.

기억력과 전두엽−관리기능 검사 수행도 비교적 양호한 수준이었으나, 청각적 기억력, 주의력, 반응억제력을 평가하는 검사에서만 다소 부진한 수행을 보였다. 언어 기억력 검사에서 즉시회상과 지연회상 점수는 [경계선] 수준, 지연재인 점수는 [보통 하] 수준으로 다소 부진한 반면, 시각 기억력 검사 결과는 전체학습량이 [보통], 지연회상이 [우수] 수준으로 시각적 정보의 학습 및 인출은 적절하게 유지되고 있었다. 선로 잇기 검사(TMT)에서도 A형의 수행이 [우수], B형도 [최우수] 수준으로 비교적 단순하고 기계적인 과제에서는 시각적 추적 속도가 빠르며, 분할 주의력과 인지적 융통성도 양호하게 발휘되었다. 위스콘신 카드분류 검사(WCST) 결과, 모든 범주를 완성하여 외부 피드백이나 경험을 통해 원리나 원칙을 파악하고 문제해결 방법을 추론하는 능력도 적절한 수준이었다. 그러나 스트룹 검사 결과, 단순 및 중간 시행이 [평균 하]~[평균 상] 수준으로 반응속도가 다소 불균형적으로 기복이 있었고, 간섭시행도 [평균 하] 수준으로 반응억제 능력은 다소 저조한 편이었다. 전산화된 주의력 검사(CPT)에서 누락 오류와 오경보 오류는 정상 범위에 해당하였으나, 반응속도만 [평균 하] 수준으로 지속적인 주의력을 요하는 상황에서 다소 느린 정보처리속도를 보였다. 이는 K-WAIS-IV 처리속도지수가 [평균 하] 수준이었던 것과도 일치하는 소견으로, 우울감 등 정서적인 요인에서 기인했을 가능성이 크다.

(2) 정서 및 성격, 대인관계 영역

정서적 부담이 증가하는 로르샤흐 후반부 3장의 색채 카드에서 처음에는 평범 반응을 하였지만(VIII번 카드: "곰"), 그다음 카드부터는 모호하게 주지화하거나 인지적 통제력이 약화된 정서 반응을 보였다(IX번 카드: "수채화", "무슨 흔적, 징그럽다", X번 카드: "토마토 터트리기 축제, 빨가니까"). 이는 스트레스가 지속되거나 강한 정서가 부과된 상황(affect-laden situation)에서 K씨가 정서 및 충동조절에 상당한 어려움을 경험할 수 있음을 시사한다. 특히 "까만 망토를 뒤집어 쓴 천사. 악마같이 보이는데 너무 까매서… 반대로 천사인 거 아닌가."(IV번 카드), "검은색 명도로 조절되었지만, 색깔이 있다면 굉장히 화려한 무당벌레"(VI번 카드)와 같이 선-악(good-bad)에 대한 비논리적인 이분법적 사고 및 무채색을 유채색으로 대치하는 색채 투사(color projection) 반응을 보였고, 우화적인 반응도 보였다(III번 카드: "오리 두 마리가 놀이기구 타는 것"). 이러한 반응들은 우울감이나 분노와 같은 불쾌하고 불편한 정서를 다루는 데 어려움이 있어서 이를 회피하고 유쾌한 정서로 대치하려는 원초적인 부인으로 볼 수 있으며, 양가적인 감정 경험(하나의 대상에서 천사-악마-천사, 양극단 간의 유동성을 보임)과 기분 변동을 보일 수 있음을 나타내주는 지표라 할 수 있다.

또한 순수인간(H) 반응이 하나밖에 없고 대인관계에서 친밀감(intimacy)과 관련된 VI번 카드에서 검은색과 회색 음영으로 이루어진 포근한 느낌의 털과 같은 재질 반응을 보지 못하고(평범 반응인 '동물 가죽'을 보지 못함), "등껍질이 딱딱한 무당벌레"라고 반응하며 "색깔이 있다면 굉장히 화려한"이라고 표현한 것은 K씨가 따뜻하고 친밀한 관계 형성을 어려워하여 내면의 관심 받고 싶은 욕구를 부정하고 방어적으로 거리를 두고 있음을 시사한다고 해석할 수 있다. '부모에게 성형수술을 해달라고 요구하여 쌍꺼풀 수술, 치아 교정술을 받은 것'도 적응적인 방식으로 자연스럽게 표현되고 충족되지 못한 채 내면에 억압되어있는 '관심 받고, 사랑받고 싶은 욕구'와 관련된 것으로 보인다.

자기보고식 검사인 MMPI-2에서도 주변 상황이나 타인에 대한 상당한 예민성, 피해의식과 함께 소외감, 기태적 경험(bizarre experience)과 같은 정신병적 증상을 보고하였는데(임상 척도 8-6의 상승), 재구성 임상 척도를 살펴보면 오히려 정서적으로 상당히 우울하고 의존적이며 무기력하면서 이를 부인하는 경향이 더 두드러지는 양상이었다(RC2 낮은 긍정 정서=75T, RC1 신체 증상 호소=69T). '손님들이 자신의 이야기를 하는 것 같은 느낌', '누군가가 자신을 스토킹하는 것 같다', '맞은편 집 남자가 자신의 흉을 보고 쳐다본다', '모든 사람들이 자신을 싫어하고 해칠 것 같다'에서 보이는 환자의 피해망상적 사고나 관계사고의 기저에는 우울감과 의존 욕구, 주목받고 싶은 욕구의 좌절이 시사되며, 이를 부인하고 외부 대상에 투사한 것으로 해석해볼 수 있다.

다만 환자의 심리사회적 발달(psychosocial development) 및 이성관계, 부모-자녀관계에 대한 정보가 부족하므로, 이에 대한 추가 면담을 통해 피해망상 및 관계사고 등 증상 형성에 관련된 정신내적(intrapsychic) 혹은 무의식적 갈등에 대한 보다 깊은 이해가 필요해 보인다.

가족력상으로 아버지가 잠시 우울증으로 치료 받았으나 현재는 증상이 거의 없다고 하며, 개인력에서 중·고등학교 학창시절에는 학교 성적도 상위권이었고, 활발한 성격으로 친구들과 잘 어울리면서 합창, 힙합댄스, 볼링 등 다양한 활동을 했다고 한다. 현재 후천적으로 습득된 결정지능을 나타내주는 K-WAIS-IV 언어이해 소검사 점수가 모두 [평균 상]~[우수] 수준 범위이고 산수 소검사도 [평균 상] 수준으로 유지되는 것은, 구조화된 검사 상황에서는 인지기능 발휘가 적절하며 병전기능이 양호했음을 지지해주는 결과이다. 그러나 대학교 3학년 때 3살 경부터 함께 살면서 K씨를 매우 아끼며 돌봐주던 외조모의 사망 이후 '기분이 가라앉는 느낌'이 들었다고 보고하였는바, 애착 대상을 상실한 경험이 우울 삽화 발생의 촉발요인이 되었을 것으로 생각된다. 2주 정도 들떠 지내더니, 갑자기 말을 안 하고 먹지도 않고 침대에만 누워있고 허공을 보고 혼잣말을 하는 등 환청이 의심되는 모습과 함께 '누가 나를 쫓아온다'는 피해사고를 보인 점도 조현병에서 보이는 함구증(mutism), 긴장증(catatonic symptom)과 일면 유사해 보이나(대한신경정신의학회, 2017), 때로 조증 삽화 시에도 이러한 긴장증이 동반될 수 있다(APA, 2013/2015). 양극성장애의 경우, 여성은 남성보다 혼재성 삽화와 급성 순환형의 비율이 더 높고, 첫 삽화는 우울 삽화인 경우가 더 많은 것으로 알려져 있으며, 발병 연령이 주로 20대라는 보고(대한신경정신의학회, 2017)도 이 사례와 일치하는 양상이다.

(3) 진단 및 치료적 제안

K씨가 보인 증상들과 행동, 면담에서 얻은 개인력, 가족력 및 심리검사 결과 등 모든 자료를 취합해볼 때 위의 사례는 조현병보다는 '피해사고와 정신병적 양상이 동반된 제I형 양극성장애(Bipolar I Disorder with psychotic episodes and paranoid ideation)'에 더 부합하는 것으로 생각된다.

치료적 제안으로는 정신병적 증상과 우울, 불안 증상 및 자살 충동 완화를 위해 우선 약물치료가 요망된다. 아울러 현재 K씨의 인지적 능력이 [평균] 수준 이상으로 유지되고 있으므로, 퇴원 후 사회적·직업적 적응을 위해 현실적으로 달성할 수 있는 목표를 구체적으로 세워 스스로 일상생활을 효율적으로 관리하고 직업을 가질 수 있도록 지속적으로 도울 필요가 있다. 또한 치료진과 신뢰하고 공감하는 관계를 형성한 경험을 기반으로 점차 가족, 친구들과 신뢰롭고 편안한 사회적 교류를 경험함으로써 내면의 의존 및 애정 욕구를 현실적인 방식으로 충족시키고, 자존감과 행복감을 느끼며, 향후 사회 구성원으로서의 역할을 잘 영위할 수 있도록 해야 한다. 이를 위해 비약물치료 접근으로 정신역동치료(psychodynamic psychotherapy)와 인지행동치료(cognitive behavioral therapy)를 병합해서 제공하는 것이 필요해 보인다.

 심리 진단 검사 보고서 요약

1 **진단적 인상(diagnostic impression)**
   피해사고와 정신병적 양상이 동반된 제I형 양극성장애(Bipolar I Disorder with psychotic episodes and paranoid ideation)

2 **치료적 제언(recommendation)**
   약물치료, 정신역동치료, 인지행동치료

4 맺는말

"열 길 물속은 알아도 한 길 사람 속은 모른다."라는 속담처럼 타인의 마음을 정확히 이해하기란 참 어려운 일이다. 특히 임상 장면에서 처음 만난 환자/내담자의 심리적 어려움과 내적 갈등을 제한된 시간 내에 정확히 이해하고 진단을 내린다는 것은 전문가들에게도 쉽지 않은, 많은 경험과 통찰력이 요구되는 복잡한 작업이다. 그러나 정신병리와 성격이론 및 심리검사에 대한 정확한 지식을 바탕으로 환자/내담자에게서 가능한 한 빠짐없이 철저하게 얻은 자료에 입각한 로드맵을 신중하고 사려 깊게 체계적으로 따라가다 보면, 진단적 오류를 피하면서 환자/내담자가 가진 정신적·심리적 문제에 대한 정확한 이해와 진단에 이를 수 있을 것이다. 나아가 이러한 심리 진단 작업을 통해 최적의 치료를 제공할 수 있을 것이다.

임상 장면에서 심리 진단이 의뢰된 환자들의 심리적 고통을 공감적으로 이해하려는 따뜻한 마음(warm-hearted), 비록 사소해 보이더라도 어느 정보 하나 간과하거나 놓치지 않는 심안(mind's eye), 그리고 논리적이고 냉철한 사고(hard-headed)를 지닌 과학자-임상가로서 심리 진단으로 가는 여정을 반복하다 보면, 다양한 정신/심리장애의 증상 형성 기전 및 정신내적 갈등과 관련된 마음의 작용의 신비를 밝힐 수 있을 것이다.

02

주요우울장애

Major Depressive Disorder

1 임상 사례

1) 주 호소 문제와 현 병력

L씨는 현재 대학에 재학 중인 20대 초반 남성이다. 3년 전 L씨는 대학에 입학했지만 학과 수업에 흥미를 느끼지 못했고 수업을 빠지는 일이 잦았다. 평소 내성적이고 수줍음이 많으며 사람들과 쉽게 친해지지 못하는 성격이어서 조별 모임과 발표가 많은 과목을 힘들어했고, 대학 동기들과도 수업 외에 다른 모임이나 활동을 갖는 일은 거의 없는 편이었다.

L씨는 학비도 만만치 않은데 학교도 제대로 안 다니고 성적도 나빠 부모님께 죄송한 마음이 많았다. 학업과 취업 걱정으로 압박감과 부담감이 커지면서 우울감이 점차 심해졌고, 이전에 즐겨 하던 산책과 게임에 대한 흥미도 줄었을 뿐 아니라 삶 자체에 대한 회의감을 경험했다. 또 피로감과 활력 저하, 무기력감, 식욕 저하, 잡다한 부정적 상념들로 인해 집중력 저하와 수면 곤란이 지속되었고, 자살사고도 반복되었다. 과제를 제때 제출하지 못했고 결석도 잦았으며 교우생활도 별로 없이 주로 혼자서 지내게 되어 결국 휴학을 결정하였다. L씨는 휴학 후 여행이나 아르바이트 등 평소 하고 싶었던 활동을 하며 기분을 바꿔보고자 했으나, 막상 계획대로 실천하지 못하고 집에서만 무기력하게 지내게 되면서 우울감과 자살사고가 더욱 심해졌다.

내원 하루 전 학업 문제로 부모와 크게 다툰 후 새벽에 넥타이로 목을 매는 자살시도를 했다가 부모에게 발견되어 응급실을 거쳐 정신건강의학과 안정 병동에 입원하였다.

2) 가족력 및 개인력

아버지는 자수성가한 50대 자영업자로 일 중독에 성격이 급하고 참을성이 부족하며 욱하는 성미가 있다. 평소 화를 잘 내지는 않지만 한번 화가 나면 무섭게 혼을 내고 가끔씩 체벌도 했다. 어머니는 50대 주부이며 자녀의 성취로부터 자존감을 느껴서, 자녀가 다른 아이들보다 뒤처지는 것에 예민하고 걱정이 많아 어릴 때부터 다양한 사교육을 시켰으며 통제와 간섭이 심한 편이다. 부모 모두 우울 및 기분장애를 비롯한 기타 정신과적 병력에 대한 보고는 없었다.

L씨는 2남 중 둘째이며 계획된 임신하에 정상 분만되었고 정상 발달하였다. 초등학교 시절부터 늘 상위권 성적을 유지하던 형과 학업 성적으로 비교를 많이 당했다. 형과는 대화가 별로 없고 사이가 좋지 않은 편이었는데, 형에게 무언가를 물어보면 잘난 체하며 L씨를 무시하거나 바보 취급하기 일쑤였다고 한다.

L씨가 중학교 1~2학년 때에는 성적이 잘 나와 부모의 기대가 커졌다. 3학년이 되자 여러 개의 학원 수업과 개인과외를 병행하면서 L씨는 매우 심한 학업 스트레스를 느꼈다. 당시 우울한 기분, 일상에서 즐거움이나 흥미 상실, 식욕 저하, 수면 곤란, 집중력 저하, 자살사고 등의 주요우울 삽화를 충족시키는 증상들을 경험했다(과거 첫 번째 주요우울 삽화). 더 이상 학원 및 개인과외를 지속할 수 없어 모두 중단하게 되면서 상기 증상들이 점차 호전되었다.

L씨는 고등학교에 입학한 후 학업에 대한 부담감이 증가하면서 스트레스가 다시 심해졌다. 2학년 1학기 초에 버스에서 내리다 발을 헛디뎌 다리에 골절을 입고 외과적 시술을 받은 후 수개월간 재활치료를 받으며 학업에 신경을 쓰지 못했다. 2학년 2학기부터 다시 공부를 열심히 해보려 했지만 생각만큼 성적이 오르지 않아 힘들었다. 3학년이 되자 대학 입시에 대한 부담감과 압박감이 더욱 심해져 우울한 기분이 지속되었다. 일상 활동에 대한 흥미나 의욕이 전반적으로 줄어들었으며 식욕도 저하되고 무가치감이 계속 들면서 학교를 갈 때를 제외하고는 침대에서 누워만 지냈다. 공부를 할 때면 집중하는 것이 어려웠고 이럴 바에는 차라리 죽는 것이 더 낫다고 생각하는 등 막연한 자살사고가 있었다(과거 두 번째 주요우울 삽화).

입시 결과 L씨는 평소보다 수능 성적이 매우 저조하게 나와 원하던 대학과 전공으로 지원할 수 없었고, 부모가 재수를 반대하여 하는 수 없이 수능 성적에 맞추어 대학과 전공을 선택해 진학했다. 학창시절 전반에 걸쳐 왕따나 따돌림 등의 또래관계 문제는 없었지만, 2~3명 정도의 소수의 친구들과만 어울렸고 그마저도 자신의 속마음을 솔직히 털어놓을 친구는 없어 외로움과 고립감을 자주 느꼈다.

3) 행동 관찰

L씨는 큰 키에 마른 체격을 지닌 20대 초반 남성으로 캐주얼한 복장에 전반적인 위생 상태는 양호하였다. 내원했을 때 얼굴 표정이 어둡고 활력이 없어 보였다. 또한 자발적인 발화량이 적었고 목소리의 톤이 낮고 힘이 없었으며 말끝을 자주 흐렸다.

평가 과정 동안 평가자를 똑바로 쳐다보지 못하고 시선을 자주 회피하는 모습이 관찰되었다. 그리기 과제들에서 전반적으로 필압이 다소 약하고 연필로 덧칠을 하거나 지우개로 자주 수정하였다. 지능 검사 수행 중에는 집중을 잘 하지 못해 지시문을 다시 불러달라고 요구하는 경우가 여러 번 있었다. 투사 검사에서 반응 잠재기가 긴 편이었고 머리를 감싸 쥐며 오래 고민하거나 한숨을 쉬며 피로감을 자주 호소하였다. 면담 시에는 자신의 증상과 과거력에 대해 큰 표정 변화 없이 덤덤한 어조로 이야기하였다.

2 심리평가

1) 평가 계획

근거기반 심리평가는 특정한 평가 목적을 염두에 두는 임상적 의사결정 과정으로, 평가할 구성개념, 도구, 평가의 전개 방식을 연구와 이론을 통해 도출된 최선의 근거를 활용하여 결정한다. 근거기반 심리평가는 기존의 전통적인 심리검사들의 심리측정적 속성이나 임상적 유용성에 대한 경험적 지지가 부족하다는 비판으로 출현하였으며, 다음의 세 가지를 핵심적인 특징으로 한다. 첫째, 정신병리와 정상 발달에 대한 연구 결과 및 과학적 이론이 평가될 구성 개념과 평가 과정을 선택하는 데 지침이 된다. 둘째, 평가 목적을 달성하기 위해 심리측정적으로 건전한 도구들을 사용한다. 셋째, 평가 과정 전체가 경험적으로 평가된다.

임상 장면에서 평가 의뢰 질문에 적절히 답하고 임상적 유용성을 확보하면서 비용 대비 효과를 극대화하기 위해서는 모든 환자들에게 기존에 전통적으로 실시하던 획일화된 형태의 종합 검사를 관례적으로 실시하기보다는, 평가의 목적과 환자의 개인적·임상적 특성에 따라 근거기반 심리평가 방식을 절충적이고 통합적으로 함께 사용할 필요가 있다. 또한 모든 임상적 의사결정에 있어 개인의 검사 자료 이외에 개인력과 과거력을 포함하는 면담 정보, 행동 관찰 및 그 외의 다수의 정보 원천으로부터의 자료들을 이론적 틀 안에서 통합하는 과정이 필수적이다.

Joiner 등(2005)은 우울장애의 근거기반 심리평가의 가이드라인으로 다음의 내용들을 제안하였다.

① 주요우울증의 증상들에 대한 충분한 포괄
② 특히 중요한 평가 항목인 우울한 기분, 무쾌감증(anhedonia), 자살 문제 포함
③ 증상의 변화(short-term change) 탐지
④ 자살과 관련해서는 '단순한 자살 욕구나 생각'과 '구체적이고 확고한 자살 계획이나 준비'를 구분하여 파악
⑤ 비전형적(atypical) 하위 유형과 가능할 경우 멜랑콜리아(melancholic) 하위 유형에 대한 평가
⑥ 경과와 만성성의 요인
⑦ 동반이환과 양극성에 대한 평가
⑧ 적절한 심리측정적 성질을 가진 평가 도구들의 사용

이와 같은 목적을 달성하기 위해 구조화된 임상적 면접 도구를 사용하되, 증상 심각도에 있어서는 타당화가 잘 되어있는 자기보고식 척도들을 보충적으로 사용하는 방식을 권고하고 있다. 이 장에서는 L씨의 사례에 대해 전통적인 종합 심리평가와 근거기반 심리평가 방식을 절충하고 통합하는 과정을 가상적으로 제시하고자 하며, 일부 검사들은 이해를 돕기 위해 추가적으로 포함하였음을 밝힌다. 따라서 여기에서 제시하는 모든 검사들을 대다수의 주요우울장애 환자들에게 한꺼번에 실시하는 것은 적합하지도 않고 불필요할 수 있다는 사실을 염두에 두면서 필요와 상황에 따라 최적의 검사 항목들을 임상가가 선택할 수 있어야 할 것이다.

2) 진단적 면접

우선 주요우울장애 진단을 위해서는 DSM의 구조화된 임상적 면담(Structured Clinical Interview for the DSM: SCID)(First et al., 2015, 2016/2017)이나 간이 국제 신경정신의학

적 면담(Mini International Neuropsychiatric Interview: MINI)(Sheehan et al., 1998; Yoo et al., 2006) 등의 구조화된 진단적 면접 도구를 사용하는 것이 권장된다. SCID는 DSM의 진단기준에 따라 정신장애를 신뢰롭게 진단해내기 위한 반구조화된 면접 도구이다. 가장 최신 버전인 SCID-5(2013)의 국내 버전은 2017년에 출시되었고 DSM-5의 진단기준을 따른다. MINI는 DSM-IV와 ICD-10의 주요 제1축 정신과 질환을 진단하기 위해 개발된 짧은 형태의 구조화된 진단적 면접 도구로, 다기관 임상 연구나 역학 조사 등에서 사용되고 있다. SCID의 경우 시간과 노력이 많이 들지만 장애에 대한 상세한 기술, 비전형적 양상, 경과, 만성 정도 등의 정보를 포함한다는 점에서 장점이 더 많은 것으로 알려져 있다(Joiner et al., 2005). 대신 MINI는 실시 시간이 상대적으로 짧고 좀 더 구조화된 형식을 갖추고 있어 임상가뿐만 아니라 훈련받은 비임상가도 실시할 수 있다는 장점(Lecrubier et al., 1997; Pinninti et al., 2003)이 있다.

L씨는 SCID-5의 현재 주요우울 삽화 진단기준의 9개 증상 중 7개 증상(A1, 2, 3, 4, 6, 8, 9)에 해당하여 주요우울 삽화 진단기준(9개 증상 중 5개)을 충족하였다. 이러한 우울 증상들은 L씨의 사회적, 직업적, 또는 다른 중요한 기능 영역에서 임상적으로 현저한 고통이나 장애를 초래한다고 보고되었다(A11). 우울 삽화는 물질 또는 다른 의학적 상태의 생리적 효과에 의한 것이 아닌 일차적인 것이었다(A12). 초발 연령(A13)은 만 13세로 중학교 3학년 때였고 현재 삽화를 포함하여 주요우울 삽화의 전체 횟수는 3회로 보고되었다.

과거 주요우울 삽화의 경우, 만일 과거 삽화가 1회보다 많다면 과거 주요우울 삽화에 대해 질문하기 위해 '가장 심한' 것을 선택한다(즉, 과거의 주요우울 삽화 중 가장 심했던 2주에 초점을 맞춘다). 그러나 만일 지난해에 삽화가 있었다면 그 삽화가 가장 심한 것이 아니었더라도 그 삽화에 대해 질문한다. L씨의 경우 과거 주요우울 삽화가 가장 심했던 시점이 고등학교 3학년 때로 보고되었고 9개 증상 중 6개를 충족하였다. 만일 L씨의 주요우울장애가 멜랑콜리아 유형이라고 의심된다면, SCID에서는 멜랑콜리아 유형을 확인할 수 있는 항목이 없지만 대신 MINI 혹은 MINI Plus에 수록된 멜랑콜리아 유형 주요우울장애 진단기준을 선택적으로 추가하여 실시해볼 수 있을 것이다. 동반이환의 유무와 관련해 L씨의 경우 다른 동반이환의 진단기준을 충족할 만한 증상들은 보고되지 않았다.

우울장애와 불안장애의 높은 동반이환율과 높은 수준의 불안감은 자살 위험도 상승, 이환 기간의 장기화, 치료에 대한 무반응 가능성의 증가 등과 관련이 있다. 따라서 치료 계획 수립과 치료 반응의 추적 관찰을 위해 불안증의 유무와 심각도를 정확하게 세분화하는 것이 임상적으로 유용하다. 비록 L씨는 SCID에서 특정 불안장애의 진단기준을 충족시키지는 않았지만 주요우울 삽화의 대부분의 기간 동안 다음과 같은 불안 관련 증상 5개 중 4개(1, 2, 3, 4) 항목을 충족하였기 때문에 불안증 동반 명시자가 추가되었다.

DSM-5 우울장애의 명시자(Specifiers for Depressive Disorders)

불안증 동반: 주요우울 삽화 또는 지속성 우울장애(기분저하증)의 대부분의 기간 동안 다음 중 2가지 이상의 증상을 보인다.

1. 신경이 날카롭거나 긴장되는 느낌
2. 매우 안절부절못함
3. 염려로 인해 집중하기 어려움
4. 무언가 끔찍한 일이 벌어질 것이라는 두려움
5. 자신에 대한 통제력을 잃을 것 같은 느낌

현재의 심각도를 명시할 것:

경도: 2가지 증상
중등도: 3가지 증상
중등도-고도: 4가지 또는 5가지 증상
고도: 불안을 동반한 4가지 또는 5가지 증상

---

* Reprinted with permission from the Diagnostic and Statistical Manual of Mental Disorders, Fifth Edition, (Copyright 2013), American Psychiatric Association.

현재의 증상 심각도는 기준 증상의 개수, 해당 증상의 심각도, 기능적 장애의 정도에 근거한다. L씨는 불안을 동반한 다섯 가지 이상의 증상을 보이고 있는데, 이는 진단기준 요구량을 상당히 초과하는 양이다. 증상의 강도 역시 매우 고통스럽고 L씨 스스로 이를 다룰 수 없으며, 증상이 사회적·직업적 기능을 뚜렷이 방해하므로 고도의 심각도로 명시하였다. 증상 심각도를 객관적으로 평가하기 위해 다양한 자기보고식 질문지들을 활용할 수 있는데, 이에 대해서는 이후에 상세히 다루도록 하겠다.

요약하면, SCID 실시 결과 L씨의 진단은 주요우울장애, 불안증 동반, 재발성, 고도에 해당하는 것으로 확인되었다.

3) 증상 확인 척도

우울 척도는 크게 임상가용 평가 척도와 자가보고식 척도로 분류할 수 있다. 현재까지 우울 증상의 평가를 위해 개발되어있는 척도들은 우울 증상 선별, 증상 심각도 평가, 진단 및 치료 결과에 대한 평가 등에 주로 사용되고 있다.

(1) 임상가용 평가 척도

현재 국내에서 흔히 사용되고 있는 임상가용 평가 척도로는 몽고메리-아스버그 우울증 평가 척도(Montgomery-Asberg Depression Rating Scale: MADRS), 해밀턴 우울 평가 척도(Hamilton Rationg Scale for Depression: HDRS) 등이 있다. L씨에게는 17개 문항의 한국판 해밀턴 우울 평가 척도(K-HDRS)(이중서 등, 2005)를 시행하였다. K-HDRS는 우울 증상의 심각도를 측정하는 반구조화된 임상가 평가 도구로, 점수 범위는 0~52점이다. 보통 8점 이상부터 우울한 것으로 평가되며 점수가 높을수록 우울증이 심각하다는 것을 의미한다. L씨는 K-HDRS에서 25점으로 심한 수준의 우울증으로 분류되었다.

HDRS는 치료 모니터링 목적으로도 사용할 수 있으며 연구자들마다 다양한 절단점을 사용하지만 일반적으로 이 척도에서 7점 이하의 점수를 얻을 경우 관해(remission)로 분류된다. 진단만이 아니라 치료적 변화 및 임상 경과를 확인하기 위해 이 척도를 사용한다면 관해 상태에 대한 세부 진단도 필요하다. 부분 관해는 직전 주요우울 삽화의 증상이 나타나지만 진단기준을 완전히 충족하지 않거나, 주요우울 삽화가 회복된 후 해당 삽화의 주요 증상이 없는 기간이 2개월 미만일 때 진단된다. 완전 관해는 과거 2개월 동안 장애의 핵심적인 증후나 증상이 나타나지 않았을 때 진단된다.

(2) 자기보고식 척도

치료에 따른 우울 증상 변화 모니터링과 경과 확인을 위해 다양한 자기보고식 척도를 활용할 수 있다. 자기보고식 척도로는 역학연구센터 우울 척도 개정판(Center for Epidemiologic Studies Depression Scale-Revised: CESD-R), 벡 우울 척도(Beck Depression Inventory: BDI-II), 우울증 선별 도구(Patient Health Questionnaire-9: PHQ-9) 등이 흔히 사용된다. 임상가는 각 척도들의 장단점을 이해하면서 목적과 필요에 따라 적절한 척도를 선택해서 사용해야 한다. 간혹 임상가 평가와 자기보고 평가 간 불일치가 나타나기도 하는데, 특히 자기보고식 평가 시 부정 편향(negative bias)이 흔하게 나타나므로 이 경우 임상가 평가가 더 민감할 수 있다.

한국판 벡 우울 척도 2판(K-BDI-II)(김지혜 등, 2015b)을 통해 측정한 L씨의 점수는 63점 만점에 31점으로 고도(severe) 수준에 해당하였다. L씨가 3점 이상으로 응답한 항목은 미래에 대해 부정적으로 바라보는 비관주의, 죄책감, 자기혐오 등이다. L씨는 자신과 미래에 대해 매우 부정적으로 지각하는 등 우울증에 취약한 인지 패턴을 갖고 있는 것으로 나타났다. L씨는 문장 완성 검사(Sentence Completion Test: SCT)에서도 자신의 미래를 불투명하게 받아들이며 좌절감과 절망감을 드러냈고, 로젠버그 자존감 척도(Rosenberg Self-Esteem Scale: RSES)에서 역시 50점 만점에 19점으로 낮은 수준의 자존감이 확인되었다.

앞서 언급했듯이 불안 증상의 유무와 정도에 대한 평가도 필요해 L씨에게 한국판 벡 불안 척도 2판(K-BAI-II)(김지혜 등, 2015a)을 실시한 결과, 63점 만점에 15점으로 경도(mild) 수준에 해당하였다. 또한 L씨가 체크한 불안 관련 증상들 중 3점 수준에 해당하는 증상은 없었지만 L씨는 2점 수준에 해당하는 다양한 불안 증상들(편하게 쉴 수 없음, 나쁜 일이 일어날 것 같은 두려움, 신경과민, 미칠 것 같은 두려움 등)을 호소하고 있었다.

또한 L씨는 현재 우울장애로 인한 기능 저하를 호소하였다. 한국판 Sheehan 기능 손상 척도(K-SDS)(박준영, 김지혜, 2010)는 직업 및 학업, 사회활동, 가정생활 등의 3개 영역에 대해 각 10점씩 총 30점 만점이며, 점수가 높을수록 심한 기능 감퇴를 시사한다. 정상 집단의 평균(표준편차)은 9.13점(6.97점)인데 비해, 우울장애 집단의 평균(표준편차)은 18.71점(8.17점)으로 보고된다. L씨는 이 척도에서 총점 21점(직업 및 학업 8점, 사회활동 7점, 가정생활 6점)으로 유의미한 기능 저하를 겪고 있는 것으로 보고하였다.

L씨에게는 자살 평가 척도도 사용하였다. 자살 위험성은 여러 정신장애에서 반드시 주목해야 하는 임상 주제이며 우울장애의 근거기반 평가에서 특히 중요하게 강조되기 때문이다. 확고한 자살 계획과 준비는 보다 강렬하고 급성의 자살의 형태를 경험하고 있고 자살시도를 실행할 실제적 위험에 처해있을 가능성을 시사한다. 그러나 자살사고와 바

람의 경우 우울증에 흔하며, 만성적이고 아급성의 자살사고를 반영할 뿐 실제로 자살을 이행하려는 강한 생각이나 준비성을 반영하지는 않는다. 두 요인에 상응하는 자살 증상들의 존재는 임상적 주의가 필요하지만, 자살사고와 바람은 우울장애의 하나의 흔한 지표인 반면 구체적이고 확고한 자살 계획 및 준비는 상대적으로 우울장애에 덜 특이적이며 위험성에 대해 더 많은 주의를 받는다.

SCID에서도 자살사고 및 행동들과 관련된 여러 문항들을 통해 자살 위험성을 평가할 수 있지만, L씨의 경우 자살의 위험성을 평가하기 위해 개발된 반구조화된 임상가 평가 도구인 컬럼비아 자살 심각도 척도(Columbia-Suicide Severity Rating Scale : C-SSRS)(Posner et al., 2008)를 별도로 실시하였다. C-SSRS는 자살사고의 심각도, 자살사고의 강도, 자살행동, 자살행동의 치명도의 네 가지 하위 영역으로 구성되어있다(Posner et al., 2008). C-SSRS에서 자살사고 영역의 점수 범위는 1~5점이다. 3점 이상의 점수를 얻을 경우 심각한 자살사고에 해당하며 실제 자살시도의 가능성이 높다고 알려져 있다. L씨의 자살사고는 평생과 지난 한 달 시점 모두 5점으로, 이는 구체적인 계획과 의도가 있는 적극적인 자살사고에 해당한다. 또한 자살사고의 심각도 영역을 살펴보면 L씨의 자살사고는 중학교 3학년 때 처음 시작되었다고 한다. 생애 자살사고가 가장 심했던 시점을 기준으로 할 때 그 빈도는 거의 매일, 지속 기간도 1~4시간 이상이고, 통제에 약간 어려움이 있으며, 저지 요인이 없고 전적으로 고통을 끝내기 위한 것이라는 점에서 자살사고의 위험도는 꽤 높아 보인다. 자살행동과 관련하여 자해행동이 아닌 실제적 자살시도에 해당하였고 그 치명도도 치료가 요구될 정도로 높은 편이었다. 따라서 자살시도에 대한 적극적인 모니터링과 위기 개입이 필요할 수 있다.

주요우울장애와 양극성장애 간의 오진단율은 흔하게 보고되기에, L씨에게 양극성장애를 선별하기 위한 심리평가 도구도 사용하였다. 우울증 증상을 나타내는 검사 프로토콜이 존재한다고 해서 그것만으로 양극성장애가 아닌 단극성장애라고 결론내릴 수는 없다. 이러한 결론은 발병 시기, 증상의 양상, 증상이 지속된 기간 및 증상이 과거에서 현재에 이르기까지 어떤 추이로 나타났는지 등에 대한 전반적이고 면밀한 탐색에 기반할 때 내려질 수 있다. 단극성우울증 환자들에서 증상이 없는 시기(non-ill times)를 조증 삽화로 잘못 기술하는 경우가 흔하나, 구조화된 임상적 면담의 맥락에서 주의 깊게 질문한다면 이러한 삽화들이 단지 정상적으로 기능하는 기간임을 드러낼 수 있다(즉, 좋거나 안정적인 기분, 어느 정도 현실에 맞는 사고, 통상 6~9시간 정도의 야간 수면 시간 등을 보고). 이러한 시간들은 주요우울증 상태와는 매우 대조적이기 때문에 이전에 우울한 사람들에게 마치 조증 혹은 경조증처럼 여겨질 수 있으므로 주의가 요구된다. L씨의 경우 한국판 기분장애 질문지(K-MDQ)에서 13점 만점에 1점을 획득하였으며 주의집중력 곤란 항목에만 체크되었다. MDQ의 절단점이 7점으로 알려져 있어(전덕인 등, 2005) 양극성장애가 의심되지는 않았다. 삽화의 특징, 발병 연령, 증상의 경과, 약물에 대한 반응, 가족력 등의 5개 영역으로 구성되는 양극성장애 지표(bipolarity index)(Aiken et al., 2015)에서도 100점 만점에 0점에 해당하여 절단점(50점)에 도달하지 않아 이러한 결과를 지지하였다.

4) K-WAIS-IV

L씨의 전체지능지수(FSIQ)는 102로 [평균] 수준이었고, 동일 연령대와 비교했을 때 56%ile에 해당하였다. 4개의 개별지능지수 수준의 수행을 살펴보면, 복잡한 언어적 정보를 이해하고 활용하는 능력을 반영하는 언어이해지수(VCI)는 118로 [평균 상] 수준이며 다른 지수들에 비해 양호하다. 비언어적 추론 능력을 반영하는 지각추론지수(PRI)는 105로 [평균] 수준이며 연령에 적절하다. 주어진 과제에 주의집중하며 정신적 통제력을 발휘하는 능력을 반영하는 작업기억지수(WMI)는 98로 [평균] 수준이지만 지수 내 소검사 수행에서 유의한 편차를 보이고 있다(숫자=7, 산수=12). 즉 숫자 소검사의 낮은 수행(바로=14, 거꾸로=6, 순서대로=4)은 L씨가 주의집중력 및 정신적 통제력의 발휘에 어려움을 보이고 있음을 나타내며, 복잡한 정보를 처리할 때 이전보다 상당히 많은 시간과 노력이 요구되거나 빈번하게 오류를 범할 가능성을 보여준다. 이러한 L씨의 WMI 프로파일은 L씨가 호소한 집중력 곤란과 일관된다. L씨는 작업기억의 저하가 있음에도 산수 소검사의 수행은 [평균] 수준 이상으로 기대했던 것에 비해 양호한 편이다. 평소 수 계산에 능했다는 L씨의 보고를 고려할 때 이 과제의 수행 시 동일 연령의 성인에 비해 더 적은 인지적 노력과 처리, 즉 작업기억을 필요로 했다고 해석해볼 수 있겠다. 단순하거나 반복적인 시각자극들을 실수 없이 빠르게 처리하는 능력을 나타내는 처리속도지수(PSI)는 84로 [평균 하]

L씨의 K-WAIS-IV 결과지

지수	환산 점수	조합 점수	백분위 (%ile)	95% 신뢰구간
언어이해 (VCI)	39	118	89	110-124
지각추론 (PRI)	32	105	63	97-112
작업기억 (WMI)	19	98	46	90-106
처리속도 (PSI)	13	84	14	77-95
전체지능지수 (FSIQ)	103	102	56	97-107

	언어이해			지각추론			작업기억		처리속도	
	공통성	어휘	이해	토막짜기	행렬추론	퍼즐	숫자	산수	동형찾기	기호쓰기
환산점수	15	12	12	12	9	11	7	12	6	7
20										
19										
18										
17										
16										
15										
14										
13										
12										
11										
10										
9										
8										
7										
6										
5										
4										
3										
2										
1										

수준이며 동일 연령대에 비해 그리고 다른 지수들에 비해 상대적으로 부진한 수행이었다. L씨의 지능 수행에서 관찰되는 저하된 처리속도는 주요우울장애에서 흔하게 나타나는 대표적인 콜드 인지(cold cognitive) 결함 중 하나인 정신운동속도의 지연과 밀접한 관련이 있다.

5) MMPI-2

우선적으로 L씨가 자신의 문제에 대해 과장 혹은 과소 보고 없이 솔직하고 진실되게 응답했는지 수검 태도를 조사해야 한다. 수검 태도는 타당도 척도를 통해 확인할 수 있는데, VRIN과 TRIN은 수용 가능한 범위로 비교적 일관되고 정확하게 문항에 응답한 것으로 보인다. F, F(B), F(P), L, K, S 및 다른 보충 척도들도 수용 가능한 범위이므로 L씨의 MMPI 프로파일은 타당해 보인다. 타당도 척도에서 드러난 낮은 L과 K 척도 점수는 그가 자신이 겪고 있는 심리적 고통이나 문제를 솔직히 시인하지만 적절한 대처를 하기 위한 심리적 자원이 부족한 상태임을 시사하는 것으로 보인다.

임상 척도 프로파일에서 가장 두드러진 특징은 임상 척도 2-0번이 70T 이상으로 다른 척도들에 비해 명백히 상승해있고 8-7번 척도도 65T에 가깝게 상승해있다는 점이다. 따라서 2-0 코드타입에서 흔하게 나타나는 자아동조적인 양상의 다소 만성적인 형태의 우울증 상태일 수 있으며, 자신의 삶에서의 낮은 흥미 수준과 낮은 긍정 정서에 익숙해진 모습을 보일 수 있다. 자신감이 부족하며 불면증과 낮은 에너지 및 활력 수준을 보이기 쉽고 주의집중력 곤란 등 인지적 처리에 있어 문제점 등을 호소할 수 있다. 0번 척도의 상승은 L씨와의 면담 내용에 기초할 때 주로 성격적 기반에 바탕을 두고 있는 것으로 생각되나, 우울증적 상태가 심해지면서 사회적 회피와 철수 경향이 증가된 면을 동시에 반영하는 것일 수 있다. L씨의 경우 내향적인 사람으로 겁이 많고 숫기가 부족하며 남 앞에 나서기를 꺼리며 수동적이고 회피적인 성향이 있고 감정적 통제를 잃게 될까 봐 두려워 감정을 억제하려 드는 경향이 있겠다. 많은 사람과 어울리기보다 혼자 있거나 소수의 가까운 친구들과 있는 것을 더 편하게 느껴왔던 것으로 보이는데 우울증으로 인해 대인

■ 타당도 척도와 임상 척도

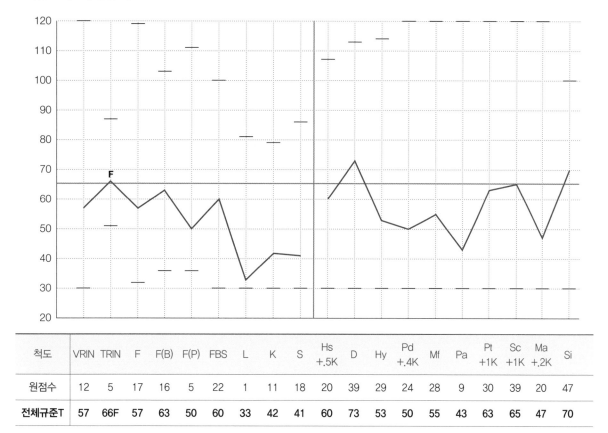

척도	VRIN	TRIN	F	F(B)	F(P)	FBS	L	K	S	Hs +.5K	D	Hy	Pd +.4K	Mf	Pa	Pt +1K	Sc +1K	Ma +.2K	Si
원점수	12	5	17	16	5	22	1	11	18	20	39	29	24	28	9	30	39	20	47
전체규준T	57	66F	57	63	50	60	33	42	41	60	73	53	50	55	43	63	65	47	70

*Mf 척도의 T점수는 성별규준에 의한 것임.

■ 재구성 임상 척도와 성격병리 5요인 척도

척도	RCd	RC1	RC2	RC3	RC4	RC6	RC7	RC8	RC9		AGGR	PSYC	DISC	NEGE	INTR
원점수	22	13	13	7	8	0	11	3	13		4	6	19	20	25
전체규준T	80	57	71	48	56	36	55	47	50		38	49	74	61	73

■ 내용 척도

척도	ANX	FRS	OBS	DEP	HEA	BIZ	ANG	CYN	ASP	TPA	LSE	SOD	FAM	WRK	TRT
원점수	18	1	11	30	20	3	5	12	12	9	17	17	14	25	16
전체규준T	75	33	62	91	64	47	45	51	55	49	73	68	67	77	66

■ 보충 척도

척도	A	R	Es	Do	Re	Mt	PK	MDS	Ho	O-H	MAC-R	AAS	APS	GM	GF
원점수	31	21	34	11	16	33	30	7	26	12	20	2	25	32	25
전체규준T	70	54	56	40	43	76	71	58	58	46	49	43	63	58	41

불편감이 고조되어 대인 기피증이 심해진 상태이다.

8-7번 척도도 각각 65T과 63T로 동반 상승되어 있는데, 자존감에 상처를 입은 경험이 있고 불안하고 걱정이 많고 긴장하고 불안정한 모습을 보일 수 있다. 자신이 열등하고 무능하며 사랑받을 만하지 않다는 기저의 신념과 함께 자기비하적 반추 경향을 보이며 자기의심으로 가득 찬 기분을 겪을 수 있다. 2-7-8-0번 척도 상승을 보이는 경우 흔히 대인관계와 친밀감의 문제를 보이는데, 그가 대인관계에서 겪는 불편함과 회피적 태도는 기저의 이러한 부정적 자기개념과 관련이 높을 것으로 생각된다.

내용 척도를 살펴보면 L씨의 우울(DEP) 점수는 91T로 매우 상승해있다. L씨가 우울한 기분, 낮은 활력 수준, 자살사고, 주의집중 곤란 등의 문제를 호소한 점을 미루어 볼 때, 이러한 MMPI 프로파일은 현재 그가 겪고 있는 우울증과 일치하는 것으로 보인다. 또한 불안(ANX) 점수도 75T로 높은데, 이 경우 불안하고 신경이 예민해져 있으며 걱정이 많고 의사결정에 확신을 갖지 못하며 주의집중 곤란과 수면 문제를 호소할 수 있다. 이는 L씨의 불안 증상을 동반한 우울증에 부합하는 결과이겠다.

6) 로르샤흐 검사

L씨의 로르샤흐 검사의 총 반응수는 11개로, Exner 종합체계의 구조적 지표를 통해 풍부한 해석적 자료를 제시하기가 어려우며 군집 분석 기준에 모자라고 과잉해석의 가능성이 있다. 그러나 각 지표의 의미가 L씨의 특성을 어느 정도 잘 반영한다고 보이므로 일단 해석을 진행하고자 하였다. 다만 양적, 질적 정보가 모두 제한적이므로 해석의 타당도는 로르샤흐 지표가 L씨의 성격 구조적인 특성과 개인의 역동적인 심리적 특성들을 얼마나 잘 반영해주고 있는지의 측면에서 받아들일 필요가 있다.

자살 지표(S-CON)는 자기파괴적 행동 위험성을 파악하기 위한 목적에서 경험적으로 개발된 것이지만 우울증 환자군의 20%만 S-CON에서 유의하다는 보고가 있다. 사실상 MMPI-2 자료나 S-CON을 포함한 로르샤흐 검사 자료를 통해 실질적 자살을 예측하기는 어렵다. 이런 한계에도 불구하고 S-CON이 8점으로 유의할 경우 자살 위험도에 대해 점

■ 검사 반응

카드	R#	반응(response)	질문(inquiry)	기호화(scoring)
I	1	박쥐처럼 보여요.	박쥐가 날개를 펴고 있는 모습 같아요.	Wo FMᵖo A P 1.0
	2	새	이 부분이 새의 머리이고 날개를 편 채로 앞을 바라보고 있어요.	Wo FMᵖo A 1.0 PSV
II	3	무당벌레예요.	딱 봤을 때 모양 보다는 검은색에 빨간색 반점이 있어서 무당벌레가 떠올랐어요. 벌레처럼 생기기도 했고요.	Wo C'F.CFu A 4.5
III	4	풍뎅이 같아요.	이 부분이 머리와 앞 다리예요. 풍뎅이의 앞부분만 있네요. (Q) 풍뎅이의 가슴 윗부분까지만 보여요.	Do Fu Ad
IV	5	개미 얼굴이에요.	개미의 더듬이와 턱 부분이에요. 모양이 그래요. 그런데 검은색인 것도 있어서요.	Wo FC'− Ad 2.0
V	6	나비예요.	전체적으로 검은 나비 날개가 축 처진 것 같아요. (Q) 이 부분이 나비 머리랑 날개 부분처럼 생겼고 어둡고 검은색이잖아요.	Wo FMᵖ.FC'o A P 1.0
VI	7	음… 딱히 떠오르는 게 없는데… 나뭇잎이요.	공원 같은 데 가면 있는 나뭇잎 모양 같아요.	Wo Fu Bt 2.5
VII	8	트리 나무 같아요.	트리 모양인데 밑부분은 화분처럼 생겼어요.	W+ Fu Bt, Hh 2.5
VIII	9	동물 뼈	이 부분이 척추처럼 양쪽으로 대칭이에요. 이 부분은 근육이고요. (Q) 붉은색이고 양쪽으로 나뉘어 있어서 근육 같아 보였어요.	W+ FC− An 4.5
IX	10	잘 생각이 나지 않아요. 음… 곤충 같아요.	곤충을 반으로 갈라서 해부해놓은 것 같아요.	Wo F− A 5.5 MOR
X	11	동물 뼈예요.	이 부분이 동물의 뼈처럼 생겼어요.	Do F− An

■ 구조적 요약 결과: 비율(RATIOS), 백분율(PERCENTAGES), 산출한 점수(DERIVATIONS)

핵심 영역(CORE)

R	= 11	L	= .83	
EB	= 0:1.5	EA	= 1.5	EBPer	= N/A
eb	= 3:3	es	= 6	D	= −1
		Adj es	= 6	Adj D	= −1
FM	= 3	All C'	= 3	All T	= 0
m	= 0	All V	= 0	All Y	= 0

정서 영역(AFFECT)

FC : CF+C	= 1:1
Pure C	= 0
SumC' : WSumC	= 3:1.5
Afr	= .38
S	= 0
Blends : R	= 2:11
CP	= 0

대인관계 영역(INTERPERSONAL)

COP = 0		AG = 0
GHR : PHR		= 0:0
a : p		= 0:3
Food		= 0
SumT		= 0
Human Cont		= 0
Pure H		= 0
PER		= 0
ISO Index		= .18

관념 영역 (IDEATION)

a : p	= 0:3	Sum6	= 0
Ma : Mp	= 0:0	Lv 2	= 0
2AB+(Art+Ay)	= 0	WSum6	= 0
MOR	= 1	M−	= 0
		M none	= 0

중재 영역 (MEDIATION)

XA%	= .64
WDA%	= .64
X−%	= .36
S −	= 0
Popular	= 2
X+%	= .27
Xu%	= .36

처리 영역 (PROCESSING)

Zf	= 9
W : D : Dd	= 9:2:0
W : M	= 9:0
Zd	= −3
PSV	= 1
DQ+	= 2
DQv	= 0

자기지각 영역 (SELF−PERCEPTION)

3r+(2)/R	= 0
Fr+rF	= 0
SumV	= 0
FD	= 0
An+Xy	= 2
MOR	= 1
H : (H)+Hd+(Hd)	= 0:0

PTI = 2	DEPI = 5	CDI = 4	S−CON = 7	HVI = NO	OBS = NO

검해보는 것을 추천한다. 그러나 L씨의 경우와 같이 S-CON이 7점으로 유의하지 않더라도 자살 평가에서 고위험군에 해당한다면 실제 자살 위험에 대한 모니터링과 주의가 반드시 필요하다.

통제 및 스트레스 내성과 관련하여 L씨는 일상적이고 구조적인 환경에서는 적절하게 기능하는 것이 가능할 수 있다. 그러나 만성적인 자극 과부화로 인해 가용할 수 있는 심리적 자원이 빈약해져 있어 스트레스를 효율적으로 조절할 수 있는 능력이 제한되어있는 것으로 보인다(EA=1.5). 특히 대인관계 상황에서의 복잡한 요구나 기대에 대처할 때 통제 능력이 불안정해져 문제에 봉착할 수 있을 것으로 생각된다(CDI=4, Adj D=−1).

정서와 관련하여 L씨의 DEPI는 5점으로, 우울증과 연관된 슬픔과 비관적이고 부정적인 사고가 나타나고 있다는 신호로 보인다. V번 카드에서의 "검은 나비 날개가 축 처진 것 같아요."라는 반응은 자신의 내면의 우울감과 무력감을 투사한 반응으로 보이며, 이러한 결과들은 L씨의 주 호소 문제에 부합한다. 다만 우울증 환자군의 약 85%가 DEPI 지표에서 유의함을 나타낸다고 알려져 있기 때문에 DEPI 지표가 우울증 유무에 비교적 민감한 듯 보이지만, 우울증 환자 개개인을 대상으로 이를 진단적으로 활용하는 것은 주의해야 한다. Exner(2003)는 "유의한 DEPI는 특정한 진단범주와 일치하기보다는 정서적 문제가 있다고 해석하는 것이 최선"이라고 제언하였다.

L씨의 정서 영역에서 또 하나 주목할 점은 Col-Shd Bld>1로, L씨가 동시에 양립할 수 없는 상반되는 감정들을 경험하고 있을 것으로 예상된다는 점이다. 그는 자신의 양가적 감정에 대해 혼란스러워하며 확신하지 못하는 경향이 있고, 때로는 자신의 생활과 관련된 사람이나 사건에 대해 긍정적(색채) 및 부정적(음영) 감정이 동시에 나타날 수 있다. 자신의 감정을 잘 파악하는 데 어려움이 있고 생활과 관련된 경험에 대해 유쾌한 의미와 불쾌한 의미를 모두 부여하기 때문에 자신이 스스로 즐길 수 있는 기회가 제한될 수 있다.

한편, L씨는 자기중심성 지표에서 매우 낮은 점수를 보이고 있다(3r+(2)/R=0). 낮은 자기중심성 지표는 적절한 자존감을 유지하는 데 실패했거나 스스로 무능하다고 느끼는 것을 나타낸다. 아마도 그는 만성적으로 자신을 타인과 비교하면서 열등하고 부적절하다고 느껴왔던 것으로 보인다. 또한 자신의 행동에서 실수나 잘못을 찾는 성격을 지닌 사람일 가능성이 높다. 부적절감과 자신을 비판하는 경향성의 조합으로 보면, 타인이 자신을 어떻게 인식하는지 혹은 특정 상황에서 자신이 어떻게 수행해내는지 등의 부분에서 자신이 실패했다고 인식할 경우 그것에 대해 끝없이 반추하고 자기비판적으로 평가절하하는 사고에 몰두해 더욱 취약해질 가능성이 있다. 우울한 사람은 전형적으로 자신을 나쁘게 생각하기 때문에 낮은 자기중심성 지표는 DEPI의 준거변인 중 하나이다. 적응 문제와 관련해서 낮은 자기중심성은 중요한 의미가 있는데 이는 자신에 대한 견해는 시간이 경과하더라도 매우 안정적이라는 사실 때문이다.

대인관계 지각과 관련하여 L씨는 다른 사람들과 성숙한 관계를 형성하고 유지하는 데 필요한 사회적 기술이 부족할 수 있다(CDI=4). 사회적 기술이 부족한 사람들은 피상적인 관계를 형성할 가능성이 크며, 흔히 다른 사람들을 대할 때 거리감을 느끼거나 부적절하다고 여긴다. 이러한 문제의 결과로 거절에 대한 취약성 및 삶에 대한 불만족 경향성이 유발되고, 대인관계 실패가 누적되면서 특히 우울감과 무력감을 경험할 수 있다. 이는 L씨의 대인관계 과거력과도 일치한다. 그의 로르샤흐 응답에서 인간반응이 전혀 없다는 점도 특징적이며, 이 또한 그의 대인관계 적응 능력 부족을 지지하는 결과이겠다. 그는 스스로를 매우 취약하다고 느끼며 자신감과 자기효능감이 결여되어 있는데, 그 결과로 다른 사람과의 관계에서 위축된 모습을 보이며 조심스럽고 소극적인 태도를 취하는 경향을 보이고 있다. 이는 그의 대인관계 과거력뿐 아니라 MMPI-2의 0번 척도의 상승과도 일치하는 소견이다. L씨가 보이는 우울 증상에 자신의 대처 능력 결여에서 비롯되는 자신감의 부족, 만성적이고 일상생활 전반에 퍼져있는 무능감 및 무기력감 등이 기여하고 있을 가능성이 크다.

마지막으로 L씨는 연상이 매우 위축되어있고, 사고 내용이 빈약하며, 통합적인 사고기능이 저하되어있는 것이 특징적으로 나타난다(R=11, DQ+=2, m=0). 이는 우울증 환자의 로르샤흐에서 흔히 나타나는 패턴이다. 처리 영역에서 W:D:Dd=9:2:0으로 W 비율이 가장 높지만, 이것은 통합적 사고기능을 반영한다기보다는 고려하지 못한 측면들에 대해 별로 개의치 않으며 상황의 중요한 측면을 간과한 채 빨리 피상적으로 보는 경향(Zd=−3) 탓일 수 있다. 이렇게 정보를 충분히 탐색하지 않는 패턴은 상황적 요인과 함께 해석될 필요가 있고 적응에 별 도움이 되지 못한다. 사고 영역에서 a:p가 0:3으로 한 값이 다른 값의 3배가 넘는데 이는 보통 인지적 융통성의 부족을 의미한다. 즉, L씨는 자신이 가진 기존의 사고의 틀을 고수하며 새로운 정보를 토대로 자신의 생각이나 관점을 유연하고 능동적으로 변화시키는 데 저항하는 경향이 있겠다.

7) 그 외 투사 검사

(1) HTP 검사

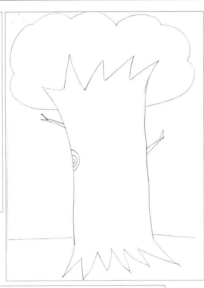

무의식적 자아상을 투영한 나무 그림에서는 100년 넘은 고목을 그리고 거대하고 멋스럽다고 표현해 이상적 자기가 크고 원대할 것으로 추측된다. 아마도 L씨는 부모의 가치관을 내재화해 자신에 대한 높은 자아 이상과 기준을 지니게 된 것으로 판단된다. 반면 의식적 자아상을 반영하는 남자 그림에서는 약한 필압으로 한쪽 눈은 앞 머리카락에 가려져 있고 손가락 개수가 잘 맞지 않는 등 손 처리가 미숙하였고, 차렷 자세로 경직되고 움츠러들어 있으며 발끝도 세운 채 불안정하게 서 있는 모습을 그림으로써 사회적 · 대인관계적 접촉 및 대처의 곤란과 그에 따른 자기부적절감을 느끼고 있을 것으로 생각된다. L씨는 이상적 자기와 현실적 자기 간 괴리감이 클 것으로 예견되며 이러한 자기불일치로 자기를 부정적으로 인식하게 되고, 실망하고 낙담하는 것이 부정적 삶의 태도로 이어져 결과적으로 우울증에 취약해질 수 있다.

(2) SCT와 TAT

L씨의 SCT 결과지			
구분	번호	제시 문구	작성 내용
어머니에 대한 태도	39	대개 어머니들이란	걱정이 많다.
	49	나는 어머니를 좋아했지만	지나친 잔소리와 간섭이 불편할 때가 많다.
아버지에 대한 태도	29	내가 바라기에 아버지는	어깨에 무거운 짐을 내려두셔야 한다.
	50	아버지와 나는	서로 대화가 적어 서먹하고 어색하다.
가족에 대한 태도	12	다른 가정과 비교해서 우리 집안은	힘겹다.
	24	우리 가족이 나에 대해서	안 좋게 보고 안 믿어준다.
여성에 대한 태도	9	내가 바라는 여인상은	자애로운 모성애가 강한 여성
	25	내 생각에 여자들이란	까다로운 존재
남성에 대한 태도	8	남자에 대해서 무엇보다 좋지 않게 생각하는 것은	완력과 폭력
	36	완전한 남성상(男性像)은	사회적으로 유능하고 성공한 남성
친구나 친지에 대한 태도	6	내 생각에 참다운 친구는	힘들 때 달려와 줄 수 있는 친구
	32	내가 제일 좋아하는 사람은	친구들

구분	번호	제시 문구	작성 내용
권위자에 대한 태도	3	우리 윗사람들은	무섭다.
	31	윗사람이 오는 것을 보면 나는	불편하고 긴장한다.
두려움에 대한 태도	21	다른 친구들이 모르는 나만의 두려움은	나약하고 소심한 자신에 대한 불신
	40	내가 잊고 싶은 두려움은	미래에 대한 걱정과 불안
	43	때때로 두려운 생각이 나를 휩쌀 때	무기력해진다.
죄책감에 대한 태도	17	어렸을 때 잘못했다고 느끼는 것은	공부와 노력을 하지 않은 것
	27	내가 저지른 가장 큰 잘못은	나태하고 의지가 박약하며 포기를 잘 하는 것
과거에 대한 태도	45	생생한 어린 시절의 기억은	체벌에 대한 두려움
미래에 대한 태도	4	나의 장래는	어둡고 불투명하다.
	11	내가 늘 원하기는	모든 걸 내려놓고 싶다.
목표에 대한 태도	30	나의 야망은	없다.
	42	내가 늙으면	추악할 것이다.

L씨의 TAT 결과지

구분	번호	작성 내용
부모-자녀 관계	1	부모님에게 장난감 선물을 기대했다가 바이올린 선물을 받고 실망했어요. 부모님 뜻에 따라 바이올린을 배우게 될 것 같아요.
	5	엄마가 자식이 공부하는 것을 확인하고 감시하는 거. 공부하라고 잔소리하고 닦달할 때 사이가 계속 안 좋을 것 같아요.
권위 관계	6	상사나 지위가 높은 사람에게 실수한 일에 대해 책망 듣는 것. 안 좋은 소리를 듣고 좋지 않은 기분.
일반적 사회적 관계	9	전투를 하다가 잠시 휴식을 취하고 있는 상황인데 우울하고 많이 지쳐 가라앉아 있는 분위기.
신체상	3	오디션 탈락으로 매우 지쳐 보이고 망연자실하고 있어요. 시름에 빠져 폐인처럼 계속 누워 지내요.
	16	혼자 누워있는 장면. 그냥 무료하고 재미있는 것도 없고 아무것도 하기 싫은 모습.
공격성/야망	8	늙은 남자가 전쟁에서 총에 맞아서 수술을 받고 있고 그 가족은 당황스럽고 걱정하고 있어요. 수술 받던 남자는 결국에 사망하고 남은 가족은 혼자 살아가게 돼요.

L씨의 SCT와 TAT 결과에서 부모와 관련된 혹은 부모-자녀와 관련된 주제의 반응들을 보면 L씨의 부모는 통제적이고 간섭적인 양육 태도를 취했고, 자녀가 부모의 지시나 요구에 따라 느끼고 생각하고 행동하도록 일방적으로 강요했으며, 어길 시 신체적 체벌도 가했던 것으로 보인다. 이에 L씨는 점점 자신의 자율 혹은 자유 의지보다는 부모의 압력에 기초한 행동들을 하는 데 익숙해진 것으로 보인다. 즉, L씨는 부모가 자신의 학업 성취를 강요하고 압박한다고 느꼈지만 별다른 저항 없이 수동적으로 순응하는 태도를 보이는 한편 심리적 부담과 중압감으로 스트레스를 받아왔던 것으로 보인다.

또한 L씨는 SCT에서 완전한 남성상에 대해 "사회적으로 유능하고 성공한 남성"이라고 기술한 것에서 예상되듯이, 성취와 능력을 중요시하는 부모의 가치관을 비판 없이 그대로 내재화하고 수용하면서 자신도 외적인 성공과 실패에 매달리는 삶을 살게 되었던 것으로 보인다. TAT에서 "오디션 탈락으로 매우 지쳐 보이고 망연자실하고 있어요. 시름에 빠져 폐인처럼 계속 누워 지내요."라고 묘사한 것처럼 목표 달성이나 성공에 기뻐하지만 실패하면 좌절감, 죄책감, 수치심에 시달리며 우울감에 빠지기 쉬웠을 것으로 생각된다. 또한 자기가치감을 유지하기 위해 자신의 능력은 드러내고 실패는 회피하는 방식으로 행동이 동기화되었을 수 있다.

나아가 SCT에서 우리 집안은 힘겹고, 가족이 나에 대해 "안 좋게 보고 안 믿어준다."라고 한 기술에서 드러나듯 L씨는 가족들과 원만한 관계를 갖지 못하고 있고 가족이 자신에 대해 수용, 지지가 부족하다고 여기고 있는 것으로 보인다. 이렇듯 L씨의 가정 환경이나 부모와의 관계는 그가 건강한 자아 정체감을 형성하는 데 역기능적으로 작용한 것으로 생각된다.

8) 사례개념화

L씨는 반복적으로 재발하는 우울감과 함께 흥미 혹은 즐거움의 상실, 무가치감, 열등감, 무기력감 및 자살사고, 불안 등의 문제를 호소하였다. 우울증은 하나의 원인으로 발생하지 않으며, 유전적, 생화학적, 환경적, 심리적 요인들이 결합하여 나타나는 결과이다. 우

울증은 유전적인 생물학적 취약성을 나타내는 우울증의 가족력이 있을 때 발병할 위험이 높다. 그러나 L씨의 경우처럼 가족력이 없더라도 우울증은 발병할 수 있고, 이 경우 환경적 혹은 다른 심리사회적 스트레스 요인들이 그의 우울증 발병에 더 큰 영향을 끼쳤다고 잠정적으로 예상해볼 수 있다.

L씨의 우울증은 주로 자신의 가치를 확인해줄 삶의 목표가 성취되지 못할 때 발생하는 것으로 보인다. 학업 성취와 그에 대한 가족의 높은 기대는 우울증과 연관된 주요한 스트레스원(原)으로 생각된다. L씨의 부모는 지배적, 통제적, 비판적, 처벌적인 양육방식을 고수하였고, 자녀의 성장에 맞추어 관계를 새롭게 재조정하지 못하고 지속적으로 L씨를 통제하고 간섭했던 것으로 보인다. 자수성가한 아버지와 교육열이 높았던 어머니는 자녀들의 학업 성취에 대한 과도한 기대를 가지고 공부를 지속적으로 강요하였다. 부모는 학업 성취와 능력의 잣대로 L씨를 끊임없이 평가하고, 성적에 대해 형과 늘 비교하였으며, 학업 성적이 자신들의 기대를 충족시킬 때만 인정해주고 기대보다 부진할 때는 야단치고 꾸지람하며 무능하고 부족한 사람으로 취급했던 것으로 보인다. 이렇듯 공감적이지 못하며 현실적 한계를 부인하는 과대성을 가진 부모 아래에서 성장한 L씨는 부모의 비현실적인 기대와 높은 자아 이상을 내면화하게 되었다. 이에 따라 자신에 대해 매우 엄격한 기준과 잣대를 적용하고 그에 못 미칠 경우 부모가 했던 것처럼 자신을 지나치게 비난하면서 죄책감에 휩싸이게 되었다.

L씨가 부모와의 상호작용을 통해 형성한 '나는 열등하고 무능하며 무가치하다'는 부정적인 믿음은 우울증에 취약하게 만드는 핵심 신념(core belief)이다. 핵심 신념은 보통 어린 시절 동안 중요한 주변 사람들, 즉 부모나 또래친구들과 상호작용하고 일련의 상황들을 겪으면서 형성된다. 핵심 신념은 평소에는 잘 인식하지 못할 수 있으나 삶에 지대한 영향을 주면서 쉽게 변화하지 않는 경직된 특성을 지닌다. 핵심 신념이 활성화되면 대부분의 상황들을 이러한 핵심 신념의 관점에서 해석하게 된다. L씨의 경우 학업 성적이 부진할 징조가 나타나면 자신은 무능하고 열등하다는 생각에 빠져 의욕 상실과 무력증에 시달리고, 그러면서 학업 활동이 더욱 부진해져 결코 헤어나올 수 없을 것 같은 절망적인 생각에 휩싸이게 되며, 마침내 자살사고에까지 이르게 되는 것으로 보인다. 우울한 상태에서 가정, 학교, 기타 사회생활은 매우 위축되고 수동적이며 회피적인 모습으로 대처함으로써 부적응이 심화되는 양상을 보이게 된다. 입원 전에 휴학을 결정하고 여행

이나 아르바이트 등 새로운 활동을 통해 기분 전환을 도모했지만 이조차도 여의치 않아지면서 우울감이 더욱 심화되고 절망감이 깊어져 자살이라는 극단적 선택을 하게 되었던 것으로 보인다.

부모와 L씨 모두 성적에 높은 관심을 기울인 반면, 적성에 맞는 진로를 선택하기 위한 장기적인 관심이나 인식은 부족해 대학에 진학할 때도 수능 성적에 맞추어 전공을 선택하였다. L씨는 대학에 입학했으나 학과에 흥미가 없고 적성에 맞지 않아 학교 적응에 어려움이 있었다. 그는 자신의 진정한 내적 욕구에 귀 기울인 적이 없고 지배적인 타인에게 인정받기 위해 애씀으로써 자기 자신을 위해 살지 못했던 것으로 보인다. 또한 그의 인생에서 성취가 아닌 다른 의미나 만족을 얻는 원천이 부족하고, 인지적으로 대안적 사고를 하지 못해 사고방식이 제한적이며 부정적으로 편향되어있고, 새로운 경험에 대해 개방적이지 못하며 스스로를 억제하는 모습을 취하고 있다. 이러한 측면들은 그를 우울증에 더욱 취약하게 만드는 요소일 것이다.

 심리 진단 검사 보고서 요약

1 **진단적 인상(diagnostic impression)**
불안이 동반된 고도의 재발성 주요우울장애(Major Depressive Disorder, recurrent episode, severe with anxious distress)

2 **치료적 제언(recommendation)**
약물치료, 인지행동치료 혹은 인지행동적 분석시스템

특성과 치료

---

1) 주요우울장애의 진단

(1) 진단기준과 임상 양상

DSM-5 주요우울장애 진단기준(APA, 2013/2015)은 다음과 같다.

DSM-5 주요우울장애(Major Depressive Disorder) 진단기준

A. 다음의 증상 가운데 5가지(또는 그 이상)의 증상이 2주 연속으로 지속되며 이전의 기능 상태와 비교할 때 변화를 보이는 경우, 증상 가운데 적어도 하나는 (1) 우울 기분이거나 (2) 흥미나 즐거움의 상실이어야 한다.

주의점: 명백한 다른 의학적 상태로 인한 증상은 포함되지 않아야 한다.

1. 하루 중 대부분 그리고 거의 매일 지속되는 우울 기분에 대해 주관적으로 보고(예, 슬픔, 공허감 또는 절망감)하거나 객관적으로 관찰됨(예, 눈물 흘림) (**주의점**: 아동·청소년의 경우는 과민한 기분으로 나타나기도 함)

2. 거의 매일, 하루 중 대부분, 거의 또는 모든 일상 활동에 대해 흥미나 즐거움이 뚜렷하게 저하됨.

3. 체중 조절을 하고 있지 않은 상태에서 의미 있는 체중의 감소(예, 1개월 동안 5% 이상의 체중 변화)나 체중의 증가, 거의 매일 나타나는 식욕의 감소나 증가가 있음(**주의점**: 아동에서는 체중 증가가 기대치에 미달되는 경우)

4. 거의 매일 나타나는 불면이나 과다수면

5. 거의 매일 나타나는 정신운동 초조나 지연(객관적으로 관찰 가능함, 단지 주관적인 좌불안석 또

는 처지는 느낌뿐만이 아님)

6. 거의 매일 나타나는 피로나 활력의 상실
7. 거의 매일 무가치감 또는 과도하거나 부적절한 죄책감(망상적일 수도 있는)을 느낌(단순히 병이 있다는 데 대한 자책이나 죄책감이 아님)
8. 거의 매일 나타나는 사고력이나 집중력의 감소 또는 우유부단함(주관적인 호소나 객관적인 관찰 가능함)
9. 반복적인 죽음에 대한 생각(단지 죽음에 대한 두려움이 아닌), 구체적인 계획 없이 반복되는 자살 사고, 또는 자살 시도나 자살 수행에 대한 구체적인 계획

* Reprinted with permission from the Diagnostic and Statistical Manual of Mental Disorders, Fifth Edition, (Copyright 2013), American Psychiatric Association.

주요우울장애는 만성적이고 재발하는 성질을 지니며 삽화가 반복될수록 재발 가능성이 높아지고 재발을 반복하면서 점점 더 기능 저하도 악화된다. 따라서 증상의 치료와 재발 방지가 모두 중요하다. 주요우울장애는 단일한 유형이 아니라 여러 유형으로 나타날 수 있다. 임상적 특징에 따라 구분되는 세부 유형으로는 불안증, 혼재성 양상, 멜랑콜리아 양상, 비전형적 양상, 기분과 일치하는/불일치하는 정신병적 양상, 긴장증 동반 등이 있다. 이러한 세부 유형에 대한 확인은 치료적인 측면에서 주요한 함의를 지닌다.

(2) 동반이환과 감별 진단

주요우울장애는 다른 정신과적, 의학적 질환들과 유사한 증상들을 공유하거나 동반이환하는 경우가 흔하기 때문에, 감별 진단 또는 공존하는 다른 정신과적 장애의 추가 진단 가능성에 대한 주의 깊은 평가가 필요하다. 감별 진단과 관련해 집중력 감소와 정신운동 초조 등의 몇몇 우울증 증상들은 조증 증상과 유사하므로 진단을 내릴 때 양극성장애의 출현 가능성을 반드시 고려해야 한다. 동시에 우울증 증상들은 불안장애, 조현병, 의학적 질환, 혹은 약물의 부작용 등 다른 대안적인 정신과적 진단으로 설명할 수 없어야 한다. 우울증 증상은 애도 반응과는 구별되지만 증상의 상당 부분이 겹치는데, 증상이 심각하고 급성 애도 기간을 넘어 지속될 경우에는 별도로 주요우울장애 진단을 내릴 수 있다. 주요우울장애와 적응장애 모두 정신사회적 스트레스에 의해 발생할 수 있기 때문에 스트레스 존재 유무가 두 장애의 감별 진단에 유용하지는 않으며, 증상의 심각도와 주요

우울장애 진단기준의 충족 여부가 감별 진단에 도움을 줄 수 있다. 동반이환하는 정신과적 장애 중 불안장애는 우울장애에서 특히 흔하게 공존하며, 주요우울장애 환자들의 대략 50%가 불안장애를 동시에 겪는 것으로 보고되기도 한다(Olfson et al., 2017).

2) 이론적 모형

우울증은 임상적으로 아주 다양하고 이질적인 모습을 보이기 때문에 어떤 단일 이론으로 이러한 복잡하고 다양한 임상적 현상을 모두 설명하기는 어렵다. 그러므로 우울증은 현재 하나의 이름으로 불리고 있지만, 그 안에 여러 유형의 우울증이 있고 각 유형에 적합한 더 자세한 이론적 모형들이 필요하다고 보는 것이 적절할 수도 있다. 여기에서는 우울증을 설명하는 가장 대표적인 이론 중 하나인 Aaron Beck의 인지 이론을 먼저 기술한 후, 최근에 그가 제안한 새로운 통합 모형을 간략히 소개할 것이다.

우울증의 인지 이론은 약 60년 전에 Beck에 의해 처음 공식화되었다. Beck의 초기 모형(1967)이 발표된 이후 수십 년 동안 인지 모형들을 지지하는 결과들이 보고되었고, 초기의 인지 이론이 확장되고 재정의되어 왔으며, 이러한 인지와 우울증에 대한 연구는 우울 삽화의 발병, 유지, 재발에서 인지 편향의 역할에 대한 증거를 제공하였다. Beck의 인지 이론은 대부분의 교과서에서 가장 많이 언급되고 있으므로 핵심 내용만 간단히 기술하고자 한다.

Beck의 인지 이론에 의하면 우울에 취약한 사람은 자신, 세상, 미래에 대한 역기능적 믿음(인지 삼제, cognitive triad)을 가지고 있어서 긍정적 경험으로부터 도움을 받지 못하고 부정적 측면에만 초점을 두면서 우울증을 심화시킨다. 우울증 환자의 생각은 부정적 인지 도식(negative self-schema)이 특징인데, 이는 일종의 조직화된 지식 체계로서 평상시에는 잠복해있다가 대인관계와 관련된 상실과 같은 스트레스 사건에 의해 활성화되어 우울증을 유발할 수 있다. 또한 자동적 사고(automatic thought)는 특정 상황에서 빠르게 떠오르는 생각으로, 우울증 환자는 빈번하게 여러 가지 왜곡된 자동적 사고를 보인다(Dobson et al., 2014). Beck이 우울증 치료를 위해 인지치료를 체계화하면서 행동 실험이 인지 수정에 도움이 된다는 경험과 연구가 축적되었고, 이를 통해 행동치료적 요소가 많이 도입되면서 비로소 인지행동치료가 되었다. 또한 인지 수정 없이 행동을 활성화시키는 것만으로도 우울증이 호전될 수 있다는 연구와 경험이 쌓이면서 우울증의 행동활성화(behavioral activation)치료도 임상적으로 널리 이용되고 있다.

우울증에 대한 기본 인지 이론도 변화, 발전하고 있다. 인지 이론은 초기에 인지에만 집중하고 개인의 감정이나 정서에는 관심이 부족하다는 비판을 받았고, 단순히 인지 재구성만으로 개인의 행동과 정서가 변화할 수 있는가 하는 의구심도 있었다. 최근에는 우울증이 단순히 부정적인 인지에 의해 발생한다는 기본 이론에서 벗어나, 우울증의 다수준 이론(multi-level theory)이 제시되고 있다. 이 이론은 우리가 기존에 말하던 핵심 신념이 단지 인지만으로 구성된 것이 아니라 감각적, 신체적, 정서적, 상황조건적 정보가 모두 포함되어있는 개념이라고 말한다.

최근에 Beck은 그의 이론을 업데이트하여 우울증을 설명하는 새로운 이론적 모형을 제안하였다. Beck과 그의 동료(Beck & Bredemeier, 2016)는 우울증과 관련한 기존의 모든 결과들을 종합해 우울증의 복잡한 특징들을 설명하는 하나의 통합적 모형을 제공하고자 시도했다. 이 모형에서는 우울증을 개인이 관계, 집단 정체성, 개인의 자산 등과 같은 필수 자원(vital resource)의 상실 이후 에너지를 보존하기 위한 하나의 적응 과정이라고 간주한다. 특히 우울증 발병 위험이 있는 사람들에게 이러한 상실은 더 파괴적이며 극복이 어려운 상실로 간주된다. 이러한 상실 이후에 증가한 생리적 반응과 인지 편향은 우울증의 위험이 있는 사람들에게 자기, 세상, 미래에 대한 부정적 신념(인지 삼제)을 활성화시키며, 이러한 믿음들은 슬픔, 무쾌감증, 죄책감과 같은 정서를 방출한다. 필수 자원의 상실을 지각했을 때 에너지를 보존하기 위해 시도한 결과로 무활동이 나타나는 것이다. 다시 말해 무활동은 에너지를 보존시키는 하나의 보호의 목적을 가진다.

에너지를 보존시키는 '우울증 과정(depression process)'은 시간이 지남에 따라 이러한 신념들을 강화한다. 이러한 우울증 과정은 새로운 정보가 출현해 부정적 편향을 수정해주거나 상황 자체가 변화하는 식으로 필수 자원들을 복구할 수 있을 때 중단될 수 있다. 예를 들어 친구와 가족 구성원의 지지, 심리치료자의 치료, 항우울제 처방과 같은 생물학적 치료 등의 외적 요인들이 우울증의 싹을 자르도록 돕는다.

이 모형은 소인, 촉발, 회복탄력성 요인들을 목표로 하는 모든 중재 기법들이 우울증의 위험을 줄이거나 증상들을 경감할 수 있다고 제안하고 있다. 이 모형은 임상적, 인지적, 생물학적, 진화적 관점을 통합적으로 제시한 것으로, 인지와 생물학적 요소의 상호작용에 대한 이해를 목표로 하고 있다. 또한 우울증의 증상과 경과뿐 아니라 자연적인 회복 경향을 강조한다는 점에서 우울증의 원인과 치료에 대한 종합적이고 포괄적인 견해를 제공해주는 측면이 있다. 그러나 하나의 가설적인 이론의 하나일 뿐이므로 추후 다양한 연구들을 통해 검증될 필요가 있을 것이다.

3) 주요우울장애의 치료

하나의 우울 삽화를 치료할 때 궁극적인 목표는 우울 증상의 완전한 관해이며, 나아가 기능의 회복과 재발 방지를 다룬다. 우울 증상의 관해를 달성하기 위해 심리치료, 약물치료, 혹은 둘 모두를 사용할 수 있다. 증상이 심한 주요우울장애 사례들에서 약물은 일차적인 치료 옵션(first-line treatment)으로 고려되어야 할 것이고, 전기 충격 요법은 약물에 반응하지 않는 환자들에게 하나의 옵션이 될 수 있다. 경도에서 중등도 우울증 환자들의 경우 심리치료가 약물치료만큼 효과적이다. 항우울제는 복용 기간 동안에는 가장 효과적이지만 복용을 중단하면 치료 효과도 저하된다. 반면 인지행동치료와 같은 몇몇 심리치료의 효과는 치료 이후 1년 이상 장기적으로 지속된다고 알려져 있다. 주요우울장애의 치료를 위한 최선의 전략은 심리학적 중재에 대한 환자의 선호도, 항우울제와 병행했을 때 심리치료의 효과, 약물과의 비교 효능과 안전함 등을 고려해 치료방법들을 결합하여 사용하는 것이다.

비록 이 장에서는 성인 우울증을 주로 다루고 있지만 우울증의 증상과 치료는 생애 단계에 따라 서로 다른 접근을 필요로 한다. 아동 및 청소년들은 생물학적, 정신생리학적 발달 차이로 인해 우울증의 임상 양상과 치료에 대한 반응이 성인과 다를 수 있으며, 제한된 언어 및 경험 탓에 자신들의 고통을 성인과는 다른 식으로 표현할 수 있음을 염두에 두어야 한다. 또한 동반이환하는 의학적 문제들, 인지 저하, 혈관성 질환의 인과적 역할은 연령이 증가함에 따라 더 확연해지며, 이것은 임상 양상을 변화시키고 치료에 영향을 주게 된다.

　미국심리학회 12분과 근거기반치료대책위원회에서는 우울증에 대해 '잘 확립된 (strong/well-established) 치료'로 인지치료, 행동활성화치료, 대인관계치료, 문제해결치료를 제안하였다고 보고된다(김지인, 권호인, 2019). 각 치료 방식은 서로 다른 개념적 틀에 따라 치료의 골자를 달리하며 상이한 목표를 가진다. 심리치료들은 주요우울장애를 치료하는 데 전반적으로 효과적이지만, 그들 간에 분명한 차이를 보여주는 것은 쉽지 않다. 이러한 어려움의 이유 중 하나는 치료적 이득을 결정하는 요소들이 모든 심리치료에 공통적이며, 따라서 치료 효과적 측면에서 치료들을 서로 완벽하게 구분 짓는 것이 불가능하기 때문이다. 이러한 공통 요소들은 치료자, 치료적 동맹과 연관이 있고 온정, 긍정적 존중, 진정한 의미의 돌봄과 같은 요소들을 포함한다. 하나의 대안적 견해는 각 치료들이 구체적이며 다소 고유의 치료적 요소들을 가지고 있고, 서로 구분되는 경로를 거쳐 변화에 영향을 준다는 것이다. 이러한 견해에서는 치료들 간 차이를 결정하기 위해 이제껏 행해진 것보다 훨씬 더 복잡한 도구들과 규모가 큰 연구들이 필요하다고 주장한다. 여기에서는 지면 관계상 급성과 만성 우울장애 환자들을 위한 대표적인 근거기반 심리치료 기법을 하나씩만 소개한다. 아울러 L씨의 사례에 이러한 심리치료 기법들이 어떻게 적용될 수 있을지 핵심 기법 위주로 간략히 기술할 것이다.

(1) 인지행동치료

인지행동치료(cognitive behavioral therapy: CBT)는 가장 많이 연구되고 가장 광범하게 활용 가능하며 가장 잘 검증된 근거기반 심리치료이며, 처음에는 급성 또는 삽화적 우울증에 대한 개입으로 두각을 나타냈다(Beck et al., 1979). CBT는 주요우울장애 환자들에게 그들의 우울한 기분에 기여하는 부정적 사고 패턴을 확인하는 방법을 가르친다. 구체적으로는 이러한 부정적 사고들을 다루는 기법들을 제공할 뿐 아니라, 그러한 사고들을 좀 더 건강하고 긍정적인 사고로 대체시킨다. L씨와의 면담에서 L씨가 하나의 부정적 경험을 일반화해서 자신이 항상 혹은 완전히 실패했다는 식의 과잉일반화(overgeneraliza-tion)의 인지적 오류(cognitive distortion)를 보이는 것을 확인하였다. 이러한 인지 왜곡은 특히 학업 영역에서 기대만큼 성취하지 못해 인정을 못 받고 좌절할 때마다 '내가 늘 그렇지 뭐. 또 실패했어.'라는 자동적 사고를 하도록 이끄는 것으로 보인다. 따라서 L씨의 치료에서는 학업에서 원하는 만큼의 성취를 이루지 못했을 때 유발되는 자동적인 부정적 사고와 우울한 기분 간의 관계를 이해시키고, 이러한 사고를 멈추고 그것을 긍정적이고 사실에 가까운 생각들로 바꿀 수 있도록 도울 필요가 있다. 예를 들어, 성적이 기대에 못 미치는 상황에서 "잘할 때가 있으면 못할 때도 있는 거지. 내가 이번에는 잘 못했지만 잘 할 때도 많았어." 혹은 "이번에는 제 실력을 못 보였지만 그동안 노력해왔으니까 다음에 는 좋은 결과가 있을 거야."와 같은 새로운 관점의 대안적인 사고로 수정할 수 있도록 도 와야 한다.

자동적 사고가 다양한 상황에 부딪혔을 때 사람들이 반사적 혹은 자동적으로 떠올리게 되는 사고라면, 역기능적 신념은 어린 시절의 경험을 통해 형성되며 어떤 특정 사건이나 상황에 관련된 생각이 아닌 모든 상황에 적용되는 일반화된 사고를 말한다. L씨의 경우 '나는 열등하고 무능하다'는 역기능적 핵심 신념을 지니고 있는 것으로 파악된다. 부적응을 유발하는 L씨의 핵심 신념은 "어떤 일은 제대로 하지만 어떤 일에서는 실수도 하는 사람이다.", "나는 많은 일에서 유능한 편이다.", "이 정도면 나도 유능한 편이다." 와 같은 대안적인 핵심 신념으로 수정할 수 있도록 한다. 이러한 대안적이고 적응적인 핵심 신념을 찾게 되면 이를 지지하는 객관적인 증거를 확보해야 하는데, 그가 명문 4년 제 대학을 한 번에 합격한 사실이나 대학에서 조별 과제가 적은 과목에서는 성적이 좋았 던 사실 등이 그 증거가 될 수 있다. 다만 새로운 핵심 신념이 제대로 자리를 잡기 위해 서는 상당한 시간이 소요될 수 있다.

(2) 인지행동적 분석시스템

CBT는 급성우울증 치료에서는 좋은 평가를 받지만 만성우울장애(Persistent Depressive Disorder: PDD)의 치료에서는 기대에 못 미치는 평가를 받고 있다(Sudak, 2012). 우울증 이 사실상 흔히 재발하는 만성적인 경과를 지니기 때문에 여기에서는 PDD를 위한 근거 기반치료로 알려진 심리치료의 인지행동적 분석시스템(cognitive behavioral analysis system of psychotherapy: CBASP)을 간략히 소개하고자 한다.

CBASP는 PDD 환자에게서 흔히 발견되는 고착된 역기능적 대인관계 방식과 부적응적 인지행동 패턴을 다루기 위해 고안되었다(McCullough, 2000). CBASP 이론은 PDD 환자들이 부적응적이고 경직된 대인관계 패턴을 유지한 상태로 치료를 시작하게 되고, 현재 자신을 둘러싼 환경이 주는 정보를 파악하지 못한 채 비생산적인 상호작용에 갇혀 있다는 것을 전제로 한다. 구체적으로 CBASP 접근은 우울증 환자가 자신이 직면하는 생활 사건에 스스로가 기여하는 바를 파악하지 못하며 인지 요법에서와 같이 이성적 논박(rational disputation)에 의존하는 치료 전략은 PDD 환자에게 효과적이지 않을 것이라는 이론을 내세운다. CBASP의 일차적인 목표는 환자들이 이전에 비해 유연한 대인관계 상호작용을 하고 치료자와 타인에 대한 공감적 반응을 할 수 있도록 돕는 것이다. 이것은 환자의 정서적 안정감을 증가시키고 주변 환경과 보다 효과적으로 접촉하게 함으로써 달성된다. CBASP 접근은 대인관계기술이 부족한 환자와의 치료 과정 초기에, 치료자가 학습을 촉진하기 위한 사회적—정서적 환경의 대표자로서 개입할 필요성을 명시적으로 기술한다는 점에서 다른 치료법과 다르다(McCullough, 2006).

이제부터 CBASP의 핵심 기법에 속하는 중요한 타인 히스토리(significant other history: SOH), 전이가설(transference hypothesis: TH), 전이가설에 기반한 차별적 대인관계 훈련(interpersonal discrimination exercise: IDE), 수반성 개인적 반응(contingent personal responsivity: CPR), 상황분석(situational analysis: SA) 등을 L씨의 사례와 연결해서 간략히 소개하겠다. 우선, CBASP의 치료 과정에는 중요한 타인에 대한 히스토리를 기록하는 절차가 포함된다. 구체적으로 환자는 자신의 삶에서 결정적이고 영향력 있는 역할을 한 중요한 사람들의 명단을 약 3~5명 정도로 작성한다. 이들의 영향은 긍정적일 수도 혹은 부정적일 수도 있다. 치료자는 명단의 인물들을 순서대로 함께 검토하면서 각 인물에 대해 하나의 인과 이론 결론(causal theory conclusion)을 도출해낸다. 인과 이론 결론은 환자가 현재의 모습이 되도록 기여한 중요한 타인의 영향이나 결과물을 나타내야 한다. 이를 위해 "이 사람이 지금의 당신에게 어떤 영향을 주었나요?", "이 사람 주변에서 성장하거나 이들 곁에 있는 것이 당신의 인생 방향에 어떤 영향을 주었나요?", "이 사람 곁에 있었던 결과 당신은 어떤 사람이 되었나요?"와 같은 질문을 할 수 있다.

L씨의 사례에서 어머니는 학업 성적으로 남들과 L씨를 늘 비교하였고 사소한 실수나 잘못조차 지적하고 야단쳤으며 칭찬에 매우 인색했다. 아버지는 성격이 급하고 욱하는 성미가 있으며 가끔씩 체벌도 하였다. 형은 L씨가 모르는 것을 물어보면 바보 취급하

면서 무시하고 잘난 체를 하였다. 이러한 내용을 통해 예상되는 L씨의 중요한 타인 히스토리는 다음과 같을 것이다.

중요한 타인 히스토리(SOH)

중요한 타인	인과 이론 결론
어머니	"남에게 인정받기 위해서는 뒤처져서도 안 되고 실수해서도 안 된다."
아버지	"남자는 위험하고, 예측할 수 없어 혼란스러우며, 믿을 수 없다."
형	"남에게 무언가를 부탁하거나 물어보면 내가 멍청하다는 것을 드러내는 것이다."

중요한 타인 명단이 모두 작성되면 치료자는 하나의 전이 가설을 수립한다. 이것은 환자가 중요한 타인에 대한 자신의 기대와 습관적 반응을 어떻게 치료자와의 관계에 전이시키는지와 관련이 있다. 아래의 대인관계에서 일어나는 4개의 전이 가설 예시는 CBASP에서 중요하게 다루는 대인관계 상호작용에서 일어나는 4개의 전이 영역들을 보여준다. 전이 가설은 "~하면 ~할 것이다"와 같은 진술로 표현된다.

4개의 전이 가설(TH)

전이 영역	내용	진술 예시
친밀감 (intimacy)	환자 또는 치료자에 의한 대인관계 친밀감의 표현	"내가 치료자와 감정적으로 가까워지면 그녀는 나를 해칠 것이다."
욕구에 대한 표현 (disclosure of need)	치료자를 향한 정서적 욕구의 직·간접적 표현	"내가 개인적인 문제나 욕구를 치료자에게 표현하면 그녀는 그것을 나에게 불리하게 사용하고 나를 모욕할 것이다."
실수 (making mistakes)	환자가 어떤 일에 실패하거나 치료 회기 중 실수하는 상황	"치료자와 상담하면서 실수를 하면 그녀는 나를 꾸짖고 거부할 것이다."
부정적 감정의 표현 (expression of negative affect)	치료자를 향한 직접적이거나 간접적인 부정적 정서 경험이나 표현	"치료자에 대한 부정적 감정을 표현하면 그녀는 나를 처벌하거나 버릴 것이다."

일반적으로 4개 영역 중 가장 우세한 영역을 골라 하나의 전이 가설을 수립하는데, 이것은 환자의 행동에 가장 뚜렷하게 영향을 미치는 외상과 관련이 있을 것이다. 치료자는 환자의 대인관계 상호작용에서 친밀감, 욕구에 대한 표현, 실수, 부정적 감정의 표현

과 관련하여 예상되는 결과에 대한 가설을 세운다.

L씨의 경우, 과거의 외상적 대인관계 경험을 토대로 어떤 일에 실패하거나 치료 회기 중 실수하는 상황에서 치료자가 자신을 꾸짖고 거부할 것이라는 예상을 하면서 치료자에게 전이를 나타낼 수 있다. 즉, 실수와 관련된 하나의 전이 가설을 수립할 수 있다. 이러한 전이 가설에 의해 시사되는 환자의 핵심 불안이 치료 회기 동안 일어나는 순간을 '핫스팟(hot spot)'이라고 하며, 치료자는 이 핫스팟을 차별적 대인관계훈련의 신호로 활용한다. L씨의 사례에서 전이 가설에 기반한 차별적 대인관계훈련은 다음과 같이 실행될 수 있다.

차별적 대인관계훈련(IDE)의 단계

단계	내용
1단계	차별적 대인관계훈련은 환자와 치료자 사이에 회기 중에 확인된 전이 가설과 관련 있는 사건이 발생할 때마다 실시할 수 있다. L씨의 확인된 전이 가설은 "치료자와 상담하면서 실수를 하면 그녀는 나를 꾸짖고 거부할 것이다."이다. 따라서 L씨가 상담 회기 중에 범한 작은 실수에 대해 쩔쩔매며 치료자의 반응을 지나치게 살핀다면, 이는 차별적 대인관계훈련을 사용하기에 좋은 때라 볼 수 있다.
2단계	치료자는 따뜻하고 부드러운 대인관계 스타일로 환자에게 몇 가지 질문을 하여 차별적 대인관계훈련을 실행한다. 치료자: 방금 저에게 공유한 것을 어머니와 공유했다면 어머니는 어떻게 했을까요? L씨: 아마도 제 실수를 즉각 지적하며 야단을 쳤을 거예요. 치료자: 네, 당신이 말한 대로 당신의 어머니가 그렇게 했을 거라고 믿어요. 질문 하나 해볼게요. 제가 방금 당신에게 어떻게 반응했나요? L씨: 당신은 친절하고 이해심이 많았습니다. 치료자: 과거 어머니의 반응과 지금 제 반응의 차이점은 무엇인가요? 그때 경험한 것과 방금 경험한 것의 차이점은 무엇인가요? L씨: 어머니는 제 실수나 잘못을 호되게 꾸짖으며 바보 같다고 했을 거예요. 그런데 당신은 제 말을 듣고 이해했고 친절하고 도움을 주려고 했어요. 치료자: 이 상황에서 제가 당신에게 어머니와 다르게 반응한다면 그것은 당신의 대인관계에 어떤 의미가 있죠? L씨: 잘 모르겠지만 기분이 편안해지고 더 안전하다고 느껴져요. 다소 희망적이네요.

환자는 이러한 차별적 대인관계훈련을 통해 과거 상처를 주고 회피행동을 초래했던 외상적 대인관계 경험과는 차별적인 새로운 감정(예: 안전감)을 경험할 수 있다. 이러한 새로운 정서적 경험은 환자에게 치료자와의 새로운 대인관계 상호작용에 대한 인식을 일깨우기 위해 사용되어야 한다. 그런 다음 치료자는 환자가 외부에서 치료자와 비슷하게

적절한 반응을 해줄 상대를 찾도록 도와 현실적인 대인관계 기회를 가질 수 있게 한다. 초기 외상적 경험의 치유는 환자가 과거에 자신에게 상처를 주었던 사람들을 치료자와 성공적으로 구분할 수 있을 때 이루어진다.

또한 치료자는 수반성 개인적 반응을 사용해 환자가 치료자에 대한 자신의 행동의 영향이나 결과에 대해 주의를 둘 수 있게 돕는다. 치료자는 회기 안에서 보이는 환자의 대인관계 문제행동을 확인하고 명명해주며, 치료자에게 미치는 정서적 영향을 밝히고 적응적인 행동을 가르쳐준다. 예를 들어, 치료자는 "당신이 그 말을 했을 때 나는 무시당한다고 느꼈습니다."라고 말할 수 있다. 그런 다음 치료자는 "당신은 왜 저나 저의 노력을 평가절하하고 싶은가요?"와 같은 질문을 통해 환자와 그 문제를 함께 탐색한다. 나아가 치료자는 회기 내 환자의 부적응적 행동에 의해 유발된 개인적 반응과 감정들을 공개함으로써 환자가 자신이 한 행동의 영향이나 결과에 대해 알아차리도록 돕는다. 다시 말해 치료자는 환자에 대한 자신의 개인적인 반응을 공개적으로 이야기하고("당신이 여기서 시간 낭비하고 있다고 말하는 것만으로도 저는 우리의 치료적 작업에 대해 비관적이게 되네요."), 이러한 반응을 끌어낸 환자의 행동을 확인하여("제가 당신을 전혀 돕지 못할 거라고 지속적으로 말하는 당신의 행동이 지금 제가 어떻게 느끼고 어떤 생각을 하고 당신에게 어떤 반응을 할지에 영향을 주었다는 걸 깨달았나요?"), 치료자의 반응이 환자와 치료자와의 연결에서 나온 것임을 명시적으로 보여주어야 한다. CBASP에서 치료자는 회기 내 부적절한 환자의 행동에 대한 환경적 결과로써 기능한다. 치료자는 환자와 환경(치료자)과의 연결을 알려주고, 상처를 주거나 치료 진전을 방해하는 행동들을 수정하도록 가르치며, 새롭게 획득된 대인관계기술들을 치료 장면 밖에서 적용할 수 있도록 돕는다.

상황분석은 CBASP 치료자가 PDD 환자의 인지, 행동, 정서 및 대인관계기능장애를 수정하는 데 도움이 되는 주요 기술이다. 상황분석에서 환자는 자신의 행동과 말이 자신과 타인에게 영향을 미친다는 것을 인식해야 한다. 치료자는 환자에게 대인관계 인과성(interpersonal causality)의 순간이나 상황을 이용해 타인과 상호작용하는 환자의 방식이 그들의 우울증을 유지시킨다는 것을 알게 한다. 상황분석은 반복적인 절차이며 치료 과정의 약 70%를 차지한다(Swan & Hull, 2007). 환자는 각 회기 사이에 최소한 하나의 대처 조사 질문지(Coping Survey Questionnaire: CSQ)를 작성해야 한다. 환자는 자신이 경험한 대인관계 문제 상황들에 대한 세부적 내용을 CSQ에 기록한다. 그런 다음 치료자는

CSQ를 사용하여 PDD 환자에게 특징적으로 결함이 나타나는 사회적 문제해결 기술을 가르친다.

상황분석은 도출(elicitation)과 교정(remediation)의 두 단계로 구성된다. 도출 단계에서는 문제가 되는 대인관계 방식에 대한 상황분석을 통해 환자의 행동적, 인지적 그리고 대인관계적 병리의 형태와 결과가 확인되고 드러난다. 다음의 CSQ는 L씨가 회기에 가져온 상황분석 도출 단계의 결과를 보여준다.

대처 조사 질문지

환자: L　　치료자: P　　세션 날짜: ○○년 ○월 ○일
지시문: 지난주에 일어난 주요 스트레스 사건을 하나 선택하고 아래 형식을 사용하여 설명하십시오. 질문지의 모든 부분을 작성해주세요. 다음 치료 회기에서 치료자가 당신이 작성해온 상황분석을 검토하는 것을 도와줄 것입니다.

상황 장소: 학교　　　　　　사건 발생 날짜: ○○/○○/○○

1	무슨 일이 일어났는지 설명하시오.

지난주에 학교에서 토론 수업이 있었다. 교수님이 나를 지목하면서 토론 주제와 관련해 의견이 있는지를 물었다. 나는 생각이 나지 않는다고 말했다(사실 의견이 있었지만 말하지 못했습니다). 주변 친구들이 웃었고 교수님은 다음 사람을 지목했다.

2	일어난 상황에 대해 어떻게 해석하나요?

나는 사람들과 이야기할 때 쓸모가 없다. 사람들이 전부 내가 이상하고 멍청하다고 생각했다.
토론과 의견 제시는 학교생활의 일부이고 이런 일들을 해낼 수 있어야 한다.

3	그 상황에서 무엇을 했는지 설명하시오.

당황하고 얼어붙고 부끄러워하였고 말도 더듬었다.

4	그 상황의 결과가 무엇이었는지 설명하시오. (실제 결과)

엉망이었다. 나는 필요한 혹은 원하는 말을 하지 못했다.

5	그 상황이 어떻게 되기를 원했는지 설명하시오. (원하는 결과)

토론을 위해 가지고 있던 내 의견을 제기하고 싶었다.

6	원하는 것을 얻었습니까? (네 / 아니요)

아니요.

7	원하는 것을 얻지 못했다면 그 이유가 무엇이라고 생각하나요?

내가 아무 말도 못했기 때문에

교정 단계에서는 도출 단계에서 확인된 환자의 병리적 사고, 행동, 관계 패턴을 목표로 삼는다. 그러한 역기능의 패턴은 새로운 행동 패턴이 확립되고 이전에 문제가 있었던 사회 환경(즉, 타인)과의 상호작용이 더 바람직하거나 기능적인 것으로 전환될 때까지 교정된다. 이때, 도출 단계에서 확인된 해석은 환자가 제안하고 기록한 그대로 받아들여진다. 교정 단계에서 치료자의 역할은 이러한 해석으로 되돌아가서 환자가 자신이 한 행동이 초래하게 되는 결과들을 알도록 돕는 것이다. 각 해석은 차례로 검토된다. 다음은 상황분석 교정 단계의 예로, 필요 부분만 축약하여 제시하였다.

상황분석(SA) 교정 단계

단계 1A	해석 검토하기	치료자: 그럼, 다시 상황으로 돌아가서 당신이 원하는 결과를 얻기 위해 무엇이 변해야 할지를 봅시다. 우리가 가장 먼저 살펴볼 것은 당신이 상황을 해석하거나 지각하는 방식입니다. 첫 번째 해석으로 당신은 "나는 사람들과 이야기할 때 쓸모가 없다"고 말했습니다. 그 해석이 적절하고 정확한가요? L씨: 아니요. (한동안 침묵) 너무 일반적입니다. 치료자: 당신은 그 상황에서 처음에 어떤 생각을 할 수 있었을까요? 당신이 생각을 상기시킬 수 있도록 해줄게요. "지난주에 학교에서 토론 수업이 있었다. 교수님이 나를 지목하면서 토론 주제와 관련해 의견이 있는지를 물었다." L씨: (잠시 후) 저는 '나는 이전에 이 사람들 앞에서 말한 적이 있다'고 생각할 수 있었어요. 치료자: 그러한 생각은 그 상황에서 정확하고 적절한가요? L씨: 네. [이것은 환자가 일반화되거나 상황과 무관한 방식으로 사고한 결과에 자신의 주의를 집중시키도록 고안된 질문이다. 그다음에는 흔히 이러한 사고의 영향에 대한 논의와 조사가 이루어진다.] 치료자: 당신은 두 번째 해석에서… [각 해석은 차례대로 수행되고 위의 단계대로 진행하게 된다.] 참고: 해석 2("사람들이 전부 나를 이상하고 멍청하다고 생각했다.")는 부정확하고 무관하다. 이러한 해석은 독심술과 감정적인 사고를 포함한다. 해석 3("토론과 의견 제시는 학교생활의 일부이고 이런 일들을 해낼 수 있어야 한다.")은 정확하고 적절하다.
단계 1B	행동 해석	[만약 환자의 해석 중 행동 해석이 없다면 이 시점에서 찾아야 한다. 행동 해석이란 환자가 행동을 취할 수 있도록 촉진하는 생각을 말한다.] 치료자: 그런 해석은 당신이 원하는 결과를 주지 못합니다. 무슨 생각을 할 수 있었을까요? 어떻게 행동할 수 있었을까요? L씨: 마음속으로 말할 문장을 미리 생각한 후에 교수님께 "제 의견은 …… 입니다."라고 말할 필요가 있었어요. 치료자: 그렇게 생각했다면 당신의 목표에 좀 더 가까워졌을까요? L씨: 네, 그럴 것 같아요.

단계 2	치료자: 당신이 말한대로 생각했다면 당신의 행동은 어떻게 달라졌을까요? L씨: 마음속으로 말할 문장을 되뇌면서 제 차례를 준비할 수 있었어요. 그랬으면 얼지 　　않았을 것 같아요. 치료자: 그렇게 행동했다면 당신이 원하던 결과가 나왔을까요? L씨: 제 생각엔 그래요.
단계 3	치료자: 여기서 무엇을 배웠나요? L씨: 토론 수업 시간에 말해야 할 내용을 마음속으로 연습하고 나서 그것을 말할 필요가 　　있다는 것이요. 치료자: 그렇게 하기 위해서 무엇이 필요할까요? L씨: 제가 침착할 수 있어야 해요. 치료자: 우리는 함께 당신이 그렇게 될 수 있는 방법들을 찾아볼 수 있습니다.
단계 4	치료자: 당신이 여기서 배운 것을 적용할 수 있는 다른 비슷한 상황이 있을까요? L씨: 이런 일들은 늘 일어나요. 학교에서든 부모님과 함께 있을 때든 여기서든요. 치료자: 우리가 해야 할 일이 많네요!

임상적으로 PDD 환자들은 "나는 그저 쓸모없는 사람일 뿐이에요. 완전히 실패했어요."라는 식으로 일반화된 사고를 하는 경향이 있다. 경험적으로 볼 때 상황분석 기법은 문제가 있는 대인관계 상호작용을 개별 상황에 따라 각각 분리해서 바라보도록 함으로써 이런 식의 생각이나 해석을 억제하도록 돕는다. 또 상황분석을 수행하는 방법을 배우면서 환자는 이전에는 자신이 주는 영향이 거의 없다고 지각하던, 그리고 서로 관련이 없는 것처럼 보였던 대인관계적 사건들이나 상황들에 일정한 질서와 패턴이 있다는 것을 알아차리기 시작한다.

CBASP는 한 사람의 심리학(one person psychology)이 아니라 두 사람의 심리학(two person psychology)을 옹호하며, 치료 장면에서의 환자와 치료자 간 상호작용이 중요하게 다루어진다. CBASP는 CBT의 한 변형 또는 대인관계 심리치료로 오인되어서는 안 되며 이론적 토대와 초점이 사뭇 다르다. 다만 CBT나 대인관계 심리치료와 같은 구조화된 치료에 대한 경험이 있는 치료자라면, 임상적으로 PDD 환자들을 치료할 때 CBASP 기법의 적용을 배우고 받아들이는 데 부담을 덜 느낄 수 있다.

03

양극성장애

Bipolar Disorder

임상 사례

1) 주 호소 문제와 현 병력

대학생인 22세 여성 J씨는 자신이 속한 대학의 임상심리클리닉에 상담을 신청하였다. 당시 주 호소 문제는 진로에 대해 아무도 도움을 주지 않아 인생이 암울하게 느껴진다는 것이었다. 이는 학교 장면에서 흔한 호소 문제이지만 더 큰 정신과적 문제를 숨기고 있는 경우가 많으므로 보다 환자의 문제를 정확히 알기 위해 추가적인 면담이 실시되었다.

치료가 필요할 정도의 우울 증상을 느낀 것은 17세인 고등학교 1학년 때였다. J씨는 애니메이션에 관심이 많아 친구와 함께 예술계 고등학교에 진학하고 싶었으나, 부모님의 반대로 집과 거리가 먼 지역에 있는 학교에 진학하였다. 낯선 친구들만 있는 학교에서 J씨는 마음을 터놓을 수 있는 친구를 사귀지 못했다. 단순히 불편하고 외롭기만 한 것이 아니라 누군가 자신의 사물함과 책상 속 물건들을 헤집어놓는 것 같다거나, 친구들이 자기 이야기를 수군대는 것 같은 느낌을 자주 받았다. J씨는 중학교 때 당한 왕따가 재현되는 것처럼 느껴졌고, 심한 불안감과 경계심 때문에 공부에 집중하기 어려운 상태로 첫 두 달을 보냈다. 그러자 성적이 중하위권으로 떨어졌다. 이에 충격을 받은 어머니가 J씨의 호소를 듣게 되었고 담임교사와 면담을 진행하였다. 하지만 담임교사는 왕따의 존재를 부정하고 오히려 J씨의 행동이 비정상적이라며 병원 상담을 권유하였다. J씨는 어머니의 손에 이끌려 동네 정신건강의학과 의원에 방문하였고 처방받은 약을 잠시 복용하였으나 차도가 없었다. 어머니는 약을 그만 먹으라고 요구하였고 J씨도 더 이상 병원에 가지 않았다. J씨는 학교에 적응할 방법을 찾다가 애니메이션 동아리에 가입해 몇몇 친구들을 사귀었다. 그러고 나니 물건에 손대는 애들이 없어진 것 같았다.

그러나 이후에도 고등학교에서의 학업은 순탄치 않았다. J씨의 수능 성적으로는 부모님이 바라는 서울지역 상위권 대학에 가기 어려웠다. 부모님은 적성보다는 점수에 맞추어 대학에 가길 강요했고, 결국 J씨는 서울지역 중하위권 대학의 사회과학부에 진학하였다. J씨는 학교가 마음에 들지는 않았지만 잘 적응해보겠다고 다짐하며 신입생 새로배움터에 참여했다. 그런데 여기서 중학교 시절 자기를 왕따시키던 아이들 중 1명을 발견했다. J씨는 그 아이가 자신을 알아보고 주변에 자신의 과거 이야기를 할까 봐 두려워졌다. 그래서 새로배움터 자리를 이탈해 집으로 돌아왔다.

그 이후 J씨는 이번 대학생활도 모두 망해버렸다고 생각하면서 방에만 틀어박혔다. 심한 우울 기분과 무력감에 휩싸였고 며칠 동안 잠만 자다가 간신히 일어나 밥을 먹는 상황이 반복되었다. 또한 J씨는 종종 부모님 때문에 자기 인생이 모두 망가졌다는 생각이 들어 큰 분노를 느꼈고 어머니에게 소리를 지르고 싸우는 일이 늘었다. 한 번은 J씨가 자는 사이에 어머니가 미용실에 다녀왔는데, J씨는 변화된 어머니의 스타일이 너무 낯설게 느껴지면서 어쩌면 저 사람이 자신의 어머니가 아닐 수도 있다는 의구심이 떠올랐다.

증상이 장기화되자 J씨는 1학년을 휴학하고 서울에 있는 대학병원에 입원하였다. 의료진은 주요우울장애로 진단 내리고 항우울치료를 시작했지만, 가을이 될 때까지도 우울과 불안정한 기분에 큰 호전이 없었다. 이에 의료진이 진단을 양극성장애로 변경하고 기분안정제치료를 진행하자 증상이 안정되기 시작했다.

J씨는 퇴원 후 병이 다 나았다는 생각에 약 복용을 중단하고 겨울방학 동안 복학을 준비하려 했다. 하지만 다시 학교로 돌아가려고 생각하니 막막해져서 그냥 집에서 평소에 취미로 그리던 그림을 만화로 그리기 시작했다. J씨는 이 만화를 웹툰 작가 공모전에 올렸는데 '너무 재미있다', '후속편을 기대한다'는 댓글이 올라오는 등 예상 외로 반응이 좋았다. 이에 고무된 J씨는 새로운 작업에 대한 의지가 샘솟는 것을 느꼈고, 며칠 밤을 새우면서 그림을 수정하고 스토리를 만들었다. 웹툰에 대한 좋은 반응이 많아질수록 집밖에 낯선 사람이나 차들이 지나갈 때 혹시 저 사람들도 내 작품을 보고 찾아온 팬이나 취재진은 아닐까 하는 생각이 들었다. 그럴수록 후속작을 만들어야 한다는 생각에 작업에 몰두하였고, 하루에 1~2시간만 자면서 작업을 지속했다.

초기 두 편의 연재가 좋은 반응을 얻었다고 생각한 J씨는 본격적으로 프로 작가가 되고자 마음먹었고 이를 위해 작업실이 필요하다고 생각했다. 집을 나와 서울시내 주요 번화가의 부동산을 돌아다니며 사무실을 알아보았고, 청담동의 100여 평 규모 오피스를 계약하였다. 하지만 당장 지불 능력이 없었던 J씨는 사무실에 선입주하고 웹툰 구독료를 배분받으면 돈을 주겠다고 우겼다. 공인중개사는 계약을 거부했고, J씨는 공인중개사에게 폭언을 하며 집기를 던지는 등 폭력적인 모습을 보였다. 공인중개사의 신고로 J씨는 경찰에 이송되었고 과도한 흥분상태에서 횡설수설했다. 결국 J씨는 봄에 입원했던 대학병원 정신건강의학과 보호병동에 다시 입원하였으며 두 달간의 입원치료가 진행되었다.

새 학기가 시작되기 직전 퇴원한 J씨는 복학하여 다양한 진로를 알아보기 시작했다. 그러다 우연히 미술치료사라는 직업이 존재한다는 글을 보았다. 그 순간 지금까지 자신이 고통받은 것은 환우들을 치료하기 위해 우주가 자신에게 부여한 운명이라는 생각이 들었다. J씨는 몇 날 밤을 새우며 미술치료와 관련된 정보를 모았다. 그리고 심리학과 교수님과 상의해 2학년부터 심리학과에 들어가 미술심리치료를 배울 계획을 세웠다. 그러나 처음 선택한 심리학개론 수업의 교수님은 미술치료와 심리학이 아무 관련이 없다는 말을 하였고, J씨는 큰 좌절과 혼란에 빠졌다. 자신의 인생은 원하는 대로 되는 게 아무것도 없다는 생각에 우울한 기분이 들고 학교를 다니고 싶은 마음도 생기지 않아 수업에 자주 결석했다.

이를 염려스럽게 여긴 한 교수님이 J씨와 면담을 하였고, 교수님의 권유로 J씨는 지난 방학 때 입원했던 병원을 다시 찾아 약 처방을 받았다. 처방받은 약을 복용하여 어느 정도 우울 증상이 감소하던 중, 과에서 사귄 친구가 심리학과 내의 임상심리클리닉을 이용했던 이야기를 들려주며 이곳에 가볼 것을 추천하였다. 이에 J씨는 조언을 받기 위해 임상심리클리닉에 방문하게 되었다.

2) 가족력 및 개인력

J씨는 1남 1녀 중 막내로 태어났다. 부모님이 첫째 아들을 낳은 뒤 딸을 원해서 둘째를

임신했다. 어머니는 바라던 딸 J씨를 낳았으나 출산 후 장기간 산후우울증에 시달렸다. 밤에 모유 수유를 하니 불면증과 스트레스가 심해 두 달 만에 이를 중단했고, 자주 울고 보채는 아이를 키우는 데 큰 어려움을 느꼈다. 어머니는 밤중에 우는 J씨에게 우유병을 물려주고 방치하는 일이 잦았다. 이후 J씨는 잠자리에 들기 전에 엄마를 찾으며 불안해 하거나 새벽에 잠을 깨서 엄마를 찾으며 우는 모습을 자주 보였다고 한다.

J씨는 어머니를 차갑고 거리감이 있는 사람으로 기억하고 있다. 특히 6세 때 동네 오빠가 J씨의 치마를 들추고 몸을 만지는 성추행을 한 사건에 대해 어머니에게 이야기하자, 어머니가 오히려 J씨에게 화를 내면서 나무랐던 것이 서운함으로 남아있다. 이후 J씨는 개인적인 고민이 있어도 최대한 혼자 마음에 간직하게 되었다. 아버지에 대한 기억은 특별히 없다고 한다. 어머니와 아버지의 관계는 그다지 좋지 않았고 자주 말다툼을 했으며, 그때마다 J씨는 두 분이 자신을 버리고 떠나면 어쩌지 하는 두려움에 밤잠을 설치곤 했다.

J씨가 처음 우울감을 경험한 것은 중학교 때였다. 당시 또래들 사이에서는 돌아가면서 왕따를 시키는 왕따 놀이가 유행하였고, J씨도 친구들로부터 왕따를 당했다. 이때 J씨는 심한 우울감을 느꼈으며 죽고 싶은 마음까지 들었다. 우울감이 극심해진 J씨는 학교에서 돌아오면 온종일 침대에만 누워있고 식사도 제대로 하지 않았지만 부모님은 특별한 관심을 보이지 않았다. 용기를 내서 어머니에게 이야기를 했으나 고작 그런 일로 학교를 가기 싫어하냐는 핀잔만 들었을 뿐이었다. J씨는 그때 세상에 혼자 버려져 외톨이가 된 느낌을 받았으며 부모님에게 많은 실망을 하게 되었다.

3) 행동 관찰

위생 상태가 불량한 정도는 아니지만 생기 없는 표정과 푸석한 피부, 다소 헝클어진 머릿결 등에서 피곤함과 에너지 부족이 느껴졌다. 새로운 질문이나 검사를 진행할 때는 다소 경계하는 태도로 이것이 어떤 용도로 활용되는지를 궁금해했으며, 지능 검사의 시행에서 이러한 경향이 더 두드러졌다. 말이 느리고 음량도 적은 편이지만 자신의 작품 활동이나 미래 계획 등을 묻는 질문에는 적극적으로 답변하였다.

2

심리평가

1) 평가 계획

양극성장애를 진단하기 위해서는 (경)조증 삽화와 주요우울 삽화를 모두 확인해야 한다. 얼핏 들어서는 매우 간단한 작업일 것 같지만 두 삽화의 존재, 특히 조증이나 경조증 삽화의 존재를 확인하는 것은 매우 어렵다. 양극성장애 환자들은 병의 대부분 시기를 우울 삽화로 보내는데, 유병 기간에서 조증이나 경조증 삽화를 경험하는 비율은 10%에 불과하다는 보고들도 있다(Judd et al., 2002; Judd et al., 2003). 병의 시작도 보통 주요우울 삽화여서 많은 양극성장애 환자들은 첫 번째 (경)조증이 나타나기 전 많은 우울 삽화를 경험하면서도 정확한 진단을 받지 못한다. J씨의 사례에서도 상담신청 당시 주 호소 문제에 조증과 관련된 어떤 언급도 없었으며, 중·고등학교 때 각 1회 이상씩 우울 삽화를 경험했을 것으로 추정되는 보고를 받았으나 조증 관련 언급은 없었다. 임상심리학자가 특별히 주의를 기울이지 않는 한 우울증의 일종으로 판단되기 쉬운 상황인 것이다.

이러한 한계는 본질적으로 기술적(descriptive) 진단체계 자체에 내재되어있다. 병의 고유한 특성이 아닌 외적 표현형에 기반하여 진단을 내려야 하기 때문에, 진단에 필요한 모든 증상이 발현되기 전까지는 언제나 결정에 오류가 존재할 수 있다. 이 한계를 극복하기 위해서는 양극성장애 환자들만이 보이는 고유의 특징들에 주목할 필요가 있다.

첫 번째로 주목할 것은 역치하 증상의 탐색이다. 환자들이 대부분의 시간을 우울 삽화로 보낸다고 해서 이들에게 양극성장애를 시사할 만한 증거들이 나타나지 않는 것은 아니다. 이들의 과거력을 면밀히 탐색하면 삽화의 기준에 미달하는 조증이나 경조증 증상들을 발견할 수도 있다. J씨의 직전 입원을 초래했던 삽화는 분명 조증을 의심할 만하다. 본인의 회상만으로도 과민한 기분, 목표 지향적 행동, 수면 욕구의 감소가 일주일 이상 지속되었음을 확인할 수 있었다. 하지만 환자에게서 추가적인 정보를 얻을 수는 없었기 때문에 이 삽화는 잠정적으로 역치하 조증 삽화로 기록되었다. 당시의 문제가 조증 삽화에 해당하는지는 보다 다양한 정보원을 통해 검증해야 한다.

심리학자로서 임상심리전문가가 취할 수 있는 또 다른 선택은 심리평가 도구들을 활용하는 것이다. 범주적인 진단체계와 달리 심리 척도들은 차원적 관점에서 환자의 증상을 평가할 수 있다. 평가는 직접적으로 (경)조증 증상들을 측정하는 방식과 간접적으로 양극성관련 성격이나 기질특성을 확인하는 방식이 존재한다. 직접적 방식을 사용하는 검사들로는 한국판 기분장애 질문지(Korean Version Mood Disorder Questionnaire: K-MDQ)(전덕인 등, 2005), 양극성 범주장애 진단 척도(Bipolar Spectrum Diagnostic Scale: BSDS)(Ghaemi et al., 2005), 경조증 증상 체크리스트(Hypomania Checklist: HCL-32)(Angst et al., 2005) 등이 있다. 보다 간접적인 방식의 성격 평가 도구로는 경조증 성격 검사(오진경 등, 2018)가 있다. 이 도구를 이용하면 조증을 경험한 적이 없는 환자들의 경조증 성향을 확인할 수 있다. 그 외에도 임상심리학자들이 전통적으로 사용하는 MMPI-2나 로르샤흐 검사 등이 있지만, 이 도구들은 양극성장애의 직접적인 증거를 찾기보다는 환자의 진단에 참고할 만한 정보들을 획득하는 데 보다 유용하다.

임상심리학자가 진단을 위해 주목해야 하는 다른 영역은 가족력이다(곽경필, 2007). 양극성장애의 경우 단극성우울장애에 비해 유전적인 영향이 큰 것으로 알려져 있어서(Belmaker, 2004), 가족 중 양극성장애를 경험한 사람이 있는지가 진단에 중요한 정보가 된다. 다만 부모 세대가 살던 시기에는 양극성장애의 진단에 대한 개념이 잘 확립되어있지 않았다는 점에 주의해야 한다. 따라서 환자 본인과 가족 모두 부모님이나 친척이 양극성장애를 진단받았다고 대답하는 비율이 낮을 수 있다. 아마도 막연하게 정신과 질환이 있었다거나 우울증을 앓았다는 식으로 답변하는 경우가 흔할 것이다. 실제 연구들에서도 양극성장애 I형의 경우 기분장애의 가족력이 50%에 이른다는 주장도 있다(Belmaker, 2004). 따라서 가족력을 탐색할 때는 기분장애가 존재했었는지, 그리고 기분장애 삽화기에 어떤 증상들을 경험했는지 구체적으로 확인할 필요가 있다.

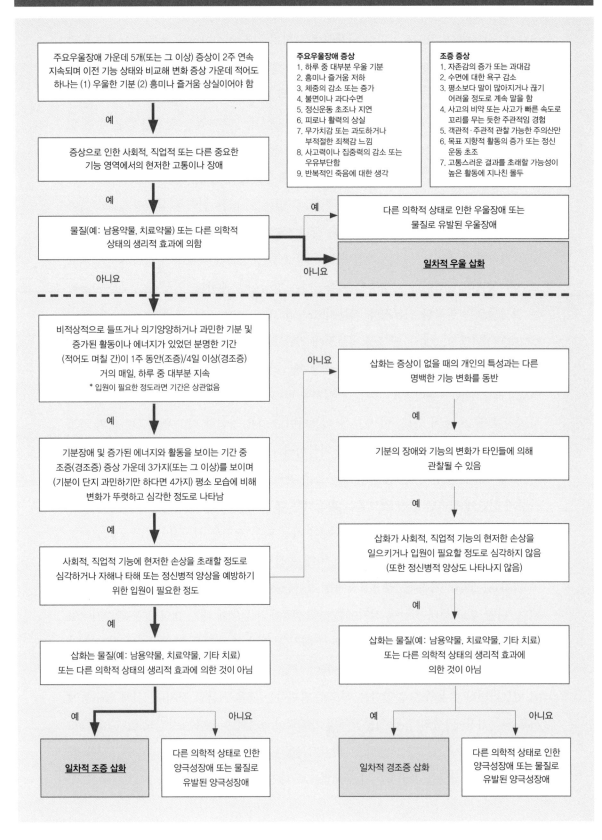

주요우울장애 가운데 5개(또는 그 이상) 증상이 2주 연속 지속되며 이전 기능 상태와 비교해 변화 증상 가운데 적어도 하나는 (1) 우울한 기분 (2) 흥미나 즐거움 상실이어야 함

주요우울장애 증상
1. 하루 중 대부분 우울 기분
2. 흥미나 즐거움 저하
3. 체중의 감소 또는 증가
4. 불면이나 과다수면
5. 정신운동 초조나 지연
6. 피로나 활력의 상실
7. 무가치감 또는 과도하거나 부적절한 죄책감 느낌
8. 사고력이나 집중력의 감소 또는 우유부단함
9. 반복적인 죽음에 대한 생각

조증 증상
1. 자존감의 증가 또는 과대감
2. 수면에 대한 욕구 감소
3. 평소보다 말이 많아지거나 끊기 어려울 정도로 계속 말을 함
4. 사고의 비약 또는 사고가 빠른 속도로 꼬리를 무는 듯한 주관적임 경험
5. 객관적·주관적 관찰 가능한 주의산만
6. 목표 지향적 활동의 증가 또는 정신 운동 초조
7. 고통스러운 결과를 초래할 가능성이 높은 활동에 지나친 몰두

증상으로 인한 사회적, 직업적 또는 다른 중요한 기능 영역에서의 현저한 고통이나 장애

예

물질(예: 남용약물, 치료약물) 또는 다른 의학적 상태의 생리적 효과에 의함

예 → 다른 의학적 상태로 인한 우울장애 또는 물질로 유발된 우울장애

아니요 → **일차적 우울 삽화**

아니요

비적상적으로 들뜨거나 의기양양하거나 과민한 기분 및 증가된 활동이나 에너지가 있었던 분명한 기간 (적어도 며칠 간)이 1주 동안(조증)/4일 이상(경조증) 거의 매일, 하루 중 대부분 지속
* 입원이 필요한 정도라면 기간은 상관없음

아니요 → 삽화는 증상이 없을 때의 개인의 특성과는 다른 명백한 기능 변화를 동반

예

예

기분장애 및 증가된 에너지와 활동을 보이는 기간 중 조증(경조증) 증상 가운데 3가지(또는 그 이상)를 보이며 (기분이 단지 과민하기만 하면 4가지) 평소 모습에 비해 변화가 뚜렷하고 심각한 정도로 나타남

기분의 장애와 기능의 변화가 타인들에 의해 관찰될 수 있음

예

예

사회적, 직업적 기능에 현저한 손상을 초래할 정도로 심각하거나 자해나 타해 또는 정신병적 양상을 예방하기 위한 입원이 필요한 정도

삽화가 사회적, 직업적 기능의 현저한 손상을 일으키거나 입원이 필요할 정도로 심각하지 않음 (또한 정신병적 양상도 나타나지 않음)

예

예

삽화는 물질(예: 남용약물, 치료약물, 기타 치료) 또는 다른 의학적 상태의 생리적 효과에 의한 것이 아님

삽화는 물질(예: 남용약물, 치료약물, 기타 치료) 또는 다른 의학적 상태의 생리적 효과에 의한 것이 아님

예   아니요

예   아니요

일차적 조증 삽화

다른 의학적 상태로 인한 양극성장애 또는 물질로 유발된 양극성장애

일차적 경조증 삽화

다른 의학적 상태로 인한 양극성장애 또는 물질로 유발된 양극성장애

왼쪽의 그림은 양극성장애의 진단 과정을 도식화한 것이다. 그림에서 볼 수 있듯, 양극성장애를 진단할 때는 가장 먼저 주요우울 삽화의 존재 여부를 확인해야 한다. 클리닉에서의 추가 면담 결과 J씨는 중학교 시절부터 우울감을 경험했다. 이 시기에 우울 기분과 흥미 상실이라는 핵심 증상을 경험하였으며, 장기간에 걸쳐 식욕 상실을 경험하였고, 며칠씩 잠을 자는 수면 과다 증상이 발생하였다. 왕따를 당하는 과정에서 죽고 싶다는 자살사고도 발생했던 것으로 보여 5개 이상의 증상이 필요한 기준을 충족하고 있다. 이 문제로 인해 학교 성적이나 출결에 심각한 차질이 생기거나 병원을 찾는 등의 증거를 확보할 수 없었기 때문에 기능 손상이 존재했다고 보기는 어렵다. 하지만 자살사고가 있었다는 것은 주관적인 고통감이 심각했다는 의미이기 때문에 이 시기의 우울증을 주요우울 삽화로 추정할 수 있다.

고등학교 때 J씨의 모습에는 관계망상이나 피해망상을 의심할 만한 부분이 존재한다. J씨는 같은 반 친구들 중 일부가 공모하여 자신의 소지품을 뒤진 뒤 다시 자리에 놓는 괴롭힘을 지속하고, 의도적으로 나쁜 소문을 퍼뜨려 다른 친구들이 자신을 피하게 만들고 있다는 느낌에 여러 차례 담임교사와 이 문제를 상담하였다. 하지만 담임교사는 학생부 기록에 왕따의 구체적 증거를 찾을 수 없으며 J씨의 학교 적응에 상당한 문제가 있다고 남겼다. 문제는 당시 친구들이 적대적 행동을 했다는 것에 대해 J씨가 얼마나 확신을 가지고 있었는지 알 수 없다는 것이다. 즉, 친구들의 행동에 대한 체계적인 믿음을 보고하지 않은 상태이므로 이 시점의 정신병적 증상에 대해서는 판단을 보류하였다.

실제 임상적으로 의미 있는 우울 삽화는 대학교 시절에 발생했다고 볼 수 있다. 이 시기에 새로배움터에서 이탈한 이후 우울한 기분, 무력감, 수면 과다와 함께 과민한 기분이 동반되었다. 해당 증상만으로 주요우울 삽화 기준을 충족할 수는 없지만, 이후의 확인을 통해 흥미 상실과 피로감 등이 동반되었음을 알 수 있었다. 또한 이러한 문제로 병원 입원을 결정했던 것은 당시 J씨가 경험한 증상이 심각한 기능 손상을 유발시켰다는 것을 증명해준다. J씨의 첫 번째 주요우울 삽화의 시작은 이 시점으로 보는 것이 타당하겠다.

진단 결정에서 다음으로 고려할 부분은 조증 삽화의 존재 여부이다. 병원에서 퇴원하고 휴학하며 안정을 취하던 J씨는 웹툰 작가로서 자신의 가능성을 발견하기 시작한다. 당시 J씨가 고양된 기분 상태였음은 보호자 면담을 통해서도 확인되었다. 수면 욕구가 감소하고 피로감을 느끼지 않으며, 웹툰 제작에 과도하게 몰두했고, 웹툰을 100편도 만들 수 있을 정도로 아이디어가 샘솟았다는 보고를 통해 사고가 연달아 일어나는 경험을 했음을 알 수 있다. 아직 수입이 현실화되지도 않았는데 비싼 사무실을 알아보는 모습에서 고통을 유발할 수 있는 행위를 시도하는 모습이 나타난다. 이러한 증상들과 지속 기간은 조증 삽화의 증상 기준에 부합한다. 망상으로 추정되는 사고 경험과 강제입원의 에피소드는 기능상의 문제가 심대함을 암시하며, 당시 특별한 약물복용이나 치료가 없었다는 점이 J씨의 조증 삽화를 확증시키고 있다.

2) K-WAIS-IV

J씨의 경우 지각추론지수(PRI)가 126으로 가장 높았고, 작업기억지수(WMI)와 처리속도지수(PSI)가 107로 가장 낮았다. 우선 언어이해지수(VCI)의 이해 소검사(16점)와 상식 소검사(11점)는 5점의 점수 차가 난다. 이를 통해 환자가 평소 사회적 규준에 대해 관심이 많고, 옳고 그름에 대한 경직성이 있을 가능성을 생각해볼 수 있다. 상대적으로 부족한 상식을 통해 청소년기 시절 다양한 사회현상과 지식에 대한 정보 습득의 욕구가 부족했을 가능성을 생각해볼 수 있다.

지각추론지수(PRI)의 행렬추론 소검사(16점)와 퍼즐 소검사(12점)는 4점의 점수 차가 난다. 두 검사의 전반적인 측정 영역은 유사한 점이 많으나, 퍼즐 소검사를 시행하는 데 더 많은 시각적 작업기억이 요구될 수 있다. J씨의 경우 난이도가 올라갈수록 수행에 어려움을 보이며 모르겠다고 말하면서 좌절하고 포기하는 경향을 보였다. 이는 이해나 어휘 등 자신이 아는 범위에서 즉시적으로 답변 가능한 과제들과 달리, 인지적 작업기억 능력이 크게 요구되는 과제일수록 수행을 어려워할 수 있음을 의미한다. 이는 과제 수행을 쉽게 포기하는 것을 통해 알 수 있으며 작업기억지수(WMI)의 상대적 부진에서도 지지된다.

처리속도지수(PSI)의 경우 동형찾기 소검사(9점)와 기호쓰기 소검사(13점)의 점수 차는 4점이다. 동형찾기는 주의분산자극을 동시에 수행해야 하는 과제로, 이 점수가 낮다는 것은 작업기억뿐만 아니라 집행기능에도 문제가 있음을 시사한다. 또한 정신적 기민성이 떨어진다고도 볼 수 있는데, 이는 익숙한 문제에 대해서는 잘 수행하는 모습을 보

J씨의 K-WAIS-IV 결과지

지수	환산 점수	조합 점수	백분위 (%ile)	95% 신뢰구간
언어이해 (VCI)	38	116	86	108-122
지각추론 (PRI)	42	126	96	116-132
작업기억 (WMI)	22	107	67	99-114
처리속도 (PSI)	22	107	69	97-115
전체지능지수 (FSIQ)	124	119	89	113-124

	언어이해				지각추론				작업기억		처리속도	
	공통성	어휘	상식	이해	토막 짜기	행렬 추론	퍼즐	빠진곳 찾기	숫자	산수	동형 찾기	기호 쓰기
환산 점수	13	14	11	16	14	16	12	12	10	12	9	13

03 양극성장애 **87**

이지만 익숙하지 않은 문제에 대해서는 수행능력이 떨어지는 것을 의미한다. 따라서 낮선 환경이나 문제를 처음 접했을 때 적응하는 능력이 낮을 것으로 보이며, 실행기능의 저조함으로 인해 주의집중력이 저하됐을 수 있다.

양극성장애 환자 집단의 지능 수준은 조현병 환자 집단에 비해 높지만, 정상 통제 집단보다는 낮게 나타난다. 최근 우리나라 양극성장애 환자들을 대상으로 K-WAIS-IV 점수를 분석한 남덕현 등(2016)의 연구는 이러한 현상을 구체적으로 보여준다. 양극성장애 환자들은 전체지능지수(FSIQ)에서 정상 통제 집단에 비해 낮은 수행을 보이는데, 지능지수 100을 유지하는 정상 집단과 달리 양극성장애 집단의 지능지수 평균은 90 정도인 것으로 보고되었다. 작업기억지수(WMI)에서도 유사한 결과가 나타났으며, 처리속도지수(PSI)에서는 양극성장애 환자 집단의 평균이 80점대 초반을 보여 가장 큰 차이가 나타났다. 이와 대조적으로 언어이해지수(VCI), 지각추론지수(PRI)에서는 두 집단의 차이가 나타나지 않았다. 저자들은 이러한 점수 패턴이 나타나는 이유에 대해 양극성장애 환자들이 시간제한이 있는 과제 및 시각-운동 협응 능력에서 어려움을 보이기 때문이라고 해석한다(남현덕 등, 2016). 이는 양극성장애 환자가 과제 수행 차원에서 겪는 어려움에 대한 해석이지만, 그 배후에는 양극성장애 환자에게 나타나는 작업기억과 주의통제 능력의 문제가 존재할 것이다.

실제 진단에 지능 검사 결과를 적용하는 것은 주의가 필요하다. 보통 이상의 지능 수준을 보이는 양극성장애 환자들이 흔하기 때문에 지능 검사 점수를 있는 그대로 진단에 적용할 수는 없다. 하지만 대부분의 환자들이 일반능력지수(GAI) 대비 인지효능지수(CPI)가 떨어지는 것으로 나타나기 때문에, 이와 같은 상대적 관계를 진단적 인상에 참고하는 것은 가능할 것으로 보인다.

3) MMPI-2

J씨의 타당도 척도를 살펴보면 K 척도는 64T로 높은 점수대를 보인다. 반면 L 척도는 50T로 평균적인 점수대를 보이고 있다. 두 척도를 고려하면 J씨는 인간이 보편적으로 경

■ 타당도 척도와 임상 척도

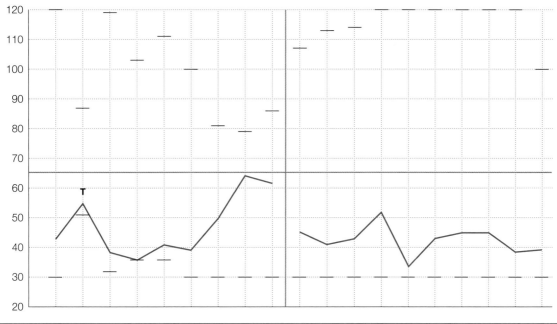

척도	VRIN	TRIN	F	F(B)	F(P)	FBS	L	K	S	Hs +.5K	D	Hy	Pd +.4K	Mf	Pa	Pt +1K	Sc +1K	Ma +.2K	Si
원점수	7	10	4	0	2	11	6	25	33	3	21	22	19	37	9	6	8	12	24
전체규준T	43	55	38	36	41	39	50	64	62	45	41	43	52	34	43	45	45	38	39

■ 재구성 임상 척도와 성격병리 5요인 척도   *Mf 척도의 T점수는 성별규준에 의한 것임.

척도	RCd	RC1	RC2	RC3	RC4	RC6	RC7	RC8	RC9		AGGR	PSYC	DISC	NEGE	INTR
원점수	5	3	4	3	4	1	4	0	3		4	2	9	5	11
전체규준T	42	39	42	38	45	44	41	35	34		38	37	42	37	42

■ 내용 척도

척도	ANX	FRS	OBS	DEP	HEA	BIZ	ANG	CYN	ASP	TPA	LSE	SOD	FAM	WRK	TRT
원점수	0	10	5	5	6	0	3	3	3	3	2	5	5	8	2
전체규준T	30	50	44	40	42	34	40	35	38	39	39	39	44	42	34

■ 보충 척도

척도	A	R	Es	Do	Re	Mt	PK	MDS	Ho	O-H	MAC-R	AAS	APS	GM	GF
원점수	11	17	33	17	21	6	4	2	8	19	18	1	20	26	39
전체규준T	43	47	54	61	57	32	34	38	33	68	44	38	48	48	70

험할 수 있는 약점들은 충분히 인정하되, 자신의 정신과적인 문제에 대해서는 부인하려는 경향이 있을 것으로 보인다. 이는 J씨가 처음 센터를 방문했을 때 정신과 치료력을 이야기하지 않았다는 점, 털어놓은 주 호소 문제가 정서적인 어려움 등의 증상에 대한 것이 아니라 진로와 관련된 이슈였다는 점과 일맥상통한다고 볼 수 있다.

J씨의 임상 척도를 살펴보면 2번 척도는 41T, 9번 척도는 38T로 양극성장애를 진단받은 환자에게 기대되지 않는 낮은 9번 척도 점수가 관찰된다. 이처럼 낮은 9번 척도는 환자의 현재 상태가 우울 삽화에 가까운 부분관해 혹은 정상 기분 상태에서 심리상담을 받기 위해 내원한 것이라고 보면 충분히 예상 가능하다. 물론 2번 척도가 높지 않다는 점에서 지배적인 명백한 슬픔이나 불쾌감과 같은 기분이 나타나지는 않고 있음을 알 수 있다. 오히려 9번 척도 점수를 통해 환자가 흥미 상실이나 약간의 정신운동 지체 등의 모습을 보이고 있다는 것을 알 수 있다. 하지만 우울함을 호소하며 내원한 상황에 비해 지나치게 낮은 2번 척도는 타당도 척도에서 나타난 방어적 태도로도 해석할 수 있을 것이다. 따라서 자발적으로 드러내지 않는 부정적 정서와 인지 등에 주의할 필요가 있다.

5번 척도 또한 34T로 규준 집단에 비해 낮은 점수를 보인다. 이는 환자가 순종적인 태도를 지니며 자기주장성이 약하고 스스로를 무력하다고 여기고 있을 가능성을 시사한다. 실제 J씨의 과거력에서 J씨가 부모의 뜻에 따라 집에서 먼 거리에 있는 고등학교에 진학하고, 대학도 마음에 들지 않는 학교와 전공을 선택했다는 점에 주목할 만하다. 부모에 대한 이러한 순응적 태도는 심리치료를 진행할 때 전이감정으로 나타나 일방적으로 치료자에게 잘 보이기 위한 액션을 취할 가능성이 있으므로 경계해야 한다.

일부 양극성장애 환자들은 타당도 척도에서 부인(denial)과 관련되는 K나 S 척도가 상승하는 경향이 있다. 반면, 임상 척도에서는 2번 척도와 0번 척도가 30점 이하로 낮게 나타나며 9번 척도가 가장 높게 상승하는 경향이 나타난다고 한다. 이는 양극성장애 환자들이 보이는 조증이나 경조증 상태가 자신이 처한 불행한 현실을 반동형성의 방어기제를 통해 부정하려 한다는 입장에서 해석할 수 있다. 조증 삽화가 절정일 때 MMPI를 시행하는 것이 사실상 어렵다는 현실을 고려하면, 연구에서 보고되는 이런 프로파일들은 다소 완화된 조증 상태의 모습을 반영한다고 볼 수 있다. 환자들의 프로파일은 조증에서 벗어날수록 더욱 정상에 가까운 형태를 보인다고 한다(김중술 등, 2003). 하지만 필자의 경험으로 볼 때 조증 삽화가 아닌 시기의 양극성장애 환자에게서 꼭 9번 척도의 상승이 나타나는 것은 아닌 것 같다.

4) 로르샤흐 검사

J씨의 로르샤흐 검사 결과에서 보이는 주요한 특징을 살펴보면, 우선 자기지각 영역에는 2개의 반사 반응이 있다. 이는 J씨가 자기중심적이고 자존감이 과장되어 있음을 의미한다. 이러한 특징은 환자의 의사결정과 행동에도 영향을 줄 수 있다. 즉, 성숙한 대인관계를 맺고 유지하기 어려울 수 있으며 비난을 외부 탓으로 돌려 원하지 않는 스트레스를 피하려고 하는 양상을 보일 수 있다. 평균 이하의 자기중심성 지표는 자기가치에 대한 평가가 부정적이고 다른 사람과 비교하여 자기 자신이 바람직하지 못하다고 느끼는 것을 시사하며, 이는 우울의 전조 증상이 될 수도 있다. 반사 반응이 있는 프로토콜에서는 잘 나타나지 않는 결과인데, 반사 반응이 있다면 자기상과 자기가치 사이에서 상당한 갈등을 경험하고 있음을 시사하며 정서적 동요가 나타날 수 있고 행동적 역기능도 있을 수 있다(Fr+rF=2, 3r+(2)/R=.30).

통제의 경우 대부분의 사람들보다 스트레스에 대한 내성이 강하고 통제와 관련된 문제를 경험할 가능성이 더 적은 것으로 나타난다. 그러나 이는 반드시 잘 적응하고 있음을 나타내는 것이 아니라, 단순히 행동을 자신의 의지대로 통제하는 능력이 더 크다는 것을 시사한다(Adj D=2, CDI=3).

관념 영역을 보면 판단의 장애나 관념적인 오류를 범할 가능성이 일반인보다 높다. 항상 사고에 문제가 있는 것은 아니지만 사고가 명확하지 않고 미성숙하고 정교하지 않은 개념화를 나타낼 수 있다(WSum6=8).

처리 영역에서는 평소보다 많은 탐색전환이 있었고 반점의 세부적이고 특이한 특성에 주의를 기울였음이 나타난다. 그러나 이는 J씨가 아마도 상당한 노력을 기울이기는 하지만 비일상적인 처리접근을 하고 있다는 점을 시사한다. 또한 과소통합 형태의 탐색 활동을 하고 있는데, 이는 곧 성급하고 되는 대로 탐색을 하고 있으며 자극영역에 존재하는 결정적 단서를 무시하는 경향이 있음을 의미한다(W:D:Dd=9:8:6, Zd=−7).

■ 검사 반응(각 카드의 첫 번째 반응만을 제시함)

카드	R#	반응(response)	질문(inquiry)	기호화(scoring)
I	1	날개가 3쌍 있는 집게벌레	여기가 집게 부분이고, 이 부분이 날개 3개로 보여서 집게벌레 같아요.	Wo, Fo, A, ZW
II	2	두 사람이 마주보고 손을 맞잡고 있다.	여기가 얼굴, 밑이 몸통이고 2명이 이렇게 팔을 뻗어서 손을 맞잡고 있어요.	W+, M^{p}o, (2), H, ZW, COP, GHR
III	3	거울 앞에서 사람이 보따리를 들어 올리는 모습	여기 사람이 보따리를 들어 올리고 있어요. 이 모습이 거울에 비쳐 보이네요.	D+, M^{p}o, Fr, H, ZA
IV	4	연기	전체적으로 회색 톤의 색이면서 몽글몽글한 모양으로 되어있어요.	Wv, C'Fu, Na, ZW
V	5	나비	여기가 날개와 몸이에요.	Wo, Fo, A, P, ZW
VI	6	기타	기타처럼 보이고, 여기가 기타 몸통이고 위쪽에 줄이랑 선이 있어요.	Wo, Fu, Sc, ZW
VII	7	거울 앞에서 우스꽝스러운 몸짓을 하고 있다.	여기 사람 옆모습이 거울에 비춰져서 보이고 있어요. 근데 팔이 2m 정도로 길어서 우스꽝스러운 행동을 하고 있는 것 같아 보이네요.	Wo, M^{p}o, Fr, H, ZW, INCOM1, PHR
VIII	8	나무를 오르고 있는 비버	여기 중간에가 나무고 옆에 얘가 비버예요. 나무를 올라가고 있어요.	Dd, FM^{a}o, A, ZA
IX	9	바다에 있어 흐물흐물한 식물들	흐물흐물한 촉감처럼 보여요. 이런 촉감이면 바다에 있는 식물들 같아요.	Wv, TFu, Bt
X	10	꽃게와 노란색 꽃과 해마	이 부분은 꽃게고 이 부분은 해마고 여기는 꽃이에요. 꽃게는 요 부분이 집게발 모양 같고 색깔도 갈색이라서요. 해마도 이쪽이 머리고 아래가 몸통이에요. 꽃도 꽃이 핀 것처럼 보이고 색도 노란색이라서요.	Dd, FCo, A, Bt

■ 구조적 요약 결과: 비율(RATIOS), 백분율(PERCENTAGES), 산출한 점수(DERIVATIONS)

핵심 영역(CORE)

R	= 23	L	= .77	
EB	= 6:4,0	EA	= 10,0	EBPer	= 1,50
eb	= 1:4	es	= 5	D	= 1
		Adj es	= 4	Adj D	= 2
FM	= 1	All C'	= 1	All T	= 1
m	= 0	All V	= 0	All Y	= 1

정서 영역(AFFECT)

FC : CF+C	= 0:4
Pure C	= 0
SumC' : WSumC	= 1:4
Afr	= .28
S	= 0
Blends : R	= 5.23
CP	= 0

대인관계 영역(INTERPERSONAL)

COP = 1		AG = 0	
GHR : PHR		= 5:1	
a : p		= 6:1	
Food		= 0	
SumT		= 1	
Human Cont		= 4	
Pure H		= 4	
PER		= 0	
ISO Index		= .26	

관념 영역(IDEATION)

a : p	= 6:1	Sum6	= 3
Ma : Mp	= 5:1	Lv 2	= 0
2AB+(Art+Ay)	= 0	WSum6	= 8
MOR	= 0	M–	= 0
		M none	= 0

중재 영역 (MEDIATION)

XA%	= .96
WDA%	= .94
X–%	= .04
S–	= 0
Popular	= 5
X+%	= .65
Xu%	= .30

처리 영역 (PROCESSING)

Zf	= 11
W : D : Dd	= 9:8:6
W : M	= 9:6
Zd	= –7
PSV	= 0
DQ+	= 4
DQv	= 1

자기지각 영역 (SELF-PERCEPTION)

3r+(2)/R	= .30
Fr+rF	= 2
SumV	= 0
FD	= 0
An+Xy	= 0
MOR	= 0
H : (H)+Hd+(Hd)	= 4:0

PTI	= 0	DEPI	= 4	CDI	= 3	S-CON	= 4	HVI	= NO	OBS	= NO

중재 영역을 보면 J씨가 대부분의 사람들보다 사회적 요구나 기대를 무시하는 중재적 결정을 내릴 경향이 높다는 것이 나타난다. 이러한 성향은 환경과의 갈등 때문에 생긴 이차적인 것일 수도 있고, 주변 환경이 인정하는 것과는 상당히 다른 가치체계를 가지고 있다는 점을 시사하는 것일 수도 있다.

양극성장애 환자들의 로르샤흐 반응 특성을 대집단 표본을 통해 확인한 사례는 찾기 어렵다. 주로 오랜 임상 경험이 있는 저자들의 저서에서 경향성을 접할 수 있을 뿐이다. 김중술 등(2003)의 의견에 따르면 주로 인지 영역에서의 문제를 많이 보고하는데, 반점의 영역들을 통합하는 데서 비논리적인 연상이 나타나며 이런 이유로 INCOM(모순적 결합), FABCOM(우화적 결합), DR(일탈된 반응)이 많이 나타나는 것으로 알려져 있다. 내용과 결합하여 분석하면 경박하거나 장난스러운 작화적 반응이 많이 나타난다고 한다. 이와 대조적으로 형태질의 저하는 두드러지지 않는 편이라고 한다. 본 사례의 경우 역시 형태질이 비교적 양호한 수준이었으나 INCOM1 반응이 하나 나타난 것을 제외하고는 심각한 비논리성을 관찰할 수는 없었다. 이는 검사를 실시한 시점이 가벼운 우울삽화 상태이며, 조증이나 경조증 징후가 나타나지 않은 시점임을 고려해야 할 것이다

정서적 측면에서는 병적이고 우울한 반응과 긍정적이고 유쾌한 반응이 한 환자에게서 번갈아 보고될 수 있다고 한다. 우울한 반응을 보이다가도 금방 이를 부인하고 긍정적인 색채의 생각이 나타날 수 있다. 환자가 줄곧 우울한 정서와 무기력한 행동을 보였음에도 23개의 많은 반응을 한 것은 이런 이중적 특성이 잘 반영된 것으로 보인다. 또한 색채형태반응(CF)과 순수색채반응(C)이 우세한 발산적인 정서 반응이 특징적이라고 한다. 우울증의 지표들과 더불어, 불쾌한 정서를 억지스럽게 유쾌한 정서로 대치하려는 부인 반응으로 색채투사반응(CP)이 나타나곤 한다. 정서적 색조가 강조된 이런 반응들은 강한 기분 변동(mood swing)을 보이는 환자에게서 관찰될 수 있다(김중술 등, 2003). 본 사례에서는 C반응이 두드러지지는 않았으나 FC가 없고 CF만 4개로 나타나 감정 조절의 문제를 시사하고 있다.

기존 심리평가 도서에서 제시하는 양극성장애의 특징들은 양극성장애 전체에서 나타나는 공통 특성으로 검증된 것들은 아니다. 따라서 이런 결과들이 관찰되지 않는다고 해서 양극성장애가 아니라는 결론을 내릴 수는 없다. 애초에 로르샤흐 검사가 양극성장애를 검증할 목적으로 개발된 검사가 아님을 명심해야 한다.

5) 그 외 투사 검사

(1) HTP 검사

J씨의 HTP 그림 검사를 해석해보면, 양극성장애의 특징에 해당하는 부분들이 존재한다. 가장 두드러지는 특징은 집과 나무 그림이 종이 전체 면적을 가득 채우고 있을 만큼 크다는 것인데, 이는 과대감의 표현으로 볼 수 있다.

집 그림에서는 집의 밑부분을 여러 번 덧칠한 흔적이 나타난다. 이는 충동적으로 그림을 그린 후 마음에 들지 않아 덧칠한 것으로 보인다. 창문의 커튼 또한 비대칭적으로 그려져 있어 여기에서도 충동적인 성격을 확인할 수 있다. 집 밖의 울타리는 방어적인 태도를 의미한다. 나무 그림에서는 많은 꽃과 나뭇잎이 눈에 띈다. 꽃이 많은 것은 자신에 대한 만족감이 과대한 상태로 보이며, 많은 나뭇잎은 생산적이고 효과적으로 보이고 싶은 욕구 혹은 강박성 성향을 의미한다. 사람 그림에서는 손을 들고 있는 여성의 모습을 볼 수 있는데, 이는 우호적인 태도를 유지하고 싶어 하는 것으로 해석된다. 이에 따라 사람들과 함께 어울리고 싶어 하는 J씨의 욕구를 확인할 수 있다.

양극성장애 환자들 중 일부는 그림을 크게 그리곤 한다. 이는 팽창되고 확산된 내면을 반영하는 것처럼 보인다. 비슷한 맥락에서 태양이나 달과 같은 천체를 그리는 경우도 있는데, 환자의 비현실적인 비약을 보여준다고 추정할 수 있다. 구름, 짙은 그림자 등은 우울증의 신호이며 태양 등은 조증의 상징으로 본다. 하지만 이런 그림은 양극성의 조증 환자에게만 나타나는 것은 아니므로, HTP 반응으로 진단을 확증하거나 장애특유적(pathognomonic) 단서로 여기는 것은 곤란하다. HTP 반응은 반드시 다른 검사 자료에 추가적인 진단적 정보를 주는 수준에서 다뤄져야 한다(김중술 등, 2003). 필자의 경험으로도 꽤 많은 비중의 환자들에서 크기가 큰 그림을 확인하긴 했지만, 이를 진단의 결정적 정보로 사용한 적은 없다. 이러한 자료들은 오히려 한 인간으로서 환자의 독특성을 설명할 때 활용하는 것이 적절할 것이다.

(2) SCT

양극성장애 환자들은 자신의 중요성을 비현실적으로 높이 평가한다. 또한 자신이 처한 현실과 맞지 않는 유쾌하고 긍정적인 정서 상태를 나타내고, 심한 사고의 비약을 보이는 특징이 있다(김중술 등, 2003). 일부 환자들에게서는 자기애적 측면이 글을 통해 표현되기도 한다.

J씨의 SCT 결과지

구분	번호	제시 문구	작성 내용
여성에 대한 태도	9	내가 바라는 여인상은	사회적으로 인정받는 사람이다.
친구나 친지에 대한 태도	22	내가 싫어하는 사람은	나를 시기 질투하는 사람이다.
	32	내가 제일 좋아하는 사람은	나를 온전히 이해해주는 사람
두려움에 대한 태도	5	어리석게도 내가 두려워하는 것은	미래 남편이 내 과거에 대해 아는 것이다.
	21	다른 친구들이 모르는 나만의 두려움은	없다.
	40	내가 잊고 싶은 두려움은	평생 이 병을 가지고 사는 것
자신의 능력에 대한 태도	15	내가 믿고 있는 내 능력은	글과 그림으로 모든 사람들을 감동시키는 것이다.
	34	나의 가장 큰 결점은	나의 결점을 쉽게 드러낸다.
과거에 대한 태도	7	내가 어렸을 때는	내 주장 없이 살았다.
미래에 대한 태도	4	나의 장래는	꾸준히 계획 중이다.
	11	내가 늘 원하기는	큰 성공을 하여서 내가 행복한 것이다.
	18	내가 보는 나의 앞날은	좋을 것이다.
목표에 대한 태도	30	나의 야망은	사람들의 마음을 치유하는 웹툰 작가가 될 것이다.

J씨의 문장에서는 인정에 대한 욕구가 나타나며 인정받는 성공한 인생과 행복을 연결시키고 있다. 자신의 글과 그림으로 대중에게 영향력을 미치고 싶어 하는 이유는 이러한 인정욕구 때문일 것이다. 즉, 현실에서 아직 성공을 이루지는 못했지만 사람들의 인정을 받으며 자기애를 실현할 기회를 추구하고 있음을 짐작할 수 있다. J씨가 웹툰에서 받은 대중들의 호평이 성공에 대한 환자의 욕구를 자극했을 것이다. 이런 정보를 통해 어떤 상황에서 환자에게 (경)조증 삽화가 촉발될 수 있는지를 예견할 수 있다.

6) 사례개념화

J씨는 어떤 과정을 통해 지금의 문제에 이르게 되었을까? 자료가 제한적이므로 많은 것을 유추해볼 수밖에 없다. 첫 번째로 검토할 것은 유전의 영향이다. 양극성장애의 약 50%는 기분장애의 가족력이 있다(곽경필, 2007). J씨의 경우 아버지의 우울증 병력이 존재한다. 당시에는 양극성장애에 대한 이해가 부족했던 만큼 환자 아버지의 진단이 실제로는 양극성장애였을 가능성도 배제하기 어렵다.

J씨의 문제는 어머니와의 관계를 통해 발전되었을 것이다. Melanie Klein의 대상관계 이론과 양극성장애에 대한 임상 연구들은 J씨의 발병 과정에 중요한 단서를 제공한다. J씨는 자신의 파괴본능을 자신을 충분히 돌보지 않는 어머니의 '나쁜 가슴'으로 투사하며 편집증적 불안을 경험하였을 것이다(최영민, 2010). '나쁜 가슴(bad breast)'과 '좋은 가슴(good breast)'을 분리하는 편집─분열적 포지션(paranoid-schizoid position)은 발달적으로 자연스러운 것이다. 그러나 충분한 사랑과 관심을 주지 못한 어머니와의 초기관계 문제로 인해, 파괴적 공격성이 환자가 스스로 다루기 어려울 정도로 증가하게 된다. 환자는 파괴적 충동을 해소하기 위해 이를 외부로 투사하고, 그 결과 자신의 외부는 온통 나쁜 대상들로 가득 차게 되는 것이다. 외부의 위협은 박해불안을 강화시키고, 이는 다시 외부 세계를 나쁜 것으로 투사하는 악순환으로 발전한다(최영민, 2010). 낯선 사람과의 관계에서 느껴지는 어색함과 불편함조차 J씨에게는 타인들이 자신에게 적대적인 의도를 가지고 있다는 생각으로 다가오게 된다.

우울 포지션(depressive position)에 이른 환자는 어머니에 대한 파괴본능에서 발생하는 불안에 사로잡혔을 것이다. 또한 어머니에 대한 나쁜 이미지는 점차 강화되며 이를 막고 되돌리지 못한 자신에 대해 죄책감이 생겼을 것이다(최영민, 2010). 오직 학업과 성적에만 관심을 보이는 어머니의 모습을 보며 J씨는 자신의 부족함이 사랑스러운 어머니를 파괴시킨 것이 아닌가 하는 죄책감에 시달렸을 수 있다. 그리고 이를 회복시키기 위해 어머니가 자랑스러울 만큼 성공한 사람이 되어 이 관계를 회복시켜야 한다는 환상을 품기 시작했을 것이다.

어머니에 대한 J씨의 초기 기억은 왜곡되었을 가능성이 있다. 하지만 몇 가지 결정적인 사건은 J씨의 왜곡을 공고하게 만들었을 것이다. 특히 어린 시절 동네 오빠에게 당한 성추행을 어머니에게 고백했을 때조차 무심했던 어머니의 반응은 어머니의 좋은 역할들을 기억에서 몰아내는 데 충분했을 것이다. 가족의 낮은 응집력과 자녀에 대한 부모의 부정적 정서 표현으로 인해 정서적으로 의지할 곳 없는 환경에 처한 J씨는 스트레스 사건을 혼자 감당하는 경우가 빈번했을 것이며, 이는 정서적 불안정의 원인이 되었을 것이라 예상할 수 있다(Belardinelli et al., 2008).

부모와의 관계를 통해 획득해야 하는 감정조절 능력을 온전히 확립하는 데 실패한 J씨는 어린 시절부터 기분 불안정으로 특징지어지는 정서 문제들을 보이며 성장했을 것이다(Diler et al., 2010; Faedda & Austin, 2006/2016). 편집적 사고와 파괴본능에서 기인하는 걱정과 불안은 J씨가 기억하는 아동기 불면증의 원인이었을 것으로 추정된다. 만성적 수면 문제는 양극성장애 환자들이 아동기에 흔히 보이는 모습이다(Faedda & Austin, 2006/2016). 불안정한 수면패턴은 일주기리듬의 조절 실패라는 양극성장애의 생리적 특징과 만성적 불안이 결합되어 나타난 현상으로 해석된다.

대부분의 양극성장애 아동들은 학교에서 비교적 정상적인 감정조절 능력과 행동억제 능력을 보이고 학습에 있어서도 큰 문제가 나타나지 않는다고 한다(Faedda & Austin, 2006/2016). J씨의 학교생활에서도 대인관계 영역을 제외하고는 기능상의 두드러진 문제는 드러나지 않았다. 하지만 불편한 대상들 사이에서 항상 경계상태를 유지하는 학교생활은 환자에게 큰 스트레스였을 것이다. J씨는 이러한 어려움을 부모님에게 인정받는 것에 목마른 환자였지만 그런 의도는 번번이 좌절되었다. 이와 같은 과거력은 다른 많은 환자들에게서도 관찰된다(Alloy et al., 2010; McClure-Tone, 2010). J씨의 학교생활에서는 학기 초마다 새로 만나는 학생들을 불편해하면서 스스로 고립되는 특성이 반복되었다. 편집적 포지션이 충분히 극복되지 못해서 발생하는 피해사고와 대인회피 역시 양극성 환자들에게 흔히 나타나는 현상이다(Faedda & Austin, 2006/2016). 쉽게 사람을 믿기 힘든 상황에서 겨우 신뢰감을 형성한 소수의 친구들과 멀리 떨어져서 새로운 환경에 적응해야 하는 것은 심각한 스트레스를 유발했을 것이다. 고등학교 때로 추정되는 환자의 첫 번째 우울 삽화는 이러한 상황에서 발생했을 것이다.

청소년기에 급성 기분 삽화의 발병은 양극성장애에서 흔하게 관찰된다. 이 시점부터 성적이 떨어지면서 부모님도 J씨에게 문제가 일어나는 것을 지각하게 되는데, 불행히도 J씨의 어려움에 공감하기보다는 단기간의 병원치료를 통해 나아지기만을 바랐다고 한다. 이 시기 J씨의 증상은 큰 기복을 보여서 하루에도 기분이 우울했다 호전되기를 반복했다. 약물처방을 받고 우울 증상을 보이지 않는 날이 며칠씩 지속되자 부모님은 약을 그만 먹고 공부에 집중할 것을 요구했다. 그러나 성적은 쉽게 나아지지 않았으며 이에 대한 어머니의 비난은 더욱 심해졌다. J씨의 주요우울 삽화 출현은 통상적으로 주요우울장애에서 기대되는 것보다 이른 것이다. 이는 J씨가 양극성장애로 진행될 가능성이 높은 고위험군임을 시사했지만, 보다 장기간의 치료와 관찰을 요구한 의료진의 권유를 부모와 환자 모두 주목하지 않았다.

어머니는 J씨의 말을 의심하고 비난하는 모습을 일관되게 보여 왔다. 결국 J씨가 학습한 타인의 존재는 '차갑고 적대적인 대상'이었다. 수시로 친구들이 자신에게 위해나 따돌림을 가한다는 망상적 사고를 하게 된 것은 어머니와의 관계에서부터 기원했을 가능성이 높다(박태영, 김선희, 2013).

J씨는 대학생활에서 새로운 출발에 대한 기대를 품었을 것이다. 자신을 박해하던 사람들과 멀리 떨어져서 새롭게 인간관계를 시작할 수 있다는 기대는 신입생 새로배움터에서 처참하게 무너진다. 모든 것이 강제로 이 학교에 보낸 어머니 때문이라고 생각한 환자는 어머니에게 모든 부정적인 감정을 투사하게 된다. 급기야 긍정적인 속성을 모두 잃어버린 어머니의 모습에서 J씨는 심각한 이질감을 경험하게 된다. 그동안 어렵게 유지되던 좋은 어머니의 모습이 완전히 상실되어 '악한 대상'이 되어버린 어머니의 모습을 인정하기 어려워진 J씨는 자기 어머니의 존재를 부정하는 부인의 단계에 이르게 된다. 이 시점부터 정신병과 일반 정신장애 수준을 오가는 사고의 문제가 발생했을 것이다.

지나친 죄책감을 해소하기 위한 방법으로 J씨는 '조증 방어'를 선택한다(Clair, 2000/2010). 어머니에 대한 원망을 거두고, 자신의 가능성을 인정받고 있는 웹툰 작가로서의 삶에 몰입하기 시작한 것이다. 일부 독자들의 찬사는 자신의 우월함이 검증되고 있다는 희망을 고취시켰다. J씨의 이러한 특성을 보상민감성의 관점에서 이해할 수 있다. 현실에서 보상의 가능성이 보일 때 과도하게 고양되는 특성을 가지고 있는 것이다(Alloy & Nusslock, 2019). 이 여세를 몰아 J씨는 자신의 위대함을 입증하고 승리감을 느끼기 위해 작업실 마련 등의 계획에 몰입한다. 그러나 현실적인 조건을 고려하지 못하고 근거 없는 낙관주의에 도취되어 준비했기 때문에 결국 모든 일들이 현실의 장벽에 부딪힌다.

결국 J씨는 부모님에게 큰 부담을 안긴 채 보호병동에 입원하게 되었고 부모님과의 관계는 더욱 악화된다. 이번에도 모든 것을 망치고 말았다는 죄책감이 환자를 깊은 우울의 세계로 유도했을 것이다.

J씨는 현재 새로운 위기에 직면해있다. 웹툰 작가의 길을 포기한 이후 J씨는 대학에서 자신의 존재감을 확인할 수 있는 새로운 대안을 찾고 기분이 고양되던 상태였다. 그림을 좋아하는 자신이 타인의 인생에 긍정적인 영향을 미칠 수 있는 미술치료사가 될 수 있다는 것은 큰 매력으로 다가왔을 것이다. 환자는 무너진 자존감과 가족 내에서의 위치를 일거에 회복할 수 있는 대안으로 미술심리치료사를 선택한다. 그리고 강력한 에너지로 진로에 대한 준비를 시작하며 새로운 성공에 대한 희망에 고조되기 시작한다. 하지만 이러한 희망 역시 심리학과 교수님과의 만남을 통해 산산조각 나게 된다. 긍정과 부정을 통합할 능력을 발달시키지 못한 흑백논리 속에서 J씨는 미술심리치료사에 대해 자신의 기대와는 다른 정보를 접하고 극단적인 절망감을 느끼게 된다. 자신의 인생은 빠져나갈 구멍이 없다는 절망감과, 그래도 혹시 대안이 있을지도 모른다는 희망은 J씨를 대학부설 임상심리클리닉으로 이끌었을 것이다. J씨는 이곳에서 자신의 절망을 극복할 결정적 희망을 찾고 있다.

 심리 진단 검사 보고서 요약

1 **진단적 인상(diagnostic impression)**
   우울증 삽화 부분관해 상태인 제1형 양극성장애(Bipolar I Disorder, in partial remission, most recent episode depressed)

2 **치료적 제언(recommendation)**
   인지행동치료, 가족치료, 약물치료

1) 양극성장애의 진단

(1) 진단기준과 임상 양상

양극성장애는 조증 삽화와 우울 삽화가 한 환자에게 공존하는 독특한 심리장애이다. 진단명에 양극성(bipolar)이라는 단어가 처음 등장한 것은 DSM-III이며, 이때는 양극성장애가 우울장애와 함께 기분장애를 구성하는 것으로 편재되었다. 양극성장애가 별도의 진단범주로 독립된 것은 가장 최근의 진단기준인 DSM-5에서이다(APA, 2013/2015).

DSM-5 양극성장애(Bipolar I Disorder) 진단기준

조증 삽화

A. 비정상적으로 들뜨거나, 의기양양하거나, 과민한 기분, 그리고 목표 지향적 활동과 에너지의 증가가 적어도 일주일간(만약 입원이 필요한 정도라면 기간과 상관없이) 거의 매일, 하루 중 대부분 지속되는 분명한 기간이 있다.

B. 기분 장애 및 증가된 에너지와 활동을 보이는 기간 중 다음 증상 가운데 3가지(또는 그 이상)를 보이며(기분이 단지 과민하기만 하다면 4가지) 평소 모습에 비해 변화가 뚜렷하고 심각한 정도로 나타난다.

  1. 자존감의 증가 또는 과대감

  2. 수면에 대한 욕구 감소(예, 단 3시간의 수면으로도 충분하다고 느낌)

3. 평소보다 말이 많아지거나 끊기 어려울 정도로 계속 말을 함

4. 사고의 비약 또는 사고가 질주하듯 빠른 속도로 꼬리를 무는 듯한 주관적인 경험

5. 주관적으로 보고하거나 객관적으로 관찰되는 주의산만(예, 중요하지 않거나 관계없는 외적 자극에 너무 쉽게 주의가 분산됨)

6. 목표 지향적 활동의 증가(직장이나 학교에서의 사회적 활동 또는 성적 활동) 또는 정신운동 초조(예, 목적이나 목표 없이 부산하게 움직임)

7. 고통스러운 결과를 초래할 가능성이 높은 활동에의 지나친 몰두(예, 과도한 쇼핑 등 과소비, 무분별한 성행위, 어리석은 사업 투자 등)

C. 기분장애가 사회적·직업적 기능의 현저한 손상을 초래할 정도로 심각하거나 자해나 타해를 예방하기 위해 입원이 필요, 또는 정신병적 양상이 동반된다.

D. 삽화가 물질(예, 남용약물, 치료약물, 기타 치료)의 생리적 효과나 다른 의학적 상태로 인한 것이 아니다.

주의점: 진단기준 A부터 D까지는 조증 삽화를 구성한다. 일생 동안 적어도 1회는 조증 삽화가 있어야 제Ⅰ형 양극성장애로 진단될 수 있다.

경조증 삽화

A. 비정상적으로 들뜨거나, 의기양양하거나, 과민한 기분, 그리고 활동과 에너지의 증가가 적어도 4일 연속으로 거의 매일, 하루 중 대부분 지속되는 분명한 기간이 있다.

B. 기분 장애 및 증가된 에너지와 활동을 보이는 기간 중 다음 증상 가운데 3가지(또는 그 이상)를 보이며(기분이 단지 과민하기만 하다면 4가지) 평소 모습에 비해 변화가 뚜렷하고 심각한 정도로 나타난다.

1. 자존감의 증가 또는 과대감

2. 수면에 대한 욕구 감소(예, 단 3시간의 수면으로도 충분하다고 느낌)

3. 평소보다 말이 많아지거나 끊기 어려울 정도로 계속 말을 함

4. 사고의 비약 또는 사고가 질주하듯 빠른 속도로 꼬리를 무는 듯한 주관적인 경험

5. 주관적으로 보고하거나 객관적으로 관찰할 수 있는 주의산만(예, 중요하지 않거나 관계없는 외적 자극에 너무 쉽게 주의가 분산됨)

6. 목표 지향적 활동의 증가(직장이나 학교에서의 사회적 활동 또는 성적 활동) 또는 정신운동 초조(예, 목적이나 목표 없이 부산하게 움직임)

7. 고통스러운 결과를 초래할 가능성이 높은 활동에의 지나친 몰두(예, 과도한 쇼핑 등 과소비, 무분별한 성행위, 어리석은 사업 투자 등)

C. 삽화는 증상이 없을 때의 개인의 특성과는 명백히 다른 기능의 변화를 동반한다.

D. 기분의 장애와 기능의 변화가 객관적으로 관찰될 수 있다.

E. 삽화가 사회적, 직업적 기능의 현저한 손상을 일으키거나 입원이 필요할 정도로 심각하지는 않다. 만약 정신병적 양상이 있다면, 이는 정의상 조증 삽화다.

F. 삽화가 물질(예, 남용약물, 치료약물, 기타 치료)의 생리적 효과나 다른 의학적 상태로 인한 것이 아니다.

주의점: 진단기준 A부터 F까지는 경조증 삽화를 구성한다. 경조증 삽화는 제Ⅰ형 양극성장애에서 흔히 나타나지만 제Ⅰ형 양극성장애를 진단하는 필수조건은 아니다.

양극성장애의 진단을 위해 가장 먼저 선행되어야 할 것은 조증 삽화 혹은 경조증 삽화를 확인하는 것이다. 조증 삽화는 일반인들의 오해와 달리 기분이 좋거나 행복한 상태가 아니다. 에너지 수준이 높고 과도하게 목표 지향적이며 흥분되어있는 조증 삽화에서의 모습은 주변 사람들에게 불안함과 부담감을 주는 경우가 보편적이다. 조증 삽화는 몇 개 기분 증상의 조합으로 이루어져 있으며, 증상의 목록은 경조증 삽화와 다르지 않다. 조증 삽화와 경조증 삽화를 구분시켜주는 가장 명확한 기준은 삽화의 지속 기간으로, 조증 삽화는 일주일 이상 지속되는 기분삽화를 필요로 한다.

추가적으로 경조증 삽화는 사회적, 직업적 기능의 손상 저하가 두드러지지 않아야 한다고 정의된다(APA, 2013/2015). 이 부분이 양극성장애 II형을 진단하는 데 큰 어려움을 준다. 경조증과 확신에 찬 열정적인 정상인의 기분상태를 구분하는 것은 신중한 검토가 요구된다. 이 때문에 경조증 자체를 확인하기보다는 주요우울 삽화의 존재를 먼저 확인하고 이 시기와 크게 대비되는 기분삽화가 존재하는지를 찾아내는 방식으로 양극성장애 II형의 존재 가능성을 추정한다.

양극성장애의 또 다른 아형으로 순환성장애가 존재한다. 순환성장애의 진단을 위해서는 시간의 변화 속에 존재하는 역치하 수준의 우울 삽화와 경조증 삽화의 정보를 추적하며 지속을 확인해야 하는데, 이 또한 까다로운 작업이어서 양극성장애 확진을 위해서는 여러 진단이 변경되는 과정을 거치는 경우가 많다.

DSM-5 순환성장애(Cyclothymic Disorder) 진단기준

A. 적어도 2년 동안(아동·청소년에서는 1년) 다수의 경조증 기간(경조증 삽화의 진단기준을 충족하지 않는)과 우울증 기간(주요우울 삽화의 진단기준을 충족하지 않는)이 있어야 한다.

B. 2년 이상의 기간 동안(아동·청소년에서는 1년), 경조증 기간과 우울증 기간이 절반 이상 차지해야 하고, 증상이 없는 기간이 2개월 이상 지속되어서는 안 된다.

C. 주요우울 삽화, 조증 삽화 또는 경조증 삽화가 존재하지 않는다.

D. 진단기준 A의 증상이 조현정동장애, 조현병, 조현양상장애, 망상장애, 달리 명시된, 또는 명시되지 않는 조현병 스펙트럼 및 기타 정신병적 장애로 더 잘 설명되지 않는다.

E. 증상이 물질(예, 남용약물, 치료약물)의 생리적 효과나 다른 의학적 상태(예, 갑상선기능항진증)로 인한 것이 아니어야 한다.

F. 증상이 사회적, 직업적, 또는 다른 중요한 기능 영역에서 임상적으로 현저한 고통이나 손상을 초래한다.

(2) 동반이환과 감별 진단

양극성장애의 동반이환은 다양하다. 불안장애는 전체 양극성장애의 약 75%에서 나타난다. 아동·청소년기의 경우 ADHD나 파괴적 충동조절 및 품행장애 등과의 동반이환도 흔하다. 양극성장애의 절반 이상은 알코올사용장애를 보인다(APA, 2013/2015). 이처럼 단일 양극성장애 사례보다 동반이환의 사례들이 많다는 것은, 실제 임상 장면에서 불안이나 주의력 문제가 발생할 때 이것이 양극성장애를 배제하는 증거라기보다 오히려 양극성장애 진단의 가능성을 높이는 증거가 될 수 있다는 점을 시사한다. 많은 임상심리전문가 수련생이나 초보 전문가들은 단 하나의 '주요 진단'을 찾으려 애쓰는 경향이 있지만, 현재의 진단체계에서 동반이환은 자연스러운 현상임을 받아들여야 한다. 주요 진단을 찾으려는 노력은 역동적 사례개념화에서 시도하는 것이 적합할 것이다.

양극성장애의 감별 진단에서 가장 난해한 부분은 주요우울장애와의 감별이다. 또한 정신병적 장애들과의 감별도 중요한데, 조증 삽화에서 다양한 정신병적 증상이 발생할 수 있어 조현병 혹은 조현정동장애와 혼동될 가능성이 있기 때문이다(곽경필, 2007). 조현병과 양극성장애를 구분하는 가장 표준적인 방법은 시간에 따른 과거력을 탐색하여 정신병적 증상이 기분장애와 동반되지 않는 시점이 존재하는지 확인하는 것이다. 대체로 양극성장애에서는 기분 삽화가 정신병적 증상에 선행하고, 기분 증상이 우울인지 조증인지에 따라 그에 부합하는 정신병적 증상이 발생한다. 조현병의 경우 정신병적 증상에 뒤이어 기분 증상이 이차적으로 나타나는 경우가 흔하다(APA, 2013/2015).

그러나 이러한 경과적 특징을 환자나 보호자가 제공하는 정보를 통해 확인하기란 쉽지 않다. 임상심리학자들은 환자의 전 생애를 확인하기 어려운 상태에서 정보의 부족을 메우기 위해 병의 본질적인 특성정보를 찾을 필요가 있다. 양극성장애와 조현병의 차이를 인지 능력의 차이에서 확인하려는 것이 이러한 시도들 중 하나이다. 여러 연구가 지능, 사회인지, 기억, 집행기능 등에서 조현병이 상대적 인지 저하를 보인다는 것을 확인했다(Bora & Pantelis, 2016; Krabbendam et al., 2005). 하지만 연구에서 얻어진 결과는 평균을 기반으로 한 것이라는 점을 명심해야 한다. 지금 내가 검사한 환자의 인지기능이 연구들이 보고하는 평균의 값을 나타낼 가능성은 크지 않으므로, 인지 검사를 통해 감별 진단을 할 수 있는 경우는 극히 예외적일 것이다. 다만 여러 가지 정보가 환자의 조현병 가능성이 낮음을 시사하는 가운데 인지 검사 프로파일들도 평균 범위에 가까운 소견을 나타낸다면, 이는 환자가 양극성장애임을 지지하는 증거로 볼 수 있을 것이다. 감별 진단 연구에 등장하지는 않지만 종합심리검사를 구성하는 MMPI나 로르샤흐 검사 등도 임상심리학자들이 감별 진단에 참고하는 검사들이다.

2) 이론적 모형

양극성장애는 생물학적 요인의 역할이 큰 질환이다. 유전자의 특정 다형성 패턴을 찾는 데는 아직 충분한 합의가 부족하지만 쌍생아 표본을 이용한 통계적 분석에서는 이 병의 강한 유전 가능성이 나타난다. 심리사회적 변인은 기존의 유전적 취약성을 양극성장애 발병으로 끌어내거나 이 병의 경과를 조절하는 데 중요한 역할을 하는 것으로 보인다. 또한 단극성우울증과 유사하게 부정적 생활사건(Johnson, 2005), 낮은 사회적 지지(Johnson et al., 2003), 가족의 부정적 감정 표현(Yan et al., 2004) 등이 우울 삽화 발병에 영향을 미치는 것으로 알려져 있다.

반면, 조증 삽화의 발병은 우울증과 상당히 다른 과정을 거치는 것으로 보인다. 이들은 보상에 과도하게 민감한 신경계구조를 가지고 있어서(Ashok et al., 2017) 작은 성공의 단서나 주변의 찬사에도 쉽게 보상회로가 반응하는 것으로 알려져 있다. 일상에서 접하기 힘든 행운이나 성취가 이들에게는 조증 발병의 기폭장치가 될 수 있다. 이 외에도 수면의 교란으로 인한 생활주기의 불안정성(Wehr et al., 1987) 등이 조증 삽화를 유발하는 중요한 요인인 것으로 보고된다.

3) 양극성장애의 치료

현재까지 연구를 통해 확인된 양극성장애의 일차적 치료 수단은 기분안정제를 비롯한 정신과 약물치료이다. 하지만 양극성장애 환자 역시 삶을 살아가면서 많은 도전과 스트레스에 직면하는 하나의 '인간'임을 잊지 말아야 한다. 심리치료의 역할은 환자가 홀로 해나가고 있는 삶의 투쟁에 믿음직한 동반자가 되어주는 것이다. 그 과정을 통해 보다 현실적인 삶의 만족을 추구하는 방법을 배우고, 재발을 방지하기 위한 습관을 생활화하게 도와야 한다. 양극성장애는 어려운 병이고, 심리학자들의 임상적 경험이 많이 축적되지 않은 미지의 영역이다. 하지만 그렇기에 도전정신과 창의성으로 무장한 임상심리학자들의 도움이 절실히 필요한 영역이기도 하다.

양극성장애는 비교적 최근에 관심을 받기 시작하였고 그만큼 진단에 대한 논란도 큰 편이다. 겉으로 드러나는 증상과 징후가 모호한 병일수록 환자의 내면을 들여다보는 임상심리학자의 역할은 커진다. 우울증을 호소하는 모든 환자들에 대해 양극성장애의 가능성을 염두에 두고, 이를 의심할 수 있는 드러나지 않은 심리적 특성들이 있는지를 확인해야 한다.

(1) 심리교육

양극성장애 환자의 치료에서 가장 먼저 고려해야 할 것은 심리교육(psychoeducation)이다. 심리교육의 대상은 크게 환자 본인과 가족으로 나뉜다. 교육 내용은 주로 병의 생물학적 측면과 약물치료에 대한 정보를 제공하며, 병식(insight), 증상에 대한 인식, 치료 순응, 자기관리, 자살 예방 등을 강조한다(Colom, 2014; Kim, 2019).

일반적으로 양극성장애 환자들은 병식이 없다. 과대감으로 인해 자신을 특별한 사람으로 인식하며, 자신에게 병이 있다고 믿지 않기 때문이다. 그러므로 조증 삽화가 발생할 때 이것이 양극성장애 환자들에게 주는 의미를 이해해야 한다. 이들은 조증에 대해 부정적인 느낌이 거의 없다. 조증 직후는 후회하기도 하지만 어떤 방식으로 살아야 하는지 혹은 어떤 상황이나 기분이 정상적인 것인지 알지 못한다. 우울 삽화 시기에는 '나는 이렇게 될 사람이 아니다. 그런데 왜 이렇게 살고 있을까?' 하는 마음이 존재할 뿐이다. 또한 이들은 겉으로는 정상적으로 보이곤 해서 가족들이 환자를 이해해주지 못하는 경우도 많다. 그렇기 때문에 병의 특성과 환자의 고통을 이해할 수 있도록 돕는 가족교육이 필요하다.

J씨의 경우 자신의 병에 대한 인식이 부족하여 처방받은 약을 복용하다가 의사와 상의 없이 중단하는 일을 반복하였다. 이는 병식 부족과 약물치료 불순응 문제에 해당한다. 이런 점은 병의 악화에 영향을 주었을 것이다. J씨는 병식과 치료 순응에 대한 심리교육을 통해 자신의 병에 대해 객관적으로 이해할 필요가 있다. J씨뿐만 아니라 가족들 또한 심리교육이 필수로 이루어져야 한다. 과거에 J씨의 부모님은 자녀의 병에 대해 이해하거나 공감하지 못했다. 이는 J씨가 적절한 시기에 지지를 받지 못하고 보호요인이 부족하며 병이 촉발되고 유지되는 것에 영향을 주었을 것이다. 가족들 또한 환자의 행동으로 힘든 경험이 많았을 것이다. 그 때문에 환자를 비난하기 쉽지만 J씨가 문제행동을 하는 것은 자신의 잘못이 아니라 병에 의한 증상이라는 점을 이해해야 한다.

두 번째로 중요한 작업은 J씨의 치료 순응도(treatment compliance)를 높이는 것이다. J씨가 자신의 병을 더 객관적으로 이해하고 약물치료를 비롯한 치료 과정에 순응함으로써 효과적인 관리자의 입장에 서게 하는 것이 목표이다. 특히 약물복용과 관련된 이슈들에서는 약물 효과의 기전, 부작용, 약물복용에 대한 양가감정 등을 다뤄야 한다.

또한 양극성장애는 자살 위험성이 일반인의 10~20배에 이를 만큼 아주 높고, 정신질환 중 가장 높은 자살률을 보이며, 완료된 자살률이 주요우울장애 환자에 비해 4배나 더 높다(Beyer & Weisler, 2016; 한현선, 이주영, 2018). 따라서 자살 예방에 대한 교육도 반드시 이루어져야 한다. 양극성장애 자살 예방을 위한 심리사회적 개입은 ① 스트레스 상황에서 자발적으로 전문가의 도움 받기 전략, ② 문제해결기술훈련 전략, ③ 인지 재구성(rehearsal of cognitive) 및 정서 라벨링(emotional labeling)을 비롯하여 문제해결기술훈련을 포함하는 포괄적인 접근으로 구성되어있다(배유빈, 2016). 한편, 연구자들은 자살에 대한 안전 계획을 세우는 것이 자살 위험을 낮추는 데 도움이 된다고 말한다(Stanley & Brown, 2012). 자살 안전 계획을 세워 자살의 위험요인을 파악하고, J씨에게 적합한 대처 전략을 세우고, 위기 상황에서 가족들의 도움을 받는 것 등을 문서화하여 자살사고 발생 시 이 해결책에 따라 대처하도록 도와야 한다.

(2) 인지행동치료

인지행동치료에서는 환자의 기분과 행동에 영향을 주는 역기능적인 사고가 모든 심리적 장애에 존재한다고 가정한다. 양극성장애의 인지행동치료에서는 이 장애를 특징짓는 믿음과 행동 전략에 관한 인지 개념화에 근거하여 치료가 이루어진다. 인지행동치료는 우울증의 치료로 시작된 이론인 만큼 양극성장애의 우울 삽화를 치료하는 데 특히 유용하다.

우울 삽화에서 환자는 중립적 또는 긍정적 상황들조차 부정적으로 왜곡하여 해석할 수 있다. 이렇게 생겨난 환자의 자동적 사고를 비판적으로 검토하고 오류를 교정해주는 것이 필요하다. 인지행동치료에서는 자동적 사고를 수정하기 위해 역기능적 사고 기록지를 사용한다. 역기능적 사고 기록지에 부정적 감정을 느낀 날짜와 시간, 상황, 그 당시에 느꼈던 감정을 기록한다. 또한 그 부정적 감정이 들었을 때의 자동적 사고를 탐지하는 것이 중요하다. 자동적 사고의 내용을 확인한 뒤에는 적응적인 반응을 탐색하고 그에 따른 결과를 작성한다. 다음은 J씨가 작성한 역기능적 사고 기록지의 일부이다.

J씨의 역기능적 사고 기록지

일시	상황	감정	자동적 사고	적응적 반응	결과
20○○년 ○○월 ○○일 ○○시 ○○분	수업에 거의 집중하지 못함	무가치감 90% 초조함 80%	이럴 줄 알았어. 나는 어차피 아무것도 못 해.	복학한 지 얼마 되지 않았다. 아무것도 못 한다고 판단하기는 이르다.	무가치감 70% 초조함 65%

J씨의 경우에는 자신을 둘러싼 다수의 상황에서 '나는 해내지 못할 거야.', '노력을 해도 무의미할 거야.'와 같은 자동적 사고를 보고하며 스스로에 대한 무능감을 드러냈다. 어린 시절부터 자신의 의지를 관철하기보다는 부모님의 뜻에 좌우되며 살아온 J씨에게는 '내 뜻대로 되는 것은 아무것도 없을 것이다.'라는 믿음이 뿌리 깊게 박혀있었다. J씨가 나타내는 자동적 사고에서의 일반화 오류를 수정하기 위해 J씨가 성취를 보인 영역들

은 없었는지를 탐색하고, 자신의 긍정적 성취를 자서전적 기억 속에서 발견하도록 돕는 방향으로 치료를 진행하였다.

(3) 대인관계 및 사회적 리듬 치료

양극성장애의 조증 삽화 예방을 위한 개입으로는 대인관계 및 사회적 리듬 치료(inter-personal and social rhythm therapy: IPSRT)를 사용할 수 있다(Gupta et al., 2018). 치료 목표는 대인관계 및 사회적 기능을 향상시키기 위해 정상 기분 상태를 유지하는 것이다. J씨의 대인관계에서 나타난 주 갈등요인은 부모님과의 관계이다. J씨는 중학교 시절 왕따를 경험하고 어머니에게 위로와 지지를 받길 원했지만 뜻대로 되지 않았다. 그 후에도 부모님은 정서적인 지지보다는 J씨의 학업적인 면에 더 관심을 가졌고, 고등학교와 대학을 선택할 때도 J씨의 의사와 관계없이 진로를 결정했다. J씨는 이로 인해 부모님과 잦은 갈등과 다툼을 겪었고 이는 기분의 불안정함으로 이어져 왔다. 그러므로 치료에서는 J씨와 부모님의 갈등을 다루어야 한다.

J씨는 많은 판단과 결정을 부모님의 결정에 따르는 의존적인 패턴을 보였다. J씨는 심리치료 초기 회기 동안 몇 번에 걸쳐 어머니에 대한 서운한 감정을 표현하였다. 고등학교 때 친구들이 자신을 왕따시키고 있다는 것을 어렵게 어머니에게 이야기했을 때 "너는 남들 다 다니는 학교 하나 제대로 적응을 못하냐."며 짜증을 내고 경멸의 눈으로 자신을 쳐다보던 어머니의 모습을 잊을 수 없다면서 오열하였다.

회기가 진행되면서 치료자는 J씨가 어머니에게 큰 실망을 했음에도 어머니가 가라고 하는 진로를 큰 저항 없이 선택한 이유를 탐색하게 도왔다. 불행히도 J씨는 어머니가 자신에게 잘해주지 않은 이유를 자신이 자랑스러운 딸이 되지 못해서였다고 생각하고 있었다. 어머니가 원하는 진로를 통해 성취를 이루어 어머니의 사랑을 되찾으려는 그녀의 무의식적 욕구는 결과적으로 어머니에게 더 의존하면서도, 노력에 대한 사랑을 주지 않는 어머니에게 더욱 분노하게 되는 패턴을 반복하게 만든 것이다. 이후 수차례의 치료 회기를 진행하여 부모로서의 행동과 성인 자녀로서의 행동에 대한 상호적인 기대 수준을 조정할 수 있었으며, 이를 통해 부모와의 갈등이 감소했다.

대인관계치료를 하면서 사회적 리듬치료도 동시에 진행하였다. J씨의 일주기 체계가 기분 변화에 미치는 영향을 알아보기 위해 사회적 리듬 차트(social rhythm metric: SRM)를 작성해보게 하였다. 먼저, J씨의 리듬을 붕괴하는 촉발요인을 찾도록 하였다. J씨는 자신의 존재를 증명할 수 있는 새로운 활동이라고 생각되면 과도하게 흥분하여 몇 날 며칠 밤을 새우고 그 이후에는 기분 삽화가 발생했다는 것을 발견했다. 따라서 J씨의 리듬 치료는 수면조절에 강조점을 두었다. J씨는 수면에 들어야 하는 시간에는 반드시 수면을 할 수 있도록 계획을 세웠으며, 수면 박탈에 자극을 주는 새로운 활동을 당분간 하지 않도록 하였다.

몇 달 후 J씨의 수면 리듬은 안정되었고, 다음 단계로 J씨의 리듬에서 변화가 발생하더라도 균형을 유지할 수 있도록 하였다. J씨는 일상에서 과활동의 기간이 발생했을 때 이 흥분에서 회복될 수 있는 비활동의 기간이 필요하다는 것을 알게 되었다. 하지만 과활동 후 비활동의 기간이 우울 삽화로 연결되는 것을 발견하였다. 이에 따라 조증 삽화와 우울 삽화 모두의 발생을 예방하기 위해 과활동이 나타나지 않도록 적절하고 균형적인 활동 계획을 유지하는 치료 회기를 진행하였다.

(4) J씨의 사례

다음은 J씨와 진행한 심리치료 중 증상의 촉발요인을 탐색한 부분이다.

환자	새 학기 시작 전에 복학 신청을 했어요. 제가 아직 전공이 없고 사회과학부 소속이다 보니까 뭘 해야 할지 막막하기도 하고… 그쯤부터 진로에 대해서 고민을 많이 하게 된 것 같아요. 그래서 일단은 복학을 하면서 알아보려고 했어요.
상담자	진로에 대한 고민이 막막했을 텐데 어떤 것을 좀 알아보셨나요?
환자	우연히 미술치료라는 걸 알게 됐는데 미술치료가 저에게 주어진 소명 같았어요.
상담자	J씨에게 미술치료가 소명 같은 느낌이 들었다고 하셨는데, 그에 대해서 조금 더 자세히 설명해주실 수 있을까요?
환자	음… 이걸 통해서 제가 많은 사람들을 치료할 수 있을 것 같았고, 왠지 모르게 저처럼 힘든 사람들을 도울 수 있을 것 같다는 생각이 들었어요. 그래서 그때부터 미술치료에 대한 정보를 찾아보기 시작했어요.
상담자	그렇군요.

환자	생각보다 정보가 뒤섞여서 어떤 것이 진짜인지 구분하기 어려웠어요. 그래서 심리학과 교수님을 찾아갔어요. 교수님께서 심리학을 전공하면 진로를 다양하게 선택할 수 있다는 이야기를 해주셨어요. 다양한 진로가 있다고 교수님께서 말씀해주셔서 미술심리치료도 할 수 있겠다는 생각이 들더라구요. 정말 이거다! 라는 생각이 너무 들었고… 그래서 심리학을 전공하면 미술심리치료를 할 수 있겠다 싶었거든요.
상담자	싶었는데요?
환자	그 교수님하고 대화를 하니까 막연했던 미래가 조금씩 앞이 보이는 것 같은 든든함이 생기더라구요. 앞으로 뭔가 잘될 것 같은 기분이 들었어요. 그런데 개강하고 나서 맨 처음 수강한 게 심리학개론 수업이었는데, 개론 수업 교수님께서는 심리학이 예술치료와는 별 관련이 없다는 말씀을 하셨어요. 그 말을 듣고 '이게 무슨 말이지?'라고 생각했어요.
상담자	아, 많이 놀라셨나 봐요. 그때 상황을 조금 더 자세히 말씀해주실 수 있나요?
환자	제가 수집했던 정보들이랑 다른 말을 하시는데… 교수님이 미술치료를 비판하시면서 정통 심리가 아니라는 식으로만 자꾸 얘기하셨어요.
상담자	J씨가 느끼기에 교수님께서 미술치료를 비판한다고 생각하셨나 봐요.
환자	심장이 쿵 하고 떨어지는 것 같았고… 너무 혼란스러웠어요. 지금까지 찾았던 것도 있었고… 계획했던 것도 있었는데 한순간에 다 무너지는 것 같았어요.
상담자	그건 그 교수님만의 의견일수도 있는데 J씨도 그렇게 받아들인 건가요?
환자	네. 교수님이 하신 말씀이니까요. 다른 분도 아니고 교수님께서 그런 말씀을 하시니까 미술치료로 다른 사람들에게 희망을 주고 싶다는 새로운 제 꿈이 짓밟혔다고 생각했어요. 그날 수업이 끝나고 집에 온 뒤로는 정말 아무것도 할 수가 없었어요. 목표를 잃었다는 생각이 드니까 희망도 없는 것처럼 느껴지고… 계속 누워만 있었어요. 그리고 저는 이제 아무것도 할 수 없을 것 같다는 생각이 들었어요.

　　이 회기를 통해 J씨가 가지고 있는 과잉 추론이나 일반화와 같은 인지적 오류를 확인할 수 있다. 진로에 대해 충분한 자료탐색 없이 특정 진로에 대해 과도한 호감을 가지게 되는 것도 문제이지만, 수업을 하는 교수님과 자신의 뜻이 다르다는 이유로 상황을 과하게 파국적으로 해석하고 무망감을 느끼는 것은 환자의 인지적 왜곡이 반드시 수정되어야 함을 잘 보여준다.

　　왜곡된 신념은 하루아침에 형성되는 것이 아니다. J씨의 과거력에는 분명 J씨의 오늘을 만든 중요한 단서들이 존재할 것이다. 다음 상담 내용은 초기 과거력 탐색 중 일부이다.

환자	엄청 어릴 때부터 스스로 우울증이라고 생각했거든요. 왜냐면 중학생 때 적응을 잘 못하다가 친해진 애들이 저까지 4명이었는데 1명이 장난을 너무 좋아해가지고 저를 왕따를 시켰던 거예요. 장난으로. 근데 그때 진짜 처음으로 약간 죽고 싶다는 생각을 했어요.

상담자	상당히 어려운 시기였던 것 같습니다. 조금 더 자세하게 말해주실 수 있으시겠어요?
환자	그때 맨날 침대에만 누워있고 엄청 우울했어요. 그때 이미 우울증까지였는지는 모르겠지만 엄청 우울했고 저는 그 약간 가을? 겨울만 되면 기분이… 그런데 그때가 그 시기였거든요. 겨울방학 때. 그 겨울방학 내내 방에만 있었어요. 침대에.
상담자	정리해보면, 왕따를 당하신 이후로 가을, 겨울이 되면 그 기억이 떠오르면서 우울해지신다는 뜻인가요?
환자	네, 맞아요, 그랬어요. 음… 한편으로는 그런 마음도 있었어요. 엄마가 무슨 일 있는지 먼저 물어봐줬으면. 그럼 내가 어떤지 말할 텐데. 근데 엄마가 그냥 '힘든가 보다~', '피곤한가 보네~' 이렇게 생각하셨는지 한 번도 안 물어본 거예요. 그래서 엄마한테 상처받고….
상담자	J씨가 말해주지 않았더라도 어머니가 충분히 알아주셨으면 하셨던 거군요. 먼저 어머니에게 이야기하려고 하신 적은 없으신가요?
환자	네. 지금은 엄마하고 얘기도 예전보다는 많이 해요. 어릴 때는 좀 얘기도 안 통하고 제 말을 잘 귀담아들어주지 않았어요. 그래서 병원 간 이후로 엄마한테 엄청 원망을 하기 시작했어요. 엄마가 그때 내 말을 안 들어줘서 막 어쩌구 저쩌구. 그게 어쨌든 좀 안 좋은 방법이지만 대화를 시작하게 된 계기가 된 것 같아요.
상담자	그렇게 대화를 시작하는 것도 쉽지 않으셨을 텐데 큰 용기를 내셨네요. 어머니께서는 J씨의 이야기를 듣고 어떻게 반응하셨어요?
환자	지금은 어쨌든 이제 엄마도 미안하다 하고 저도… 어쨌든 그래서 나중에는 가장 말도 잘 통하고 그런 관계가 된 것 같아요.
상담자	그러셨군요. J씨는 힘들고 어려운 상황에서 어머니가 먼저 J씨의 마음을 알아채주시기를 바라왔던 것 같네요.
환자	네. 다른 사람도 아니고 제 엄마니까 그래 주길 바랐던 거 같아요.
상담자	그런 기대를 했을 때 어떤 일이 일어났죠?
환자	엄마는 제 마음을 알아주지 않았고, 먼저 물어봐주지도 않았어요. 저는 그런 엄마에게 실망하기도 했고, 많이 속상하고 우울했고요.
상담자	그런 상황에서 J씨는 어떻게 행동했죠?
환자	엄마한테 제가 먼저 얘기했어요. 엄마가 내 말 안 들어줘서 원망스럽다고, 힘들었다고, 우울하다고.
상담자	그러고 나서는 어떻게 되었죠?
환자	제가 먼저 얘기하니까 엄마가 제 이야기를 들어주더라고요. 미안하다고도 하셨고 제 마음을 이해해줬어요. 덕분에 이제는 엄마랑 얘기하는 게 자연스러워졌고요.

J씨의 과거력을 탐색하면서 자연스럽게 어머니에 대해 가지고 있는 과도한 기대가 드러났다. J씨는 아무 내색을 하지 않아도 부모라면 자신의 고민을 알아차리고 먼저 도와줘야 한다고 생각했던 것이다. 이러한 기대는 가족 간의 문제뿐 아니라 사회생활에서

만난 사람들과의 대인관계에서도 부적응적 영향을 줄 수 있다. 치료자는 공감적인 입장에서 환자가 자신의 비합리적 신념을 돌아보고 현실적인 대안을 찾을 수 있도록 유도하였다.

양극성장애의 심리치료는 결코 쉬운 작업이 아니다. 빠른 진전을 기대하기도 어렵고 그간의 성과가 퇴보하는 듯한 경험도 흔하기 때문에 환자와 치료자 모두 지치기 쉬운 작업이다. 하지만 심리치료의 성공 없이 환자의 재발을 예방할 수 없기에 이 분야에 대한 많은 추가적 연구와 관심이 필요하다. 이 장애의 생물·심리·사회적 특성을 균형 있게 고려한 치료기법이 발전하길 기대한다.

04

사회불안장애

Social Anxiety Disorder

1 임상 사례

---

1) 주 호소 문제와 현 병력

Y씨는 21세 남자로 현재 대학교 3학년에 재학 중이다. "사람들 시선이 부담스럽다.", "사람들 앞에서 이야기하기가 두렵다.", "자꾸 사람들이 자신에 대해 수군거리며 부정적인 이야기를 하는 것 같다."는 것을 주 호소 문제로 대학 내 학생상담센터에 스스로 찾아왔다. 이러한 현상이 본격적으로 나타나고 생활에서 문제가 되기 시작한 것은 대학교 1학년 수업 시간에 발표를 하면서 실수를 했을 때부터였다.

　고등학교를 졸업하고 곧장 대학에 입학한 Y씨는 학교에서 다른 사람들과 갈등이나 문제가 있지는 않았다. 하지만 친한 친구 1~2명과만 어울리고 다른 사람들과는 잘 어울리지는 않았다. 그 친구들과 수업이 끝난 후 가끔 저녁식사를 함께 하기는 했지만, 대개는 수업만 듣고 집으로 가는 일이 반복되었다. 꼭 참석해야 하는 학과 활동에는 조용히 참석해서 구석에 앉아있기는 하였으나 눈에 띄는 행동을 하지는 않았다. 대학 새내기일 때 함께 다니던 친한 친구의 권유로 지역사회에서 아동을 돌보는 봉사활동을 하는 동아리에 가입하였다. Y씨는 격주로 하는 봉사활동에 매우 만족했고 이 시간은 빠지지 않고 참석하였다. 하지만 봉사활동 후 뒤풀이에는 잘 참석하지 않았으며 모임에 가더라도 조용히 시간을 보냈다. 흔히 2~3학년들이 맡게 되는 동아리의 간부 역할도 마다하였다. 그 외 동아리 활동과 교외 활동은 거의 하지 않았다.

　1학년 문학 관련 수업 시간에 수강생들이 돌아가면서 작품에 대한 감상을 발표하는 시간이 있었다. Y씨는 대학 수업에서 처음으로 발표를 하는 것이어서 발표 전부터 많이 불안해했다. 실수를 할까 봐 걱정도 많이 하였다. 발표를 위해 전날 밤새 준비했던 Y씨는 발표가 다가오자 심하게 긴장했고, 학생들 앞에 나가 발표를 시작하고 나서는 얼마 되지 않아 준비한 자료를 제대로 읽지도 못하고 말을 더듬었다. 어디선가 킥킥거리며 웃거나 수군거리는 소리가 들렸고 그 소리를 듣고는 더욱 당황하였다. 심장이 두근거리고 얼굴이 달아올랐으며 땀을 흘리고 숨이 가빠서 숨쉬기가 어렵다고 느꼈다. 눈앞이 하얘지기도 하였다. 발표는 그렇게 중단되었다. 그날 이후 Y씨는 사람들과 어울리는 횟수가 더욱 줄고 혼자 있는 시간이 늘어났다. 우연히 그 수업을 같이 듣는 사람들을 지나칠 때에는 그들이 자신에 대해서 뭔가 부정적인 이야기를 하는 듯한 느낌이 들기도 하였다. Y씨는 그다음 학기부터 발표나 팀 활동을 해야 하는 수업은 수강 신청을 하지 않았다.

같은 학과의 다른 남학생들은 1~2학년을 마치고는 군에 입대하였고 Y씨가 어울렸던 친구들 역시 모두 입대하였다. 그나마 학교에서 대화를 나누고 함께 생활을 하던 친구들이 사라져 혼자 보내는 시간이 더 많아졌다. 공강 시간에는 특별히 할 일이 없었고, 학교 내에 있으면 다른 사람들이 자신을 이상하게 볼 것 같아서 학교 밖을 1~2시간씩 돌아다니다가 수업 시간에 학교로 돌아와 수업만 듣곤 했다. 그 역시 군대를 가야 한다고 생각은 하였으나 군대에 적응하기가 쉽지 않을 것이라고 생각하여 막연히 입대를 미루어 왔다. 하지만 이제는 더 이상 입대를 미루기만 할 수는 없을 것 같다고 생각하였다. 이렇게 지내다가는 학교를 졸업하고 취업을 하기도 어려울 것이라는 생각이 들어 스스로 학생상담센터에서 심리평가 및 상담을 신청하였다.

2) 가족력 및 개인력

Y씨는 2남 중 장남으로 태어났다. 아버지는 회사원이고 어머니는 가정주부이며 한 살 아래 동생은 현재 대학교 2학년에 재학 중이다. 어린 시절 주 양육자는 어머니였다. 서울에 거주 중이며 중산층 가정이고 가족 분위기는 전반적으로 화목하였다. 가족과 친척 중에 정신장애를 가지고 있는 사람은 없었다.

그는 발달상의 문제 없이 정상 발달하였다. 어린 시절부터 수줍음이 많았고 낯가림이 심했다. 낯선 환경에 적응하는 일이 쉽지 않았으며 새로운 곳에서 처음 보는 사람들과 어울리는 것을 어려워했다. 유치원과 초등학교에 처음 들어갈 때에는 주 양육자인 어머니와 떨어지지 않으려고 하면서 등원과 등교를 거부하기도 하였다. 어머니가 잘 달래서 유치원이나 학교에 보내면 또 그런대로 잘 적응하였다. 유치원과 학교에서는 얌전하고 말 없는 아이였으며 소수의 친구들과는 친밀하게 지냈다. 특별히 문제를 일으키지 않았고 학업도 곧잘 따라갔다. 선생님들은 그를 대체로 수줍음이 많고 소극적이긴 하지만 착하고 성실하다고 평가하였다. 가족이나 친척들, 오랜 시간 함께 알아온 이웃들과의 관계에서는 특별히 불편함을 느끼지는 않았다.

초등학교를 졸업할 때 아버지가 근무하는 곳이 다른 지역으로 이전하여 가족 모두가 이사를 가게 되었다. Y씨는 새로 이사 간 지역의 중학교에 입학하였다. 그 학교의 학생들은 대부분 인근 아파트 단지에 거주하며 같은 초등학교를 다니다 함께 입학하여 서로 아는 사이였다. Y씨는 아는 학생이 아무도 없어서 학교에 적응하기가 더욱 어려웠다. 특히 쉬는 시간에 다른 학생들은 함께 놀고 대화를 나누었으나 Y씨는 끼어들기 어려워했다. 그래서 혼자 자리에 앉아서 책을 읽거나, 혼자만 어울리지 못한다는 사실이 다른 학생들에게 알려질 것이 부담스러우면 교내를 서성거리다가 교실로 들어오곤 했다. 성적은 줄곧 상위권이었다. 매년 담임교사들은 Y씨의 부모에게 그가 착하고 성실한 학생이긴 하지만 소극적이고 사회성이 부족하다고 평가하곤 하였다.

고등학교에서도 Y씨의 모습은 큰 변화가 없었다. 다행히 같은 중학교를 다녔던 친구들이 있어서 그들과 함께 보내는 시간이 늘기는 하였다. 그렇다고 행동이 변한 것은 아니었다. 여전히 여러 사람들과 어울리기보다는 혼자 있거나 소수의 친구들과 지내는 시간이 많았다. 성적은 전체적으로 상위권을 유지하였다. 시험 성적은 높았지만 수행평가 성적은 상대적으로 낮았다. 고등학교 재학 시절 중 동아리나 봉사활동 등의 과외활동을 많이 하지는 못했다. 대학수학능력시험을 보고 정시를 통해 대학에 입학하였다.

대학에서도 성실하게 학교를 나가고 수업을 듣기는 하였으나 교우관계는 매우 제한적이었다. 학점은 좋은 편이었으나 특별히 학교생활에 재미를 느끼지는 못했다. 1학년 발표 수업에서 상당한 좌절감을 경험한 이후 혼자 있는 시간은 점차 늘어났다. 하지만 학교 동아리에서 아동을 돌보는 봉사활동은 꾸준히 지속하였고, 방학 때는 거주지 근처 회사에서 행정 업무를 보조하는 아르바이트를 하기도 하였다. 3학년이 되어서야 더 이상 현재와 같은 생활을 지속하기는 어렵다는 생각과 군 입대에 대한 고민 등으로 상담을 신청하였다.

3) 행동 관찰

Y씨는 약속된 시간보다 10분 일찍 상담센터에 도착하여 대기실에서 기다리고 있었다. 키와 체격은 평균이었으며 전반적인 위생 상태는 양호하였다. 면담 시간 내내 시선이 아래를 향했고 평가자와 시선을 맞추지 못했다. 면담하는 것에 대해 이야기를 하면 잠깐 동안 시선을 맞추기는 하였으나 머지않아 시선을 다시 아래로 향하는 모습이 반복되었다. 이야기를 할 때에는 부끄러운 듯 얼굴이 살짝 상기되기도 하였으며 긴장되고 불안하며 다소 무기력해 보이기도 하였다. 평가자의 질문을 이해하는 데 문제는 없었고 답변역시 적절하였으나 대체로 단답형이었다. 전반적인 발화량이 많지 않았고 목소리에도 힘이 없었다. 전체적으로 평가자에게 예의 바른 모습을 보였으며 면담에 협조적이었다.

2 심리평가

1) 평가 계획

Y씨가 어린 시절부터 보였던 수줍음의 기질과 사회적 관계에서의 어려움, 그리고 현재 보이고 있는 사회적 상황에서 극도의 공포와 불안이라는 주 호소 문제를 종합적으로 검 토할 때, 가장 의심되는 장애는 사회불안장애였다. 따라서 현재 Y씨의 사회불안의 수준 을 측정하기 위해 단축형 부정적 평가에 대한 두려움 척도(BFNE), 사회공포증 척도(SPS) 와 같은 사회불안 관련 자기보고식 검사를 시행하였다.

사회불안장애를 가진 사람들은 흔히 다양한 동반이환을 가지고 있는 것으로 알려 져 있다. 따라서 다른 심리적 증상들의 정도를 확인할 필요가 있었다. 이를 위해 MMPI-2 검사를 시행하였다. 사회불안장애 여부를 확인하는 데 반드시 필요한 검사는 아니었으 나, 내담자가 자신의 인지기능 상태를 확인하길 원하여 K-WAIS-IV 검사를 추가로 실시 하였다.

2) K-WAIS-IV

K-WAIS-IV로 측정한 Y씨의 전체지능지수(FSIQ)는 107이며, 이는 [평균] 수준으로 동

Y씨의 K-WAIS-IV 결과지

지수	환산 점수	조합 점수	백분위 (%ile)	95% 신뢰구간
언어이해 (VCI)	39	118	89	110-124
지각추론 (PRI)	39	120	90	111-126
작업기억 (WMI)	19	98	46	90-106
처리속도 (PSI)	13	84	14	77-95
전체지능지수 (FSIQ)	110	107	69	102-112
일반능력지수 (GAI)	78	122	92	115-127

	언어이해				지각추론					작업기억			처리속도		
	공통성	어휘	상식	이해	토막짜기	행렬추론	퍼즐	무게비교	빠진곳찾기	숫자	산수	순서화	기호쓰기	동형찾기	지우기
환산점수	12	13	14	6	12	14	13	12	7	7	12	6	6	7	6

| 20 |
| 19 |
| 18 |
| 17 |
| 16 |
| 15 |
| 14 |
| 13 |
| 12 |
| 11 |
| 10 |
| 9 |
| 8 |
| 7 |
| 6 |
| 5 |
| 4 |
| 3 |
| 2 |
| 1 |

일 연령대의 상위 31%에 해당한다. 언어이해지수(VCI)는 118의 [평균 상] 수준, 지각추론지수(PRI)는 120의 [우수] 수준, 작업기억지수(WMI)는 98의 [평균] 수준, 처리속도지수(PSI)는 84의 [평균 하] 수준이었다. 전체지능을 구성하는 지표 간의 점수 차이가 36점이고, 소검사 간 점수 차이도 8점에 이르고 있어 인지기능 간의 편차가 매우 크다. 일반능력지수(GAI)는 122로 [우수] 수준이나 이는 언어이해지수(VCI)와 지각추론지수(PRI)를 바탕으로 산출된 것이다. 따라서 지능을 구성하는 전 영역을 포괄하는 전체지능지수(FSIQ)나 일반능력지수(GAI) 모두 Y씨의 인지기능을 대표한다고 보기는 어렵기 때문에 개별 지표 및 소검사별로 기능 수준을 파악할 필요가 있다.

언어이해 영역을 통해 측정한 언어적 이해 및 표현 능력, 학습을 통해 축적된 지식의 정도 및 추상적 사고 능력은 모두 [평균 상]~[우수] 수준을 보였다. 다양한 영역에 관심을 가지고 학습을 지속해왔으며 정규 교육에서 우수한 학업 성취를 보였을 것이다. 일상에서 적절한 어휘를 선택하여 사람들과 소통하는 데 필요한 언어적 능력 역시 양호할 것이다. 하지만 사회적 상황에서의 규범적 지식과 판단 능력을 측정하는 소검사에서는 [평균 하] 수준의 수행을 보였다. Y씨는 다양한 언어적 자원과 지식을 갖고는 있으나 이를 적절하게 활용하여 사회적 상황에 대처하는 데에는 어려움이 있을 것으로 보인다.

지각추론 영역을 통해 측정한 시공간 구성 능력, 시각-운동 협응 능력, 비언어적 추론 능력은 [평균 상]~[우수] 수준을 보였다. 그러나 주변의 세부적인 측면에 초점을 두고 본질과 비본질을 구별하는 능력은 [평균 하] 수준으로 다른 능력에 비해 상대적으로 저조하였다. 사회적 상황의 핵심적인 측면을 찾아내는 사회적 민감성과 이해 능력이 다른 지적 능력에 비해 부족할 것으로 보인다. 언어이해 영역의 사회적 판단 능력을 측정하는 소검사에서 나타난 저조한 수행을 함께 고려하면, 사회적 상황에 대한 이해 및 판단 능력의 부족은 Y씨가 가지고 있는 인지적 약점에 해당한다.

작업기억 영역에서 수 계산 능력은 [평균 상] 수준이었다. 언어이해 영역에서 보여준 언어 능력 및 학습을 통해 축적된 지식에서 모두 [평균 상]~[우수] 수준을 보였다는 점을 감안하면, 정규 교육에서의 학업 성취는 우수했을 것으로 추정된다. 하지만 외부자극에 주의를 기울이고 기억하는 능력은 [평균 하] 수준으로 나타났다. 주의집중에서 문제가 드러나고 있으며, 이는 불안이나 심리적 불편감과 같은 정서적 상태와 관련이 있을 것으로 생각된다.

처리속도 영역에서 비언어적인 문제해결속도와 정신운동속도는 모두 [평균 하] 수준으로 나타났다. 낯선 상황에서 새로운 자극을 학습하는 능력이 부족하며, 새로운 환경에 기민하게 적응하는 데 어려움을 경험할 수 있다. 이 역시 불안과 우울 같은 정서적인 문제와 관련이 있을 것으로 보인다.

Y씨는 전체적으로는 [평균] 수준의 지적 능력을 보이고 있으나, 인지기능상의 불균형이 시사된다. 현재 불안이나 심리적 불편감과 같은 심리적인 문제가 있음을 감안하면, 지적 잠재력은 현재 측정된 수준보다 높을 것으로 추정된다. 언어 능력, 학습을 통해서 축적된 지식과 시공간 구성 능력은 [평균 상]에서 [우수] 수준에 이르고 있으나, 사회적 상황을 정확하게 판단하고 이에 적절히 대처하는 능력은 상대적으로 부족하다. 또한 주의집중력과 정신운동속도 역시 저하되어 있으며, 이는 현재 경험하고 있는 정서적인 어려움과 관련이 있는 것으로 생각된다.

Box 3.1

사회불안장애의 WAIS 검사 결과

K-WAIS-IV 검사 결과로 사회불안장애 진단을 확증할 수는 없다. 다만 사회불안장애가 가진 임상적 특성으로 인해 이 장애를 가진 사람들의 WAIS-IV 검사 결과에서 어떤 독특한 양상이 나타날 수 있다. 임상가는 이를 활용하여 진단과 사례 분석에 도움을 받을 수 있다. 그럼에도 불구하고 검사 결과를 과잉 해석하고 이를 바탕으로 진단하는 것에는 유의해야 한다.

사회불안장애의 특성은 타인에게 관찰되고 평가되는 사회적 상황을 두려워하는 것이다. 지능이 평가된다는 상황, 그것 자체가 사회불안장애를 가진 사람들에게 스트레스와 불안을 야기할 가능성이 크다. 특히 자신의 수행이 외부로 직접 노출되는 K-WAIS-IV의 소검사에서는 불안이 더욱 커져 수행을 방해할 정도가 될 수 있다.

실제 경험적 연구를 살펴보면 사회불안 증상 혹은 사회불안장애와, 언어이해 소검사 점수 간에 유의한 관계는 없었다(Asmundson et al., 1994; Cohen et al., 1996; Holland et al., 1996; O'Toole et al., 2015; Penney et al., 2015). 즉, 사회불안장애로 진단된 사람도 언어이해와 관련된 지표와 소검사의 점수는 장애를 갖지 않은 사람과 크게 다르지 않다.

반면, 수행이 직접 노출되는 지각추론 소검사에서 사회불안장애를 가진 사람들의 수행 저하가 나타난다는 보고가 있다. 토막짜기 점수는 사회불안장애를 가진 사람들이 그렇지 않은 사람에 비해 수행이 떨어지는 것으로 보고되었다(Asmundson et al., 1994; Cohen et al., 1996). 하지만 행렬추론, 빠진곳찾기 소검사에서는 유의하게 저하되지 않았다(Asmundson et al., 1994; O'Toole et al., 2015). 사회불안장애를 가진 사람들이 지각추론의 다른 소검사에서 어떤 수행을 보이는지에 대해서는 보고된 바 없다. 일반적으로 불안이 높은 사람의 경우 시간제한이 있는 소검사에서 압박을 느껴 수행의 저하가 나타날 수 있다. 이를 감안하면 지각추론의 핵심 소검사에 해당하는 퍼즐과 무게비교 소검사에서 상대적으로 저조한 수행을 보일 것이라 추론해볼 수 있다. 이에 대해서는 추가적인 검증이 필요하다.

작업기억의 소검사인 숫자, 산수, 순서화에서는 기본적으로 주의집중력을 측정하는데, 이는 불안 수준에 민감한 것으로 알려져 있다(Lichtenberger & Kaufman, 2009/2013). 그러나 실제 연구 결과를 보면 사회불안을 가진 사람들이 작업기억 소검사에서 저조한 수행을 보인다고 보고되지는 않았다. 숫자, 순서화 소검사에서 사회불안장애를 가지고 있는 사람들에게서 유의한 저하가 발견되지 않았으며(Cohen et al., 1996; O'Toole et al., 2015; Stopa & Clark, 1993), 일반 대학생을 대상으로 측정한 사회불안의 정도와 숫자, 순서화 소검사의 점수 간 상관도 유의하지 않았다(Paskowski, 2011).

처리속도에 해당하는 기호쓰기, 동형찾기, 지우기 소검사 중 기호쓰기 소검사에서 사회불안장애를 가진 사람들은 그렇지 않은 사람들에 비해 유의하게 저조한 수행을 보였다(O'Toole et al., 2015). 동형찾기와 지우기 소검사에서의 특성을 확인한 연구는 확인할 수 없었다.

종합하면, WAIS-IV 검사의 지각추론과 처리속도 영역에서 저하된 수행이 사회불안과 관련이 있는 것으로 보고되었다. 특히 토막짜기, 기호쓰기 소검사의 저조한 수행은 선행 연구를 통해서 확인되었다. 이들 소검사는 자신의 수행이 타인에 의해 직접적으로 관찰된다는 공통점이 있다. 이는 사회불안장애가 가진 타인에 의해 관찰되는 상황에 대한 두려움의 특성을 반영하는 것이라 볼 수 있다. 다만 이것이 사회불안장애의 독특한 특성일지, 아니면 우울장애나 불안장애 등 다른 정서장애와 공유하는 특성일지에 대해서는 추가적인 탐색이 필요하다.

3) MMPI-2

먼저 Y씨의 타당도 척도를 살펴보면, VRIN과 TRIN 척도 점수가 각각 37T와 51T로 나타나, 전반적으로 MMPI-2 검사에 성실하게 임하였음을 보여준다. 비전형성을 탐지하는 F, F(B), F(P), FBS 척도 중에서 F 척도 점수가 58T로 약간의 상승을 보이고 있으나 다른 척도들은 모두 50T 이하로 보고되고 있어, 특별히 과장된 보고가 의심되지 않았다. 끝으로 방어성을 보여주는 L, K, S 척도는 모두 30T 대로 나타나고 있다. 이는 방어적인 태도를 보이지 않고 솔직하게 자신의 상태를 드러냈음을 시사한다.

임상 척도에서 불안과 관련된 7번 척도(69T), RC7(77T), ANX(82T), A(76T) 척도의 점수가 유의하게 상승하여 상당한 불안감을 느끼는 것으로 나타나고 있다. 또한 RCd(72T), NEGE(72T) 척도의 유의한 상승은 불안뿐 아니라 이를 포함한 전반적인 부정적인 정서의 수준 역시 매우 높은 상태임을 시사한다. Y씨는 매사에 걱정이 많고 주변의 사소한 자극에도 쉽게 부정적인 감정을 느끼는 경향이 높다. 특히 사회적 상황에서 타인의 평가에 예민하게 반응하며 이를 부정적으로 지각하는 경향이 높기에 사회불안의 수준이 매우 상승해있다(SOD=72T). 이러한 경향성은 그의 성격적 요인과 관련이 있어 보인다.

0번 척도(71T)와 INTR 척도(66T)의 상승이 시사하는 바와 같이 Y씨는 수줍음이 많고 내향적인 성격이다. 여러 사람들과 어울리기보다는 혼자 자신만의 생각에 빠지거나 소수의 사람들과 어울리는 것을 좋아한다. 사람들이 많은 곳, 특히 자신이 사람들로부터 주목받는 상황을 매우 불편해하며 쉽게 불안감을 느끼는 경향을 보인다. OBS 척도가 67T로 상승한 것으로 보아 자신의 수행에 대해서 높은 기준을 갖고 있으나 실제 자신의 수행에 대한 자신감은 부족하다. 자신이 설정한 기준에 미달한다고 생각하여 쉽게 죄의식을 느낀다. 자신이 실패했다고 느끼며 그것을 반추하고 그로 인해 우울감을 느끼는 경우도 있다. 성격적 요인에 더해 그가 대학교 1학년 때 경험했던 부정적 사건은 사회적 상황에서의 불안감을 더욱 높이는 역할을 했던 것으로 보인다(PK=76T).

0번 척도의 상승(71T)은 Y씨가 대인관계에서 수동적이며 의존적인 경향을 보였을 가능성을 시사한다. 자신의 불안을 잠재우기 위해 타인에게 안심과 확신을 구하는 행동을 보이는 경우도 많았을 것이다. 하지만 주변에서 안심과 조언을 제공해도 이를 의심하

■ 타당도 척도와 임상 척도

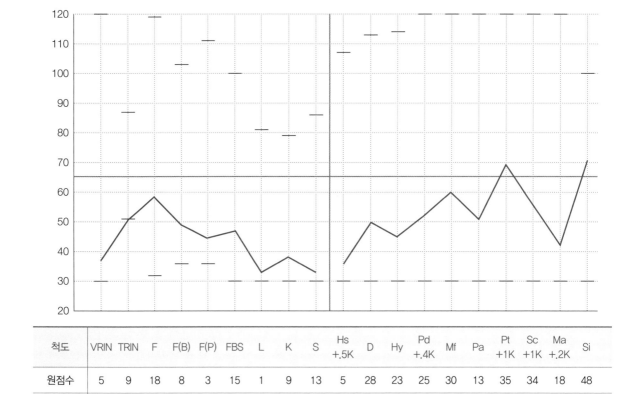

척도	VRIN	TRIN	F	F(B)	F(P)	FBS	L	K	S	Hs +.5K	D	Hy	Pd +.4K	Mf	Pa	Pt +1K	Sc +1K	Ma +.2K	Si
원점수	5	9	18	8	3	15	1	9	13	5	28	23	25	30	13	35	34	18	48
전체규준T	37	51	58	49	44	47	33	38	33	36	50	45	52	60	51	69	56	43	71

*Mf 척도의 T점수는 성별규준에 의한 것임.

■ 재구성 임상 척도와 성격병리 5요인 척도

척도	RCd	RC1	RC2	RC3	RC4	RC6	RC7	RC8	RC9			AGGR	PSYC	DISC	NEGE	INTR
원점수	19	1	9	7	3	3	19	5	12			9	6	10	24	23
전체규준T	72	34	53	53	42	52	77	52	48			52	49	45	72	66

■ 내용 척도

척도	ANX	FRS	OBS	DEP	HEA	BIZ	ANG	CYN	ASP	TPA	LSE	SOD	FAM	WRK	TRT
원점수	20	6	12	13	4	6	8	15	12	13	10	18	10	21	9
전체규준T	82	42	67	52	38	54	52	59	55	62	54	72	54	66	49

■ 보충 척도

척도	A	R	Es	Do	Re	Mt	PK	MDS	Ho	O-H	MAC-R	AAS	APS	GM	GF
원점수	36	14	33	9	14	27	34	8	30	12	20	2	25	30	30
전체규준T	76	41	54	34	38	66	76	62	63	46	49	43	63	55	51

고 믿지 못한다. 불안을 낮추기 위해 타인의 도움을 청하지만 불안은 감소하지 않고 오히려 자신과 타인에 대한 회의가 증가하는 역설을 경험할 수 있다. 이는 대인관계를 악화시키는 결과를 초래하기도 한다.

현재는 상승해있는 불안감으로 인해 대학생활 전반에 대한 적응의 어려움을 경험하고 있으며 학업에서도 자신의 잠재력을 충분히 발휘하지 못하는 상태로 보인다 (WRK=66T, Mt=66T).

사회불안장애를 가진 사람들의 일반적인 MMPI-2 프로파일

MMPI-2의 척도를 개념적으로 고려해볼 때 사회불안장애와 가장 직접적으로 관련되는 임상 척도는 7번 척도와 0번 척도이다. 7번 척도는 강박증 척도로, 이 척도가 상승하는 경우에는 강박적인 생각이나 과도한 두려움과 불안을 보이며 불안장애를 가진 경우가 많다. 하지만 우울장애나 조현병을 포함한 정신병적 장애에서도 7번 척도가 상승하는 경우가 흔하기에 이 척도가 불안장애 혹은 사회불안장애에 특정적으로 상승한다고 보기는 어렵다.

0번 척도는 사회적 내향성 척도로, 특정 정신장애 측정을 위해 개발된 척도는 아니다. 이 척도에서 높은 점수를 보이는 사람들은 수줍음이 많고 내성적인 성격이며 다른 사람과 지내는 것을 불편해한다. 0번 척도에는 사회적인 상황에 대한 불편감이나 불안을 측정하는 문항들이 포함되기에 사회불안장애를 갖는 경우 이 척도가 상승할 가능성이 높다. 하지만 회피성 성격장애, 조현성 성격장애에서도 쉽게 상승한다 (Odland et al., 2011). 어떤 정신병리 없이 단순히 수줍음이 많거나 내성적인 성격인 사람, 혹은 우울장애, 정신병적 장애에서도 상승하는 경우가 흔하기에 이 척도 역시 사회불안 특정적이라고 할 수는 없다.

흔히 나타나는 코드타입은 아니지만 7번과 0번이 함께 상승하는 경우는 사회적 상황에서 긴장하고 불안하며 부적절감을 느끼는 것을 특징으로 한다. 7-0 코드타입의 경우에는 2번 척도와 8번 척도가 동반 상승하는 경우가 많다(Friedman et al., 2015/2020). 실제 사회불안장애로 진단받은 사람들의 MMPI 검사 결과를 살펴본 연구에서는 2번, 7번, 8번 척도가 70T 이상으로 상승하였다(Levin et al., 2001). 특히 남성의 경우에는 5번 척도 역시 동반 상승한다는 연구 결과도 보고된 바 있다(Henderson,

1997). 국내 연구에서도 DSM-IV의 일반화 유형의 사회공포증 환자를 대상으로 한 MMPI 검사 결과에서 2번, 7번, 0번 척도가 60T 이상으로 상승하였다(정승아, 양창순, 2003).

개념적 분석과 선행하는 경험적 연구의 결과들을 종합해보면, 사회불안장애를 가진 사람들이 흔하게 보이는 MMPI-2 프로파일은 2-7-8 코드타입이며 0번이 동반 상승한다. 다만 이런 프로파일은 우울장애, 불안장애 및 정신병적 장애를 가진 사람에게서 모두 흔하게 나타난다. 정신병적 장애와의 감별을 위해서는 임상소척도를 추가로 확인하는 것이 도움이 된다. 정신병적 장애를 가진 경우에는 Sc3(자아통합결여-인지적)과 Sc6(기태적 감각 경험)이 상승하는 경우가 더 많다(Graham, 2006/2007). 0번 척도의 동반 상승과 관련해서 임상 소척도에서 Si1(수줍음/자의식)이 사회불안을 가장 잘 예측하는 것으로 나타났다. 반면 Si3(내적/외적소외)은 수줍음이나 사회불안과 큰 관련이 없는 것으로 보고되었다는 점은 사회불안장애의 진단과 감별 진단에 도움이 될 수 있겠다(Hebel, 1998).

재구성 임상 척도에서 사회불안은 RC7 척도와 가장 높은 상관을 보였다(Forbey & Ben-Porath, 2008). 하지만 RC7이 사회불안 특정적인 것은 아니며 특성 및 상태 불안이나 우울, 분노와도 높은 상관을 보였다. 내용 척도에서는 SOD 척도가 수줍음이나 사회불안을 잘 측정하는 것으로 보고되었다(Hebel, 1998).

4) 기타 자기보고식 검사

Y씨가 보이는 사회불안의 정도를 측정하기 위해 단축형 부정적 평가에 대한 두려움 척도(BFNE)와 사회공포증 척도(SPS)를 실시하였다. 그의 BFNE 점수는 48점이었다. 이정윤과 최정훈(1997)의 연구에 따르면 이 점수는 일반적인 대학생의 평균보다 약 1표준편차 정도 높은 수준이며 사회불안장애를 가진 임상군의 평균 수준과 유사하다. SPS 점수는 30점이었다. 이 역시 일반적인 대학생의 평균보다 약 1표준편차가 높은 수준이었으며(김향숙, 2001), 외국에서 임상적 절단점으로 제시된 26점보다는 다소 높은 정도였다(Peters, 2000).

사회불안장애 혹은 사회불안 증상은 자기보고식 척도나 임상가 평정 척도를 통해서 좀 더 직접적으로 측정할 수 있으며, 여러 척도들이 개발되어 사용되고 있다. 다음 표에서는 국내에서 번안, 타당화되어 사용 가능한 척도들만을 소개한다.

명칭	개요	한국판
단축형 부정적 평가에 대한 두려움 척도(Brief Fear of Negative Evaluation: BFNE) Leary, 1983	사회불안과 관련된 부정적 평가에 대한 두려움을 측정하기 위해 개발한 FNE의 단축형으로, 12문항의 5점 Likert 척도로 응답	이정윤, 최정훈, 1997
단축형 부정적 평가에 대한 두려움 척도-II(Brief Fear of Negative Evaluation-II: BFNE-II) Carleton et al., 2006	BFNE의 12개 문항 중 부정문으로 기술되어 역채점이 필요한 4개의 문항을 긍정문으로 수정하여 문항 모두를 긍정문으로 만든 것으로, 12문항의 5점 Likert 척도로 응답	홍영근 등, 2011
사회공포증과 불안 검사(Social Phobia and Anxiety Inventory: SPAI) Turner et al., 1989	사회공포증의 인지, 신체 및 행동적 증상들을 측정하기 위해 개발한 척도로, 사회공포증 소척도 32문항과 광장공포증 소척도 13문항으로 구성되어 있으며 7점 Likert 척도로 응답	김남재, 2004
사회공포증 검사(Social Phobia Inventory: SPIN) Connor et al., 2000	사회불안장애를 선별하기 위해 개발한 척도로, 공포, 회피 및 생리적 각성의 세 영역에 대해 17개 문항으로 구성되어 있으며 5점 Likert 척도로 응답	Cho et al., 2018
사회공포증 척도(Social Phobia Scale: SPS) Mattick & Clarke, 1998	타인에게 관찰되는 일상의 상황에서 드러나는 수행 불안을 측정하기 위해 개발한 척도로, 20문항으로 구성되어 있으며 5점 Likert 척도로 평정	김향숙, 2001
사회적 상호작용 불안 척도(Social Interaction Anxiety Scale: SIAS) Mattick & Clarke, 1998	사회적 상호작용 상황에서 드러나는 불안의 정도를 측정하기 위해 개발한 척도로, 19문항과 20문항의 버전이 있으며 5점 Likert 척도로 응답	김향숙, 2001
사회적 회피 및 불편감 척도(Social Avoidance and Distress Scale: SADS) Watson & Friend, 1969	사회적 상호작용에 대해서 불편해하며 그런 상황을 회피하는 정도를 측정하기 위해 개발한 척도로, 28문항이며 제시되는 문항에 대해 '예/아니요'로 답변	이정윤, 최정훈, 1997 (5점 Likert 척도로 타당화)
Liebowitz 사회불안 척도 임상가 평정 버전(Liebowitz Social Anxiety Scale-Clinician Administered Version: LSAS-CA) Liebowitz, 1987	사회불안장애를 가진 사람들이 흔하게 공포를 느끼는 24개의 상황에서 불안의 정도와 그 상황에 대한 회피 정도를 각각 4점 Likert 척도의 방식으로 임상가가 평정	강진화 등, 2013
Liebowitz 사회불안 척도 자기보고 버전 (Liebowitz Social Anxiety Scale-Self Report Version: LSAS-SR) Liebowitz, 1987	LSAS-CA를 자기보고식으로 변환한 것	유은승 등, 2007

5) 사례개념화

Y씨는 사회적 상황에서 공포와 불안, 그리고 그것을 회피하는 행동을 주요한 특징으로 하는 사회불안장애를 갖고 있는 것으로 진단될 수 있다. 어린 시절부터 낯선 사람들과 낯선 상황에 있을 때 수줍어하거나 분리불안을 보였던 모습은 그가 행동억제 성향의 기질을 갖고 있음을 시사한다.

학교에서 학업 성취는 좋은 편이었으나 또래관계를 형성하고 유지하는 데 어려움을 느꼈던 것으로 볼 때, Y씨가 보이는 행동억제 성향은 아동기와 청소년기에 지속적으로 나타난 것으로 판단된다. 하지만 대학에 입학하기 전까지는 그것이 심각한 심리적인 문제로 이어지지는 않았다. 긍정적이고 지지적인 가족 간의 관계, 양호한 지적 능력 및 학업 성취가 청소년기 학창시절에서 중요한 보호요인으로 작용했을 것으로 추정해볼 수 있다.

대학에 입학한 후에 중·고등학교 시절에 비해 급격하게 달라진 사회적 환경은 Y씨에게 상당한 스트레스로 작용했을 것으로 보인다. 특히 지능 검사에서 드러난 것처럼 사회적 상황에 대한 이해와 이에 적절히 대처하는 능력이 부족한 그에게는 초·중등 교육과정에 비해 비구조화되고 비정형화된 대학에서의 생활이 상당히 부담스러웠을 것으로 여겨진다.

이러한 생활을 지속하던 중에 수업 시간에 발표를 하다가 지나치게 긴장하여 발표를 중단한 사건은 그에게 트라우마로 경험되었을 것이며, 이것이 사회불안장애 발병을 촉발하는 스트레스 사건이 되었던 것으로 사료된다. 이 사건 이후 사회적 상황에서 Y씨가 느끼는 불안감은 급격히 상승하였던 것으로 보인다. 그 결과 사회적 상황에서 부적절한 행동을 할 것에 대한 두려움이 커졌으며 사회적 부적절감이 상승하면서 자신감도 하락하였던 것으로 여겨진다.

이후 Y씨는 사회적 상황으로부터 도피하고 회피함으로써 더 이상 사회적 상황에서의 불안을 경험하지 않게 되었을 것이며, 이러한 회피행동은 부적 강화의 기제에 따라 지속되었던 것으로 보인다. 그러나 이는 Y씨가 자신에 대한 부정적 사고('나는 사람들에게 부정적 평가를 받을 것이다')를 수정할 만한 기회나 사람들에게 긍정적 평가를 받을 기회,

혹은 경험을 통해 배우는 과정을 갖지 못하게 하여, 장기적으로는 부정적인 영향을 준 것으로 판단된다.

 심리 진단 검사 보고서 요약

1   **진단적 인상(diagnostic impression)**
    사회불안장애(Social Anxiety Disorder)

2   **치료적 제언(recommendation)**
    인지행동치료

3

특성과 치료

---

1) 사회불안장애의 진단

(1) 진단기준과 임상 양상

DSM-5(APA, 2013/2015)의 사회불안장애 진단기준은 다음과 같다.

DSM-5 사회불안장애(Social Anxiety Disorder) 진단기준

A 타인에게 면밀하게 관찰될 수 있는 하나 이상의 사회적 상황에 노출되는 것을 극도로 두려워하거나 불안해한다. 그러한 상황의 예로는 사회적 관계(예, 대화를 하거나 낯선 사람을 만나는 것), 관찰되는 것(예, 음식을 먹거나 마시는 자리), 다른 사람들 앞에서 수행을 하는 것(예, 연설)을 들 수 있다.
　주의점: 아동의 경우 공포와 불안은 성인과의 관계에서 뿐만 아니라 또래 집단에서도 발생해야 한다.

B. 다른 사람들에게 부정적으로 평가되는 방향(수치스럽거나 당황한 것으로 보임. 다른 사람을 거부하거나 공격하는 것으로 보임)으로 행동하거나 불안 증상을 보일까 봐 두려워한다.

C. 이러한 사회적 상황이 거의 항상 공포나 불안을 일으킨다.
　주의점: 아동의 경우 공포와 불안은 울음, 분노발작, 얼어붙음, 매달리기, 움츠러듦 혹은 사회적 상황에서 말을 하지 못하는 것으로 표현될 수 있다.

D. 이러한 사회적 상황을 회피하거나 극심한 공포와 불안 속에서 견딘다.

E. 이러한 불안과 공포는 실제 사회 상황이나 사회문화적 맥락에서 볼 때 실제 위험에 비해 비정상

적으로 극심하다.

F. 공포, 불안, 회피는 전형적으로 6개월 이상 지속되어야 한다.

G. 공포, 불안, 회피는 사회적, 직업적, 또는 다른 중요한 기능 영역에서 임상적으로 현저한 고통이나 손상을 초래한다.

H. 공포, 불안, 회피는 물질(예, 남용약물, 치료약물)의 생리적 효과나 다른 의학적 상태로 인한 것이 아니다.

I. 공포, 불안, 회피는 공황장애, 신체이형장애, 자폐스펙트럼장애와 같은 다른 정신질환으로 더 잘 설명되지 않는다.

J. 만약 다른 의학적 상태(예, 파킨슨병, 비만, 화상이나 손상에 의한 신체 훼손)가 있다면, 공포, 불안, 회피는 이와 무관하거나 혹은 지나칠 정도다.

다음의 경우 명시할 것:

수행형 단독: 공포가 대중 앞에서 말하거나 수행하는 것에 국한될 때

* Reprinted with permission from the Diagnostic and Statistical Manual of Mental Disorders, Fifth Edition, (Copyright 2013), American Psychiatric Association.

사회불안장애를 가진 사람들의 가장 큰 특징은 사회적 상황에서 공포와 불안을 느낀다는 것이다. 이들은 낯선 사람들과의 만남이나 대화 등 자신의 존재나 행위가 타인에게 보이는 것, 즉 사회적 상황에 노출되는 것을 불안해한다. 이들이 두려워하는 사회적 상황은 다양하다. 단순히 누군가와 인사를 하거나 대화를 하는 것뿐 아니라 대중 공간에서 식사하기, 글씨 쓰기, 화장실에서 용변 보기 등을 두려워하기도 하며, 특히 대중 앞에서 발표하거나 이야기하는 것(public speaking)을 가장 두려워한다(Stein et al., 1996).

이들이 사회적 상황에 대한 불안을 느끼는 이유는 타인에게 부정적인 평가를 받는 것에 대한 두려움, 자신의 행위가 다른 사람을 불편하게 하는 것에 대한 걱정과 관련된다. 예를 들어 자신이 다른 사람을 쳐다보면 그 사람이 이를 적개심의 표현이라고 생각하지 않을까 우려하거나, 자신의 체취가 타인을 불편하게 만들지 않을까 염려하기도 한다. 심장이 빨리 뛰고 땀을 흘리며 말을 더듬거나 떨고 얼굴이 붉어지는 것과 같은, 불안할 때 나타나는 신체적 현상이 타인에게 드러나는 것에 대해서도 두려움을 느낀다.

이들은 앞서 언급한 사회적 상황에 노출될 때 거의 항상 불안이나 공포를 느낀다. 하지만 그 사회적 상황이 사회문화적 규범에서 봤을 때 실제로 불안을 일으킬 법한 상황이며, 그때 보이는 불안 반응이 그럴 만하다고 받아들여지는 수준이라면 진단이 고려되지 않는다. 예를 들어 입사와 관련한 중요한 면접이나 발표와 같은 상황에서 일시적으로 불

안을 경험하는 것은 실제적이며 사회문화적 규범하에서 정상적인 불안이라고 받아들여질 만하기에 사회불안장애라고 진단되지 않는다.

사회불안장애를 가진 사람들은 사회적 상황을 회피하려고 노력한다. 학생의 경우에는 발표나 수업 중 수행을 요구하는 교과목의 수강을 피하거나 등교를 거부하기도 한다. 처음 보는 사람들과 만나는 상황, 사교적인 활동을 해야 하는 파티와 같은 일정을 회피하기도 한다. 사회적 상황을 피할 수 없을 때는 참기도 하지만 그 불안과 공포는 극심하다.

사회불안장애를 가진 사람은 이런 증상들로 인해 여러 기능 영역에서 고통을 느끼거나 손상이 발생한다. 부정적 평가에 대한 두려움으로 인해 사회적 상황을 불안해하고 이를 회피하기에 대인관계에서의 손상이 크다. 대인관계 스트레스의 정도가 높으며(Davila & Beck, 2002), 사회적으로 고립되어있다(Teo et al., 2013). 학생의 경우 학업 성취에도 문제가 있고(Stein & Kean, 2000), 학업을 중도에 포기하는 경향도 더 크다(Russell & Topham, 2012). 미취업이나 실직을 하는 비율이 더 높으며 직장 내에서도 적응에 어려움을 경험하는 경우가 많다(Himle et al., 2014; Moitra et al., 2011). 전반적으로 사회불안장애를 가질 경우 삶의 질이 낮으며, 증상이 심할수록 손상의 정도가 더 크다(Dell'Osso et al., 2014; Hambrick et al., 2003; Wong et al., 2012).

DSM-5(APA, 2013/2015)에서는 사회불안장애의 명시자로 수행형 단독(performance only)을 두고 있다. 극심한 불안과 공포가 다른 사회적 상황에서는 나타나지 않으며 대중 앞에서 말하거나 수행하는 것에 국한될 때 이 명시자를 표기하도록 되어있다. 수행형 단독이 독립적 실재라는 주장과 사회불안장애 스펙트럼의 하나라는 주장은 여전히 논쟁 중이다. 수행형 단독을 가진 사람들은 임상 양상과 가족력에서 사회불안장애를 가진 다른 경우와는 분명한 차이가 있다는 연구 결과가 보고된 바 있다(Hook & Valentiner, 2002; Mannuzza et al., 1995). 이는 수행형 단독이 독립적이며 범주적으로 분리된 실재라는 주장을 지지한다. 반면 수행형 단독이 다른 사회불안장애와 질적으로 다르다고 판단할 만한 증거는 없으며 단지 사회불안장애의 심각도가 덜한 상태라고 보고된 연구 결과도 있다(Boyers et al., 2017; Fuentes-Rodriguez et al., 2018). 수행형 단독에 해당하는 유병률이 낮아서, 그 임상적인 타당도와 효용성에 대해 의문이 제기되기도 하였다(Kodal et al., 2017). 비록 DSM-5에서는 수행형 단독이라는 사회불안장애의 명시자를 제시하고 있으나 최종적인 결론을 내리기에는 아직 이르며 이에 대한 추가적인 연구가 필요하다.

(2) 동반이환과 감별 진단

사회불안장애의 평생유병률은 전 세계적으로 약 4% 정도로 추정된다. 우리나라, 중국, 일본과 같은 동아시아 국가, 아프리카 국가 그리고 개발도상국의 경우 유병률이 상대적으로 낮다. 미국은 평생유병률이 12.1~13%에 이르고 있어 불안장애 중 가장 높은 수준의 유병률을 보인다(Magee et al., 1996; Ruscio et al., 2008; Stein et al., 2017). 우리나라에서 사회불안장애의 평생유병률은 0.5~1.6%로 전 세계 평균보다 낮은 것으로 보고된 바 있다(홍진표 등, 2017; Cho et al., 2015).

일반적으로 사회불안장애의 발병 연령은 후기 아동기, 초기 청소년기에 해당하는 11~17세로 보고된다(Chartier et al., 2003; Stein et al., 2017). 우리나라 자료에서도 이와 유사하게 43.7%가 14세 이하에 발병하며, 60.6%가 19세 이하에 발병하는 것으로 나타났다(홍진표 등, 2017).

사회불안장애는 다른 정신장애와 동반이환이 흔하다. 사회불안장애를 가진 사람이 평생 동안 다른 정신장애를 동반하는 비율은 약 80~90%에 달한다(Stein et al., 2017; Xu et al., 2012). 그중 다른 불안장애, 우울장애, 물질사용장애와 동반이 흔하다. 세부적으로 불안장애 중에는 특정공포증이 가장 흔하며 광장공포증 및 공황장애, 범불안장애 순으로 동반이환율이 높다(Chartier et al., 2003; Ohayon & Schatzberg, 2010). 동반이환이 있으면 치료 효과가 더 낮으며, 특히 우울장애와 동반이환될 경우 장애의 지속 가능성이 더 높고 삶의 질이 더욱 저하되는 것으로 보고되었다(Blanco et al., 2011; Hoyer et al., 2016; Lochner et al., 2003).

동반이환 장애가 무엇인지에 따라 발병의 선후관계에는 다소 차이가 있다. 특정공포증은 사회불안장애에 선행하는 경우가 상대적으로 더 많으며, 광장공포증과 공황장애는 대체로 비슷한 시기에 발병한다. 반면 우울장애의 70% 정도, 물질사용장애의 80% 정도는 사회불안장애 진단 이후에 발병한다(Chartier et al., 2003).

사회적 상황에서 불안을 느끼는 현상은 매우 일반적이며 다른 여러 정신장애에서도 나타난다. 따라서 사회불안장애를 정확히 진단하기 위해서는 세심한 관찰을 통해 다음과 같은 다른 정신장애와 감별하는 것이 중요하다.

사회불안장애를 가진 사람들이 사회적 상황에 노출될 때 보이는 불안, 공포에 대한 반응이 공황발작과 유사할 수 있다. 공황장애와의 감별을 위해서는 무엇을 두려워하는지를 확인하는 것이 중요하다(Stein & Stein, 2008). 공황장애를 가진 사람들은 공황발작 그 자체를 두려워한다. 또한 광장공포증을 가진 사람들은 공황 유사 반응이 일어났을 때 사회적 상황에서 도움을 받기 어렵거나 벗어나기 어려울 것을 두려워한다. 반면에 사회불안장애는 공황발작 혹은 유사 증상이 아니라 부정적 평가에 대한 두려움을 특징으로 한다.

사회불안장애를 가진 사람들이 보이는 부정적 평가에 대한 두려움이 때로는 관계사고나 피해사고처럼 보이며 이것이 망상장애와 유사해 보일 수 있다. 하지만 사회불안장애를 가진 사람들은 자신이 타인에 대해서 가진 부정적 평가에 대한 두려움이 과대하다는 것을 인정한다.

섭식장애나 신체이형장애를 가진 사람들도 사회적 상황을 회피하기 때문에 사회불안장애와 유사해 보일 수 있다. 섭식장애를 가진 사람들은 자신의 증상을 부끄러워하여 폭식과 같은 식사 관련 행위를 사회적 상황에서 하지 않으려 한다. 이처럼 사회적 상황에서 드러나는 것을 두려워하는 대상이 섭식장애 증상에 한정된다면 사회불안장애가 아니라 섭식장애로 진단된다. 마찬가지로 신체 외모의 결함에 대한 몰두와 집착 때문에 사회적 상황을 회피하는 신체이형장애의 경우에도, 회피의 주된 이유가 외모의 결점 때문이라면 신체이형장애라 진단된다.

우울장애 역시 사회적으로 철수되는 현상을 보인다. 다만 이런 현상은 삽화 기간에 두드러지며 그것이 자신이 사회적으로 가치가 없다고 생각하기에 나타난다. 그러나 사회불안장애는 자신의 행동이 부정적 평가를 받을 것에 대한 두려움 때문에 사회적 상황에서 불안해하며 이를 회피한다.

사회불안장애와 회피성 성격장애는 사회적 상황의 불안과 회피라는 공통점을 갖고 있다. 따라서 이 둘을 독립된 실체로 보기보다는 한 스펙트럼상에 양적인 차이가 있는 것으로 보아야 한다는 주장도 있다(Tillfors et al., 2004). 이 둘 사이에 양적인 차이만이 존재하는지, 아니면 질적으로 차이가 있는지는 여전히 논쟁 중이다. 회피성 성격장애를 가진 사람들은 심리적인 불편감과 대인관계 문제가 더 많으며 좀 더 폭넓은 기능상의 장해를 보인다(Hummelen et al., 2007).

(3) Y씨의 사례

Y씨가 가지고 있는 가장 큰 심리적 어려움은 자신이 평가받는 상황에 노출될 때 불안감을 느낀다는 것이다(DSM-5 진단기준 A). 대학교 1학년 때 수업 시간에 발표를 하면서 부정적인 경험을 하고 난 후에 이러한 증상들이 나타난 것으로 보인다. Y씨가 사람들의 시선을 부담스러워하고, 사람들 앞에서 이야기하는 것을 두려워하는 이유는 다른 사람들이 자신에 대해 부정적인 평가를 하고 있는 것 같다는 생각이 들기 때문이다(진단기준 B). 사회적 상황에서 나타나는 불안이나 공포가 한시적이거나 한 번의 에피소드로 끝난 것은 아니다. 발표 수업에서의 부정적인 경험은 한 번만 보고되었으나 사회적 상황에서의 불안은 지속된 것으로 보인다(진단기준 C).

1학년 때의 부정적 경험 이후에는 수업 시간에 발표, 토론, 팀 활동 등 타인으로부터 관찰되거나 평가되는 수행을 해야 하는 상황들을 회피하려고 노력하였다(진단기준 D). 대중적으로 공개된 상황, 특히 평가를 받는 상황에서 발표를 하는 것은 사람들에게 부담을 준다. 하지만 그 불안과 공포의 정도가 공황발작의 수준인 것, 이후 발표와 관련한 모든 수업의 수강 신청을 포기할 정도로 심각한 회피행동을 보이는 것 등은 비정상적이라고 볼 수 있다(진단기준 E). 사회적 상황에서 보인 극심한 공포와 불안, 그리고 회피행동은 1학년 때의 발표 수업 이후 상담센터를 찾아올 때까지 2년간 지속되었다(진단기준 F). Y씨는 사회적 상황에서의 불안과 공포로 인해 학교생활에서 심각한 손상을 경험하였다(진단기준 G). 대인관계에 문제가 있었으며 수업 선택의 폭이 매우 줄어들어 학업적인 곤란이 의심되는 상황이다. 이러한 점을 감안할 때 Y씨는 사회불안장애로 진단되는 것이 합당하다고 판단된다.

Y씨의 진단에서 주요하게 감별해야 할 장애는 공황장애와 회피성 성격장애이다. Y씨가 대학교 1학년 발표 수업 시간에 보인 증상, 즉 심장이 뛰고 얼굴에 홍조를 보이며 땀을 흘리고 숨이 가빠 숨쉬기가 힘든 증상은 공황발작에 해당한다. 사회불안장애를 가진 사람들은 이처럼 발표 상황에서 극도의 불안을 느낄 때 공황발작을 경험할 수 있다. 하지만 공황발작은 그 자체로 정신장애의 진단에 해당하지는 않는다. 공황장애 진단에 해당하기 위해서는 추가적인 공황발작에 대한 걱정이나 발작과 관련한 행동의 부적응적인 변화가 있어야 한다. Y씨의 경우에는 공황발작의 발생에 대한 걱정보다는 사회적 상황

에서 부정적 평가에 대한 두려움이 주된 증상이다.

사회불안장애와 회피성 성격장애는 높은 유사성을 갖는다. 다만 회피성 성격장애를 가진 경우 사회불안장애에 비해 더 강하고 광범위한 부정적인 자기개념을 갖는다. 회피와 기능상의 저하 역시 더욱 심하다. Y씨의 경우에는 MMPI-2 검사 결과에서 LSE(낮은 자존감)가 54T 정도로 평균 수준을 보이고 있어, 부정적인 자기개념이 강하다고 볼 수는 없다. 학교생활에서 대인관계 문제가 있으나 봉사활동을 하고 아르바이트를 지속했다는 점을 보았을 때, 회피나 전반적인 기능 저하가 회피성 성격장애에 해당할 만큼 광범위하지는 않다고 볼 수 있다.

한편, '사람들이 자신에 대해 수군거리며 부정적으로 이야기하는 것 같다'는 Y씨의 호소는 관계사고, 피해사고처럼 보인다. 하지만 자신의 공포나 불안에 변화가 필요하다고 생각하여 상담을 신청한 것을 감안하면 그의 생각이 망상과 같이 고집스럽게 유지된다고 볼 수는 없다.

2) 이론적 모형

사회불안은 사회적 상황에서 느끼는 불안을 의미한다. 이러한 현상은 일반인들에게도 광범위하게 나타난다. 실제 일반 성인을 대상으로 한 연구에서 60.9%의 사람들이 사회적 상황에서 불안을 느껴본 경험이 있다고 응답하였다(Stein et al., 1996). 그중 가장 불안을 많이 일으키는 상황은 대중 앞에서 이야기하는 것이었다. 사회적 존재인 인간은 집단을 형성하여 생존해왔다. 집단 사회의 구성원들에게는 사회적 지위(social rank)와 친밀성(affiliation)이 중요한 이슈가 되었다. 집단 내에서 낮은 사회적 지위를 갖는다는 것은 곧 사회적 자원에 대한 접근 가능성이 낮다는 것을 의미하였다. 또한 친밀성이 떨어지고 사회적으로 배척당하는 것은 집단을 구성하는 존재에게는 생존의 가능성이 낮아지는 것을 의미하였다(Gilboa-Schechtman et al., 2014). 이러하기에 사회적 존재인 인간은 타인의 시선에서 자신을 관찰하고 사회적 지위와 친밀성의 문제가 있는지를 모니터링하는데, 사회불안은 그러한 반응이라 할 수 있다. 다시 말해 사회불안은 사회적 배척에 대한 경고의 내적 기제라는 것이다(Leary & Jongman-Sereno, 2014). 이런 점을 감안하면 사회불안이라는 정서적 현상은 정상적이며 적응적으로 진화된 기제라 할 수 있다(Mark & Nesse, 1994).

하지만 일부 사람들은 불안시스템이 과도하게 민감하여 사회적 상황에서 극도의 불안을 느끼며 이로 인해 기능장애와 적응상의 어려움을 보인다. 이럴 경우 사회불안장애라 진단하며, 이를 설명하는 데에는 인지 모형이 가장 널리 받아들여지고 있다. 특히 Clark와 Wells(1995), 그리고 Rapee와 Heimberg(1997)의 모형이 가장 많이 인용된다.

Clark와 Wells(1995)에 따르면 사회불안장애를 가진 사람들은 사회적 상황에 들어설 때 자신이 사회적 상황에서 부적절하게 행동할 것이고 사회적으로 부정적인 평가를 받을 것이라는 생각을 떠올린다. 이때 드러나는 자기개념은 타고난 성향과 경험의 상호작용을 통해 축적된 것이다. 사회적 상황에서는 타인의 관점에서 자신을 평가의 대상으로 보게 되고, 위협감을 느끼며, 불안과 관련된 신체 및 인지 증상과 안전행동이 나타난다. 안전행동은 사회불안을 느끼고 있다는 것을 드러내지 않기 위해 하는 행동이지만 역설적으로 이것이 오히려 불안 관련 증상을 증폭시킨다.

Rapee와 Heimberg(1997)의 모형에서도 Clark와 Wells(1995)의 모형과 같이 사회적 상황을 인식하는 것에서 사회불안이 시작된다. 사회불안장애를 가진 사람들은 청중, 즉 잠재적인 평가자를 지각하면 자신이 타인에게 어떻게 보일지에 대한 정신적 표상(mental representation)을 떠올린다. 이때 사회적 상황에서 받았던 부정적 평가나 부정적인 외부 자극에 주의가 쏠리면서 자신에 대한 부정적인 정신적 표상을 떠올리게 된다. 반면 다른 사람들이 자신에 대해 기대하는 바는 클 것이라고 판단한다. 머릿속에 떠올린 자신의 모습과 타인이 기대하는 나의 모습 간의 간극 때문에 타인에게 부정적인 평가를 받을 것이라는 걱정이 증가하고, 떨거나 회피하려는 행동 등 불안과 관련된 증상들이 나타난다. 자신이 불안해하고 있으며 신체내적으로 불안 증상을 보이고 있음을 인지하게 되면, 타인이 자신을 부정적으로 볼 것이라는 생각이 증가하면서 불안이 더욱 증폭되는 악순환이 발생한다. 이 두 모형은 안전행동, 그리고 내·외부자극에 대한 주의와 같은 일부 영역에서 견해의 차이를 보인다. 하지만 기본적으로 사회적 상황에서 나타나는 다양한 인지 과정에서의 편향이 사회불안을 유지한다는 공통점을 갖는다.

정보처리적 관점에서는 외부자극에 대한 정보처리 과정에서 나타나는 일정한 편향이 사회불안장애와 관련이 있다고 본다. 가장 많이 연구된 분야는 주의와 해석 편향이다. 인간은 제한된 인지자원으로 인해 주어지는 정보 중 주의를 둔 일부정보만 처리한다. 사회불안에 대한 정보처리적 관점에서는 사회적인 부정적 자극에 주의를 주어 이 정보가 선택적으로 처리되면 사회적인 상황을 위협적으로 느끼게 된다고 가정한다. 실제 선행 연구 자료를 보면 사회불안장애를 가졌거나 사회불안 수준이 높은 사람들은 분노나 혐오 표정과 같은 부정적인 정보를 가진 자극에 대해 선택적인 주의 편향을 보이는 것으로 나타났다(Mogg et al., 2004). 또한 부정적인 자극에서 다른 곳으로 주의를 전환하지 못하는 경향을 드러내기도 하였다(Buckner et al., 2010).

부정적 해석 편향은 주변의 자극이나 상황을 실제보다 더 부정적으로 보는 경향을 의미한다. 선행 연구 결과, 사회불안이 높은 사람들은 실제로 모호한 상황을 부정적으로 해석하고 판단하였다(Constans et al., 1999). 부정적인 것은 더 부정적으로, 긍정적인 것은 덜 긍정적으로 해석하는 경향 역시 관찰되었다(Amir et al., 2012; Huppert et al., 2003). 사회불안이 높은 사람들은 타인의 부정적인 얼굴 표정에 민감한 경향이 있었으며, 여러 얼굴들이 동시에 제시된 얼굴 군집의 평균 정서를 추론할 때에도 부정적인 해석을 하는 경향을 보였다(Yang et al., 2013; Yoon et al., 2014).

사회불안장애의 유지를 설명하는 인지 모형과 정보처리적 관점은 여러 다양한 경험적 연구를 통해 지지되어왔다. 사회불안에 대한 인지 모형은 현상을 설명하는 데 그치는 것이 아니라 이에 대한 인지행동치료 프로그램을 개발하기 위한 이론적 배경으로 작용하고 있다.

사회불안장애의 병인론에 대해 발달적 관점에서는 타고난 기질적 요인과 환경적 요인의 상호작용으로 설명한다. 사회불안장애와 관련하여 가장 많이 논의된 기질은 행동 억제 성향(behavioral inhibition: BI)이다. BI는 낯선 사람이나 상황을 회피하는 기질적 경향성을 의미한다(Kagan et al., 1988). BI는 시간 변화에 안정적이며 사회불안장애를 예측하는 가장 강력한 변인으로 보고되고 있다(Clauss & Blackford, 2012). 하지만 BI가 높은 아동들이 이후에 모두 사회불안장애를 진단받게 되는 것은 아니다. 그중 일부만이 이후 사회불안장애 진단을 받으며, 이는 다양한 조절변인을 고려할 필요성을 제기한다.

BI와 사회불안장애의 관계에서 의미 있게 고려되는 조절변인은 부모의 양육방식이다. 양육자의 불안과 그에 따른 과잉보호는 자녀, 특히 여아의 사회불안을 증가시키는 경향이 있는 것으로 드러나고 있다(Ollendick & Horsch, 2007). 대학생을 대상으로 한 회고적인 연구에서도 이들의 사회불안 수준이 양육자의 과잉보호 및 따뜻함의 결여와 유의한 상관을 보이고 있었다(Spokas & Heimberg, 2009). 또 다른 주요한 조절변인은 또래관계이다. 청소년을 대상으로 한 연구를 살펴보면 따돌림이나 배척 등의 부정적인 또래관계는 사회불안을 예측하였다(Siegel et al., 2009). 또 다른 연구에서도 부모의 과잉보호와 또래의 낮은 사회적 수용이 사회불안 증상을 예측하는 가장 강력한 변인으로 보고되었다(Festa & Ginsburg, 2011). 이러한 연구 결과들은 사회불안 증상의 발현이 BI라는 기질적 요인과 부모의 과잉보호, 부정적 또래관계라는 환경적 요인의 상호작용과 관련이 있음을 시사한다.

3) 사회불안장애의 치료

사회불안장애를 가진 사람들은 부정적 평가에 대한 두려움으로 인해 사회적 상황에서 공포와 불안을 느낀다. 이들을 대상으로 한 근거기반치료는 인지행동치료로 알려져 있다.

(1) 인지행동치료

사회불안장애에 대한 인지행동치료는 흔히 심리교육, 인지 재구조화, 행동 실험, 사회적 상황에 대한 노출을 포함하고 있으며, 치료 프로그램에 따라 이완훈련, 사회기술훈련, 비디오 피드백 등이 포함되기도 한다(Stein & Stein, 2008). 심리교육은 불안의 인지, 행동, 생리적 반응과 사회불안장애에 대한 인지행동 모형의 소개를 주요 내용으로 한다. 인지 재구조화는 사회불안장애를 가진 사람들이 흔히 보이는 역기능적인 자동적 사고와 인지적 왜곡을 찾아내고 이를 수정하는 과정이 포함된다. 행동 실험은 자신이 가진 생각이 맞는지를 현실에서의 실험적 시행을 통해 확인하여 그 타당성을 검증하는 것이다. 노출은 공포와 불안을 느끼는 사회적 상황을 상상 혹은 실제로 경험함으로써 그 상황을 익숙하게 하는 습관화를 시행하여 불안 수준을 낮추는 것이다. 이완훈련은 불안과 긴장을 줄이기 위한 훈련이며, 사회기술훈련은 사회적 상황에서 적절한 행동을 하기 위한 훈련이다. 비디오 피드백은 자신의 수행을 녹화하여 그 수행이 적절한지 확인해보는 것이다.

인지행동치료는 단기적으로는 약물치료에 비해 효과가 낮거나 비슷하나 장기적으로는 약물치료에 비해 더 효과적이었다(Clark et al., 2003; Davidson et al., 2004). 일부 연구에서는 인지행동치료의 구성 요소별로 봤을 때 인지치료적 개입이 노출과 이완훈련이라는 행동치료적 개입보다 치료에 더욱 효과적이라고 보고되었다(Clark et al., 2006). 진행되는 방식 면에서는 개인으로 진행될 때가 집단치료보다 효과적이라 보고되기도 한다(Mörtberg et al., 2011; Stangier et al., 2003). 하지만 사회불안장애를 가진 사람들을 대상으로 한 인지행동치료의 효과를 메타분석한 결과에 따르면, 인지치료적 요인과 행동치료적 요인 간 효과 크기의 차이는 크지 않으며 개인과 집단 시행 역시 마찬가지였다(Powers et al., 2008). 인지행동치료는 인터넷으로 진행되기도 하며 그 효과성 역시 검증되었다(El Alaoui et al., 2015). 인지행동치료 자료를 이용한 자가치료(self-help)도 대기 집단과 비교할 때 의미 있는 변화가 있었지만 효과는 작았다. 하지만 자가치료에 5회기에 전문가에 의한 집단치료가 더해질 경우에는 큰 효과를 보였다(Rapee et al., 2007).

(2) Y씨의 사례

Y씨에 대해서는 Heimberg와 Becker(2002/2007)의 매뉴얼을 기반으로 한 인지행동치료가 진행되었다. 치료 초기에 Y씨는 자신이 느끼는 사회적 상황에서의 불안은 자연스러운 현상이지 비정상적인 것이 아니라며 불안 경험을 정상화, 타당화하였다. 그리고 불안과 사회불안장애에 대한 인지행동적 모형에 대한 심리교육이 진행되었다. 불안을 느낄 때 나타나는 현상을 생각, 행동, 생리적 반응으로 나누어 살펴보고, 그 세 요소들이 상호작용하여 불안이 증폭된다는 점을 인식할 수 있도록 하였다.

초기에 진행된 또 다른 주요한 치료적 개입은 인지 재구성과 관련한 내용이다. Y씨가 사회불안을 느낄 때 흔히 나타나는 역기능적인 자동적 사고를 찾고, 이를 합리적인 반응으로 바꾸도록 하였다. 그는 낯선 사람들과 이야기를 하는 상황에 대해 불안감을 느끼고 이를 회피할 때 '예전의 경험처럼 나는 사람들 앞에서 어떠한 이야기도 할 수 없을 거야.', '내가 제대로 이야기를 하지 못한다면 사람들은 나를 바보 같다고 비웃을 거야.' 와 같은 자동적 사고가 있다는 것을 확인할 수 있었다. 이어 Y씨의 사고에서 어떤 인지적 오류가 있는지, 그것을 어떻게 합리적인 생각으로 바꿀 수 있는지에 대해 논의하였다. Y씨는 자신의 사고에서 점쟁이 예언, 재앙화와 같은 인지적 오류가 있음을 발견하였다. 자신이 사람들 앞에서 이야기를 하는 상황에서 과도한 이상적 기준을 가지고 있으며, 실제 자신의 능력을 과소평가했음을 확인하였다. 인지적 오류와 역기능적 사고를 발견한 후에는 이를 합리적인 방식의 사고로 바꾸려 했다. '내가 수업 시간에 했던 경험은 과거 한 번의 경험일 뿐이야. 내가 준비를 한다면 남들 앞에서 내 이야기를 할 수 있어.', '사람들이 비웃을 것이라는 것은 나의 생각일 뿐이지 실제로 그런 일이 일어나지는 않았어.' 혹은 '내가 모든 것을 완벽하게 할 필요는 없어. 이야기를 한다는 것 그 자체가 중요한 거야.' 등이 그가 사람들 앞에서 이야기를 할 때 떠오르는 자동적 사고를 합리적 사고로 바꾼 예이다.

이후 노출을 진행하였다. 회기 내에서는 상상 혹은 실제노출을 진행하였다. 우선, 불안의 위계를 조사하였고 불안 수준이 낮은 단계에서 높은 단계로 노출 수위를 올렸다. 노출이 진행되기 전에는 그 상황을 상상해보게 한 뒤, 그 과정에서 나타나는 자동적 사고를 확인하고 그것을 합리적인 방식으로 수정해보게 하였다. 회기 후에는 과제로 노출을 지속할 수 있도록 하였다.

결정적으로 증상의 호전을 보인 계기는 외국어 학원의 수강 경험이었다. Y씨는 취업 준비를 위해 중국어를 공부해보고 싶어 했지만, 사람들 앞에서 심지어 자신이 전혀 모르는 중국어로 말해야 한다는 것에 대한 불안 때문에 학원 수강을 미뤘었다. 학원 수강에 대한 역기능적 사고를 합리적인 사고로 바꾸는 회기를 가진 후 Y씨는 중국어회화 초급반에 등록하였다. 회화 수업 시간에 소규모의 사람들과 함께 수업을 듣고 이야기하는 것에 불안을 느꼈기에, 첫 수업 시간에 진행될 자기소개를 연습하는 노출훈련을 사전에 회기 중에 다루었다. 며칠 후 강사가 먼저 중국어 단어를 읽으면 돌아가면서 1명씩 이를 따라 하는 수업이 있었다. Y씨가 따라 읽었을 때 강사는 그의 중국어 발음이 매우 좋다는 평을 하였다. 이 경험은 사람들이 자신의 수행을 부정적으로 판단할 것이라고 예상하던 Y씨의 생각을 깨는 매우 의미 있는 계기가 되었다. 이를 통해 Y씨는 자신의 수행을 좀 더 객관적이고 긍정적으로 보게 되었으며, 사람들 앞에서 이야기하는 것에 대해 자신감을 갖게 되었다. 이후 노출은 이전에 비해 훨씬 원활하게 진행될 수 있었다.

불안이 모두 사라진 것은 아니지만 스스로 불안을 조절할 수 있는 시점이 됐을 때 종결이 논의되었다. 종결에서는 치료 기간 중 성취한 것과 이를 위한 Y씨의 노력들을 되짚어보았다. 마지막으로, 이후 어려움이 있을 때 다시 치료자의 도움을 받을 수 있다는 점을 이야기하며 종결하였다.

05

공황장애

Panic Disorder

임상 사례

1) 주 호소 문제와 현 병력

S씨는 30대 남성으로, 어느 날 갑작스러운 복부 통증 및 발한감과 함께 심장이 두근거리고, 전신에 쥐가 나고 저리면서 숨이 막히는 느낌이 들며, 온몸이 쪼그라드는 듯이 피가 통하지 않는 것 같은 경험을 하였다. 이후부터 밤에 자려고 누울 때면 종종 심장이 크게 뛰며 숨이 잘 쉬어지지 않는 느낌이 들었고, 과거에 응급실에 실려 갔던 기억까지 떠오르면서 강한 공포감을 느꼈다. S씨는 이러한 증상을 정신력으로 이겨내야 한다는 생각으로 지내왔다. 그러나 혼자 참아내는 데 한계가 왔고, 결국 치료가 시급하다고 생각하여 병원을 방문하게 되었다.

S씨는 20○○년부터 작곡가 겸 가수로 성공하기 위해 서울로 상경하여 홀로 지내왔다. 처음에는 오디션에 계속 떨어져서 우울한 날이 많았는데, 당시 이 일에 부족함을 많이 느꼈고 작곡가의 길이 자신의 길이 아닌 것 같다는 생각도 들었다. 그 과정에서 지금 이렇게 사는 것이 맞는지, 성공은 할 수 있을지, 어떻게 하면 효도를 할 수 있는지 등에 대해 고민도 많이 했다. 특히 혼자 살고 있는 것과 관련하여 부모님의 경제적 도움에 의존하고 있어서 부모님에게 미안함과 죄책감을 크게 느꼈다. 그렇게 지내면서 가끔씩 우울한 기분에 빠졌고 종종 자살 생각도 했지만, 실제로 자살을 시도한 적은 한 번도 없었다. 우울한 기분이 들면 컴퓨터 게임을 하거나 영화를 보거나 맛있는 것을 먹으면서 풀었다. 술은 거의 마시지 않았지만 담배는 하루에 반 갑 정도 피웠다.

S씨는 작곡과 노래 활동을 계속했으나 수입은 거의 없었고, 그러다 보니 작곡을 하면서 잠깐 공무원 준비도 했었다. 그러던 중 우연한 기회로 유명 제작자에게 드라마 삽입곡을 의뢰받았으나 결국 실력 부족으로 S씨가 만든 곡은 채택되지 않았다. 이후 작곡과 노래에 매진하기 위해 그동안 알고 지내던 모든 고등학교, 대학교 친구들과 연락을 끊었다. 자연스럽게 혼자 있는 시간이 늘어나고 일에 더 몰두할 수 있게 되자 더 나은 곡을 쓸 수 있었고 인터넷 사이트에 올린 자작곡이 나름 호평을 받기도 했다. 이러한 성과에 친구들이 S씨를 축하해주고자 술자리를 만들었고, 그날은 그렇게 즐겁게 놀고 귀가하였다.

하지만 이렇게 즐거웠던 술자리 다음날 공황 증상이 나타났다. 아침에 해장을 하려는데 갑자기 명치가 저리다가 배가 아프고 식은땀이 났다. 무엇인가 큰일 난 것 같은 생각이 들었고, 손과 팔이 찌릿하고 안면근육도 저린 듯한 느낌을 경험하였다. 심장이 크게 뛰고 호흡까지 가빠오면서 이대로 죽을지도 모른다는 생각에 사로잡혀 빨리 119에 신고해야겠다는 생각만 들었고, 결국 119 구조대가 오기까지 증상을 계속 경험하면서 극도의 공포를 느꼈다. 병원에 도착한 S씨는 의사로부터 공황장애인 것 같다는 이야기를 들었다. 여러 검사에서 몸은 아무 문제가 없는 것으로 나타났으나, 여전히 S씨는 다시 그러한 증상이 발생할 것 같았고, 그러면 또 119에 신고해야 한다는 생각에 점점 두려움이 커졌다.

실제로 S씨는 첫 증상 발생 후부터 일주일에 세네 번 정도, 한 번에 약 30분 정도씩 상기 증상을 경험하였다. 더불어 밤이나 낮이나 증상이 또 나타나지 않을까 불안해했다. 증상이 나타날 때면 숨이 쉬어지지 않는 듯했고, 거기서부터 시작해서 별의별 상상을 다하게 되면서 극도의 공포를 느끼고 의식을 잃을 것 같은 느낌도 받았다. S씨는 이러다가 크게 잘못될 것 같아 스마트폰으로 건강 상태를 체크할 수 있는 앱을 설치하여 모니터링하고 있다. S씨는 공황 증상 도중 갑자기 '심장이 멈춰버리면 119에서 오는 시간이 얼마나 걸릴까. 119가 와도 이미 죽어있지 않을까.' 하는 생각이 들고, 그럴 때면 '차라리 응급실에 가 있을까.' 하는 생각까지 들었다. 이러한 상황이 반복되자 결국 S씨는 점점 초췌해져 갔고 평소에 하던 곡 작업도 지체되었다.

2) 가족력 및 개인력

S씨는 평소 노래 부르는 것을 좋아하였고, 고등학교 때부터는 본격적으로 작곡을 공부했다고 한다. 학창시절에는 공부도 잘했는데, 음악을 한 후부터는 음악에 에너지를 집중하느라 성적이 약간 떨어지기도 했다. 새로운 것을 두려워하거나 껄끄럽게 생각하고, 문제가 생겨도 혼자 이겨내는 것을 좋아하는 성격이었다.

S씨의 부모님은 이혼한 사이였다. S씨가 아주 어렸을 때 이혼하여 아버지에 대한 기억이 별로 없다. 어렴풋한 기억으로 아버지는 S씨에게 친절하고 푸근한 사람이었다. 어머니는 종종 아버지에 대해 이야기했는데, 아버지가 공황장애 병력이 있다는 것을 알려주기도 했다. 하지만 S씨가 이 말을 처음 들었던 것은 고등학생 때였고, 당시에는 크게 와닿지 않았다. S씨는 대학생이 되고 나서 아버지를 다시 만났다. 당시 아버지에 대한 그리움으로 어머니와 다시 합쳐서 살자는 이야기를 했지만 아버지는 이를 거절했다. 그때 아버지의 말을 듣고 매우 서운했으나 잘 살고 계시는 아버지를 이제 와서 내가 괴롭히는 것이 아닌지 죄송한 마음이 들기도 했다.

S씨의 어머니는 논리적이고 분명한 사람이었다. S씨가 처음 음악을 한다고 했을 때, 어머니는 자주 걱정했지만 행동으로는 S씨가 하는 일을 적극적으로 지원해주었다. S씨에게 어머니는 완벽한 성향을 지닌 따뜻한 사람이었다. S씨는 종종 어머니가 자신을 과잉보호한다고 느꼈으며, 그때마다 조금 부담이 되었다고 한다.

S씨는 평소에 작곡을 하고, 노래를 연습하고, 운동을 하며 하루를 보낸다. 최근에는 공황장애의 증상이 나을 수 있을지 고민하는 시간이 많아졌다. 병원에서 주는 약을 꼭 먹어야 하는지, 먹지 않아도 이겨낼 방법은 없는지 등 여러 생각이 들고 밤에 잠도 잘 자지 못한다. 공황 증상이 있기 전까지 S씨는 평범한 일상을 살았고 자신을 낙천적이라 생각했기에 처음에는 공황 증상도 스스로 이겨낼 수 있을 것이라 생각했었다. 그러나 지금은 잠을 자려고 하면 공황 증상이 나타나지 않을까 걱정되어 뜬눈으로 밤을 보내는 시간이 늘고 있다.

3) 행동 관찰

S씨는 보통 키에 약간 마른 체형이었으며 혼자 내원하였다. S씨는 방문 때마다 다소 화려한 색의 티셔츠에 통이 넓은 바지를 입었다. 머리는 붉은색으로 염색하였고 귀에는 여러 개의 피어싱을 하고 있었다. 외모와 패션은 전반적으로 세련되어 보였다. S씨의 위생 상태는 양호하였고 상담자(평가자)와의 눈 맞춤도 적절했다. 발화 시 목소리의 크기와 발화 속도는 보통이었고 자발적 발화량은 많은 편이었다. 지시 이해도는 적절했는데 과제 수행 속도나 말의 시작 속도는 약간 느린 편이었다. S씨는 평가 때나 상담 때 모두 협조적인 모습이었다.

지필 과제를 수행하는 심리평가에서는 나름대로 정확히 그림을 그리려 노력하는 모습을 보였다. 이 때문에 그림들이 더 지저분해지기도 했다. 실수를 하면 당황하면서 이런 저런 변명을 늘어놓거나 민망한 듯 웃었다. 더불어 평가자에게 죄송하다는 사과의 말을 지나칠 정도로 많이 했다. 상담자(평가자)가 더 자세한 답을 끌어내기 위해 S씨에게 질문하면, 종종 당황하다가 자신이 한 이야기를 철회하기도 했다. 말로 잘 설명이 안 되면 글로 써서라도 설명해주었다. S씨는 평가나 상담 시에 전반적으로 자신이 없고 긴장되어 보이는 모습이었다.

2 심리평가

1) 평가 계획

S씨의 주 호소 증상은 공황 증상이다. 그러나 공황 증상이 발생하기까지 몇몇 적응 문제와 기분 문제가 있을 가능성도 시사된다. 더불어 기분(또는 정서) 문제에 따른 인지기능의 비효율적 발휘로 인해 직업적 능력의 발휘도 제한될 가능성이 있다. 이에 S씨에게는 종합심리평가가 필요해 보인다.

우선적으로 두뇌신경학적 이상이 있는지를 벤더-게슈탈트 검사(Bender-Gestalt Test: BGT)로 살펴본다. BGT는 두뇌신경학적 이상을 확인할 수 있는 검사이지만 평가에 대한 긴장을 다소 완화해주는 역할도 한다. 긴장을 많이 하는 S씨에게는 여타 복잡한 다른 검사들을 하기 전에 먼저 BGT를 통해 검사 상황에 익숙하게 만들 필요가 있다. 이후 HTP 검사와 동적 가족화(Kinetic Family Drawing: KFD) 검사를 시행한다. 이를 통해 S씨의 정서, 대인지각, 자기지각, 가족에 대한 지각, 문제해결 양상 등의 정보를 얻을 수 있다.

HTP와 KFD 검사가 끝나고 나면 조금 쉬었다가 지능 검사를 실시한다. 현재의 기분 문제와 공황 증상이 주의집중력 등 인지 능력을 감소시킬 가능성이 있으므로, 이것이 유의미한 것인지 확인해볼 필요가 있다. 지능 검사가 끝난 후에는 로르샤흐 검사를 실시한다. 로르샤흐 검사를 통해 공황 증상에 이르는 사고 과정 문제의 유무와 인지 왜곡, 지각적 정확성, 성격 전반 등에 대한 정보를 얻을 수 있다. 기분과 정서, 대인지각 및 자기지각 정보도 얻을 수 있는데, 이는 면담과 행동 관찰, 다른 검사 결과들과 통합하여 해석의 신뢰도를 높일 수 있다.

이후 MMPI-2와 SCT, 그 외 불안민감성 검사(ASI)와 광장공포인지 질문지(ACQ), 신체감각 질문지(BSQ), 상태-특성불안 검사(STAI) 등의 자기보고식 검사를 수행한다. 자기보고식 검사들은 로르샤흐 검사가 끝난 후 조금 쉬었다가 수행하는 것이 좋다. 지능 검사와 로르샤흐 검사를 통해 집중력이 많이 저하되었을 가능성이 있기 때문이다. 어느 정도 집중력이 회복되면 자기보고식 검사를 실시한다. MMPI-2는 S씨의 공황 증상과 그 강도, 전반적인 생활 적응도 및 역기능 정도를, SCT는 사고 내용이나 신념, 특정 현상이나 대상에 대한 지각 양상을, 자기보고식 검사는 공황 증상 및 주관적인 불편감들의 정도를 알려줄 것이다.

최종적으로 면담, 행동 관찰, 검사 결과들을 모두 통합하면, 공황 증상을 경험하고 있는 S씨에 대한 임상적 진단과 전체적인 개념화가 완성될 것이다. S씨의 현재 상태가 개념화를 통해 그려지면, 그에 맞는 심리상담 목표와 전략을 설정할 수 있을 것이다.

2) K-WAIS-IV

S씨의 전체지능지수(FSIQ)는 92로 [평균] 수준의 하단에 속하고 있다. 95% 신뢰구간에서의 오차 범위는 87~98이다. 실제 지능이나 잠재력은 [평균] 수준의 상단(105~109)이나 [평균 상] 수준(110~115)까지 이를 것으로 추정된다. 이를 고려할 때, 현재 측정된 지능은 본인의 잠재력보다 과소평가된 것으로 사료된다. 주된 이유는 처리속도지수(PSI)의 상대적 저조함 때문으로 생각된다. 현재 처리속도와 관련된 소검사 수행이 모두 낮은 상태로 나타났는데, 이는 S씨의 지필 수행 속도가 느리기 때문인 듯하다. 한편 S씨의 미세 손운동조절 능력이나 시각-운동 협응 능력에는 문제가 없는 것으로 보인다. 더불어 다른 검사 수행 등을 모두 고려해볼 때, 시각적 변별 능력 및 민감성도 낮은 편은 아니다. S씨는 동형찾기와 기호쓰기에서 매우 신중한 수행 모습을 보였다. 자극 하나하나를 비교·대조하고, 확인하고, 천천히 기입해나갔다. 완성도를 높이려는 신중한 수행 태도로

S씨의 K-WAIS-Ⅳ 결과지

지수	환산 점수	조합 점수	백분위 (%ile)	95% 신뢰구간
언어이해 (VCI)	28	97	42	91–104
지각추론 (PRI)	28	96	41	89–104
작업기억 (WMI)	20	100	50	92–108
처리속도 (PSI)	13	84	14	77–95
전체지능지수 (FSIQ)	89	92	29	87–98

	언어이해				지각추론					작업기억			처리속도	
	공통성	어휘	상식	이해	토막짜기	행렬추론	퍼즐	무게비교	빠진곳찾기	숫자	산수	순차연결	동형찾기	기호쓰기
환산점수	9	10	9	9	9	9	10	14	9	11	9	11	6	7

인해 처리속도지수(PSI) 관련 소검사에서 충분한 점수를 획득하지 못했다고 볼 수 있겠다. 이는 인지기능의 문제라기보다는 수행 태도와 문제해결 방식의 영향으로 보이며, 한편으로는 내면의 불안감에서 기인한 결과로 볼 수 있겠다.

그러나 그 외 다른 인지기능들은 전반적으로 양호하다. 가장 우려했던 주의집중력도 비교적 적절한 상태로 보인다. 만약 지체성우울과 같은 문제가 심화되어 인지기능 발휘가 저조해졌다면 처리속도지수(PSI)나 작업기억지수(WMI) 쪽에서 저조한 수행 양상을 보였을 것이다. 처리속도지수(PSI)가 낮은 것은 근본적인 정신운동속도가 느려서가 아닌, 앞서 언급한 수행 방식 때문이다. 언어이해지수(VCI)와 지각추론지수(PRI)도 대체로 [평균] 수준이다. 특히 무게비교 소검사 수행이 우수한 것으로 보아 일부 유동추론 능력이 특히 우수한 것으로 생각된다.

이상을 종합할 때, S씨의 인지기능은 비교적 적절히 기능하고 있는 것으로 보인다. S씨가 경험하고 있는 정서적 불편이나 기분 문제가 아직 인지기능에 영향을 미칠 정도로 크지 않은 것으로 해석할 수 있다.

3) 인지기능 검사

먼저, S씨는 BGT에서 모사 수행의 완성 시간이 4분 48초였는데 이는 성인 평균 시간(2~4분)보다 약간 느린 편이다. 모사 그림은 전반적으로 용지의 상단에 몰려있고 그림의 크기는 작으며, 필압은 약하고 각 도형들은 다닥다닥 붙어있는 양상이다. 그러나 그림의 모사 결과 질 자체는 적절하다. BGT의 회상 수행도 6개로 평균적인 수준이다. 이를 보았을 때 S씨에게 특별한 두뇌신경학적 문제는 없는 것으로 보인다. 다만, 수행 완성 시간이나 그림의 위치, 모사 양상 등을 모두 고려해보면 S씨는 자신감이 부족하고, 심적으로 약간 위축되어 있으며, 불안 계열의 정서를 자주 경험하고, 시야 폭이 좁아져 있을 가능성이 있겠다.

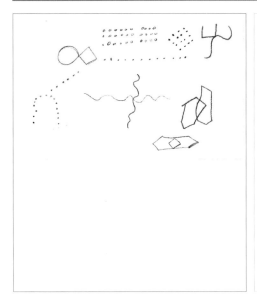

다음으로, 선로 잇기 검사 A형에서는 백분위 10% 미만으로 저조한 수행을 보였다. 그러나 더 난이도가 있는 선로 잇기 검사 B형에서는 백분위 50~75%의 적절한 수행도를 보였다. 한편 스트룹 검사에서는 단순 수행 환산점수 12, 중간 수행 환산점수 13, 간섭 수행 환산점수 13으로 양호한 수행을 보였다. 이러한 양상으로 볼 때 S씨는 과제의 첫 수행에서 더 긴장하는 것으로 보인다. 두 검사 모두 첫 수행에서 상대적으로 저조한 수행을 보인 반면, 이후 더 어려운 수행들에서는 평균 수준으로 수행도가 증가하였다. 실제로 긴장감이나 불안 경향은 시야 폭을 좁혀 충분한 정보 수집을 방해할 수 있다.

S씨의 선로 잇기 검사 결과지

	반응시간	오류수	백분위
선로 잇기 검사 A형	61	0	<10%
선로 잇기 검사 B형	60	0	50~75%

S씨의 스트룹 검사 결과지

	시간	오류	환산점수
단순 수행	14초	1	12
중간 수행	15초	0	13
간섭 수행	21초	0	13
간섭 지표	55.7%		
오류 지표	100%		

4) MMPI-2

S씨의 MMPI-2 타당도 척도를 보면 TRIN 지표가 유의미하게 상승해있다. TRIN에 F가 표시되어있는 것을 볼 때 이는 '아니다–아니다 쌍' 반응이 많다는 것이며 그만큼 '아니다' 응답 비율이 많을 수 있음을 의미한다. 반면 F 계열의 척도들은 대체로 평이하다. L, K, S와 같은 척도가 낮은 점수를 보인 것은 그만큼 심리적 방어 자원이 부족하다는 것, 타인에게 잘 보이는 것에 대한 욕구나 행위, 태도를 보고하지 않고 있다는 것을 의미한다. 그리고 스스로의 선택과 행동의 결과에 대해 책임을 수용하는 것을 어려워하는 것($Es=39T$, $Do=30T$, $Re=32T$) 등은 스트레스에 취약하다는 것을 시사한다.

임상 척도에서는 상대적으로 2번과 7번이 유의미하게 상승해있다. 게다가 0번 척도가 상승된 것으로 볼 때 S씨는 사회적 내향성이 높아 2번과 7번의 문제를 더 크게 경험할 가능성이 있다. 즉, 0번이 내현화 문제를 강화할 수 있다는 것을 고려해보면 S씨는 내적 불편감이 상당히 클 것으로 사료된다. 2번의 임상 소척도를 보면, 주관적 우울감과 둔감성이 높고 근심을 많이 하고 있는 것으로 보인다. 더불어 본래 성격도 수줍고 다소 회피적인 경향이 높은 것으로 사료된다. 재구성 임상 척도에서는 전반적인 의기소침함과 신체적 불편감, 긍정적 정서의 부족, 역기능적인 부정적 정서가 시사되고 있다. 즉, 임상 척도 2번과 7번의 핵심 증상이 모두 있는 상태이다. RC1이 높아진 것은 공황 증상의 결과로 생각된다.

한편, 성격병리 5요인 척도에서 유의미한 척도 상승은 관찰되지 않는다. 이는 S씨의 성격이 본래 역기능을 초래할 정도로 내성적이고 부정적 정서에 민감한 사람은 아니라는 것을 의미한다. 즉, S씨의 0번 척도 상승은 공황 증상과 여러 가지 실패들이 영향을 미친 것으로 생각해볼 수 있겠다. 내용 척도 면에서는 불안, 우울, 건강 염려, 사회적 불편감 등 임상 척도 및 재구성 임상 척도의 상승과 맥락을 같이 하고 있다.

상기 내용을 종합해볼 때, S씨는 현재 공황 증상이나 그 외 다른 스트레스를 견딜 만한 심리적 자원이 부족하고, 증상에 압도되어 불안 계열의 부정적 정서를 자주 느끼며, 긍정적 기분을 충분히 느끼지 못하는 상태로 사료된다. 공황 증상이 시작된 이후 본래의 모습과는 다르게 위축되어 자신감을 잃고 소심해진 상태이다.

■ 타당도 척도와 임상 척도

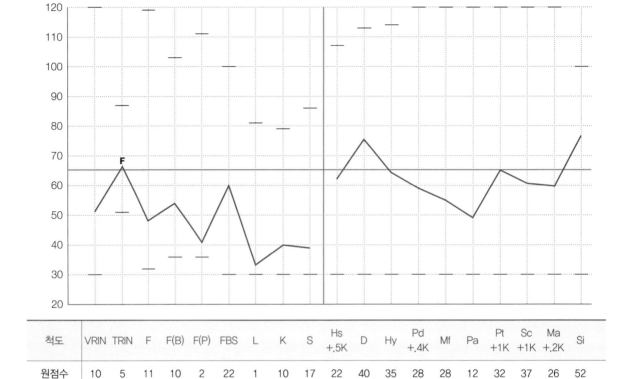

척도	VRIN	TRIN	F	F(B)	F(P)	FBS	L	K	S	Hs +.5K	D	Hy	Pd +.4K	Mf	Pa	Pt +1K	Sc +1K	Ma +.2K	Si
원점수	10	5	11	10	2	22	1	10	17	22	40	35	28	28	12	32	37	26	52
전체규준T	51	66F	48	53	41	60	33	40	39	62	75	64	59	55	49	65	61	60	77

*Mf 척도의 T점수는 성별규준에 의한 것임.

■ 재구성 임상 척도와 성격병리 5요인 척도

척도	RCd	RC1	RC2	RC3	RC4	RC6	RC7	RC8	RC9		AGGR	PSYC	DISC	NEGE	INTR
원점수	19	17	12	9	8	0	16	4	16		7	4	14	21	21
전체규준T	72	69	66	54	56	36	68	50	56		46	43	55	64	59

■ 내용 척도

척도	ANX	FRS	OBS	DEP	HEA	BIZ	ANG	CYN	ASP	TPA	LSE	SOD	FAM	WRK	TRT
원점수	16	12	11	21	22	2	10	12	14	13	12	22	10	20	15
전체규준T	68	56	62	70	69	44	59	51	64	62	59	85	54	64	63

■ 보충 척도

척도	A	R	Es	Do	Re	Mt	PK	MDS	Ho	O-H	MAC-R	AAS	APS	GM	GF
원점수	29	22	25	8	12	34	30	8	27	10	22	4	27	21	25
전체규준T	67	56	39	30	32	77	71	62	59	39	53	52	69	40	43

5) 로르샤흐 검사

S씨는 자신의 경험과 주변에서 얻는 정보의 양이 비교적 많은 편이다. 주의의 폭이 넓은 편으로(L=.18), 상황 파악에 필요한 정보들을 많이 탐색하고 섭렵한다. 그러나 그중 핵심적인 정보를 선정하고 이를 근거로 다른 정보들을 조합하여 최종적으로 개념화하는 것이 다소 부정확하다(X+%=.54, F+%=.15, X-%=.23). 즉, 주변에서 많은 정보를 얻지만 그 정보들을 맥락에 맞게 배치하거나 논리적으로 연결하지 못하는 것이다. 또한 로르샤흐 반응들에서 나타난 것처럼 S씨는 자신의 반응에 대해 확신을 가지고 있지 못하다. '~하는 느낌', '~한 것 같다', '~한 건지' 등의 표현에서 볼 수 있듯이 논리에 근거하여 확신 있게 반응하는 것이 아니라, 한두 가지 정보나 그때그때의 인상에 따라 반응하고 있다.

반면, 정보의 조직과 통합은 대부분의 반응에서 나타난다. 나름대로 구체적이고 자세히 보려는 노력을 들이나 결과는 부정확한 지각을 형성하는 경향을 보인다. 특히 사안을 포괄적인 시각에서만 바라보려는 경향이 높은데, 사상 간의 복잡한 관계에 몰두하면서 정작 일상에서 평범하지만 중요한 사안들을 놓치기 쉬운 모습을 보이곤 하겠다(R=13, W:D=6:4, Zf=10, DQ+=7).

관념 활동의 정도도 동년배들보다 많은 편인데(M=4, FM=4, m=1), 관념 활동의 양상과 구체성을 볼 때, 건설적이지는 못한 상태이다(M-=1). 상황 파악의 구체화 등 문제해결에 도움이 되는 방향으로 관념 활동이 일어나야 하는데, 관념 활동의 내용은 대부분 느낌과 직관의 연상 정도에서 끝나고 있다. 심지어 그 연상에 대한 확신도 가지고 있지 않다. 사고 생산성도 적은 편이고(R=13), 사고의 유연성(a:p=2:7)도 낮은 편이다. 포부는 높으나(W=6), 그것을 실현할 실질적인 심리적 자원 또는 건설적 사고작용의 자원은 적은 편이다(M=4, M-=1). 따라서 스트레스 사건을 맞닥뜨릴 때 심사숙고하면서 해결 방안을 도출해보려고 많은 노력을 기울이지만 결과적으로 실제 문제해결에는 도움이 되지 못하는 경우가 많겠고, 그 안에서 좌절하거나 자신에게 자주 실망하면서 심리적 소진이 일어날 수 있겠다.

S씨의 특징적인 지각 과정 중 하나는 모호하고 낯선 정보들에서 쉽게 불편감을 경험한다는 것이다(Xu%=.23, X-%=.23). 특히 불안 계열의 정서(Ⅱ, Ⅳ, Ⅵ, Ⅹ번 카드), 그중에서

■ 검사 반응

카드	R#	반응(response)	질문(inquiry)	기호화(scoring)
I	1	나비… 몇 가지 더 이야기해도 돼요? 이렇게 보면	이게 날개고, 이게 몸통이고 나비가 이렇게 활짝 펴져 있는 상태로 보였습니다.	Wo Fo A P 1.0
	2	거미	거미는 여기가 입이고 이제 이게 다리로 해서 어떤 걸 지탱하고 있는 거죠. 이 돌 같은 거를, 이걸, 땅이라고 하긴 좀 그런데… 이제 다리, 입, 해서 거미로… 보이는데, 맞는 건지….	Dd+ FMᵖ− A,Na 4.0
II	3	이상한 괴물 둘이서 하이파이브를 하고 있는 것 같아요. 피를 흘리면서… 괴물인가요 이게? 그거밖에는 안 보이네요.. 둘 다 왼손은 그냥 손인데 오른손은 피(웃음). 싸운 건지 다친 건지	얘네가 이제 이렇게 뭔가 옛날에 절 같은데 가면 있을… 그 막 뭐라고 하죠? 그거를? 막 무서운 동물 같은 것들 있잖아요. 그런 애들이 하이파이브 이렇게 손 맞대고 있고, 이거는 잘 모르겠네요. 왜 이렇게 하고 있는 건지… 다리에 피나고, 몸에도 피 투성이. 누구를 죽인 것 같아요. 둘이서… 그냥 빨개서… 그리고 흘러내리고 있어서… 피…	W+ Mᵃ.mᵖ..CFu (2) (A).Bl 5.5 COP, AG, MOR
III	4	두 여잔지 남잔지 모르겠는데 두 사람이 양 다리를 벌리고 뭘 잡고 서로… 지탱해주고 있네요. 빨간색 요건 뭐지? 심장이 연결되어있는 건가 잘 모르겠네요. 심장처럼 생겨가지고… 이상입니다.	네. 이거 두 다리, 머리, 목, 팔, 다리, 아 다리네. 팔, 몸통이잖아요. 이렇게 잡고 이걸 서로 잡고 있고, 이거는 이제 심장이 표현되어있는 것 같아요. 우리는 하나다. 이런 느낌? 이거 심장처럼 생겨서 그랬어요. 중앙에 있는 거.	D+ Mᵖo (2) H. An P 3.0 COP, FAB
IV	5	얘도 악마처럼 생겼는데… 중간에 무기 같은 걸 들고, 두 팔을, 아 두 다리를 벌리고 무서운 척을 하고 있네요. 머리는 올빼미처럼 생겼는데… 뭐지?	네, 여기 보시면 여기 무기 같은 것이 이렇게 해서 짚고 있는 양 다리를 벌려서 이렇게 하고 있는 모습? 근데 머리는 올빼미처럼 생겼어요. 여기가 머리요. 이 부분이 올빼미처럼 보여서. 막 털도 있고, 눈하고 코하고 모양을 보니까 그렇게 보입니다. 이런 포즈를 취하고 있는 거요. 난 무서운 사람이니까 조심해 약간 이런 느낌?	Wo Mᵖ.FTo (H), Sc 2.0
V	6	처음 봤을 땐 나비였는데요.	나비가 이렇게 딱하고 있는 모습이었고. 이게 이제 더듬이, 다리, 몸통, 이게 날개.	Wo Fo A P 1.0
	7	근데 좀 보니까 안에 사람이 '오' 하고 있는 사람이 있고 '아'하고 있는 사람이 있어요. '오' 하고 있는 사람… 사람 얼굴… 약간 이집트 파라오처럼 생긴 애들이 둘 있네요.	네. 여기가 이제 얼굴, 양쪽 얼굴인데 여기는 이제 1명이 '아' 이렇게 하고 있고 1명은 입을 벌리고 있어요. 파라오처럼 생기지 않았나요? 여기, 여기 약간 이렇게 옛날 이집트 피라미드에 있는 벽화에 있는 그런 사람들처럼 생겼어요. 머리에 뭘 이렇게 쓰고 있고 머리도 이렇게 뒤로 길고 하네요.	Ddo Mᵖ− (H),Cg,Ay
VI	8	뭔가 폐 같은데… 사람의 폐랑 이게 척추인가요? 거 뭐라고 하죠? 등에 있는 뼈를? 허리랑? 등골? 등골 뼈 같은 거… 상당히 징그럽네요. 뭔가… 암에 걸린 것 같기도 하고… 폐가… 이상입니다.	색깔도 까맣고 중간에 구멍도 많이 뚫려있는 것 같고… 마치 제 폐를 보는 것 같네요. 담배를 오래 피웠어가지고… 여기서 이렇게 밑에 검은색 전부요. 여기는 이제 삭제하고 보는 것이 편하겠죠.	Ddo C'F− An PER, MOR
VII	9	토끼 두 마리… 토끼 두 마리가 돌 위에 올라가 있네요.	네. 여기가 이제 돌이고 얘네가 토끼. 토끼 귀랑 그리고 이거 앉아있는 모습, 꼬리, 이렇게…	W+ FMᵖo (2) A Na 2.5
	10	그리고 다람쥐로도 보이는데요. 다람쥐가… 다람쥐 두 마리가 돌 위에, 나무 위에 있는 것처럼 보입니다.	네. 근데 돌 위에 또 돌이 있는데, 이렇게만 보면 다람쥐 꼬리, 다람쥐, 머리, 다람쥐. 그렇게 보였어요.	W+ FMᵖo (2) A Na 2.5 PSV
VIII	11	동물 두 마리가 있는데… 얘네 너구리라고 해야 되나(웃음). 동물 종을 잘 몰라서… 이건 나무… 나무는 아닌 것 같은데… 이상한 곳에 오르려 하고 있어요.	네. 여기 얘네. 너구리인지… 종 이름이 기억이 안 나네요. 아무튼 이렇게 뭐 팔을 뻗어서 다리도 이렇게 올라가려고 준비하고 있고, 그렇게 하고 있어요. 얘네가. 어디를 오르는지는 잘 모르겠어요. 나무인 것 같은데… 나무라고 하기엔 너무 야위고 잎도 없어. 나무처럼 그렇게 생기지도 않은 것 같아요. 어딘지 잘 모르겠어요.	D+ FMᵃu (2) A, Bt P 3.0
IX	12	딱 봤을 때 새우, 새우밖에 안 보이는데요. 위에 새우 두 마리 있고, 새우 두 마리가 보이고 나머지는 보이는 게 없는 것 같습니다. 새우 두 마리.	네. 여기 새우 두 마리. 이거밖에 안보여요. 여기 새우 이렇게 모양새마냥… 이거 뭐라고 하죠? 더듬이? 그런 것 같기도 하고. 앞에 이렇게 갑각류처럼 각도 지고, 수염도 있고, 팔 다리가 있는 게 그렇게 보였습니다. 색깔도 좀 새우 같고….	Do FCo (2) A DV1
X	13	일단 여러 가지 바다에서 사는 친구들이 보이는데… 게도 보이고 말미잘도 보이고 어… 근데 매미(웃음). 매미 시체 같은 것도 보이네요. 근데 이게 다 어떤 빨간 돌 같은데 연결되어 있어요. 이상입니다.	여기 이런 것이 말미잘처럼 보였고요. 여기 빨간 돌이고요. 여기 게. 여기 매미 시체. 매미가 죽어서 뒤집어지면 딱 이 모양이거든요. 얘네는 뭔지 모르겠는데… 돌 같은 데 붙어가지고 이렇게 살랑살랑 붙어있는 게 말미잘 같았어요. 배 뒤집고 이렇게 가만히 위에 죽어있는 것처럼 보였어요. 색깔도 약간 칙칙해가지고… (칙칙하다구요?) 네, 색이 얼룩덜룩해서요. 매미 시체처럼 보였습니다.	D+ mᵖ.FC,FYu A Na 4.0 MOR

■ 구조적 요약 결과: 비율(RATIOS), 백분율(PERCENTAGES), 산출한 점수(DERIVATIONS)

핵심 영역(CORE)					
R	= 13	L	= .18		
EB	= 4:2	EA	= 6	EBPer	= 2
eb	= 5:2	es	= 7	D	= 0
		Adj es	= 7	Adj D	= 0
FM	= 4	All C'	= 1	All T	= 1
m	= 1	All V	= 0	All Y	= 0

정서 영역(AFFECT)	
FC : CF+C	= 2:1
SumC' : WSumC	= 1:2
Afr	= .3
Blends : R	= 3:13
Pure C	= 0
S	= 0
CP	= 0

대인관계 영역(INTERPERSONAL)		
COP = 2		AG = 1
GHR : PHR		= 0:0
a : p		= 2:7
Food		= 0
SumT		= 1
Human Cont		= 3
Pure H		= 1
PER		= 1
H : (H)Hd(Hd)		= 1:2
(H)+(Hd) : (A)+(Ad)		= 2:1
H+A : Hd+Ad		= 9:0
ISO Index		= .69

관념 영역 (IDEATION)			
a : p	= 2:7	WSum6	= 5
Ma : Mp	= 1:3	M−	= 1
MOR	= 3	M none	= 0
Sum6	= 2	Lv 2	= 0
2AB+(Art+Ay)	= 1		

중재 영역 (MEDIATION)	
Popular	= 4
X+%	= .54
F+%	= .15
X−%	= .23
S−%	= 0
Xu%	= .23
XA%	= .77
WDA%	= 1
S−	= 0

처리 영역 (PROCESSING)	
Zf	= 10
Zd	= −2.5
W : D : Dd	= 6:4:3
W : M	= 6:4
DQ+	= 7
DQv	= 0
PSC	= 1

자기지각 영역 (SELF-PERCEPTION)	
Fr+rF	= 0
FD	= 0
3r+(2)/R	= .46
An+Xy	= 2
MOR	= 3
SumV	= 0
H : (H)Hd(Hd)	= 1:2

PTI	= 0	DEPI	= 4	CDI	= 3	S-CON	= 5	HVI	= NO	OBS	= NO

도 두려움과 위협감을 자주 경험할 것으로 여겨진다(반응 내용=괴물, 악마, 무기, 폐, 시체 등). 특히 두 가지 이상의 상이한 정보를 동시에 처리해야 하는 복잡한 상황에서는 당시 에 자신이 경험하는 정서나 눈에 쉽게 들어와 초점이 되는 표면적 정보를 중심으로 상황 을 일반화시키는 경향이 있는 것 같다(Ⅱ, Ⅲ, Ⅸ, Ⅹ번 카드). 이 과정에서 선택적 추론과 같 은 인지 왜곡이 발생할 수 있겠다. 게다가 그 정보가 주변 맥락과 맞지 않아도 자신의 생 각을 철회하거나 그 정보를 버리고 다시 생각해보는 것 없이 그대로 자기 생각을 밀고 나 가는 것으로 보인다(Ⅲ, Ⅹ번 카드).

　더불어 S씨는 평소에 정서적 각성이 유발될 수 있는 환경으로부터 의도적으로 거 리를 두는 등 가능한 한 생활 반경을 좁히면서 일상을 유지하고 있는 것으로 생각된다 (D=0, Adj D=0, Afr=.3). 주변적인 정보에 의존한 정서적인 반응들이 빈번히 관찰되나, 자신이나 타인의 감정을 알아차리고 부정적인 정서를 다스리는 정서적인 대처가 필요한 상황에서는 보다 관념적·사고적인 통로를 선호하는 경직된 스트레스 대처 경향을 높게 나타내는 것으로 보인다(EB=4:2, introversive pervasive style). 이에 더해 주변 상황이 긍정적인 정서를 유발하는 일들로 가득해도 그것을 잘 인지하지 못하고 무심하게 표면적인 것들에만 신경 쓸 것으로 보인다(VIII, IX, X번 카드, 반응 각 1개, FC=2). 따라서 누군가 직접적으로 S씨의 긍정적 감정을 자극하지 않는 한, 주어진 상황에서 즐거움과 같은 긍정적 정서를 스스로 찾아 느끼는 경우는 매우 드물 것으로 여겨진다.

상기 내용들은 S씨가 신체 반응에 의해 경험되는 불편함에 휩쓸리고 그것에 몰두하여 증상을 더 크게 경험하게 될 가능성이 높다는 것, 게다가 그 현상을 객관적으로 다시 살펴보지 못하고 막연한 인상에 근거해 판단함으로써 오히려 불안이 가중될 수 있다는 것을 시사한다. 이는 단순히 S씨가 공황 증상에 쉽게 몰두하고 그것에 함입되어 힘들어할 수 있음을 의미하지 않는다. 정보처리와 판단의 과정이 일종의 습관이라는 것을 고려한다면, S씨는 앞으로 살아가면서 필연적으로 겪게 될 여러 시련과 스트레스, 어려움이 있을 때 그것을 직접 마주하여 해결하지 못하고, 공황 증상이 나타났던 것처럼 특정 정보나 자극에 몰두하여 바람직하지 못한 대처를 할 가능성이 높겠다. 즉, 로르샤흐 검사에서 나타난 반응들과 S씨의 공황 증상은 그의 어려움이 단순한 공황 증상에서 끝나지 않을 가능성을 보여준다. 삶에 대한 적응이라는 면에서 S씨는 좀 더 구체적이고 객관적으로 상황을 살피고 판단하는 능력과 정서를 조절하는 능력, 그리고 어려움에 대처하는 전략이 매우 부족한 상황이다.

S씨의 자기지각은 부정적으로 손상된 상태로 여겨진다(MOR=3). 자아상이 부정적이고 자존감이 낮으며, 직업에 대한 효능감도 감소된 상태이다. 자아 강도도 낮은 상태인데, 이는 앞서 확인한 MMPI-2의 보충 척도(Es=39T, Do=30T)에서도 지지되며, 뒷부분에 나오는 HTP의 그림 양상, SCT의 반응들("내가 믿고 있는 내 능력은 잘 모르겠다 이젠…")에서도 확인할 수 있다. 부정적이고 손상된 자기지각은 문제해결에 대한 자신감, 동기, 태도 등에도 부적인 영향을 미친다. MMPI-2에서 TRT(63T)가 아직 유의미하게 높지는 않지만, 계속되는 증상에 대처가 점점 어려워지고 심리적으로 힘들어지면, 치료를 받아도 자신은 안 될 것이라는 믿음이 발생할 것으로 여겨진다.

S씨의 대인지각은 자기지각에 비해서는 상대적으로 건강한 편이다(R=13, Pure H=1, Human Cont=3, COP=2). 이는 타인에게 호의적이고 우호적임을 의미하는 것이 아니라,

아직 타인에 대한 뚜렷한 인지적 왜곡이나 역기능적 신념이 형성되어있지 않다는 것을 의미한다. 다만 대인관계 당시에 느끼는 감정이나 상황적 맥락에 따라 타인에 대한 이미지와 행동의 해석이 쉽게 바뀔 것으로 여겨진다. 이는 S씨가 그만큼 안정되지 못하고 미성숙한 대인지각을 가지고 있다는 것을 뜻한다. 기본적인 사회적 기술은 적절히 갖추었으나 이를 발현시킬 동기나 의지는 부족한 것으로 보인다. 특히 공감 능력이 부족하여 타인의 감정을 미리 인지하고 그것에 맞게 대처하는 것이 어려울 것으로 여겨진다 (M-=1, ISO=.69). 이는 그만큼 S씨가 개인적이거나 이기적으로 비칠 수 있는 가능성을 시사한다.

6) 그 외 투사 검사

(1) HTP 검사

S씨의 HTP 그림을 볼 때, 평소 손을 움직여 그림으로 무엇인가를 표현해본 경험이 많지 않은 것으로 추측된다. S씨의 그림에서는 공황 증상의 진단적 징후보다는 그의 현재 기분과 성격이 더 잘 드러나 있다. 집 그림에서 지붕이 상대적으로 크고 창문이 좁으며 땅이 그림의 반 정도를 차지하고 있는 것을 볼 때, 관념이나 공상 활동의 과도함, 대인관계에 대한 관심이나 욕구 부족, 불안과 같은 감정을 자주 느끼고 있을 가능성이 시사된다.

게다가 나무 그림의 내용은 더 빈약한 편이다. 이는 자아 강도가 약하거나 자아를 구성하는 구체적 심리 능력들이 부족하거나 잘 발휘되고 있지 못하다는 것을 시사한다. 특히 나무의 가지가 빈약한 것을 보아 대인관계에 대한 자발성, 적극성, 관계기술의 효능감 등이 부족할 것으로 짐작된다.

사람 그림 역시 전반적인 그림의 질이 다소 빈약한 상태이다. 남성의 표정은 무표정에 가깝고 그림의 비율도 부적절하다. 이는 신경학적 이상이나 정신증적 이상을 나타내기보다는 S씨가 그만큼 그림 실력과 경험이 부족하다는 것, 또는 그림을 그리고 나서 모니터링이나 재수정을 하지 않는다는 것을 말한다. 현재 실제로도 타인에 대한 이미지가

우호적이거나 협조적이지 않은 상황이다. 경계적이거나 편집적이라고 볼 수는 없지만, 적어도 S씨는 타인과 좋은 관계를 맺는 것이나 특정 집단에 소속되어 사랑받는 것이 중심 가치는 아닌 것으로 여겨진다. 이는 본인의 과업 수행을 위해 의도적으로 친구들과 연락을 끊었음에도 불구하고 큰 외로움을 느끼지 않았다는 것에서도 드러난다.

(2) SCT

S씨의 SCT 결과지

구분	번호	제시 문구	작성 내용
자신의 능력에 대한 태도	1	나에게 이상한 일이 생겼을 때	아무도 도와주지 않고 모를까 봐 두렵다.
	38	행운이 나를 외면했을 때	다시 잡으러 간다.
	15	내가 믿고 있는 내 능력은	잘 모르겠다. 이젠…
	34	나의 가장 큰 결점은	지금 앓고 있는 병
미래에 대한 태도	4	나의 장래는	아직 모르겠다.
	18	내가 보는 나의 앞날은	화려하진 않지만 끝내 꽃은 필 수 있을지도…
	16	내가 행복할 수 있으려면	건강해져야 한다.
두려움에 대한 태도	5	어리석게도 내가 두려워하는 것은	숨이 답답하게 쉬어질 때 오는 허황된 공포
	21	다른 친구들이 모르는 나만의 두려움은	호흡이 잘 안될 때
	40	내가 잊고 싶은 두려움은	과호흡
	43	때때로 두려운 생각이 나를 휩쌀 때	끔찍하고 무섭다. 정말 겪어본 사람만 안다.

SCT 내용을 보았을 때, S씨는 자기지각이 많이 손상된 것으로 보인다. 아직 미래에 대한 약간의 희망을 가지고 있기는 하지만, 전반적인 자기효능감과 자기신뢰에 대한 내용이 여러 번의 직업적 실패 경험으로 인해 회의적이고 부정적으로 변해있다. 현재 포부 수준이나 일에 대한 동기나 열정도 감소된 것으로 보인다.

더불어 S씨는 현재 공황 증상에 대한 두려움과 불편감이 매우 큰 것으로 보인다. 공황 증상에 상당히 몰두해있고 증상이 다시 나타날까 봐 두려워하고 있다. 이는 공황 증상에 따른 예기불안이 있다는 것을 의미한다. 공황 증상 발생 시 죽음에 대한 두려움을 경험하며 직업적인 기능 저하도 발생하고 있다는 것을 고려할 때 공황장애 진단을 내릴 수 있겠다.

한편, S씨는 낯설고 갑작스러운 일이 발생하면 크게 당황하고 그 일에 압도당하는 것으로 보인다. 스스로 이를 잘 헤쳐나가려는 의지와 생각은 있지만, 실제로 당면하면 불안이나 혼란에 압도되어 적절한 판단을 내리지 못할 가능성이 높아 보인다. 시간이 지나면서 나름대로 감정을 추스르겠지만, 자신이 그 일에 적절히 대처하지 못했다는 것을 반추하며 스스로에 대한 부적절감과 실망감을 경험할 것으로 생각된다.

7) 공황 증상 관련 자기보고식 척도

공황 증상과 그것에 따른 불편감, 전반적인 불안의 정도를 측정하기 위해 불안민감성 검사(ASI)와 광장공포인지 질문지(ACQ), 신체감각 질문지(BSQ), 상태-특성불안 검사(STAI)를 실시하였다. S씨는 불안민감성 검사 60점, 광장공포인지 질문지 평균 4.2점, 신체감각 질문지 평균 4.6점, 상태불안 검사 58점, 특성불안 검사 54점으로, 모든 검사에서 비교적 높은 점수를 받았다. 이는 S씨가 불안촉발자극에 대해 과도하고 지속적인 반응 경향성을 보이며, 이에 따라 불안 경험과 혐오 반응이 많아지면서 공황발작 발생 가능성이 높아진다는 것을 시사한다. 특히 상태불안 검사와 특성불안 검사의 높은 점수는 비교적 안정된 상황에서도 자주 불안을 경험한다는 것, 즉 불안 취약성이 높다는 것을 의미한다.

8) 사례개념화

S씨는 심계항진과 호흡곤란, 신체 통증과 저림 등의 공황 증상을 경험하고 있다. 공황 증상의 첫 시작은 아버지의 병력 등 유전적 요소가 영향을 주었을지 모른다. 그러나 증상이 나타났을 때 S씨는 그 증상에 몰두하고 매우 당황하다가 공포에 압도당했다. 공황 증상에서 죽음에 대한 두려움을 느꼈고, 예기불안 때문에 밤에 잠들지 못하는 날이 많아졌다. 지속된 불안과 두려움, 수면 부족은 S씨의 체력과 정신력을 약화시켰고, 점점 자신이 좋아하던 작업인 작곡에서도 멀어졌다.

　그러나 S씨를 괴롭혔던 것은 공황 증상만이 아니었다. 홀로 나와 살면서 부모님으로부터 경제적 지원을 받는 것에 대한 미안함이나 죄책감, 이 일로 성공할 수 있을지에 대한 막막함, 실력 부족에 대한 좌절감, 언제까지 이렇게 살아야 하는지에 대한 불안감 등, 공황 증상이 시작되기 전부터 S씨를 힘들게 하는 일은 많았다. S씨는 친구들과의 관계를 끊으면서까지 일에 매진했지만 그 결과는 좋지 않았다.

하지만 무엇보다 상기 문제들을 견딜 자원이 부족했다. S씨는 주어진 세상을 잘 보려고 노력했지만 정보의 핵심을 파악하는 능력, 여러 정보들을 효율적이고 정확하게 조직하는 능력, 모호한 정보를 적절히 개념화시키는 능력이 부족하여 자주 자신의 감정과 인상, 직관에 근거하여 상황을 판단하고 그것에 몰두하였다. 공황 증상이 처음 발생한 날 S씨는 증상에 매몰되어 그 증상의 양상을 잘 관찰하지 못하였다. 공황 증상이 어디에서 어떻게 발생하고 변하는지에 대해 살펴볼 여유를 갖지 못했고, 증상이 발현되거나 그것에서 오는 불편감에만 신경을 쓰기 시작했다. 이런 저런 생각들이 떠올랐으나 문제해결에는 도움이 되지 않는 것들이었고, 서로 관계없는 정보들을 엮어서 실제 상황과는 다른 엉뚱한 부정적 사고만 하였다.

계속된 걱정으로 인해 S씨는 불안을 느끼게 되었고, 불안한 감정은 신체를 긴장시켜서 공황 증상이 더 잘 나타나게 하는 조건을 만들었다. 결국 또 공황 증상이 발생하였고 S씨는 다시 그것에 몰두하였다. 계속되는 악순환 속에서 S씨는 자신이 무엇을 어떻게 해야 할지, 치료가 제대로 되는 것인지 등에 대한 불확실감을 느꼈다. 이는 다시 S씨의 불안을 가중시켜 공황 증상이 더 잘 나타나게 하는 상태를 만들었다. 그러면서 S씨는 자기 지각이 더욱 손상되고, 좋아하던 작곡과 노래에 매진할 수 없게 되자 점점 우울해져만 갔다.

그런데 S씨의 이러한 사고 과정은 공황 증상 문제만을 시사하는 것이 아니다. 낯선 정보를 처리하는 능력의 부족, 인상과 직관에 의한 판단, 우유부단한 모습, 맥락을 고려하지 않는 정보 조합, 그것에 따른 판단 정확성의 저하, 상황 판단에 정서 정보를 잘 활용하지 못하는 양상 등은 S씨가 앞으로 경험하게 될 다양한 스트레스 상황이나 낯선 문제에 취약해질 수 있다는 것을 의미한다. 즉, S씨는 새로운 문제에 당면할 때마다 부적응을 경험하며 감정적으로 힘들어할 뿐만 아니라 그 어려움이 신체적으로도 나타날 가능성이 크다. 또한 문제의 본질을 파악하지 못하고 현명하게 대처하는 전략을 사용하지 못함으로써, 자주 좌절하고 일이 쉽게 풀리지 않는다는 느낌을 받을 것이며 예상치 못한 일들이 벌어지는 실제의 삶을 살아가는 데 어려움을 경험할 수 있다.

따라서 S씨는 몇 가지 개인적, 환경적 변화가 필요해 보인다. 개인적 변화는 우선 공황 증상에 대한 치료적 개입을 통해 이루어질 수 있다. 당장은 약물치료가 필요하겠지만, 궁극적으로는 불안과 그것에 따른 신체 증상을 통제할 수 있게 하는 심리치료가 필요하겠다. 특히 S씨의 심리치료에서는 삶에 대한 적응력을 높이기 위해 문제해결, 정서 조절, 부정적 정서 해소와 관련된 능력을 향상하거나 전략을 형성하는 것이 필요하며, 진로에 대한 현실적인 조언과 가이드까지 요구될 수 있다.

환경적 변화는 보다 구조화되고 단순한 삶이나 환경으로의 회귀이다. S씨는 복잡하고 낯선 상황에 대한 적응력이 떨어지는 것으로 보인다. 따라서 더 분명하고 익숙하며 구조화되어 있는 공간, 사회적 단서를 민감하게 알아차려 대처할 필요가 적은 직업적 환경에서 생활하는 것이 공황 증상을 감소시키고 심리·사회적 적응도와 삶의 만족도를 높이는 데 도움이 될 것으로 사료된다.

 심리 진단 검사 보고서 요약

1 **진단적 인상(diagnostic impression)**
공황장애, C군 성격 양상(Panic Disorder, cluster C personality feature)

2 **치료적 제언(recommendation)**
약물치료, 공황통제치료, 적성 및 진로 상담, 환경재구조화에 대한 상담, 인지행동치료

3 특성과 치료

1) 공황장애의 진단

(1) 진단기준과 임상 양상

공황장애는 갑자기 엄습하는 강렬한 불안 즉, 공황발작(panic attack)과 다양한 신체 증상이 동반되어 발생하는 장애를 말한다. 현대의 공황장애는 영국의 심장내과 의사였던 James A. Hope에 의해 1832년에 처음 기록되었는데, 당시에는 심장 혹은 내과적 질병으로 분류되었다. 하지만 1940년대에 와서 불안 반응의 일종으로 받아들여지면서 정신과 질환으로 보게 되었고, Donald Klein에 의해 만성 불안과 구분하여 치료하게 되었다.

공황장애는 불안발작과 신체 증상이 예고 없이 동반되어 나타나는 것이 특징이다. 공황발작을 진단하기 위해서는 특별한 이유 없이 죽을 것 같은 극도의 공포심이 느껴지는 강렬한 불안과 함께 심계항진, 호흡곤란, 오한, 가슴 답답함, 오심, 발한, 쓰러질 것 같은 느낌 등의 신체 증상이 나타나야 한다. 또한 증상이 갑작스럽게 나타나고 수분 내에 최고조에 도달하는 특징도 있다. DSM-5(APA, 2013/2015)의 공황장애 진단기준은 다음과 같다.

DSM-5 공황장애(Panic Disorder) 진단기준

A. 반복적으로 예상하지 못한 공황발작이 있다. 공황발작은 극심한 공포와 고통이 갑작스럽게 발생하여 수분 이내에 최고조에 이르러야 하며, 그 시간 동안 다음 중 4가지 이상의 증상이 나타난다.
   주의점: 갑작스러운 증상의 발생은 차분한 상태나 불안한 상태에서 모두 나타날 수 있다.
   1. 심계항진, 가슴 두근거림 또는 심장박동 수의 증가
   2. 발한
   3. 몸이 떨리거나 후들거림
   4. 숨이 가쁘거나 답답한 느낌
   5. 질식할 것 같은 느낌
   6. 흉통 또는 가슴 불편감
   7. 메스꺼움 또는 복부 불편감
   8. 어지럽거나 불안정하거나 멍한 느낌이 들거나 쓰러질 것 같음
   9. 춥거나 화끈거리는 느낌
   10. 감각 이상(감각이 둔해지거나 따끔거리는 느낌)
   11. 비현실감(현실이 아닌 것 같은 느낌) 혹은 이인증(나에게서 분리된 느낌)
   12. 스스로 통제할 수 없거나 미칠 것 같은 두려움
   13. 죽을 것 같은 공포
   주의점: 문화 특이적 증상(예, 이명, 목의 따끔거림, 두통, 통제할 수 없는 소리 지름이나 울음)도 보일 수 있다. 이러한 증상들은 위에서 진단에 필요한 4가지 증상에는 포함되지 않는다.
B. 적어도 1회 이상의 발작 이후에 1개월 이상 다음 중 한 가지 이상의 조건을 만족해야 한다.
   1. 추가적인 공황발작이나 그에 대한 결과(예, 통제를 잃음, 심장발작을 일으킴, 미치는 것)에 대한 지속적인 걱정
   2. 발작과 관련된 행동으로 현저하게 부적응적인 변화가 일어난다(예, 공황발작을 회피하기 위한 행동으로 운동이나 익숙하지 않은 환경을 피하는 것 등).
C. 장애는 물질(예, 남용약물, 치료약물)의 생리적 효과나 다른 의학적 상태(예, 갑상선기능항진증, 심폐 질환)로 인한 것이 아니다.
D. 장애가 다른 정신질환으로 더 잘 설명되지 않는다(예, 사회불안장애에서처럼 공포스러운 사회적 상황에서만 발작이 일어나서는 안 된다. 특정공포증에서처럼 공포 대상이나 상황에서만 나타나서는 안된다. 강박장애에서처럼 강박 사고에 의해 나타나서는 안 된다. 외상후 스트레스장애에서처럼 외상성 사건에 대한 기억에만 관련되어서는 안 된다. 분리불안장애에서처럼 애착 대상과의 분리에 의한 것이어서는 안 된다).

* Reprinted with permission from the Diagnostic and Statistical Manual of Mental Disorders, Fifth Edition, (Copyright 2013), American Psychiatric Association.

이처럼 공황발작의 빈도와 심각도는 매우 다양하다. 매일 발작이 나타나다가 중간에 없어지기도 하고, 그러다 한 달에 두 번씩 나타나기도 하며, 일주일에 한 번씩 수개월 동안 지속되기도 한다. 또한 불안감이 느껴지는 상황뿐만 아니라 수면에 들기 전과 같이

비교적 안정되어있는 상황에서도 나타나기 때문에 어떠한 상황에서 발생하는지도 관찰할 필요가 있다. 공황발작은 예기치 못한 상황에서 발생하므로 발작 증상이 나타나거나 통제감을 잃는 것에 대한 걱정과 불안감을 호소하는 예기불안이 동반되곤 한다. 그리고 공황발작과 관련하여 타인에게 부정적으로 비치는 것, 당황스러운 상황에 처해지는 것에 대해서도 걱정하기 때문에 발작을 일으킬 수 있는 행동이나 환경을 회피하게 된다.

공황장애는 평균적으로 20~24세에 발병하는 것으로 알려져 있으나(APA, 2013/2015), 아동기나 청소년기에 나타나기도 한다. 공황장애는 치료받지 않아도 저절로 나아지는 경우도 있지만, 대개 만성화된다. 특히 공황장애는 특정 불안장애, 우울장애, 물질사용장애가 동반되는 경우 경과가 복잡해지는 양상으로 나타난다.

(2) 동반이환과 감별 진단

공황장애는 평생유병률이 1.5~3.5%로, 남자보다 여자에게 2~3배 흔한 것으로 알려져 있다. 공황장애 환자는 다른 정신과적인 질병을 함께 가지고 있는 경우가 많으며, 가장 흔한 동반이환 질환으로는 우울증, 범불안장애, 사회불안장애, 신체화장애, 물질관련 장애 등을 들 수 있다. 우울증은 만성화된 공황장애 환자의 40~60% 정도에서 동반되는 것으로 보고된다. 이 중에는 정신과 진단으로서의 우울장애를 지니는 경우도 있고, 증상으로서의 우울증을 지니는 경우도 있다. 증상으로서의 우울증은 공황장애로 인해 삶에 대한 흥미나 관심을 잃고 위축된 채로 생활함으로써 이차적으로 우울해지는 것을 의미한다.

또한 공황장애를 겪는 환자의 60% 정도가 광장공포증을 동반하고, 25% 정도는 사회공포증과 강박장애로 고통받으며, 20%는 알코올을 남용하는 것으로 알려져 있다. 건강염려증이나 불면증을 동반하는 경우도 많다. 광장공포증은 공황 증상을 경험하거나 옴짝달싹 못하게 되었을 때 많은 사람들에게 노출될 수 있는 공공장소에 가는 것을 두려워하는 광범위한 공포증으로, 공황장애로 발달하는 발단이 되기도 한다. 즉 예기치 못한 공황발작을 여러 번 경험하다 보면 공공장소에서 또 발작이 일어날까 봐 점점 더 두려워하게 된다. 불면증의 경우에는 공황이 나타난 이후 불면증이 생기는 사례도 있고, 불면증이 지속되다가 공황이 오는 사례도 있다. 불면증 증상이 예기불안보다 더 힘든 경우도 있기 때문에 인지행동치료를 할 때는 수면위생 교육도 중요하게 포함되어야 한다.

공황장애의 진단에 있어 특히 주의해야 할 점은 예기치 못한 상황에서의 전형적인 공황발작이 한 번도 없었다면 공황장애로 진단할 수 없다는 점이다. 1차 진료에서 공황장애 환자들에 대한 감별 진단이 어려운 주된 이유는 공황장애 환자들이 보고하는 여러 신체 증상들 때문이다. 따라서 감별 진단 시 뚜렷한 유발인자가 있는지 여부가 중요한 고려요인이라 할 수 있다. 예컨대 발작이 사회적 상황에 의해 유발되거나 특정한 공포 대상 및 상황으로 인해 유발되는 경우에는 사회불안장애나 특정공포증과 같이 해당 유발인자와 관련된 불안장애로 진단해야 한다.

또한 공황발작이 다른 의학적 상태에 의해 나타난 것으로 시사된다면 공황장애로 진단 내릴 수 없다. 예를 들어 부정맥, 빈맥, 천식과 같은 심폐질환, 갑상선기능 항진증 등으로 인해 공황 유사 증상이 나타난다면 해당 질환으로 진단을 내려야 한다. 그러므로 보다 정확한 진단을 위해서는 면담을 통해 신체검진 결과를 파악하는 것이 중요하다. 한편 신체화 장애 환자들은 배우자, 가족, 친구 등 사람들과의 관계에서 문제가 있거나, 알코올과 물질 남용 등 비교적 기복이 심한 과거력을 가지고 있거나, 신체적 혹은 성적 학대의 병력이 있는 경우가 많아서 이것이 공황장애와의 감별에 도움을 줄 수 있다. 사회공포증 역시 공황장애 환자들과 유사하나 공황발작은 환자들이 창피함을 느끼는 사회적 상황에서만 일어난다. 만약 환자에게 공황장애 증상이 명백하게 나타나는 동시에 광장공포증 등의 증상도 보인다면 이중으로 진단을 내려야 한다.

2) 이론적 모형

공황장애의 병인(etiology)을 설명하는 데 있어 초기에는 생물학적 관점에서의 개념화가 지배적이었으나, 심리학자들에 의해 조건화(conditioning)나 성격, 인지적 가설 등의 이론적 모형들이 발전되기 시작했다(McNally, 1990). 그럼에도 공황장애가 다른 불안장애와 구분되어야 하는 이유를 알기 위해서는 몇 가지 생물학적 관점을 다뤄볼 필요가 있다.

생물학적 관점에서는 공황장애를 정신약리학적(psychopharmacological) 치료가 필요한 유전적 대사질환 또는 신경화학적 질병으로 보고 있다(Carr & Sheehan, 1984). 특히 Klein(1964)의 연구에서는 공황 증상이 있는 32명의 환자(여성 26명, 남성 6명) 중 28명의 환자에게 우울증 치료약물을 처치하고, 나머지 4명은 처치를 하지 않은 뒤 공황 증상의 완화 정도를 살펴보았다. 28명 중 22명은 우울증 치료에 사용되는 삼환계 항우울제(tricyclic antidepressants: TCAs)인 이미프라민(imipramine)을, 4명은 모노아민산화효소 억제제(monoamine oxidase inhibitors: MAOIs)인 트라닐시프로민(tranylcypromine)을, 그리고 2명은 같은 MAOIs인 페넬진(phenelzine)을 복용하도록 하였다. 연구 결과 우울증 치료약물을 복용했던 28명 환자 모두 공황발작 증상이 완화되었다. 더불어 이미프라민과 범불안장애 치료에 쓰이는 벤조다이아제핀(benzodiazepine: BZD) 계열 약물을 비교했을 때, 이미프라민을 복용한 환자의 경우 공황 증상은 줄었지만 예기불안은 줄지 않았고, 반대로 BZD계 약물을 복용환 환자의 경우 예기불안은 줄었으나 공황 증상은 줄지 않은 결과를 보였다.

Klein(1964)의 연구는 공황장애가 범불안장애와는 구분된 장애로서 다뤄져야 한다는 점을 보여주었으며, 공황장애의 생물학적 메커니즘과 치료에 관한 연구의 필요성을 제시했다고 볼 수 있다. 그러나 이후 이미프라민이 범불안을 완화시키기도 하고(Kahn et al., 1986), BZD계 약물의 정량 복용이 공황 증상을 완화시키기도 하는 등 상반된 결과가 나타나기도 했다(Dunner et al., 1986). 이렇듯 상반된 연구 결과가 존재하지만 일련의 연구들은 공황장애가 정신약물을 통한 개입을 요하는 생물학적 질병이라는 관점을 제시했다는 점에서 의의가 있다(McNally, 1990).

이후 공황장애의 생물학적 모형은 심리학적 이론과 연결되어 설명되기 시작했다. 그 중 과호흡(hyperventilation)은 공황장애의 대표적인 증상이자 공황발작을 예측해주는 변인으로써 생물학적 모형으로 설명되는 하나의 이론이다. 결론부터 말하자면 과호흡으로 인한 증후군이 불안이나 달리 진단되지 않은 신체적 질병(예: 천식, 폐색전증)과 항상 관련된다고 생각할 수 있지만 꼭 그렇지만은 않다. 공황장애 환자가 아닌 사람들도 과호흡으로 인한 반응에서 상당한 개인차가 존재하고(Clark & Hemsley, 1982), 원인을 알 수 없으나 호흡곤란(air hunger)을 호소하는 만성 과호흡 환자에게서도 불안이 필수적이지는 않았다(Bass & Gardner, 1985). 과호흡 이론(hyperventilation theory)에서는 공황장애 환자들이 이산화탄소 농도에 민감하고, 따라서 이산화탄소 수준을 지속적으로 낮게 유지하기 위해 과호흡을 하며, 이산화탄소 수준이 높아지면 그에 대한 과민반응으로 공황이 이차적으로 발생하게 된다고 설명한다(Klein & Gorman, 1987).

그러나 단순히 과호흡과 같은 생물학적 원인만으로는 공황 증상을 설명하는 데 한계가 있다. Ley(1985)는 연구를 통해 적정 수준의 과호흡은 약간의 어지럼증 같은 가벼운 증상만을 유발하지만, 호흡이 증가할수록 공포감과 두려움을 경험하게 되어 공황발작으로 발전하게 된다고 하였다. 즉, 생물학적 요인뿐 아니라 과호흡으로 인한 불안이나 공포 같은 정서적 요인이 공황발작을 일으킬 수 있음을 제시하였다. 이후 Ley(1992)는 자신의 연구와 관련 연구들을 종합하여 공황장애를 ① 생물학적/생리학적 원인으로 인한 공황발작, ② 불안이나 공포같은 예기불안으로 인한 공황발작, ③ 과도한 걱정이나 우려, 파국적 오해석과 같은 인지적 요인으로 인한 공황발작이라는 세 가지 유형으로 구분하였다.

공황장애의 인지적 모형에서는 신체감각에 대한 개인의 해석이 공황 발생의 중요한 요인이라고 본다. 공황장애에 대한 인지적 모형에 많은 영향을 미친 Clark(1986, 1988)는 공황발작 발생의 필수조건으로 '특정 신체감각에 대한 파국적 오해석(catastrophic misinterpretation)'을 든다. 즉 맥박이 정상 수준보다 많은 상태인 빈맥(tachycardia)을 심정지가 올 것 같은 상태로 잘못 해석하거나, 두통이나 어지럼증을 뇌졸중으로 해석함으로써 공황으로 발전하게 된다는 것이다. 그러면서 Clark(1988)는 신체감각에 대한 예기불안 등의 정서 상태가 공황을 발생시킨다는 기존의 설명에 대해, 공황에 대한 '공포'는 필요충분조건이 아니라고 주장한다. 잘못된 신체감각은 두려움이 아닌 분노 등의 다른 정서 상태나 비정서적 상태(예: 카페인 섭취, 이산화탄소 흡입)에서도 발생할 수 있으며, 공황장애 환자가 공포나 두려움을 경험한다고 해서 반드시 공황상태로 이어지는 것은 아니기 때문이다. 이러한 Clark의 주장은 다양한 요인으로 인해 발생한 신체감각을 개인이 파국적으로 오해석할 때 공황발작이 유발될 수 있다는 인지적 해석의 중요성을 제시하였다.

국내에서는 박현순과 원호택(1996)이 신체감각에 대해 자동화된 파국적 해석 과정을 검증하기 위해 두 가지 실험을 진행한 바 있다. 첫 번째 실험에서는 공황장애로 진단받은 외래환자 22명과 정상군 22명을 대상으로, 신체감각과 비신체감각 단어를 보고하는 과제를 진행하였다. 그 결과 공황장애 환자가 정상군에 비해 신체감각 단어에 대해 지각적 민감성을 보였다. 두 번째 실험에서는 공황장애로 진단받은 외래환자 26명과 정상군 26명을 대상으로, 도입부는 공황 증상과 관련된 신체감각으로 기술하고(예: 가슴이 답답하게 조여들 때) 후반부는 파국적 내용(예: 심장마비가 올 것 같다)과 비파국적 내용(예: 맑은 공기를 마시고 싶다)으로 구성한 두 종류의 문장을 제시한 뒤 문장 후반부의 읽기 시간을 측정하였다. 그 결과 공황장애 환자 집단에서는 비파국적인 문장보다 파국적인 문장의 읽기 반응 시간이 더 짧았으며, 이는 곧 신체감각 정보와 연합된 파국적 해석이 활성화되어 있음을 의미한다. 정리하면 두 실험은 공황장애 환자가 신체감각과 관련한 정보를 다른 정보들보다 더 민감하게 지각하며, 자동적으로 파국적으로 해석하는 경향성이 높다는 것을 보여준다.

지금까지 설명한 Clark의 인지적 모형을 도식화하면 다음과 같다. 공황장애 환자는 개인 내부(예: 불안사고, 불쾌한 기분이나 신체감각 등)와 외부(예: 불안을 유발하는 특정 장소나 대상)에서 발생한 자극을 위협으로 지각하게 된다. 신체감각에 대해 위협을 지각한 개인은 정상인보다 걱정이나 염려를 더 크게 느끼게 되고, 이는 곧 자율신경계와 신체감각에 대한 각성도를 높여 자신이 죽는 것은 아닌지, 심장마비가 오는 것은 아닌지 등의 파국적 해석을 하게 된다. 그리고 위험이 임박할 것이라는 생각은 곧 심장발작을 일으키거나 미칠 것만 같은 공황발작을 동반한다(Hibbert, 1984; Ottaviani & Beck, 1987). 결국 이러한 파국적 해석은 위협을 더 크게 지각하게 만들어 악순환을 유발한다.

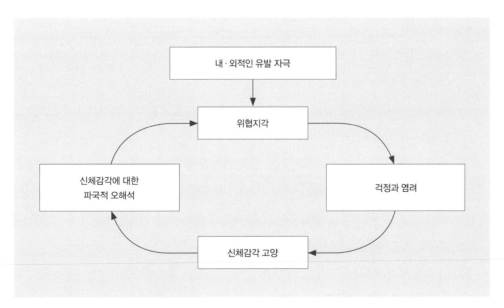

공황장애에 대한 Clark의 인지적 모형
출처: Clark (1988)

특히 공황장애 환자는 모호한 (신체) 자극을 위협적으로 해석하는 정보처리 편향뿐만 아니라, 위협적 정보를 처리하는 데 더 주의를 기울이는 편향을 보인다(McNally, 1990; McNally et al., 1990). 이러한 특징은 국내 연구에서도 검증되었는데, 공황장애 환자는 다른 사람들보다 공황 증상 관련 자극들에 더 느린 반응을 보였고 인지적 정보처리가 효율적이지 못했다(박현순, 원호택, 1997). 이에 따라 공황장애 환자들은 신체 자극이 유발하는 파국적 해석에서 벗어날 수 있게 하는 인지적 대처방략을 사용하기 어려워 공황상태가 발생하거나 지속되기 쉽다.

한편, Reiss(1991)의 기대치 모형(expectancy model)에서는 공황장애에 대한 세 가지 근본적인 두려움(민감성)으로 피해에 대한 두려움, 불안에 대한 두려움, 부정적인 사회적 평가에 대한 두려움을 제시하였다. 이 모형에서는 특정 대상이나 상황에서(Gursky & Reiss, 1987; Rachman & Lopatka, 1986) 기대치의 다양한 개인차를 인식한다. 예를 들어 비행기에 탑승하는 일부 사람들은 비행기가 충돌에 의해 추락할 가능성이 있다고 생각하는 반면, 다른 사람들은 사실상 그럴 기회는 없다고 생각한다. 또한 누군가는 비행이 공황발작을 일으키거나 배탈을 경험하거나 토하게 할 것이라고 예상하지만, 다른 누군가는 그러한 사건의 가능성을 무시할 만하다고 여긴다. Reiss(1991)가 제시한 세 가지 근본적인 두려움을 구체화하면 다음의 여섯 가지로 설명할 수 있다.

① 피해 기대: 외부나 물리적 환경으로부터의 위험이나 피해에 대한 기대 또는 예측 (예: "비행기가 추락하진 않을까?")

② 피해 민감성: 피해를 입는 것에 대한 두려움이나 민감성(예: "비행기가 추락하면 분명 나는 크게 다치겠지?")

③ 불안 기대: 불안하거나 스트레스를 받을 가능성에 대한 기대 또는 예측(예: "비행은 안전하지만 비행 중에 공황발작이 일어나거나 토하진 않을까?")

④ 불안 민감성: 불안감을 경험하는 것에 대한 두려움이나 민감성(예: "공황 상태가 되거나 스트레스를 받으면 심장마비가 오지 않을까?")

⑤ 사회적 평가 기대: 두려움에 대한 기대가 부정적인 평가로 이어짐(예: "나는 내 공황을 극복할 수 없을 거야.")

⑥ 사회적 평가 민감성: 부정적인 평가를 받는 것에 대한 두려움이나 민감성(예: "극복

하지 못한 나는 실패자가 되겠지.")

Reiss(1991)는 이 중 불안 민감성이라는 위험인자의 식별을 통해 불안장애와 공황장애의 가능한 원인을 파악할 수 있고, 예방 방법에도 유용하게 적용할 수 있다고 설명한다.

이상에서 설명한 Clark(1986)의 인지적 모형과 Reiss(1991)의 기대치 모형은 공황장애에 대한 치료개발에 상당한 기여를 하였다.

3) 공황장애의 치료

공황장애에서 가장 많이 사용되고 있으며 효과적이라고 알려진 치료는 약물치료와 인지행동치료이다(박수현, 2020). 연구자들은 1962년에 일부 항우울제가 공황발작을 예방하며 발작 빈도를 줄일 수 있다는 것을 발견하였고, 이러한 발견 이후에 세계 여러 나라에서는 이 발견을 반복해서 검증하였으며(Stein et al., 2010), 이를 토대로 약물치료를 실시하였다. 한편 인지이론가들은 생물학적 요인은 공황발작 원인의 일부일 뿐이라고 생각하였다. 따라서 인지치료자들은 몸에서 일어나는 생리적 사건을 잘못 해석한 사람들이 완전한 공황 반응을 경험한다고 보고, 치료 과정에서 오해석의 교정을 사용하였다.

(1) 약물치료

공황장애 치료에 사용되는 약물은 선택적 세로토닌 재흡수 억제제(selective serotonin reuptake inhibitors: SSRIs), 모노아민 산화 효소 억제제(MAOIs), 삼환계 항우울제(TCAs), 베타차단제(β-Blockers), 벤조디아제핀(BZD), 항경련제 등이 있다(김정범, 2004). 이 중 치료 효과가 입증된 강력한 증거를 가진 약물은 SSRIs, TCAs, BZD이다. 어떤 종류의 약물을 선택하는가는 약물의 효과뿐 아니라 부작용과 환자의 반응 등을 고려하여 결정하지만, 최근에는 비교적 부작용이 적고 안전한 SSRIs가 주로 사용되고 있다. SSRIs는 세로토닌 수용체에만 선택적으로 작용해 재흡수를 차단하고, 시냅스에서 항우울 작용을 하는 효과가 있으며, 다른 약들보다 부작용이 훨씬 덜하다. 즉, 심혈관계 및 항콜린성 부작용이나 TCAs와 MAOIs를 과다복용할 때 나타나는 독성 작용이 없는 편이며, 특히 BZD와 달리 생리학적 의존 가능성이 없어 1차 진료 환경에서 선호되고 있다.

SSRIs 다음으로 많이 사용되는 약물은 TCAs이다. 그러나 TCAs는 일반적인 의학적 문제가 있거나 나이가 많은 환자의 경우에는 심혈관계 및 항콜린성 부작용을 반드시 고려하여 처방해야 한다. 한편 고강도 BZD계 약물은 공황의 빈도를 현저히 줄여주는 등 치료 효과가 빠른 장점이 있지만, 장기적으로 사용 시 생리학적 의존의 위험이 있음을 고려하여 대개 물질사용장애의 이력이 있을 경우에는 사용하지 않는다.

이러한 약물치료의 경우 70~80%까지도 효과가 나타나는 것으로 알려져 있으며, 비약물적 치료인 인지행동치료에 비해 작용 시간이 빠르고, 심각한 공황발작이나 예기불안, 공존 우울장애의 치료에 효과적이며, 1차 진료 환경에서 보다 용이하게 사용 가능하다는 장점이 있다. 하지만 이러한 효과와 장점에도 불구하고 환자의 1/3만이 치료적 관해에 도달하고, 20~40%의 환자는 재발을 반복하는 만성화 과정을 겪는 경과를 보이는 것으로 알려져 있다. 따라서 약물치료는 인지행동치료 같은 심리치료와 병행하는 것을 권유한다. 특히 병행치료는 심한 광장공포증을 가지거나 치료에 완전히 반응하지 않는 경우에 더욱 효과적이라고 알려져 있다.

(2) 인지행동치료

공황장애에 효과가 있다고 알려진 또 다른 치료방법은 인지행동치료이다. 공황장애에 대한 인지치료적 접근법에서의 핵심은 다음과 같다(최영희, 2006, 2019).

① 공황장애 증상과 불안에 대한 구체적 정보를 제공하는 심리교육
② 공황 증상이나 불안을 조절하기 위한 복식호흡과 이완훈련
③ 신체감각에 대한 파국적 오해석 등 공황장애 환자가 가지고 있는 잘못된 생각에 대한 인지 수정
④ 두려워하는 신체감각과 불안 상황에 대한 노출을 통해 신체 증상이나 일상생활의 두려움과 자극에 대한 감응훈련

이에 대해 살펴보면 첫째, 심리교육은 공황 및 불안에 관한 정확한 정보를 제공하여 공황발작에 대한 잘못된 이해를 수정하고, 공황을 경험할 때 객관적으로 자신을 관찰할 수 있도록 하거나 자신의 증상을 위협적으로 받아들이지 않도록 도와줄 수 있다. 즉, 공황은 고통스럽고 힘들지만 위험하지 않고 안전하다는 절대적인 믿음을 가지도록 함으로써, 부교감신경계를 활성화시켜 교감신경계의 과잉활성화를 가라앉히고 신체를 안전하고 평안한 상태로 변화시키는 것이다.

둘째, 복식호흡과 이완훈련은 과호흡이나 교감신경계의 과잉활성화를 방지하는 데 도움을 줄 수 있다. 과호흡이란 특정 시간 동안 신체가 필요로 하는 수준보다 빈도와 깊이 모두에서 지나치게 많이 호흡하는 것으로, 혈액 내 이산화탄소 농도의 감소와 알칼리화를 통해 신체적 변화를 일으켜 공황을 유발하기도 한다. 동시에 과호흡은 공황발작 때 나타나는 증상 중 하나이기도 하다. 이러한 과호흡에 대해서는 '절대 위험하지 않다'는 인식과 더불어 복식호흡과 같은 호흡재훈련을 통해 환자 스스로 고르고 안정된 호흡을 할 수 있도록 도움을 줄 수 있다. 또한 스트레스나 불안 상황에서 신체가 보이는 반응에 반대되는 생리적 각성 상태인 '점진적 근육이완법'과 같은 이완훈련을 통해서도 부교감신경계를 활성화시킴으로써 공황장애 환자들을 도울 수 있다.

셋째, 인지적인 접근법은 공황에 의해 발생한 자신의 신체감각에 대한 잘못된 신념을 수정하는 데 목적이 있다. 공황장애 환자들은 일어날 확률이 낮은 사건에 대해 지나치게 두려워하거나, 실제로는 그다지 위험하지 않은 상황을 매우 위험하다고 해석하는 인지적 오류가 있다. 치료자는 이러한 환자들의 비합리적 신념에 대한 증거를 함께 찾아보거나 공황과 관련된 일기를 써보게 하는 등의 지속적인 교육을 통해 환자 스스로 자신의 해석에 오류가 있다는 것을 이해하게끔 돕고 이를 수정하도록 할 수 있다.

넷째, 노출 기법은 공황발작과 비정상적인 신체 반응 사이의 연관성을 감소시킴으로써, 공황 상황에서 발생하는 신체감각을 환자 스스로 왜곡하여 해석하였음을 인식하도록 하는 데 목적이 있다. 자극감응 노출에서는 환자에게 과잉호흡 또는 제자리 뛰기를 하게 하거나 의자를 빠르게 회전시켜 어지러움을 유발하는 등의 방법으로 '작은 공황발작'을 경험하게 함으로써 고양된 신체감각에 익숙해지게 한다. 그리고 당시 느꼈던 감각과 공황 상황에서의 감각 간 유사 정도를 평가하여 기록하게 하고(최영희, 이정흠, 1998), 기록된 자료를 보며 공황발작의 감각 및 불안의 정도에 따라 위계를 정한다. 이때 자신의 신체감각을 해석함에 있어 공황 증상과 관련된 비합리적인 신념을 인식하게 하는 것이 중요하다. 이후에는 정해진 위계에 따라 단계적으로 노출을 시행함으로써 각 활동에서 느껴지는 불안이 줄어들 때까지 반복해서 훈련한다. 이처럼 다양한 불안통제기술을 적용하며 파국적 오해석을 방지하는 훈련(예: 비합리적인 혼자생각이나 혼잣말을 찾아서 합리적인 도전으로 바꾸기, 파국적이거나 재앙화하는 사고를 제거하거나 없애기)을 통해 공황을 유발하는 상황에서의 회피행동과 두려움의 정도를 감소시킬 수 있다.

(3) 그 외 공황장애 치료 및 컴퓨터/온라인 기반 치료

심리치료 중 가장 활발하게 검증된 치료는 인지행동치료이지만, 그 외 이완훈련, 정신역동치료, 대인관계치료, 안구운동 민감 소실 및 재처리요법(eye movement desensitization reprocessing: EMDR), 마음 챙김 명상 그리고 컴퓨터/온라인 기반 치료의 효과도 연구되었다(Bandelow et al., 2015). 이완훈련을 제외한 다른 치료 유형에 대한 효과 크기는 상대적으로 낮거나 논란의 소지가 있는 것으로 보고되고 있으며(미국심리학회 12분과), 이에 최신 연구 흐름은 인지행동치료에 기반을 둔 컴퓨터/온라인 기반 치료 프로그램을 검증하는 데 집중되고 있다.

보다 최근에는 인지행동치료의 핵심 요소인 노출치료를 보다 유용하게 활용할 수 있는 가상현실 프로그램이 개발되어 적용되고있다. 가상현실 시뮬레이션은 짧은 시간 내에 많은 노출 상황과 시나리오를 생성할 수 있다는 장점뿐 아니라, 치료적 한계(예: 노출 상황에 나타나는 사람의 수)를 통제하고 설정할 수 있다는 큰 임상적 유용성을 지닌다. 또한 노출치료를 감행하기 어려운 상황이나 많은 비용이 요구되는 상황(예: 비행기 탑승)을 가상현실에서 재현할 수도 있다. 노출치료에 대한 거부감이 심한 환자의 경우 가상현실 프로그램을 활용한 심상훈련을 통해 상황에 대한 통제력을 경험하면서 실제 상황에 대한 노출을 병행하는 컴퓨터 시뮬레이션도 개발되어 치료 효과에 대한 검증이 이루어지고 있다.

(4) S씨의 사례

S씨에게 공황통제치료(PCT) 모형(Barlow & Craske, 1989; Craske & Barlow, 2007)을 기

반으로 한 인지행동치료를 시행하였다. 치료는 주 1회씩 총 15회기에 걸쳐 진행되었다. 치료에 앞서 S씨에게 인지행동치료의 필요성과 함께, 이 치료는 공황 증상의 3개의 요소들에 대한 치료로서 ① 신체감각에 대한 민감성을 감소시키는 훈련, ② 신체감각에 대한 파국적 해석 과정을 교정하는 인지 재구성훈련, ③ 회피행동을 감소시키는 행동치료로 이루어져 있음을 설명하였다. S씨는 치료 초기에 극심한 심장 두근거림, 온몸이 옥죄어 오는 듯한 고통, '이대로 죽을지도 모른다'는 공포감을 호소하였고, '죽을 때까지 이런 고통 속에서 사느니 지금 죽는 게 낫겠다'는 생각이 든다면서 실낱같은 동아줄이라도 잡는 심정으로 치료에 동의하였다.

초반 4회기 동안에는 공황장애라는 병에 대한 정보 제공과 교육이 이루어졌다. 특히 불안과 공황발작이 발생했을 때의 반응 및 이러한 반응들을 관찰해야 하는 이유와 방법 등에 대해 논의하였다. 불안 증상을 사고, 행동, 신체 증상으로 나누어 관찰하는 기법과 생리적 반응 등에 대해 이해할 수 있도록 훈련하였다. 자기점검을 위해 공황발작 작업지, 일일 기분 기록지, 경과 기록지와 같은 작업들이 실시되었다.

중반 5~10회기에는 호흡훈련과 근육이완훈련 등을 통해 자신의 신체감각을 조절하고 불안과 긴장을 완화시키는 법을 훈련하였는데, 이때부터 S씨는 "효과가 있는 것 같아요."라면서 치료에 보다 긍정적이고 적극적인 반응을 보이기 시작했다. 이와 함께 왜곡된 자동적 사고 및 재앙화 사고 등을 식별하고 인지적 왜곡을 교정하였다. '작곡가가 되지 못하면 나만 믿고 사시는 부모님에게 폐만 끼치고 불효를 하게 되니 나는 인생의 낙오자야.', '내가 제대로 된 곡을 쓰지 못하면, 앞에서는 나를 칭찬해도 뒤에서는 욕할 거야.'와 같은 역기능적인 자동적 사고를 합리적인 반응으로 재구성하는 훈련을 지속하였다. 이때에는 신체조절법도 상당히 숙련된 수준을 보이면서, 신체감각 질문지(BSQ)와 불안의 평균 수준도 초기에 비해 2점 정도 감소된 양상을 나타냈다.

치료 후반인 11~15회기에는 자극감응훈련으로, '작은 공황 발작'을 유발하는 신체운동을 실시하였다. S씨는 30초 동안 머리를 좌우로 흔드는 운동과 30초 동안 숨을 멈추는 행동에서 각각 불안 및 공황발작과의 유사성에서 높은 점수를 보였는데, 종료 회기까지 이와 같은 운동을 반복적으로 훈련시켰다. 또한 14~15회기에는 S씨가 가장 두려움을 느낀다고 보고했던 노래방과 작곡실에 가보게 하는 노출치료를 실시하였다. 치료 후에 S씨는 이러한 장소들에서 "공황발작이 발생해도 비교적 잘 대처할 수 있을 것 같다."며

안도감을 표하였다. 즉, S씨는 공황발작의 발생과 그 빈도를 사전에 예측할 수 있는 능력을 강화하였고, 공황 시 나타나는 신체감각을 조절하고 인지적 왜곡을 교정하는 훈련을 하였으며, 공황발작과 유사한 신체적 자극들에 대한 노출을 통해 대처 방식을 배움으로써 이러한 능력과 기술을 실제 일상에서 적용할 수 있게 되었다.

S씨가 자신의 부정적 사고나 염려, 불안이 완전히 해소된 것은 아니나, 이것을 수용하고 조절할 수 있다고 보고하는 시점에 치료 종결을 논의하였다. 15회기 동안 지금까지의 성과와 그것을 가능하게 한 S씨 내면의 자원과 노력을 돌아보고, 앞으로의 대처 방안과 필요시에는 언제든 재방문할 수 있음을 안내하면서 종결되었다.

06

강박장애

Obsessive-Compulsive Disorder

임상 사례

1) 주 호소 문제와 현 병력

D군은 현재 고등학교 2학년에 재학 중인 남학생이다. 50대 초반인 아버지는 대기업 임원이고, 어머니는 주부이며, 세 살 많은 누나와 두 살 어린 여동생이 있다. D군은 초등학교에 다닐 때부터 조용하고 소심했고, 또래들과 어울리기보다는 혼자 등하교를 하며 다른 사람의 눈에 띄지 않으려 하였다. 또래들의 표적이 되어 괴롭힘을 당하거나 폭력을 경험하지는 않았지만, 존재감이 없고 필요한 자기주장을 잘 못하는 편이었으며 선생님이나 친구들의 부정적인 평가를 받을까 염려하며 위축된 채로 중학교 시기를 보냈다.

집안 분위기는 꽤나 엄격하였는데, D군이 학교에서 성적표를 가져오면 아버지는 "이걸 성적이라고 받아왔느냐."며 소리를 지르며 힐난하였고, 어머니는 한숨을 쉬며 돌아서곤 하였다. 친척들은 대부분 국내외 명문 대학을 다니거나 졸업한 뒤 남들이 부러워할 만한 직장에 다니고 있었고, D군은 이런 친척들에게 항상 비교당하며 학업에 대한 압박감을 느껴왔다.

사춘기에 접어들면서 D군은 자신의 처지를 다른 사람들과 비교하면서 스스로의 상황을 곱씹는 경향이 현저히 증가하였다. 주로 외모나 학업 능력, 집안의 경제적 수준, 친구들과의 관계 등에서 다른 사람과 비교해 나은 점이 없다는 생각이 들어 기분이 가라앉고 울적해졌다. 또한 선생님이나 또래들과 대화를 하면 자기도 모르게 위축되었다. 집에 돌아와서는 당시의 대화를 떠올리며 자신의 행동이나 말에 대해 한심해하고 자책했다.

초등학교 4학년 때의 어느 날, D군은 하굣길에 아파트 앞 주차선을 보면서 선을 밟으면 언젠가 차에 부딪히는 사고를 당하게 될 것이라고 생각했다. 이후 선을 밟지 않기 위해 신경을 쓰며 다녔고, 혹시라도 다른 생각을 하다 선을 밟았음을 인식했을 때는 되돌아가 그 선을 자신이 정해놓은 횟수만큼 반복적으로 뛰어넘어야 안심이 되었다. 시간이 지나 이런 생각과 행동은 인도 위로 다닐 때에도 유사하게 나타났다. 인도의 경계석 사이에 있는 선을 밟지 않기 위해 인도의 안쪽으로만 걸었고, 맞은편에서 오는 사람 때문에 어쩔 수 없이 인도 경계석 위를 걷다 선을 밟는 경우에는 그 자리로 돌아가 정해놓은 횟수만큼 그 선을 밟지 않고 넘는 행동을 반복했다.

D군이 주변 사람들에게 어느 정도 인정을 받기 시작한 것은 중학교 2학년 무렵부터였다. 성적에 대한 고민 끝에 며칠을 밤새워 공부하였고, 여러 암기 과목에서 높은 점수를 받아 성적이 대폭 올랐다. 이에 대해 담임교사나 같은 반 친구들이 놀라워하자 앞으로도 성적을 꾸준히 유지해야겠다고 생각했다. 그러던 차에 기말고사를 며칠 앞두고 성적이 좋지 않은 짝이 장난으로 D군의 머리를 때린 일이 있었는데, 공부를 못하는 친구에게 머리를 맞으면 머리가 나빠지고 맞은 감각이 퍼진 부위만큼 암기했던 내용들이 사라질 것이라는 불안감이 들었다. 나아가 결국 성적이 떨어져 다시 존재감 없는 사람이 될 것이라는 생각이 연이어 떠올랐다. 급기야 D군은 머리를 다시 좋게 하려는 의도로 공부를 잘하는 친구들의 머리에 은근슬쩍 손을 가져다 댔다. 이후로도 뭔가 마음에 들지 않는 사람의 신체 부위에 자신의 머리가 닿으면 마음에 드는 사람의 동일한 신체 부위에 자신의 머리를 닿게 하고 나서야 성적이 떨어질 것이라는 불안감을 해소할 수 있었다.

시간이 지나면서 D군은 성적이나 행실이 좋아 보이지 않는 학생들에게 몸이나 옷의 일부분이 닿기만 해도 성적이 떨어질 것이라는 생각에 불안해지기 시작했다. 그래서 쉬는 시간에는 친구들이 다가오지 못하게 엎드려 자는 척을 하고 화장실은 수업 중에만 감으로써 친구들과 스칠 여지를 없앴다. 최근에는 등굣길에 사람들과 접촉하게 될 것을 두려워하여 매일 지각하게 되었고, 면담을 진행한 담임교사가 이러한 상황을 부모에게 전달하여 내원하게 되었다.

2) 가족력 및 개인력

D군은 1남 2녀 중 둘째로, 자연분만으로 태어났다. D군의 아버지는 1960년대 초에 한 지방 유지의 가정에서 다섯 자녀 중 맏이로 태어났다. 어릴 때부터 부모와 친척들로부터 가족을 부양해야 한다는 이야기를 들었고, 학창시절 내내 우수한 성적을 유지한 끝에 학력고사에서 최상위 점수를 받고 명문 대학교 공과대학에 입학하였다. 대학을 졸업하고 나서는 IT 계열에서 세계적인 영향력을 가진 굴지의 외국계 회사에 입사하였으며, 이후 최연소 승진을 기록하며 임원직에 올랐다. 회사에서는 강직하지만 소탈한 자세와 좋은 리더십을 가진 상사라는 평을 듣곤 하지만, 가정에서는 상당히 엄하고 경직된 태도로 가족들을 대하곤 하였다. 아내에게는 꼭 필요한 말이 아니면 굳이 소통을 시도하지 않았고, 자녀들에게는 필요한 경우 따끔한 질책이 성장에 도움이 된다는 생각에 칭찬이나 격려를 하는 일은 드물었다.

D군의 어머니는 갓 스무 살을 넘긴 젊은 나이에 먼 친척이 주선한 맞선을 통해 D군의 아버지를 만났다. 전도유망한 청년이라는 집안 어른들의 이야기에 만난 지 6개월 만에 결혼식을 올리고 서울의 변두리에서 신혼을 시작하게 되었다. D군의 어머니는 남편이 직장일로 거의 매일 늦게 귀가하여 집에서 혼자 보내는 시간이 많았는데, 내향적인 성격 탓에 쉽게 친구를 사귀지 못하고 동네 주민들과도 짧은 인사만 하는 정도였다. D군을 임신한 기간에도 고독감과 우울감이 심해져 자신도 모르게 눈물을 흘리거나 방에 드러누워 아무것도 하지 않은 채로 멍하니 시간을 보내는 날이 많았다. D군의 동생을 출산한 후에는 우울감이 더욱 심해졌다. 자살충동을 느끼면서 어떻게 하면 삶을 마감할 수 있을지 고민하였고, 이따금 자신을 욕하거나 자신의 행동에 대해 언급하는 내용의 환청을 경험하기도 하였다.

D군의 누나는 큰 문제행동 없이 성장하여 중상위 대학의 문과대학에 재학 중이다. 여동생은 톡톡 튀는 행동과 자신만만한 자기주장으로 주변 사람들의 관심을 받으며 중학교 3학년에 재학 중이다.

3) 행동 관찰

D군은 무표정한 얼굴로 심리검사실에 들어와 자리에 앉았다. 스포츠형 헤어스타일에 안경을 착용하였고, 다소 마른 체구였다. 조금 긴장한 듯 검사와 면담 내내 허리를 꼿꼿이 펴고 앉아있었고, 간혹 평가자를 쳐다보기는 하였으나 눈 맞춤이 원활한 편은 아니었다. 제시되는 과제들을 비교적 빠른 시간 내에 해결해나갔고, 중간에 피곤하면 쉬었다 할 수 있다는 제안에 괜찮다며 지속적인 진행을 요청하였다. 검사를 받으러 온 배경에 대해 질문하자 작은 목소리로 나지막이 그간의 일들에 대해 이야기하였다. 학교에 지각하는 이유에 대해서는 같은 반 친구들이나 길거리에서 스치는 사람들이 싫어서가 아니라, 단지 자신의 성적이 떨어질지도 모른다는 걱정 때문에 그런 것이었음을 강조하였다. 평가자가 이와 같은 모습을 지적하자 '성격이 나쁜 사람으로 보이고 싶지 않기 때문'이라고 답하였다. 평가를 마치는 시점에는 자신이 가진 문제가 왜 발생하는 것인지, 나아질 수는 있는 것인지 질문하며 답답해하였다.

1) 평가 계획

평가자는 D군과의 면담 이후 강박 증상의 형성이나 유지에 영향을 주고 있는 요소 및 기타 정서나 사고의 취약성, 성격적 특성을 파악하기 위해 MMPI-A와 로르샤흐 검사를 실시할 필요가 있다고 판단하였다. 아울러 강박장애의 심각도를 확인하기 위해 예일-브라운 강박 척도를 실시하기로 하였다.

2) MMPI-A

타당도 척도 결과를 검토해보면 D군은 비교적 솔직하게 자신의 상태를 설문 결과에 담아낸 것으로 보인다(L=51T, K=55T). 주제에 따라 필요하다고 여겨질 때는 자신의 약점에 대해 어느 정도 가릴 줄도 알고, 일부 약점은 있는 그대로 인정하며 개방적인 태도로 검사에 임했으며(K=55T), 자신이 가지고 있는 심리적 혹은 현실적 문제들을 굳이 가리거나 과장하려 하지 않은 것으로 보인다(F=61T). 따라서 MMPI-A 검사 결과를 신뢰롭게 해석하는 데 큰 무리가 없어 보인다.

검사 시점에 있어서 스트레스가 유의하게 증가되어있는 수준은 아니지만(F=61T),

■ 타당도 척도와 임상 척도

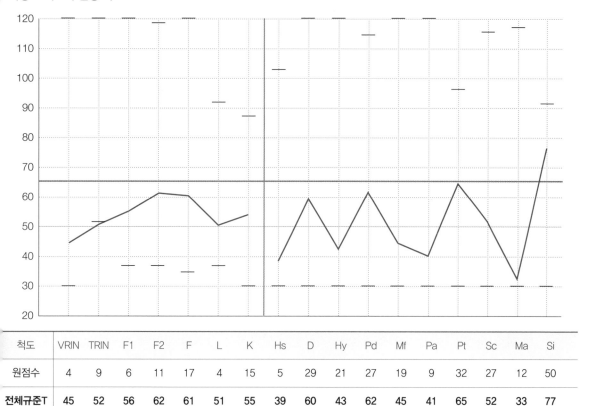

척도	VRIN	TRIN	F1	F2	F	L	K	Hs	D	Hy	Pd	Mf	Pa	Pt	Sc	Ma	Si
원점수	4	9	6	11	17	4	15	5	29	21	27	19	9	32	27	12	50
전체규준T	45	52	56	62	61	51	55	39	60	43	62	45	41	65	52	33	77

■ 내용 척도

척도	A-anx	A-obs	A-dep	A-hea	A-aln	A-biz	A-ang	A-cyn	A-con	A-lse	A-las	A-sod	A-fam	A-sch	A-trt
원점수	11	13	13	2	15	2	5	11	4	13	9	22	14	9	15
전체규준T	53	68	55	34	78	43	41	49	38	69	59	81	59	56	61

■ 성격병리 5요인 척도와 보충 척도

척도	AGGR	PSYC	DISC	NEGE	INTR		A	R	MAC-R	ACK	PRO	IMM
원점수	3	2	2	16	20		27	16	13	3	10	18
전체규준T	37	42	34	61	75		65	54	30	45	34	55

스트레스 상황에 대처하기 위해 동원할 수 있는 자원이나 자신감이 충분히 넉넉한 편은
아니다(K=55T). 따라서 스트레스가 될 만한 자극에 직면했을 때 문제해결에 효능감을 보
이지 못하는 경우도 예상할 수 있겠다.

임상 척도를 해석함에 있어서는, D군의 임상 척도 중 65T보다 높은 척도는 0번 척도가 유일하며, 해당 척도가 75T를 상회하므로 원칙적으로 Spike 0의 코드타입에 해당하는 해석이 우선 고려되어야 한다(Friedman et al., 2001: 336). 5번 척도 및 0번 척도는 단독으로 해석될 수도 있으나, 이 척도들이 다른 척도들로 구성된 코드타입에 대한 해석을 완화하거나 강조하는 방향으로 조정하는 기능을 가질 수도 있다. 따라서 여기에서는 아임상 수준(subclinical level)의 상승을 보이는 척도들의 조합에 따르는 코드타입을 우선적으로 해석하면서 0번 척도의 상승을 함께 고려하는 방식으로 해석하기로 한다. 0번 척도를 제외할 때 상대적 상승을 보이는 임상 척도는 7번, 4번, 2번 척도이며, 세 척도의 점수가 차이가 T점수 5점보다 크지 않으므로 7-4, 7-2/2-7, 4-2/2-4, 7-4-2 코드타입을 고려하였다. 그리고 해당 코드타입에 따른 해석을 지지하거나 또 다른 심리적 특성을 시사하는 내용 및 보충 척도를 통합하여 해석하였다.

D군은 평소에도 걱정이 많고 긴장도가 높을 수 있고, 다른 사람들은 아무렇지 않게 넘길 수 있는 작은 일들에도 쉽게 자극받아 반응하는 성격적 성향이 시사된다(7-2, A=65T). 자신의 부정적 측면에 초점을 맞추어 열등감을 경험하거나, 책임감을 가질 이유가 없는 일마저 자신의 탓으로 돌리며 죄책감을 경험하고, 이러한 일들이 누적되면서 우울감 또한 증가되고 있겠다(7-4-2, A-lse=69T). 만족스럽지 못한 자아상에 대해 자책하면서도 때로는 자신에게 충분히 지지적이지 못했던 가족이나 환경에 귀인하면서 울분을 겪지만, 불쾌한 기분을 겉으로 표현하거나 신뢰할 만한 사람과 공유하기보다는 최대한 감정을 억누르며 지낼 가능성이 있다(7-4).

또한 행여나 불편한 기분을 드러냈다가 다른 사람들에게 부정적 인상을 심어주게 될까 두려워 불쾌감이 들 때는 오히려 주위 사람들의 눈치를 보며, 자신의 감정이 이해받고 수용되는 것이 아니라 쓸데없는 오해를 사고 거부당할지도 모른다는 생각에 사람들과 함께 있는 공간에서 벗어나려 하고 고립감을 느끼는 경향이 있겠다(0-4, A-aln=78T, A-sod=81T). 자신의 의지와 상관없이 떠오르는 생각이나 충동에 의해 증가되는 불안감을 경감시키기 위한 강박 증상을 경험할 가능성이 있고(7-4-2), 자신이 생각한 기준이나 행동의 규칙에 맞지 않는 상황이 발생하지 않도록 상황을 통제하고 행동해야 한다는 압박감도 심할 수 있다(A-obs=68T).

이상의 내용을 종합할 때, 환경에 대한 반응성에 있어 D군은 일상에서 겪는 사소한 자극에도 예민하게 반응할 수 있다. 내적 경험에 있어서는 열등감이나 자기부적절감에 근거한 내부귀인의 양식에 익숙해져 있으며, 행동적으로는 부정적 자기상에 직면하지 않기 위해 작은 실수나 흐트러짐도 막으려 하는 데에 상당한 에너지가 동원되고 있을 것으로 보인다.

치료자는 특히 D군의 부적절감에 초점을 맞출 필요가 있다. 청소년기라는 발달적 맥락을 고려할 때, 대인관계에서 보이는 D군의 민감성과 타인에게 받아들여지지 못하리라는 믿음은 치료자에게도 적용되고 있을 것이기 때문이다. 따라서 통찰 지향적 개입보다는 지지적 개입이 대인관계에서의 막연한 불안이나 불신을 일으키지 않는 데 도움이 되겠다. 치료 초기에는 물리적으로나 심리적으로 D군의 개인적 공간을 최대한 존중하고 침범하지 않으면서 조심스럽게 접근하여 충분한 시간을 확보하며 긍정적 관계 형성을 시도하는 것이 매우 중요한 과제일 것이다. 치료 과정 중 D군의 자기개방이 이루어지면서 표출되는 감정들이 있다면, 그것이 자연스러운 감정임을 인식할 수 있도록 타당화하는 작업을 지속하는 것이 필요하다.

3) 로르샤흐 검사

해석의 타당성을 살펴보면, D군은 로르샤흐 검사에서 24개의 반응을 하였으며, 이는 해석하기에 충분한 반응수라고 판단할 수 있다. 이에 더하여 Lambda는 반응의 단순성에 대한 정보를 제공하는데, 1.00 이상의 수치를 보이는 것은 단순화되고 경제적인 지각을 의미한다. 때에 따라서는 자신의 내면을 개방하기 불편해하는 방어적 수검 태도를 의미하거나 검사에 대한 저항을 의미할 수 있다. D군의 Lambda는 .41로, 해당 검사에 대해 비교적 솔직하고 편안하게 연상을 진행하며 반응했을 것으로 보인다. 따라서 D군의 로르샤흐 검사 결과는 신뢰롭고 타당하게 해석할 수 있겠다.

검사 결과 D군은 감당 가능한 수준 이상의 스트레스를 경험하고 있으며, 이로 인해 다양한 영역에서 잠재력을 충분히 발휘하기를 기대하기 어려울 수 있다(D=-1). 스트레스의 원인은 크게 두 가지로 예상된다. 울적함과 관련된 불편한 감정들을 해결하지 못하

■ 검사 반응

카드	R#	반응(response)	질문(inquiry)	기호화(scoring)
I	1	박쥐요.	생긴 게 박쥐같이 생겼어요. 날개 양쪽을 펴고 있고, 색깔이 시커먼 것이···.	Wo FMº.FC'o A P 1.0
	2	나비 같아요.	여기 날개 있고, 여기는 더듬이. 근데 날개에 구멍이 여기저기 뚫려 있네요. 찢어졌나? 여기 허연 부분이.	WSo Fo A P 3.5 MOR
II	3	이 부분은 로켓 같아요.	잘 보이지 않지만 여기 이 가운데 부분이 로켓같이 생겼어요. 위로 올라갈수록 뾰족해지고.	Ddo Fu Sc
	4	강아지 두 마리가 주둥이를 대고 있어요. 어릴 때 이런 사진을 본 것 같은데.	여기하고 여기에 강아지 한 마리씩. 서로 마주 보고 있는 것 같아요. 초등학교 때 티비 프로그램에서 본 것 같기도 하고. (주둥이를 대고?) 보통 귀여운 강아지들이 서로 장난하면서 서로 입을 핥고 그러지 않나요? 얼마 전에 유튜브에서도 봤어요.	D+ FMºo (2) A P 3.0 PER COP
III	5	아 여기에는 하트 모양이 있네요.	여기요. (하트?) 뭐 일단 이렇게 고개를 돌려서 보면 위에 동그란 봉우리 2개가 아래로 가면서 좁아지는 모양이. 색깔이 빨갛기도 하고.	Ddo FC- Id
	6	사람 2명이 마주 보고 있는 거요.	아프리카 토인 같아요. 일단 검은색이고, 머리가 빡빡이인 것 같고. 가운데 뭔가 솥 같은 것을 같이 들고 있는 것 같고. 양옆에는 화산 폭발할 때 떨어지는 불덩이 같은 것도 있네요. (불덩이?) 색이 시뻘겋잖아요.	D+ Mº.C'F.F.mª.CFo (2) H, Ay, Fi, Hh P 3.0 COP
IV	7	사람이요.	거대하네요. (사람?) 여기가 머리고 여기는 팔. 여기는 다리. (거대?) 머리는 조그맣고 다리는 엄청 크니까. 제가 드러누워서 보는 것 같아요. 제 쪽을 향해서 성큼성큼 걸어오는 듯이.	Do Mª.FDo (H) P
	8	이렇게 보면 드래곤 같아요. (V)	이렇게 뒤집어서 보면, 여기가 머리인데 이렇게 3개. 예전에 괴수들 나오던 일본 영화 같은 게 있었거든요. 고질라 나오던 것. 어릴 때 본 적 있는데, 거기에 머리가 3개인 괴수가 나와요. 나머지 부분은 몸통이고, 걔들도 이렇게 색깔이 시커멓어요. 뭐 머리가 각자 따로 놀아서 이 양쪽에 있는 머리들은 잘 통제가 안되는 것 같은 느낌도 들고. 이렇게 머리를 양쪽으로 휘저으면서 뭘 뿜으려고 하고 있잖아요.	Wo FC'.FMºo (A) 2.0 PER
V	9	박쥐요.	전체적으로요. 보통 박쥐가 이렇게 검은색에 날개 끝이 좀 뾰족하게 되어있지 않나요? 귀도 좀 뾰족하게 올라와 있는 것 같고, 배트맨 문양 같기도 해요. 아 그건 좀 둥근가? 어릴 때 배트맨 많이 봤는데 요즘은 예전만큼 영화에 안 나오는 것 같아요.	Wo FC'o A P 1.0 DR1
	10	사람 2명이 등 기대고 누워서 쉬고 있는 것	여기랑 여기요. 무슨 나무 기둥이나 그런 것을 등지고 바깥쪽을 향해서 다리 뻗고 쉬고 있어요.	DdS+ Mº- (2) H, Bt 4.0
VI	11	나뭇잎 같아요. 조금 시들어 있는?	글쎄요. 여기가 나뭇잎에 연결된 가지 부분 같고 나머지가 이파리. (시든?) 잎 색깔이 일정하지 않고 뭔가 탈색된 것처럼 얼룩덜룩해요. 잎의 가장자리가 깔끔하지 않고 너덜너덜해 보이기도 하고, 많이 닳고 헤진 것처럼. (얼룩덜룩?) 네, 이 이파리 부분이 거뭇거뭇하고 희끄무레해 보이기도 해서요. 초겨울에 도심 거리 바닥에 떨어져서 많은 사람들에게 밟히면 이렇게 될 것 같아요.	Wo YF.C'Fu Bt 2.5 MOR

	12	여기는 고양이 수염 같아요.	여기요. 이렇게 양쪽으로 나온 모습이.	Ddo Fu (2) Ad
	13	이 부분은 생선 입 부분 같아요.	여기 이 부분이요. 이렇게 이빨들 있고. 물고기가 입을 벌린 상태의 그 모습 같은데, 이빨이 꽤 날카로워 보이네요. 가끔 마트나 그런 데 가면 생선 파는 곳에 진열된 물고기들 중에 입 벌리고 있는데 그 이빨들이 보이는 경우 있잖아요. 살아있는 상태라면 좀 위협감이 들 수도 있는데 이미 죽은 거니까 뭐.	Ddo F– Ad PER MOR
VII	14	사람 2명이 그네 타고 있는 것	여기 이만큼이 사람이고, 나머지는 그네 같아요. 근데 그네 타는 것 같기도 하고 머리카락이 이렇게 위로 날리는 걸 봐서는 트램폴린 같은 거에서 같이 마주 보고 점프하는 것 같기도 하고.	W+ Mª.mªo (2) H, Sc P 2.5 COP
	15	그리고 여기는… 나폴레옹? (V)	여기 이 중간 부분이요. 나폴레옹이 썼을 것 같은 모자가 이렇게 반원형으로 씌워져 있고, 여기가 목이고 여긴 어깨… 이쯤에는 견장 같은 게 있어야 할 것 같은데.	DSo Fu Hd, Ay, Cg
	16	해부도	전체적으로 그런 것 같아요. 정확히는 모르겠지만 뼈같이 회색 부분도 있고 그 아래는 뭐 폐라든지 그 아래는 내장이라든지 그런 것 같고, 양쪽에는 빨간색이니까 그런 장기들 사이에 연결되어있는 혈관 같기도 하고.	W+ F.CF– An 4.5
VIII	17	이렇게 보면 표범이나 재규어 같은 게 숲을 걸어다니는 것 같아요. (<) 이 아래쪽으로는 물에 비치는 것 같고.	다리가 4개 있고, 주둥이가 짧고 고개를 아래로 숙이고 걷는 것 같아요. 산불이 났는지 뻘건 색들이 좀 있고, (산불?) 이렇게 붉은색 계열이잖아요. 산불이 타는 모습을 상징적으로 표현한 것 같아요. 그래서 이 동물 몸에 그 뻘건 색이 비치는 것 같아요. 본능적으로 물가로 걷는 게 생존확률이 높다고 알고 있는 건지. 여기는 바위 같은 거고, 여기는 풀 같은 게 있고. (바위?) 색깔이 좀 회색 계열이고. 색깔이 좀 초록색이니까.	W+ FMª.CF.mª.C'F.Fro A, Bt, Fi 4.5 AB
	18	여기는 얼룩말 머리 같고.	여기 보시면 얼룩말 머리 부분처럼 이렇게 줄무늬가 있어요. 이 부분은 귀 같고. 아랫부분이 주둥이.	DSo F– Ad 4.0
IX	19	모기 대가리	여기에 눈이 있고, 여기는 그… 침 부분. 전에 어디선가 봤는데 다큐멘터리 같은 데에서. 생각보다 굉장히 길더라구요.	Do Fo Ad PER
	20	해골이요.	이 부분이 해골 같아요. 여기가 이마쪽이고 여기는 콧구멍처럼 보이고. (해골?) 색깔이 좀 허옇고 그런… 여기 콧대 부분이 한가운데에 있고.	DSo FC'– An 5.0
	21	나무나 숲의 그런 식물에 불이 붙은 것 같기도 하고.	전체를 봤을 때… 여기는 색깔이 좀 진해서 연기가 뿜어져나오는 것 같고, 여기는 지푸라기 같은 데 불이 붙어서 불쏘시개 역할을 하는 시뻘건 부분이고, 여기는 그 불길이 활활 타오르고 있는.	Wv/+ CF.mª.C'Fo Fi, Bt 5.5
X	22	투구를 쓴 사람 2명이 머리를 맞대고 싸우고 있는 것 같아요.	투구가 이렇게 둥그래서 조금 은빛이 나는데 좀 단단해 보이기도 해요. (단단?) 뭔가 맨질맨질한 느낌의 금속성 표면인 것 같아요. 사람 둘이 마주 보고 있고, 이거는 이 사람들이 들고 있는 무기인데, 뭔가 좀 예술적으로 표현하기 위해서 응원도구 같은… (예술적?) 무기는 좀 위협적으로 보일 수 있으니까 이렇게 원색에 가까운 파란색으로 되어있는 총체로 대신 표현한 것 같아요. (그런 내용의 그림인 것 같다는?) 네. 화가가 그려놓은 그림.	D+ Mᴾ.FC.FTo (2) H, Cg, Id, Art 4.0 AG
	23	게가 네 마리 있고.	여기와 여기. (게?) 다리가 여러 개 있고, 등딱지도 있는 것 같고. 이 게들은 나뭇잎을 들고 있네요. 부채질하는 것처럼. (나뭇잎?) 초록색이니까요.	D+ Mª.CFo (2) A, Bt P 4.0 FABCOM1
	24	이건 예수님 얼굴 그림 같아요.	여기에 보면, 눈이 있고 여긴 수염이 있고, 이 윗부분은 가시 면류관 쓴 부분 같아요. 여기는 긴 머리카락이고. (가시 면류관?) 글쎄요 좀 거칠고 뾰족해 보여요. 그래서 이 머리카락 부분이 빨간색인 것 같아요. 피가 흘러서. (피가 흘러?) 피가 묻었으니 머리카락 색이 빨간…	DdS+ F.FC– (Hd), Id, Bl, Art 6.0 MOR

■ 구조적 요약 결과: 비율(Ratios), 백분율(Percentages), 산출한 점수(Derivations)

핵심 영역(CORE)			
R = 24	L = .41		
EB = 6:6.5	EA = 12.5	EBPer = 1.08	
eb = 8:9	es = 17	D = −1	
	Adj es = 14	Adj D = 0	
FM = 4	All C' = 7	All T = 1	
m = 4	All V = 0	All Y = 1	

정서 영역(AFFECT)	
FC : CF+C	= 3:5
Pure C	= 0
SumC' : WSumC	= 7:6.5
Afr	= .6
S	= 6
Blends : R	= 12:24
CP	= 0

대인관계 영역(INTERPERSONAL)	
COP = 3	AG = 1
GHR : PHR	= 9:5
a : p	= 0:3
Food	= 0
SumT	= 1
H+A:Hd+Ad	= 10:6
SumH	= 10
Pure H	= 4
PER	= 4
ISO Index	= .21

관념 영역 (IDEATION)			
a : p = 9:5	Sum6 = 2		
Ma : Mp = 3:3	Lv 2 = 0		
2AB+(Art+Ay) = 6	WSum6 = 7		
MOR = 4	M− = 1		
	M none = 0		

중재 영역 (MEDIATION)	
XA%	= .71
WDA%	= .83
X−%	= .29
S −	= .57
Popular	= 9
X+%	= .54
Xu%	= .17

처리 영역 (PROCESSING)	
Zf	= 17
W : D : Dd	= 9:9:6
W : M	= 9:6
Zd	= 4
PSV	= 0
DQ+	= 9
DQv	= 0

자기지각 영역 (SELF−PERCEPTION)	
3r+(2)/R	= .42
Fr+rF	= 1
SumV	= 0
FD	= 1
An+Xy	= 2
MOR	= 4
H : (H)+Hd+(Hd)	= 4:6

PTI = 0	DEPI = 3	CDI = 0	S−CON = 9	HVI = NO	OBS = NO

고 억누르는 데에서 오는 정서적 긴장감(C'=7) 그리고 자신의 의도와 상관없이 그런 감정들이 떠오름으로써 생각이나 행동의 통제력을 상실한 것으로 여기게 만드는 침습적인 생각(m=4)의 존재를 파악할 필요가 있다.

스트레스 관리와 관련하여 주목할 필요가 있는 또 다른 문제는 D군의 대처방식이다. 불편한 현실에 대해 회피하는 방식으로 대처하고(Mp=3), 감정을 조절하는 데 익숙하지 않아 작은 기분 변화에도 내적 동요가 크게 일어나기 때문에(FC:CF+C=3:5) D군에게 기분의 변화는 다루기 힘든 난제로 여겨지고 있다. 예전의 대처 경험을 학습의 근거로 떠올릴 만큼 스트레스 사건에 대한 처리 방식이 일관적이지 않으므로, 유사한 사건을 직면해서도 잘못된 대처를 반복하는 비효율적인 패턴을 보일 수 있다.

이처럼 스트레스에 대해 비일관적으로 반응하는 특성은 상당수 청소년들에게서 관찰되는 과도기적 현상이기도 하다. 그러나 D군은 청소년기 중후반을 지나고 있는 시점이므로 향후에 스트레스 자극을 처리할 때 이성적 대처에 초점을 맞추어 문제해결을 꾀할 것인지, 정서적 문제에 초점을 맞추어 감정 처리를 우선시할 것인지 성찰해볼 필요가 있다. 치료자는 자살 및 자해 등 자기파괴적 행동의 가능성에 대해 각별한 관심을 가져야 한다(S-CON=9). 특히 스트레스 관리가 익숙하지 않은 상태에서 스트레스 인내력이 상당히 저하되어 있으므로(D=-1), 이러한 문제들에 대해 D군과 보호자에게 충분히 전달하여 보호적인 환경을 제공할 필요가 있겠다.

한편 무기력해 보이고 외부 사건에 관심 없어 보이기도 하는 외양과는 달리, 투사를 유도하는 자극에 직면하여 보이는 사고의 활동성은 양적으로나 질적으로 상당히 높은 수준이었다. 정서적 각성을 자극하는 상황에서 다소 위축되는 경향은 있으나, 일상에서 마주치는 다양한 재료들에 대해 여러 각도에서 접근해보는 호기심을 보여주어(R=24, Afr=.6, L=.41), 필요에 따라 사고 활동이 원활히 이루어지고 있음을 예상할 수 있다.

사고의 영역에서 문제가 될 법한 사안이라면, 보통 사람들은 쉽게 지나쳐버릴 만한 사안들에 관심을 집중시키는 경향이 있고(Dd=6), 굳이 그 관계를 유추하지 않아도 되는 독립적인 사건들에도 관련성이나 내재된 의미에 대해 과도하게 골몰하여 필요 이상의 연결고리를 만들어내는 경향이 있다는 점이다(Zd=4.0). 요컨대 D군은 아무렇지 않게 넘겨버릴 수 있는 일들에 대해서도 특별한 의미를 찾거나, 다른 사건들과의 인과 관계를 추측하거나, 발생 가능한 후속 사건들을 예상하느라 골몰할 수 있다.

정보처리 과정에서의 이러한 특성은 상황 판단에도 영향을 주는 것으로 보인다. 누구라도 상식선에서 동의할 수 있는 명백한 사안에 대해서는 지극히 관습적인 판단을 할 뿐만 아니라 때로는 고루하게 여겨질 정도로 보수적인 태도를 취할 수 있다(P=9). 반면 다소 애매하거나 평소에 사람들 사이에서 잘 다루어지지 않는 주제에 대해서는 다른 사람들과 유사하게 지각하지 않는 경우가 잦을 수 있겠다(WDA%=.83, X-%=.29). 즉, 쉽게 넘겨버릴 만한 사안에 과도한 의미를 부여하여 상호 독립적일 수 있는 다른 사안들과의 관련성을 설정하는 과정에서 부정확한 추론 혹은 행동의 계획, 실행 등이 뒤따를 여지가 있겠다. 나름대로 깊은 생각 끝에 최선의 방법이라고 생각하여 선택한 결정이나 그에 따른 행동이 알고 보면 문제해결을 더 어렵게 만드는 경우도 있을 것이다(M-=1). 치료자는 이와 같은 D군의 정보처리 패턴과 판단 과정에 대해 함께 탐색해보고, 결정과 실행의 과정에서 검증과 타당화를 도와줄 필요가 있다.

또한 정서를 조절하는 과정에서 인지적 통제가 원활하지 않으며(FC:CF+C=3:5), 이로 인해 점화된 감정이 중화되지 않은 채로 내면에 영향을 미치고 있겠다. 감정조절에 대한 부담감은 정서적 자극을 유발하곤 하는 대인관계에 적응하는 데 영향을 미칠 수 있고, 자신의 감정을 있는 그대로 받아들이거나 그 감정에 충분히 머물러 깊이 있게 경험하는 것을 꺼리게 만들 수 있겠다(Intellectualization Index=6).

나아가 우울감의 존재에 대해 깊이 있게 탐색해야 할 것으로 보인다(C'=7). 유쾌할 수 있는 상황도 결국 부정적으로 귀결되리라고 예상하여 자신의 감정을 충분히 즐기지 못하는 성향(col-shad blends=4)이나, 다소간의 부정적 감정이 경험될 사안에 대해 한층 더 부정적 해석을 함으로써 긍정적 측면은 간과하는 성향(shad-shad blends=1)이 우울감의 근간에 존재할 수 있겠다.

스스로에게, 또 다른 사람에게 자신의 모습이 어떻게 비쳐지는지에 대한 관심이 매우 증가되어 자기 모습을 반추하는 경향이 있는데(reflection=1), 그 과정에서 발견하는 자신의 모습은 쉽게 회복되기 어려울 정도로 손상되고 상처받은 존재일 수 있겠다(MOR=4). 대인관계에 대한 관심은 적지 않은 편이나 서로의 내면을 깊이 있게 공유하면서 교류할 수 있는 대상과의 상호작용이 빈번하지는 않았을 수 있다(SumH=10, PureH=4). 이런 경험들은 현재에도 자신이 마주하는 대상의 잠재적 위협에 대해 경계하고, 온전히 소통하는 친밀한 관계를 형성하는 것을 주저하게 만드는 이유가 되기도 하겠다(H:(H)+Hd+(Hd)=4:6).

치료자는 정서 경험이나 대인관계에 대해 효능감을 가지기보다는, 조심스럽다 못해 때에 따라서는 경계하며 머뭇거리곤 하는 D군의 패턴을 이해할 수 있어야 한다. 또한 D군이 자신의 감정과 관계에서의 문제를 치료자와 함께 다룰 수 있도록 수용적인 분위기를 조성해주어야 한다. 즉, 치료자는 D군이 안심하고 자신을 드러낼 수 있는 지지적 존재로서 상호작용할 필요가 있다.

4) 예일-브라운 강박 척도

D군의 Y-BOCS 검사 결과

강박사고	강박행동	총점	심각도
16점	12점	28점	심한 정도(severe)

D군에게 예일-브라운 강박 척도(Yale-Brown Obsessive Compulsive Scale: Y-BOCS)를 실시하였다. 검사 결과, 강박사고와 강박행동에 대한 점수의 합산 점수는 28점으로, D군에게서 나타나는 강박 증상의 심각도는 '심한 정도'에 해당하였다.

5) 사례개념화

D군은 학업적으로나 직업적으로 높은 성취를 보이는 집안 환경에서 유일한 아들로 태어나 친척들과 부모로부터 그에 걸맞은 수행을 보이기를 요구받아왔다. 그러나 소심하고 내성적인 성격으로 인해 위축된 채로 초등학교 시기를 보내면서 무엇 하나 내세울 만한 장점을 보이지 못하였고, 중학교에 입학한 이후로도 또래들의 부정적 시선을 받지 않는 정도로만 적응하는 것을 목표로 생활해왔다. 그러던 차에 난생 처음 받아온 성적표를 보고 부모가 실망하고 윽박지르는 모습을 보이자 강한 위기감을 경험하게 되었다. 어린 시절부터 사회적으로 성공한 친척들이나 학업적으로 뛰어난 성취를 보였던 누나와 동생들에 비해 막연한 열등감을 경험하고 있던 터여서 학업에 대한 부담감은 갈수록 커졌다.

이러한 위기감 속에서 D군은 열심히 공부하여 좋은 성적을 얻었고, 이는 그동안 경험하지 못했던 자기가치감과 존재감을 맛보게 해주었다. 지속적으로 좋은 성적을 유지해야 한다는 결심은 시간이 가면서 점점 더 강한 압박감으로 작용하였다. 특히 친구와 장난하다가 머리를 맞은 사건에 대한 생각은 학습 능력의 감소, 성적의 곤두박질, 존재감 없고 쓸모없던 원래 모습으로의 회귀 등으로 연달아 이어지면서 강한 불안감을 만들어냈다.

하나의 실수나 의도적이지 않은 미세한 접촉도 재앙적 결말로 이어질 수 있다는 위기감 속에 D군은 실수나 접촉이 발생하지 않을 수 있는 안전한 환경에서 운신하려는 회피행동을 시작하게 되었다. 나아가 불가항력적으로 실수나 접촉이 발생하는 경우, 발생한 문제를 중화하거나 없던 상태로 되돌릴 수 있다는 마술적 사고가 작용한 강박행동을 반복함으로써 강박 증상을 유지하게 된 것으로 보인다.

 심리 진단 검사 보고서 요약

1   **진단적 인상(diagnostic impression)**
　　강박장애(Obsessive-Compulsive Disorder)
　　R/O 주요우울장애(Major Depressive Disorder)

2   **치료적 제언(recommendation)**
　　약물치료, 인지행동치료

특성과 치료

---

1) 강박장애의 진단

(1) 진단기준과 임상 양상

DSM-5 강박장애 진단기준(APA, 2013/2015)은 다음과 같다.

DSM-5 강박장애(Obsessive-Compulsive Disorder) 진단기준

A. 강박 사고나 강박 행동 혹은 둘 다 존재하며, 강박 사고는 (1)과 (2)로 정의된다.
  1. 반복적이고 지속적인 생각, 충동 또는 심상이 장애 시간의 일부에서는 침투적이고 원치 않는 방식으로 경험되며 대부분 현저한 불안이나 괴로움을 유발함
  2. 이러한 생각, 충동 및 심상을 경험하는 사람은 이를 무시하거나 억압하려고 시도하며, 또는 다른 생각이나 행동을 통해 이를 중화시키려고 노력함(즉, 강박 행동을 함으로써)
  강박 행동은 (1)과 (2)로 정의된다.
  1. 예를 들어, 손 씻기나 정리정돈하기, 확인하기와 같은 반복적 행동과 기도하기, 숫자 세기, 속으로 단어 반복하기 등과 같은 심리 내적인 행위를 개인이 경험하는 강박 사고에 대한 반응으로 수행하게 되거나 엄격한 규칙에 따라 수행함
  2. 행동이나 심리 내적인 행위들은 불안감이나 괴로움을 예방하거나 감소시키고, 또는 두려운 사건이나 상황의 발생을 방지하려는 목적으로 수행됨. 그러나 이러한 행동이나 행위들은 그 행위의 대상과 현실적인 방식으로 연결되지 않거나 명백하게 과도한 것임
  주의점: 어린 아동의 경우 이런 행동이나 심리 내적인 행위들에 대해 인식하지 못할 수도 있다.
B. 강박 사고나 강박 행동은 시간을 소모하게 만들어(예, 하루에 1시간 이상), 사회적, 직업적, 또는

다른 중요한 기능 영역에서 임상적으로 현저한 고통이나 손상을 초래한다.

C. 강박 증상은 물질(예, 남용약물, 치료약물)의 생리적 효과나 다른 의학적 상태로 인한 것이 아니다.

D. 장애가 다른 정신질환으로 더 잘 설명되지 않는다(예, 범불안장애에서의 과도한 걱정, 신체이형장애에서의 외모에 대한 집착, 수집광에서의 소지품 버리기 어려움, 발모광에서의 털뽑기, 피부뜯기장애에서의 피부뜯기, 상동증적 운동장애에서의 상동증, 섭식장애에서의 의례적인 섭식 행동, 물질관련 및 중독 장애에서의 물질이나 도박에의 집착, 질병불안장애에서의 질병에 대한 과다한 몰두, 변태성욕장애에서의 성적인 충동이나 환상, 파괴적, 충동조절 및 품행 장애에서의 충동, 주요우울장애에서의 죄책감을 되새김, 조현병 스펙트럼 및 기타 정신병적 장애에서의 사고 주입 혹은 망상적 몰입, 자폐스펙트럼장애에서의 반복적 행동 패턴).

다음의 경우 명시할 것:

좋거나 양호한 병식: 강박적 믿음이 진실이 아니라고 확신하거나 진실 여부를 확실하게 인지하지 못한다.

좋지 않은 병식: 강박적 믿음이 아마 사실일 것으로 생각한다.

병식 없음/망상적 믿음: 강박적 믿음이 사실이라고 완전하게 확신한다.

다음의 경우 명시할 것:

틱관련: 현재 또는 과거 틱장애 병력이 있다.

* Reprinted with permission from the Diagnostic and Statistical Manual of Mental Disorders, Fifth Edition, (Copyright 2013). American Psychiatric Association.

강박장애에서의 강박행동은 불안을 초래하는 반복적인 강박사고와 불안을 예방하거나 감소시키기 위한 목적으로 행해지지만, 비현실적이거나 과도한 방식으로 이루어지는 탓에 개인의 일상에 상당한 고통과 손상을 동반한다. 강박사고는 흔히 부정적 결과가 나타날 것이라는 걱정이나 공포를 야기하는 사고를 가리키는데, 강박사고를 떠올린 개인은 자신의 강박사고가 현실화되지 않도록 하기 위해 강박사고와 관련된 장소나 대상, 행동 등을 회피하는 방식으로 행동하게 된다. 그리고 이런 회피와 별개로, 부정적 결과가 방지될 것이라고 여겨지는 강박행동을 함으로써 두려움이나 공포를 중화 혹은 감소시키고자 한다. 이러한 강박행동은 상당히 의례적인(ritualistic) 특성을 보인다. 즉, 강박사고로 인한 불안을 경감시키기 위한 강박행동은 현실적이고 합리적인 근거에 따르기보다는 제사 행위에서 볼 법한 마술적인 믿음에 따라 행해지는 경우가 많으므로 강박적인 의례 행동(compulsive ritual)이라 지칭되기도 한다.

강박사고는 반복적이고도 지속적인 생각이나 믿음, 충동, 의심 혹은 특정한 주제를 가진 장면에 대한 심상이 자신의 의지와 관련 없이 침습적으로 떠오르는 것을 의미한다.

예를 들면 오염되거나 더러워질 수 있는 상황에 대한 생각이나 장면, 누군가 상해를 입거나 자신의 실수로 사고가 일어나는 상황에 대한 생각이나 장면, 자신이 특정 행동을 하게 될 것 같다는 의심과 그러한 내용에 대해 죄책감을 유발하는 생각, 폭력적인 행동을 저지를지도 모른다는 생각이나 그와 관련된 장면, 성적인 내용의 생각이나 충동, 종교적으로 불경하거나 신앙에 대한 의문을 가지게 만드는 생각이나 의심, 대칭·순서·균형 등에 특별한 가치를 부여하고 이에 집착하여 오류가 발생하면 부정적 결말이 있을 것이라는 생각 등이 강박사고의 대표적인 내용이다. 이와 같은 강박사고는 생각이나 관련된 장면에 대한 심상을 떠올리는 데 그치지 않고, 그 결과로 나타나는 부정적 결말에 대한 걱정이나 공포를 만들어낸다.

강박행동은 관찰 가능한 의례행동과 정신적인 의례행동으로 이루어진다. 씻기나 확인하기, 정리하기, 배열하기, 숫자 세기, 특정 횟수만큼 동일행동 반복하기 등은 겉에서 관찰할 수 있는 의례행동이다. 반면 특정 단어나 문구, 성구를 마음속으로 반복하기, 특정 장면이나 자신의 행동을 반복해서 떠올리며 문제가 없었음을 확인하기, 신적인 존재에게 기도하기 등은 정신적인 의례행동이다. 이 외에 다른 사람들이 알아차릴 수 없을 정도로 짧고 간략하게 나타나는 의례행동도 있는데, 오염을 퍼트리거나 그로 인해 해를 입지 않기 위해 재빨리 신체나 물건을 닦아내는 행동, 질병에 걸린 듯 보이는 사람을 스쳐 지나갈 때 전염되지 않기 위해 순간적으로 숨을 참는 행동, 자신이 통제력을 잃고 안고 있는 아기를 던져버릴지 모른다는 생각에 불안해져서 아기를 안은 팔에 강하게 힘을 줘보는 행동 등이 그 예이다. 이런 행동들이 반복되거나 지속적으로 나타나지 않더라도, 강박사고에 따른 불안을 감소시키거나 중화하려는 시도로 나타난다면 강박행동이라 할 수 있다.

이상의 강박사고와 강박행동은 누구나 가끔씩 경험하곤 하는 침투적 사고나 반복적인 행동과는 구별된다. 구체적으로는 그 증상에 소모되는 시간이 현저히 증가되어 있다든지, 증상으로 인해 일상에서 상당한 고통이나 문제를 겪고 있다는 점에서 그렇다. 예컨대 횡단보도에서 보행신호를 기다리는 동안 다가오는 차량이 갑작스럽게 달려와 나를 칠 수도 있겠다는 생각을 잠시 떠올린다거나, 외출하려고 엘리베이터를 탔다가 혹시 가스불을 켜놓은 채 집에서 나왔을지도 모른다는 생각에 다시 집으로 돌아가 가스불을 확인하는 행동은 일반인에게서도 흔히 나타날 수 있다. 그러나 이런 생각이나 행동이 일회적으로 드물게 나타나는 것이 아니라, 횡단보도 앞에 설 때마다 이와 같은 생각이 떠올라 차량이 덮치지 못하거나 덮치더라도 몸을 피할 수 있는 거리까지 물러서 있으려는 행동으로 불안을 경감시키려 한다든지, 이런 생각으로 인한 공포를 겪지 않도록 횡단보도에서 신호를 기다리다가 차량에 치인 사람 수를 알아보기 위해 오랜 시간 다양한 통계치를 찾아보는 안심구하기 행동을 한다든지, 가스불이 완전히 꺼졌다는 것을 확인하기 위해 외출할 때마다 매번 집으로 다시 돌아가 안전해졌다고 여겨지는 횟수만큼 가스밸브를 반복하여 잠그는 행동을 한다면, 이는 불안을 유발하는 강박사고에 따라 불안을 경감시키기 위해 회피행동이나 강박행동을 하는 강박 증상이라고 볼 수 있다.

외국의 사례에서 강박장애의 유병률은 인구의 0.5~3% 정도로 보고된다(Karno et al., 1988; Jenkins, 1996; Grabe et al., 2000; Bijl et al., 1998; Albina et al., 2006). 한편, 전국의 18~65세 사이의 6,275명을 대상으로 한 국내 연구에서 강박장애 유병률은 DSM-IV의 기준에 따라 평생유병률 0.8%로 나타났으며, 강박장애로 진단될 정도는 아니지만 강박사고나 강박행동을 가진 아임상형 강박장애의 유병률은 6.6%로 조사되었다. 강박장애는 남성에서 0.6%, 여성에서 1.0%, 아임상형 강박장애는 남성 6.1%, 여성 7.0%로 여성에서 약간 높은 편이었던 것으로 보고되었다(홍진표 등, 2009).

(2) 동반이환과 감별 진단

불안하게 만들거나 걱정하는 주제와 관련된 반복적 사고나 회피행동, 안심구하기 등이 범불안장애나 사회공포증에서도 나타날 수 있다. 그러나 이 두 장애에서의 반복적 생각은, 강박장애에서 보이는 비합리적이고 때로는 마술적이라고도 여겨질 수 있는 강박사고와는 차이가 있다. 또한 불안을 중화하거나 감소시키기 위한 강박행동이 동반되지 않는다는 점에서도 다른 특성을 보인다. 아울러 강박장애와 함께 진단될 수 있는 장애로는 투렛장애와 주요우울장애가 있다. 이들 장애는 중복 진단이 될 때 치료적 개입에서 특히 고려되어야 하는 대표적 정신장애이다.

① 범불안장애
범불안장애의 경우 재정, 건강, 사고 등 일상적인 일들에 대한 과도한 불안과 걱정이 주제가 된다. 예를 들어, 세계경제위기로 우리나라의 금리가 폭등해서 주택담보대출의 이자를 상환하지 못해 길거리에 나앉게 되는 상황에 대해 반복적으로 고민할 수 있다. 또는 생선회 등 익히지 않은 음식을 자주 먹는 식단이 가족들의 건강을 해칠까 걱정하여 이와 같은 식생활로 목숨을 잃은 사람들이 그리 많지 않다는 것을 확인하기 위해 하루에 몇 시간을 인터넷 검색에 매달리는 안심구하기 행동을 할 수 있다. 그리고 교통사고를 당하지 않을까 과도하게 불안해하여 가장 빠르지만 차량 통행이 많은 큰길 대신 훨씬 오래 걸리는 뒷골목으로만 출퇴근하는 회피행동을 할 수 있다. 강박장애와의 차이라면, 강박장애의 경우 자신이 떠올리고 싶지 않은 침습적 사고나 심상, 충동의 형태로 강박사고가 경험되고 이를 중화하거나 불안을 경감시키기 위해 강박행동을 한다. 이와 달리 범불안장애는 일어날 만한 문제에 대해 과도한 수준의 걱정을 주도적으로 한다.

② 사회공포증

사회공포증의 경우 주로 대인 간 상호작용을 주제로 한 반복적 사고의 내용과 안심구하기, 회피행동으로 구성된다. 예를 들어 마트에서 물건을 계산하면서 점원이 영수증이 필요한지 질문할 때, 자신이 대답하지 못해서 여러 번 질문을 듣는 상황을 연속해서 떠올리는 반복적 사고를 경험한다. 또한 학교에서의 발표를 앞두고 자신의 목소리가 염소처럼 떨려 망신을 당하게 될 것이 두려워서, 발표할 때는 누구든 목소리가 떨릴 수 있는 것 아니냐고 주변 사람들에게 반복해서 물어보고 그럴 수 있다는 답을 들으려 하는 안심구하기 행동을 할 수 있다. 그리고 잘 모르는 학생들과 의견을 교환하며 여러 차례 만나야 하는 상황이 두려워 조발표가 있는 강의는 수강신청에서 우선적으로 배제하는 회피행동이나, 상점의 직원과 대면하지 않도록 셀프 계산대가 있는 마트로만 장을 보러 다니는 회피행동을 할 수 있다. 강박장애와의 차이라면 사회공포증은 그 불안의 초점이 주로 대인관계 혹은 발표 상황 등 사회적 수행을 해야 하거나 타인으로부터 평가받아야 하는 상황으로 제한되어 있다는 점이다.

③ 투렛장애

강박장애의 투렛장애 평생 공존유병률은 23~50%이고, 틱장애 평생 공존유병률은 30%에 가깝다(노대영 등, 2010). 이처럼 투렛장애와 강박장애는 상호간에 공병률이 높은 질병이며 여러 특징들을 공유하기도 한다. 두 장애 모두 청소년기 발병과 성인기 발병이 가능하고, 만성적으로 호전과 악화를 반복하며, 가족력에 영향을 받고, 불수의적이고 침습적이며 반복된 행동 양상을 보이며, 사고나 행동에서 성적, 공격적 내용을 찾아볼 수 있고, 스트레스나 불안 수준에 따라 증상이 악화될 수 있다(Coffey et al., 1998).

강박장애에 틱 증상이 동반되는 집단(tic-related OCD)과 틱 증상이 없는 강박장애 집단(non-tic-related OCD 또는 tic-free OCD) 간의 차이에 대해서는 여러 연구가 진행된 바 있다. 두 집단은 공격성이나 주의력 등의 행동화 성향이나 발현되는 강박 증상에서 차이를 보이는 것으로 보고되기도 한다. 한편, 치료 효과에 대한 연구들은 성인이나 소아를 대상으로 하는 경우 모두 두 집단 간에 유의한 차이가 없는 것으로 보고한다(Vries et al., 2016, Conelea et al., 2014). 비교적 최근에 이루어진 문헌연구 결과에서 보고되는 바, 강박장애만 진단된 집단에 비해 강박장애와 투렛장애가 중복 진단된 집단은 더 어린 연령에 발병하고, 진단율은 남성에게서 1.6배 더 높으며, 가족력이 더 빈번한 것으로 나타났다(Kloft et al., 2018).

④ 주요우울장애

강박장애 환자에게서 우울증의 평생유병률은 62.7~78.2%에 이르며, 강박장애와 우울장애가 중복 진단되는 경우 자살시도의 위험성, 기능 저하, 강박 증상의 심각도 등이 높아지는 것으로 알려져 있다. 일반적으로 예상할 수 있듯이 강박 증상은 일상에서의 기능에 부정적 영향을 미치고 만성화되는 경향이 있으므로, 이러한 문제들이 우울감을 일으키는 것으로 보인다. 따라서 많은 연구자들은 두 질병이 중복 진단되는 경우 강박장애에 대한 개입이 선행해야 함을 지지한다(Jones et al., 2018).

그러나 한편에서는 강박장애 발병 초기의 우울 수준은 이후의 강박 증상의 심각도에 대한 유의한 예견인자인 반면, 발병 초기의 강박 증상의 심각도는 이후의 우울 수준을 예견하지 못함을 보고함으로써(Rickelt et al., 2016), 발병 초기의 우울 증상에 대한 개입이 이후 강박 증상의 호전에 유의한 영향을 줄 수 있음을 시사하였다. 강박장애 환자에 대한 행동치료 결과를 보고한 연구에서는 노출 및 반응 방지 치료를 적용했을 때 우울감이 심한 환자들에게서도 치료 효과가 있긴 했으나 치료 초기의 우울 수준이 높았던 환자들의 호전 정도는 상대적으로 부진하였음을 보여주면서, 노출 단계에서 불안유발

자극의 습관화 실패 또는 치료에 대한 낮은 동기 수준을 그 원인으로 추정하기도 하였다 (Abramowitz et al., 2000).

2) 이론적 모형

(1) 생물학적 이론

강박장애는 뇌의 구조적 · 기능적 문제와 관련이 있는 것으로 보고되어왔다. 전통적으로 강박장애는 습관행동에 관련된 뇌의 회로망의 문제로 받아들여졌고, 최근 영상의학의 발달은 이러한 견해를 입증해주고 있다. 특히 피질−선조체−시상−피질 회로의 문제가 보고되는데, 이 회로는 흥분회로와 억제회로로 이루어지고 이 두 회로의 불균형이 강박장애를 발생시키는 것으로 보고된다(부영준 등, 2015). 즉, 억제 회로의 문제가 인지적 영역에서는 침습적 사고를 반복하게 만들어 강박사고의 원인이 되고, 행동적 영역에서는 행동억제를 어렵게 만들어 강박행동의 원인이 된다는 것이다.

약물학적으로는 세로토닌과의 관련성이 가장 빈번히 보고되고 있다. 선택적 세로토닌 재흡수 억제제(selective serotonin reuptake inhibitor: SSRI)의 효과성 연구들의 누적은 이 신경전달물질을 강박장애 치료의 일차 약제로 선택되게 하는 데 기여했다. 한편 강박장애가 SSRI로 호전되지 않는 경우도 존재하고, 세로토닌 외에 도파민 또한 영향을 주는 신경전달물질임이 시사되기도 하는 등 강박장애에는 기타 신경생물학적 원인도 관련되어있을 것으로 보인다(노대영 등, 2010).

(2) 행동 이론

1950년대 초반에 학계에 보고된 동물 실험은 다음과 같은 결과를 알려주었다. 상자의 가운데를 허들로 나눈 상태에서 상자의 한쪽에만 개를 두고 빛 신호를 보여준다. 그리고 10초 후에 개가 있는 상자에 전기충격을 가하면, 그 빛 신호가 조건자극으로 작용하여 향후 전기충격 없이 빛만 보여주어도 개는 허들을 넘어 다른 쪽으로 넘어간다(조건 반응)는 것이다. 여기서 개가 허들을 뛰어넘는 행동은, 전기충격을 겪지 않게 함으로써 조건화된 공포가 감소되는 부적 보상에서 비롯된 강박적 행동으로 볼 수 있다(Abramowitz, 2006). 인간에게도 이와 같은 조건화 과정이 동일하게 적용되는데, 조건화된 공포는 회피행동과 강박행동에 의해 감소된다. 따라서 행동 이론에 근거할 때, 강박장애가 유지되는 주요한 이유는 회피행동과 강박행동의 반복 때문이라고 볼 수 있다.

강박장애에 대한 대표적인 행동치료적 기법은 노출 및 반응 방지(exposure and response prevention: ERP) 기법이다. 불안이나 공포를 경험하는 것이 주된 증상인 대부분의 정신장애에서 그렇듯이, 강박장애에 대한 ERP 기법 역시 심상적 노출(imagery exposure)과 실제적 노출(in vivo exposure)의 상황에서 불안을 덜 유발하는 자극으로부터 많이 유발하는 자극에 이르기까지 점진적 노출(graded exposure)을 시도하고, 지금까지 해당 자극에 노출되었을 때 행해왔던 강박행동을 하지 않게 하는 방식으로 진행한다. 개인은 자신이 회피행동이나 강박행동을 하지 않았음에도 예상했던 파국적 결과를 경험하지 않는다는 것을 반복적으로 경험함으로써 이전까지 놓여있던 강박장애 유지의 악순환에서 벗어날 수 있게 된다.

(3) 인지 이론

강박장애에 대한 인지 이론은 주로 강박 증상과 관련된 역기능적 사고에 주목한다. 원치 않는 내용의 생각이나 심상, 충동이 의식에 침습적으로 들어오는 것은 대부분의 사람들이 경험할 수 있는 현상이다. 그러나 이런 생각이 떠오르는 것에 대해 스스로에게 책임이 있다고 여기는 순간 강박사고로 발달할 수 있다는 것이다.

강박적 인식 워킹그룹(Obsessive Compulsive Cognitions Working Group, 1997)이 보고한 여섯 가지 주제의 역기능적 믿음이 강박장애와 관련되어 있다고 볼 수 있다. 즉, ① 자신에게 부정적 결과를 야기할 특별한 힘이 있다거나 예방해야 할 의무가 있다는 믿음(과도한 책임감), ② 특정한 생각을 떠올리는 자체만으로도 윤리적·도덕적 문제가 있다거나 그 생각을 떠올린 결과로 특정한 사건이 발생할 가능성이 높아진다는 믿음(생각에 과도한 중요성을 부여하기), ③ 자신의 생각을 통제하는 것이 반드시 필요하고 가능한 것이라는 믿음(사고 통제 욕구), ④ 부정적 사건들은 특히 일어날 가능성이 높고 특별히 끔찍하리라는 믿음(위험에 대한 과도추정), ⑤ 실수나 불완전한 것을 참을 수 없다는 믿음(완벽주의), ⑥ 부정적 결과가 일어나지 않으리라는 것을 완벽하게 확신하는 것이 반드시 필요하고 가능하다는 믿음(불확실성을 참지 못함) 등이 이에 해당한다. 강박장애와 관련되어있는 이와 같은 역기능적 사고에 대한 인지적 개입은 불안유발 자극에 대한 노출 및 반응 방지를 통한 행동적 개입과 병행하여 이루어짐으로써 치료적 효과를 높일 수 있다.

3) 강박장애의 치료

Victor Meyer(1966)가 ERP 기법으로 강박장애를 치료한 내용을 발표한 것을 시작으로, 인지행동치료는 강박장애에 가장 효과적인 개입 방법으로 보고되고 정교화되어 왔다. 다음은 강박장애를 위한 근거기반치료에 대한 설명이다.

(1) 근거기반치료

최근의 한 국내 연구(Kim and Shin, 2017)는 강박장애에 대한 근거기반치료의 종류를 개관하였으며, 가장 체계적으로 잘 검증된 심리치료로 인지행동치료를 꼽았다. 특히 가장 우선적으로 선택되어야 하는 치료기법은 ERP이며, 인지치료는 단독으로 적용하기보다 ERP와 조합된 형태로 적용할 때 도움이 된다고 언급하였다. 수용전념치료 역시 선택할 수 있는 치료적 기법으로 꼽힐 수 있으나, 인지행동치료의 효과가 없거나 노출훈련에 대한 거부감이 있는 경우 차선책으로 적용될 때 치료 효과에 도움을 줄 수 있는 것으로 보고하였다. 또한 약물치료가 병행될 때 치료 효과가 높아질 수 있으며, 아동·청소년에 대한 개입에 가족치료가 도움될 수 있음도 제시하였다.

인지행동치료에 있어서 행동치료가 1세대, 전통적 인지행동치료가 2세대 모형이라면, 기존의 인지행동치료에서 다루던 사고와 감정의 내용보다는 대인관계에 좀 더 초점을 맞춘 맥락적 개념을 다루는 움직임을 3세대 모형이라 할 수 있다. 이 모형은 마음챙김 정서, 수용, 관계, 가치, 목적, 메타인지 등의 개념을 강조했는데, 수용전념치료, 변증법적 행동치료, 마음챙김 기반 인지치료 등을 그 예로 들 수 있다(Hayes & Hofmann, 2017).

이 중에서도 수용전념치료(acceptance and commitment therapy: ACT)는 심리적 유연성을 기르는 데 그 목적이 있다. 이 이론에서는 사람이 떠올리는 인지적 사건이 실제적 경험에 따른 행동 규칙보다 우위를 점하게 됨으로써 이 생각에서 벗어나는 경험을 하지 못하게 만드는 인지-융합(cognitive fusion) 현상이 개인의 심리적 유연성을 제한한다고 본다. 심리적 유연성이란 인간이 현재 순간에 의식적으로 충분히 접촉하고, 이때의 경험이 자신의 삶의 가치와 잘 맞는다면 이를 더욱 지속하는 능력이라 할 수 있다. ACT에서는 심리적 유연성을 길러 강박장애를 치료하기 위해 수용(개인의 경험을 변화시키지 않고 받아들이기), 인지적 탈융합(강박행동을 정해진 규칙이라기보다는 일종의 경험으로 보기), 현재 순간 알아차림(비판단적으로 현재의 경험에 참여하기), 맥락으로서의 자기(스스로를 두려움 자체로 보기보다는 두려움을 겪는 사람이라고 여기기), 가치(삶의 의미를 지향하기 위한 치료적 동기 만들기), 전념행동(자신이 가치있다고 여기는 바를 향해 움직이는 것) 등을 치료적 주제로 삼으며, 이에 기반한 노출훈련을 실시한다(이상원 등, 2019).

(2) 치료적 개입 과정

치료자는 환자가 보이는 증상의 종류와 관계없이 전반적인 치료 과정을 초기, 중기, 후기로 구분할 필요가 있으며, 이는 강박장애에 대한 개입에서도 동일하다.

치료 초기는 환자와의 라포 형성을 통해 치료적 동맹을 굳건히 하는 시기이다. 치료 초기에 건강한 라포를 만들지 못하면 증상에 대한 치료적 개입에서 환자의 자발성이나 협조를 기대하기 어렵다. 또한 치료를 위한 조언이나 직면을 환자 자신에 대한 공격 혹은 도전으로 받아들임으로써 치료 순응도(adherence)가 저하되고 중도 탈락할 가능성이 높아진다. 이런 과정을 통해 중도 탈락을 거듭하는 환자의 경우, 향후 치료적 개입을 권유받을 때 이전의 경험을 떠올리며 거부하거나 부정적인 태도로 일관할 수 있으므로 치료 초기의 라포 형성은 매우 중요하다.

치료 초기에 라포 형성만큼이나 중요한 것은 환자의 자기관찰 능력의 발현이다. 즉, 치료자는 치료 초기에 환자가 자신의 모습을 제3자의 입장에서 들여다보는 객관적 자기

인식이 가능하도록 도와주어야 한다. 즉, 환자는 경험하는 자아(experiencing ego)와 관찰하는 자아(observing ego)의 구분에 익숙해짐으로써 치료 과정 중에 경험하는 감정과 생각이 무엇인지, 이런 감정과 생각이 발생하는 이유가 무엇인지에 대해 스스로 잘 관찰할 수 있도록 준비되어야 한다.

마지막으로 치료 초기를 거치며 준비되어야 할 사항은 환자가 자신의 상태에 대해 잘 표현하도록 하는 것이다. 과거의 경험이나 현재의 일상에서 겪고 있는 어려움, 갈등, 문제, 증상 등에 대해 환자가 자연스럽게 이야기하도록 격려하고 이에 대해 공감해주는 치료자의 기능은 치료의 우선순위를 결정하는 데 매우 중요하다. 치료의 우선순위는 상황에 따라 얼마든지 변화할 수 있으며, 환자가 최근에 겪은 의미 있는 경험과 관련된 증상을 개입의 대상으로 할 때 긍정적 치료 결과를 예상할 수 있다. 따라서 치료자는 환자가 일상 혹은 치료 장면에서의 감정이나 생각을 치료자에게 편안하게 이야기할 수 있도록 격려해야 한다.

이상에서와 같이 치료자-환자 간의 건강한 라포, 환자의 객관적 자기인식, 치료자에게 자신의 경험을 편안히 이야기할 수 있는 환자의 능력 등이 충분히 발달하면 치료 중기로 진행될 수 있다. 치료 중기에는 본격적으로 치료적 개입이 이루어진다. 증상의 종류에 따라 어떤 치료적 개입이 효과적일지, 치료적 적응증(indication)을 판단하고 환자와 함께 본격적인 치료 계획을 세워간다. 때로 치료를 시작하는 시점에 환자에게 치료 일정이 몇 회기 정도일 것이라고 언급하는 경우가 있다. 특히 구조화된 치료적 개입을 목표로 하는 경우, 어느 정도 결정되어있는 치료 프로토콜에 따라 그 회기의 길이를 환자에게 제시하곤 한다. 물론 프로토콜대로 치료적 개입이 완료되는 경우도 있지만, 환자가 보이는 증상이나 호전 속도에 따라 치료 기간은 얼마든지 조정될 수 있다. 무엇보다도 치료를 초기, 중기, 후기로 대략적으로 구분하여 각 국면에 따른 개입이 필요함을 인식하고 있는 치료자는, 준비되지 않은 환자에 대한 일방적인 개입의 시도와 종료가 치료 효과 유지에 도움이 되지 않음을 잘 알고 있다. 따라서 본격적인 치료적 개입을 위해 구조화된 프로토콜에 따라 계획을 세우는 치료자라면 치료를 시작하는 시점에 총 치료 기간에 대해 환자에게 안내할 때, 해당 프로토콜을 진행하는 회기 외에도 치료 초기와 후기에 필요한 회기들을 포함한 기간을 안내할 필요가 있다. 치료 중에 필요에 따라 서로 협의하여 치료 회기를 더 늘리거나 줄일 수 있다는 내용도 당연히 안내해야 한다.

치료 후기에는 치료적 개입의 과정에서 환자가 익힌 바를 자신의 일부로 체화하여 스스로 일상에 적용해보면서 행동의 변화를 확인한다. 또한 중기에서 학습한 기술이나 생각하는 방식을 치료자의 도움 없이도 활용할 수 있는지, 나아가 자신이 맞닥뜨린 증상이 스스로 대처할 수 있는 것인지 아니면 전문적인 도움을 받아야 하는 것인지 등에 대해 평가하는 연습을 한다. 치료자는 치료 후기에 종결을 준비하면서 그동안 다루어왔던 증상들이 재발할 수 있음에 대해 미리 안내하고, 이에 대해 어떻게 대처할 것인지 함께 의논한다.

(3) D군의 사례

D군의 심리평가와 심리치료를 담당했던 임상심리전문가는 D군의 강박사고와 강박행동의 완화에 ERP 기법이 도움 될 것으로 판단했다. 한편, 치료자는 환자가 보이는 증상이 타협형성의 결과(Gabbard, 2005)일 수 있다는 가정하에 D군의 강박장애 증상이 어떤 갈등을 가리고 있는지 조심스럽게 탐색해봐야 한다고 생각하였다. D군에게서 보이는 증상은 좀 더 깊은 내면에 존재하는, 받아들이거나 직면하고 싶지 않을 만큼 한층 더 고통스러운 문제를 가리고 있을 가능성이 있다고 생각한 것이다. 나아가 강박장애 증상의 기저에 존재하는 이 문제에 대처할 준비가 되어있지 않은 상태에서 강박 증상을 제거할 경우, 현재 겪고 있는 이상으로 적응의 문제를 경험할 수 있을 것에 대해 경계하였다.

D군에 대한 심도 있는 면담과 심리평가 결과에 기초한 사례개념화를 통하여 D군의 핵심 문제는 열등감 혹은 무가치감이라고 파악하였다. 치료자는 강박장애 증상에 대한 직접적인 개입을 시작하기에 앞서 치료 초기의 여러 회기 동안 D군의 과거력을 함께 짚어나갔다. 그리고 연상적 경청(associative listening)을 통해 현재 생활에서 겪고 있는 적응 문제에 대해 들으며 과거의 문제들이나 인물들과의 연관성을 살폈다.

치료 초기, 치료자는 D군의 다양한 이야기를 듣기 위해 노력하였다. 이러한 노력에는 현재의 강박 증상이 발현되기 시작했던 초등학교 4학년 이전부터 현재까지의 가족이나 또래들과의 관계, 당시에 경험했던 감정과 생각에 대한 탐색이 포함되었다. 특히 성장하면서 떠올렸던 열등감이나 무가치감이 강박 증상과 어떤 관계를 가지고 있는지에 대해 함께 탐색해나가면서 D군이 증상이 가지는 의미를 이해할 수 있도록 도왔다. 이러한 과정을 통해 D군은 치료자가 자신에 대해 이해하려고 노력하며, 치료를 위한 협력자로 신뢰할 만한 대상이라고 여기게 되었다(라포 형성). D군은 치료자가 자신의 생각과 다른 의견을 제시하는 경우에 이해받지 못한다는 생각으로 기분이 불편해질 때도 있었는데, 불편한 기분 상태를 굳이 숨기지 않고 자연스럽게 표현하는 것이 서로의 입장을 받아들이는 데 도움이 됨을 경험하였다(자기표현 증가). 성장 과정에서 경험한 일들을 이야기하다가 감정이 격앙되거나 예전처럼 불편한 감정에 압도될 때도 가끔 있었으나, 이럴 때는 감정이 북받치는 이유에 대해 스스로 탐색하여 밝혀내면서 이내 감정을 조절할 수 있었다(경험 자아와 관찰 자아의 분리). 이와 같이 D군과의 관계에서 건강한 라포가 만들어지고 D군의 자기표현 능력이 원활히 발휘되며 자신을 객관적으로 보는 시각이 발견되자 치료자는 증상에 대한 개입을 시작하기로 결정하였다.

치료 중기에 접어들어 본격적인 치료적 개입이 시작되었다. 초반에는 우울감에 대한 인지치료를 진행하였는데, 겉으로 드러나는 강박 증상은 조절하였으나 내면에 있던 우울감이 부상하여 오랜 기간 자살사고로 힘겨워했던 예전의 환자가 떠올랐기 때문이다. 따라서 우울감과 관련된 사고의 오류를 짚어가는 동시에 강박 증상을 만들어내는 역기능적 사고를 함께 다루었다. D군은 자신에게 본인의 긍정적인 측면은 과소평가하고 부정적인 측면은 과도하게 부각시키는 최소화, 최대화의 사고 오류가 있음을 인식하였고, 작은 문제도 엄청나게 안 좋은 일로 귀결될 것이라는 재앙화 사고가 지배적임을 알게 되었다. 또한 D군은 이러한 사고의 오류가 우울한 기분을 만들 뿐만 아니라 사소한 자극이나 환경에 대해 불안을 유발하는 강박사고를 만들어내는 데에도 결정적인 영향을 미친다는 것을 알게 되었다. 예를 들면 '이번에도 또 망했어' 혹은 '이러다가 성적이 곤두박질치고 말거야'라는 자동적 사고는 재앙화 사고의 결과였고, '내가 제대로 하는 게 뭐가 있겠어' 혹은 '수업 시간에 졸고나 앉아있고 난 정말 구제 불능이야'라는 자동적 사고는 각각 최소화, 최대화의 결과였다.

이어서 치료자는 강박장애 환자에게서 흔히 발견되는 믿음과 태도에 대해 D군과 함께 검토하였다. 어떤 행동에 따르는 부정적 결과의 가능성과 심각성을 과대평가한다거나(위험에 대한 과도추정), 자신이 위험을 유발하므로 타인을 그 위험으로부터 보호해야 한다는 생각에 집착하거나(과도한 책임감), 자신이 비도덕적 생각을 떠올린다는 것만으로도 자신의 인성이나 품성에 문제가 있음을 의미한다고 여기거나(생각에 과도한 중요성을 부여하기), 나쁜 행동을 떠올리는 것은 그 행동을 저지르는 것만큼이나 나쁘다고 여기거나(사고-행동 융합), 원치 않거나 불쾌한 생각은 반드시 없앨 수 있어야 한다는 압박감을 가지거나(사고 통제 욕구), 걱정하는 일이 일어나지 않을 것이라 완벽하게 확신하지 못한다면 아무 소용없다는 생각(불확실성을 참지 못함) 등에 대해 이야기를 나누었다. 그리고 D군은 이 중 어떤 믿음이나 태도를 보이는지, 그 믿음이나 태도가 얼마나 현실적이지 않은지, 나아가 이런 믿음이나 태도가 어떻게 강박 증상을 악화시키는지에 대해 함께 이야기를 나누어보았다. 그리고 강박사고와 강박행동의 실제 사례를 들어가며 이런 증상을 겪고 있는 사람이 적지 않으며, 강박행동이나 회피행동이 어떤 방식으로 강박 증상의 악순환을 지속시키는 데 기여하는지를 설명하면서 ERP 기법의 작동 원리에 대해 안내하였다.

이처럼 D군의 증상은 주로 일상생활에서 적용되는 다양한 의식행위와 강박행동들로 구성되어 있었으므로 실제 상황에서의 ERP 기법을 적용해보았다. 우선 실제 상황에서의 노출을 시도하기 전에 점진적 노출을 위한 노출 순위표를 작성하였다. D군의 기능을 가장 명확하게 제한하고 있는 문제는 접촉에 대한 불안으로 인해 제시간에 등교를 하지 못한다거나 쉬는 시간에 화장실에 가지 못하는 등의 문제였으므로, ERP 기법의 첫 번째 적용 주제는 '사람들과의 접촉'으로 정하였다. D군이 경험하는 주관적 불편감 수준(subjective units of discomfort scale: SUDS)에 따라 다음과 같이 위계를 나누었다.

위계	점수
길거리에서 아파 보이는 사람과 1미터 정도의 거리를 두고 마주 걸어 지나치기	50점
버스나 지하철에서 날라리 같은 사람의 바로 옆에 서서 한 정거장 이동하기	60점
쉬는 시간에 잠시 비워둔 내 자리에 성적이 나쁜 친구가 앉았다 일어난 후 그 자리에 앉기	70점
학교 복도에서 성적 안 좋은 친구와 마주쳐 몸 닿기	80점
자율학습 시간에 성적 안 좋은 친구의 옷이나 신체에 머리 닿기	90점
시험 전날 성적 안 좋은 친구와 팔씨름하기	100점

노출은 SUDS 50점에 해당하는 '길거리에서 아파 보이는 사람과 1미터 정도의 거리를 두고 마주 걸어 지나치기'로부터 시작하였는데, 이를 위해 일부러 근처에 있는 종합병

원 건물 앞 길거리에 가서 아파 보이는 행인과 마주 보고 걷는 연습을 하였다. D군은 일상에서 이와 같은 상황이 발생하면 '건강해 보이는' 행인을 골라 마주 보고 걷거나 아예 병원 안으로 들어가 간호사나 의사 같은 질병에 강한 인상을 가진 사람들 옆을 스치듯 지나는 등의 강박행동을 하곤 했지만, ERP 기법의 원칙에 따라 이와 같은 강박행동은 금지하였다. 훈련이 반복되면서 특정 SUDS의 행동 노출에 대한 불안 수준이 30점 정도로 감소하면, 다음으로 높은 수준의 SUDS에 해당하는 행동 노출을 시작하였다. 이와 같은 훈련을 통해 약 5주 만에 마지막 위계인 '시험 전날 성적 안 좋은 친구와 팔씨름하기'에 도전하였다. 하지만 시험 기간은 약 4주 정도 후에 예정되어있던 터라 남은 4주 동안은 이 과제에 대해 실제 상황에서의 노출이 아닌 상상 노출을 훈련하기로 하였다. D군은 접촉에 대한 불안 외에도 오염에 대한 불안도 가지고 있었는데 마침 '팔씨름하기'라는 행동은 땀에 의한 오염에 대한 불안도 포함된 행동이었으므로, 상상 노출을 진행하는 4주 동안 오염에 대한 노출훈련을 병행하였다. 마침내 모의고사가 있던 전날에는 성적이 좋지 않은 친구와 팔씨름을 하고 나서 손을 씻거나 성적이 좋은 친구와 팔씨름을 해서 나쁜 기운을 씻어내려고 하는 강박행동을 하지 않을 수 있었다.

D군이 자신의 증상에 ERP 기법을 어려움 없이 적용할 수 있게 되고, 이 과정을 통해 스스로 증상을 호전시킬 수 있다는 효능감을 경험하면서 치료자는 종결을 준비해야 하는 치료 후기에 접어들었다고 판단하였다. 치료자는 치료 중에 지속적으로 D군의 능동적 자세와 노력으로 그간의 호전이 가능했음을 짚어주며 자신감과 성취감을 고취하는 데 주력했다. 또한 회기 중간 중간에 무의식적으로 언급되곤 하는 자기비하 혹은 최소화 등의 인지적 왜곡을 놓치지 않고 생각 바꾸기의 재료로 삼았다. D군은 일련의 강박 증상들이 자신의 가치감과 존재감을 잃고 싶지 않다는 강한 바람에서 비롯되었음을 이해하였고, 자신에 대한 과도하게 높은 기준과 엄격한 자기관리를 더 이상 고집하지 않았으며, 실수나 실패에도 스스로를 위로하고 이것이 또 다른 성장의 기회였다고 가치 있게 여기는 대안적 사고를 익혀나갔다. 치료의 후반 회기에 D군은 강박 증상의 일시적 악화와 재발의 차이에 대해 배우고, 각각의 경우 어떻게 대처해야 하는지 그리고 다시 치료자의 도움이 필요할 때 어떻게 연락해야 하는지 등에 대해 안내받았고 치료는 종결되었다.

07

경계성 성격장애

Borderline Personality Disorder

임상 사례

1) 주 호소 문제와 현 병력

B씨는 불규칙적으로 유흥업에 종사하고 있는 22세의 미혼 여성이다. 가족이 보기에 B씨는 말썽꾸러기고 근심덩어리다. 어려서부터 부모의 돈을 훔쳤고, 중학생 때부터 가출을 반복했으며, 고등학교 1학년을 마치지 못하고 자퇴했다. B씨는 나이에 맞지 않게 지나치게 멋을 내며 돈을 썼고, 술집에서 우연히 만난 남자를 집에 데려와서 함께 잠을 잤다. 또한 가족이 자신을 이상하게 생각한다는 이유로 장기간 가출하기도 했다. 여러 남성 혹은 여성과 번갈아 동거하면서 윤락행위가 동반되는 유흥업에 부정기적으로 종사했다.

B씨는 남자에게 버림받으면 자살하려고 항상 수면제나 두통약을 소지했고, 동거하던 남자가 헤어지자고 요구하자 실제로 수면제를 과용하고 자살을 시도했다. 그리고 편의점이나 백화점에서 물건을 훔치다가 적발된 전력도 있다. 지불 능력을 초과하는 범위의 물건을 사고 무모하게 유흥업소 동료의 보증을 서서 상당한 빚을 졌는데, 최근에 채무관계로 고소를 당해서 집으로 돌아왔다. 이후 B씨가 유흥업소 손님과 불륜관계를 맺다가 상대방의 배우자에게 들켜서 소송까지 당했다는 사실을 알게 된 가족의 강력한 권유에 의해 마지못해 상담센터에 방문했다.

요즈음 B씨는 자주 외롭고 공허하며 몹시 예민해져서 분노와 짜증을 조절하기 힘들고, 난간에서 뛰어내리거나 자동차에 뛰어들고 싶은 자살사고가 불쑥 찾아온다고 호소했다. 1년 전에 간호조무사인 여성과 동거했는데, 그녀와 함께 주사기를 이용하여 각자의 몸에서 피를 뽑는 자해행동을 수차례 반복했다. 유흥업소에서 돌아와서 피곤할 때 다량의 피를 뽑아내면 잠시 기분이 좋아졌기 때문이다. 무례한 손님의 비위를 맞추느라 감정 소모가 심했던 날에는 인생이 허무하게 느껴져서 온몸의 피를 쏟아내고 죽어버리고 싶은 생각이 간절해진다고 한다. 한편, 자신의 몸에 부모의 더러운 피가 흐르고 있다는 사실이 지독히 싫어서 온몸의 피를 전부 빼버리고 싶은 것 같기도 하다고 언급했다. 유흥업소에서 빈혈 증상으로 쓰러져서 응급치료를 위해 가족에게 인계된 적이 있다.

B씨는 자신을 "스스로 잘할 수 있는 것이 하나도 없는 바보"라고 묘사했다. "매사에 신중하지 못하고 생각이 부족하고 단순하고 답답하기 때문"이다. 궁금한 것을 견디지 못하고 곧바로 대답을 듣지 못할 때 신경질이 나는 것을 보면 "미숙한 어린아이" 같다고 표현했다. 또한 자신에 대한 타인의 평가에 몹시 예민하고, 타인의 관심을 끌고 싶은 욕구가 커서 유흥업소 손님에게 어리광을 부린다고 했다. 자신을 "별 볼 일 없는 사람"이라고 생각하고, 타인도 자신을 그렇게 볼 것이라고 추정하며, "남자를 만나더라도 나와 비슷한 수준의 남자를 만나야 한다"고 언급했다. 자기상이 취약해서 "예쁘고 고급스럽게 치장해야 그나마 사람들이 관심을 보이"고, 대개는 자신을 '나쁜 애' 혹은 '그렇고 그런 애'로 여긴다고 했다. 가족은 자기를 '못된 애'로 여기는 것 같고, 심할 때는 '악마 같은 년'이라고 욕하면서 "나가서 죽어버려"라고 말했다고 보고했다.

B씨는 "날씨가 우중충하면 기분이 가라앉아서 말없이 유흥업소에 출근하지 않을 정도"로 감정의 변화가 극심해서 주위에서 "지랄같이 변덕스럽다"는 말을 듣는다고 했다. "무언가 갖고 싶은데 당장 사지 못하면 아무것도 할 수 없고, 직성이 풀리지 않으면 잠이 오지 않을 정도"로 좌절에 대한 감내력이 부족하고 만족을 지연하지 못하는 충동성향을 드러낸다. "어지간하면 참고 넘기지만 대놓고 욕하거나 물건을 함부로 손대거나 빌려간 것을 돌려주지 않으면 참을 수 없는 분노를 느끼고 갑자기 폭발"하곤 한다. 특히 상대방이 자신을 거절하는 것처럼 느껴지면 분노가 치밀어 올라 비난과 독설을 퍼붓고 반드시 보복하는데, 이로 인해 사람들과 자주 싸우고 유흥업소 손님도 예외가 아니라고 했다.

B씨는 "다른 사람의 비위를 잘 맞춘다. 누구에게도 맞춰줄 수 있다"는 말에서 알 수 있듯 타인의 애정을 갈구하며, "관심과 사랑을 받을 수 있다면 무슨 짓이라도 할 수 있다"면서 친구들의 요구에 절대적으로 순응한다. 친구들이 자기를 "버리고 떠날까 봐 걱정되기" 때문이다. 절친했던 언니 1명과 동생 1명이 있었지만 싸우고 헤어져서 지금은

만나지 않는다. 대부분의 여자 친구는 유흥업소에서 알게 된 사이고, 대부분의 남자 친구는 유흥업소 혹은 길에서 우연히 만나 사귀었다. 가끔은 어쩔 수 없이 혼자인 경우도 있지만, "혼자 있는 것이 지루해서 견디기가 힘들고 몹시 싫다"고 했다. 그래서 사람에게 심하게 집착하는데, "잘 생각해보면 친구에 대한 미련이 별로 없는 것 같기도 하다"면서 "누구든지 한 사람만 나를 보살펴주면 괜찮을 것 같다"라고 말했다. "여자로서 매력이 있지만, 별로 자신감은 없는 것 같다"고 스스로 평가했고, "열등감이 폭발하면 옷이나 장신구를 사서 매력적으로 보이려고 한다"고 표현했다. 고급스러운 옷을 입으면 귀부인이 된 것처럼 기분이 좋아진다고 보고했다.

2) 가족력 및 개인력

B씨의 아버지는 체신공무원으로 일하다 퇴직하여 지금은 아파트 경비원으로 일하고 있다. 초혼에서 아들을 낳고 이혼한 뒤, B씨의 어머니와 재혼하여 사실혼관계로 살고 있다. 초혼과 재혼 모두에서 바람을 피워서 폭력을 동반한 부부싸움이 잦았다. B씨 언니의 보고에 따르면 아버지는 예의와 체면을 중시하는 고집스러운 사람이며, 막내인 B씨를 각별히 예뻐했다고 한다. 그러나 B씨의 보고는 전혀 다르다. 아버지가 분노하면 자신을 귀여워하던 모습은 완전히 사라졌고 손에 잡히는 물건을 마구잡이로 던지면서 심하게 욕하고 때렸다고 한다. B씨는 아버지를 "이중인격자"라고 단정했고 "너무 무섭고 끔찍하고 짜증나는 사람"이라며 혐오했다. 하지만 아버지에 관한 B씨의 보고를 들은 언니는 이를 강하게 부인하면서 아버지의 폭력적인 행동을 B씨의 탓으로 돌렸다.

B씨의 어머니는 주부였다. 가정형편이 궁핍해서 항상 부업을 병행했고 지금은 빌딩 청소원이다. 남편이 전처와 재회해서 자신과 자녀를 팽개칠까 봐 전전긍긍했고, 바람피우는 일이 잦았던 남편을 끊임없이 감시하고 의심했다. B씨는 어머니에 대해 "목소리가 크고 쓸데없는 걱정이 많고 귀가 얇아서 남에게 휘둘린다"고 묘사했다. 어린 시절에 B씨가 도벽행동을 드러내자 매질하며 다그쳤다. B씨는 어머니와 끊임없이 충돌했는데, 청소나 숙제 같은 일상의 불성실이 발단이 되어 어머니가 잔소리할 때 갈등이 폭발했다. B씨

는 부모가 자신을 진심으로 칭찬하고 사랑해준 적이 한 번도 없었다고 단정하면서 부모의 간섭에 대해 어느 시점부터는 전혀 신경을 쓰지 않는다고 말했다.

B씨와 7살 차이가 나는 언니는 방과후 교사로 일하다가 3년 전에 결혼했다. B씨는 언니에 대해 "수다스럽고 사소한 걱정이 많은 사람이고, 자주 신경질을 내고 짜증을 부린다"고 말했다. 언니는 "너 때문에 엄마가 지금까지 쉬지도 못하고 고생한다"면서 B씨를 비난하고, B씨는 "언니가 한 번이라도 살갑게 챙겨준 적이 있느냐"면서 반격하는 패턴이다. B씨는 종종 언니의 옷과 물건을 훔쳐서 가출했고, 언니는 그때마다 울면서 B씨를 원망하고 미워했다.

B씨보다 4살 많은 오빠는 컴퓨터 관련업에 종사한다. B씨는 오빠를 아버지처럼 과묵한 완벽주의자라고 묘사했다. B씨는 어려서부터 말썽을 부리고 꾸지람을 들었지만 오빠는 혼나거나 지적당하는 일이 거의 없었다. B씨는 오빠가 부모의 사랑과 관심을 독차지했다고 생각한다. 그러나 B씨의 언니는 부모가 아들만 편애하지는 않고, 만약 B씨가 그렇게 자각하고 있다면 "그년이 거짓말을 하고 있는 것"이라며 B씨를 비난했다.

B씨는 경기도에서 1남 2녀 중 막내로 태어났다. 재혼한 부모가 둘째로 아들을 낳고 피임하는 과정에서 실수로 태어난 계획에 없던 아이였다. 임신기와 수유기의 이상 및 산모의 질병력과 음주력은 부인되었으나, 임신과 출산을 전후로 아버지가 자주 노름에 빠지고 바람을 피워서 부부관계가 좋지 않았다. 부부싸움을 하면 아버지는 외출했고 어머니는 B씨를 방치했다. 어머니가 젖을 충분히 주지 않아서 영양실조에 걸린 적이 있고, 소아과에서 발육상태가 미진하니 대학병원에 가보라는 권유를 받은 적도 있다.

어린 시절에 B씨는 밖에서 놀다가 또래에게 놀림이나 따돌림을 당해서 울고 들어오는 일이 잦았는데, 그때마다 어머니는 "왜 그까짓 일로 시끄럽게 울고불고 난리를 피우냐. 너만 없으면 집안이 조용할 텐데 시끄러워 죽겠다"며 야단쳤고, B씨가 흐느끼면 "얘는 누구를 닮았기에 울음 끝이 이렇게 길까? 도저히 이해할 수가 없네. 이제 집밖에 나가지 마!"라며 다그쳤다. 5~6세경에 B씨는 놀이터에서 혼자 놀다가 길을 잃었는데, 울고 있는 B씨를 어떤 아주머니가 데리고 가서 밥을 먹이고 몸을 씻겨서 경찰서에 인계했다. 아이를 잃어버려서 한바탕 난리가 났지만, 정작 경찰서에 찾아온 아버지는 외가 식구들과 여러 사람들 앞에서 B씨의 따귀를 때렸다. B씨는 억울했지만 변명도 못한 채 무서워서 울기만 했다. "돌이켜 생각해보니 차라리 낯선 아줌마가 부모보다 더 나은 것 같다"

고 언급했다.

　　B씨는 초등학교 시절부터 아버지의 잔돈을 훔쳐서 놀이기구를 타거나 머리핀을 샀다. 아버지는 금전적으로 인색했고 어머니는 정서적으로 무심했다. B씨의 도벽행동 때문에 야단과 꾸중이 반복됐고 심지어 하루 종일 굶기는 일도 있었지만 쉽게 고쳐지지 않았다. 돈을 훔친 것이 들켜서 혼날 것 같으면 늦게까지 집에 들어가지 않고 동네를 배회했다. 그러나 당시까지는 집 밖에서 돈이나 물건을 훔친 적은 없었다. 학교 성적은 중위권이었고 주의가 매우 산만했으며 공부에 전혀 흥미를 느끼지 못했다. B씨는 소심하고 무표정한 아이였고, 특별히 원하는 것이 없어서 항상 친구가 시키는 대로 따랐다. 가정형편이 어려운 1~2명의 친구와 어울렸고, 집에서 돈을 훔쳐서 먹을 것을 사주는 방식으로 친구의 환심을 샀다. 초등학교 5학년쯤 이웃에 살던 1년 연상의 언니와 친하게 지냈는데, 그 언니에게 처음으로 담배 피우는 것을 배웠다. 이것이 발각되어 이웃집에 끌려가서 호되게 얻어맞았고, 발가벗겨진 채 쫓겨나서 추위에 오들오들 떨었던 기억이 있다. 너무 배가 고파서 집에 들어갔는데 언니와 오빠는 통닭을 먹고 있었다. 한번은 오빠가 B씨에게 돈을 주면서 아이스크림 2개를 사오라고 시켰는데 가게에서 돌아오다가 2개를 다 먹고 빈손으로 들어와 오빠에게 두들겨 맞은 일이 있었다. 언니에 따르면, 가족은 황당하고 엉뚱하게 여겼지만 B씨는 그 행동의 의미를 전혀 모르는 듯했다고 한다.

　　중학교에 들어가자 학습에 대한 흥미가 급격히 저하됐고 성적이 최하위권으로 떨어졌다. 불량한 여학생이 B씨를 괴롭힌 사건을 계기로 등교를 거부하기 시작했다. 자주 학교와 학원 수업을 빼먹은 채 시내를 배회했고, 급기야 담배를 가르쳐준 이웃집 언니와 함께 무단으로 가출했다가 3일 만에 귀가하는 사건이 발생했다. 이때도 B씨는 부모에게 심하게 매를 맞았지만 오히려 무덤덤하게 반응했고 별로 아프거나 동요하지 않았다고 한다. 다른 생각을 하면서 고통과 아픔을 잊으려고 했을 뿐이다. 이후로 부모가 무슨 말을 해도 귀담아 듣지 않았고, 집에 있으면 답답하고 아무도 달가워하지 않는다는 이유로 가출을 반복했다. B씨에 따르면, 가출이 엄청난 일이라도 되는 것처럼 호들갑 떠는 가족이 이상했다고 한다. 가출할 때는 언니의 옷과 물건을 몰래 가지고 나갔고, 집안의 금품과 물건을 훔쳐서 나가기도 했다.

　　가출 상태에서 불량한 선배들과 어울려 다니면서 온종일 술을 마셨고, 중학교 2학년 때부터 유흥업소에서 일하면서 잠시 기숙하기도 했다. 오며가며 만난 비슷한 처지의 친구들과 몰려다니는 것이 즐거웠고, 유흥업소에서 우연히 알게 된 남자들과 혼숙하면서 난잡하고 무분별한 성관계를 가졌다. 누군가가 자기를 원한다는 것이 좋았고 자기를 사랑한다는 말이 달콤했다고 한다. B씨는 뒷감당을 생각하지 않고 일단 저지르는 극심한 충동성향을 드러냈고, 친구들과 함께 편의점이나 백화점에서 물건을 훔치다가 적발되어 경찰서에 끌려간 적도 있다. 이때도 몹시 혼이 나고 심한 매질을 당했지만 도벽행동과 충동성향은 고쳐지지 않았고 현재까지 지속되고 있다.

고등학교 1학년 때 학교를 자퇴하고 본격적으로 가출한 뒤 동거생활을 시작했다. 처음에는 3살 연상의 가출한 남학생과 동거했는데, 그의 손버릇이 좋지 않아서 자주 구타를 당했고 서로 맞바람을 피웠다. 그래서 B씨가 먼저 헤어지자고 요구했는데, 남학생이 칼을 들고 죽이겠다고 위협해서 어쩔 수 없이 동거를 지속하기도 했다. 남학생이 먼저 헤어지자고 요구하면 B씨가 욕을 하고 물건을 던지며 분노를 터뜨렸다가 이내 잘못했다고 싹싹 빌면서 "제발 나를 버리지 말라"고 애원했다. 어느 날부터 B씨는 "이렇게 사느니 차라리 죽어버리는 것이 낫겠다"고 생각했고, 여차하면 죽으려고 수면제와 두통약을 항상 소지했다. 실제로 3~4년 전에 수면제 50알 정도를 복용하고 자살을 시도했다가, 구토하면서 살려달라고 소리쳐서 옆집 사람의 도움으로 살아난 적이 있다. 이 시기에 몸에 문신을 하고 담뱃불로 지지는 등의 상처를 냈고, 다른 사람이 하는 일탈행동을 호기심 때문에 자꾸 따라했다고 한다.

가끔 돈이 떨어지거나 동거하던 남자와 싸워서 집에 들어올 때는 외모를 거의 돌보지 않은 꼬질꼬질한 모습이었고, 길어야 한 달 정도 머물다가 다시 가출하는 일이 반복되었다. 부모의 강요로 잠시 미용실에서 기술을 배우며 일한 적도 있지만, 이내 금고를 털어 도망친 다음에는 유흥업소에서만 불규칙하게 일했다. 동거 중에도 인터넷을 통해 즉흥적으로 만난 연하의 아이들과 어울려서 가출한 적이 있었다. 처음에는 노는 것이 재미있어서 집에 들어가지 않았으나 나중에는 동거남에게 얻어맞을 것이 뻔해서 귀가를 미루다가 가출 기간이 길어지곤 했다. 언니의 보고에 따르면, 술집에서 우연히 만났다는 남자를 집에 데려와서 같이 잠을 자고 성관계를 갖기도 했는데 자신의 행동이 어떤 의미를 지니는지 전혀 알지 못한 채, 이를 비난하는 가족에게 오히려 화를 냈다고 한다.

B씨는 유흥업소에서 일하면서 고급스러운 의류와 장신구를 무리하게 구입했고, 감당하지 못할 정도로 신용카드를 사용해서 엄청난 빚을 졌다. 주위 사람을 쉽게 믿어버리

고 그들의 요구를 거절하지 못해서 보증을 많이 섰고, 이로 인해 빚 독촉을 당하고 있다. 작년에 유흥업소 업주에게 차용한 선불금 7천만 원을 부모가 대신 갚았고, 올해도 1억 원이 넘는 보증으로 고소된 상태다. B씨는 인간관계를 형성하고 유지하는 것이 몹시 어렵다고 토로했다. "사람은 어차피 '도 아니면 모'인데, 특히 남자들이 그렇다"고 말했다. 수중에 돈이 없으면 친구를 사귀는 것이 불가능하고, 어느 순간에는 상대방이 아주 좋다가도 어느 순간부터 아주 나빠지는 식으로 불안정하게 변하기 때문에 자신도 "무엇이 좋은 것이고 무엇이 나쁜 것인지 분간하기 힘들다"고 표현했다.

또한 남자와의 관계에서 강렬한 배신감을 느끼고 먼저 절교를 통보했다가도 이내 허전하고 불안해서 다시 그 사람에게 매달리는 부적절한 양상을 반복하고 있다. 최근에는 유흥업소에서 만난 손님과 사랑에 빠져서 불륜관계를 맺었는데, 밀월여행에서 찍은 사진이 발각되어 상대방 배우자에게 고소를 당했다. 남자는 불륜행각이 발각되자 태도가 차갑게 변했는데, B씨는 자신을 사랑하고 돌봐주는 사람과 헤어지는 것이 두려워서 그 남자의 태도를 돌리려고 애걸하고 있다.

3) 행동 관찰

신장 163cm, 체중 48kg의 여성으로 전반적인 위생과 복장은 양호하였고 부분적으로 빨갛게 염색한 생머리를 어깨까지 늘어뜨린 상당한 미인이었다. 왼팔에 몇 군데 주사 자국이 있었고 가볍게 멍든 부위도 있었다. 때때로 말에 조리가 없어지거나 장황해지는 경향이 있었지만 전반적인 사고의 내용과 흐름은 적절했고 의사소통에 특별한 어려움은 없었다. 다만 억양과 어투가 마치 어린 아이처럼 느껴졌고 감정에 따라 음색과 어조의 변화가 현저했다. 임상 면접에 대체로 협조했지만 당황하거나 방어하려는 기색도 관찰됐고, "내가 생각하기로는 물론 병이 아니지만, 굳이 병이라고 말한다면 마음의 병일 수 있다"면서 자신의 문제에 대해 어중간한 태도를 취했다. 상담자가 질문을 던지면 "선생님은 어떻게 생각하시는데요?"라고 퉁명스럽게 되묻기도 했고, 상담자의 반응이 늦어지자 깔깔대며 장난스럽게 웃기도 했다. 임상 면접 과정에서 부모와 가족에 대한 분노감과 서운

함을 외설스러운 욕설을 사용하며 여과 없이 분출했고, 그 순간에는 목소리가 몹시 커지면서 눈빛과 태도가 돌변했다.

B씨는 "가족이 나를 포기하고 버릴까 봐 늘 불안하다. 가족이 네 멋대로 나가서 살라고 포기하면 도저히 감당할 수 없을 것 같고 죽을 것 같다. 내가 다급하게 필요할 때 아무도 도와주지 않을 것 같다"면서 거절당하는 것에 대한 두려움을 드러냈고 이내 눈시울이 붉어졌다. 어렸을 적부터 충동적으로 돈이나 물건을 훔쳤는데, "결과를 생각하지 않고 막무가내로 행동하며 심각한 사태가 벌어진 이후에야 '내가 엄청난 일을 저질렀구나'라는 생각이 든다"고 언급했다. 하지만 가출하고 동거하며 분별없이 행동한 것에 대해서 심하게 죄책감을 느끼거나 후회하지는 않는다면서, 자신이 엉망진창으로 사는 것은 모조리 가족의 탓이라고 강하게 비난했다.

또한 B씨는 "뭐든지 자신감이 없고, 화려하게 치장하고 고급스럽게 꾸미지 않으면 사람들과 손님들이 나를 인정하지 않을 것 같다"면서 "그래서 사치와 낭비가 심했어요. 나쁜 성격과 못된 습관을 버리고 싶어요. 이번에 돈과 가족의 소중함을 깨달았고, 자신을 소중히 여겨야 된다는 생각을 하게 됐어요"라고 자발적으로 표현했다. 그러나 "저도 뭐가 뭔지 잘 모르겠어요. 어차피 언젠가 죽을 몸인데 아무렇게나 살아도 되는 것 아닌가요? 인생이 모두 부질없잖아요?"라며 무상함도 토로했다. 이러한 양상을 종합할 때, B씨는 자신의 심리적인 문제와 반복적인 패턴에 대해 부분적인 그러나 불안정한 통찰을 지니고 있는 것으로 평가된다.

상담자가 주사 자국에 관심을 보이자 처음에는 소매를 내려서 감췄다가 나중에는 스스로 자해흔적을 노출했고, "이것 말고도 많아요. 남자 친구랑 새긴 문신도 있고 담뱃불로 지진 것도 있는데, 보여드릴까요?"라며 부적절하게 유혹적인 태도를 드러냈다. 또한 "선생님도 룸살롱에 가보신 적 있죠? 만약 제가 파트너라면 어떨 것 같으세요? 마음에 드세요?"라고 갑작스럽게 질문했고, 상담자가 부인하자 "거짓말쟁이! 우와, 선생님이랑 말하고 싶지 않아요. 나는 솔직하게 이야기했는데 어떻게 거짓말을 할 수가 있죠? 남자들은 모두 늑대고 속물이잖아요. 선생님도 마찬가지예요"라면서 조롱에 가까운 냉소로 노려보며 비난했다. B씨의 감정은 변덕스럽게 요동쳤고, 예측하기 힘들게 돌출적이었으며, 자신과 타인에 관한 부정적인 기억과 비관적인 생각을 혼란스럽게 쏟아냈다.

2

심리평가

1) 평가 계획

의뢰 사유와 호소 문제를 중심으로 임상 면접과 행동 관찰을 실시한 결과, B씨는 '개인이 속한 사회의 문화적 기대로부터 심하게 벗어난 내현적 경험과 외현적 행동의 패턴을 지속적으로' 드러내고 있어서 DSM-5(APA, 2013/2015)의 성격장애 진단기준에 부합하는 심리장애를 지니고 있는 것으로 판단되었다. 특히 B군 성격장애를 지니고 있을 가능성이 농후했는데, 경계성 성격장애를 1순위로 고려하되 반사회성 성격장애와 연극성 성격장애를 감별하는 심리평가가 요구되었다. 또한 주요우울장애, 충동조절장애, 물질사용장애, 탈억제사회관여장애 등의 제I축 장애를 동반하고 있을 가능성도 시사되었다.

먼저, B씨의 증상과 증후와 성향을 종합적으로 평가하기 위해 MMPI-2를 실시하였다. 여러 임상 척도의 상승 수준과 상승 패턴을 파악하여 코드타입 분석을 실시했고, 임상 척도와 재구성 임상 척도의 조합 형태를 고려하여 핵심 증상과 공통 요인을 변별하는 작업을 진행했다. 또한 임상 소척도 분석을 통해 특정한 임상 척도가 상승한 까닭을 세밀하게 감별했고, 성격병리 5요인 척도의 형태를 분석했다. B씨가 과거에 자살과 자해를 시도한 전력이 있고 지금도 자살사고를 지니고 있으므로, 자살 및 자해와 관련된 내용 척도와 결정적 문항을 분석했다.

이어서, 기질과 성격의 상호작용이 현재의 문제에 미치는 영향을 평가하기 위해 기질 및 성격 검사(TCI)를 실시하였다. Cloninger(2004)의 심리생물학적 인성모형에 따르면, 개인의 인성은 유전적 영향을 받는 기질과 환경적 영향을 받는 성격으로 구성된다. 기질은 자극에 자동적으로 반응하는 성향이고, 성격은 기질이 자동적으로 유발하는 정서와 행동을 의식적으로 조절하는 역량이다. B씨의 경우, B군 성격장애 내에서 감별 진단이 요구되었으므로 기질유형 분석을 통해 객관적인 근거를 확보했다.

B씨는 심리검사에 상당한 흥미를 보이며 협조적으로 반응했다. 그러나 검사 중에 하품을 하거나 휴대폰을 만지는 등 지루해하고 산만해지는 양상을 보였고, 가족관계나 대인관계와 관련된 문항에 응답하면서 욕설을 뱉기도 했다. B씨는 심리검사 결과를 궁금해하며 "이상하게 나올 것 같은데"라고 수차례 걱정했고, "어쩌겠어요, 팔자가 사나우면 어쩔 수 없잖아요"라고 체념조로 투덜댔다.

2) MMPI-2

타당도 척도를 통해 수검 태도를 평가한 결과, B씨는 전반적으로 성실하고 진솔하게 검사 문항에 응답한 것으로 판단되며 검사 결과를 신뢰할 수 있겠다. 임상 면접 및 행동 관찰에서 파악된 양상과 유사하게, 불성실한 수검 태도나 방어적인 축소 경향은 나타나지 않았다. 다만 비전형성(infrequency)을 측정하는 타당도 척도들의 상승 패턴을 고려할 때(F=73T, F(B)=65T), B씨는 규준 집단에 속하는 일반적인 사람들과 상당히 다른 생각과 경험을 지니고 있는 사람인 것 같다. 특히 F 척도의 유의미한 상승은 B씨가 극심한 수준의 주관적 불편감과 심리적 부적응을 겪고 있음을 시사하며, B씨의 삶이 전형적인 관습과 일상적인 규범에서 상당히 벗어나 있음을 의미한다. B씨가 부정왜곡을 시도했을 가능성은 낮아 보이고, 부정왜곡을 통해서 현실적인 이득을 추구할 필요성도 발견되지 않는다(F(P)=62T, FBS=59T).

B씨의 병리적 특성과 성격적 특성을 객관적으로 평가하기 위해서 임상 척도 및 관련 척도의 프로파일을 형태해석(configural interpretation)한 결과, 상당수 임상 척도가 전반적으로 상승했고, 특히 4번 척도(73T), 6번 척도(71T), 3번 척도(66T), 0번 척도(69T)가 유의미하게 상승했다. 9번 척도(40T)는 유의미하게 하강했다. 전통적인 방식으로 분류하

■ 타당도 척도와 임상 척도

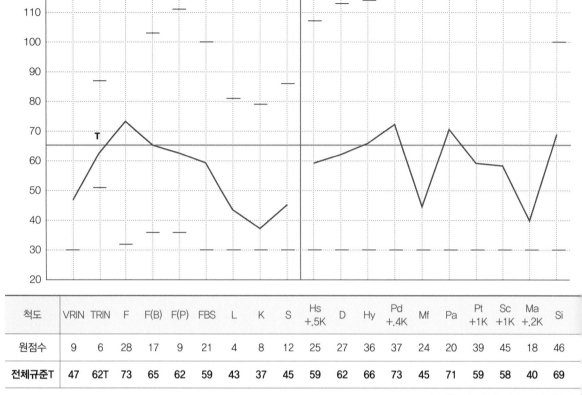

척도	VRIN	TRIN	F	F(B)	F(P)	FBS	L	K	S	Hs +.5K	D	Hy	Pd +.4K	Mf	Pa	Pt +1K	Sc +1K	Ma +.2K	Si
원점수	9	6	28	17	9	21	4	8	12	25	27	36	37	24	20	39	45	18	46
전체규준T	47	62T	73	65	62	59	43	37	45	59	62	66	73	45	71	59	58	40	69

*Mf 척도의 T점수는 성별규준에 의한 것임

■ 재구성 임상 척도와 성격병리 5요인 척도

척도	RCd	RC1	RC2	RC3	RC4	RC6	RC7	RC8	RC9		AGGR	PSYC	DISC	NEGE	INTR
원점수	19	12	12	2	9	5	13	7	5		13	8	19	23	21
전체규준T	72	55	69	34	60	57	60	57	38		69	55	73	68	60

■ 내용 척도

척도	ANX	FRS	OBS	DEP	HEA	BIZ	ANG	CYN	ASP	TPA	LSE	SOD	FAM	WRK	TRT
원점수	13	13	9	22	14	8	11	16	13	13	17	15	19	19	14
전체규준T	57	59	53	73	52	60	62	63	58	61	72	62	85	60	61

■ 보충 척도

척도	A	R	Es	Do	Re	Mt	PK	MDS	Ho	O-H	MAC-R	AAS	APS	GM	GF
원점수	28	25	24	12	14	21	19	20	32	19	30	26	26	24	35
전체규준T	66	62	38	44	38	56	55	50	66	68	71	62	66	45	62

면 4-6, 4-3, 4-6-3 코드타입에 해당하며, 0번 척도의 상승과 9번 척도의 하강을 추가로 고려할 필요가 있겠다. 그러나 대응되는 재구성 임상 척도인 RC4(60T)와 RC6(57T)은 상승하지 않았고, 오히려 RCd(72T)와 RC2(69T)가 유의미하게 상승한 점을 감안할 때 신중한 분석이 요망된다. 따라서 임상 척도와 재구성 임상 척도의 관계 및 임상 소척도의 패턴까지 종합하여 해석하는 것이 바람직하다.

Friedman 등(2015/2020)에 따르면, 4-6 코드타입을 보이는 사람은 분노감에 휩싸여서 적대적인 태도를 드러내며 타인을 신뢰하지 못하는 경향이 있다. 자신을 타인에게 거절당하고 비난당하는 존재라고 인식하며, 취약한 자존감과 기본적인 불신감에서 비롯된 만성적인 상처에 사로잡혀 골몰한다. 또한 자신을 부당하게 대접하고 함부로 취급하는 타인의 행동을 꾸준히 반추하면서 자기를 보호하고 타인에게 복수하는 방법을 강구한다. 안타깝게도, 4-6 코드타입을 보이는 사람은 타인의 사랑과 돌봄과 인정을 갈망하지만 그것을 요구하는 방식이 미성숙하고 부적절하기 때문에 결과적으로 사랑과 돌봄과 인정을 받지 못하는 악순환에 빠지기 쉽다. 이러한 악순환은 인간관계가 근본적으로 착취적이라는 B씨의 오래된 믿음과 도식을 확증하여 더욱 공고하게 만들기 때문에 치료적인 변화가 어렵다. 또한 4-6 코드타입을 보이는 사람은 다분히 논쟁적이고 방어적인데, 이로 인해 오히려 타인으로부터 분노와 거절과 결핍을 유발하는 경향이 있다. 자신의 감정과 충동을 조절하지 못하기 때문에 제멋대로의 문제행동을 반복하고, 그 결과를 감당하고 책임지지 않기 때문에 병리적인 역기능이 부채질되는 양상을 드러낸다.

4-3 코드타입을 보이는 사람은 분노감과 적대감을 충동적으로 외현화하고 행동화하는 경향이 있다. 자율성을 강조하는 4번 척도와 관계성을 중시하는 3번 척도는 개념적으로 상충하는데, 이것은 타인의 돌봄과 애정을 강하게 열망하면서도(3번 척도의 상승) 친밀감을 두려워하고 독립성을 수호하려고 애쓰는(4번 척도의 상승) 양가적인 패턴과 모순적인 양상으로 이해할 수 있겠다. 또한 자신이 상대에게 요구하는 것은 당연하게 여기면서도 상대가 자신에게 요구하는 것은 고역으로 인식하기 때문에 성숙한 이성관계와 같은 건강한 상호작용을 기대하기 어렵다. 4-3 코드타입을 보이는 사람은 피상적인 인간관계를 맺는 경향이 있고, 자신이 원하는 것을 얻어내려고 타인을 기만하거나 육체적인 매력을 이용하여 조종하기도 한다. 특히 4번 척도가 3번 척도보다 T점수 8점 이상 높은 경우, 분노감을 충동적으로 표출하여 가뜩이나 피상적인 관계마저 망가뜨리는 양상을 드러낸

다. 알코올 문제가 수반되면 더욱 공격적이고 적대적으로 폭발할 수 있다. 이러한 자기중심성과 미숙함으로 인해 결혼생활의 문제, 불안정한 대인관계, 약물남용, 성적인 방종과 무분별한 일탈을 드러내기 쉽다(Friedman et al., 2015/2020).

임상 면접과 행동 관찰을 감안할 때, B씨의 사례는 4-6 코드타입 및 4-3 코드타입 모두와 상당한 정도로 부합하며 4-6-3 코드타입으로 이해해도 무리가 없어 보인다. 다만 3번 척도의 상승 수준을 감안할 필요가 있는데, 3번 척도가 나머지 척도와 동등하게 상승한 경우는 분노감과 공격성을 적절하게 숨기겠다고 평가할 수 있지만, 3번 척도가 현저하게 낮은 경우는 과민성과 의심성을 감추기가 상당히 어렵겠다고 추측할 수 있다. 사례를 통해서 이해한 B씨는 타인에게 상처받은 감정과 버림받은 고통을 건설적인 방식으로 표현하지 못하며, 오히려 자신을 해치고 타인을 욕하는 파괴적인 방식으로 분출하는 사람이므로 3번 척도의 억제 요소(suppressor)보다 표현 요소(energizer)가 더 강하게 작용하고 있다고 해석할 수 있겠다. 이런 경우에는 흔히 이성에게 유혹적인 모습을 드러내는데, B씨의 과거력 및 현 병력에서 파악된 모습과 현재의 직업 특성뿐만 아니라 그녀가 상담실에서 상담자에게 노출한 부적절하게 유혹적인 태도가 이에 부합한다. 이성과의 관계에서 처음에는 화려하고 매력적인 사람으로 인식될 가능성이 있지만 나중에는 지나치게 관여하고 요구하는 사람으로 여겨질 개연성이 크다.

이제는 4번 척도(73T)와 6번 척도(71T)에 대응되는 재구성 임상 척도인 RC4(60T)와 RC6(57T)이 유의미하게 상승하지 않은 점에 주목하여 해석의 방향을 가다듬을 필요가 있다. 비록 B씨가 분노감과 적대감을 여과 없이 드러내며 각종 문제행동을 반복하고 있는 것은 사실이지만, 그녀의 대인관계가 착취 혹은 학대로 점철되어있는 것은 아니다. 다시 말해 B씨에게서 관찰되는 도벽행동, 가출행동, 과소비행동, 분노폭발, 공격행동, 가정불화, 무책임성, 채무불이행, 과민반응, 불륜행동, 문란한 성행동 등의 증상과 증후를 반사회성 성격장애 혹은 편집성 성격장애로 설명하기는 어렵다. 예컨대 B씨가 소송당한 까닭은 타인의 무리한 요구를 거절하지 못해서 보증을 섰기 때문이지 그녀가 스스로 적극적으로 사기 행각을 벌인 것은 아니다. 또한 B씨는 중요한 타인에게 거절당하거나 유기당할까 봐 두려워서 과민하게 반응하는 사람이지 충분한 근거 없이 타인의 불공정과 불성실을 의심하는 사람은 아니다. RC4와 RC6이 하강하고 오히려 RCd(72T)와 RC2(69T)가 상승하는 패턴이 이러한 가설을 뒷받침한다. RC4는 과거와 현재의 반사회적 혹은 비사회적 행동을 직접적으로 반영하지만, 4번 척도는 그 밖에 다양한 이유로 상승할 수 있기 때문이다. RC6과 6번 척도의 관계도 마찬가지다.

한편 RCd(의기소침)는 전반적인 불편감의 지표이고, 모든 임상 척도에 어느 정도씩 공통으로 반영되어있는 정서적 색채를 반영한다. 공통 요인에 해당하는 RCd가 상승하면 임상 척도 역시 전반적으로 상승하는 경향이 있는데, B씨의 사례가 그러하다. RCd가 상승한 사람은 낙심하고 비관하고 좌절하고 무력하고 압도되어 있으며, 과거에 실패한 것 같은 혹은 미래에 실패할 것 같은 느낌에 사로잡혀서 현재의 난관과 불행을 극복할 수 없다고 생각하고, 부드러운 바람에도 사납게 나부끼는 깃발처럼 취약하고 불안정한 자존감을 지니고 있다. RC2의 상승은 만성적으로 결핍되어있는 B씨가 호소하는 절망과 비관과 불행을 반영하며, 고립감과 외로움에 대한 민감성 및 좀처럼 흥미와 즐거움을 느끼지 못하는 지루함과 무료함을 시사한다. 또한 신체적·심리적 에너지가 소진되고 고갈되어 절망스러운 상태에서 수동적이고 회피적으로 살아가는 B씨의 모습을 투영한다. 9번 척도가 하강하고 0번 척도가 상승하는 양상도 지치고 외로운 B씨의 모습과 부합한다.

이에 더해, 임상 소척도의 패턴을 살펴보면 4번 척도가 상승한 까닭을 반사회성 성격장애로 설명하기 힘들다는 사실이 재확인된다. B씨의 프로파일에서 Pd4 소척도, Pd5 소척도, Pd1 소척도에 주목하여 4번 척도가 상승한 임상적 의미를 자세하게 탐색해보자. Nichols(2011)에 따르면, Pd4(사회적 소외, social alienation) 소척도가 높은 사람은 자신을 취약하고 외로우며 불행한 존재라고 묘사하고, 타인을 소외시키고 결핍시키며 부당하게 대접하는 존재라고 인식한다. Pd4 소척도는 아동기에 경험한 심각한 수준의 정서적 결핍 및 방치와 밀접한 관련이 있으며, 중요한 타인이 자신에게 애정, 지지, 격려, 돌봄과 같은 정서적 자양분을 제공하지 않을 것이라고 짐작하는 경향이 있다. 양육자가 아동의 욕구와 감정을 충분히 수용하고 타당화해주지 않으면, 아동은 자신이 소망하는 것이 무시되거나 무가치하게 여겨진다고 느끼면서 타인에게 결핍과 유기와 박탈을 당한다고 여기게 된다. 공교롭게도 Pd4 소척도와 Sc1 소척도의 명칭이 '사회적 소외'로 동일한데, 중복되는 문항은 3개에 불과하기 때문에 이들의 임상적 의미는 사뭇 다르다. Sc1 소척도는 타인과 애착관계를 형성하는 것을 싫어하는 무관심한 분열성향을 반영하지만, Pd4 소척도는 타인과 애착관계를 형성하고 싶으나 그렇게 하지 못하는 것을 슬퍼하고 아파하는 느낌을 측정하는 것으로 알려져 있다(Friedman et al., 2015/2020).

또한 Pd5(내적 소외, self-alienation) 소척도는 죄책감, 후회감, 무망감, 불행감, 자기 비난을 반영한다. 일반적으로 4번 척도가 높은 사람은 자신이 불행한 까닭을 외부에 귀인하여 타인과 환경을 비난하는 반면, Pd5 소척도가 높은 사람은 그것을 내부에 귀인하여 자신을 비난하는 경향이 있다. 이것은 Pd5 소척도가 4번 척도에 내재되어있는 우울감의 구성 요소라는 뜻이다. Nichols와 Greene(1995)은 Pd5 소척도가 자발적이고 능숙한 방식으로 삶을 즐기는 능력에 부정적인 영향을 미치는 죄책감을 측정한다고 분석했다. 여기에 반영된 죄책감의 수준과 강도는 과장된 죄업과 과시적 회한의 내용을 지닌 자기학대에 가깝다.

함께 상승한 Pd1(가정불화, familial discord) 소척도는 현재와 과거의 가족 갈등을 반영하며, 사랑이 없는 가정에서 탈출하고 싶어 하는 간절한 소망을 포함한다. Pd1 소척도가 높은 사람은 애정이 부족하고 스트레스를 제공하며 정서적으로 지지하지 않는 가족에 대한 거부반응을 드러낸다. 또한 가족에 대한 미움과 원망을 시사하는데, B씨의 프로파일에서 Pd1 소척도의 상승은 충분한 보살핌을 받지 못하면서 지나치게 처벌당하고 비난받았던 결과, 즉 만성적인 상처 때문으로 이해할 수 있다. 이러한 프로파일 형태분석을 종합할 때, B씨의 프로파일에서 4번 척도가 상승한 까닭을 설명할 때는 분노감과 적개심을 특징으로 하는 외현화 문제뿐만 아니라 우울감, 소외감, 불행감, 무망감, 죄책감, 허무감을 반영하는 내재화 문제까지 고려할 필요가 있다.

B씨의 주관적인 고통과 직접적인 호소가 더 선명하게 반영되는 내용 척도의 상승 패턴도 이러한 해석 방향과 부합한다. B씨의 경우 FAM(85T), DEP(73T), LSE(72T) 내용 척도가 유의미하게 상승했다. FAM(가정 문제) 내용 척도가 상승한 사람은 정서적 불안정, 통제력 상실, 성마름, 적대감, 적개심, 긴장감, 불안감, 저조감, 의존성, 양가적 대인관계를 특징적으로 드러낸다. 가족이 자신을 결핍시키고 홀대했다고 생각하고, 가족에 대한 증오심과 불안정감을 느낀다. 또한 자신에 대한 짙은 의심성향과 깊은 부정성향을 품고 있는 미성숙한 사람으로, 경계성 성격장애 및 알코올 의존에서 흔히 관찰된다. DEP(우울) 내용 척도가 상승한 사람은 일상과제가 어려울 정도의 무쾌감증과 무감동증을 경험하고, 자포자기의 심정으로 생활하며, 주관적으로 불행감과 침울함을 경험하고, 자신에 대한 불만족감이 팽배하다. B씨는 특히 DEP4(자살사고, 77T) 내용 소척도가 유의미하게 상승하여 과거에 반복된 자살시도와 자해행동이 지금도 몹시 위험한 상태임

을 유념해야 한다. 자살사고를 측정하는 결정적 문항에도 여러 차례 응답하였으므로 사례개념화 및 치료 과정에서 자살위험성을 우선적으로 다루어야 한다. LSE(낮은 자존감) 내용 척도의 상승 역시 B씨의 자기지각 및 자기보고와 일치한다. 임상 면접과 행동 관찰을 통해 확인했듯이 B씨는 자신을 유능하지 않고, 똑똑하지 않고, 대등하지 않고, 매력적이지 않고, 호감을 주지 못하고, 자신감이 부족하고, 의연하지 못하고, 여러모로 부적절한 사람이라고 생각한다. 그것이 LSE 내용 척도가 상승한 까닭으로 이해된다.

마지막으로, 성격병리 5요인 척도(PSY-5)의 상승 패턴을 통해서 감별 진단에 필요한 객관적 근거를 추가로 확보할 수 있다. DSM-5(APA, 2013/2015)의 성격장애 챕터를 개정하기 위해 제안된 대안 모형에 따르면, 다섯 가지 특질 차원(trait domains)에 해당하는 복수의 특질 요소(trait facets)의 조합으로 성격장애를 분류하고 감별한다. 대안 모형의 다섯 가지 특질 차원(적대감, 정신증, 탈억제, 부정정서, 무심함)은 성격병리 5요인 척도의 구성방식(공격성, 정신증, 통제결여, 높은 부정정서/신경증, 낮은 긍정정서/내향성)과 개념적으로 유사하다. DSM-5의 성격장애 대안 모형에서 경계성 성격장애와 반사회성 성격장애의 공통점은 '적대감' 및 '탈억제' 수준이 현저하게 높다는 것이고, 차이점은 경계성 성격장애는 '부정정서' 수준도 현저하게 높다는 것이다. B씨의 경우 공통점에 해당하는 적대감을 반영하는 AGGR(69T) 척도와 탈억제를 반영하는 DISC(73T) 척도가 상승했고, 차이점에 해당하는 부정정서를 반영하는 NEGE(68T) 척도도 유의미하게 상승했다. 따라서 B씨는 적개심, 충동성, 위험추구, 불안성향, 정서적 불안정, 분리불안으로 구성되는 새로운 경계성 성격장애 진단범주에 더 가까운 사람으로 평가된다.

Box 7.1

재구성 임상 척도의 잠정적 해석지침

재구성 임상 척도(restructured clinical scales: RC)는 MMPI-2의 고질적인 문제, 즉 임상 척도 사이의 공변량으로 인하여 다수의 임상 척도가 동시에 상승하기 때문에 각각의 임상 척도를 차별적으로 해석하기 곤란해지는 현상을 해결하기 위해 개발되었다. 임상 척도 사이의 공변량이 발생하는 원인은 문항이 중복되기 때문이고, 문항이 중복되는 까닭은 공통 요인이 존재하기 때문이다. Tellegen 등(2003)은 전반적인 부적응 혹은 주관적인 불편감을 반영하는 공통 요인인 '의기소침(demoralization)'이 모든 임상 척도를 어느 정도씩 상승시킨다고 설명했고, 임상 척도에서 공통 요인을 삭제하는 방식으로 재구성 임상 척도를 제작하여 변별 타당도를 향상했다. 전통적인 임상 척도는 많은 문항으로 핵심 증상과 공통 요인을 모두 측정하지만, 재구성 임상 척도는 적은 문항으로 핵심 증상을 측정한다.

Graham(2006/2007)이 제안한 재구성 임상 척도의 잠정적 해석지침에 따르면, 임상 척도와 RC 척도의 상승 패턴은 다음의 네 가지 경우로 조합된다. 일반적으로 가장 자주 관찰되는 조합은 (1) 혹은 (4)이다.

(1) 임상 척도와 RC 척도가 모두 상승한 경우
(2) 임상 척도가 상승했지만 RC 척도는 상승하지 않은 경우
(3) 임상 척도는 상승하지 않았지만 RC 척도가 상승한 경우
(4) 임상 척도와 RC 척도가 모두 상승하지 않은 경우

(1) 임상 척도와 RC 척도가 모두 상승한 경우는 핵심 증상과 공통 요인을 모두 설명할 수 있다. 예컨대 임상 7번 척도와 RC7이 모두 상승하면, RC7이 상승했으므로 '7번'의 핵심적 구성 개념에 해당하는 역기능적인 수준의 부정적 정서(예: 불안감, 신경질, 불행감)를 빈번하고 강렬하게 경험하고 있다고 더욱 확실하게 추론할 수 있다. 또한 임상 7번 척도가 상승했으므로 공통 요인과 관련되는 성격적 색채(예: 조직화, 인내심, 치료동기)까지 추가적으로 해석할 수 있다. B씨의 사례에서는 임상 척도와 RC 척도가 모두 상승한 조합이 관찰되지 않았다.

(2) 임상 척도가 상승했지만 RC 척도는 상승하지 않은 경우는 핵심 증상을 추론하는 것이 조심스럽다. 예컨대 임상 8번 척도만 상승하고 RC8은 상승하지 않았다면 '8번'의 핵심 증상에 해당하는 기태적 행동이나 망상적 사고를 언급하지 않는 것이 바람직하다. 이런 경우 8번 척도가 상승한 까닭은 공통 요인 때문일 수 있고, 그렇다면 전반적인 부적응을 반영하는 RCd 척도가 상승했을 가능성이 크다. B씨의 프로파일에서는 6번 척도만 상승하고 RC6은 상승하지 않았으며 RCd가 상승했다. 따라서 '6번'의 핵심 개념인 편집 증상과 피해의식을 거론하는 것은 조심스럽고, 공통 요인과 연관되는 취약한 자존감, 상처와 아픔, 거절과 비난에 대한 과민성에 주목하는 것이 바람직하다.

(3) 임상 척도는 상승하지 않았지만 RC 척도가 상승한 경우는 핵심 증상을 추론하는 것이 적절하다. 예컨대 임상 4번 척도는 상승하지 않았지만 RC4가 상승했다면, '4번'의 핵심 개념에 해당하는 반사회적 행동 혹은 비관습적 태도를 해석에 포함할 수 있다. 이 경우 RC4에서 과거와 현재의 반사회적 행동을 인정했음에도 불구하고 임상 4번 척도가 함께 상승하지 않은 까닭은 전반적으로 의기소침하지는 않기 때문일 가능성이 크다. 즉, 일탈행동을 자책하거나 후회하지는 않는 특성이 반영되었을 수 있다. 그렇다면 RCd 척도의 점수도 상승하지 않았을 것이다.

(4) 임상 척도와 RC 척도가 모두 상승하지 않은 조합은 해석하지 않는다.

재구성 임상 척도의 활용과 관련하여 Tellegen 등(2003)이 "만족스러운 연구 결과가 보고되고 임상가가 재구성 임상 척도에 충분히 익숙해지기 전까지는 임상 척도에서 도출된 가설을 명료화하는 데 초점을 맞춰서 해석하기를 권장한다"고 밝히고 있음을 참고하기 바란다.

3) TCI

TCI에 친숙하지 않은 독자를 위해 민병배 등(2021)의 매뉴얼에 소개되어있는 해석순서를 발췌하면 다음과 같다.

(1) 기질척도와 성격척도를 개별적으로 해석한다.

(2) 기질유형을 분류하고 해석한다.

(3) 기질유형과 성격척도를 연계하여 해석한다.

(4) 성격유형을 분류하고 해석한다.

기질척도와 성격척도의 측정치는 원점수, T점수, 백분위점수로 제시된다. 기질척도와 성격척도의 백분위점수가 30점 이하 혹은 70점 이상일 때 '극단적'이라고 명명하고,

'자율성+연대감' 지표의 백분위점수가 30점 미만일 때 부적응적이고 미성숙하며 성격장애 혹은 심리장애를 지니고 있을 가능성이 높다고 판정한다.

B씨의 TCI 결과지

TCI-R	척도	원점수	T점수	백분위	백분위 그래프 30　　　　　　　70		
기질	자극추구(NS)	33	70	97		NS ▬▬▬▬▬ 97	
	위험회피(HA)	28	60	81		HA ▬▬▬ 81	
	사회적 민감성(RD)	12	40	16	16 ▬ RD		
	인내력(PS)	7	32	4	4▬ PS		
성격	자율성(SD)	8	27	1	1▬ SD		
	연대감(CO)	18	34	6	6▬ CO		
	자기초월(ST)	9	30	2	2▬ ST		
	자율성+연대감	26	25	1			

　　기질척도의 분석 결과, B씨의 자극추구(97%ile) 기질과 위험회피(81%ile) 기질이 극단적으로 높았고/강했고, 사회적 민감성(16%ile) 기질과 인내력(4%ile) 기질은 극단적으로 낮았다/약했다. B씨처럼 자극추구(novelty seeking) 기질이 강한 사람은 충동적이고, 탐색적이고, 성질이 급하고, 쉽게 흥분하고, 화를 잘 내고, 씀씀이가 헤프고, 마음이 자주 변하는 사람이다. 새로운 대상을 열정적으로 탐색하여 보상을 신속하게 발견하는 장점이 있지만, 좌절되면 분노하고 의욕을 상실하며 대인관계가 불안정해지는 단점이 있다. B씨처럼 위험회피(harm avoidance) 기질이 강한 사람은 조심성이 많고, 미리 염려하고 걱정하며, 몸과 마음이 쉽게 지치고, 언어와 행동이 억제되고, 미래를 어둡게 비관하며, 두려워하고 수줍어하는 사람이다. 위험이 예상되는 상황에서 세심하게 대비하고 준비하는 장점이 있지만, 현실적인 위험이 없는 경우에도 불필요하게 걱정하는 단점이 있다. 또한 B씨와 같이 사회적 민감성(reward dependence) 기질이 약한 사람은 정서적으로 차갑고, 둔감하고, 실용적이고, 독립적이고, 거리를 유지하고, 감정에 영향을 받지 않는 사람이다. 감정적인 호소로부터 객관적인 거리를 유지하는 장점이 있지만, 자신에게 유익한 사회적인 친분을 맺기 어렵다는 단점이 있다. 사회적인 단서에 둔감하기 때문에 타인의 감정

과 견해를 제대로 이해하지 못하는 자기중심성을 드러낼 수 있다. B씨처럼 인내력(per-sistence) 기질이 약한 사람은 게으르고, 의지가 박약하고, 야망이 부족하고, 능력만큼 성취하지 못하는 실용주의자이다. 반드시 해야 하는 일만 마지못해 실행하고, 좌절과 비판과 피곤에 부딪히면 쉽게 포기하고, 성취하거나 개선하려고 노력하지 않는 경향이 있다.

이렇듯 자극추구 점수가 높고, 위험회피 점수가 높고, 사회적 민감성 점수가 낮은 B씨의 기질유형은 'H-H-L'로 분류된다. 또는 알파벳 대문자와 소문자를 사용하여 'NHr'로도 표기한다. 이것을 입체적으로 해석하기 위해 자극추구와 위험회피의 상호작용, 자극추구와 사회적 민감성의 상호작용, 그리고 위험회피와 사회적 민감성의 상호작용 양상을 차례로 살펴보자. 첫째, 새롭거나 불확실한 환경·관계·과제와 조우할 때 자극추구 기질은 잠재적 보상에 접근하도록 유도하고, 위험회피 기질은 잠재적 처벌을 회피하도록 유도한다. 접근성향과 회피성향이 충돌하면 서로 견제하는 효과가 발생한다. B씨처럼 자극추구와 위험회피가 모두 높은 사람(NH)은 보상에 접근하면서 처벌을 회피하려는 접근-회피 갈등을 빈번하게 경험한다. 자극추구를 통한 만족과 위험회피를 통한 안전을 동시에 충족시키는 것은 불가능하므로 불쾌하고, 신경증적이고, 고통스럽고, 갈등적이고, 동요되고, 우유부단한 경향이 있다. 둘째, 자극추구 기질은 미래에 보상받을 확률이 있는 새로운 관계를 시작하도록 이끌고, 사회적 민감성 기질은 과거에 보상받은 경험이 있는 익숙한 관계를 유지하도록 이끈다. B씨처럼 자극추구가 높고 사회적 민감성이 낮은 사람(Nr)은 인간관계에서 충동적으로 보상과 쾌락을 추구하지만 타인의 욕구와 감정에 둔감하기 때문에 자유주의적이고, 기회주의적이고, 비관습적이고, 피상적이고, 냉정하고, 진실하지 않은 경향이 있다. 셋째, 어떤 관계에서 보상을 경험하지 못하고 좌절하는 경우 위험회피 기질은 소거행동을 유발하고, 사회적 민감성 기질은 유지행동을 유발하는 상호작용이 작동한다. B씨처럼 위험회피가 높고 사회적 민감성이 낮은 사람(Hr)은 관계에서 보상을 경험하지 못할 때 신속하게 철수하는 경향이 있고, 관계에서 자신을 보호하고 처벌을 회피하기 위해 고립을 선택하는 경향이 있다.

결과적으로, 'H-H-L' 기질유형을 해석할 때는 다음과 같은 장점/강점과 단점/약점을 고려할 필요가 있다. 장점/강점에 주목하면, B씨는 풍부한 감수성과 순발력을 바탕으로 새로운 대상과 관계에 빠르게 몰두하는 열정적이고 자유분방한 사람이다. 상황의 변화에 수반되는 감정의 변동 폭이 크고, 다양한 감정을 강력하게 표현해서 정열적인 느낌을 준다. 대상에 대한 좋고 싫음을 분명하게 드러내며, 비록 그것이 타인의 생각과 다르더라도 크게 개의치 않는다. 즉각적으로 임기응변하는 재주가 있고, 남들이 주저하는 일까지 대담하게 실행하며, 인간관계에 탐닉하는 모습을 보인다.

하지만 단점/약점에 주목하면, B씨는 예측하기 힘들게 충동적이고, 감정조절 능력이 불안정하며, 인간관계에서 갈등과 마찰이 잦은 사람이다. 계획적인 시도와 지속적인 노력을 기울이기보다 즉흥적인 충동에 이끌려 성급하게 행동하고, 일시적인 기분과 유혹에 휘둘려 무모하게 움직인다. 강렬한 감정을 여과 없이 표현하고, 타인의 감정과 입장을 세심하게 배려하는 것이 서툴고, 인간관계가 급격하게 동요되면서 접근과 회피의 갈등을 반복한다. 특히 무시당하거나 거절당했다고 지각하면 심하게 분노하고, 혼자 있을 때는 외로움과 고립감을 경험하며, 공허함과 지루함을 견디지 못한다. 친밀한 관계를 오래 유지하는 것이 힘들고, 애정과 증오가 뒤섞인 불안정한 관계를 거듭한다.

성격척도의 분석 결과, B씨는 자율성(1%ile)과 연대감(6%ile)과 자기초월(2%ile) 성격차원의 점수가 모두 극단적으로 낮아서 미성숙하고 부적응적인 양상을 드러냈다. 이렇듯 자율성, 연대감, 자기초월 점수가 모두 낮은 B씨의 성격유형은 'L-L-L'로 분류된다. Cloninger(2004)에 따르면, 자율성과 연대감과 자기초월 성격차원이 모두 낮은 사람은 '풀이 죽은(downcast)' 혹은 '침울한(melancholic)' 사람이다. 자기중심적이고, 미성숙하고, 이기적이고, 자신감이 없고, 위축되어있고, 감정의 기복이 심하다. 인생을 힘겹고 고달픈 싸움으로 인식하고, 적대적인 사람들과 경쟁하며 끊임없이 고통받아야 한다고 생각한다. 자신에 대한 수치심과 불만감과 불행감을 자주 경험하고, 타인에 대한 분노와 증오와 미움을 표현하며, 부정적인 감정에는 쉽게 압도되지만 긍정적인 감정은 거의 경험하지 못한다. 무력감과 허무감에 자주 빠져드는 우울증에 취약한 사람이다. 삶의 목표와 방향이 분명하지 못해서 즉흥적으로 살아가며, 재미와 활기를 경험하지 못해서 소극적으로 생활한다. 정서적으로 고통스럽고 주관적으로 불편하다고 보고했으므로 우울증을 비롯한 심리장애를 지니고 있을 가능성이 시사된다.

특정한 기질차원은 특정한 성격장애 군집과 유의미한 상관이 있다. Svrakic 등(2002)에 의하면, 자극추구와 B군 성격장애는 정적 상관(r=.46), 위험회피와 C군 성격장애는 정적 상관(r=.61), 사회적 민감성과 A군 성격장애는 부적 상관(r=-.41)을 보인다. 그러나 기질유형의 극단성과 성격차원의 성숙도를 혼동해서는 안 된다. 기질유형이 동일하더라도 성격차원의 성숙도를 고려해서 상이하게 해석해야 한다. 예컨대 자극추구 기질의 높은 점수를 '탐색적'이라고 해석할지, '충동적'이라고 해석할지는 성격차원의 성숙도가 결정한다. 성격차원이 성숙한 경우는 장점/강점을 부각하여 탐색적이라고 해석하고, 미성숙한 경우는 단점/약점에 주목하여 충동적이라고 해석한다.

B씨의 경우 'H-H-L' 기질유형을 '폭발적'이라고 해석하여 장점/강점을 부각할지, '경계성' 성격장애라고 판정하여 단점/약점에 주목할지를 임상가가 판단하고 결정해야 한다. 앞서 언급했듯이 자율성과 연대감이 성격차원의 성숙도를 반영한다. 자율성과 연대감의 백분위점수가 모두 30점 미만일 때 혹은 '자율성+연대감' 지표의 백분위점수가 30점 미만일 때 부적응적이고 미성숙하며 성격장애를 지니고 있을 가능성이 높다고 판단한다. B씨는 자율성(1%ile)과 연대감(6%ile)의 백분위점수가 모두 30점 미만이다. 당연히 '자율성+연대감' 지표의 백분위점수도 1점에 불과하다. 그러므로 B씨는 성격차원이 미성숙하므로 성격장애를 지니고 있을 가능성이 높고, 기질유형이 'H-H-L'이므로 성격장애 중에서도 경계성 성격장애에 해당하는 것으로 판정된다. 감별 진단을 위해서 덧붙이면, TCI에서 반사회성 성격장애의 기질유형은 주로 'H-L-L'이고 연극성 성격장애의 기질유형은 주로 'H-L-H'이다.

Box 7.2

기질차원의 조합모형

특정한 기질유형은 특정한 성격장애에 대한 취약성을 내포한다. 다음의 정육면체에 세 가지 기질차원의 조합모형을 제시했고, 각 기질유형의 명칭을 이중으로 표기했다. 성격차원이 성숙하면 괄호 밖의 명칭을 사용하여 기질유형을 분류하고, 성격차원이 미성숙하면 괄호 안의 명칭을 사용하여 특정한 성격장애로 판정한다. 화살표의 화살촉이 있는 쪽이 점수가 높은 방향이다. 예컨대 꼭짓점①은 자극추구가 높고 위험회피가 낮고 사회적 민감성이 높은 'H-L-H' 기질유형(열정적/연극성)이다. 성격차원이 성숙하면 '열정적'인 기질유형의 소유자로 해석하고, 성격차원이 미성숙하면 '연극성' 성격장애로 판정한다. 꼭짓점②는 자극추구가 높고 위험회피가 낮고 사회적 민감성이 낮은 'H-L-L' 기질유형(모험적/반사회성)이다. 성격차원의 성숙도에 따라서 '모험적'인 사람으로 이해할 수도 있고 '반사회성' 성격장애로 판정할 수도 있다. 꼭짓점③은 'H-H-H' 기질유형 (예민한/수동공격성)이고, 꼭짓점 ④는 'H-H-L' 기질유형(폭발적/경계성)이다.

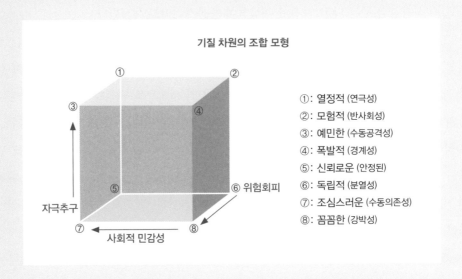

기질 차원의 조합 모형

①: 열정적 (연극성)
②: 모험적 (반사회성)
③: 예민한 (수동공격성)
④: 폭발적 (경계성)
⑤: 신뢰로운 (안정된)
⑥: 독립적 (분열성)
⑦: 조심스러운 (수동의존성)
⑧: 꼼꼼한 (강박성)

정육면체에서 가장 짧은 선분①②의 길이를 '1'이라고 가정하면, 선분①③과 선분 ③④와 선분②④의 길이도 모두 '1'이다. 이것은 이웃하는 꼭짓점은 세 가지 기질차원 중에서 두 가지 기질차원의 방향이 동일하여 상당한 유사성을 공유하고 있음을 시사 한다. 꼭짓점①과 꼭짓점②는 자극추구[H]와 위험회피[L] 기질차원의 방향이 동일하 고, 꼭짓점②와 꼭짓점④는 자극추구[H]와 사회적 민감성[L] 기질차원의 방향이 동일 하다. 각 꼭짓점을 기준으로 길이가 '1'인 선분들을 확인해보기 바란다. 모두 기질차원 의 2/3가 동일하다.

이번에는 정육면체에 가상의 선분①④를 그려보자. 선분①④는 선분①②보다 분 명히 길고, 수학적으로 '$\sqrt{2}$'의 값이다. 이것은 평면상의 대각선에 마주 보는 꼭짓점 은 세 가지 기질차원 중에서 한 가지 기질차원의 방향만 동일함을 의미한다. 꼭짓점① 과 꼭짓점④를 비교하면 자극추구[H] 점수만 높다는 공통점이 확인된다. 선분①④와 길이가 같은 선분②③, 선분⑤⑧, 선분⑥⑦, 선분③⑤ 등도 마찬가지 관계이다.

나아가 정육면체에 가상의 선분①⑧을 그려보자. 선분①⑧은 정육면체에서 가장 긴 선분이고 수학적으로 '$\sqrt{3}$'의 값이다. 이것은 입체상의 대각선에 마주 보는 꼭짓점 은 정반대의 기질유형에 해당함을 시사한다. 꼭짓점①은 'H-L-H' 기질유형이고, 꼭짓점⑧은 'L-H-L' 기질유형이어서 세 가지 기질차원이 모두 반대 방향임이 확인된다. 실제로, 꼭짓점①의 연극성 성격장애와 꼭짓점⑧의 강박성 성격장애는 상반되는 임상 양상을 나타낸다. 꼭짓점②와 꼭짓점⑦의 관계, 꼭짓점③과 꼭짓점⑥의 관계, 꼭짓점④와 꼭짓점⑤의 관계도 마찬가지다. 이들은 서로 정반대의 기질유형이다. 이처럼 정육면체에서 선분의 길이가 짧을수록 서로 유사하고 선분의 길이가 길수록 서로 구별된다는 사실을 파악하면 기질차원의 조합모형을 자유롭게 활용할 수 있다.

마지막으로 꼭짓점⑤에 주목해보자. 꼭짓점⑤는 자극추구가 낮고 위험회피가 낮고 사회적 민감성이 높은 'L-L-H' 기질유형(신뢰로운/안정된)이다. 그런데 흥미롭게도, 꼭짓점⑤에만 성격장애 명칭을 붙이지 않았다. 그 까닭은 다음과 같다. Cloninger 등(1994)에 따르면 선천적 기질은 후천적 성격의 성숙에 상당한 영향을 미친다. 성격의 성숙에 긍정적인 영향을 미치는 유리한 기질특성이 있고, 부정적인 영향을 미치는 불리한 기질특성이 있다. 자극추구가 높을수록, 위험회피가 높을수록, 사회적 민감성이 낮을수록, 그리고 인내력이 낮을수록 성격의 성숙에 부정적인 영향을 미친다. 앞서 언급한 자극추구 기질과 B군 성격장애의 정적 상관, 위험회피 기질과 C군 성격장애의 정적 상관, 사회적 민감성 기질과 A군 성격장애의 부적 상관관계를 감안하면 납득된다. 그 반대의 경우는 성격의 성숙에 긍정적인 영향을 미친다. 모든 영향은 상대적이다. 종합하면, 성격의 성숙에 가장 불리한 기질유형은 꼭짓점④의 'H-H-L'이고, 가장 유리한 기질유형은 꼭짓점⑤의 'L-L-H'이다. 그래서 꼭짓점⑤는 오히려 '신뢰로운/안정된' 기질유형으로 묘사된다. 특정한 기질유형을 분류할 때 세 가지 기질차원 중에서 몇 가지 기질차원이 상대적으로 불리한지 파악하면 섬세하게 해석할 수 있다.

4) 사례개념화

B씨에 대한 임상 면접, 행동 관찰, 심리검사 결과 및 심리도식적 관점과 생물심리사회적 관점을 통합하여 사례개념화를 실시하였다. Persons(2008/2015)는 사례개념화에 문제목록(problem list), 작동원리(mechanism), 촉발요인(precipitant), 발달기원(origin)이라는 네 가지 요소를 포함시켜야 한다고 제안하였다. 그 기준에 따라서 서술한다.

문제목록을 살펴보면, B씨는 DSM-5(APA, 2013/2015)에 제시된 경계성 성격장애의 아홉 가지 진단기준 중에서 여덟 가지를 충족한다. 이는 반복적인 자살행동과 자해행동(진단기준 5), 불안정한 정서(진단기준 6), 분노조절 곤란(진단기준 8), 자기의 손상을 초래하는 충동성(진단기준 4), 강렬하고 불안정한 대인관계(진단기준 2), 유기를 피하려는 필사적인 노력(진단기준 1), 정체감의 혼란(진단기준 3), 만성적인 공허감(진단기준 7)이다.

작동원리를 심리도식적 용어로 표현하면, B씨가 드러내는 문제목록의 이면에는 결핍(deprivation) 도식과 유기(abandonment) 도식이 작동하고 있다. B씨는 가정에서 양육과 공감과 보호의 결핍을 경험했고, 이로 인해 중요한 타인에게 정서적으로 지지받고 싶은 정상적인 소망이 적절하게 충족되지 못할 것이라고 예상한다. 또한 B씨는 중요한 타인을 불안정하고 신뢰할 수 없는 존재라고 지각하며, 중요한 타인이 자신에게 정서적인 연결, 보호, 지원 등을 꾸준하게 제공하지 않을 것이라고 생각한다. B씨는 결핍 도식과 유기 도식이 초래하는 강렬한 정서적 고통에 함몰되어 우울감, 무망감, 공허감, 외로움을 빈번하게 경험하고, 극단적인 자기혐오와 자기비난에 사로잡혀 자해행동 및 유사 자살행동을 반복한다. 이미 성인이 되었음에도 불구하고 여전히 과거의 열악하고 불행했던 경험 속에서 살아가며, 불안정한 동거생활 및 유흥업소 불륜관계에서 확인되듯이 결핍당할 가능성과 유기당할 필연성이 높은 부적절한 상대에게 미묘하게 이끌리는 역기능적 대인관계를 거듭한다. 이러한 굴복적(surrender) 대처방식으로 인해 미성숙한 말썽꾸러기라는 낙인을 자초하고, 가족을 비롯한 중요한 타인에게 다시 결핍되고 유기되는 위기 상황을 끊임없이 재현하는 심리도식의 영속화가 진행된다.

또한 B씨는 결핍과 유기가 예상되는 상황에서 맹렬하게 증폭되는 분노감, 증오감, 원망감, 혐오감을 폭발적으로 분출하며, 자신의 신체를 훼손하고 생명을 위협하고 평판을 손상하는 결과를 초래할 수 있는 충동적인 행동과 무책임한 행동을 자행하여 법적인 분쟁에도 휘말린다. B씨의 입장에서는 결핍과 유기를 피하려는 나름의 필사적인 몸부림이겠지만, 중요한 타인의 시각에서는 과도하게 요구적인 행동이고 교묘하게 조종적인 시도라고 치부된다. B씨는 취약한 아동 양식(우울감, 외로움)과 충동적인 아동 양식(분노감, 증오감)을 번갈아 드러내며, 만성적인 정서조절 실패의 결과로 처벌적인 부모 양식(자기비난, 자기혐오)이 출현하고 유사 자살행동이 발생한다. B씨의 건강한 성인 양식은 미약하고 연약하여 효율적인 문제해결이 난망한 상황이다.

촉발요인으로는 사소한 무시, 가족의 비난, 타인의 평가, 감정의 소모, 친구의 거절, 손님의 거부, 연인의 배신 등을 거론할 수 있다. 그러나 만성적인 성격장애가 그렇듯이, 사실상 B씨의 결핍 도식과 유기 도식은 일상생활 및 직업생활 전반에서 광범하게 촉발된다. 특히 B씨가 불규칙적으로 윤락행위가 동반되는 유흥업에 종사하고 있음을 감안할 때, 손님에게 선택받지 못하는 상황이 독특한 촉발요인으로 주목된다. B씨는 의복과 치장을 통해 여성적인 매력을 과시하고, 애교와 교태를 통해 손님의 비위를 맞추려고 노력한다. 그러나 손님에게 선택받지 못하면 결핍 및 유기 도식이 활성화되어 부정적인 감정과 돌발적인 행동의 조절에 실패하는 양상이 반복된다.

B씨가 드러내는 문제들의 발달적 기원은 기질적 취약성과 환경적 열악성의 상호작용으로 설명된다. B씨는 자극추구 기질(충동성향)과 위험회피 기질(불안성향)이 모두 극단적으로 강한 사람으로, 정서적인 각성을 빈번하고 강렬하며 오랫동안 경험하는 기질적 취약성을 지니고 있다. 또한 B씨는 핵심적 정서욕구(core emotional need)를 충족시켜주지 않고 자연스러운 경험을 타당화해주지 않는 몹시 열악한 환경에서 성장한 사람이다. 외도를 통해 사실혼관계를 형성한 B씨의 부모는 불화와 갈등을 반복했는데, 이 과정에서 부모는 자녀의 요구에 민감하게 반응하지 못했고 B씨의 애착욕구는 심하게 좌절되었다. B씨는 행동을 조절하고 고통을 감내하고 문제를 해결하는 기술을 가정에서 충분히 배우지 못했고, 분리와 이별을 견디도록 위로하는 내면상을 내재화하지 못했다. 그 결과 만성적인 정서조절 곤란 상태인 경계성 성격장애를 지니게 된 것으로 이해된다.

 심리 진단 검사 보고서 요약

1 **진단적 인상(diagnostic impression)**
경계성 성격장애(Borderline Personality Disorder)

2 **치료적 제언(recommendation)**
변증법적 행동치료, 심리도식치료

3

특성과 치료

1) 경계성 성격장애의 진단

경계성 성격장애의 핵심 특징은 대인관계, 자기개념, 정서조절, 충동통제의 영역에서 광범위하게 관찰되는 '안정적인 불안정성'이다(Gunderson, 1984). 초기에는 신경증과 정신증 사이의 어딘가에 해당하는 문제를 '경계성'이라고 칭했지만, Gunderson과 Singer(1975)의 조작적 정의가 경험적으로 지지되어 DSM-III부터 공식적인 진단명으로 등재되었다. DSM-5(APA, 2013/2015)의 경계성 성격장애 진단기준은 다음과 같다.

DSM-5 경계성 성격장애(Borderline Personality Disorder) 진단기준

대인관계, 자아상 및 정동의 불안정성과 현저한 충동성의 광범위한 형태로 성인기 초기에 시작되며 여러 상황에서 나타나고, 다음 중 5가지(또는 그 이상)를 충족한다.

1. 실제 혹은 상상 속에서 버림받지 않기 위해 미친 듯이 노력함(**주의점**: 5번 진단기준에 있는 자살 행동이나 자해 행동은 포함하지 않음).
2. 과대이상화와 과소평가의 극단 사이를 반복하는 것을 특징으로 하는 불안정하고 격렬한 대인관계의 양상
3. 정체성 장애: 자기 이미지 또는 자신에 대한 느낌의 현저하고 지속적인 불안정성
4. 자신을 손상할 가능성이 있는 최소한 2가지 이상의 경우에서의 충동성(예, 소비, 물질 남용, 좀도둑질, 부주의한 운전, 과식 등) (**주의점**: 5번 진단기준에 있는 자살 행동이나 자해 행동은 포함하지 않음)

5. 반복적 자살 행동, 제스처, 위협 혹은 자해 행동
6. 현저한 기분의 반응성으로 인한 정동의 불안정(예, 강렬한 삽화적 불쾌감, 과민성 또는 불안이 보통 수시간 동안 지속되며 아주 드물게 수일간 지속됨)
7. 만성적인 공허감
8. 부적절하고 심하게 화를 내거나 화를 조절하지 못함(예, 자주 울화통을 터뜨리거나 늘 화를 내거나, 자주 신체적 싸움을 함)
9. 일시적이고 스트레스와 연관된 피해적 사고 혹은 심한 해리 증상

DSM-5(APA, 2013/2015)에 따르면, 경계성 성격장애의 유병률은 높은 수준이고(중간값 1.6%, 최대값 5.9%), 정신과 외래환자에서 10%, 정신과 입원환자에서 20%까지 보고된다. 여성(75%)이 압도적으로 많다.

Gunderson과 Singer(1975)는 우울과 분노가 특징적인 강렬한 정서, 자신과 타인의 손상을 초래하는 충동성, 피상적인 수준의 사회적 적응, 일시적인 정신증적 경험, 투사 검사에서 관찰되는 이완된 사고, 극단적인 의존성과 한시적인 피상성이 교차되는 불안정한 대인관계를 드러내는 사람을 경계성 성격장애로 기술하였다. 이후에 Gunderson(1984)은 강렬하고 불안정한 대인관계, 조종적인 자살시도, 불안정한 자기개념, 부정적인 정서성, 일시적인 정신증 삽화, 현저한 충동성, 부진한 성취 수준을 경계성 성격장애의 진단준거로 제시하였다.

첫째, 타인을 폄하·조종하고 의존하며 자신을 피해자로 지각하기 때문에 강렬하고 유동적인(labile) 대인관계가 나타난다. 즉 경계성 성격장애 환자는 의미 있는 타인의 중요성과 긍정성을 폄하하고, 은밀한 수단을 동원하여 타인을 조종하고, 겉으로는 인정욕구를 부인하지만 실제로는 타인의 지시에 순종하며 의존하고, 자신이 친밀한 관계에서 피해를 입었다고 반복적으로 지각한다. 둘째, 타인이 자신을 구조하도록 유도하려고 자해행동과 자살시늉을 반복한다. 경계성 성격장애 환자가 치료기관에 방문하는 가장 빈번한 사유가 자살시도이다. 셋째, 일관적인 자기감을 형성하고 유지하기 어려워서 불안정한 자기상을 드러낸다. 타인이 존재해야만 자신의 가치를 확인할 수 있고, 타인에게 버림받는 것이 두려워서 맹렬하게 집착하는 모습은 취약한 자기상을 반영한다. 넷째, 강

렬하고 부정적인 감정 표현이 복합적으로 나타난다. 특히 분노와 냉소와 경멸을 자주 표출하고 만족감과 행복감을 거의 느끼지 못한다. 우울증과 유사하게 저조한(dysphoric) 기분 상태가 내재하지만, 경계성 성격장애는 지루함(boredom)과 공허감(emptiness)이 특징적으로 관찰된다는 점에서 감별된다. 우울한 현상보다 우울의 역동이 중요한데, 중요한 타인이 존재하는 상황에서는 우울감과 지루함과 고독감이 드러나지만 중요한 타인이 부재하는 상황에서는 분노감과 공격성으로 변질되어 과격하게 표출된다. 다섯째, 일시적으로 경미한 수준의 피해사고, 퇴행행동, 해리 증상, 비현실감, 공황발작 등을 자아이질적(ego-dystonic)으로 드러낸다. 여섯째, 간헐적으로 약물 혹은 음주에 빠져드는 충동성이 관찰된다. 주로 외롭게 버림받았다고 지각할 때 일탈행동, 폭력행동, 파괴행동 등이 나타나며, 이러한 충동성을 통해서 고통스러운 감정의 체험을 회피하려는 양상을 보인다. 마지막으로, 외견상의 재능이나 능력보다 부진하게 성취한다. 경계성 성격장애 진단의 필요조건은 아니지만 유아적(infantile) 성향 때문에 치르는 혹독한 대가로 간주할 수 있으므로, 상대적으로 기능적인 수준의 환자와 감별하는 데 유용하다.

Beck 등(2004/2007)은 경계성 성격장애의 핵심 특징을 불안정한 정서, 유동적인 대인관계, 취약한 자기개념, 심각한 충동성으로 요약했다. 첫째, 정서적으로 불안정하여 불안했다가 우울해졌다가 강렬한 분노를 표출하는 등 변화가 극심하여 종잡을 수 없다. 둘째, 대인관계를 갈망하면서도 타인에게 거절당하는 것을 몹시 두려워한다. 흔히 이성을 이상화하여 강렬한 애정을 느끼고 급속히 연인관계로 발전하지만, 상대가 자신을 버리거나 떠나가는 것이 두려워서 늘 애정 표현을 요구하고, 이러한 요구가 좌절되면 상대를 무시하고 폄하하는 변덕스러운 모습을 보인다. 셋째, 안정된 정체감을 확립하지 못했기 때문에 예측하기 힘든 다양한 돌출행동을 반복하고, 스스로 자신에 대한 혼란감을 경험한다. 혼자 있을 때는 공허감과 지루함에 빠져들고 자기패배적(self-defeating) 행동을 하기도 한다. 넷째, 이러한 자기패배적 행동을 증폭시키는 것이 심각한 충동성이다. 충동조절이 어려워서 폭음, 폭식, 폭력, 자해, 방종, 문란, 일탈 등에 몰두하곤 한다.

2) 이론적 모형

(1) 정신분석적 관점

대상관계에 주목한 Kernberg(1975)는 경계성 성격장애 환자가 분리-개별화 과정의 재접촉 시기에 고착되어 있다고 설명했다. 재접촉 시기의 유아는 양육자와 분리되는 것에 예민하게 반응하여 원초적인 불안감이 고조되는데, 경계성 성격장애 환자가 혼자 있는 시간을 견디지 못하고 타인에게 버려지는 것을 두려워하는 모습이 이와 유사하다. 이러한 불안감은 결정적인 시기에 양육자로부터 적절한 정서적 지원과 투자를 받지 못하면 고착되며, 정상적으로 발달한 유아는 양육자가 부재하더라도 안정적으로 형성된 내면상을 통해서 자신을 위로하는 것이 가능하다. 그러나 '위로하는 내면상(soothing internal image)'을 내재화하지 못한 경계성 성격장애 환자는 분리와 이별을 견뎌내지 못한다. 또한 자신과 타인의 좋은 측면과 나쁜 측면을 통합하는 데 실패해서 모순적인 측면이 분리(splitting)되어있기 때문에, 때때로 자신과 타인이 '모두 좋게만' 혹은 '모두 나쁘게만' 여겨지는 정체감의 불안정한 혼돈을 경험한다.

정신분석적 관점과 대인관계적 관점을 통합한 Benjamin(1993)은 어린 시절에 경험한 학대, 유기, 불화, 위협 등이 경계성 성격장애의 주요한 원인이라고 제안했다. 경계성 성격장애 환자는 심하게 상처받아서 고통스러울 때만 각별한 주의(special attention)와 돌봄을 받았고, 독립성과 자율성과 행복감을 얻으려고 시도할 때는 공격과 비난을 당했던 사람이다. 이러한 병리적인 가족역동은 환자의 자기비하와 자기혐오를 조장하고, 환자는 자기파괴와 자해행동을 통해 가족의 선택적 주의와 돌봄을 강요하여, 가족구조의 역설적인 회복을 추구한다. 그 결과 경계성 성격장애 환자는 분노를 이용해서 가족관계를 통제하려고 노력하는 모습과 그것이 실패했을 때 자해를 이용해서 가족관계를 회복하려고 시도하는 모습을 번갈아 드러낸다.

(2) 애착이론적 관점

애착은 유아가 안전감과 예측성을 획득할 수 있도록 적절한 환경을 제공하는 양육자에게 신뢰를 형성하는 과정이다. 좋은 양육자는 유아의 감정에 민감하게 반응하여 최적의 자극을 제공함으로써 정서조절을 돕는 안전기지로 기능한다. 그러나 양육자의 반응성(maternal responsiveness)이 불안정한 경우, 유아는 적응적으로 자신의 정서적 각성 상태를 조절할 수 없게 되고 결과적으로 경계성 성격장애와 같은 '만성적 정서조절 곤란(chronic emotion dysregulation)'을 겪게 된다(Bradley, 2000). 양육자가 유아의 긍정적인 감정과 부정적인 감정에 모두 반응하면 안정애착이 형성되지만, 양육자가 유아의 부정적인 감정에는 반응하지 않으면 회피애착이 형성되고, 양육자가 유아의 부정적인 감정에만 반응하면 저항애착이 형성된다. 이 과정에서 유아는 특정한 감정이 양육자에게 더 잘 수용된다는 사실을 학습하는데, 그것이 일종의 패턴으로 굳어진다. 또한 자신의 감정을 신뢰하고 조절하지 못하기 때문에 극단적인 감정을 경험하고 표현하는 빈도가 증가하며 소용돌이치는 각성 상태를 안정시키지 못한다. 이러한 유아기의 애착실패는 장기적으로 재앙적인 결과를 초래한다(Marra, 2005/2006).

애착이론의 관점에서 경계성 성격장애에 접근하면 "애착의 양상이 불안정함에도 불구하고 중요한 타인과 병리적인 관계를 지속하는 까닭은 무엇인가?"라는 질문이 제기된다. 유아는 위협에 직면하면 정서적으로 각성되어 애착 대상의 위로를 갈구한다. 공교롭게도 애착 대상이 바로 위협의 근원인 경우에는 악순환이 형성된다. 애착 대상에게 위협을 받아서 고통을 경험하고, 위로를 갈구하면서 애착 대상에게 접근하고, 다시 애착 대상에게 위협을 받아서 고통을 경험하고, 다시 위로를 갈구하면서 애착 대상에게 접근하는 순환고리가 조성된다.

Marra(2005/2006)에 따르면, 애착 외상(attachment trauma)은 심리적 경험뿐만 아니라 생리적 경험까지 실질적이고 광범위하게 망가뜨린다. 외상경험에 장기간 노출되면 뇌의 화학작용이 변화되어 외상경험이 제거된 이후에도 여전히 외상경험이 지속되고 있다는 잘못된 신경신호를 생성하고 전달한다. 그 결과 정서적 민감성이 극도로 고양되고 정서적 조절 능력이 심하게 결핍되는 병리적 상태가 출현한다. Fonagy 등(1991)은 애착 외상에 노출된 유아는 애착 대상에게 자신의 고통스러운 감정을 분출하여 일종의 정서적 진공 상태를 경험한다고 설명했다. 그것의 이득은 고통의 일시적인 감소이고, 대가는 만성적인 공허감과 지루함이다.

(3) 심리도식적 관점

심리도식치료를 제안한 Young 등(2003/2005)은 만성적인 대인관계 문제를 드러내는 성격장애의 기저에는 초기 부적응 도식(early maladaptive schema)이 존재하며 그것은 영원히 사라지지 않는다고 설명했다. 환자의 입장에서 심리도식은 편안하고 익숙하며 당연하게 여겨지는 우선적인 진실이다. 심리도식은 환자의 인지, 정서, 행동, 관계 전반에 막강한 영향을 미치고, 아동기의 해로웠던 상황들을 재현(enactment)하도록 유도한다. 예컨대 과거에 유기당한 사람은 지금도 자신을 내팽개치는 무책임한 상대에게 묘하게 이끌리고, 과거에 결핍당한 사람은 지금도 자신을 결핍시키는 냉담한 상대에게 묘하게 매혹된다. 이것을 '심리도식 궁합(schema chemistry)'이라고 부른다. 모든 사람이 각자의 심리도식을 지니고 있지만 성격장애 환자의 심리도식은 훨씬 부적응적이고 역기능적이다. 심리도식이 강력할수록 더 빈번하게 촉발되고, 더 강력하게 활성화되고, 더 오랫동안 지속되며, 그로 인해 발생하는 문제가 더 심각하다.

　Young 등(2003/2005)에 따르면, 생애초기에 핵심적 정서욕구가 충족되지 못하면 부적응적인 심리도식이 형성된다. 핵심적 정서욕구는 애착욕구, 자율욕구, 표현욕구, 유희욕구, 통제욕구의 다섯 가지로 가정된다. 예컨대 타인과 안정적인 관계를 형성하고 싶은 애착욕구가 심하게 좌절되면 '단절 및 거절'의 범주에 포함되는 불신/학대, 유기/불안정, 정서적 결핍, 결함/수치심, 사회적 고립/소외 도식이 형성될 수 있다. 그러나 특정한 심리도식과 특정한 성격장애가 대응되는 것은 아니다(Arntz & van Genderen, 2011). 예컨대, 유기/불안정 도식이 항상 경계성 성격장애를 초래하는 것은 아니고, 모든 경계성 성격장애 환자가 유기/불안 도식을 보유하는 것도 아니다. 비록 심리도식이 동일하더라도 그것을 다루는 대처방식이 상이하면 전혀 다른 양상이 출현하기 때문이다. 환자는 심리도식에 굴복하거나 회피하거나 과잉보상하며, 이로 인해 심리도식이 영속화된다.

　또한 Young 등(2003/2005)은 경계성 성격장애를 이해하기 위해서 양식(mode) 개념을 도입했다. 양식은 그 순간의 정서 상태와 대처반응을 의미한다. 경계성 성격장애 환자가 인지적, 정서적, 행동적, 관계적 측면에서 몹시 불안정한 까닭은 여러 가지 양식이 신속하게 전환되기 때문이다. 예컨대 충동적 아동 양식에서는 무모한 행동을 드러내고, 처벌적 부모 양식에서는 가혹한 비난을 쏟아내고, 분리된 보호자 양식에서는 조용히 생각에 잠겼다가, 건강한 성인 양식에서는 문제의 해결을 고민하는 식으로 몹시 불안정한 '양식의 전환(mode shift)'이 관찰된다. 심리도식치료의 궁극적인 목표는 환자의 건강한 성인 양식을 강화하여, 건강한 성인 양식이 다른 양식을 효율적으로 다룰 수 있도록 지원하는 것이다. 예컨대 건강한 성인 양식이 취약한 아동 양식을 위로하고, 요구적 부모 양식과 대항하고, 분리된 보호자 양식의 문제점을 지적하는 양식작업이 진행된다.

(4) 생물심리사회적 관점

경계성 성격장애의 발생원인과 유지기제를 설명한 Linehan(1993)은 기질적 취약성과 환경적 열악성의 상호작용을 강조하는 생물심리사회적 관점을 제시했다. 기질적 취약성과 환경적 열악성은 교환적으로 상호작용한다. 즉 기질적 취약성이 환경적 열악성을 더 악화시키고, 환경적 열악성이 기질적 취약성을 더 강화시키는 효과가 나타난다. 예컨대 기질적으로 까다로운 아이는 부모의 양육부담을 가중시키고, 자녀양육이 힘겨운 부모는 까다로운 아이의 요구에 민감하게 반응하지 못한다. 교환적 상호작용이 거듭되면서 삶에 필수적인 정서조절기술, 충동통제기술, 대인관계기술, 문제해결기술이 현저하게 결핍(skill deficit)된다. 그 결과 순기능적인 행동은 억제되고 역기능적인 행동이 증폭되는 만성적 정서조절 곤란(emotional dysregulation) 상태에 봉착하는데, 이것이 경계성 성격장애이다.

기질적 취약성의 핵심 요소는 정서적 자극에 대한 과민성, 정서적 자극에 대한 반응성, 정서적 각성 상태의 지속성이다. 경계성 성격장애 환자는 정서적 자극에 지나치게 민감해서 고통을 빈번하게 경험하고, 신속하고 강력하게 반응해서 고통을 강렬하게 경험하며, 기저선으로 회복되는 속도가 느려서 고통을 오랫동안 경험한다. 이렇듯 정서적 각성을 경험하는 빈도(frequency), 강도(intensity), 기간(duration)의 취약성은 여러 체계의 조절 곤란을 동시다발적으로 유발한다. 예컨대 행동을 억제하기 힘들어서 충동성향과 유사 자살행동이 나타나고, 관계를 조율하기 어려워서 무분별한 성관계와 버림받지 않으려는 필사적인 시도가 나타난다. 또한 사고가 붕괴되어 피해의식과 해리 증상이 나타나고, 자기상이 불안정해져 공허감을 경험하고 정체감을 혼동한다(Swales & Heard, 2009/2017).

환경적 열악성의 핵심 요소는 '타당화해주지 않는 환경(invalidating environment)'이다. 이것은 '중요한 타인이 이상하게, 부적절하게, 극단적으로 반응하는 환경'을 의미한다(Linehan, 1993). 경계성 성격장애 환자는 자신의 경험(정서, 인지, 충동)을 인정하지 않는 사람, 하찮은 것으로 치부하는 사람, 돌봐주기는커녕 오히려 처벌하는 사람에 둘러싸여 있다. 그들은 환자의 감정과 욕구를 수용하지 않고, 수시로 그것을 비난하고 처벌한다. 결과적으로, 타당화해주지 않는 환경에서 과거에 성장했고 현재에 생활하는 환자는 자신의 경험을 철저히 무시하고 절대로 드러내지 말아야 한다는 사실을 학습한다. 가장 안타까운 결과는 타인이 그랬던 것처럼 '자신이 자신을 스스로 타당화해주지 않는 상태(self-invalidation)'에 놓이는 것이다. 타당화해주지 않는 사람은 문제를 해결하는 것이 별로 어렵지 않다는 메시지를 전달한다. 문제의 발생과 해결을 하찮은 일로 치부하는 것이다. 그래서 환자는 행동을 조절하고, 고통을 감내하고, 문제를 해결하는 기술을 충분히 배우지 못한다. 그리고 문제해결에 실패하면 극단적인 반응을 보인다. 하찮은 문제조차 제대로 처리하지 못했기 때문이다.

나아가 타당화해주지 않는 환경은 환자의 문제행동을 간헐적으로 강화한다. 환자는 언성을 높이고 소리를 질러야 타인이 겨우 주목한다는 사실을 학습한다. 예컨대 타당화해주지 않는 사람은 자살시도, 약물남용, 폭식 증상이 나타나야만 호들갑스럽게 환자에게 주의와 관심을 기울인다. 간헐적인 강화가 반복되면 적절하게는 감정을 표현하지 못하고 극단적으로만 감정을 표현하게 된다. 환자가 유사 자살행동을 거듭하는 까닭은 고통에서 벗어날 방법이 그것밖에 없기 때문이다. 환자는 과거 경험의 맥락 속에서 유사 자살행동을 반복하는 것이고, 정서적 고통에서 벗어나려는 현재 목표의 맥락 속에서 유사 자살행동을 지속하는 것이다. 오로지 유사 자살행동을 해야만 자신의 정당한 요구에 관심을 보이는 사람과 살고 있다면, 유사 자살행동은 타인의 돌봄을 효과적으로 끌어내는 유일한 수단이다. 환자의 극단적인 행동은 도움을 간절히 요청하는 행동으로 이해되어야 한다(Swales & Heard, 2009/2017).

3) 경계성 성격장애의 치료

치료자의 입장에서 경계성 성격장애 환자는 치료자의 능력과 자질을 시험하는 상당히 도전적인 인물이다. 경계성 성격장애 환자는 상담실에 방문할 때마다 종종 새로운 문제를 드러내곤 한다. 예컨대 지난 시간에는 공황발작을 보고했고, 이번 시간에는 폭식 증상을 호소하고, 다음 시간에는 자살시도를 암시하는 지극히 불안정한 양상을 보인다. 그래서 당황한 치료자는 즉흥적인 치료기법을 구사하여 순간적인 위기 상황을 모면하려 한다. 또한 경계성 성격장애 환자는 무단불참, 불평불만, 적대행동과 같은 치료방해행동을 반복하기 때문에 치료관계가 훼손되기 쉽다. 치료자는 개입에 실패하면서 소진되고, 환자는 기대가 좌절되면서 낙담한다. 치료자와 환자가 병리적인 관계를 형성하는 부적절한 사례도 흔히 발견된다.

(1) 변증법적 행동치료

경계성 성격장애에는 세 가지 변증법적 딜레마(dialectical dilemma)가 내재되어있기 때문에 치료 과정이 까다롭다. 첫째, 경계성 성격장애는 기질적 취약성과 환경적 열악성의 교환적 상호작용으로 형성된 만성적 정서조절 곤란 상태이다. 둘째, 만성적 정서조절 곤란 상태가 끊임없이 위기 상황(unrelenting crisis)을 촉발하고, 환자는 정서적 고통을 억제(inhibited grieving)해야 한다. 셋째, 경계성 성격장애 환자는 스스로 문제를 해결하지 못하지만(active passivity), 환경이 타당화해주지 않으므로 스스로 문제를 해결해야 한다 (apparent competence). 자신을 수용하거나 인정해주지 않는 환경 속에 살고 있기 때문에 뾰족한 방법이 없음에도 불구하고(즉, 수동성) 나름의 방식으로 문제를 해결하려는 필사적인 시도(즉, 능동성)를 반복하게 된다. 이런 상황에서 치료자에게 가장 중요한 과제는 일관적인 자세와 반응적인 태도로 환자의 감정 상태를 민감하게 조율하는 것이다. 치료자는 자신의 감정 상태 또한 면밀하게 관찰해야 하며, 현명한 치료원칙을 설정하고 준수해야 한다.

변증법적 딜레마의 양극단을 가파르게 왕복하는 것이 경계성 성격장애의 본질이므로 심리치료는 그것을 통합하는 방향으로 진행된다. Linehan(1993)은 경계성 성격장애 환자의 유사 자살행동과 치료방해행동을 효과적으로 치료하기 위해서 변화와 수용의 변증법적 긴장을 중시하는 변증법적 행동치료(dialectical behavior therapy: DBT)를 고안했다. 유사 자살행동을 반복하는 경계성 성격장애 환자는 치료관계를 훼손하고, 목표 설정에 실패하고, 치료 절차를 무시하고, 치료 도중에 탈락하기 때문에 표준적인 인지행동치료를 적용하기 어렵다. 또한 치료자가 지나치게 변화를 강조하면 환자는 자신의 존재와 경험이 수용되지 않았다고 오해해서 치료방해행동을 드러내기 쉽다. 이러한 문제를 효과적으로 다루기 위해 변증법적 행동치료에서는 적극적인 변화와 근본적인 수용을 동시에 요구하며, 상호보완적인 다양한 치료 양식을 통해서 경계성 성격장애 환자가 보이는 복잡한 문제행동에 개입한다. 특히, 경계성 성격장애 환자가 드러내는 모든 반응은 기질적 취약성과 환경적 열악성을 감안할 때 충분히 납득할 수 있는 타당한 반응이라는 태도를 견지한다.

변화와 수용은 기본적으로 상반된다. 변증법적 행동치료는 변화와 수용을 동시에 추구하므로 본질적으로 역설적이다. 그러나 치료 효과는 바로 그 역설의 맥락에서 나타난다. 변화는 오직 수용을 통해서 일어나고, 수용은 그 자체가 일종의 변화이기 때문이다. Linehan(1993)이 주장하는 근본적 수용(radical acceptance)은 '분별하는 마음 없이 현재의 순간과 실체를 받아들이는 전인적 행동'을 뜻한다. 예컨대 환자의 자해행동을 수용하는 것은 이미 벌어진 행동을 받아들이는 것뿐만 아니라, 그 행동이 심각한 손상을 초래했다는 사실도 받아들이는 것이다. 나아가 손상을 복구하려면 그 행동을 반드시 수정할 필요가 있다는 엄연한 현실까지 기꺼이 받아들이는 것이 진정한 의미의 수용이다.

변증법적 행동치료는 환자를 온전히 받아들이는 '수용 전략'과 환자의 문제행동을 수정하는 '변화 전략' 사이에서 변증법적 균형을 유지하려고 노력한다. 환자의 행동은 어느 한편으로는 타당한 반응이고 다른 한편으로는 해결할 문제이기 때문이다. 이렇게 서로 반대되는 치료원리를 변증법적으로 통합함으로써 치료자는 자살위기에 처한 환자가 "인생은 본질적으로 유의미하고 전반적으로 무의미하다"는 사실을 깨닫도록 안내한다(Swales & Heard, 2009/2017).

치료자가 변증법적 태도를 견지하려면 문제행동이 발생하고 지속되는 전반적인 맥락 및 여기에 영향을 미치는 다양한 요인의 상호작용 양상을 파악해야 한다. 치료자는 갈등을 기회로 활용해야 하고, 치료원칙을 철저하게 고수하는 작업과 환자의 고통에 민감하게 반응하는 작업 사이에서 스스로 변증법적 균형을 추구해야 한다. 문제를 해결하면서 경험을 타당화하고, 경험을 타당화하면서 문제의 해결을 모색한다. 예컨대 '시큼한 레몬으로 달콤한 레모네이드 만들기'라는 비유가 있다. 치료자는 환자가 엄중한(즉, 시큼한) 상황에 놓여있다는 사실을 타당화하면서, 동시에 그 상황을 개선할 수 있는 유익한(즉, 달콤한) 방도를 찾아내도록 환자를 격려한다. 이런 비유를 활용할 때, 치료자는 환자의 처지를 충분히 이해하는 메시지와 환자의 변화를 강력히 촉구하는 메시지를 동시에 전달하려고 노력한다. 분명한 사실은 경계성 성격장애 환자가 변화를 간절히 원하고 있으며, 과거와 현재를 비롯한 어느 순간에도 나름대로 최선을 다하고 있다는 것이다. 과거의 성장배경과 현재의 생활 환경을 감안하면, 환자의 문제행동은 충분히 이해되고 납득된다. 그러나 문제행동을 반복하는 것은 결코 적절한 해결책이 아니므로, 환자는 상황을 호전시키기 위해서 더 노력해야 한다.

일반적인 심리치료에서 개인치료와 집단치료를 함께 진행하는 경우는 드물다. 그러나 단일한 치료 양식을 사용하여 상이한 치료기능을 발휘하기는 쉽지 않다. 변증법적 행동치료는 경계성 성격장애 환자의 동기와 기술이 결핍되어 있다는 점에 착안하여 각기 다른 치료기능을 수행하는 상호보완적 치료 양식을 개발했다.

첫째, 개인 심리치료(individual psychotherapy)에서는 환자의 치료동기를 떨어뜨리는 방해요인을 집중적으로 다룬다. 개인 심리치료를 담당하는 치료자가 환자의 가장 심각한 문제행동을 분석하고, 해결책을 모색하며, 전통적인 인지행동치료의 다양한 치료기법을 활용한다. 둘째, 기술훈련 집단(skill training group)에서는 변증법적 행동치료의 핵심기술을 학습하고 연마한다. 변화를 강조하는 정서조절기술과 대인관계기술, 수용을 강조하는 마음챙김기술과 고통감내기술을 체계적으로 훈련한다. 셋째, 정기적인 치료 회기 사이에 진행되는 전화접촉(telephone contact)을 통해 상담실 안에서 학습한 기술을 상담실 밖에서 발휘하도록 일반화한다. 전화접촉은 급성 문제에 초점을 맞추고, 환자가 위기 상황에 적절하게 대처할 수 있도록 간단한 코칭을 제공한다. 단, 자살행동과 의존 행동이 잘못 짝지어지는 것을 방지하기 위해서, 환자가 이미 유사 자살행동을 시도했다면 24시간 동안 전화접촉을 금지한다. 넷째, 치료자문 집단(consultation group)을 통해 치료자의 능력을 향상하고 동기를 유지한다. 치료자문 집단에서는 치료자의 기술과 능력뿐만 아니라 치료자의 고통과 실수까지 다룬다. 심각한 부적응을 겪는 경계성 성격장애 환자를 치료하면서 치료자도 적잖은 어려움을 겪기 때문에 모든 치료자가 경력과 능력에 상관없이 반드시 참석해야 한다. 치료자문 집단은 문제행동을 반복하는 환자를 경멸적으로 비난하지 않고 공감적으로 이해하려고 함께 노력한다.

각각의 치료 양식은 저마다 특수한 치료기능을 담당하며 동등하게 중요하다. 어떤 치료 양식에서 진행된 치료작업은 다른 치료 양식에서 심화되고 응용된다. 예컨대 기술 훈련 집단은 기술을 학습하고 강화하는 데 주력하고, 개인 심리치료는 기술훈련 집단에서 학습한 기술을 연마하고 활용하는 데 집중한다. 대개의 경우 개인 심리치료를 맡은 치료자가 전반적인 치료 과정을 조율한다.

변증법적 행동치료는 사전작업에서 시작된다. 변증법적 행동치료자는 자신의 견해를 환자에게 강요하지 않는다. 심지어 환자에게 심리치료를 권유하지도 않는다. 환자가 심리치료에 전념하게 하려면, 환자가 심리치료를 선택하지 않아도 괜찮다는 역설적 태도를 견지해야 한다. 사전작업은 대개 개인 심리치료자가 진행하며, 환자의 치료 목표를 파악하고, 문제행동의 심각성을 평가하고, 심리치료에 대한 정보를 제공하고, 심리치료에 전념하도록 격려하고, 긍정적인 치료관계를 형성한다. 사전작업도 치료 과정의 일부이다. 변증법적 행동치료자는 환자의 치료동기를 고취하기 위해서 '타당화(validation) 전략'과 '상호성(reciprocal) 전략'을 바탕으로 공고한 치료관계를 형성한다. 치료자는 환자가 치료 목표를 지혜롭게 설정했다는 점을 타당화하고, 환자가 문제행동을 반복하고 있는 까닭을 타당화한다. 그리고 문제행동을 변화시키는 것이 얼마나 어려운지, 낯선 치료자에게 자신의 문제를 털어놓는 것이 얼마나 두려운지, 심리치료에 참여하기로 결정하는 것이 얼마나 힘겨운지 타당화한다. 이런 사전작업을 통해서 치료동맹이 형성되고 전념행동이 강화된다(Swales & Heard, 2009/2017).

변증법적 행동치료는 네 단계로 진행된다. 1단계의 치료 목표는 환자의 문제행동을 진정시키는 것이다. 변증법적 행동치료자는 환자의 안전과 안정을 위협하는 문제행동에 주목하면서, 죽지 않고 살겠다는 희망을 증가시키고, 역기능적 행동의 빈도와 강도를 감소시키고, 환자를 돌보려는 의지가 있는 사람과 긴밀한 관계를 형성하도록 돕는다. 특히 자살행동, 유사 자살행동, 타살행동과 같은 생명위협행동(life-threatening behavior)에 제일 먼저 개입한다. 적어도 4개월 동안 자살행동 및 유사 자살행동이 사라지고, 생명위협행동을 하고 싶은 충동이 뚜렷하게 줄어들고, 적응기술을 학습하고 발휘하는 능력이 현저히 늘어나야 비로소 1단계가 마무리되었다고 간주한다. 1단계를 마치면 치료자와 환자는 몇몇 단계 혹은 모든 단계를 더 진행하겠다고 결정할 수도 있고, 여기서 치료작업을 중단하겠다고 선택할 수도 있다.

2단계의 치료 목표는 과거의 외상경험을 정서적으로 충분히 처리하는 것이다. 상당수의 환자가 아동기 외상경험을 지니고 있기 때문에 트라우마를 해소하고 처리하는 개입에 집중한다. 예컨대 어렸을 적에 반복됐던 상실경험과 유기경험을 다루고, 과거의 대인관계 갈등이 현재의 대인관계 긴장에 미치는 부정적인 영향을 다룬다. 외상경험이 있는 환자의 경우, 2단계까지 효과적으로 진행해야 1단계에서 얻은 치료 성과를 유지할 수 있다. 외상경험이 없더라도 마찬가지다. 2단계를 효과적으로 진행하지 못하면 1단계로 되돌아갈 위험성이 있다. 불편한 감정과 침투적 사고를 감내하기 힘들어서 다시 불안정한 행동을 반복할 가능성이 있기 때문이다.

3단계의 치료 목표는 일반적인 사람이 경험하는 일반적인 수준의 행복감과 불행감을 환자도 경험할 수 있도록 이끄는 것이다. 3단계에 도달하면 환자의 문제행동이 상대적으로 경미해지고 위기 상황이 상대적으로 줄어들어서 환자의 자기신뢰감과 자기존중감이 향상된다. 그렇기에 3단계에서 심리치료를 중단하는 경우가 많다.

4단계의 치료 목표는 환자가 즐거움을 더 느끼도록 이끄는 것이다. 4단계에서는 통찰을 지향하는 심리치료가 효과적이다. 일반적인 치료모형에서는 환자의 문제행동이 악화될 때 혹은 환자가 충분히 변화되지 않을 때 치료자원을 더 투입하는 경향이 있다. 그러나 변증법적 행동치료자는 환자의 치료동기에 비례해서 치료자의 치료자원을 투입하는 수반성(contingency) 전략을 체계적으로 구사한다. 치료 효과가 나타나지 않는 심리치료를 지속하는 것은 비윤리적인 행위라고 생각하기 때문이다.

(2) B씨의 사례

심리도식치료의 관점에서, 환자 B씨는 핵심적 정서욕구(특히, 애착욕구)를 과거에 적절히 충족하지 못했고 현재도 적절히 충족하지 못하는 정서적으로 결핍된 사람이다. 환자는 양육자에게 충분한 사랑과 관심과 돌봄을 받지 못했고, 자신을 보살피고 지지하고 안내하는 사람이 아무도 없다고 느낀다. 신체적 애정이 부족한 양육의 결핍, 이해와 신뢰가 부족한 공감의 결핍, 격려와 지원이 부족한 보호의 결핍은 정당한 욕구와 감정을 타당화해주지 않는 환경의 가혹한 결과이다. 또한 환자는 중요한 타인이 자신에게 필요한 것을 제공하지 않을 것이라고 예상하기 때문에 그것을 아예 요구하지 않거나 부적절한 방식으로 요구한다. 이로 인해 환자는 자신에게 절실한 것을 충족시키지 못하는 악순환에 갇혀 있다.

　더 심각한 문제는 자신을 정서적으로 돌보지 않는 사람 또는 돌볼 수 없는 사람을 중요한 타인으로 선택한다는 것이다(심리도식 궁합). B씨의 가출경험, 동거생활, 불륜관계, 직업특성이 그것을 잘 보여준다. 환자는 진정으로 친밀한 관계를 맺지 않고(심리도식 회피), 분노폭발을 통해서 상대방을 공격하고(심리도식 과잉보상), 스스로 상처주고 가해한다(심리도식 굴복). 환자의 건강한 성인 양식은 몹시 연약하며, 취약한 아동 양식 및 분노한 아동 양식이 주로 활성화된다. 또한 처벌적 부모 양식과 부적응적인 대처 양식이 간헐적으로 등장한다.

　이런 상황에서 치료자는 심리도식치료와 변증법적 행동치료의 치료 원리 및 기법을 적용하여 환자를 제한적으로 재양육(limited reparenting)했다. 첫째, 환자로 하여금 자신의 핵심적 정서욕구가 충족되지 못했다는 사실을 자각하도록 도왔다. 환자의 욕구는 지극히 정상적인 욕구이고, 건강한 가족에서는 자연스럽게 충족되는 욕구라는 사실을 강조했다. 치료자가 "모든 아이에게는 양육과 공감과 보호가 필요하고, 성인이 된 환자에게도 여전히 그것이 필요하다"는 메시지를 전달하자, 환자가 처음에는 피식 웃었고 나중에는 엉엉 울었다. 환자는 부모를 비롯한 중요한 타인에게 사랑받고 싶었지만 환자의 중요한 타인은 사랑하는 능력에 결함이 있었고 각자의 고통에 함몰되어 있었다. 환자는 "그래서 제가 남자들에게 매달리고 손님들에게 지나치게 어리광을 피우는 것 같다"고 이 해했다. "정말로 이상한 손님을 만나지 않는 한, 유흥업소에서 일하는 것이 즐거울 때가 많다"고 언급했다. 치료자는 환자가 똑똑하다고 반응했다.

둘째, 환자의 취약한 아동 양식에 접근해서 환자를 위로하고 치료관계를 형성했다. 치료관계는 정서적 결핍 도식을 치유하는 부분적인 해독제이고, 환자가 자신의 정당한 욕구를 적절하게 표현하는 방법을 선택하고 훈련하는 기반이다. 치료자는 전문가의 윤 리적 경계를 철저하게 지키면서 환자를 따뜻하고 각별하게 대하려고 의식적으로 노력했 다. 환자가 원하면 커피를 대접했고, 포근한 쿠션을 제공했고, 유쾌한 분위기를 조성했 다. 환자가 치료자에게 기대하는 정서적 욕구에 주목하면서 건강한 관계에서 허용되는 것이라면 가급적 제공하려고 애썼으며, 그 욕구가 충족될 때 어떤 기분인지 질문했다. 그리고 상담실 밖에서 그 욕구가 충족되는 상황과 좌절되는 상황을 탐색했고, 그 욕구가 좌절될 때 어떻게 행동하는지 조사했다.

셋째, 환자의 분노한 아동 양식이 활성화될 때 공감적 직면(empathic confrontation) 을 시도했다. 정당한 욕구가 충족되지 못할 때 분노를 경험하고 표현하는 것은 당연한 일이라고 공감하는 한편, 그렇다고 부적절한 방식으로 분노를 터뜨리고 상대를 공격하 면 정말로 필요한 것을 얻을 수 없다는 사실을 직면하게 했다. 특히 치료관계에서 분노 한 아동 양식이 활성화되어 치료방해행동을 하는 경우, 좌절과 고통은 공감할 수 있지만 비난과 공격은 용납할 수 없다고 한계를 설정했다. 분노한 아동 양식의 이면에는 취약한 아동 양식이 존재한다. 치료자는 분노보다 앞서서 나타나는 상처에 더 관심을 기울였고, 환자는 욕구와 상처와 분노의 연쇄고리를 서서히 이해하기 시작했다.

넷째, 환자의 대처반응과 대처방식의 순기능과 역기능을 진지하게 논의했다. 특히 과거의 자살시도와 자해행동의 원인과 결과를 객관적으로 분석하는 과정에서, 자해행동 에는 적어도 일시적으로 긴장을 완화하고 고통을 감소시키는 기능이 수반된다는 사실을 확인했다. 환자는 뾰족한 대안이 없기 때문에 유사 자살행동을 반복하고 있었고, 치료자 는 적응적인 대처반응을 교육하고 훈련시킬 필요가 있었다. 예컨대 환자는 폭음행동을 반복하고 있었는데, 적당한 음주는 긴장을 완화시키지만 과도한 음주는 참담한 결과를 초래한다는 사실을 논의했다. 문제는 환자의 직업특성이었는데, 과도한 음주가 불가피한 상황이므로 향후에 다른 직업을 선택할 계획이 있는지 질문했다. 환자는 이득과 손해의 경계에서 갈등했다. 치료자는 일반적인 사람도 직업선택에 심각한 고민과 번민을 반복한다고 타당화하면서 치료 과정에서 더 숙고하자고 제안했다. 어떤 문제를 당장 해결하는 것이 불가능하다면 그것을 신중하게 숙고하는 것이 적응적인 대안이기 때문이다.

다섯째, 가족과 직장에서 위기가 반복될 때마다 변증법적 행동치료의 고통감내기술을 교육하고 훈련했다. 유사 자살행동 혹은 자기파괴행동의 대안으로 고통감내기술을 선택하는 것을 중요한 목표로 설정했고, 비록 상황을 개선하지는 못하더라도 상황을 악화시키지는 않는 지혜로운 방법을 찾아가기로 합의했다. 치료자는 환자를 돕겠다고 약속했고, 지금까지 어떤 중요한 타인이 그런 도움을 주었는지 탐색했다. 환자는 어린 시절에 길을 잃었을 때 자신을 돌봐준 낯선 아주머니를 떠올렸고, 그렇게 해주지 않은 부모에 대해 원망감과 서운함을 토로했다. 치료자는 두 가지 감정을 모두 타당화하면서, 서운함을 표현하는 경우와 원망감을 표현하는 경우에 결과가 어떻게 달라질 것 같은지 질문했다. 이어서 강렬한 감정의 이면에는 취약한 감정이 존재한다는 사실을 설명하고, 그것을 중심으로 '부모에게 편지쓰기'를 제안했다. 부치지 않을 편지를 쓰게 했고 상담실에 가져와서 큰 소리로 읽게 했다.

여섯째, 환자의 과거의 성경험과 현재의 성관계를 탐색했다. 심리도식 궁합의 관점에서 부적절한 성관계에 이끌리는 환자의 특징을 파악하면서, 사실은 성적인 만족감이 아니라 관계의 친밀감을 염원하는 것일 수 있다는 민감한 주제에 접근했다. 적절한 파트너를 의식적으로 선택해야 한다는 사실과 그 사람과의 관계가 삶의 질에 강력한 영향을 미친다는 사실을 논의했다. 정서적 결핍 도식을 치유할 수 있는 친밀한 관계를 형성하는 것이 심리치료의 중요한 목표이고, 환자가 돌봄을 받는 관계뿐만 아니라 환자가 정성껏 돌보는 관계도 필요하다고 언급했다. 나아가 파트너에게 자신의 정서적 욕구를 충족시켜 달라고 적절한 방식으로 요청하는 것, 그리고 파트너가 제공하는 사랑과 관심을 기쁘게 받아들이는 것이 일반적인 관계의 특징임을 교육했다.

일곱째, 정서적 결핍을 이분법적으로 지각하는 것이 아니라 연속선상에서 구분하는 것이 바람직하다는 점을 논의하면서 건강한 성인 양식과 대화를 시도했다. 치료자가 제공할 수 있는 것에는 한계가 있지만 그 한계 내에서 여전히 환자를 돌보고 있는 것처럼, 환자도 그리고 중요한 타인도 그렇게 살아간다는 사실을 부드럽게 직면했다. 환자는 상담실 밖에서 치료자를 대신할 중요한 타인을 선택하고 그 사람을 안정된 대상으로 내재화할 필요가 있다. 또한 중요한 타인이 부재하는 경우, 환자의 건강한 성인 양식이 취약한 아동 양식을 돌보고, 처벌적 부모 양식과 맞서고, 역기능적 대처양식을 교정하는 역할을 담당해야 하므로 적절한 수준의 결핍은 필연적이고 현실적이라는 사실도 논의했다.

환자는 여전히 반복되는 위기에 노출되고 있으므로 건강한 성인 양식을 강화하는 것이 심리치료의 궁극적인 과제이다. 따라서 변증법적 행동치료의 고통감내기술, 정서조절기술, 대인관계기술을 학습하고 연마하는 노력을 계속할 필요가 있고, 상담실 안에서 연습한 기술을 상담실 밖에서 발휘할 수 있도록 치료 성과를 일반화할 필요가 있다. 치료자는 심리도식치료의 제한적 재양육과 공감적 직면을 거듭하면서 환자의 건강한 성인 양식을 강화하고 격려하며, 환자가 자신의 욕구를 건강하게 충족시킬 수 있도록 그리고 필연적으로 발생하는 욕구의 좌절을 건강하게 감내할 수 있도록 이끌어야 한다.

마지막으로, 치료관계가 종결될 때 환자의 결핍 도식과 유기 도식이 활성화될 가능성이 예상되므로 이에 대비해야 한다. 치료자에게 전적으로 의존하는 것은 심리도식을 건강하게 해결하는 방법이 아니므로, 앞서 강조했듯이 상담실 밖의 중요한 타인과 건강한 관계를 형성할 수 있도록 조력해야 한다. 나아가 환자는 혼자서 보내는 시간도 견뎌내야 한다.

08

자기애성 성격장애

Narcissistic Personality Disorder

1 임상 사례

1) 주 호소 문제와 현 병력

34세 남성인 H씨는 교수 임용을 준비 중이다. H씨는 어릴 때부터 똑똑하고 영리해서 눈에 띄는 아이였으며, 집 근처 도서관에 있는 책을 대부분 읽었을 정도로 지적 호기심이 많았다. 성공에 대한 야망도 커서 '외국 대학의 교수가 되어 내 분야에서 최고가 되겠다'는 목표를 갖고 성취에 몰두했고, 실수하거나 실패하지 않기 위해 완벽주의적으로 일을 수행해왔다. 학창시절에는 전교 1등을 놓치지 않을 정도로 학업 성적이 우수하였고 각종 경시대회에 출전해 좋은 성적을 받기도 했다. 국내 명문대를 졸업하고 외국에서 석·박사 학위를 받았으며 늘 최고의 자리에서 다른 사람의 인정을 받으며 '나는 특별하다'는 생각을 해왔다.

하지만 최근에는 교수가 되기 위해 외국의 명문 대학들에 지원했다가 불합격 통보를 받았고, 이에 우울감과 분노감을 느끼며 상담센터에 방문하였다. 그는 지원한 학교들의 일 처리가 얼마나 형편없었는지, 자신을 알아주지 않는 사람들이 얼마나 무능한지, 교수가 된 다른 사람들이 자신보다 얼마나 부족했는지를 나열하면서 분노를 터뜨렸다. 또한 얼마 전 사귀던 여자 친구와 헤어졌는데, 이에 대해 이야기할 때도 상대방이 먼저 헤어지자고 했다면서 화를 냈다.

2) 가족력 및 개인력

가족 배경을 살펴보면, H씨는 1남 1녀 중 첫째다. 아버지는 대기업에 다니다가 몇 년 전 퇴직했다. 학벌이 좋지 않아 어렵게 승진하면서 직장에서 버텨왔던 터라, 자식들에게 늘 성적이나 사회적 성공을 강조했다. 특히 H씨는 장남이고 학업 성적이 우수했기 때문에 어릴 때부터 좋은 대학의 교수가 되는 것만이 유일한 출세의 길이라는 말을 들어왔다. 아버지는 다른 사람에게는 H씨의 우수한 성과들을 자랑하는 경우가 많았으나, H씨를 대할 때는 교수가 되지 못하면 실패한 인생이라면서 교수가 되지 못할 거라면 지원하지 않겠다고 윽박지르기도 했다. 또한 아버지는 매우 권위적이어서 사소한 일에도 기분에 따라 화를 내는 경우가 많았으며, 체벌도 심했다. H씨는 부당한 상황에서도 체벌을 더 당할까 봐 무서워서 아무 말도 하지 못하고 잘못을 비는 경우가 많았다. H씨는 이를 수치스럽게 기억하면서 무시당하지 않기 위해서는 힘을 키우는 것이 중요하다고 생각했다.

하지만 아버지를 제외한 다른 사람들에게는 늘 최고라는 말을 들으며 주목과 찬사를 받았다. 그러한 찬사를 들으면 자신이 대단한 사람인 것 같다가도, 한편으로는 아버지가 바라는 성공을 이루기에는 자신이 부족하다는 생각을 했다. 이에 찬사를 받으면 다음번에도 기대에 부응해야 한다는 부담을 느끼며 작은 실수도 용납하지 않고 완벽하게 일을 수행하려고 애썼다. 또한 일반 사람들과는 다른 특별한 지위를 가지고 영향력을 행사하는 것이 중요하다고 생각했고, 사회적 성공과 출세가 인생의 유일한 목표가 되었다. 하지만 인생이 원하는 대로 잘 풀리는 순간에도 가끔씩 우울하거나 불안해질 때가 있었는데, 그럴 때마다 성공을 위해서는 우울할 시간도 없다고 생각하면서 자신을 몰아붙였다.

가정주부였던 어머니는 아버지와의 갈등으로 인해 매우 우울해했다. 어머니는 늘 무기력하고 지쳐있었기 때문에 살림을 잘 챙기지 못했으며, 이로 인해 아버지와 싸우는 경우가 많았다. H씨는 어머니가 자신을 따뜻하게 돌보아주거나 위로해준 적이 없으며, 어릴 때 옷차림이나 학교 준비물도 잘 챙겨주지 않았고, 학업적인 부분이나 인생의 중요한 결정들에서도 안내나 조언을 받지 못했다고 기억했다. 그러다 보니 초등학교 시절에는 옷차림 때문에 놀림을 받거나 준비물을 챙겨가지 못하는 경우가 많았는데, 크면서는 자신이 알아서 챙겨갈 수도 있었고 무엇보다 공부를 잘했기 때문에 큰 어려움 없이 학교생활을 할 수 있었다. 여동생은 4살 차이가 나며 가끔씩 연락을 주고받는 정도이다. 여동생은 한국에서 대학을 나오고 현재는 평범하게 직장생활을 하고 있다.

대인관계에서는 어릴 때부터 또래와 잘 어울리지 못하고 혼자 지내는 편이었다. 아버지가 성적을 중요시하다 보니 H씨도 친구들과 어울리는 것을 좋아하지 않았고, 어차피 성공해서 외국에서 살 것이므로 한국에서의 대인관계는 중요하지 않다고 생각해왔다. 그러다 보니 소수의 사람과 제한된 관계를 맺는 편이었는데, 이러한 관계에서도 자신이 특별대우를 받고 우위에 서기를 바랐다. 성공한 사람들이 모이는 주류에 포함되기를 원했기 때문에 자신의 부족한 면은 드러내지 않았고, 능력과 성취를 자랑하는 편이었다. 또한 다른 사람들은 자신의 의견에 반드시 따라야 한다고 생각했으며, 그렇지 않으면 상대방을 비난하고 화를 내면서 관계를 단절하곤 했다. 이런 태도로 인해 거만하다는 평을 받기도 했지만, 그것은 그들이 무능해서 자기를 질투하는 것이라고 생각했다.

그러나 내적으로는 외로움을 느끼면서 자신을 챙겨주는 사람을 원했다. 그래서 몇 년 전부터는 결혼에 대해 생각하고 있으며 교수라는 지위에 어울릴 만한 사람을 만나야겠다고 생각해왔다. 최근에 사귀던 여자 친구와 헤어졌는데, 여자 친구가 먼저 헤어지자고 통보한 것에 대해 '감히 상대방이 먼저 헤어지자고 말했다'며 분노를 느끼고 있다.

3) 행동 관찰

H씨는 주변을 두리번거리면서 치료실에 들어왔고 치료자의 전문성을 확인하려는 듯이 경력에 대해 세세하게 질문하였다. 면담 중에는 자신의 성과를 자랑하듯 이야기하였고, 책들을 인용하면서 설득력 있게 말하고자 애썼다. 교수 임용과 관련해서는 자신이 지원했던 학교들과 이미 교수가 된 사람들에 대해 분노하며 이야기하였다.

검사 진행 시에는 그림을 그려보게 하자 "이런 걸로 성격을 파악할 수 있나?"라고 하면서 의아해했으나 실제로 그림을 그릴 때에는 비교적 성실하게 임하였다. 로르샤흐 검사에서는 처음에는 답변을 열심히 하다가 점차 귀찮은 듯 "그거 아까 말했잖아요", "이제 끝날 때 되지 않았나"라고 말하면서 자신이 상황을 통제하려는 모습을 보이기도 했다.

2 심리평가

1) 평가 계획

상담 및 임상 현장에서 자기애성 성격장애를 만나기란 쉽지 않다. 대부분의 성격장애가 그렇지만 특히 자기애성 성격장애는 자신의 우월성에 집착하고 취약성을 만성적으로 회피하는 사람들이라는 점에서, 자신의 취약성을 드러내야 하는 치료기관을 찾는 경우가 드물다. 이들이 치료를 받는 경우는 성취와 관계의 측면에서 자기애적인 특성으로 인해 문제가 발생할 때이다. 가령 인생에서 실패를 겪거나, 지위를 잃거나, 자신의 한계를 경험하거나, 중요한 사람으로부터 거부당하는 등의 자기애적 상처(narcissistic injury)를 받을 때, 그러한 상황을 이해하거나 받아들일 수 없기 때문에 우울이나 분노를 호소하며 내원한다.

그러나 자기애성 성격장애는 치료기관에 방문해서도 자신의 어려움을 솔직하게 드러내지 못하는 경우가 많다. 즉 이들은 과장된 자기상으로 인해 자신을 현실적으로 자각하기 어려울 뿐 아니라, 평가 상황에서도 방어적일 수 있다. 이런 점에서 자기애성 성격장애를 평가하기 위해서는 다차원적인 평가가 유용하며, 최근 연구들도 자기보고식 검사만을 사용해서는 안 된다고 강조하고 있다. 특히 자기애적 특성을 직접적으로 질문하는 자기보고식 검사는 의도적으로 왜곡이 가능하기 때문에 유용하지 않을 수 있다. 따라서 자기애성 성격장애를 평가하기 위해서는 다양한 유형의 검사를 포함한 다차원적 평가가 필요하며, 특히 이들의 성격 구조를 파악하는 데에는 로르샤흐 검사와 같은 투사 검사가 유용할 수 있다. 아울러 자기애성 성격장애는 근거기반 평가가 아직 충분히 마련되어있지 않으므로 여기에서는 전통적인 관점에 따라 심리검사를 진행하고 투사 검사를 조금 더 강조하여 기술하였다.

2) MMPI-2

자기애성 성격장애의 경우 MMPI의 전형적인 프로파일이 존재하지는 않으나, 대체로 4-9 코드타입을 보이는 경우가 많다. MMPI에서 4-9 코드타입은 반사회성 성격장애의 전형적인 프로파일로 알려져 있지만, 이러한 코드타입은 자극추구적이고 자기중심적이며 힘과 통제의 관점에서 대인관계를 바라본다는 점에서 자기애적인 특성을 갖는 사람들의 특성과도 부합한다. 또한 사회화된 형태의 4-9 코드타입은 반사회적 행동보다는 명성을 얻고자 하는 욕구로 표현될 수 있다.

  H씨의 사례를 살펴보면, 타당도 척도는 모두 정상 범위에 해당하여 타당한 해석이 가능한 프로파일로 볼 수 있다. H씨가 정서적으로 힘든 상태를 호소하며 상담을 받으러 왔지만, 자기보고식 검사인 MMPI에서는 심리적 어려움이 크지 않고 대처 능력도 양호한 것으로 보고하고 있다(F=48T, K=59T, Es=59T).

  임상 척도를 살펴보면, 4번, 5번, 9번 척도가 65T 이상으로 상승하였고 0번 척도가 40T 이하로 하강하였는데, 관련된 재구성 임상 척도가 모두 정상 범위에 해당하여 임상적인 주의가 필요할 만큼의 심각한 병리적 문제는 없다고 볼 수 있다(RC4=47T, RC9=45T). 다만 임상 척도의 상승이 시사하는 바를 살펴보기 위해 임상 소척도를 살펴본 결과, 4번 척도에서는 가정불화(Pd1)가 68T로 상승했는데, 이는 가족관계에서 충분한 사랑과 지지를 받지 못한 것으로 인한 분노와 관련될 수 있겠다. 또한 9번 척도에서는 냉정함(Ma3)이 65T로 상승했다. 이는 사회적 불안을 부인하며 다른 사람과의 관계에서 자신감 있는 태도를 반영하는 것으로, 때로는 타인의 의견, 가치, 태도에 관심이 거의 없다는 점에서 냉담해 보일 수도 있다. 이러한 대인관계에서의 태도는 0번 척도의 하강과도 관련된다(Si=30T). 0번 척도가 낮은 사람들은 대인관계에서 외향적이고 사교적인 특성을

■ 타당도 척도와 임상 척도

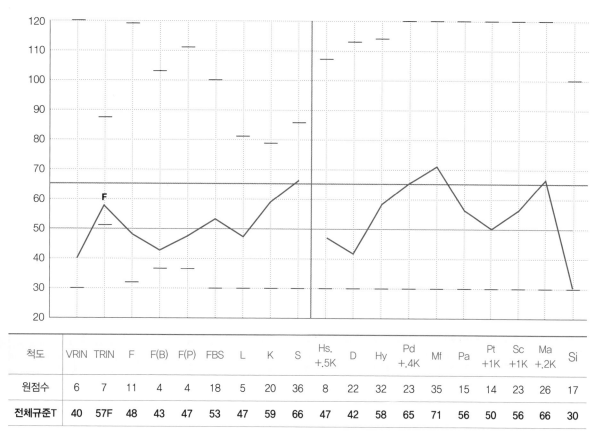

척도	VRIN	TRIN	F	F(B)	F(P)	FBS	L	K	S	Hs. +.5K	D	Hy	Pd +.4K	Mf	Pa	Pt +1K	Sc +1K	Ma +.2K	Si
원점수	6	7	11	4	4	18	5	20	36	8	22	32	23	35	15	14	23	26	17
전체규준T	40	57F	48	43	47	53	47	59	66	47	42	58	65	71	56	50	56	66	30

*Mf 척도의 T점수는 성별규준에 의한 것임.

■ 재구성 임상 척도와 성격병리 5요인 척도

척도	RCd	RC1	RC2	RC3	RC4	RC6	RC7	RC8	RC9		AGGR	PSYC	DISC	NEGE	INTR
원점수	8	6	5	2	5	1	3	2	10		7	4	12	6	11
전체규준T	47	45	44	36	47	44	39	44	45		46	43	50	38	42

■ 내용 척도

척도	ANX	FRS	OBS	DEP	HEA	BIZ	ANG	CYN	ASP	TPA	LSE	SOD	FAM	WRK	TRT
원점수	4	0	5	13	7	2	2	3	3	1	3	5	11	3	5
전체규준T	40	30	44	53	43	44	38	35	36	31	41	39	57	34	41

■ 보충 척도

척도	A	R	Es	Do	Re	Mt	PK	MDS	Ho	O-H	MAC-R	AAS	APS	GM	GF
원점수	9	14	36	18	24	14	16	7	11	17	20	2	28	33	31
전체규준T	40	41	59	64	65	45	51	58	37	62	49	43	72	59	53

보이나 극단적으로 낮을 경우 관계의 질이 피상적일 수 있다는 점에서 자기애적인 대인관계 양상을 반영하는 것일 수 있겠다. 아울러 9번 척도의 상승으로 정신적 에너지가 높다는 점을 고려하면, 많은 사람을 만나거나 다양한 활동을 하는 등 매사에 활력 넘치게 생활할 것으로 보인다(Ma=66T). 또한 5번 척도의 상승은 직업이나 취미에 대한 관심이 다양하고, 사고가 유연하며, 예술적이고 추상적이며 지적인 활동을 선호하는 경향을 나타낸다(Mf=71T).

아울러 H씨는 4-9 코드타입으로, 앞서 언급했듯이 자극추구적이고 자기중심적이며 힘과 통세의 관점에서 대인관계를 바라보는 등의 자기애적인 특성을 보일 수 있다. 특히 H씨는 가족 내 갈등으로 인한 분노가 상당하다는 점에서, 때로는 이를 충동적으로 표출할 가능성이 있다. 그러나 5번 척도의 상승이 억제자(suppressor)의 역할을 하면서 4-9 코드타입의 행동화 경향성을 억제할 수 있겠다. 또한 재구성 임상 척도의 냉소적 태도 척도의 하강(RC3=36T)과 보충 척도의 사회적 책임감 척도의 상승(Re=65T)에서도 나타나듯이, H씨는 법과 규범과 관습을 존중하며 사회적으로 바람직한 모습을 보이려고 한다는 점에서 4-9 코드타입의 행동화 경향성은 잘 드러나지 않을 수 있다. 이런 점에서 H씨는 자신의 분노감을 대체로 잘 조절할 것으로 판단되나, 자신이 감당할 수 없는 스트레스 상황에서는 분노감을 간헐적으로 표출하는 경우가 있겠다. 이 밖에도 중독 가능성(APS) 척도가 72T에 해당하나, 이 척도는 문항 내용이 이질적이고 연구 결과도 비일관적이므로 개별적으로 해석하는 것을 권장하지 않는다.

3) 로르샤흐 검사

자기애성 성격장애의 심층적인 내면을 보기 위해서는 로르샤흐 검사가 매우 유용할 것으로 보인다. 여기에서는 일반적인 심리평가 보고서의 형식에 맞추어 사고 및 지각, 정서 및 성격의 순서로 기술하였다.

로르샤흐 검사의 총 반응수는 22개로, H씨가 지닌 전반적인 사고의 양은 적절하다. 사고장애의 양상은 없으며, 지각의 정확성도 비교적 잘 유지되고, 다른 사람과 같이 관

■ 검사 반응

카드	R#	반응(response)	질문(inquiry)	기호화(scoring)
I	1	마른 낙엽 부스러기	큰 낙엽이 있었는데 말라서 부스러진 것. (말랐다?) 이런 부분들이 색깔이 연해서 마른 것 같아요. 옆에 부스러진 조각들도 있고요.	Wv TFo Bt MOR
	2	박쥐	몸통, 날개, 날개를 펴고 날아가는 것 같아요.	Wo FMᵒo A P 1.0
II	3	뭐지… 대칭적으로… 맨 처음에는 멧돼지처럼 보였어요.	멧돼지가 뛰어가는 거예요. 여기가 충격적이에요. (충격적?) 팍 튀기는 것 같아서. 피 같아서. 흰색과 빨간색이 대비되니까. (피?) 튀니까. 눈에 피가 튀긴 것. 멧돼지가 성나서 핏자국이 있는 것 같아요. 긴박한 느낌. (눈?) 하야니까.	DS+ FMᵃ. ma. CF.C'F− (2) A,Bl,Na,Hx 4.5 AG,MOR,PHR
	4	광대처럼 보여요. (V)	빨간색 2개가 양말을 손에 끼운 것 같아요. 마치 물구나무서기를 하는 것처럼 빨간 양말을 손에 끼우고 물구나무서기 하는 모습 같아요. 우스꽝스럽네요.	D+ Mᵃ.FC− (H),Cg 3.0 PHR
III	5	(책상 위에 카드를 놓고) 하녀 2명이 물건을 서로 가져가려고 해요.	(하녀?) 몸을 숙이고 짐을 나르려는 모습이 지위가 낮은 사람들이고, 여자 같아요. (서로 가져간다?) 서로 가져가려고 몸을 당기고 있으니까요.	D+ Mᵒo (2) H,Id P 3.0 AG,GHR
	6	사마귀	사마귀 모양. 눈. 다리.	Do F− Ad
IV	7	너구리	얼굴만 있어요.	Do Fu Ad
	8	판, 북유럽 신화에 나오는 '판'이라는 양의 머리를 한 야비한 무서운 신이에요. 양머리, 양몸, 괴물에 가까운, 지능이 높은.	머리만. 양쪽에 뿔이 있고 여기가 코예요. 북유럽이라 털이 엄청 수북해요. 괴기한 느낌이네요. (털?) 전체적으로 털처럼 얼룩덜룩해요. (괴기하다?) 생긴 것도 그렇고 누군가를 공격하기 위해 위협하는 것 같아요.	Wo Mᵃ.FT− (Hd) 2.0 AG,PHR
	9	높은 산	아래에서 위로 쳐다봤을 때 산이 까마득하게 높아 보이는 그런 높은 산이에요. (높은?) 위로 갈수록 작아져서요.	Wo FDu Ls 2.0
	10	왕좌	양옆에 팔걸이가 있는 의자 모양이에요. 고대에 왕좌는 쟁탈 전쟁으로 인해서 권력 싸움에서 이긴 사람이 가지는 거잖아요. 그래서 권력과 힘과 그런 잔인함을 상징하는 것 같아요.	Wo Fu Ay,Hh 2.0 AB
V	11	나비 (V)	얼굴, 꼬리. 어두워 보여요. (어두워 보인다?) 색깔을 보면 어두워요.	Wo FC'o A 1.0
	12	박쥐. 신기하네요. 나쁜 의미의 박쥐보다 날개를 쭉 뻗은 긍정적인 느낌이에요. 밝고. 나비는 어두워 보이고.	얼굴. 날개가 뻗어있는 게 자신 있게 보여요. (밝은?) 날개를 뻗어 멀리 날아갈 것 같아요. 최고가 되겠죠.	Wo FMᵒo A P 1.0
VI	13	뭐지… 이거는 동물 가죽 벗겨놓은 느낌. 몸. 꼬리.	가죽 같아요. 퍼져 있고 털 같고 척추 부분은 털이 진하네요. (털?) 옆에는 털인데, 특히 가운데 부분이 진해서요.	Wo mᵖ.FTo Ad P 2.5
	14	불 속 연기 속에서 빠져나오는 뱀? 밑에 물이 있어서 반사되어 비치는 것. 까맣게 다 탔네요. 무기력하고 슬퍼 보여요.	구렁이인지 뱀인지 모르겠어요. (불 속 연기?) 까맣게 다 타서 이미 타버린 곳에서 나오고 있는 것. (슬프다?) 이런 상황이니까 뱀이 무기력하고 슬퍼 보여요.	W+Fr.FMᵃ.C'Fu A,Na,Fi,Hx 2.5 MOR,PHR
	15	고대의 현악기	아프리카 부족들이 부족파티 열 때 동물 뼈 깎아가지고 가죽 덧대서 만든 원시적인 현악기를 사용하거든요. 그래서 위쪽이 손잡이고 밑이 현악기 몸통이에요. 예전에 사진에서 본 적이 있어요.	Wo Fu Ay,Sc,Ad 2.5 PER

	16	거울을 보고 있는 사람이에요.	똑같이 비치니까요. 그런데 얼굴 모양이 엄지손가락을 치켜세운 것 같기도 하네요. 최고라고 하는 거죠. (엄지손가락?) 어떤 사람이 거울을 보면서 최고라고 으스대는데 그 마음이 엄지손가락으로 상징되는 거지요. 예전에 이런 비슷한 그림을 본 적이 있어요.	W+ Fr.Mᵖo H,Hx P 2.5 AB, PER,GHR
VII	17	타다 남은 종이	검은색과 흰색이. 어느 부분은 타고 어느 부분은 안 타고. 다 타지 않은 종이 같아요. 흰색이 타서 없어진 거고, 검은 부분은 까매진 거고. 없어지기 직전이에요.	WSv C'Fu Id MOR
	18	주물틀. 옛날 그리스에서 쓰던 도자기를 만드는 틀	빈 공간이 그렇게 보여요.	DSo Fu Ay,Hh
VIII	19	곰이 정상을 향해 나아가는 것. 물가여서 곰이 비쳐서 보이는 것	곰이 정상을 향해 가는 건데, 지금은 지쳐 보이네요. (지친다?) 지금까지 달려왔는데 물가 옆이라서 그런지 쉬고 있는 것 같아요. 속도도 느려지고요.	W+ Fr.FMᵖo A,Na P 4.5
IX	20	장독대 위에 물이 담겨있는데 돌이 떨어져서 물이 탁 튀고, 장독대는 깨진 것	녹색이 장독, 붉은색이 땅. 주황색은 튀는 모양. 위로 올라가는 것. 가운데는 돌이 떨어져서 장독이 반으로 깨졌어요.	W+ mᵃ- Hh,Na 5.5 MOR
X	21	파리 관광 홍보 사진 같아요.	맨 위에 검은색이 에펠탑이에요. 그 밑에 화려하게 마치 불꽃처럼 표현을 한 거죠. 파리가 기본적으로 패션, 미술, 예술 이쪽이다 보니. 파리에 여행 갔을 때 파리 관광 홍보책자에서 본 적이 있어요. (에펠탑?) 회색의 건물이니까요. (불꽃?) 여러 색깔이 화려해서 불꽃놀이 하는 것 같잖아요.	W+ mᵖ.FC'.CFo Art,Sc,Ex 5.5 PER
	22	왕이 신하를 거느리고 있어요.	왕관을 쓴 왕이 우두머리고, 양쪽에 신하들을 거느리고 있어요. 가장 중앙에서 최고의 모습으로 세상을 움직이는 힘을 발휘하고 있어요. (왕?) 왕관을 쓰고 화려한 옷을 입고 있고요. 왕 주변에 있는 건 신하들이에요. 왕을 받드는 거죠.	WS+ Mᵃ.CF- (2) H,Cg 6.0 PHR

■ 구조적 요약 결과: 비율(RATIOS), 백분율(PERCENTAGES), 산출한 점수(DERIVATIONS)

핵심 영역(CORE)					
R	= 22	L	= .29		
EB	= 5:3.5	EA	= 8.5	EBPer	= 1.4
eb	= 9:8	es	= 17	D	= −3
		Adj es	= 14	Adj D	= −2
FM	= 5	All C'	= 5	All T	= 3
m	= 4	All V	= 0	All Y	= 0

정서 영역(AFFECT)	
FC : CF+C	= 1:3
Pure C	= 0
SumC' : WSumC	= 5:3.5
Afr	= .22
S	= 4
Blends : R	= 9:22
CP	= 0

대인관계 영역(INTERPERSONAL)	
COP = 0	AG = 3
GHR : PHR	= 2:5
a : p	= 12:2
Food	= 0
SumT	= 3
Human Cont	= 5
Pure H	= 3
PER	= 3
ISO Index	= .45

관념 영역 (IDEATION)			
a : p	= 12:2	Sum6	= 0
Ma : Mp	= 4:1	Lv 2	= 0
2AB+(Art+Ay)	= 8	WSum6	= 0
MOR	= 5	M−	= 3
		M none	= 0

중재 영역 (MEDIATION)	
XA%	= .73
WDA%	= .73
X−%	= .27
S −	= 2
Popular	= 6
X+%	= .41
Xu%	= .32

처리 영역 (PROCESSING)	
Zf	= 17
W : D : Dd	= 16:6:0
W : M	= 16:5
Zd	= −5
PSV	= 0
DQ+	= 9
DQv	= 2

자기지각 영역 (SELF-PERCEPTION)	
3r+(2)/R	= .55
Fr+rF	= 3
SumV	= 0
FD	= 1
An+Xy	= 0
MOR	= 5
H : (H)+Hd+(Hd)	= 3:2

PTI	= 1	DEPI	= 5*	CDI	= 3	S−CON	= 8*	HVI	= NO	OBS	= NO

습적으로 지각할 수 있다(WSum6=0, XA%=.73, P=6). 그러나 다른 사람들이 편하게 볼 수 있는 영역을 잘 보지 못하고 자신이 효율적으로 처리할 수 있는 것 이상으로 주의가 확장되어 있으며(W:D:Dd=16:6:0), 이렇게 취합한 정보를 효율적으로 처리하지 못하고 전반적인 인상에 근거하여 다소 피상적으로 처리할 수 있어 보인다(Zd=-5). 그러다 보니 자기만의 독특한 방식으로 세상을 지각하거나(Xu%=.32), 사건의 중요성에 과도하게 의미를 부여하고 자신의 감정이나 생각을 지나치게 관여시킴으로써 사소한 자극도 쉽게 지나치지 못하고 정서적 고통감을 경험할 수 있겠다(L=.29). 특히 정서적 스트레스가 가중되거나 사회적 상호작용과 관련된 상황에서 지각의 정확성이 저하되는 경향이 있다(FQ- in 2, 3, 4, 9, 10). 또한 인간운동 반응에서 형태질이 저하된다는 점에서 사회적 상황을 정확하게 지각하지 못하고 오해석할 수 있겠고(M-=3), 분노와 관련된 상황에서 형태질이 저하된다는 점에서 분노 감정이 들 때 현실적인 판단을 하지 못하고 충동적으로 행동할 수 있겠다(S-=2).

스트레스 내성과 관련해서는, 기본적으로 스트레스 상황에 대처할 수 있는 건설적인 문제해결 능력과 정서적 처리 능력 등 기본적인 자원은 잘 발달되어있다(EB=5:3.5). 그러나 스트레스에 직면했을 때 지적인 결정을 내릴지 감정적인 결정을 내릴지 분명하지 않다 보니 문제 상황에서 일관적이고 효율적인 방식으로 대처하지 못하고 있을 수 있겠다(ambitent EB style). 또한 자신의 심리적 자원을 넘어서는 외적인 스트레스가 가중되어 있어 지속적으로 적응의 어려움을 경험하고 있는 상태이다(D=-3, Adj D=-2). 특히 충족되지 않은 욕구로 인한 충동적인 생각들이나 통제할 수 없는 외부 상황으로 인한 무력감이 파편화된 생각으로 나타나고 있어 정작 문제는 잘 해결되지 않고 심리적으로 복잡한 상태일 수 있겠다(FM=5, m=4).

다음으로 정서 영역을 살펴보면, 자기보고식 검사인 MMPI에서는 분노감을 제외하고는 우울이나 불안 등의 정서적인 어려움을 보고하지 않았으나, 심층적인 내면을 볼 수 있는 로르샤흐 검사에서는 상당한 수준의 정서적 고통감을 경험하는 것으로 판단된다(DEPI=5). 특히 H씨가 상담에서 자살사고를 보고한 적이 없으나 자살 지표(S-CON)가 유의하게 나타났다는 점은 그만큼 심리적 고통감이 크다는 것을 시사하므로 이후 자살과 관련된 추가적인 탐색이 필요하겠다.

주된 정서의 톤을 살펴보면, 상당한 수준의 우울감(C'=5)과 분노감(S=4)이 나타나고 있으며 정서적 결핍감으로 인한 외로움도 경험하는 것으로 보인다(ISO=.45, T=3). 그러나 이러한 부정적인 감정이 들 때에는 주지화의 방식을 통해 대처하고 있으며(Afr=.22, 2AB+(Art+Ay)=8), 자신이 감당할 수 없는 스트레스 상황, 특히 분노와 관련된 상황에서는 간혹 충동적으로 표출하는 경우가 있을 수 있겠다(MMPI 4-9 코드타입, FC:CF+C=1:3, S-=2, FQ- in 2, 9, 10). 특히 흥미로운 점은 주지화의 방어기제가 나타나는 양상이다. VI번 카드에 대해 '까맣게 탄 뱀'(MOR) 이후에 '고대의 현악기'(Ay)라고 반응하고, VII번 카드에 대해 '타다 남은 종이'(MOR) 이후에 '옛날 그리스에서 쓰던 주물틀'(Ay)이라고 반응하는 등 취약하고 손상된 지기상 이후에 주지화 반응이 나타난다. 이는 H씨가 가장 회피하고 싶은 감정 중 하나가 취약하고 손상된 자기상과 관련된 것임을 보여준다.

이런 점에서 H씨의 심리적 고통감은 자기상과 관련된 것이며, 특히 자기애성 성격장애의 특성인 과장된 자기상과 이면의 손상된 자기상의 불일치가 두드러진다. 먼저, H씨는 자신에게 지나치게 개인적 가치를 부여하면서 다른 사람의 욕구에 주의를 기울이지 못하는 등 자기중심적인 특성을 보인다(3r+(2)/R=.55). 이러한 자기중심적인 특성을 잘 보여주는 지표가 반사 반응(reflection)인데, 반사 반응은 타인을 독립적인 개체로 보지 못하고 자신의 욕구를 채워주는 자기애적 연장(narcissistic extension)으로 본다는 의미를 담고 있다(Huprich, 2010). 따라서 H씨의 반사 반응이 1개 이상이라는 것은 자신에 대해 지나치게 몰두되어있는 자기애적인 특성을 반영한다(Fr+rF=3). 또한 반응 내용에서도 '왕좌'(IV번 카드), '곰이 정상을 향해 나아가는 것'(VIII번 카드), '왕이 신하를 거느리고 있다'(X번 카드)와 같이 우월성에 대한 욕구가 드러나고 있다. 특히 로르샤흐 VII번 카드에서는 '거울을 보고 있는 사람. 얼굴 모양이 엄지손가락을 치켜세운 것 같다. 거울을 보면서 최고라고 으스대는데 그 마음이 엄지손가락으로 상징되는 거다'라고 반응하고 있는데, 추상화 반응(AB)을 통해 현실성을 유지하고는 있으나 '거울을 보고 있는 사람'과 '최고를 상징하는 엄지손가락'이 거의 CONTAM 반응과 유사할 정도로 융합되어 있다는 점에서 자신을 과시하고자 하는 욕구가 비현실적일 만큼 상당하다고 하겠다.

그러나 그 이면에는 손상되고 결함 있는 자기상이 고통스럽게 자리 잡고 있는 것으로 판단된다(MOR=5). 가령 '우스꽝스러운 광대'(II번 카드), '타다 남은 종이'(VII번 카드), '깨진 장독대'(IX번 카드)와 같은 손상되고 수치스러운 내용이 나타나고 있다. 특히 '불 속에서 빠져나오는 뱀. 밑에 물이 있어서 반사되어 비치는 것. 까맣게 다 탔네요. 무기력하고 슬퍼 보여요'(VI번 카드)와 같이 반사 반응임에도 불구하고 '까맣게 다 타버린 무기력하고 슬픈 감정'이 그대로 드러나고 있다. 이런 점에서 H씨는 손상되고 결함이 있는 자기상을 마주하는 것이 고통스럽기 때문에 이를 과잉보상하면서 지나치게 과장된 자기를 드러내는 등의 자기애적 특성을 보이는 것으로 판단된다.

그러나 현재는 이러한 과잉보상의 노력들이 실패하여 내적으로 상당히 우울하고 지친 상태로 여겨진다. 반응 내용에서도 '곰이 정상을 향해 가는데 지금은 지쳐 보이네요. 지금까지 달려왔는데 쉬고 있는 것 같아요. 속도도 느려지고요.'(VIII번 카드)라고 반응하는 등 사회적 성공과 출세를 향해 달리다가 난관을 만난 상태가 지친 모습으로 나타난다.

한편, 대인관계를 살펴보면 H씨는 기본적으로 사람에 대한 관심을 유지하고 있고 (H=3), 다른 사람에게 공감할 수 있는 기본적인 능력을 갖추고 있다(M=5). 그러나 인간 반응의 내용을 살펴보면 3개의 반응이 '거울을 보는 사람', '하녀', '왕'과 같은 자기애적인 주제를 담고 있으며, 특히 사회적 상황에서 지각의 정확성이 저하되기 때문에 사회적 상황에서 자기나 타인에 대해 현실적으로 판단하지 못하고 임의적으로 왜곡하면서 오해석할 수 있겠다(M-=3).

구체적으로 살펴보면, 대인관계에서 다른 사람과 상호성에 기반하여 협력적인 관계를 맺기보다는 타인을 지각할 때 '우월함'과 '열등감'의 구도로 바라보는 경향이 있다. 이러한 관계 양상은 반응 내용에서 드러나는데, '높은 산'(IV번 카드), '왕좌'(IV번 카드), '왕'(X번 카드)이라는 우월한 대상뿐 아니라 '하녀'(III번 카드), '왕을 받드는 신하'(X번 카드)와 같은 열등한 대상이 함께 등장하고 있다. 자기상에서 언급했듯이, 반사 반응이 많은 사람들은 타인을 자신의 욕구를 채워주는 자기애적 연장으로 본다. 따라서 H씨는 열등한 대상을 우월한 대상의 욕구를 채워주는 '기능'을 하는 것으로 지각하면서 자기중심적인 방식으로 관계를 맺을 수 있겠다. 이러한 자기중심적인 양상은 개인화 반응에서도 드러난다(PER=3). 개인화 반응은 자신의 반응을 정당화하는 과정에서 개인의 지식이나 경험을 언급할 때 채점하는 것으로, 다른 사람에게 이해 가능한 논리적인 방식이 아니라 자신의 경험에 근거하여 정당성을 주장하는 것이기 때문에 자기중심성을 나타내는 좋은 지표이다(Huprich, 2010). 아울러 '하녀 2명이 물건을 서로 가져가려고 해요'(III번 카드), '사마귀'(III번 카드)와 같은 반응을 보면, 다른 사람과의 관계를 호의적으로 보지 못하고 경쟁적으로 바라보거나 타인의 반응에 예민한 상태일 수 있겠다(COP:AG=0:3).

그럼에도 불구하고 내적으로는 정서적 결핍감으로 인한 상당한 외로움이 자리 잡고 있는 것으로 판단된다(ISO=.45). 먼저 로르샤흐 첫 반응에서 '마른 낙엽 부스러기'(I번 카드)와 같이 소외지수에 해당하는 반응을 하는 등 외로움이 나타난다. 또한 재질 반응(T)이 3개인 점은 애착 문제를 반영하는 것으로, 좌절된 친밀감의 욕구를 다른 사람과의 관계에서 충족하려고 애쓰는 상태로 볼 수 있겠다. 특히 친밀한 관계에 대한 표상을 볼 수 있는 VI번 카드에서 '까맣게 타버린 뱀이 물에 비친 것'으로 반응하면서 반사 반응과 손상된 반응이 함께 나오고 있다. 반사 반응은 앞서 언급했던 자기중심적인 특성을 의미하기도 하지만, 한편으로는 자신을 반영(mirroring)해주기를 바라는 욕구의 표현일 수 있다. 그러므로 이 반응은 까맣게 타버린 손상된 자기를 누군가가 끊임없이 공감하고 반영해주기를 바라는 것일 수 있겠다.

덧붙여서 로르샤흐 검사의 IV번 카드를 아버지 카드, VII번 카드를 어머니 카드라고 볼 수 있는지에 대해서는 논란이 있긴 하나, 부모와의 관계를 볼 수 있다는 점에서 참고적으로 살펴볼 필요가 있겠다. 먼저 IV번 카드에서는 '판, 무서운 신', '높은 산', '왕좌'라고 반응하고 있어 H씨는 아버지를 '높고 거대하고 무서운 대상'으로 지각하는 것으로 보인다. 아울러 VII번 카드에서는 '거울을 보는 사람, 얼굴모양이 엄지손가락을 치켜세운 것 같아요'라고 반응하고 있는데, 이는 주지화의 방식으로 통제하고는 있지만 자극을 비현실적으로 지각할 만큼 어머니가 자신의 이상적인 모습을 반영해주기를 바라는 마음이 상당하다는 것을 상징적으로 보여준다.

4) 그 외 검사

(1) Young 심리도식 질문지

심리도식치료를 개발한 Young은 내담자의 초기 부적응 도식을 평가하기 위한 도구로 자기보고식 검사인 'Young 심리도식 질문지(Young Schema Questionnaire 3rd version: YSQ-L3)'(Young & Brown, 2003; Young et al., 2003/2005)를 활용할 것을 제안하고 있다.

이 외에도 양육 질문지, 회피 질문지, 과잉보상 질문지, 양식 질문지가 있으므로 평가 단계에서 이러한 질문지들을 활용할 수 있을 것이다(국내에서는 한국판 Young 심리도식 질문지를 활용할 수 있다.)(최영희, 이동우, 2017).

H씨는 심리도식 질문지에서 '특권의식/과대성' 도식과 '엄격한 기준/과잉 비판' 도식이 상대적으로 높게 나타났는데, 이 도식들은 모두 기능적으로 '조건적인 대처 도식'이라는 점이 두드러진다. 일반적으로 심리도식 질문지에서는 핵심 도식과 대처 도식이 함께 높게 나오는 경우가 많다. H씨가 핵심 도식 없이 대처 도식만을 보고했다는 것은 핵심 도식으로 인한 고통감이 크기 때문에 의식적으로 이를 회피하면서 자기보고식 질문지에서는 자신의 강한 방식만을 보고한 것으로 볼 수 있겠다.

(2) HTP 검사

집 그림을 보면, 우선 집의 크기가 매우 크다. 집이 가족에 대한 표상을 나타낸다는 점에서 집의 크기가 크다는 것은 일반적으로 가족에 대한 표상이 긍정적임을 나타낼 수 있다. 그러나 H씨의 경우 종이를 초과할 정도로 집을 과도하게 크게 그린 점, 문을 한쪽 문이 아닌 양쪽 문으로 그린 점, 창문을 크게 그린 점 등을 고려하면, 가족 내에서의 정서적 결핍감을 과잉보상하기 위해 외부로부터의 인정이나 관심을 지나치게 추구하는 상태로 볼 수 있겠다.

가족 내에서의 정서적 결핍감은 '밥을 하느라 굴뚝에서 연기가 난다', '벽돌과 유리로 만들어서 햇볕이 잘 든다'는 답변에서도 드러난다. 굴뚝에 연기가 나는 것은 가족 내에서 지지와 보살핌을 받지 못해 나타나는 불안감을, 햇볕이 잘 들기를 바라는 것은 따뜻한 애정에 대한 욕구를 나타낸다는 점에서 원가족 내에서 따뜻한 애정이 결핍되어 있음을 추론해볼 수 있다. 그러나 H씨는 이러한 정서적 결핍감을 현재의 가족이 아닌 자신이 꿈꾸는 미래의 가족을 그림으로써 과잉보상하고 있다. 집 그림에서 현재의 가족을 그리지 않는 경우는 대개 가족과의 관계가 만족스럽지 않음을 나타낸다. H씨는 현재의 가족이 있는 집 대신 자신이 바라는 성공한 삶을 반영한 집을 그렸으며, 이는 성공한 삶을 통해 가족 내에서의 정서적 결핍감을 보상받고자 하는 마음을 드러낸다. 그 밖에 집 옆에 큰 나무가 있는 것은 자신의 가족에 대해 드러내고 싶지 않은 마음을 반영한 것일 수

치료자	몇 명이 살고 있나?
H씨	3명(남편, 아내, 아기)
치료자	분위기는 어떤가?
H씨	화목하다. 밥을 하느라 굴뚝에서 연기가 난다.
치료자	부족한 것이 있다면?
H씨	미국의 도시 외곽에 있는 집이라서 이웃하고 멀리 떨어져 있다.
치료자	무엇으로 만들었나?
H씨	벽돌과 유리. 햇볕이 잘 들 수 있도록.
치료자	앞으로 어떻게 될 것 같은가?
H씨	내가 늘 꿈꿔왔던 집이다. 성공해서 이런 집에서 살고 싶다.

치료자	몇 년 된 나무인가?
H씨	500년 된 나무
치료자	건강 상태는 어떠한가?
H씨	비도 맞고 벼락도 맞아서 아프다.
치료자	무슨 생각을 하고 있을까?
H씨	나는 왜 벼락 맞게 태어났을까. 하지만 병이 들어도 살아있으니까 괜찮다. 대단하다.
치료자	주변에 있는 것은?
H씨	주변에 여러 나무가 있지만 이 나무가 가장 크고 굵어서 돋보인다.
치료자	소원은?
H씨	신을 잘 믿어서 평생 아프지 않게 살 것이다.

치료자	몇 살인가?
H씨	35살
치료자	무엇을 하고 있는 모습인가?
H씨	세계 석학들이 모인 학회에서 발표를 하고 있다.
치료자	기분은 어떤가?
H씨	자신이 성취한 걸 자랑스러워하고 있다.
치료자	무슨 생각을 하고 있나?
H씨	내가 최고다. 다른 사람들이 나를 우러러보는 것 같다.
치료자	성격은 어떤가?
H씨	깔끔하고 세련되고 자유롭다.
치료자	소원은 무엇인가?
H씨	내 분야에서 이룬 최고의 업적들이 영향력을 발휘해서 세상이 바뀌는 걸 보고 싶다.

치료자	몇 살인가?
H씨	27살
치료자	무엇을 하고 있는 모습인가?
H씨	여행 와서 사진 찍는 모습
치료자	기분은 어떤가?
H씨	여행을 왔으니 설렌다.
치료자	무슨 생각을 하고 있나?
H씨	신난다.
치료자	성격은 어떤가?
H씨	쾌활하고 재미있고 따뜻하다
치료자	소원은 무엇인가?
H씨	야망이 커서 무언가를 이루고 싶다. 출세해서 남편에게 자랑하고 싶다.

있고, 문과 창문을 크게 그리면서도 창문에 블라인드를 쳐둔 것은 다른 사람과의 친밀한 관계를 원하면서도 동시에 불편감을 느끼는 상태를 반영하는 것일 수 있다.

무의식적인 자기상을 엿볼 수 있는 나무 그림을 살펴보면, 나무는 500년 된 나무로 크기가 매우 크고, 주변에 여러 나무가 있지만 "이 나무가 가장 크고 굵어서 돋보인다."라는 언급에서 과대한 자기상이 드러난다. 그러나 정작 이 나무는 '벼락 맞은 나무'라는 점에서 내면에는 상당한 취약성이 자리 잡고 있다. 결국 굵은 나뭇가지에서 표현되는 과도한 대처 노력과 종이를 초과할 정도로 큰 크기는 내면의 취약함을 과잉보상하면서 오히려 과시적으로 대처하고 있음을 나타낼 수 있겠다. 또한 나무를 그리면서 종이의 밑면을 땅처럼 그린 경우는 내면의 불안정감이 상당히 심해 안정감을 줄 수 있는 의존의 대상을 추구하는 것으로 해석되는데, H씨의 경우도 내면의 취약성에 대해 안정감을 얻을 수 있는 누군가를 필요로 하는 것으로 볼 수 있겠다.

남자 그림을 살펴보면, 정장을 입은 멋진 사람이 무대 위에서 조명을 받고 있는 그림을 그린 점이 특징적이다. 사후 질문에서도 "세계 석학들이 모인 학회에서 자신의 최고 업적을 발표하고 있다.", "내가 최고다. 다른 사람들이 나를 우러러보는 것 같다."고 언급하는 등 사회적 성공에 대한 기대와 우월감이 드러나고 있다. 그러나 흥미로운 점은 화려한 겉모습과는 달리 정작 자신을 무대의 중앙에 그리지 못할 만큼 내적으로는 자기상이 취약하다는 점이다. 또한 남자 그림은 다른 그림보다 필압이 강한 편인데, 스케치 선으로 여러 번 덧칠하면서 통제하고는 있지만 내적인 불안감도 드러나고 있다. 대인관계의 측면에서도 자신은 화려하게 그렸지만 다른 사람들은 무대 아래에 동그라미로 표현하고 있다는 점에서, 타인을 독립적인 존재로 보기보다는 자신을 우러러보는 자기애적인 연장으로 바라볼 수 있겠다. 또한 선글라스를 끼고 있는 모습이나 다섯 손가락을 그리지 못하고 물건을 잡고 있는 손을 그린 것은, 겉으로는 자신을 화려하게 포장하고 있지만 다른 사람과의 진실한 상호작용에는 어려움을 겪을 수 있음을 나타낸다.

여자 그림에서도 화려한 머리카락, 목걸이, 명품 핸드백으로 치장한 그림을 그리는 등 과장된 자기상이 드러나고 있다. 사후 질문에서도 "야망이 커서 무언가를 이루고 싶다. 출세해서 남편에게 자랑하고 싶다."라고 언급하는 등 사회적 성공과 출세에 대한 욕구가 드러난다. 그러나 경직된 자세, 스케치선, 핸드백을 잡느라 그리지 못한 손가락 등은 내적인 불안감과 사회적 관계에서의 어려움을 나타낸다.

5) 사례개념화

H씨를 사례개념화할 때 이론적 입장에 따라 다양하게 분석할 수 있다. 여기에서는 심리도식치료를 기반으로 인지행동치료적 관점에서 사례개념화를 하고자 한다(288쪽 Young의 심리도식치료 모형 참고).

사례개념화를 위해서는 먼저 H씨의 주요 문제를 살펴볼 필요가 있다. 상담센터 방문 시 H씨가 호소했던 문제는 '① 교수 임용에서 여러 번 불합격하면서 경험했던 분노감'이다. 이 사건은 지금까지 성공과 출세의 길을 달려온 H씨에게 이 모든 노력이 실패할지도 모른다는 불안감과 우울감을 촉발했던 것으로 보인다. H씨는 이러한 부정적인 감정을 그대로 드러내기보다 학교와 다른 사람을 평가절하하면서 분노로 표현하고 있다.

또한 H씨의 주 호소 문제 외에 상담자가 파악한 H씨의 문제도 추가적으로 살펴볼 필요가 있다. 상담에서 가장 드러나는 문제는 '② 자신의 우월감을 드러내려는 과시적인 모습'이다. 상담자의 전문성을 확인하기 위한 질문들, 검사 시의 거만한 태도, 교수 임용과 관련해서 학교나 다른 사람에 대해 분노하는 모습들은 자신의 우월감을 드러내는 자기애적인 특징이라고 볼 수 있다. 아울러 이러한 모습들은 '③ 대인관계에서도 자기과시적이고 자기중심적인 모습'으로 드러나고 있는데, 이 또한 주요 문제에 포함될 수 있다. 상담 초기에는 확인되지 않았으나 상담이 진행되면서 '④ 취약하고 손상된 자기상', '⑤ 권위적인 아버지와의 관계에서의 무력감과 분노감', '⑥ 정서적으로 충족되지 않은 애정욕구로 인한 외로움' 등의 문제도 추가적으로 확인되었다.

다음으로는 이러한 주요 문제 이면에 있는 심리적 기제를 살펴볼 필요가 있다. 우선 심리도식치료의 관점에서 H씨를 분석한다면, 무조건적인 핵심 도식은 '결함/수치심' 도식과 '정서적 결핍감' 도식이며, 조건적인 대처 도식은 '특권의식/과대성' 도식과 '엄격한 기준/과잉 비판' 도식일 수 있다.

자세히 들여다보면 H씨가 경험하는 문제 이면에는 '나는 결함이 있어'(결함/수치심 도식), '나는 사랑받을 수 없어'(정서적 결핍감 도식)와 같은 핵심 도식이 자리 잡고 있는 것으로 판단된다. H씨의 아버지는 매우 권위적이고 처벌적이며 성공만을 강조하는 사람으로, 어려서부터 H씨에게 '교수가 되는 것'만이 유일한 성공과 출세의 길이라는 것을 강조해왔다. 또한 아버지에게 H씨는 자신의 부족한 학력을 보상하기 위한 대리물, 즉 자기애적 연장이었던 것으로 보인다. 그런 점에서 아버지의 기대를 충족시킬 때는 자랑할 만한 아들이지만, 그렇지 않은 경우에는 심한 체벌을 하면서 조건적인 방식으로 양육해왔던 것으로 보인다. 실제로 H씨가 영리하고 학업 성적도 우수했기 때문에 아버지의 기대에 어느 정도 부응할 수 있었지만, 내적으로는 '나는 결코 아버지의 기대를 채울 수 없는 부족한 존재야', '나는 결코 사랑받을 수 없을 거야'라는 도식을 발달시켜 왔을 것으로 보인다.

그리고 이러한 핵심 도식 형성에는 어머니의 영향도 있다고 판단된다. 어머니는 아버지와의 갈등으로 인해 매우 우울한 상태였기 때문에 아이의 양육에 필요한 안내, 조언, 돌봄, 공감, 수용 등을 제공해주지 못했던 것으로 보인다. 특히 아이가 효능감을 갖기 위해서는 부모의 지도와 안내를 통한 성공 경험이 필요한데, H씨는 어린 시절 옷차림이나 준비물, 학업과 관련해서 체계적인 방식으로 교육받지 못했다. H씨가 자기만의 방식으로 나름대로 대처하기는 했으나 그런 경험들이 진정한 효능감으로 연결되지 못하면서 '나는 부족한 사람'이라는 결함/수치심 도식이 강화되었던 것으로 보인다. 아울러 아버지의 조건적인 수용과 심리적으로 연결감을 느끼지 못했던 어머니와의 관계 속에서 H씨는 충분한 사랑을 받지 못했다고 느껴왔을 것이고, 이러한 정서적 결핍감으로 인해 내적으로는 깊은 외로움을 경험해왔던 것으로 보인다.

이런 과정에서 H씨는 '특권의식/과대성'과 '엄격한 기준/과잉 비판'이라는 대처 도식을 발달시켜 왔다고 판단된다. 거대하고 강하고 무서운 아버지에게 대항할 수 없었던 H씨는 이러한 무력감에 대한 과잉보상으로 오히려 과장된 자기상을 발달시키고, 아버지가 강조했던 '교수가 되는 것'만이 유일한 성공과 출세의 길이라고 생각하면서 휴식, 여가, 대인관계를 포기하면서까지 완벽한 성공의 기준을 달성하기 위해 살아왔던 것으로 보인다. 특히 과장된 자기상과 관련하여 H씨는 아버지의 처벌과 비난에 무기력했던 자신을 수치스럽게 기억하고 있었다. 그러면서 아버지처럼 강한 힘을 키우는 것만이 무시당하지 않는 유일한 방법이라고 생각하여 자신도 다른 사람 위에 군림하고, 오히려 아버지처럼 다른 사람을 무시하고 비난하는 식으로 관계를 맺어왔던 것으로 보인다.

그러나 완벽한 모습으로 과장된 자기를 추구해왔던 대처방식은 아버지가 제시한 길이었지 자신의 선호와 가치에 따라 선택한 길이 아니었고, 성취 이외에 다른 영역에서 능력이나 적성을 발달시킬 수 없었다는 점에서 내적인 공허감을 가중시켜 왔던 것으로 보인다. 또한 이러한 대처방식은 진정한 자기와 연결되지 못하고 성과에 따라 자신을 조건적으로 평가하는 것이기 때문에, 그러한 조건이 사라지면 언제라도 결함 있는 취약한 자기가 드러날 수밖에 없다는 점에서 부적응적일 수 있다. 대인관계에서도 거만하고 자기중심적인 모습은 H씨가 늘 바랐던 다른 사람과의 친밀한 관계를 맺기 어렵게 만든다는 점에서 정서적 결핍감으로 인한 외로움을 가중시켜 왔을 것이다. 이처럼 고립된 사회적 관계로 인해 자기중심적인 모습에 대한 통찰이나 반성의 기회 역시 제한되어 자기중심성은 변하지 않고 영속화되어 왔던 것으로 생각된다.

이런 점에서 최근 교수 임용에 불합격한 사건은 최고의 삶을 살기 위해 부단히 애써온 과정에서 자기애적 상처를 준 촉발 사건으로 보인다. 하지만 H씨는 결함을 가진 자기를 확인하고 내적으로는 우울해하면서도 이를 회피하기 위해 환경이나 다른 사람을 탓하며 분노하고 있다. 이렇듯 치료기관에 와서도 분노 외에 우울감이나 불안감, 수치심 등 자신의 취약한 모습을 드러내기 어려워한다는 점은 치료를 방해하는 요인이 될 수 있을 것이다.

 심리 진단 검사 보고서 요약

1 **진단적 인상(diagnostic impression)**
  자기애성 성격장애, 외현형(Narcissistic Personality Disorder, overt type)

2 **치료적 제언(recommendation)**
  정신역동치료, 인지행동치료, 심리도식치료

특성과 치료

1) 자기애성 성격장애의 진단

(1) 진단기준과 임상 양상

DSM-5 자기애성 성격장애 진단기준(APA, 2013/2015)은 다음과 같다.

DSM-5 자기애성 성격장애(Narcissistic Personality Disorder) 진단기준

과대성(공상 또는 행동상), 숭배에의 요구, 감정이입의 부족이 광범위한 양상으로 있고 이는 청년기에 시작되며 여러 상황에서 나타나고, 다음 중 5가지(또는 그 이상)로 나타난다.

1. 자신의 중요성에 대한 과대한 느낌을 가짐(예. 성취와 능력에 대해 과장한다. 적절한 성취 없이 특별 대우 받기를 기대한다)
2. 무한한 성공, 권력, 명석함, 아름다움, 이상적인 사랑과 같은 공상에 몰두함
3. 자신의 문제는 특별하고 특이해서 다른 특별한 높은 지위의 사람(또는 기관)만이 그것을 이해할 수 있고 또는 관련해야 한다는 믿음
4. 과도한 숭배를 요구함
5. 특별한 자격이 있는 것 같은 느낌을 가짐(즉, 특별히 호의적인 대우를 받기를, 자신의 기대에 대해 자동적으로 순응하기를 불합리하게 기대한다)
6. 대인관계에서 착취적임(즉, 자신의 목적을 달성하기 위해서 타인을 이용한다)
7. 감정이입의 결여: 타인의 느낌이나 요구를 인식하거나 확인하려 하지 않음
8. 다른 사람을 자주 부러워하거나 다른 사람이 자신을 시기하고 있다고 믿음
9. 오만하고 건방진 행동이나 태도

DSM-5의 진단기준을 기반으로 자기애성 성격장애의 인지적 특성을 살펴보면, 자기애성 성격장애는 자신의 중요성에 대해 과장되게 지각하며(진단기준 1), 무한한 성공, 권력, 이상적 사랑과 같은 공상에 몰두하는 경향이 있다(진단기준 2). 즉, 이들은 '과대한 자기상'을 보이면서 '우월성'에 집착한다. 자기애성 성격장애는 성취나 지위, 재산, 사회적 명성과 같은 외적 지표들이 자신의 가치를 증명한다고 생각하며 그러한 공상에 몰두한다. 그렇기 때문에 외적 지표를 손에 넣을 수 없거나 상실했을 때 자신에 대해 무가치감을 느끼면서 자존감이 급격히 추락한다.

또한 자기애성 성격장애는 자신의 우월성에 대한 외적 지표들이 중요한 만큼, 다른 사람들을 평가할 때도 높은 지위나 특별한 자격 등의 외적 지표들을 중요하게 여긴다. 가령 문제를 해결하기 위해 전문가를 찾을 때도 현실적인 장점이나 단점은 고려하지 않고 사회적 지위나 명성 등 외적 지표에 집착한다. 특별하고 높은 지위를 가진 사람들을 과도하게 이상화하면서 신뢰하며, 그러한 사람만이 자신을 이해해주고 그들과 어울려야 자신의 가치를 유지할 수 있다고 생각한다(진단기준 3). 그렇지만 누군가를 이상화했다가도 그의 불완전성이 발견된다면 단숨에 그 자리에서 끌어내리는 평가절하를 반복한다.

다음으로 자기애성 성격장애의 대인관계 양상을 살펴보면, 이들은 다른 사람에게 특별한 대우를 받기를 바라면서 과도한 숭배와 찬사를 요구하는 경향이 있다(진단기준 4, 5). 자신만이 특별하고 우월한 존재이기 때문에 관계에서도 자신이 통제력을 행사해야 하고, 다른 사람들은 자신의 지시에 순응해야 한다고 생각한다. 따라서 상대방이 지시를 따르지 않거나 자신의 욕구를 충족시키지 못할 경우에는 크게 화를 내거나 단절한다. 또한 이러한 특권의식은 일반적인 규칙이나 법칙으로부터 자신은 예외자라는 가정으로 나타날 수도 있다. 가령 특별한 자기에게는 위험이나 재난, 질병도 일어날 수 없는 일이라고 가정하기 때문에 그러한 신호를 무시하면서 무모하게 행동할 수 있다.

이렇듯 자기애성 성격장애는 다른 사람을 그들의 욕구와 권리를 가진 독립된 개체로 보지 못하고 자신의 욕구를 충족시켜주는 '도구로서의 관계'를 추구하는데, 이러한 특성을 '자기애적 연장(narcissistic extension)'이라고 한다. 이들은 자신의 내적 정당성을 확인하기 위해 타인을 필요로 하며, 자신의 욕구 충족을 제외하고는 관계에서의 다양한 측면들을 중요하게 생각하지 않는다. 이런 점에서 자기애성 성격장애는 다른 사람의 감정이나 요구를 인정하지 않고, 자신의 목적을 위해 타인을 이용하는 등 대인관계에서 착취적이며, 오만한 태도를 보일 수 있다(진단기준 6, 7, 9).

마지막으로 자기애성 성격장애의 정서적 특징을 살펴보면, 이들은 다른 사람을 자주 부러워하거나 다른 사람이 자신을 시기하고 있다고 믿는 경향이 있다(진단기준 8). 질투심(envy)은 자기애성 성격장애가 주로 경험하는 정서 중 하나이며, 이와 관련하여 수치심(shame)도 자주 경험한다. 먼저 수치심은 스스로를 불충분하다고 느끼는 감정이다. 즉, 스스로 그렇게 되어야 한다는 기대나 이상에 비해서 부족하다고 느끼는 자기평가 과정이 수반되므로 수치심의 중심에는 결함이 있다는 느낌이 존재한다. 여기에서 청중은 자신의 바깥에 존재한다. 그렇기 때문에 수치심은 자신의 부족함이나 취약함에 대한 느낌일 뿐 아니라, 그것이 다른 사람에게 드러나 비난이나 경멸을 받을지도 모른다는 내적 경험과 관련된다. 이런 점에서 자기애적인 사람들은 질투심에 취약할 수 있다. 즉 나에게 무언가 부족함이 있고 이 부족함이 다른 사람에게 언제라도 노출될 우려가 있다면, 부족함 없이 만족스러워 보이는 사람이나 나에게 없는 것을 가지고 있는 사람에게 질투심을 느낄 수 있다. 따라서 이들은 상대가 가진 것을 부러워하며 그 세계에 편입되려고 애쓰거나, 때로는 상대가 가진 것을 비웃거나 비난하면서 파괴하려고 들 수 있다(박경순, 2011).

지금까지 자기애성 성격장애를 평가하기 위해 DSM-5의 진단기준에 제시된 특징들을 위주로 살펴보았다. 자기애성 성격장애는 겉으로 보이는 '특별함과 우월감' 이면에 '열등감과 무가치감'이라는 취약성을 갖고 있다. 하지만 DSM-5의 진단기준은 외현적인 특성에 초점을 맞추기 때문에 자기애성 성격장애가 보이는 내적인 취약성을 반영하지 못한다는 한계가 있다. 따라서 자기애성 성격장애를 정확하게 진단하고 평가하기 위해서는 내적인 취약성을 함께 고려할 필요가 있다.

(2) 하위 유형

자기애성 성격장애를 평가하고 진단할 때에는 다른 장애와의 감별 진단도 중요하지만 특히 하위 유형을 잘 구분하는 것이 중요하다(박세란, 2004; 황선정, 조성호, 2015; Foster & Campbell, 2007). 지금까지 자기애성 성격장애는 겉으로 드러나는 현상적인 차이를 기반으로 두 가지 하위 유형으로 구분되어왔다. 가장 널리 사용되는 용어로는 Akhtar와 Thompson(1982)이 제안한 '외현적 자기애(overt narcissism)'와 '내현적 자기애(covert narcissism)'를 들 수 있다. 이 견해에 따르면 얼굴에 두꺼운 가면을 쓰고 자기가 잘났다고 으스대면서 다른 사람에게 불쾌감을 주는 것도 자기애성 성격장애이지만, 자신의 취약함을 드러내지 않기 위해서 다른 사람의 눈치를 살피고 신경 쓰는 것도 자기애성 성격장애일 수 있다.

그러나 최근에는 이러한 구분에 비판이 제기되고 있다. Pincus와 Lukowitsky(2010)는 외현적 자기애와 내현적 자기애라는 표현에는 자기애성 성격장애의 핵심적 특징이 외부로 표현되느냐 내부에 숨어있느냐에 따라 두 하위 유형이 구분된다고 오해할 여지가 있다는 문제를 지적한다. 이에 자기애성 성격장애의 차별적인 두 가지 특징을 '자기애적 웅대성(narcissistic grandiosity)'과 '자기애적 취약성(narcissistic vulnerability)'이라고 표현할 것을 대안적으로 제안하고 있다.

먼저 자기애적 웅대성은 자기의 부정적인 측면을 억압하고 실질적인 성취나 능력이 없는 상태에서도 특권 의식적 태도와 과장된 자기상을 유지하고자 하는 경향성, 무한한 힘이나 우월성에 대한 공상을 지니는 것, 대인관계에서 공감이 결여되어있고 착취적이며 강렬한 시기와 공격성을 보이는 것과 관련된다. 반면 자기애적 취약성은 의식적인 수준에서의 무기력감과 공허감, 낮은 자존감, 이상적인 자기표상이 불가능하거나 자신이 필요로 하는 감탄을 받지 못할 때 수치심을 느끼는 것, 자기에 대한 위협을 다룰 때 사회적으로 철수되는 것과 관련된다.

그렇다면 자기애적 웅대성 또는 취약성이라는 개념과 기존 학자들이 사용한 외현적 또는 내현적 자기애라는 개념은 어떻게 관련되는가? Pincus와 Lukowitsky(2010)는 자기애적 웅대성과 취약성이라는 개념은 일종의 표현형(phenotype)이고 자기애성 성격장애는 두 가지 특성을 모두 나타내기 마련이므로, 어떤 표현형을 지니고 있느냐보다는 두 표현형 간의 상대적인 수준 차이가 더 중요하다고 제안한다. 이와 관련하여 자기애성 성격장애의 하위 유형에 대한 여러 연구들이 진행되고 있으며, 대체로 웅대성 자기애 집단은 외현적 자기애와, 취약성 자기애 집단은 내현적 자기애와 유사한 특징을 공유하는 것으로 확인되었다(양진원, 2012).

이러한 관점에서 자기애성 성격장애는 일반적으로 '외현적 자기애 또는 웅대성 자기애 집단'과 '내현적 자기애 또는 취약성 자기애 집단'으로 구분할 수 있으며, 그 특성을 제시하면 다음과 같다. 먼저 '외현적 자기애 또는 웅대성 자기애 집단'은 전형적인 자기애의 특성이 외적으로 드러나는 경우로, DSM-5 진단기준에 부합하는 유형이다. 이들의 자기 표상은 웅대하고 자기과시적이며 자기중심적이다. 대인관계에서도 다른 사람을 쉽게 이용하고 무시하며 거만한 태도로 대하는 등, 자신의 행동이 타인에게 어떻게 비치는지에 대한 인식이 부족하다. 또한 타인을 자신과 분리된 존재로 보지 못하고 '나를 칭찬해주고 대단하다고 해주는 거울 반응의 공급자이자, 내가 하라는 대로 나를 충족시켜 주는 도구적 존재'로 인식하는 경향이 있다.

이와 달리 '내현적 자기애 또는 취약성 자기애 집단'은 수줍고 소심한 유형으로, 자기 표상이 열등하고 취약하며 자기확신이 부족해 보인다. 대인관계에서도 타인의 평가나 비판에 예민하여 늘 주변 사람들의 반응을 살피고, 자존감에 위협이 될 만한 상황을 회피하거나 자신을 드러내지 않으려고 한다. 때로는 타인에게 공감을 나타내기도 하는데, 이는 타인에 대한 진정한 관심이기보다는 그들을 비밀스럽게 모의하고 질투하는 것일 수 있다. 그러나 과민한 행동 양상의 기저에는 '나는 상처받아서는 안 되고, 거절당해서도 안 되며, 못하는 것이 있어서도 안 되는 사람이다'라는 웅대한 자기상이 있으며, 타인을 분리된 존재로 인식하지 못하고 '나를 인정해주거나 비판하는, 나에 대한 평가를 위해 존재하는 나의 연장선'으로 여긴다는 점에서 자기애적인 특성을 보인다.

(3) H씨의 사례

앞서 제시한 사례의 H씨는 지금까지 많은 성취를 이루고 주변의 찬사를 받으며 우월감으로 무장한 채 살아오다가, 최근 교수 임용이 원하는 대로 되지 않자 자기애적 상처를 입고 분노를 느끼며 내원한 경우이다. 자기애성 성격장애의 진단기준에 따라 H씨의 특성을 분석하면 다음과 같으며, 하위 유형은 '외현적 자기애 유형'으로 볼 수 있겠다.

먼저 H씨의 인지적 특성을 살펴보면, 자신을 특별하고 대단한 존재라고 여기는 과대한 자기상을 갖고 있으며 사회적 성공과 출세와 같은 외적 지표에 집착한다는 점에서 자기애적 특성을 보인다. 그런 점에서 성공과 출세를 보장해주는 유일한 길이라고 생각했던 교수가 되지 못했다는 사실은 과대한 자기상에 손상을 입힌 사건일 수 있다. 특히 흥미로운 것은 이에 대한 대처이다. H씨는 우울감을 느끼는 것조차 자신의 취약성을 드러내는 것이라고 생각하면서, 우울감을 호소하기보다는 학교나 다른 사람들을 평가절하하거나 분노함으로써 자기상을 유지하고자 한다.

대인관계 특성을 보면, H씨는 다른 사람이 특별한 대우를 해주기를 바라면서 그러한 욕구가 충족되는 소수의 사람들과만 관계를 맺는다. 그 관계에서도 자신이 중심이 되고 통제력을 행사하며 다른 사람들이 자신의 지시를 반드시 따라야 한다고 생각한다. 이는 타인을 자기애적 연장으로 보는 자기애적 특성이라고 볼 수 있다. 또한 연인관계에서도 자신이 우위를 차지하려고 하는데, 최근 애인이 먼저 헤어지자고 한 사건에 대해서도 자신의 우월성에 도전하는 행위로 여기면서 분노감을 경험하고 있다.

정서적 특성은 다음과 같다. H씨가 사회적으로 성공한 사람들을 부러워하면서 그러한 사람들이 모여있는 주류 세계에 편입되고자 애쓰는 것과 다른 사람에게 거만하다는 평을 들을 때 무능한 타인들이 자신을 질투하기 때문이라고 생각하는 것은 자기애성 성격장애가 보이는 질투심의 양상을 나타낸다. 또한 H씨는 수치심에도 상당히 취약하다. 연인과의 이별이나 교수 임용 실패에 대해 과도한 분노감을 드러내는 것은 수치심으로부터 자신을 보호하고자 하는 대처일 수 있다.

2) 이론적 모형

자기애성 성격장애를 평가하고 치료하기 위해서는 이론적 모형을 잘 숙지해야 한다. 먼저 Freud의 이론은 자기애성 성격장애에 대한 기본 이론이므로 간단하게 기술할 것이다. 또한 저자가 경험한 바로 자기애성 성격장애를 진단하고 평가할 때 유용한 Kohut의 자기심리학을 자세히 소개할 것이며, 이와 비교해서 자주 언급되는 Kernberg의 이론도 살펴보고자 한다. 끝으로 인지행동치료의 제3의 흐름 중 통합적인 관점을 제시하는 Young의 심리도식치료에서 자기애성 성격장애를 어떻게 바라보는지 살펴볼 것이다.

(1) Freud의 이론

Freud(1914)는 자기애를 '심리적 에너지가 자신에게 향해져 자신의 신체를 성적인 대상으로 취급하는 태도'라고 정의하면서, 자기애를 본능 이론인 리비도 개념을 토대로 발달적 관점에서 이해하였다. 이 관점에서는 원시적인 일차적 자기애가 대상애로 이행되고, 대상과의 관계를 통해 이차적 자기애가 발달한다고 본다. 쉽게 말하면 자신을 사랑하는 과정을 통해 다른 사람을 사랑할 수 있고, 다른 사람으로부터 사랑받는 경험을 통해 진정으로 자신을 사랑할 수 있다고 설명한다.

먼저 생애 초기에 나타나는 자기애는 '일차적 자기애(primary narcissism)'로, 아이가 자신과 외부 세계를 명료하게 구분하지 못하는 상태에서 나타나는 현상이다. 이때에는 리비도가 자기 속에만 머물러있고 자신의 몸에 관심이 집중되어있기 때문에, 부모의 전폭적인 애정과 보살핌을 받으면서도 이것이 외부에서 오는 것이 아니라 자신이 창조한 것이라고 생각하면서 자신을 매우 중요한 존재라고 느끼게 된다.

이후 인지기능이 발달함에 따라 대상의 존재를 인식하게 되고 자신과 외부 세계를 점차 구분하게 된다. 이때 리비도의 일부가 대상으로 옮겨지면서 '대상애(object-love)'를 경험한다. 즉, 지금까지 자신의 욕구를 충족시켜준 대상이 외부 대상인 부모라는 것을 인식하게 되면서 심리적 에너지가 자신이 아닌 부모를 향하게 된다. 이러한 대상애를 통해서 아이들은 기쁨의 근원이 대상으로부터 오는 것임을 깨닫고 이러한 만족을 얻기 위해 대상에 의존하게 된다.

이렇듯 대상이 있음을 인식하고 대상애가 형성된 이후에 대상에 부착되어있던 리비도가 철수해서 자신에게 되돌아오는 것이 '이차적 자기애(secondary narcissism)'이다. 다시 말해 부모나 다른 사람에게 따뜻한 관심과 사랑을 베풀고, 그들로부터 다시 사랑을 받는 경험을 통해 자신의 존재가치와 소중함을 경험하는 성숙한 형태의 자기애가 발달하게 된다는 것이다.

Freud에 의하면 자기애성 성격장애는 이러한 자기애 성향이 성숙한 형태로 발전하지 못하고 유아기적 자기애에 고착되어, 성인이 되어서도 여전히 사랑의 대상이 자기 자신에게 집중되는 경우를 말한다. 즉, 정상적인 상태에서는 자기 속에 머물러있는 리비도와 대상애로 향하는 리비도가 균형을 이루는데, 자기애성 성격장애는 유아기적 자기애에 고착되어 성인이 되어서도 거의 대부분의 에너지가 자기 속에 머물러있는 상태라고 볼 수 있다.

(2) Kohut의 이론

Freud와 달리 Kohut(1971, 1977, 1984)은 자기애를 건강한 자아를 형성하기 위한 정상적인 발달 과정으로 보았다. 인간은 살아가는 동안 자신을 돌봐주고 공감과 위안을 제공하는 누군가를 끊임없이 필요로 하며, 성장하면서도 타인의 반응을 통해 자기를 확인받고자 한다는 것이다. 이런 점에서 잠재력이 있는 강한 아이는 공감적이고 반영적인 환경이 제공된다면 응집된 자기(cohesive self)를 형성할 수 있다. 그러나 미숙한 아이는 자기구조가 매우 약하기 때문에 결코 홀로 설 수 없다. 따라서 신체적 생존을 위해 산소가 필요하듯이, 아이의 심리적 생존을 위해서는 타자와의 관계가 필수적이다. 그렇기 때문에 아이에게 공감적이고 반응적인 양육 환경은 더욱 중요할 수 있다.

이렇듯 Kohut은 아이가 응집된 자기를 형성하는 과정에서 아이의 필요에 반응하여 그러한 역할을 하는 타자가 필요하다고 보았는데, 이를 '자기대상(selfobject)'이라고 하였다. 다시 말해 자기대상이란 한 사람이 성숙하면 스스로 담당하게 될 정신 구조의 기능을 어린 시절에 대신 맡아주는 대상으로, 대상이 자기에게 표상된, 그러면서 대상이 완전하게 자기의 부분인 것도 아니고 완전하게 자기와 분리된 것도 아닌 상태이다.

그렇다면 아이는 성장하는 과정에서 자기대상으로부터 무엇을 필요로 할까? Kohut은 아이가 자기애적인 욕구에 따라 자기대상과의 관계에서 두 가지를 요구하며, 이러한 욕구는 '자기애'와 '대상애'로 각각 발달하게 된다는 '이중축 이론(double axis theory)'을 제안했다.

먼저 자기애와 관련된 경로의 경우, 아이는 자기대상에게 자신의 발전해가는 능력을 드러내고 이에 대해 칭찬받기를 요구할 수 있다. 이는 과장된 자기(grandiose self)에 완전함을 부여하는 것으로, 아이는 과대한 자기 이미지들을 '반영해주는 자기대상(mirroring selfobject)'을 필요로 한다. 그러므로 아이가 서툰 솜씨로 무언가를 만들어놓고 부모에게 자랑할 때 부모가 "정말 잘 그렸다, 대단하다"라고 감탄하며 반영해주는 것이 중요하며, 이러한 과정을 통해 건강한 자기가치감이 발달될 수 있다.

대상애와 관련된 경로의 경우, 아이는 부모 중 적어도 한 사람을 전지전능한 존재로 여기면서 '이상화된 부모상(idealized parental imago)'을 통해 부모에게 완전성을 요구할 수 있다. 이런 과정에서 무기력하게 느껴지는 자기의 이미지를 '이상화된 자기대상

(idealized selfobject)'에 융합시키고자 한다. 예를 들어 아이들은 무엇이든 자신보다 더 잘하는 부모를 '완벽하다'고 이상화하면서 부모의 후광 안으로 들어가고자 한다. 이러한 과정은 대상에 대한 사랑으로 발전될 수 있다. Kohut은 이러한 자기에 대한 두 가지 극을 '양극성 자기(bipolar self)'라고 지칭했다(그리고 가장 마지막 저서에서 세 번째 극인 '근사성(twinship)'이라는 자기대상의 요구를 추가함으로써 이 개념을 '삼극성 자기(tripolar self)'로 확대시켰다. 근사성은 부모와 같아지고자 하는 소망에서 비롯되며 점차 행동을 모방하는 형태로 변형된다. 그러나 근사성 자기는 임상적으로 그 유용성이 제한적이어서 자기대상에 대한 논의에서 제외되는 경우가 많다.)(Kohut, 1984; Gabbard, 2005).

하지만 실제 발달 과정에서 이러한 자기대상에 대한 요구는 아무리 좋은 환경이 제공된다 해도 불가피하게 좌절될 수밖에 없다. 이 과정에서 중요한 것이 바로 '최적의 좌절(optimal frustration)'이다. 아이의 요구를 무조건적으로 충족시켜 주거나 지나치게 좌절시키는 대신 적절하고 점진적인 '공감의 실패'를 제공하면, 아이는 내가 세상의 중심이 아니고 나와 마찬가지로 다른 사람도 중요하며 내가 원하는 것이 항상 받아들여질 수 없다는 사실을 깨닫게 된다. 다시 말해 이러한 좌절 경험을 통해 아이는 안정되고 현실적인 자기상을 형성하는 동시에 다른 사람도 존중하고 사랑할 수 있는 성숙하고 현실적인 자기애를 발달시킬 수 있다. Kohut은 이렇듯 영속적인 구조로서 자기를 형성하는 과정을 '변형적 내면화(transmuting internalization)'라고 하였다. 이 과정에서 아이는 양극성 자기의 2개의 극 중 하나를 통해 건강하고 응집된 자기를 발달시키게 된다. 즉 만일 부모가 아이의 과대적 자기를 적절하게 반영해줄 수 있다면 이는 '건강한 야망과 주장'으로 변형될 수 있고, 부모가 아이에게 이상화된 자기대상이 되어줄 수 있다면 이는 '건강하고 강력한 이상과 가치'로 변형될 수 있다.

하지만 부모의 공감의 실패가 급격하고 지속적으로 이루어져 자기의 양극 모두에서 장애가 나타나면, 아이는 응집된 자기를 형성하지 못하여 자기애적 문제가 발생할 수 있다. 가령 아이의 자연스러운 과대성을 부모가 적절하게 반영해주지 못하거나 부모가 이상적인 모델을 제공해주지 못하면 아이의 자기감은 손상되거나 깨어지게 되고(fragmentation of self), 오히려 더욱 필사적으로 완전해지려고 애쓰거나 주변 사람들로부터 인정과 칭찬을 강렬하게 추구하는 자기애성 성격장애로 발전될 수 있다는 것이다. Kohut은 이를 '과장된 노출증적 자기(grandiose exhibitionistic self)'라고 칭하였고, 이러한 측면에

서 자기애성 성격장애가 부모의 양육방식, 즉 환경적인 결함에서 비롯되었다고 보았다
(Gabbard, 2005; Greenberg & Mitchell, 1999).

(3) Kernberg의 이론

자기애성 성격장애를 설명할 때 Kohut의 이론과 비교해서 Kernberg의 이론이 언급되곤
한다. 그러나 Kernberg는 자기애성 성격장애에 대해 개별적인 관점을 제시했다기보다
는 자기애성 성격장애가 경계성 성격장애의 성격 구조와 유사하다고 보았기 때문에 여기
에서는 Kohut과의 차이를 중심으로 간단하게 언급하도록 하겠다.

전반적인 관점에서 두 이론을 비교해보면 Kohut이 자기애성 성격장애를 자기통합
의 장애로 보았다면, Kernberg는 대상 관계의 장해에 중점을 두었다. Kohut의 이론이
결핍 모형에 근거한 것이라면, Kerngberg의 이론은 갈등 모형에 근거한 것일 수 있다.
또한 Kohut이 자기애성 성격장애를 신경증적 구조의 극단에 해당하고 경계성 성격장애
와 구분되는 것으로 보았다면, Kernberg는 자기애성 성격장애가 경계선적 구조에 해당
하며 경계성 성격장애와 대체로 유사한 성격 구조를 나타낸다고 보았다. 다만 경계성 성
격장애와의 차이는 자기애성 성격장애를 가진 이들이 원시적인 방어기제를 사용하면서
도 병적으로 과장된 자기에 기초하여 보다 유연하고 일관된 기능 수준을 유지한다는 것
이다. 자기애성 성격장애의 주요 특징인 이상화에 대해서도 Kohut이 이상화를 정상적인
발달 과정의 재연이라고 보았다면, Kernberg는 이상화가 분노, 질투, 경멸, 평가절하 등
을 포함한 여러 가지 부정적인 감정들에 대한 방어라고 보았다.

그렇지만 두 이론의 차이는 자기애성 성격장애를 설명하는 관점이나 방식의 차이라
기보다는 이들이 치료했던 환자의 차이에서 비롯된 면이 있다(Gabbard, 2005). 실제로
Kohut이 만났던 환자들은 심리치료가 효과적일 수 있는 외래환자로, 주로 공허감과 우
울감을 호소하는 전문직 종사자들이었다. 반면 Kernberg의 환자들은 외래환자뿐 아니
라 입원환자들이 함께 있었기 때문에, 거만하고 과대한 자기상을 갖는 경우가 많았고 공
격적인 성향도 강했다고 한다. 그런 점에서 일부에서는 Kohut의 이론은 내현적 자기애
를, Kernberg는 외현적 자기애를 더 잘 설명할 수 있다고 보기도 한다.

또한 두 이론의 가장 큰 차이는 병리적인 자기애의 원인론을 설명할 때 공격성의 일

차적 중요성을 다르게 보기 때문일 수 있다. Kohut은 부모의 공감과 이상화의 실패로 인한 자아 발달의 결함을 자기애성 성격장애의 주된 원인으로 보면서, 공격성을 환경에 의한 이차적인 것이며 이해 가능한 것으로 보았다. 반면 Kernberg는 강렬한 공격성이 병리적 자기발달을 결정짓는 일차적 요인이고, 이러한 과도하고 감당할 수 없는 공격성으로 인해 이상적 자기, 이상적 대상, 실제적 대상이 병리적으로 융합되면서 자기애성 성격장애가 발달한다고 보았다.

자세히 설명하면, Kernberg(1970, 1976, 1984)는 자기애성 성격장애가 발달하는 배경으로 만성적으로 차가우며 드러나지는 않지만 강렬한 공격성을 가진 부모의 존재를 언급하였다. 아이는 태생적으로든 혹은 환경적 요인에 의해서든 냉담한 어머니와의 고통스러운 경험 속에서 과도한 공격성을 발달시킨다. 그러나 아이에게 어머니는 분노의 대상인 동시에 의존의 대상이기 때문에, 대상 표상을 원시적인 공격적 충동으로부터 보호하기 위해 투사(projection)와 분열(splitting)이라는 방어기제를 사용하게 된다. 즉, 어머니에 대한 분노를 무의식 속에 억압하면서 자신의 분노를 어머니에게 투사하여 오히려 어머니가 자신을 미워하고 싫어한다는 느낌을 갖게 되는 것이다. 이렇듯 좋은 자기 및 좋은 대상 표상이 나쁜 자기 및 나쁜 대상 표상에 의해 오염되지 않도록 보호하기 위한 지속적인 시도는 결국 좋은 표상과 나쁜 표상을 통합시키지 못하고 각각 고립되어 공존하게 만든다.

이러한 통합의 결여는 때로 손상된 자기 및 대상 표상으로 나타난다. 그리고 이렇게 손상된 자기표상은 자기웅대성이라는 원시적인 방식을 통해 자기를 보호하고자 한다. 특히 경계성 성격장애와 달리 자기애성 성격장애는 객관적으로 타고난 자질이 있으며, 이들의 어머니는 아이의 특별한 능력을 통해 다른 사람의 감탄을 추구하며 보상을 받고자 한다. 그렇기 때문에 아이는 어머니를 위협적으로 느끼면서도 어머니의 사랑을 얻기 위해 자신의 장점을 필사적으로 찾아내어 부풀린다. 어머니가 칭찬해주거나 특별한 대우를 해주면 이 역시 크게 부풀려서 여러 상황에서 나타내려고 애쓰게 되며 어머니의 칭찬에 더 예민해진다.

또한 칭찬받지 못하는 불안을 외면하기 위해 어머니가 칭찬해주는 모습(실제 자기), 어머니가 좋아할 거라고 생각되는 이상적인 자기상(이상적 자기), 늘 자신을 사랑해주는 이상적인 어머니상(이상적 대상)을 상상하며 즐기게 된다. 그러나 지적 능력이 발달하지 않은 어린아이는 이러한 세 가지 표상을 분명하게 구분하지 못하고 서로 융합시켜 실제

보다 현저하게 과장된 자기상을 지니게 된다. 나아가 자신을 칭찬해주고 특별한 대우를 해주는 이상적인 어머니상과 과장된 자기상이 융합되어, 자신은 이러한 사랑을 받는 대단하고 특별한 존재라는 생각, 즉 웅대한 자기상을 형성하면서 자기애성 성격장애로 발달하게 된다.

(4) Young의 심리도식치료 모형

심리도식치료는 자기애성 성격장애뿐 아니라 성격장애를 진단하고 치료하는 과정에서 매우 유용하며, 저자의 경험에 따르면 사례개념화를 할 때 특히 유용하다. 심리도식치료의 핵심 개념인 초기 부적응 도식, 발달기원, 부적응적 대처방식, 심리도식 양식에 대한 자세한 내용은 Young 등(2003/2005)을 참고하기 바라며, 여기에서는 이러한 핵심 개념을 이해하고 있다는 전제하에 내용을 기술하였다.

① 심리도식 양식과 초기 부적응 도식
심리도식치료의 관점에서 자기애성 성격장애를 이해하기 위해서는 심리도식 양식 및 이와 관련된 초기 부적응 도식을 살펴볼 필요가 있다. 자기애성 성격장애가 주로 보이는 세 가지 양식은 자기과장 양식, 외로운 아동 양식, 분리된 자기위로자 양식이다. 자기애성 성격장애는 다른 사람들과 함께 있을 때에는 보통 자기과장 양식으로 있지만 내면에는 외로운 아동 양식이 자리잡고 있으며, 혼자만의 시간이 되면 공허감과 우울감을 느끼지 않으려고 분리된 자기위로자 양식으로 변하기도 한다.

첫째, 자기과장 양식은 흔히 관찰할 수 있는 자기애성 성격장애의 특성으로, 다른 사람들과 함께 있을 때 주로 나타나는 전형적이고 자동적이며 가장 많은 시간 동안 경험하는 양식이다. 자기과장 양식에서 가장 두드러진 초기 부적응 도식은 '특권의식/과대성' 도식이다. 이 도식은 부모와의 관계에서 현실적 한계 및 자기통제의 욕구가 좌절된 경우 형성될 수 있다. 이 도식을 가진 사람들은 상호성의 측면에서 적절한 수준의 내적인 한계를 발달시키지 못했기 때문에 다른 사람들이 자신과 동등한 권리를 갖는다는 것을 알지 못한다. 오히려 자신이 남들보다 우월하다고 가정하기 때문에 특별한 권리를 누릴 자격이 있다고 생각하며, 힘을 얻기 위해 우월성에 집착하고 외적인 성공이나 사회적 지위를 과도하게 추구한다. 대인관계에서도 다른 사람의 욕구와 감정을 공감하지 못하고 남을 지배하려고 하며, 상대방이 자신의 지시를 따르지 않을 경우 과도한 공격성과 적대감을 드러내기도 한다.

둘째, 외로운 아동 양식은 자기과장 양식 이면에 있는 취약한 부분이다. 자기애성 성격장애를 정확하게 이해하고 평가하기 위해서는 이 양식을 이해하는 것이 중요하다. 왜냐하면 이들이 보이는 자기과장 양식은 외롭고 결함이 있는 자기를 있는 그대로 받아들이지 못하고 이를 과잉보상하려는 대처방식의 결과물이기 때문이다. 자기애성 성격장애의 외로운 아동 양식과 관련된 초기 부적응 도식은 '정서적 결핍' 도식, '결함/수치심' 도식, '실패' 도식을 들 수 있다. 먼저 '정서적 결핍' 도식은 부모와의 관계에서 안정 애착의 욕구가 좌절된 경우 형성될 수 있는 도식으로, 다른 사람들과의 관계에서 안정적이고 만족스러운 애착을 형성하지 못하는 것이 특징이다. 이 도식을 가진 사람은 자신이 사랑받을 만하지 못하고, 다른 사람과의 정서적 연결에 대한 소망이 적절하게 충족되지 않을 것이라고 예상한다. 자기애성 성격장애의 자기과장 양식 이면에 정서적 결핍 도식이 있다는 사실은 이들이 내적으로는 '외로움'을 겪을 수 있다는 것을 보여준다.

다음으로 '결함/수치심' 도식을 들 수 있는데, 이 도식 역시 부모와의 관계에서 안정 애착의 욕구가 좌절된 경우 형성될 수 있다. 이 도식을 가진 사람은 자신을 결함이 있고, 나쁘고, 남들이 원치 않고, 열등하고, 중요한 측면에서 취약한 존재라고 생각한다. 이러한 자신의 결함과 취약성으로 인해 자신의 진짜 모습이 드러나면 상대방에게 사랑받지 못할까 봐 두려워하고, 비판, 거절, 비난 등에 과민하다. 이런 점에서 자기애성 성격장애의 자기과장 양식 이면에는 결함으로 인한 '수치심'이 있을 수 있다.

'실패' 도식은 부모와의 관계에서 자율성과 유능감에 대한 욕구가 좌절될 때 형성될 수 있는 도식으로, 자신이 이미 실패했다고 생각하거나 결국 실패할 것이라고 믿는다. 특히 이 도식은 자기애성 성격장애의 성취나 수행의 측면에서 두드러지게 나타난다. 즉, 이들은 자신의 능력을 과장되게 인식하거나 막연히 성공할 것이라고 기대하면서 공상에만 빠져있거나, 목표를 체계적으로 조직화하거나 성공에 필요한 절차를 밟지 않아 중요한 일에서 실패함으로써 실패 도식을 강화한다. 또한 성공하기 어려운 과도한 목표를 설정하면서 실제로 실패하거나, 이와 반대로 절대 실패하지 않을 만한 도전들, 가령 자신의 잠재 능력보다 낮은 수준의 일을 선택하면서 실패를 철저히 회피할 수도 있다.

이러한 외로운 아동 양식은 특별한 지위나 인정을 받던 것을 상실할 때 촉발된다. 대부분은 외로운 아동 양식을 경험하는 것이 고통스럽기 때문에 머무는 시간을 최소화하려 하고, 가능한 빨리 다른 양식으로 돌아가려고 한다. 그러나 자기애성 성격장애가 내면에 외로운 아동 양식을 가지고 있다는 점은 이들을 평가하고 치료하는 과정에서 가장 핵심적인 측면이다. 이들이 과장된 자기상 이면에 자신을 사랑스럽지 않고 결함이 있는 존재로 느끼고 때로는 실패할지도 모른다는 두려움을 경험하고 있다는 사실은, 그들을 공감적으로 이해하는 데 도움이 될 뿐 아니라 치료 과정에서도 자신의 취약한 모습을 자각하고 수용하도록 개입해야 한다는 점에서 중요할 수 있다.

셋째, 분리된 자기위로자 양식은 외로운 아동의 고통을 회피하는 방식으로, 여러 가지 형태로 나타난다. 가령 스스로를 자극하기 위해 중독적이거나 자기탐닉적인 방식으로 이루어지는데, 어떤 경우에는 일 중독으로 나타나기도 하지만 위험한 운동, 문란한 성행위, 물질 중독 등으로 나타나기도 한다. 혹은 스스로를 달래주는 혼자만의 취미 활동을 강박적으로 하기도 한다. 이러한 활동은 모두 기본적으로 공허감과 무가치감을 회피하기 위한 방법이라는 점에서 공통적이다.

이 밖에도 불신/학대, 사회적 소외, 부족한 자기통제/자기훈련, 복종, 승인추구/인정추구, 엄격한 기준/과잉 비판, 처벌 도식도 자기애성 성격장애에서 자주 관찰될 수 있다.

② 초기 발달기원

자기애성 성격장애의 형성 과정에는 부모의 양육방식이 큰 영향을 미치기 때문에 초기 발달기원을 이해하는 것은 매우 중요하다. 그러므로 여기에서는 초기 부적응 도식의 발달기원을 제시하면서 자기애성 성격장애의 발달기원을 관련지어 설명하고자 한다.

먼저 자기애성 성격장애의 핵심 도식이 '정서적 결핍', '결함/수치심' 도식이라는 점에서 이들은 '외로움과 고립', '조건적 수용'이라는 양육 환경을 경험했을 수 있다. 자기애성 성격장애는 어린 시절에 충분한 사랑을 받지 못하면서 심각한 정서적 결핍을 경험한 경우가 많다. 하지만 충분한 사랑을 받지 못했다는 것이 부모가 아이에게 전혀 관심이 없었다는 것만을 뜻하는 것은 아니다. 오히려 부모가 과도한 관심을 기울이는 경우도 많다. 다만 이러한 관심이 신체적인 애정 표현이나 진실한 사랑, 아이의 욕구나 감정에 공감하는 것에 맞춰져 있지 않다는 것이 문제가 된다. 즉, 자기애성 성격장애는 실제 모습 때문이 아니라 그들이 수행하는 기능 때문에 중요한 인물로 여겨졌을 수 있으며, 부모의 자기애적 부속물로 자기애적 목적에 협조하는 조건하에서만 지지와 관심을 받았을 수 있다.

이런 점에서 자기애성 성격장애는 어린 시절에 평가적인 분위기에서 조건적 수용을 받은 경우가 많다. 가령 성취나 수행을 중요하게 여기는 가족 분위기에서 부모의 기준을 만족시키면 과도한 찬사와 관심을 받지만, 부모의 기준을 만족시키지 못하면 무시당하거나 무가치하게 여겨진다. 특히 자기애성 성격장애는 아동기 때 특별한 재능을 가진 경우가 많은데, 부모는 아이의 재능을 살려서 인정을 받도록 과하게 밀어붙이거나 부모가 원하는 높은 기준에 맞추도록 할 수 있다. 이러한 과정에서 아이는 인정받을 때의 특별함과 평범할 때의 무가치감 사이의 깊은 괴리를 경험하면서 안정된 자아상을 발달시키지 못하게 된다. 또한 아이에게 쉴 새 없이 칭찬과 갈채를 보내는 분위기도 평가적이라는 점에서 아이의 안정된 자기상 형성에 해로울 수 있다. 끊임없는 칭찬은 그러한 조건이 사라지면 언제라도 비난으로 바뀔 수 있음을 뜻하기도 하기 때문이다. 따라서 그것이 칭찬이든 비난이든 평가적인 양육방식 자체가 문제가 될 수 있다.

한편 '실패' 도식의 발달기원을 살펴보면, 부모가 아이를 반복적으로 비난하거나 처벌하는 경우뿐만 아니라 전혀 다른 경우에도 실패 도식이 생길 수 있다. 예를 들면 부모가 매우 성공한 경우이다. 자기애성 성격장애는 부모가 사회적으로 성공했거나 지위가 높거나 경제적으로 부유하거나 하는 등 타인이 보기에 '특별한' 가정에서 성장한 경우가 많다. 아동기에는 '우리 집이 특별하기 때문에 나도 특별해'라고 생각할 수 있지만, 이후에는 오히려 부모라는 높은 기준에 절대로 다다르지 못할 거라고 생각하면서 내적으로 열등감을 느낄 수 있다. 또한 부모가 적당한 기준이나 방법을 정해주지 않아 실패 경험이 많았던 경우에도 실패 도식이 형성될 수 있다. 아이가 수행에서 효능감을 경험하기 위해서는 부모의 안내와 지도를 통한 성공 경험이 중요한데, 이에 대한 체계적인 안내를 받지 못했을 때 실제로 실패하게 되고 내적으로 실패감을 경험할 수 있다. 아울러 자신이 대단하다는 근거 없는 자신감 때문에 자신의 능력이나 다른 적성을 발달시키지 못하게 되면서 실제로 열등한 부분이 늘어나게 되고, 이로 인해 실패 도식이 형성될 수도 있다.

다음으로 자기과장 양식인 '특권의식/과대성' 도식의 발달기원을 살펴보도록 하자. 자기과장 양식은 외로운 아동 양식에 대한 과잉보상의 대처방식인 경우가 많다. 그러나 특권의식/과대성 도식의 형성 배경에는 부모의 '불충분한 제재'라는 양육 환경이 있을 수 있다. 양육 과정에서 부모가 아이의 감정과 욕구를 수용해주는 것도 중요하지만, 이와 동시에 해서는 안 되는 것에 대해 한계를 설정할 수 있어야 한다. 이를 통해 아이가 자기 조절 능력과 상호성을 발달시키기 때문이다. 그러나 부모가 부모로서의 권위를 지키지 못하고 아이와의 관계가 역전되어 아이가 오히려 지배적이 되는 경우가 있다. 즉, 부모가 아이의 행동에 적절한 한계를 설정해주지 않고 제멋대로 행동하도록 양육하거나, 다른 사람과 공감하고 협력적인 관계를 맺는 것을 가르치지 못하고 아이에게 특별하다는 느낌만을 제공하는 것이다. 이 경우 아이는 자신이 세상의 중심이라는 특권의식/과대성 도식을 발달시키게 된다.

자기애성 성격장애 환자들을 사례개념화할 때에는 앞서 제시한 초기 부적응 도식과 발달기원을 통합하여 제시하는 것이 도움이 된다. 정리하면, 자기애성 성격장애의 무조건적 핵심 도식은 외로운 아동 양식인 '정서적 결핍감' 도식, '결함/수치심' 도식, '실패' 도식일 수 있고, 조건적인 대처 도식은 자기과장 양식인 '특권의식/과대성' 도식일 수 있다. 이런 점에서 자기애성 성격장애가 겉으로 보이는 우월감과 특권의식은 대체로 유사하더라도, 그 이면에 내재되어있는 핵심 도식은 개인마다 다를 수 있다. 가령 앞서 제시한 H씨에 대해 사례개념화를 할 때에는 H씨가 가장 회피하려고 하는 취약한 자기의 모습이 무엇인지, 즉 '나는 사랑스럽지 않다'인지, '나는 결함이 있는 수치스러운 존재다'인지, '나는 실패자다'인지를 잘 구분해서 이해할 필요가 있다. 그렇게 핵심 도식과 대처 도식을 찾은 다음에는 이러한 도식 형성에 영향을 미친 발달기원을 연결하여 사례개념화를 할 수 있을 것이다.

3) 자기애성 성격장애의 치료

자기애성 성격장애는 아직 근거기반치료가 마련되어있지 않다. 따라서 앞서 이론적 모형에서 주되게 다루었던 Kohut과 Kernberg의 치료적 관점을 간단하게 제시하고, Young의 심리도식치료를 좀 더 자세히 살펴보도록 하겠다. 아울러 H씨의 사례를 심리도식치료의 관점에서 어떻게 치료했는지 구체적으로 제시하고자 한다.

(1) Kohut과 Kernberg의 치료

Kohut은 자기애성 성격장애를 발달적 관점에서 분석하면서, 부모와의 관계에서 충분히 충족되지 못한 자기대상에 대한 요구가 이들을 치료하는 과정에서 치료자와의 전이를 통해 재연될 수 있다고 보았다. 즉, 이들은 치료 장면에서 치료자에게 인정받고 존경받기 위해 필사적으로 노력하는 반사 전이(mirror transference)를 보이거나, 치료자를 전지전능한 존재로 여기면서 이상화된 치료자에게 융합하려는 이상화 전이(idealizing transference)를 보일 수 있으며, 치료자와 같아지려는 근사성 전이(twinship transference)를 드러낼 수 있다. 따라서 Kohut은 자기애성 성격장애의 치료에서 가장 중요한 것이 '공감과 이해'라고 보았다. 요컨대 어린 시절 아이의 자기대상 요구를 부모가 제대로 공감해주지 못하면서 이러한 좌절된 욕구가 전이의 형태로 재연될 때, 치료사가 충분히 공감하고 이해해줄 수 있다면 어린 시절에 받은 상처를 회복할 수 있다고 보았다. 결국 치료의 목적은 치료자와의 공감적이고 안정적인 관계와 이후의 점진적인 공감의 실패를 통해 원시적 자기대상에 대한 요구에서 벗어나 좀 더 성숙하고 응집력 있는 자기를 내면화하도록 돕는 것이다.

반면 Kernberg는 자기애성 성격장애를 구조적 관점에서 설명하면서, 이들을 치료하는 과정에서 '해석과 직면'을 강조하였다. 가령 자기애성 성격장애가 치료 과정에서 치료자를 이상화할 때 이는 무의식 속에 분리시켜 놓은 모욕감, 시기심, 분노 감정에 대한 방어일 수 있다. 또한 이들은 치료자를 이상화하면서 다른 한편으로는 내면의 뿌리 깊은 시기심으로 인해 치료자에게 경쟁심을 느낄 수 있다. 따라서 Kernberg는 치료자가 이러한 내담자의 욕구를 수용해주기보다는 해석해주고 직면시켜야 한다고 강조하였다. 아울러 자기애성 성격장애는 자신의 열등하고 부정적인 측면을 무의식 속에 묻어놓고 우월한 모습만을 과시하려는 경향이 있으므로, 이러한 두 가지 양극화된 자신의 측면을 스스로 통합할 수 있도록 하는 것이 자기애성 성격장애의 최종적인 치료 목표라고 제안하였다.

(2) 심리도식치료

앞서 이론적 모형에서 제시한 심리도식치료 모형을 기반으로 할 때, 자기애성 성격장애의 치료 목표는 건강한 성인 양식을 발달시킴으로써 외로운 아동 양식을 재양육하고, 자기 과장 양식과 분리된 자기위로자 양식에 맞서 싸우는 것이다. 이를 위해 치료자는 내담자가 처음에 가져온 주 호소 문제를 중심으로 치료를 진행할 필요가 있다. 자기애성 성격장애는 치료 장면에서도 자신의 취약함을 드러내지 않고 과장되게 자신을 포장하려는 경우가 많다. 따라서 주 호소 문제를 중심으로 그 이면에 있는 공허감, 결함, 외로움을 지속적으로 자각하고 표현할 수 있도록 안내해야 한다.

특히 치료에서 중요한 것은 제한된 재양육(limited reparenting)을 통해 외로운 아동 양식과 유대를 형성하는 것이다. 치료자는 내담자가 외로운 아동 양식에 머물 수 있게 하고, 약한 모습을 드러내는 것을 소중하게 여기며, 무조건적인 긍정적 존중을 통해 치료라는 제한된 틀 내에서 재양육해주는 과정이 필요하다. 이를 통해 내담자는 자신이 완벽하거나 특별하지 않아도 치료자로부터 보살핌과 인정을 받을 수 있으며, 치료자 역시 완벽하거나 특별하지 않지만 이들에게 의미 있는 존재가 될 수 있다는 것을 경험할 수 있다. 그러면서 부모로부터 충족되지 않은 정서적 욕구를 충족하게 되고, 불완전하더라도 존중받을 수 있음을 체험할 수 있게 될 것이다.

또한 자기과장 양식에 대해서는 공감적 직면(empathic confrontation)을 통해 맞서 싸우는 것이 중요하다. 가령 내담자가 치료자를 비난하거나 평가절하할 때, 당당하게 대응하면서도 공감적으로 직면하는 것이 중요하다. 이들의 무례한 행동을 지적하고 왜 이런 식으로 행동하는지 이해한 바를 말해주면서도, 그러한 행동이 인간관계에 미치는 부정적인 결과를 깨달을 수 있도록 직면한다. 또한 적절한 한계 설정을 통해 자기조절 능력과 상호성을 발달시킬 수 있도록 돕는다.

아울러 치료자와의 관계 자체를 치료의 주제로 다룰 수 있다. 가령 치료자도 완전하지 않은 취약한 존재이며 그러한 불완전함을 받아들이고 표현할 수 있음을 모델링해줄 수 있다면, 내담자가 자신의 취약성을 자신의 일부로 받아들이는 데 도움이 될 것이다. 그리고 최종적으로는 치료 장면에서 이루어진 과정을 중요한 타인들과의 관계에 일반화하도록 도울 필요가 있다. 이를 위해 다른 사람들과 상호적인 관계를 맺고 정서적으로 연결될 수 있도록 다양한 인지적·행동적 전략을 사용할 수 있다.

결국 자기애성 성격장애를 치료한다는 것은 외로운 아이가 충분한 사랑과 공감을 받음으로써 타인을 진심으로 사랑할 수 있게 되고, 타인의 찬사를 받기 위해 자기중심적인 태도를 고수할 필요가 없어지면서 타인과 상호성을 기반으로 관계를 맺게 되는 것이다.

(3) H씨의 사례

H씨의 호소 문제, 심리평가 결과, 사례개념화를 통합하면서 심리도식치료의 관점에서 실제로 치료가 어떻게 이루어졌는지 전체 과정을 간단하게 제시하고자 한다. 먼저 H씨의 치료 목표를 설정하면 다음과 같다.

① 교수 임용 실패로 인한 분노감 이면에 있는 수치심, 열등감의 자각
② 과장된 자기상 이면에 있는 취약한 자기상에 대한 수용
③ 아버지에 대한 무력감과 분노감을 자각하고 힘을 회복하기
④ 정서적 결핍감을 채울 수 있도록 상호성에 기반한 관계 형성

먼저 주 호소 문제와 관련하여 교수 임용 실패로 인한 분노감 이면에 있는 수치심과 열등감을 자각하도록 도왔다(치료 목표 ①). H씨는 교수 임용이 원하는 대로 되지 않으면서 자기애적 상처로 인한 수치심과 열등감을 경험하고 있었으나 표면적으로는 이를 회피하면서 분노감으로 표현하고 있었다. 따라서 치료에서는 H씨의 분노감을 타당화해주면서도 그 이면의 수치심과 열등감을 자각하고 수용하도록 도울 필요가 있었다.

실제 상담에서도 H씨는 자기애성 성격장애인 사람들이 일반적으로 그러하듯이 자신의 고통을 털어놓기보다는 현재 상황이나 다른 사람에 대해 분노하면서 자신이 얼마나 대단한 사람인지를 늘어놓았다. 이는 자신이 상담을 받을 만큼 힘들다는 것을 드러내고 싶지 않아서이기도 하고, 치료자가 자신을 무시할까 봐 두렵기 때문일 수 있다. 따라서 초반에는 H씨의 취약한 부분에 개입하기보다는 H씨가 겉으로 표현하는 분노감을 타당화하는 과정을 통해 치료자와 라포를 형성하도록 했다. 그 이후에 H씨는 교수가 되지 못할까 봐 불안하고 우울한 마음과 아버지의 기대를 충족시키지 못할까 봐 두려운 마음을 비롯하여, 결국에는 부족하고 열등한 자신에 대한 수치심을 어렵게 드러낼 수 있었다.

이러한 과정에서 중요한 발견은 교수가 된다는 것이 자신의 성공을 보장해주고 아버지의 기대를 충족시킨다는 점에서도 중요하지만, 지적인 성취를 이루고 싶다는 자신의 가치와도 부합한다는 것이었다. 지금까지는 성공과 출세만이 자신을 가늠하는 척도라고 생각하면서 최고의 대학에 임용되기만을 기대해왔다면, 규모가 작은 대학들도 지적인

성취를 이루는 가치와 부합할 수 있다는 것을 깨닫게 되었다. 또한 최상의 것이 아니라면 쓸모가 없다는 식의 경직된 기대가 아니라 커다란 전체의 작은 일부가 되는 것도 보람될 수 있다는 유연성도 가지게 되었다.

그다음에는 과장된 자기상 이면에 있는 취약한 자기에 대해 수용하도록 도왔다(치료목표 ②). H씨는 자신을 '결함이 있고 수치스러운 존재', '사랑스럽지 않은 존재'라고 생각하면서 이를 들키지 않기 위해 과장되게 포장해왔다. 따라서 치료에서는 부족하고 결함이 있는 모습을 드러내더라도 수용되는 경험을 통해 자신을 있는 그대로 수용할 수 있도록 도울 필요가 있었다.

실제 상담에서는 이 과정을 매우 중요하게 다루었다. 자기애성 성격장애의 핵심은 외로운 아동 양식을 재양육하는 것일 수 있다. 특히 이 사례에서 외로운 아동 양식은 '정서적 결핍감' 도식, '결함/수치심' 도식인데, 이러한 도식은 부모와의 관계에서 충분한 안정감, 돌봄, 공감, 수용, 존중을 제공받지 못한 경우에 발달할 수 있다는 점에서 치료 과정에서 이러한 욕구를 충족시킬 수 있도록 도왔다.

이를 위해 실제 상담에서는 심상 기법을 통한 체험적 전략을 활용하였다. 부모와의 관계에서 가장 상처받았던 기억을 떠올리고, 역기능적 부모의 목소리, 취약한 아이의 목소리, 그리고 건강한 성인의 목소리를 통해 양식 작업을 진행하였다. 당시에 자신이 얼마나 결함이 있고 부족한 존재로 느껴졌는지를 고통스럽게 떠올리면서 자신을 위로하고, 자신이 진정으로 원했던 것은 자신이 어떤 모습이든 있는 그대로 사랑해주고 수용해주는 것이었음을 깨닫게 함으로써 건강한 성인 양식을 발달시킬 수 있도록 개입하였다. 치료자와의 관계에서도 제한된 재양육을 통해 진정으로 이해받고 공감받는 경험을 할 수 있도록 도왔고, 특히 H씨가 자신의 부족하거나 결함이 있는 모습을 드러내더라도 비판단적으로 수용하도록 노력하였다. 이렇게 자신의 취약한 모습을 있는 그대로 바라보고 수용하는 과정을 통해 자신을 과장되게 포장해왔던 과잉보상의 대처방식들이 조금은 약해질 수 있었다. 또한 '내가 행복해지기 위해서 특별한 지위가 반드시 필요한 것은 아니다', '나는 다른 사람과 마찬가지로 똑같은 인간이지만 인간은 누구나 어떤 면에서 특별하다'와 같이 자신에 대한 현실적이고 통합된 관점을 가질 수 있도록 개입하였다.

그리고 아버지에 대한 무력감 이면에 있는 분노감을 자각함으로써 힘을 회복하도록 개입하였다(치료 목표 ③). H씨는 강하고 처벌적인 아버지와의 관계에서 무력감을 느끼면서도 아버지를 이상화하고, 자신도 아버지처럼 강한 대상이 되고자 부단히 노력해왔다. 그러나 그 이면에는 평가적이고 조건적이며 처벌적인 아버지에 대한 상당한 분노감이 자리 잡고 있었다. 따라서 아버지에 대한 분노감을 자각하는 과정에서 무력감을 회복할 수 있도록 돕고, 아버지의 부당한 요구에 맞서고 저항할 수 있는 힘을 느낌으로써 강한 대상이 되고자 했던 과잉보상의 노력들을 줄여갈 필요가 있었다.

실제 상담에서는 아버지가 부당하게 처벌했던 장면을 떠올리면서 심상 기법을 진행하였는데, 초반에는 H씨가 상당한 무력감을 느끼며 자기 목소리를 내지 못했다. 그러나 이후 심상 작업이 여러 번 진행되면서 점차 분노감을 표현할 수 있었고, 자신이 아버지에게 바랐던 것이 '인정과 사랑'이었음을 깨닫게 되었다. 특히 H씨의 경우는 강한 아버지와 무력한 자기와의 관계 구도가 다른 관계에서 과잉보상의 형태로 나타나면서, 아버지처럼 강하고 우월한 사람이 되어 다른 사람을 지배해야 한다는 생각이 강했다. 이런 과정에서 아버지의 부당한 처벌에 분노하고 자기주장을 하도록 하는 개입은 아버지와의 관계에서 자신의 힘을 느끼고 아버지와의 관계를 재정립할 수 있다는 점에서, 이후 다른 사람과의 관계에서도 동등한 관계를 맺도록 하는 기반이 되었다고 생각된다.

마지막으로 정서적 결핍감을 채울 수 있도록 상호성에 기반한 관계 형성을 도왔다 (치료 목표 ④). H씨는 부모와의 관계에서 정서적 결핍감을 느끼며 이를 채워줄 수 있는 누군가를 필요로 했지만, 자기중심적인 방식으로 관계를 맺어왔기 때문에 이러한 결핍감은 채워지지 않고 외로움만 가중되어 왔을 수 있다. 따라서 거만하고 자기중심적인 관계 패턴을 돌아보고 상호성에 기반하여 관계를 맺음으로써 정서적 결핍감을 건강하게 채워갈 수 있도록 개입할 필요가 있었다.

실제 상담에서는 이 과정에서 치료자의 태도로서 '공감적 직면'을 활용하였다. 우선, 평가적이고 처벌적인 아버지와 우울하고 무기력한 어머니와의 관계에서 H씨는 충분히 사랑받지 못했다고 느끼면서 자신의 결핍감을 채워줄 수 있는 누군가를 필요로 했다. 이때 H씨가 경험한 외로움은 '공감'의 대상일 수 있다. 그러나 실제 대인관계에서는 거만하고 자기중심적인 방식으로 관계를 맺어왔기 때문에 사회적으로 고립될 수밖에 없었고, 이러한 결핍감은 채워지지 않은 채 외로움이 가중되어왔다. 이러한 관계 패턴은 '직면'의 대상일 수 있다. 치료자가 외로움에 '공감'하면서도 실제로는 부적응적인 관계 패턴이 외로움을 가중시킨다는 사실을 '직면'시켰을 때, H씨는 지금까지와는 다른 방식으로 관계를 맺고자 하는 동기를 갖게 되었다. 또한 자기애성 성격장애는 타인을 자신의 욕구를 채워주는 자기애적 연장으로 본다는 점에서 치료에서 '상호성의 원리'를 깨닫도록 하는 것이 중요하다. 즉, 모든 사람들은 평등하게 태어났고 동등한 권리를 부여받았으며 다른 사람들도 그들만의 욕구와 감정을 가진 독립적인 존재라는 기본적인 가치를 깨닫도록 하는 것이다.

또한 거만하고 자기중심적인 태도로 인한 손실에 직면하게 함으로써 변화에 대한 동기를 끌어냈다. 나아가 실제 대인관계에서 다른 사람에게 관심을 갖고 그들의 욕구와 감정에 공감하며 상호적인 관계를 맺도록 하는 행동적 전략을 통해 대인관계에서 건강하게 상호작용할 수 있도록 개입하였다. 특히 H씨는 다른 사람의 말을 경청하고 공감하는 것과 같은 친밀감의 기술이 부족하므로, 타인의 의도를 적대적으로 해석하는 것이 아니라 현실적으로 사고하도록 개입하였다. 아울러 타인의 영향력을 수용하는 것은 타인에게 굴복하는 것과 다르며, 자신의 욕구만을 주장하는 것이 아니라 상대방의 욕구를 파악하고 그 두 가지를 조화시키는 방식으로도 문제를 해결할 수 있다는 점을 이해하게 하였다. 이러한 과정을 통해 '다른 사람들보다 나아짐으로써가 아니라 그들과 같아짐으로써 삶을 즐길 수 있다', '자존감은 참여와 친화 속에서 생겨날 수 있다'와 같은 믿음을 조금씩 갖게 되었다.

치료를 마무리할 때 즈음, H씨는 치료자에 대해 "지금까지 늘 최고의 길을 걸어왔고 모든 일이 잘 되고 있었는데도, 마음속에는 마치 어두운 밤에 홀로 외나무다리를 건너는 것 같은 불안감이 늘 있었다. 그런데, 이제는 누군가가 나의 등 뒤에서 불빛을 비춰주고 있다는 생각이 들어 조금은 든든하다."고 말해주었다. 이러한 언급은 H씨가 치료를 통해 세상은 혼자 살아가는 것이 아니라 타인과 함께 도움을 주고받으며 살아가는 것임을 깨닫게 되었다는 것을 상징적으로 보여준다.

09

외상후 스트레스장애(PTSD)

Posttraumatic Stress Disorder

임상 사례

---

1) 주 호소 문제와 현 병력

N씨는 20대 후반 여성으로, 대학을 졸업하고 3년째 취업을 준비하면서 자신감이 떨어지고 위축된 상태이다. 그동안 준비한 시험결과가 발표되기 1~2주 전부터는 멍한 느낌이 들었고, 한 달 전 불합격 결과를 확인한 후로는 '나이는 계속 들고 있는데 아무것도 못하고 있다'는 생각에 더욱 자신감이 저하되고 우울해졌다.

N씨는 원래도 성인 남자를 기피하는 편이었으나 2~3개월 전부터는 이해하기 어려운 증상들을 경험하고 있다. 예를 들어 남자 친구를 제외한 성인 남자를 보면 심장이 쿵쾅거리고 떨리며 좋지 않은 생각들(예: 그 남자가 자신의 머리채를 잡거나 자신을 덮칠 것 같다는 생각)과 이미지가 불쑥불쑥 떠올라서 괴로웠다. 우연히 남자와 몸이 닿거나 스치면 식은땀을 흘리며 얼어붙었고, 이 때문에 대중교통에서 어쩌다가 남자가 N씨의 옆 좌석에 앉으면 불안해서 자리를 피하게 됐다. N씨는 지하철과 같은 공공장소에서 누군가가 자신을 해치거나 공격하지 않을 것이라는 사실을 알고 있음에도 그런 생각과 이미지가 떠오르는 것을 통제할 수 없어서 당혹스럽다.

최근에는 집에 혼자 있다가 갑자기 공황발작을 경험했는데, 호흡이 가빠지고 심박이 증가하며 어지럽고 손발이 차가워지면서 이러다 죽을 것 같다는 생각이 들었다. 이후 공황발작을 다시 경험하지는 않지만 자신에게 뭔가 심각한 정신적인 문제가 있다는 생각이 들었고, 이러한 증상이 취업 스트레스 때문일 것이라고 생각하면서도 한편으로는 어린 시절 경험한 외상사건과 연관된 것은 아닐까 의심이 들었다. 그러던 중 남동생 권유로 치료자를 찾게 되었다. N씨는 자신이 왜 그런지 이해하고 싶고, 이런 고통에서 벗어나고 싶다고 호소하였다.

2) 가족력 및 개인력

N씨는 1남 1녀 중 첫째로, 부모님이 엄격하고 체벌이 많은 환경에서 성장하였다. 일용직 노동자인 아버지는 도박과 음주 문제가 있어 어머니와 자주 다퉜고, 자녀들에게는 대체로 무관심하다가 한 번씩 폭력적인 언행을 보였으며, 술에 취하면 폭력이 더 심해졌다. 어머니는 여러 가지 부업을 하면서 아버지를 대신하여 가족의 생계를 책임지는 가장 역할을 하였고, 자녀를 대학교까지 졸업시키는 등 헌신적이고 생활력이 강한 측면이 있다. 남동생은 N씨보다 세 살 아래로, 어릴 때부터 몸이 약한 편이라 어머니가 안쓰럽게 여기고 알뜰하게 살피며 보호해주었던 것에 비해, N씨는 상대적으로 어머니의 사랑과 관심을 받지 못했다고 생각한다. N씨의 남동생은 다정다감하고 N씨와 서로 속마음을 털어놓는 친구 같은 사이이다. N씨가 상담을 받기로 결정하는 데는 남동생의 영향이 컸다.

초등학교 1학년 때 N씨는 친척 아저씨에게 두 차례 성추행을 당했지만 이에 대해 부모님께 도움을 청하지도, 다른 누군가에게 말하지도 못하였다. 처음에는 징그럽고 불쾌한 느낌이 들었지만 소리를 지르거나 움직이지 못한 채 얼어붙었고, 두 번째에는 저항하고 거부하였으나 소용이 없자 극심한 공포와 함께 무력감을 느꼈다. 이후 친척 아저씨를 만나지 않으려고 피해 다녔기 때문인지 더 이상의 사건은 발생하지 않았다. 다만 어쩌다 친척 모임에서 마주치게 되면 그가 자신을 쳐다보는 눈빛 때문에 힘들었는데, 달리 내색하지는 못했다. 또한 초등학교 5학년 때 술 마시는 아버지를 말리다가 뼈에 금이 갈 정도로 심하게 구타를 당했던 일이 기억에 남아있다.

N씨가 20대 중반에 접어들 무렵 부모님은 이혼하였고 N씨는 어머니와 함께 살게 되었다. 이혼 당시 N씨는 아버지와 떨어져 지내는 것이 오히려 좋다고 생각하였다. 이후 아버지와는 1년에 한두 번 정도 명절 때만 만나고 있으며, 대화가 적고 서먹서먹한

사이이다.

N씨는 학창시절 중상위권 성적을 유지하였고 교우관계도 무난한 편이었다. 중·고등학교 때 두 차례 만원 버스에서 어떤 남자가 자신의 엉덩이를 만진 적이 있었는데, N씨는 식은땀만 흘리고 아무런 대처도 하지 못했다. 이 일도 당시에는 아무한테도 말하지 못하다가 성인이 된 후에야 어머니에게 말하였으나 기대했던 정서적 지지와 위로를 받지 못해서 속상했다.

대학교 시절 자신이 친구들에 비해 술이 세다는 것을 알게 되었으나 아버지가 연상되어 술 마시는 것을 싫어한다. 현재는 가끔씩 기분 좋을 때 맥주만 1~2잔 마시는 정도로 절제하고 있다. 1학년 때부터 남자 친구를 여러 번 사귀었으나 N씨의 교제를 못마땅하게 여긴 어머니와 계속 갈등이 있었다. 현재 남자 친구는 N씨와 4년째 교제 중인데, 안정적인 직업을 갖고 있고 배려심이 많고 믿음직하여 어머니도 교제를 허락했다. N씨는 남자 친구를 좋아하고 관계도 만족스럽지만 남자 친구가 스킨십을 요구할 때는 불쾌감이 들고 긴장하게 된다.

N씨는 대학을 졸업한 후로 시간제 아르바이트를 하면서 3년째 취업 준비를 하고 있다. N씨는 자신이 맏딸인데 취업을 못해서 집안에 도움이 되지 못한다는 생각에 마음의 부담을 크게 느끼고 있다. 그나마 남자 친구의 적극적인 지지가 N씨에게 큰 힘이 되고 있다.

3) 행동 관찰

N씨는 제 나이로 보이는 보통 체격의 여성이었다. 처음에는 다소 어둡고 긴장된 표정이었으나 이야기를 나누면서 점차 편안해지는 모습이었다. 자신이 겪은 외상사건을 이야기할 때 잠시 주저하기는 했지만 일단 말을 꺼내자 쏟아내듯이 이야기하였고, 때로는 크게 한숨을 쉬거나 격앙된 모습을 보였다. 전반적으로 협조적인 태도로 상담에 임했다.

2 심리평가

---

1) 평가 계획

외상경험을 갖고 있는 내담자의 경우, 전 생애에 걸친 외상경험을 확인하고 외상과 관련된 증상의 유무, 특성 및 심각도를 평가하는 것이 필요하다. 내담자에게 암시를 주거나 기대하는 분위기를 만들지 않으면서 때로는 내담자가 인지하기 어려운 정보를 수집해야 하는 상황이 발생할 수도 있다. 특히 거짓 기억(false memory)에 대한 문제가 생길 수 있으므로, 평가자는 특정 사건이 발생했음을 명시적 또는 암묵적으로 제안하는 유도 질문이나 언급을 삼가야 한다(Herbert & Forman, 2006). 내담자들은 다양한 이유로 불쾌하고 압도적인 정서와 외상기억을 회피하고 싶어 할 수 있으며, 때로는 외상경험과 관련된 죄책감과 수치심 때문에 외상사건에 대해 말하기를 꺼리기도 한다. 따라서 치료자들은 임상 장면에서 그런 사건에 대해 직접 질문을 할 수 있도록 준비해야 한다.

N씨는 외상경험이 자신의 심리적 어려움과 관련되어 있을지도 모른다는 생각에 치료자를 찾았으며, 첫 면접에서 외상경험과 관련된 개인력과 현재 경험하고 있는 다양한 증상들을 보고하였다. N씨는 주요우울장애, 외상후 스트레스장애, 공황장애 등으로 진단 가능한 증상들을 호소하고 있어, 다중진단이 가능한 상황이었다. 더욱이 N씨는 아동기부터 여러 차례 성추행과 신체적 폭력을 경험함으로써 복합 PTSD(Complex PTSD: CPTSD)의 가능성에 대한 고려도 필요했다. PTSD를 평가하는 데 전통적인 심리검사(예: MMPI, 인물화 검사, 로르샤흐 검사 등의 투사 검사)는 유용하지 않은 것으로 알려졌으나

(Herbert & Forman, 2006), N씨의 경우 다양한 증상을 호소하고 있기 때문에 진단을 명료화하고 진단에 따른 치료 계획을 수립하기 위해 구조화된 진단 면접과 MMPI-2를 실시하기로 계획하였다. 또한 치료 계획을 수립한 후에는 매 회기마다 치료 목표로 설정된 N씨의 핵심 증상의 변화를 모니터링할 수 있는 자기보고식 척도를 실시하기로 계획하였다.

2) 구조화된 진단 면접

N씨는 주요우울장애, 외상후 스트레스장애, 공황장애 등의 증상들을 호소하였다. 이에 보다 명확한 진단을 내리기 위해 DSM의 구조화된 임상적 면담(Structured Clinical Interview for DSM-IV Disorders: SCID)(First et al., 1996)을 실시하였다. 임상가용 SCID는 보통 45~90분 정도 소요되며, 숙련된 임상가가 감별 진단을 하는 과정과 유사하게 설계되어있다. 임상가는 해당 증상에 대해 두 가지, 즉 '−' 또는 '+'로 평정하며, 진단적 알고리즘 규칙들에 대해서는 '예' 또는 '아니요'로 평정하도록 되어있다. SCID를 실시할 때 임상가는 질문에 대한 내담자의 예/아니요 반응을 단순히 기록하는 것이 아니라, 내담자에게 추가 질문을 하여 더 자세한 설명이나 구체적인 예시를 끌어내고 이를 토대로 진단기준을 충족하는지 여부를 판단해야 한다.

　　N씨는 과거 기분삽화 및 정신병과 관련된 증상, 물질사용장애, 불안장애, 강박장애의 기준에는 해당하지 않았으나, 현재 주요우울 삽화와 외상후 스트레스장애의 진단기준은 충족하였다. 주요 진단과 감별 진단의 측면에서 N씨의 진단 과정은 다음과 같다.

(1) 주요우울장애, 지속성우울장애, 양극성장애와의 감별 진단

N씨는 대학 졸업 후 3년간 취업을 준비하면서 자신감이 저하되고 우울하기는 하였으나, 하루의 대부분을 우울한 기분으로 괴로워하거나 우울한 날이 그렇지 않은 날보다 더 많은 것은 아니었다고 한다(지속성우울장애 배제). 다만 불합격 소식을 접한 이후 하루의 대

부분, 거의 매일 기분이 우울하고 가라앉아 있었다(A1). 다시 취업 준비를 할 의욕도 생기지 않고 평소 즐겨 보던 영화에도 흥미가 없어졌으며 남자 친구와 만나도 시큰둥한 양상을 보였다(A2). 시험을 치른 후에는 공허한 마음에 계속 먹어서 체중이 늘었고(A3), 잠자리에 누워서 1~2시간 뒤척이다 새벽에 잠들고 오전 11시가 넘어서 일어나는 양상이 지속되었다(A4). 별로 하는 일이 없는데도 거의 매일 피곤하고 기운이 없었으며(A6), 취업에 실패하고 맏딸 역할을 하지 못하는 자신이 한심하게 느껴졌을 뿐 아니라(A7), 시험 결과 발표 1~2주 전부터는 멍한 상태가 되어 생각이나 집중을 하기가 어려웠다(A8). 하지만 안절부절못하는 증상이나 자살사고는 없었다.

종합하면 N씨는 주요우울 삽화 기준(A1-A9) 중 5개 이상이 이주일 이상 지속되었다. 이 증상으로 대인관계가 위축되고 취업 준비를 다시 시작하지 못하고 자포자기하게 되는 등, 현저한 고통과 중요한 일상기능에 장해가 초래되었다. N씨는 음주나 다른 물질사용, 신체질환에서 특이점이 없었고, 과거 주요우울 삽화나 다른 기분 삽화(조증 및 경조증)도 경험한 적이 없어 주요우울장애, 단일 삽화로 진단되었다.

(2) 공황장애, 사회불안장애, 강박장애와의 감별 진단

N씨는 공황발작과 같은 증상을 경험한 적이 있었다. 증상은 집에 혼자 있을 때 갑자기 시작되었고(F1), 발작이 일어나는 동안 심박이 증가하면서(F2) 땀이 나고(F3) 떨리고(F4) 호흡이 가쁘고(F5) 어지럽고(F9) 손발이 차가워지면서 감각이 둔해졌으며(F11), 이러다 죽을지도 모른다는 생각이 들었다(F14). N씨는 공황발작 기준(F2-F14) 중 적어도 4개 이상 해당하였다. 그러나 이러한 발작이 단 한 번이었고 발작 경험 후 다소 걱정되기는 하였으나 동생이 괜찮다고 하자 안심이 되었고 발작으로 인해 달라진 점은 없다고 한다(공황장애 배제).

N씨는 낯선 사람을 만나거나 대화하는 것 같은 사회적 상황에서 특별히 긴장하거나 불안해하기보다 성인 남성이 가까이 있는 상황에서 불안해하였고(사회불안장애 배제), 그러한 걱정과 불안은 전반적이고 광범위한 주제가 아니라 어린 시절 외상사건과 연관된 특정 주제에 한정되어 있었다(범불안장애 배제). 또한 남자 친구를 제외한 성인 남자가 자신의 머리채를 잡거나 자신을 덮칠 것 같은 생각과 이미지가 불쑥불쑥 떠오르는 것은 강박

사고와 유사한 측면이 있지만, 이러한 사고를 촉발한 외상과 관련된 단서가 존재하였고 그 상황(예: 지하철)을 벗어나는 행동은 강박행동이라기보다 회피행동과 유사하였다. 무엇보다 이러한 생각을 하느라 하루에 1시간 이상을 소모하는 것은 아니었다(강박장애 배제).

(3) 외상후 스트레스장애

N씨는 초등학교 1학년 때 친척 아저씨로부터 두 차례 성추행을 당했다. 당시 N씨는 저항을 했으나 소용이 없었고, 이에 심한 무력감을 느꼈다. 초등학교 5학년 때 아버지에게 뼈에 금이 갈 정도로 심한 구타를 당하였고, 중·고등학교 때 버스에서 성추행을 당하는 등 일련의 외상적 사건을 경험하였다(A1). N씨는 외상적 사건을 경험한 이후로 이와 관련된 기억이나 생각을 회피하고(C1) 어린 시절의 기억을 불러일으키는 성인 남자를 두려워하며 기피해왔으나(C2), 시험 실패라는 최근의 촉발요인에 의해 2~3개월 전부터는 증상이 더욱 악화되었다. 남자 친구를 제외한 성인 남자를 보면 심장이 빠르게 뛰고 떨리는 등의 생리적인 반응이 나타났고(B5), 그 남자가 자신을 덮칠 것 같은 침습적 이미지가 불쑥 떠올라 고통스러웠으며(B1) 그럴 때면 그 자리를 떠나야 했다(C2). 붐비는 버스나 지하철을 탈 때면 과도하게 경계하고(E3) 성인 남자와 몸이라도 닿게 되면 얼어붙어 아무런 대처를 하지 못하였으며(B3) 작은 소리에도 깜짝 놀라고(E4) 공부에 집중하지 못하는 양상이 지속되었다(E5). 또한 '남자들은 매우 위험하다', '남자들은 나를 성적인 대상으로 본다', '나는 아무런 대응도 하지 못할 것이다', '나는 무기력한 존재이다'와 같은 부정적인 신념을 지니고 있고(D2), 그 외상사건이 자기 때문에 발생했다는 생각에 자신을 탓하고 비난하며(D3) 오랫동안 우울하고 무기력한 기분과 더불어 수치심을 경험하고 있다(D4). N씨의 증상은 1개월 이상 지속되고 있어, 외상후 스트레스장애의 잠정적인 진단이 가능하다.

(4) 복합 외상후 스트레스장애

DSM-5에서는 CPTSD의 진단기준이 포함되어있지 않지만 ICD-11에서는 이를 포함시켰다(WHO, 2018). CPTSD는 아동기 학대, 가정폭력, 고문, 전쟁 포로와 같이, 도피하기 어렵거나 불가능한 다발성 외상을 만성적 또는 반복적으로 경험함으로써 초래되는 자기조직화(self-organization)의 혼란으로 정의된다.

국제 외상 질문지(International Trauma Questionnaire: ITQ)(Cloitre et al., 2018)는 PTSD 및 CPTSD의 핵심 증상을 측정하는 간편 질문지로, ICD-11(WHO, 2018)의 PTSD 와 CPTSD 진단 규칙을 적용하고 있다. ITQ는 국제외상컨소시엄(International Trauma Consortium) 홈페이지(https://www.traumameasuresglobal.com/itq)에서 무료로 이용할 수 있으며 한국어 버전도 업로드되어 있다.

ITQ에서는 내담자가 자신을 가장 힘들게 하는 과거의 사건 경험과 그 경험이 일어난 시기를 적은 뒤, 18개 문항에 대해 0~4점의 5점 척도로 평가하도록 되어있다. 이 문항들은 ICD-11에서 제시한 PTSD 진단기준에 관한 6개의 문항과 이로 인한 기능 손상의 정도를 평가하는 3개의 문항, CPTSD 진단기준에 관한 6개의 문항과 이로 인한 어려움을 평가하는 3개의 문항으로 구성되어있다.

PTSD 및 CPTSD의 진단 알고리즘은 다음과 같다.

- PTSD: 세 가지 증상군, 즉 (1) 지금-여기에서 재경험, (2) 회피, (3) 현재의 위협감에서 각각 한 가지 증상을 충족하고, 이 증상과 관련해서 적어도 한 가지 기능 손상 지표가 있어야 한다. 2점 이상으로 응답할 때 증상 또는 기능 손상이 있는 것으로 간주된다.
- CPTSD: 세 가지 PTSD 증상군에서 각각 한 가지 증상을 충족하고 세 가지 자기조직화 장애(disturbances in self-organization: DSO) 증상군, 즉 (1) 정서조절의 어려움, (2) 부정적 자기개념, (3) 관계에서 장해에서 각각 한 가지 증상을 충족해야 한다. 또한 PTSD 증상과 관련된 적어도 한 가지 기능 손상 지표와 DSO 증상과 관련된 적어도 한 가지 기능 손상 지표가 있어야 한다. 2점 이상으로 응답할 때 증상 또는 기능 손상이 있는 것으로 간주된다.

N씨는 아동기와 청소년기에 성추행을 경험했고 아버지로부터 심하게 구타당한 적이 있으며 부모님의 갈등을 지속적으로 목격하기도 하였다. 또한 심각한 수준은 아니지만 가정에서 따뜻한 돌봄을 받지 못했던 것으로 보이며, 이는 CPTSD에서의 외상사건

※ 자신을 가장 힘들게 하는 과거 사건을 떠올리시고 이와 관련하여 다음 질문에 답해 주십시오.

※ 이 경험을 간략하게 기술해 주십시오. _____

※ 이 경험은 언제 일어났습니까? (아래 중 하나에 표시해주십시오.)

① 6개월 안 됨　　　　　② 6~12개월 전　　　　　③ 1~5년 전

④ 5~10년 전　　　　　　⑤ 10~20년 전　　　　　　⑥ 20년 더 됨

※ 다음은 충격적이거나 스트레스가 되는 사건 후 사람들이 때로 겪을 수 있는 어려움입니다. 각 문항을 주의 깊게 읽고, 귀하가 **지난 한 달 동안** 해당 어려움으로 얼마나 괴로웠는지 알맞은 번호에 표시하십시오.

	전혀 아니다	약간 그렇다	보통 그렇다	상당히 그렇다	극도로 그렇다
1. 사건 일부분이 반복되는 꿈 혹은 사건과 관련한 고통스러운 꿈을 꾸십니까?	0	1	2	3	4
2. 마치 사건이 지금-여기에서 다시 일어나는 느낌을 주는 강렬한 심상과 기억이 마음속에 떠오릅니까?	0	1	2	3	4
3. 사건을 기억나게 하는 내면 상태(예: 생각, 감정, 신체감각)를 피하려 합니까?	0	1	2	3	4
4. 사건을 기억나게 하는 외부 상황(예: 관련된 사람, 장소, 대화, 물건, 활동, 상황)을 피하려 합니까?	0	1	2	3	4
5. 극도로 각성되어 있거나, 조심하거나, 경계합니까?	0	1	2	3	4
6. 화들짝 소스라치거나 갑자기 잘 놀랩니까?	0	1	2	3	4
지난 한 달 동안 위와 같은 증상이…					
7. 대인관계나 사회생활에 영향을 주었습니까?	0	1	2	3	4
8. 일이나 업무 능력에 영향을 주었습니까?	0	1	2	3	4
9. 중요한 삶의 일부, 예를 들어, 자녀 양육, 학업 등 다른 중요한 활동에 영향을 주었습니까?	0	1	2	3	4

※ 다음은 스트레스 혹은 충격적인 사건을 경험한 사람들이 때로 겪을 수 있는 문제나 증상입니다. 자기 자신에 대해 보통 느끼거나 생각하는 바, 혹은 내가 다른 사람과 보통 관계하는 방식에 관한 질문입니다. 각 문항이 평소 자신과 얼마나 일치한다고 생각하는지 알맞은 번호에 표시해 주십시오.

다음이 자신과 얼마나 비슷합니까?	전혀 아니다	약간 그렇다	보통 그렇다	상당히 그렇다	극도로 그렇다
1. 마음이 고통스러워지면 진정하는 데 오랜 시간이 걸린다.	0	1	2	3	4
2. 느낌이 잘 안 느껴지고 감정이 막혀버린 느낌이다.	0	1	2	3	4
3. 나는 실패자 같다.	0	1	2	3	4
4. 내가 무가치한 느낌이다.	0	1	2	3	4
5. 사람들로부터 멀어지고 단절된 느낌이다.	0	1	2	3	4
6. 사람들과 정서적으로 가깝게 지내기 어렵다.	0	1	2	3	4
지난 한 달 동안, 감정, 나 자신에 대한 생각, 관계에 관한 위와 같은 어려움이…					
7. 대인관계나 사회생활에 문제나 괴로움을 주었습니까?	0	1	2	3	4
8. 일이나 업무 능력에 영향을 주었습니까?	0	1	2	3	4
9. 중요한 삶의 일부, 예를 들어, 자녀 양육, 학업 등 다른 중요한 활동에 영향을 주었습니까?	0	1	2	3	4

에 어느 정도 해당한다. 하지만 ICD-11의 CPTSD 진단기준을 충족하기 위해서는 재경험, 회피, 위협감의 세 가지 증상군 중에서 각각 하나 이상의 증상을 경험하는 것에 더해, DSO 증상군을 경험해야 한다. N씨의 경우 플래시백/강한 심상을 경험하고 있고(재경험 증상군 충족), 사건을 기억나게 하는 생각과 감정, 외부 대상(예: 성인남성)을 회피하며(회피 증상군 충족), 잘 놀라고 과경계하는 양상(위협감 증상군 충족)을 보인다. DSO 증상군과 관련하여 하나씩 살펴보면 N씨는 두려움에 압도되면 진정하기까지 오래 걸리고 종종 얼어붙는 등 정서조절의 어려움을 보인다(정서조절의 어려움 증상군 충족). 실패감과 무가치감을 느끼는 등 부정적 자기개념을 나타내고 있지만 이는 시험 불합격이라는 상황적 스트레스 요인과도 관련이 있다(부정적 자기개념 증상군 일부 충족). 대인관계 장애는 명확하지 않은데, N씨는 친구들과 잘 어울리고 원만한 관계를 유지하고 있으며 4년째 교제 중인 남자 친구와도 좋은 관계를 유지하고 있다(관계에서의 장해 증상군 미충족). 종합하면 N씨가 CPTSD의 기준을 일부 충족하고 있기는 하지만 대인관계는 비교적 원만한 것으로 보아, CPTSD의 진단을 배제할 수 있다.

3) MMPI-2

N씨의 타당도 척도를 살펴보면, VRIN과 TRIN 지표가 정상 범위이고 F와 F(B)가 유사한 수준이므로 비교적 신뢰할 만하고 일관성 있는 태도로 MMPI-2에 응답한 것으로 보인다. L, K, S와 같은 척도가 낮은 것에 비해 F 척도는 70T 이상으로 상승해있는데, 이는 N씨가 상당한 심리적 어려움을 경험하고 있으나 이를 적응적으로 다룰 수 있는 방어 자원은 부족한 상태에 있음을 시사한다. 더욱이 F(P)가 정상 범위인 것은 N씨가 증상을 과장하거나 왜곡하여 보고하기보다는 실제로 심리적 어려움을 경험하고 있음을 시사한다.

또한 N씨의 경우 여러 임상 척도들이 상승되어있어, 주관적 고통과 혼란을 경험하고 있음을 알 수 있다. 가장 상승한 임상 척도는 사회적 내향성 척도인 0번 척도(84T)와 우울증 척도인 2번 척도(83T)로, 0-2 코드타입을 보인다. 6번, 8번, 7번 척도가 70T 이상으로 동반 상승되어있는 것에 비해 경조증 척도인 9번 척도(42T)는 낮은 상태이다. N씨

■ 타당도 척도와 임상 척도

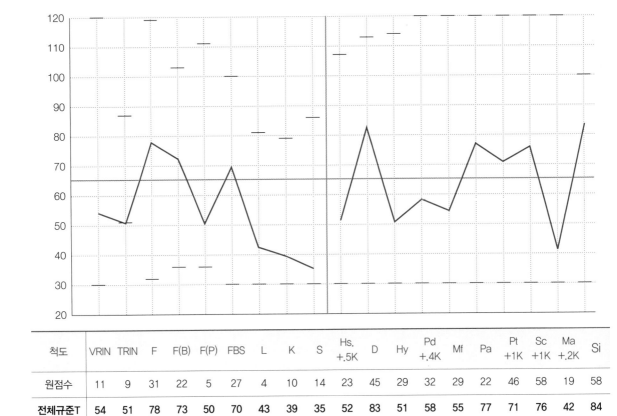

척도	VRIN	TRIN	F	F(B)	F(P)	FBS	L	K	S	Hs. +.5K	D	Hy	Pd +.4K	Mf	Pa	Pt +1K	Sc +1K	Ma +.2K	Si
원점수	11	9	31	22	5	27	4	10	14	23	45	29	32	29	22	46	58	19	58
전체규준T	54	51	78	73	50	70	43	39	35	52	83	51	58	55	77	71	76	42	84

*Mf 척도의 T점수는 성별규준에 의한 것임.

■ 재구성 임상 척도와 성격병리 5요인 척도

척도	RCd	RC1	RC2	RC3	RC4	RC6	RC7	RC8	RC9				AGGR	PSYC	DISC	NEGE	INTR
원점수	22	15	13	11	8	11	18	10	9				9	18	8	24	30
전체규준T	78	60	70	66	58	82	72	69	45				54	84	42	69	91

■ 내용 척도

척도	ANX	FRS	OBS	DEP	HEA	BIZ	ANG	CYN	ASP	TPA	LSE	SOD	FAM	WRK	TRT
원점수	20	13	10	28	19	12	12	18	9	12	15	20	17	28	21
전체규준T	81	55	56	85	60	71	70	69	48	58	66	78	76	83	82

■ 보충 척도

척도	A	R	Es	Do	Re	Mt	PK	MDS	Ho	O-H	MAC-R	AAS	APS	GM	GF
원점수	33	22	20	10	16	32	38	8	32	11	16	7	20	18	30
전체규준T	71	55	32	37	42	72	80	62	67	41	41	69	49	38	46

는 만성적이고 성격적인 우울이 지속되는 가운데, 최근의 상황적인 스트레스와 관련된 반응성우울을 보이고 있다. 이러한 우울증은 대인관계 및 사회적 적응과 관련된 것으로 보인다. 타인의 평가나 비판에 예민하여 사회적 상황에서 긴장과 불안을 느끼고 위축되기 쉽고, 타인에 대한 신뢰감이 부족하고 타인의 동기를 의심하며, 소수의 사람과 함께 있거나 혼자 있는 것을 더 편안해하는 경향이 시사된다.

내용 척도에서 N씨는 우울과 불안을 호소하고 있으며(DEP=85T, ANX=81T), 사회적 상황에서의 불편감과 더불어(SOD=78T), 가족 갈등, 분노, 냉소적인 태도를 나타내고 있다(FAM=76T, ANG=70T, CYN=69T). 기태적인 정신상태 또한 호소하고 있는데(BIZ=71T), 이는 N씨가 '좋지 않은 생각들'로 표현한 침습적 사고와 이미지가 반영된 것으로 생각된다. 이러한 침습적 사고와 이미지에 대해 N씨는 자신이 이상한 것은 아닌지, 혹시 미친 것은 아닌지 하는 생각에 주관적 고통을 경험하고 있으며, 이는 일이나 공부와 같은 일상기능을 방해할 정도로 심각한 수준인 것으로 보인다(WRK=83T).

재구성 임상 척도와 성격병리 5요인 척도 및 보충 척도를 보면 N씨는 전반적인 정서적 불편감을 호소하고 있으며(RCd=78T), 특히 PTSD 증상을 경험하고 있을 가능성이 높다(PK=80T). 이와 관련된 불안(A=71T), 피해의식(RC6=82T), 낮은 긍정 정서(RC2=70T, INTR=91T), 역기능적 부정 정서(RC7=72T), 정신증(PSYC=84T), 부적응(Mt=72T) 등이 동반되고 있으며, 상당한 고통과 혼란을 느끼고 있는 상황에서도 가까스로 통제력을 유지하고 있는 것으로 보인다(DISC=42T). 중독 인정 척도가 상승되어있는 것에 비해(AAS=69T) 중독 가능성 척도는 낮은데(APS=49), 이는 스스로 주량이 세다는 것을 알고 자제한다는 보고와도 일치한다.

상기 결과를 종합할 때, MMPI-2에서 N씨는 현재 경험하고 있는 정신상태를 솔직하게 보고한 것으로 보인다. N씨는 어린 시절의 외상사건 및 최근의 상황적 스트레스(예: 취업 실패)와 관련된 우울과 불안 등의 정서적 고통을 겪고 있다. 여기에 침습과 같은 증상으로 인한 상당한 혼란감도 동반되고 있다. 그러나 이러한 심리적 어려움을 스스로 다룰 수 있는 자원은 부족한 상태이다. 그러므로 심리교육을 통해 N씨가 자신의 정신상태를 이해할 수 있도록 돕고 현재 다양한 심리적 증상의 근본 원인이라 할 수 있는 외상기억의 처리를 돕는 심리치료가 필요할 것으로 사료된다.

4) 심리치료에 따른 증상 모니터링

N씨처럼 PTSD가 핵심 문제인 내담자의 경우 PTSD 증상을 측정하는 심리 척도와 더불어, 우울과 불안을 측정하는 척도를 매 회기마다 측정하면서 주요 증상의 변화를 모니터링할 필요가 있다. N씨에게는 사전 면담 시부터 매 회기 치료를 시작하기 전에 외상후 스트레스 진단 척도(Posttraumatic Stress Diagnostic Scale: PDS)와 벡 우울 척도(Beck Depression Inventory: BDI)를 실시하였다. 내담자의 왜곡된 인지 변화에 좀 더 초점을 둔 치료적 접근을 할 때에는 외상 후 인지 척도를 실시하고, 그 밖에 내담자가 호소하는 증상에 따라 다양한 척도를 추가적으로 실시할 수 있다.

PDS는 Foa 등(1997)이 DSM-IV(APA, 1994)의 PTSD 진단기준에 따라 개발한 척도로 총 4개 장, 49개 문항으로 구성되어있다. 1장은 외상적 사건의 유형, 2장은 가장 괴로움을 주는 외상사건과 그 발생 시기 및 당시의 경험, 3장은 지난 1개월 동안 경험한 열일곱 가지 PTSD 증상의 경험 빈도 및 기간, 4장은 PTSD 증상으로 인한 기능장애 유무를 측정하도록 되어있다. N씨의 경우 사전 면담에서 PDS를 실시하였고, 이후 치료를 시작하면서 PTSD 증상을 모니터링할 목적으로 지시문을 '지난 일주일 동안'으로 수정하여 매 회기마다 PTSD 증상(3장)을 측정하였다.

BDI는 Beck 등(1961)이 개발한 자기보고식 검사로, 우울증의 인지적, 정서적, 동기적, 신체적 증상 영역을 포함하는 21개 문항으로 구성되어있다. 각 문항에 대해 0~3점으로 응답하도록 되어있으며, 0~9점은 우울하지 않음, 10~15점은 경도 우울, 16~23점은 중등도 우울, 24~63점은 심각한 우울로 분류된다. N씨에게도 BDI를 실시하였으나, 현재 우울 증상을 모니터링하기 위해서는 국내 표준화된 K-BDI-II(김지혜 등, 2015; Beck et al., 1996) 또는 DSM-5 우울증 진단기준과 일치하는 문항을 포함하고 있는 한국어판 우울증 선별도구(Patient Health Questionnaire-9: PHQ-9)(안제용 등, 2013; Kroenke et al., 2001)를 활용할 수 있다.

5) 사례개념화

인지행동치료에서 사용하는 워크시트(Beck, 2020)를 활용하여 N씨의 사례개념화를 실시하였다.

- 주요 문제목록
1) 외상사건과 관련된 공포, 불안, 긴장 등의 부정 정서, 생리적 반응, 반복적인 침습적 사고와 이미지, 부정적인 자기개념, 외상기억에 대한 촉발 단서의 회피
2) 우울감, 무력감, 자신감 저하, 위축
3) 공황발작

- 아동기 경험 및 발달적 주요 사건

N씨는 어린 시절 일련의 외상사건(예: 친척 아저씨로부터 성추행, 가정폭력 목격, 아버지로부터 구타)을 경험하였으나 이러한 사실을 누군가에게 말하지도, 적절한 보호를 받지도 못했다. 특히 친척 모임에서 친척 아저씨를 볼 수밖에 없는 상황과 애착 대상인 아버지가 어머니에게 폭력을 가하는 장면을 지켜보는 것은 N씨에게 큰 고통이었다. 이후 부모님이 이혼하면서 N씨는 아버지의 폭력에서 벗어날 수 있었다. N씨의 어머니는 실질적으로 생계를 책임지느라 여유가 없었고 N씨보다는 몸이 약한 남동생에게 더 많은 관심을 기울였다. 또 어머니는 엄격하고 완벽주의적이며 N씨에 대한 기대가 컸던 탓에 N씨와 사소한 일로 부딪히는 일이 많았다. N씨에게 어머니는 열심히 살아야겠다는 동기를 부여해준 존재인 동시에, 자신에게 적절한 돌봄과 정서적 지지를 제공해주지 않은 존재이다. 이에 N씨는 어머니에게 양가적인 감정을 느끼고 있다.

- 상황적 스트레스 요인
장기간의 미취업 상태, 최근 취직 시험에 불합격

- 생물학적, 유전학적, 의학적 요인들

1) 초등학교 5학년 때 복막염 수술, 그 외 여러 신체적 증상(소화불량, 변비, 손발 저림 등)

2) 아버지의 알코올 문제(진단 기록은 없음)

- 강점

대학 졸업의 학력, 남자 친구와 관계를 지속할 수 있는 능력, 지지적인 동생

- 치료 목표

1) 일차적 목표: PTSD 증상의 감소

2) 이차적 목표: 우울감의 감소, 대처기술 및 자아존중감 향상

- 전형적인 자동적 사고, 정서, 행동 패턴 및 주요 스키마

오른쪽 그림 참조

- 가설

N씨는 어린 시절 성추행과 심한 폭력을 겪었고, 부모님의 잦은 부부싸움을 목격하였다. 그 후로 N씨는 남성에 대한 부정적인 스키마와 병리적인 위험도식('남자들이 나를 성적인 대상으로 보고 나에게 해를 끼칠 것이며 나는 그러한 상황에 적절하게 대응하지 못할 것이다')을 발달시켰으며, 전형적인 PTSD 증상들을 나타내고 있다. N씨는 외상적 기억을 상기시키는 위험한 단서들을 회피하는 방식으로 부정 정서에 대처하였고, 그 결과 이러한 위험도식을 수정할 기회를 갖지 못했던 것으로 보인다. 요컨대 N씨의 PTSD 증상은 고전적 조건화에 의해 형성되고 조작적 조건화, 즉 부적 강화에 의해 유지되고 있는 상황이다. 더욱이 N씨는 대학 졸업 후 장기간 미취업 상태로 지냈고 열심히 준비한 시험에서 여러 차례 불합격 통보를 받았다. 이는 우울감과 낮은 자아존중감을 초래하고 N씨의 취약성(병리적인 위험도식)을 더욱 악화시킨 것으로 보인다.

- 치료 계획

1) 회피는 N씨의 병리적 위험도식 및 PTSD 증상을 유지시키는 핵심 기제로, 악순

관련된 생애사 및 촉발요인

초등학교 1학년 때 친척 아저씨로부터 두 차례 성추행을 당했다. 초등학교 5학년 때 술 마시는 아버지를 말리다가 뼈에 금이 갈 정도로 심하게 맞았고, 6학년 때 부모님이 이혼한 후로 남동생, 어머니와 함께 살았다. 중·고등학교 3학년 때 버스에서 성추행을 당해 식은땀을 흘리면서 얼어붙는 경험을 했고, 성인이 된 이후 어머니에게 사실을 말했지만 기대했던 정서적 지지와 위로를 받지 못했다. N씨의 어머니는 가정의 생계를 책임진 실질적인 가장이었는데, 완벽주의적이고 엄격한 기준을 갖고 있어 장녀인 N씨에게 높은 기준을 요구하고 이를 충족하지 못하면 야단을 많이 쳤다. 대학을 졸업한 뒤 3년간 취업을 준비했으나, 최근 시험에 떨어진 사건 이후 우울증과 성인 남자를 기피하는 행동이 악화되고 공황발작, 침습적 증상이 시작되었다.

핵심 신념

이 세상은 위험한 곳이다. 남자들은 매우 위험하다. 나는 해를 입을 것이다. 나는 아무런 대응도 하지 못할 것이다. 나는 무능력하다. 나는 무기력한 존재이다.

중간 신념: 가정/태도/규칙

성인 남자들과 물리적으로 가까워진다면 그들은 나를 성적인 대상으로 볼 것이고, 나는 그런 상황에 적절하게 대처하지 못할 것이다.

대처 전략

남자들은 매우 위험하다. 남자들은 나를 성적인 대상으로 본다. 그러니까 남자들을 피하는 것이 안전하다.

상황1	상황2	상황3
대낮에 술 취한 40대 아저씨와 골목길에서 마주쳤다.	지하철 옆자리에 허름한 차림의 남자가 앉았다.	취직 시험에서 불합격한 것을 확인하였다.
자동적 사고 저 남자가 내 가슴을 쳐다보고 있다. 저 남자가 나를 덮칠 것이다.	**자동적 사고** 저 남자가 내 머리채를 잡을 것이다. 저 남자가 나를 덮칠 것이다.	**자동적 사고** 나는 아무것도 잘하는 것이 없다. 무직 상태가 영원히 계속될 것이다.
자동적 사고의 의미 나는 위험한 상황에 처했다. 나는 무능력하다.	**자동적 사고의 의미** 나는 위험한 상황에 처했다. 나는 무능력하다.	**자동적 사고의 의미** 나는 무기력하다. 나는 무능력하다.
정서 불안, 공포, 식은땀, 빠른 호흡, 빠른 심장박동	**정서** 불안, 공포, 긴장, 무력감, 한심함, 식은땀, 숨 막히는 느낌	**정서** 우울, 불안, 무기력
행동 잠시 얼어붙어 꼼짝할 수 없다가 뒤돌아 뛰어갔다.	**행동** 다음 역에 내려서 다른 열차를 탔고 빈자리가 있었지만 목적지까지 서서 갔다.	**행동** 집에서 나가지도, 전화를 받지도 않고 하루 종일 혼자 지냈다.

환의 고리를 끊기 위해 PTSD의 치료에 효과적인 근거기반치료 중 지속노출치료
를 실시한다.

2) 최근 스트레스 사건에 대해 효율적으로 대처할 수 있도록 대처기술을 습득, 연습
시킨다.

 심리 진단 검사 보고서 요약

1 **진단적 인상(diagnostic impression)**
외상후 스트레스장애(Posttraumatic Stress Disorder), 주요우울장애(Major Depressive Disorder)

2 **치료적 제언(recommendation)**
트라우마에 초점을 맞춘 인지행동치료, (필요시) 해당 증상에 대한 약물치료

1) PTSD의 진단

(1) 진단기준

PTSD는 DSM-5(APA, 2013/2015)부터 불안장애 범주에서 분리되어, 외상 및 스트레스 관련 장애 범주에 포함되었다. PTSD 진단을 위해서는 먼저, 실제 죽음이나 심각한 상해, 성폭력 또는 그러한 사건의 위협에 노출되는 것과 같은 외상사건을 직·간접적으로 경험해야 한다. DSM에서는 성폭력을 제외한 외상사건은 그 종류나 내용을 구분하지 않고 일반화하여 기술하고 외상사건을 경험하는 경로 위주로 정의하고 있으나, 학자에 따라 외상사건은 다양하게 구분된다. 예를 들면 Allen(2005/2010)은 대인관계 관여도에 따라 외상사건을 인간 외적인 외상(지진, 태풍 등 자연의 작용에 의해 우발적으로 발생하는 외상), 대인 외상(테러, 폭력 등 타인에 의해 고의적으로 발생하는 외상), 애착 외상(아동학대, 방임, 가정폭력 등 정서적 유대와 의존도가 높은 관계에서 발생하는 외상)으로 구분하였다. 또한 Kira 등(2014)은 외상사건을 그 심각도에 따라 네 가지 유형으로 구분하였다. 이에 따르면 외상사건이 단일 삽화일 때는 유형 I로, 유사한 삽화가 과거에 반복된 경우에는 유형 II로, 만성적인 외상성 및 비외상성 스트레스는 유형 III으로, 전 생애에 걸쳐 누적된 외상은 유형 IV로 구분된다. 일반적으로 외상사건이 타인에 의해 고의적으로 발생하고 반복적·지속적으로 경험될 때 후유증이 심각해질 가능성이 있다.

외상사건을 경험한 이후 경과는 매우 다양하다. 보통 외상사건 직후에는 누구나 충격을 받고 PTSD 증상과 유사한 외상 후 스트레스 반응을 나타내며, 이는 대개 자연스럽고 정상적인 반응으로 간주된다. 외상에 노출된 사람들 가운데 상당수가 시간이 흐르면서 점차 회복되지만 일부는 급성 스트레스장애나 PTSD로 진행될 수 있다. 급성 스트레스장애의 진단기준에는 침습, 해리, 회피, 각성 등 PTSD와 유사한 증상들이 포함되어 있으나, 진단에 필요한 기간이 외상사건 이후 3일에서 1개월 미만으로 더 짧고 자기 자신이나 주변 상황에 대한 비현실감이나 외상사건의 중요한 측면을 기억하지 못하는 해리 증상(APA, 2013/2015)이 강조된다는 측면에서 PTSD와 차이가 있다. 급성 스트레스장애 진단은 PTSD로 진행될 가능성이 있는 사례를 조기 발견하여 예방적 개입을 할 수 있다는 점에서 유용하다.

DSM-5 PTSD 진단기준(APA, 2013/2015)은 다음과 같다.

DSM-5 외상후 스트레스장애(Posttraumatic Stress Disorder) 진단기준

주의점: 이 기준은 성인, 청소년 그리고 7세 이상의 아동에게 적용한다. 6세 또는 더 어린 아동을 위해서는 다음의 해당 기준을 보기 바란다.

A. 실제적이거나 위협적인 죽음, 심각한 부상, 또는 성폭력에의 노출이 다음과 같은 방식 가운데 한 가지(또는 그 이상)에서 나타난다.
  1. 외상성 사건(들)에 대한 직접적인 경험
  2. 그 사건(들)이 다른 사람들에게 일어난 것을 생생하게 목격함
  3. 외상성 사건(들)이 가족, 가까운 친척 또는 친한 친구에게 일어난 것을 알게 됨
  4. 외상성 사건(들)의 혐오스러운 세부 사항에 대한 반복적이거나 지나친 노출의 경험(예, 변사체 처리의 최초 대처자, 아동 학대의 세부 사항에 반복적으로 노출된 경찰관)

B. 외상성 사건(들)이 일어난 후에 시작된, 외상성 사건(들)과 관련이 있는 침습 증상의 존재가 다음 중 한 가지(또는 그 이상)에서 나타난다.
  1. 외상성 사건(들)의 반복적, 불수의적이고, 침습적인 고통스러운 기억
  2. 꿈의 내용과 정동이 외상성 사건(들)과 관련되는 반복적으로 나타나는 고통스러운 꿈
  3. 외상성 사건(들)이 재생되는 것처럼 그 개인이 느끼고 행동하게 되는 해리성 반응(예, 플래시백) (그러한 반응은 연속선상에서 나타나며, 가장 극한 표현은 현재 주변 상황에 대한 인식의 완전한 소실일 수 있음)
  4. 외상성 사건(들)을 상징하거나 닮은 내부 또는 외부의 단서에 노출되었을 때 나타나는 극심하거나 장기적인 심리적 고통
  5. 외상성 사건(들)을 상징하거나 닮은 내부 또는 외부의 단서에 대한 뚜렷한 생리적 반응

C. 외상성 사건(들)이 일어난 후에 시작된, 외상성 사건(들)과 관련이 있는 자극에 대한 지속적인 회

피가 다음 중 한 가지 또는 2가지 모두에서 명백하다.

1. 외상성 사건(들)에 대한 또는 밀접한 관련이 있는 고통스러운 기억, 생각 또는 감정을 회피 또는 회피하려는 노력

2. 외상성 사건(들)에 대한 또는 밀접한 관련이 있는 고통스러운 기억, 생각 또는 감정을 불러일으키는 외부적 암시(사람, 장소, 대화, 행동, 사물, 상황)를 회피 또는 회피하려는 노력

D. 외상성 사건(들)이 일어난 후에 시작되거나 악화된, 외상성 사건(들)과 관련이 있는 인지와 감정의 부정적 변화가 다음 중 2가지(또는 그 이상)에서 나타난다.

1. 외상성 사건(들)의 중요한 부분을 기억할 수 없는 무능력(두부 외상, 알코올 또는 약물 등의 이유가 아니며 전형적으로 해리성 기억상실에 기인)

2. 자신, 다른 사람 또는 세계에 대한 지속적이고 과장된 부정적인 믿음 또는 예상(예, "나는 나쁘다." "누구도 믿을 수 없다." "이 세계는 전적으로 위험하다." "나의 전체 신경계는 영구적으로 파괴되었다.")

3. 외상성 사건(들)의 원인 또는 결과에 대하여 지속적으로 왜곡된 인지를 하여 자신 또는 다른 사람을 비난함

4. 지속적으로 부정적인 감정 상태(예, 공포, 경악, 화, 죄책감 또는 수치심)

5. 주요 활동에 대해 현저하게 저하된 흥미 또는 참여

6. 다른 사람과의 사이가 멀어지거나 소원해지는 느낌

7. 긍정적 감정을 경험할 수 없는 지속적인 무능력(예, 행복, 만족 또는 사랑의 느낌을 경험할 수 없는 무능력)

E. 외상성 사건(들)이 일어난 후에 시작되거나 악화된, 외상성 사건(들)과 관련이 있는 각성과 반응성의 뚜렷한 변화가 다음 중 2가지(또는 그 이상)에서 현저하다.

1. (자극이 거의 없거나 아예 없이) 전형적으로 사람 또는 사물에 대한 언어적 또는 신체적 공격성으로 표현되는 민감한 행동과 분노폭발

2. 무모하거나 자기파괴적 행동

3. 과각성

4. 과장된 놀람 반응

5. 집중력의 문제

6. 수면 교란(예, 수면을 취하거나 유지하는 데 어려움 또는 불안정한 수면)

F. 장애(진단기준 B, C, D 그리고 E)의 기간이 1개월 이상이어야 한다.

G. 장애가 사회적, 직업적, 또는 다른 중요한 기능 영역에서 임상적으로 현저한 고통이나 손상을 초래한다.

H. 장애가 물질(예, 치료약물이나 알코올)의 생리적 효과나 다른 의학적 상태로 인한 것이 아니다.

이 진단기준에 따르면 외상사건 이후 재경험, 회피, 인지 및 기분의 부정적 변화, 각성 및 반응성에서의 변화가 1개월 이상 지속되고 이로 인해 삶의 중요한 영역의 기능에서 임상적으로 심각한 손상이나 고통을 경험할 경우 PTSD로 진단된다(APA, 2013/2015).

(2) 임상 양상

PTSD 환자들은 외상사건을 경험한 이후로 외상사건과 관련된 고통스러운 기억을 반복적·비자발적·침습적으로 경험하거나, 외상사건이 지금-여기에서 일어나고 있는 것처럼 느끼고 행동한다. 또한 외상사건과 관련된 악몽을 반복해서 꾸고, 외상사건과 관련된 단서에 노출될 경우 외상사건 당시 느꼈던 생리적 반응이 나타나거나 강렬한 정서적 고통을 지금-여기에서 경험한다. 이처럼 외상적 기억이 순식간에 유발되어 고통스럽게 재연되는 것을 플래시백(flashback)이라고 하는데, 촉발요인을 파악하지 못할 경우 두려움과 당혹감을 느끼게 된다. 촉발요인은 외상과 관련된 단서로, 소리나 냄새와 같은 외부 자극일 수도 있고 신체감각이나 생리적 각성과 같은 내부 자극일 수도 있다. 어떠한 형태이든 촉발요인은 외상기억으로 바로 연결되며, 플래시백을 반복해서 경험하면 외상기억으로의 연결망이 더욱 늘어나게 된다. 플래시백은 외상적 경험의 직접적인 재연일 수도 있고, 이해하기 어려운 이미지가 콜라주된 형태일 수도 있다. 더 심각하게는 현재 상황에 외상적 이미지가 겹쳐지는 것처럼, 현실과의 접촉을 상실한 형태로 표현될 수도 있다. 많은 PTSD 환자들이 잠들었을 때에는 악몽으로, 깨어있을 때에는 플래시백으로 외상사건을 계속해서 재경험하며, 이는 환자들에게 큰 고통을 초래한다.

외상사건의 재경험은 매우 고통스럽기 때문에 외상사건과 관련된 기억이나 생각, 감정 또는 이를 유발하는 단서 자체를 회피하게 된다. 또한 외상사건을 경험하고 나면 공포, 분노, 죄책감, 수치심 등의 부정적인 정서는 지속적으로 경험하게 되는 반면에, 행복감, 사랑, 만족감과 같은 긍정적인 정서는 경험하지 못하는 양상이 지속된다. 이뿐만 아니라 외상사건의 중요한 측면을 기억하지 못하는 해리성 기억상실이 나타날 수도 있고, 기존에 갖고 있던 신념이나 스키마가 외상사건과 관련해서 왜곡되거나 부정적으로 변화하기도 한다. 또한 자신이나 타인을 과도하게 탓하는 왜곡된 인지를 갖게 될 가능성이 있으며, 중요한 활동에 흥미나 관심이 감소하고 자신이 남들과 다르다는 생각에 다른 사람들로부터 거리감이나 소외감을 느끼기도 한다. 아울러 각성 수준이 높아져서 사소한 자극에도 깜짝깜짝 놀라고 과도하게 경계하며 주의집중을 하지 못하거나, 잠들지 못하고 도중에 자주 깨는 수면장해가 나타날 수도 있다. 외상사건 이전이라면 그냥 넘어갔을 만한 사소한 자극에도 짜증을 내거나 분노하기도 하며, 과도한 음주나 폭식, 자해 등 자기파괴적 행동으로 자신을 위험에 빠뜨리기도 한다. 이러한 PTSD 증상에 이인증(deper-sonalization)이나 비현실감과 같은 해리 증상이 동반되기도 하는데, 해리 증상은 강렬한 정서적 고통으로부터 외상경험자를 일시적으로 보호하는 기능을 하지만 습관적인 해리 는 오히려 회복을 방해한다. 때로는 외상사건을 경험한 후 6개월 이상 경과한 후 PTSD 기준이 충족되는 경우가 있는데, 이를 지연형 PTSD라고 한다.

PTSD의 평생유병률은 한국 1.5%(홍진표 등, 2017)에서부터 캐나다 9.2%(Van Ameringen et al., 2008)에 이르기까지 국가마다 상이하다. 2016년 우리나라 역학조사에서 PTSD 평생유병률은 1.5%(남성 1.3%, 여성 1.8%)였으나, 미국병존질환조사(National Comorbidity Survey Replication: NCS-R)(Kessler et al., 2005)에 따르면 미국 성인의 PTSD 평생유병 률은 6.8%(남성 3.6%, 여성 9.7%)로, 여성이 남성에 비해 약 3배 높은 것으로 조사되었다. Koenen 등(2017)은 WHO 세계정신건강조사(World Mental Health Surveys)에서 26개국 의 자료를 분석하였는데, 18세 이상 성인 71,083명 중 69.7%가 외상사건에 노출된 경험 이 있으며, PTSD 평생유병률은 전체 표본의 3.9%, 외상경험자의 5.6%로 조사되었다. PTSD는 다른 심리적 장애와 동반이환율이 높은 장애로, 우울장애, 각종 불안장애, 조현 병 및 관련 장애, 알코올 사용장애, 니코틴 사용장애와 함께 나타나는 경우가 많다.

2) 이론적 모형

PTSD 증상의 발달 및 유지는 어느 한 가지 모형만으로는 잘 설명되지 않는다. 따라서 다양한 이론적 관점에 기반한 통합적 설명이 필요하다.

(1) 생물학적 관점

외상사건에 노출되면 우리 몸은 자원을 동원하고 싸움–도주 반응을 위한 준비를 하도록 고안된 교감–부신수질(sympathetic-adrenomedullary: SAM) 시스템과, 코르티솔(cortisol) 이라는 항스트레스 호르몬을 분비하도록 작용하는 시상하부–뇌하수체–부신(hypothalamus-pituitary-adrenal: HPA) 시스템이 활성화된다. 스트레스 반응은 시상하부에서 교감신경계를 활성화하고, 그 자극에 의해 부신수질이 에피네프린과 노르에피네프린(norepi-nephrine: NE)을 분비하면 이들이 혈류를 통해 순환되면서 심장박동을 증가시키고 포도당을 빠르게 대사하도록 한다. 부신에서 생산된 코르티솔은 혈당을 높이고 신진대사를 촉진하여 임박한 위험이나 스트레스 요인에 우리 몸과 마음이 대처하도록 준비시키고, 스트레스 요인이 사라지면 정상 상태로 되돌리는 역할을 담당한다. 하지만 스트레스가 지속되거나 반복되면 많은 양의 코르티솔이 계속해서 분비되는데, 이는 신체 자원을 소모하고 심혈관계를 손상시키며 면역체계의 활동을 억제시키는 등 건강에 해가 된다. 코르티솔이 차단되지 않으면 뇌세포, 특히 해마의 뇌세포를 손상시킬 수 있다.

뇌간의 청반은 불안과 기분조절에 중요한 역할을 담당하는 NE를 생산한다. 청반-NE 회로는 현재 하고 있는 행동을 중단시키고 우선순위가 높은 자극에 주의를 기울이도록 한다. 스트레스 자극에 반복 노출되면 청반-NE 회로가 민감해지고, 결국 과도한 경계를 증가시켜 예기치 못한 자극에 과잉반응을 보이게 된다.

또한 편도체는 위험을 신속하게 탐지하고 공포 반응을 조직하며 공포조건화와 해마 기능의 조절에 기여한다. 외상사건으로 각성 수준이 높아지면 NE와 도파민이 증가하고, 전전두 피질과 피질하 구조 사이의 통제 균형에 변화가 유발된다. 적절한 수준의 각성은 전전두 피질의 기능을 촉진하는 반면, 외상성 스트레스로 인한 매우 높은 수준의 각성은 전전두 피질의 기능을 억제하고 내인성 아편제의 생산을 통해 무통각을 유도한다. 내인성 아편제는 싸울 수도 없고 도망갈 수도 없는 상황에서 얼어붙는 반응과 같은 해리 반응이 일어나도록 한다. 이를 통해 PTSD 환자가 심한 통증을 견디거나 고의적으로 자해하는 것을 설명할 수 있다.

Porges(1995)의 다미주 이론(polyvagal theory)은 정서조절, 사회적 연결 및 공포 반응에 있어 미주신경의 역할을 강조하는 이론이다. 다미주 이론은 최근 임상 장면에서 PTSD와 CPTSD의 증상을 잘 설명하는 이론으로 주목받고 있다. 수질(medulla)에서 시작된 열 번째 뇌신경인 미주신경은 자율신경계의 주요 구성 요소이며, 여러 개의 가지로 분리되어 심장, 인두, 성대, 내장기관 등 여러 신체기관에 분포하며 혈압과 심박률을 낮추는 등 부교감신경계를 활성화시키는 것으로 알려져 있다. 다미주 이론은 두 가지 원심성 신경의 구조와 기능에 초점을 맞추고 있다. 먼저, 배측 미주신경은 진화적으로 더 원시적인 신경가지로, 원시 척추동물, 파충류 및 양서류의 원시적인 생존 전략과 관련이 있다고 간주되기 때문에 '생장성 미주신경(vegetative vagus)'이라고도 불린다. 배측 미주신경은 위협을 받으면 얼어붙거나 죽은 척하는 것과 같은 부동(immobilization) 행동을 유발하여 대사 자원을 보존하는 기능을 담당한다. 반면 복측 미주신경은 더 진화된 신경가지로, 사회적 친교행동을 통해 교감신경계의 싸움-도주 반응을 조절하기 때문에 '똑똑한 미주신경(smart vagus)'이라고 불린다. 복측 미주신경은 사회적 의사소통 및 자기 자신을 진정시키는 행동과 관련이 있다.

다미주 이론에서는 이러한 기능이 계통발생적 계층구조를 따르며, 더 진화된 시스템이 실패할 때 더 원시적인 시스템이 활성화되고 생리적 상태가 행동과 심리적 경험의 범위를 결정한다고 설명한다. 복측 미주신경이 관여하는 사회적 연결체계는 위협적이지 않은 상황에서 교감신경계를 조절하고 환경과의 연결을 촉진하며 긍정적 애착과 사회적 유대를 형성하도록 돕고, 위협 상황에서는 동료들에게 위험을 알리는 한편 심리적으로 안정감을 추구한다. 이러한 사회적 반응(돌봄-친교 반응) 단계에서 위험이 해소되지 않으면 교감신경계가 활성화되는 싸움-도주 반응 단계로 넘어간다. 싸움-도주 반응 단계에서는 위험에 반응하는 각성의 수준이 전반적으로 높아지고 생존 기제가 가동되어, 편도체가 경보를 울리고 심박이 증가하고 호흡이 가빠지며 근육으로 가는 혈류가 증가하는 등 에너지를 동원하고 소비하게 된다. 만일 싸움-도주 반응의 결과가 좋지 못한다면 배측 미주신경이 관여하는 부동반응 단계로 넘어간다. 이때 몸의 여러 기능이 느려지고, 심박과 호흡이 감소하며, 마비감각과 마음의 내부가 정지된 느낌, 자기감의 분리가 동반되고, 죽은 척하기, 정지행동, 기절과 같은 행동이 나타날 수 있다. 생존의 가망이 없을 경우 유기체는 죽음의 고통을 느끼지 않도록 모든 감각을 차단하게 된다. 부동반응은 몇 가지 측면에서 생존적 가치를 지니는데, 예를 들어 신진대사를 최소화하여 포식자에게 탐지될 가능성을 최소화하고, 죽은 척함으로써 포식자를 방심하게 하여 도주할 기회를 만들고, 감염이나 질병을 우려하여 죽은 먹이를 먹지 않는 습성을 지닌 일부 포식자로부터 자신을 지킬 수 있다(Ogden et al., 2006/2019).

다미주 이론에 따르면, 복합 외상사건(예: 아동기 학대)에서처럼 사회적 연결체계가 지속적으로 안전을 보장해주지 못할 경우 그 체계는 습관적으로 작동을 멈춘다. 이와 같이 사회적 연결체계라는 일차적 방어선이 제 기능을 하지 못하면 교감신경계나 배측 미주신경이 활성화되어 각성이 인내의 창(window of tolerance)을 벗어나 과각성 또는 저각성 영역에 머무르게 된다. 이는 과각성과 저각성의 양극단을 반복해서 오르내리는 PTSD 및 CPTSD의 증상과 관련이 있다.

(2) 학습이론

학습이론에서 PTSD는 고전적 조건화를 통해 습득된 공포 반응이 조작적 조건화에 의해 부적 강화된 것으로 설명한다. 외상사건과 연관된 장면, 소리, 냄새와 같은 중립 자극이 외상사건과 연합되어 조건화(즉, 학습)가 일어나면, 이러한 자극에 노출될 때마다 외상기억이 떠올라 공포 반응이 일어난다. 외상사건처럼 강렬한 경험은 단 한 번의 노출로도 학습이 일어날 수 있다. 예컨대 외상사건의 구성 요소 중 어느 한 가지에 노출되더라도 외상사건 관련 기억 전체가 활성화될 수 있다. 이렇게 외상기억이 떠오르면 대개 정서적 고통을 경험하게 되므로 회피행동을 통해 고통을 제거하거나 경감시키려는 노력을 시도하게 된다. 외상 관련 단서를 회피하는 것은 고통을 줄일 수 있다는 측면에서 부적 강화로 설명되고, 이러한 회피는 기저의 공포를 극복할 수 있는 기회를 놓치게 만든다.

(3) 인지이론

Ehlers와 Clark(2000)의 인지적 모형은 PTSD의 발생과 유지를 잘 설명한다. 이 모형에서는 외상경험자들이 과거의 외상사건을 현재 위협감을 유발하는 방식으로 처리할 때 PTSD가 발생하며, 여기에는 두 가지 인지적 과정, 즉 ① 외상 및 그 결과에 대한 지나치게 부정적인 평가, 그리고 ② 맥락으로부터 단절되고 정동을 지닌, 강한 지각적 기억을 특징으로 하는 자서전적 기억의 장해가 중요한 역할을 담당한다고 본다. 외상경험자들은 외상사건 자체와 그 이후의 후유증에 대해서 부정적인 평가를 하게 된다. N씨의 경우에도 과거 발생한 외상사건을 자신의 탓으로 돌려 스스로 비난하고 있었으며(예: '이런 일을 겪은 것은 내 책임이다'), 침습과 같은 증상에 대해 부정적 평가(예: '내가 미친 것 아닌가')를 내리고 있었다.

　나아가 위협감에 대해 부적응적인 인지적·행동적 대처 전략은 PTSD 증상을 지속시키거나 악화시킬 수 있다. 예컨대 위협 단서에 대한 선택적 주의나 지속적인 반추, 외상 관련 사고를 억제하기 위한 시도('흰곰 실험'에서처럼, 결과적으로 더 많이 생각나도록 하는 역설적 효과가 있음), 외상과 관련된 단서의 회피, 알코올이나 물질사용, 과도한 안전행동(safety behaviors) 추구 등은 도움이 되지 않을 뿐 아니라 문제를 유지시키는 데 기여한다. 여기서 안전행동이란 위협감을 느낄 때 보이는 행동으로, 일시적으로는 불안을 감소시키는 데 효과가 있지만 위협적이지 않은 상황에서도 불안과 공포를 지속시키기 때문에 장기적으로는 부적응적이다. 예컨대 N씨는 좋은 사람일지라도 성인 남자라면 일정한 거리를 유지하는 등의 안전행동을 보였다. 치료는 이러한 안전행동을 적응적인 대처행동으로 변화시키는 것에 초점을 맞춘다.

(4) 이중표상이론

PTSD는 흔히 기억의 장애로 간주되는데, 외상기억은 일반적인 사건과 다른 방식으로 부호화, 저장 및 인출된다고 알려져 있다. Brewin과 동료들(1996)은 PTSD에 두 가지 유형의 기억체계, 즉 언어접근기억(verbally accessible memory: VAM)과 상황접근기억(situationally accessible memory: SAM)이 관여한다는 이중표상이론(dual representation theory)을 제안하였다. 차가운 기억(cold memory)으로 불리는 VAM은 외상경험에 대한 의식적 평가 정보가 저장된 것으로, 과거와 현재를 포함한 맥락 정보를 포함하고 인출 및 편집이 가능하며 다른 자서전적 맥락 기억과 통합되어있다. 반면 SAM은 감각적 인식과 생리적·정서적 반응 정보가 저장된 뜨거운 기억(hot memory)으로, 비디오 클립처럼 파편화된 감각 정보가 맥락 없이 현재에 재체험되며 언어적으로 접근할 수 없고 의식적으로 통제하기 어렵다. 일상적인 기억과 평가적 사고, 미래에 대한 걱정, 이차적 정서는 VAM과 관련되어있는 반면, 플래시백, 악몽, 외상 특정적 정서(예: 공포, 무력감, 두려움)는 SAM과 관련된다.

외상사건을 경험하는 동안에는 의식적 주의가 협소해지면서 상황의 위협적인 측면에 초점이 맞춰지며, VAM은 약화되어 파편화되고 불완전해지는 반면 강한 감각적 이미지와 정서 반응이 SAM 체계에 등록된다. SAM은 매우 상세하여 광범위한 외상단서에 의해 자동적으로 인출되고 더 낮은 수준의 정보처리와 관계가 있기 때문에 시간과 같은 맥락을 부호화하는 기제를 포함하지 않는다. 따라서 이러한 기억이 인출될 때는 지금-여기에서 재경험된다.

이중표상이론에 따르면 PTSD에서는 두 가지 병리적 과정이 결합되어 있는데, 하나는 외상경험에 대한 부정적 신념과 그로 인한 부정적 정서로, VAM 체계와 관련이 있다. 다른 하나는 외상경험의 비의도적인 침습 현상으로, SAM 체계와 관련이 있다. 따라서 PTSD의 치료에서는 의식적 노력을 통해 외상사건에 대한 인지적 평가를 수정함으로써 VAM의 변화를 꾀하고, 반복적인 노출과 이완을 통해 외상사건과 관련된 SAM의 자동적 활성화를 방지하는 방식으로 접근할 수 있다.

(5) 정서처리이론

정서처리이론(emotional processing theory)은 불안장애 및 노출치료의 기초가 되는 기제를 이해하기 위한 개념적 틀(Foa & Kozak, 1986, 1998)로, Foa와 동료들(1993)에 의해 제안되었다. 정서처리이론에서는 공포란 위험을 피하려는 일종의 프로그램, 즉 인지구조로서 기억에 표상된다고 가정하고, 이러한 공포 구조(fear structure)에는 공포 자극(예: 곰), 공포 반응(예: 심박수 증가), 자극 및 반응과 연관된 의미(예: 곰은 위험하다, 심박수 증가는 내가 두려워한다는 것을 뜻한다)가 포함되어 있다고 본다. 현실적인 위험 상황에서 공포 구조가 작동함으로써 두려움과 공포심을 느끼고 위험을 피하는 행동을 하는 것은 적절하고 적응적이며 정상적인 반응으로 간주된다. 그러나 PTSD에서는 병리적 공포 구조가 활성화되어 압도될 정도로 강렬한 공포 또는 비현실적인 공포 반응을 보이고, 무해한 자극과 도피/회피 반응이 연합되어있는 등 부적응적인 양상을 나타낸다.

PTSD에서 병리적 공포 구조는 생리적 각성과 행동적 반응(예: 회피)뿐만 아니라 수많은 자극 요소들이 위험의 의미와 잘못 연합되기 때문에, PTSD가 있는 사람들은 세상이 위험하다고 인식하게 된다. 게다가 외상을 겪는 동안의 행동과 그 이후에 경험하는 PTSD 증상은 자신이 무능력하다는 의미와 연합된다. 이렇듯 '세상은 전적으로 위험하다', '위험에 대처할 수 없는 나는 완전히 무능력하다'라는 부정적 인지는 심각한 PTSD 증상을 유발하고, 이는 다시 잘못된 인지를 강화하는 악순환의 고리를 형성한다. 더욱이 PTSD에서 보이는 몇 가지 유형의 잘못된 평가와 해석은 PTSD 증상을 더욱 심각하게 만든다. 예를 들면 '도망치지 않는 한 불안이 지속될 것'이라는 인지는 공포를 유발하는 경험에 참여하기를 꺼리고 회피하게 만든다. 또한 PTSD에서는 공포 자극과 반응이 심리적·신체적 손상을 일으킬 가능성을 비현실적으로 높게 추정하고, 상대적으로 매우 부정적인 결과를 예견한다. 따라서 치료의 초점은 공포 구조에서 병리적인 요소를 수정함으로써 PTSD 증상을 감소시키는 것이며, 이러한 병리적 공포 구조를 수정하는 것이 정서처리의 핵심이다. 병리적 공포 구조를 수정하기 위해서는 노출(exposure)을 통해 공포 구조를 활성화시킨 후, 공포 구조에 뿌리박힌 잘못된 정보와 불일치하는 새로운 정보를 제공하여 이를 공포 구조에 통합시켜야 한다. 이는 PTSD의 치료에서 노출이 필요한 근거이다.

3) PTSD의 치료

미국심리학회(American Psychological Association, 2017)를 비롯한 여러 전문학술단체에서 PTSD의 치료 가이드라인을 발표하고 있다. 그중 외상에 초점을 맞춘 인지행동치료 또는 인지처리치료(Resick & Schnicke, 1993/2014), 지속노출치료(Foa et al., 2007/2011), 안구운동 민감소실 및 재처리요법(Shapiro, 1989, 1997/2008), 내러티브 노출치료(Schauer et al., 2011/2014)는 노출 기법을 기반으로 한 외상기억의 처리에 초점을 맞추고 있으며, PTSD에 효과적인 치료로 알려져 있다. 그 밖에 CPTSD에는 단계기반치료(Cloitre et al., 2011; McFetridge et al., 2017)가, PTSD와 함께 물질사용장애가 동반이환된 사례에는 안전기반치료(seeking safety)(Najavits, 2002/2017)가 추천되고 있다.

(1) 단계기반치료

CPTSD처럼 단순 PTSD가 아니라 자기조직화의 장애가 동반된 경우에는 외상기억을 처리하기 위한 더 많은 준비 과정이 필요하다. Herman(1997/2007)은 1단계 안정화 및 심리교육, 2단계 외상처리, 3단계 재통합으로 구성된 단계기반치료(phase based treatment)를 제안하였다. 1단계 치료는 현재 안전감과 안정감을 얻기 위한 증상의 감소, 자기위

안(self-soothing), 스트레스 관리 및 기술훈련에 초점을 맞춘다. CPTSD 내담자들은 대개 대인관계 외상이나 애착 외상으로 인해 타인에 대한 신뢰감이 부족하다. 그러므로 안전하고 지지적인 경계를 만들고, 함께 치료작업을 진행하며, 합리적인 희망을 심어 줄 수 있는 토대를 마련하는 등 치료적 관계 형성에 세심한 주의를 기울인다. 또한 외상과 그로 인한 영향에 대한 심리교육을 실시하고, 내담자가 과각성 상태에서 자신을 진정시키거나 해리와 같은 저각성 상태일 때 이를 알아차리고 각성을 높일 수 있도록 착지(grounding) 기법을 적용하는 등 자기조절기술을 향상시키기 위한 치료적 접근이 시도된다. 아울러 마음챙김, 대인관계기술, 정서조절기술, 고통감내, 자기자비, 착지 기법과 같은 기술훈련이 실시될 수 있으며, 대표적으로 변증법적 행동치료(Linehan, 1993)와 정서 및 대인관계 조절을 위한 기술훈련(Skills Training in Affective and Interpersonal Regulation: STAIR)(Cloitre et al., 2002; Cloitre et al., 2010)이 활용된다.

2단계 치료는 외상기억의 처리이다. 단순 PTSD에 효과적인 것으로 알려진, 노출 기법을 기반으로 한 치료들이 이 단계에서 활용된다. 공포 기반의 PTSD와 달리, CPTSD의 치료에서 좀 더 신경 써야 할 부분은 수치심이나 혐오와 같은 부정 정서를 세심하게 다루어야 한다는 측면이다. 3단계 치료는 치료적 이득을 공고히 하고 현재 생활 환경에 적응하도록 돕기 위한 것으로, 사회적·심리적 재통합을 추구한다. Herman(1997/2007)에 의하면 재통합 단계의 외상경험자는 자신이 희생자였음을 인지하고 외상의 영향을 이해하며 외상경험으로부터 얻은 교훈을 자신의 인생에 통합할 준비가 되어있다. 또한 힘과 통제감이 증가하고, 신뢰할 만한 사람들과의 동맹을 심화하여 미래의 위험에 대해 구체적인 조치를 취할 수 있다. 한편 Linehan(1993)은 재통합 단계를 자기존중이 증가하고 개인적인 목표를 성취하는 단계로 묘사한다. 이상적인 치료 기간에 대한 합의는 불충분한 상태이지만, 다수의 전문가들은 1단계 치료에 6개월, 2단계 치료에 3~6개월이 적절한 것으로 간주한다(Cloitre et al., 2012).

(2) 외상 처리에 초점을 맞춘 인지행동치료

PTSD의 인지행동치료는 외상과 그 영향에 대한 정상화를 포함한 심리교육, 외상과 연합된 단서와 정서, 상황에 대한 반복 노출 및 부정적이고 왜곡된 사고의 수정을 통한 인지적 재구성을 포함한다. 인지행동치료 중 특정 형태의 구조화된 치료 프로토콜이 있는 경우에는 인지처리치료, 내러티브노출치료, 지속노출치료 등으로 명명되기도 한다. 인지행동치료는 주로 개인치료로 진행되며, 집단치료보다는 개인치료로 제공될 때 더 효과가 크다고 평가된다. 노출 기반의 인지행동치료는 PTSD뿐만 아니라 급성 스트레스장애의 치료에도 효과적인 것으로 알려져 있다.

인지처리치료(cognitive processing therapy: CPT)는 매주 60~90분씩 총 12회기로 구성된 구조화된 인지행동치료로, 참전군인, 성폭력 피해자, 난민 등에게 효과가 입증된 프로그램이다. CPT는 외상사건의 원인과 결과에 대한 잘못된 생각이 강한 부정 정서를 유발하고 외상기억에 대한 인지적 처리를 방해함으로써 외상으로부터의 자연스러운 회복을 저해한다고 가정한다. 따라서 CPT에서는 외상사건으로 인해 변화된 자기, 타인 및 세상에 대한 신념을 평가하고 변화시키는 것에 초점을 맞춘다. 먼저 CPT가 적합한지 여부를 평가한 후, 치료자와 내담자가 한 팀이 되어 회복을 위한 노력을 기울일 수 있도록 심리교육을 실시한다. 그런 다음 외상의 처리가 일어날 수 있도록 회복을 방해하는 사고를 파악하고, 외상과 관련된 정서가 자연스럽게 해소될 수 있도록 감정을 확인하고 허용한다. CPT에는 내담자로 하여금 외상사건을 상세히 기록하고 그 기록을 읽도록 하는 일종의 노출 기법이 포함되어 있는데, 이는 회피를 감소시키는 데 기여한다. 하지만 노출을 고통스러워하는 내담자의 경우 외상에 관한 기술 작성을 생략하고 인지에만 초점을 맞추는 CPT-C(cognitive only)의 형태로 치료가 제공될 수도 있다.

CPT에서 핵심적인 치료 요소는 안전, 신뢰, 통제, 존중감, 친밀감 등 다섯 가지 영역에서 외상의 의미를 파악하고, 정상적인 회복을 방해하는 사고의 고착지점(stuck points)을 확인하여 이를 수정하는 인지적 접근이다. 예를 들어 PTSD 내담자들은 외상사건을 경험한 이후, '세상은 위험하다'(안전), '나는 아무도 믿을 수 없다'(신뢰), '내가 할 수 있는 일이 아무것도 없다'(통제), '나는 무가치하다'(존중감), '아무도 나와 사귀려고 하지 않는다'(친밀감)와 같은 부정적 인지를 갖게 되는데, CPT는 인지적 재구성을 통해 이러한 사고에 도전하여 더 적응적이고 균형 잡힌 사고를 할 수 있도록 돕는다.

내러티브 노출치료(narrative exposure therapy: NET)는 전쟁이나 분쟁, 국가폭력처럼 장기간에 걸쳐 다중 외상사건을 경험한 생존자들을 돕고 인권 위반 사례를 기록하여 증언하기 위한 목적에서 개발된 단기치료로, 매주 90~120분씩 총 8~12회기(최소 4회기)

로 진행된다. NET에서는 진단 및 심리교육을 실시한 후 인생선(lifeline) 작업을 통해 초기 아동기부터 현재까지 생애에 관한 내러티브를 구성하도록 한다. 예컨대 시간의 흐름을 상징하는 줄이나 끈 위에 꽃이나 돌을 올려놓음으로써 생존자의 전 생애를 조망할 수 있다. 꽃은 행복한 사건이나 좋았던 시기를, 돌은 외상사건을 상징적으로 표현하는 대상이다. 생존자는 출생에서부터 첫 번째 외상사건을 거쳐 현재까지 이어지는 내레이션을 하며 내러티브를 완성해나간다. 그 후 전체를 기록하고 다시 읽는 작업을 통해 개인의 자전적 기억을 재구성한다. 이 과정에서 뜨거운 기억(암묵기억)이 차가운 기억(서술기억)과 통합될 수 있으며 외상적 기억에 대한 습관화가 촉진된다. NET는 정서처리이론, 학습이론, 진술치료에 이론적 토대를 두고 있으며, 치료와 더불어 아동의 권리와 인권침해를 증언하는 사회정치적 어젠다를 포함하고 있다.

안구운동 민감소실 및 재처리요법(eye movement desensitization and reprocessing therapy: EMDR)은 외상사건 당시의 감정이나 생각, 신념, 신체감각이 적절하게 처리되지 않고 맥락정보와 통합되지 않아 정서적 고통을 계속해서 유발한다는 적응적 정보처리 모형에 기반하고 있다. EMDR은 안구운동의 필요성과 그 효과기제에 대한 비판이 제기되어 왔으나, 치료 효과가 여러 연구에서 검증됨에 따라 최근에는 미국심리학회(American Psychological Association, 2017)의 PTSD 치료 가이드라인에서 조건부로 권장되는 치료로 평가되었다.

EMDR은 매주 1~2회기씩 총 6~12회기 동안 진행되며 여덟 단계로 구성된다. 1단계는 치료자와 내담자가 함께 치료적 작업을 하기 위한 내담자의 개인력 청취, 2단계는 내담자 준비(치료에 대한 설명 제공, 안구운동 및 다른 양측성 자극이나 안전지대 연습), 3단계는 표적 기억을 구성하는 이미지, 인지, 정서 및 신체감각에 대한 평가, 4~7단계는 적응적 해소를 위한 기억의 처리(민감소실, 주입, 신체 검색) 및 종결, 8단계는 치료 결과의 평가이다. 이 중 기억의 처리는 외상과 관련된 심상이나 부정적 생각, 정서, 신체감각에 초점을 맞추면서 20~30회의 수평 안구운동을 하거나 소리 또는 촉각 자극을 제시함으로써 정보처리를 촉진하는 절차를 포함하고 있다. 안구운동을 실시한 후 연상된 내용을 확인하고 다시 안구운동을 하는 절차가 여러 번 반복된다.

EMDR은 기억에 직접 초점을 맞추고 기억이 뇌에 저장되는 방식을 변경하여 증상을 감소시키거나 제거하는 것을 목적으로 하며, 외상기억과 관련된 부정적 또는 긍정적 인지와 그 타당도를 다루기 때문에 노출 및 인지적 재구성과 같은 요소 또한 포함되어있다. EMDR은 외상기억의 선명도(vividness)와 감정을 감소시키는 데 효과적인 것으로 알려져 있다.

(3) 지속노출치료

지속노출치료(prolonged exposure: PE)는 PTSD에 효과가 입증된 대표적인 근거기반치료로, 외상사건을 단계적으로 떠올리게 하여 불안한 기억에 반복적으로 노출시킴으로써 외상사건을 큰 불안 없이 직면할 수 있도록 유도하는 구조화된 치료방법이다. PE에서 치료의 목적은 습관화(또는 둔감화)라는 정서적 처리가 일어나서 외상기억과 회피로부터 벗어나도록 하는 것이다. PE는 모든 종류의 외상으로 인해 발생한 PTSD 증상 및 관련 증상을 경험하고 외상사건에 대해 상세하게 기억하고 있는 내담자에게 적용될 수 있다. 다만 자살이나 자해, 타인을 해하고자 하는 즉각적인 위협이 있는 경우, 현재 정신증 증상을 보이는 경우, 현재 폭력 피해 위험에 노출되어있는 경우, 외상사건을 충분히 기억하지 못하거나 심각한 해리 증상이 있는 경우, 알코올이나 약물사용장애가 있는 경우에는 주의가 필요하다.

PE에서 치료의 초점은 공포 및 두려움 증상과 관련된 외상으로, 외상과 관련된 상황이나 생각, 심상에 대한 회피와 역기능적인 인지가 PTSD를 지속시키는 요인이라고 가정한다. 따라서 PE의 주요 치료 접근은 노출을 통해 내담자가 회피 전략을 사용하지 않도록 하는 것이다. 또한 PE의 주요 치료 요소는 심리교육, 호흡재훈련, 회피를 극복하고 외상기억의 정서적 처리를 촉진하기 위한 두 가지 형태의 노출(실제노출과 심상노출)로 구성된다.

구조화된 진단 면담 및 일련의 자기보고식 검사를 실시하여 내담자의 진단을 명료화하고 내담자의 문제가 PE를 실시하기에 적합한지를 판단한 후, 내담자에게 PE에 대해 간략하게 소개하며 치료를 시작한다. PE는 한 회기당 90분씩 총 8~12회기로 구성되며, 매 회기 지난 시간에 내준 과제를 검토한 후, 회기별 주요 의제를 다루고 다시 과제를 할당하는 것으로 마무리된다. 내담자의 동의하에 매 회기 치료 과정을 녹음하며, 녹음한 치료 회기를 내담자가 다음 회기까지 듣고 오는 것이 과제 중 하나이다. PE는 치료적 기법을 도입할 때 내담자가 이해할 수 있도록 이러한 접근이 필요한 이론적 근거를 제시하고, 회기 중에 학습한 내용을 복습하고 일상생활에서 적용할 수 있는 과제를 할당하는 것이 특징적이다. 만일 내담자가 치료의 이론적 근거를 잘 이해하지 못한다면 PE를 성공적으로 이끌기 어렵다. 따라서 외상사건과 관련된 단서를 회피하는 것이 익숙한 PTSD 내담자들이 불안을 줄이기 위한 전략으로 회피를 택하지 않도록 PTSD의 개념적 모형과 노출의 치료적 근거를 설득력 있게 제시하는 것이 중요하다. 치료자는 노출치료가 불안을 감소시키는 데 효과적이라는 연구 결과를 알려주거나 다양한 비유를 사용해서 내담자의 이해를 돕는다.

지속노출치료의 회기별 진행

회기	내용	핵심 기법
1	• 지속노출치료의 개요 및 이론적 근거 설명(25~30분) • 외상 면접을 통한 외상과 관련된 정보 수집(45분) • 불안조절을 위한 호흡훈련(10~15분) • 과제할당	• 심리교육 • 호흡재훈련
2	• 과제점검 • 외상에 대한 일반적 반응 설명(25~30분) • 실제노출의 근거 설명(10분) • 주관적 고통감 소개(5분) • 실제노출을 위한 위계설정(20분) 및 실제노출 과제 선택(5분) • 과제할당	• 심리교육, 정상화 • 심리교육 • 실제노출
3	• 과제점검 • 심상노출의 근거 설명(10~15분) • 심상노출 시행 (45~60분) • 심상노출에 대한 경험 나누기 (15~20분) • 과제할당	• 심리교육 • 심상노출 • 인지적 재구성
중간 회기 (4~9회기 이상)	• 과제점검 • 심상노출 및 (6회기 이후) '핫스팟(hot spots)'에 초점을 맞춘 심상노출(30~45분) • 생각과 감정에 대한 처리 (15~20분) • 실제노출 논의 및 수행 (15분) • 과제할당	• 심상노출 • 인지적 재구성 • 실제노출
마지막 회기	• 과제점검 • 심상노출 시행(20~30분) • 치료 경과 검토 및 학습한 기술의 지속적 적용에 대한 논의(30분) • 재발 방지와 치료 종결	• 재발방지 및 종결

최근에는 지속노출치료훈련을 받은 전문가와 함께 PTSD 치료에 참여하는 동안 활용할 수 있는 'PE Coach'(National Center for PTSD & National Center for Telehealth and Technology, 2012)라는 앱이 개발되었다. 내담자들은 이 앱을 사용해서 치료자와의 치료 회기를 녹음할 수 있고, 치료실 밖에서 이를 들을 수 있으며, 과제를 기록하고 검토할 수 있다. 아울러 PE Coach에는 고통을 견디고 감소시키는 데 도움이 되는 기술훈련(예: 호흡훈련)을 위한 텍스트 및 동영상이 포함되어있다.

(4) N씨의 사례

치료자는 사전 면담에서 구조화된 진단 면담을 실시하여 진단을 명료화한 뒤 N씨가 지금까지 경험한 외상의 과거력을 조사하고 PTSD 증상과 우울 증상을 측정하였다. 사전 면담 시에 PDS로 측정한 N씨의 PTSD 증상은 32점으로, 절단점수 17점에 비해 매우 높은 수준이었다. BDI 점수는 19점으로, 중등도의 우울을 나타내었다. N씨는 매 회기 PDS와 BDI를 실시하기로 하였고 N씨가 자기보고식 질문지를 작성하면 치료자가 그 자리에서 채점하여 점수 변화를 기록하고 검토하는 방식으로 진행하였다.

① 1회기

N씨는 남동생의 권유로 외상사건에 초점을 맞춘 심리치료를 받기로 결정하였으나, 사전 면담 이후 N씨는 치료를 안 받아도 괜찮을 것 같다며 치료자에게 이메일을 보냈다. 치료자는 이러한 행동이 PTSD에서 전형적인 일종의 회피행동일 수 있다고 판단하여 치료에 대한 N씨의 양가감정과 망설임에 공감을 전달하고, 만나서 의논하자는 이메일을 보냈다. 첫 회기에 온 N씨는 치료자의 이메일을 받고 나서 도망가지 말고 치료를 받기로 생각을 바꿨다고 하였다. 치료에 참여한 N씨의 용기를 칭찬하고, 치료를 통해 N씨의 증상들이 변화할 수 있다는 희망의 메시지를 전달하였다.

회기 전반부에는 심리교육을 실시하여 앞으로 진행될 PE의 절차와 치료의 초점, 이론적 근거를 제시하였다. 특히 회피와 역기능적 사고가 PTSD 증상을 지속시킨다는 것을 설명하였으며, 반복적인 노출을 통해 정서적 처리와 습관화를 유도하여 PTSD 증상을 감소시킬 수 있음을 안내하였다. 앞으로 치료에서는 외상적 사건 및 이와 관련된 증상에 초점을 맞출 것이라는 설명을 덧붙였다. 또한 불안과 이완이 동시에 존재할 수 없는 관계임을 설명한 뒤 천천히 복식호흡하는 방법을 알려주고 반복해서 연습하였다. N씨는 복식호흡을 하니 마음이 편안해진다며 호의적인 태도를 보였다. 회기를 마무리하는 시점에서는 녹음한 테이프를 적어도 한 번 듣는 것과 하루에 3회 이상, 한 번에 10분씩 호흡재훈련을 실시하는 것을 과제로 할당하였다.

② 2회기

지난 시간의 과제를 점검한 후, 외상에 대한 일반적인 반응을 다루는 심리교육을 실시함으로써 N씨가 현재 경험하고 있는 PTSD 증상, 특히 침습적 이미지가 불쑥 떠오르는 증상에 대해 이해할 수 있도록 도왔다. N씨는 자신이 유독 성인 남자, 특히 친척 아저씨와 외모가 닮은 40대 남자를 보면 아무런 대응도 못하고 얼어붙었던 이유와, 남자 친구는 좋아하지만 남자 친구와의 스킨십이 불편하고 싫었던 이유를 이해하게 되었다고 하였다. 치료자는 외상사건 이후에 N씨가 경험하게 된 수많은 변화가 정상적이며 이러한 변화를 인식하는 것이 회복을 위한 첫 걸음이 될 수 있음을 강조하였다.

다음으로 치료자는 실제노출의 근거를 제시하고 N씨가 실제노출을 시도할 수 있도록 함께 노출의 위계목록을 작성하였다. N씨는 사실 위험하지 않음에도 불구하고 그동안 회피해온 행동들에 대한 목록을 작성하였다. 이후 치료자는 N씨로 하여금 각각의 행동에 대해 주관적 고통감의 정도를 평가하도록 했다. 주관적 고통감은 0~100점 척도상에서 주관적 고통감 점수(subjective unit of distress: SUD)로 수량화할 수 있도록 안내했다.

N씨는 좌석버스에서 성인 남성이 자신의 옆 좌석에 앉아있고 자신이 창가 쪽 자리에 앉아있는 상황에 SUD 100점을 부여하였다. 술 취한 40대 남자를 2m 정도 떨어져서 보는 것에 90점, 지하철에서 40대 남자가 옆 좌석에 앉는 것에 85점, 〈CSI〉와 같은 끔찍한 드라마 장면을 보는 것에 70점, 20대 남자 옆에 앉는 것에 55점 등으로 위계목록을 작성하였다. 이 위계목록을 보면서 다음 회기까지 과제로 N씨가 실제노출을 실시할 수 있는 활동을 선택하였다.

실제노출 연습과제는 현재 내담자가 수행하고 있는 활동을 감안하여 조금만 노력하면 성취할 수 있을 만한 활동을 할당하는 것이 좋다. SUD가 너무 높은 활동은 포기하거나 실패할 가능성이 높고, SUD가 너무 낮은 활동은 너무 쉬워서 도전할 만큼 동기부여가 잘 되지 않을 수 있기 때문이다. N씨는 연습과제로 지하철에서 20대 남자 옆자리에 앉아서 가기로 하였다. 실제노출에서 SUD가 감소하는 것이 중요하므로 N씨는 20대 남자 옆자리에서 40분 이상 지하철을 타고 가기로 하였고, 이를 적어도 3회 이상 연습해오기로 하였다. 또한 1회기와 동일하게 녹음한 테이프를 적어도 한 번 듣는 것과 하루에 3회 이상, 한 번에 10분씩 호흡재훈련을 실시하는 것을 과제로 할당하였다.

③ 3회기

지난 시간에 할당한 과제를 점검하였다. N씨는 과제를 수행하는 과정에서 실제노출을 반복하면서 SUD 점수가 감소하는 것을 경험하였다. 3회기에서 치료자는 심상노출의 근거와 방법을 설명하고, 초등학교 1학년 때 있었던 성추행 에피소드에 대한 심상노출을 시행하였다. 심상노출을 실시할 때에는 눈을 감고 사건 당시 경험했던 감정이나 생각, 감각-지각 등을 가능한 생생하고 구체적으로 떠올린 후, 현재 시제로 이야기하도록 하였다. 기억은 위험하지 않음에도 불구하고 많은 PTSD 내담자들은 외상기억을 떠올리는 것조차 회피하는 경향이 있다. 이를 고려하여 회피가 문제를 지속시킨다는 것을 다시금 강조하면서 회피하지 않고 가능한 한 구체적으로 이야기하도록 격려하였다. N씨의 경우 경험한 외상사건 자체가 단기간에 일어난 일이라 심상노출을 한 번 하는 데 10분 이상 소요되지 않았다. 심상노출의 목적은 습관화 또는 둔감화가 일어나도록 하는 것이므로, 45~60분 동안 노출을 지속할 필요가 있다. N씨에게는 동일한 외상사건에 대한 심상노출을 3회 연이어 실시하였고, 각각의 심상노출에 대해 SUD로 측정한 주관적 불편감의 최고 점수가 100점, 80점, 65점으로 차츰 감소하는 양상을 확인하였다. 회기를 마무리 지으면서 전체 회기를 녹음한 테이프 및 심상노출 부분의 녹음 테이프를 듣는 것, 호흡 연습, 실제노출 연습과제(예: 30대 남자 옆에 앉아서 40분 이상 지하철 타기)를 과제로 할당하였다.

④ 4회기

과제 점검으로 회기를 시작하였다. 지하철에서 N씨의 왼쪽에는 남자, 오른쪽에는 여자 승객이 앉아있었는데, 몸의 절반은 긴장되고 절반은 편안함을 느꼈다면서 그것을 알아차리자 불편감이 확 줄어들었다고 보고하였다. 치료자는 초등학교 1학년 때의 외상사건에 대한 심상노출을 반복하였다. N씨는 사건 당시 겪었던 감각적 경험을 이야기하면서 눈물을 흘렸고, 이 경험을 SUD 70점으로 평정하였다. 심상노출이 끝난 후 N씨는 짜증과 화가 난다는 감정을 보고하였다. 치료자는 N씨와 함께 그러한 감정의 의미에 대해 논의하였다. 3회기와 동일한 과제(전체 회기 및 심상노출 녹음 테이프 듣기, 호흡 연습)를 할당하였고, 실제노출 연습과제로 40대 남자 옆에 앉아서 40분 이상 지하철 타기를 선택하였다.

⑤ 5회기

지난 시간의 과제를 점검하면서 '남자들은 모두 위험하다'는 N씨의 스키마를 다루었다. 이번 회기에서도 초등학교 1학년 때의 외상사건에 대한 심상노출을 반복하였는데, N씨는 전체적으로 SUD가 20~30점 수준으로 감소한 것을 경험하였고 외상사건에 대해 눈물을 흘리지 않고 비교적 시간 순서대로 이야기할 수 있었다. 나아가 외상사건을 경험한 이후 싫어하게 된 음식이나 감각 경험(예: 냄새)에 대해 이야기하면서 그것이 외상사건과 관련이 있었다는 것을 깨달았으며, 이를 실제노출의 위계 목록에 추가하였다. 동일한 과제(전체 회기 및 심상노출 녹음 테이프 듣기, 호흡 연습)를 할당하고, 40대 남자 옆에 앉아서 40분 이상 지하철 타기를 실제노출 연습과제로 다시 해오기로 하였다.

⑥ 6~10회기

6~10회기에서는 과제 점검 후 심상노출, 특히 외상사건 중 핫스팟(hot spot)이라고 부르는 가장 고통스러운 부분을 찾아 집중적으로 심상노출을 반복하였다. N씨가 핫스팟이라고 선택한 감각 경험에 계속해서 머물도록 하자 SUD는 다시 60점으로 증가하였다. 핫스팟에 대한 심상노출을 할 때 N씨는 자신이 무기력한 존재가 된 듯한 느낌이 든다고 하면서 눈물을 흘렸고 자신이 아무것도 하지 못한 것에 대해 스스로를 탓하였다. 치료자는 이러한 N씨의 무기력감에 대해 논의하면서 그 상황에서 초등학교 1학년인 어린 N씨가 할 수 있는 일과 책임져야 하는 일이 무엇인지 생각해보도록 하였고, N씨는 자신이 아니라 성인이 책임을 지는 것이 합당하다는 생각에 동의하였다.

8회기에 N씨는 친척 아저씨가 자신의 귓가에 대고 속삭였던 이야기를 하였다. 당시 아저씨의 눈빛까지 느껴졌고 다음에 또 무슨 행동을 할지 불안했는데, 이것이 최근 자신이 성인 남자들에게 느꼈던 막연한 불안과 굉장히 흡사하다며 "이제야 이걸 발견하다니…"라고 말하면서 다시 눈물을 흘렸다. 9회기에서는 그동안 자신이 깨닫지 못했던 여러 가지가 어렸을 때 겪었던 외상사건과 관련이 있었다면서 한편으로는 신기해하는 모습을 보였고, 10회기에서는 감각 경험에 대해 많이 편안해진 모습을 보였다. 중간 회기인 6~10회기에서는 N씨에게 이전과 동일한 과제를 할당하였고 N씨가 꺼리는 감각 경험을 체험하는 것을 실제 과제로 제시하였다.

⑦ 마지막 회기

지난 시간의 과제를 점검한 후 외상사건에 대해 심상노출을 다시 시행하였다. N씨는 기억을 떠올려도 아무런 느낌이 없다며 SUD를 0점으로 평가하였다. 치료 과정을 통한 변화 및 학습한 기술에 대해 논의하였고, 2회기 때 작성한 실제노출의 위계 목록에 대한 현재 SUD를 재평가하고 SUD를 비교하였다. 모든 항목의 SUD가 이전에 비해 크게 감소하자, 그때는 자신이 왜 그렇게 두려워하고 고통스러워했는지 모르겠다면서 환한 웃음을 보였다. 종결 이후에 치료 효과의 지속 및 재발 방지를 위한 계획을 논의하였고 종결과 관련된 감정들을 다루었다. 지금까지 일어난 모든 긍정적인 변화는 외상기억의 고통을 견디면서 직면하고 노출을 시도한 N씨가 성취한 것임을 강조하였고, 그동안 배운 것들을 일상에서 적용하는 것을 과제로 할당하였다.

N씨의 실제노출 위계 목록과 SUD의 변화

이 름 : N씨		SUD (2회기)	SUD (11회기)
1	좌석버스에서 창가 자리에 앉아있는데, 성인 남성이 옆 좌석에 앉는 것	100	20
2	술 취한 40대 남자가 가까이 앉아있는 것	90	30
3	술 취한 40대 남자가 2m 정도 떨어져 있는 것	90	10
4	지하철에서 40대 남자가 옆 좌석에 앉는 것	85	0
5	〈CSI〉와 같은 끔찍한 드라마 장면을 보는 것	70	5
6	20대 남자가 옆 좌석에 앉아있는 것	55	0

⑧ 3개월 추수평가

치료자는 치료 종결 후 3개월이 경과한 시점에 N씨에게 다시 PDS와 BDI를 실시하였다. 그 결과, 치료 성과가 3개월이 경과한 시점에도 유지되고 있음을 확인할 수 있었다. 그간의 치료 과정을 되돌아보면, N씨는 외상사건에 대해 이야기하는 것 자체가 쉽지 않았음에도 불구하고 열심히 참여하였다. 무엇보다 매주 제시되는 과제를 성실하게 수행하였다. 또한 자기 내면에서 일어나는 변화를 잘 알아차리고 이에 대해 이야기할 수 있는 능력을 지니고 있었다. 치료자는 N씨가 주요우울장애에 해당할 정도로 우울감을 경험하고 있었지만 과거의 외상사건이 더 핵심이라고 가정하고 PE를 적용하였다. 다음 그림을 보면 우울증에 대한 개입을 별도로 하지 않았음에도 N씨의 PTSD 증상과 우울증이 함께 호전되고 있는 것을 확인할 수 있다.

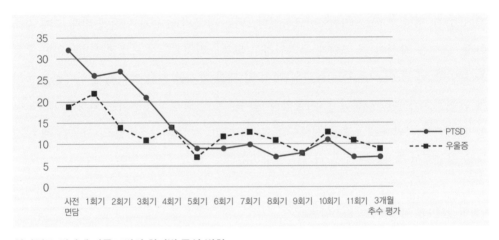

심리치료 경과에 따른 N씨의 회기별 증상 변화

⑨ 내담자 N씨의 상담 경험에 대한 후기

사례 허락을 받기 위해 어렵게 N씨와 연락이 닿았다. N씨는 "지금 생각해보면 제가 저 자신을 많이 사랑했던 것 같습니다. 그래서 치료에 더욱 열심히 참여했던 것 같습니다. 그런데 자존감이 낮은 사람들은 모두 그렇지 않을까 하는 생각이 듭니다. 제 발목을 끊임없이 잡고 있던 우울증도 따지고 보면 내 삶이 너무 소중하기에, 허비하고 있는 시간들이 너무 아깝고 속이 상해서 생기는 것이 아닐까 생각해봅니다."라고 회고하였다. 또한 "치료 이후 모든 면에서 완전히 외상에서 벗어났다고 말씀드리긴 어렵습니다. 몸에 남아있는 감각은 기억보다 강한 것 같습니다. 하지만 이제 더 이상 성인 남자에 대한 공포심은 없습니다. 치료 당시 사귀던 남자 친구와 결혼하였고 시험에도 합격하였습니다. 남편과의 관계도 아이들과의 관계도 좋습니다. 명상과 새벽 독서, 요가를 즐기며 스스로를 행복하게 하는 경험을 자주 하려 노력합니다. 직장에서도 문제를 피하지 않고 열정적으로 일하며 인정받고 있습니다."라고 이야기하였다.

지속노출치료 당시 N씨의 공포 기억에 초점을 맞추었으나 몸에 남아있는 감각기억을 충분히 다루지는 못했다. 감각기억에 초점을 맞춘 최근의 치료법들이 N씨에게 함께 제공되었더라면 하는 아쉬움이 있다. 심리학 전공생들이 트라우마와 그 영향, 치료법에 대해 배울 수 있을 뿐 아니라, N씨처럼 외상경험으로 고통 받고 있는 사람들이 용기를 내어 치료를 받을 수 있도록 사례를 허락해준 N씨에게 감사와 응원의 마음을 보낸다.

10

조현병

Schizophrenia

임상 사례

1) 주 호소 문제와 현 병력

20대 여성 A씨는 평소 내성적이고 말수가 적은 편으로, 외모에 대한 열등감이 많아 학창 시절 대부분 소수의 친구들과 어울려 지냈다. 어려서부터 행정고시에 합격해 고위직 공무원이 되고 싶은 꿈이 있어서 공부를 열심히 했고, 고등학교 1학년 때까지는 상위권 성적을 유지하였다. 하지만 3학년에 접어들어 공부에 집중하지 못해 첫 모의고사에서 자신이 원하는 대학에 입학하기에는 형편없는 점수를 받게 된 후 공부에 흥미를 잃어버렸다. 말수는 점점 더 줄어들어 가족들이 말을 걸어도 단답식으로 대답할 뿐 길게 이야기를 하지 않으려 했다. 간혹 혼잣말을 하기도 했는데 이에 대해 가족들은 대수롭지 않게 받아들였다.

고등학교 3학년 후반까지 성적 부진이 계속돼, 지원서를 낸 5~6개의 대학 중 자신이 가장 원하지 않는 대학 및 학과에 가까스로 입학하게 되었다. 입학 후 매사에 의욕이 없어서 수업에 빠지는 날이 많았고 학사경고를 두 차례 받기도 하였다. 대학생활에는 관심이 없었고 공무원의 꿈을 이루겠다면서 학원을 다니며 열심히 공부하는 모습을 보였다.

내원 3년 전 공무원 시험 학원에서 아이돌같이 생긴 남자가 말을 걸어오자 처음에는 이렇게 잘생긴 남자가 자신에게 관심을 보이는 것이 이상하여 거부감을 느꼈다. 하지만 그가 중요한 기출문제를 알려주고 수업 전에 커피도 사주는 등 지속적으로 친절하게 대해주어 몇 번 만나게 되었다. 그러나 얼마 지나지 않아 A씨는 그가 다른 여자를 만나고 있다는 사실을 알게 돼 심하게 충격을 받았고, 이후 자연스럽게 교제가 끝나버렸다. 이별 후 그가 한두 번 밖에 만나지 않은 사이였는데도 A씨의 의사와 상관없이 신체접촉을 시도한 사건과 관련해 자신이 '하나님의 말씀대로 살지 않았고 더럽혀졌다'는 생각이 떠오르기 시작했다. 또 그가 A씨에 대해 이미 많은 것을 알고 있었던 것이 학원 관계자로부터 사전에 개인정보를 입수했기 때문이라는 생각이 들었다. 이 때문에 학원에 수차례 전화를 걸어 개인정보 유출에 대한 사실 확인을 요구했다. 그러자 학원 측에서는 학원비를 환불해줄 테니 더 이상 학원에 나오지 말라고 하였다.

A씨는 당시 이 사건을 가족들에게 이야기하지 않은 채 혼자 공부하겠다고 하면서 학원을 그만두었다. 이후 기분이 가라앉고 매사에 의욕이 없어졌으며 집에서 가족들과도 대화하지 않고 혼자 성경을 읽거나 기도에 몰두하는 시간이 많아졌다. 특히 어머니의 권유로 2박 3일 일정의 교회 집중 수련회에 다녀온 후 꿈꾸듯이 평화로운 표정을 하면서 "하나님의 세계로 인도하기 위해 노래를 부를 것이다."라며 찬송가를 흥얼거렸다. 어느날에는 저녁식사 전에 어머니와 기도를 하던 중 "엄마는 기도를 제대로 하지 않는다."라고 말하며 갑자기 소리를 지르고 초조해하며 거실을 돌아다니는 모습을 보였다.

A씨의 이상행동이 계속되자 어머니는 지인을 통해 기도로 정신병을 고친다는 B교회를 알게 되었고, A씨를 이곳에 보내 생활하게 했다. 그러나 A씨의 증상은 처음에만 조금 나아지는 듯하다가 다시 악화되었다. A씨는 교회 목사님으로부터 자신의 증상이 영적인 문제라는 것을 알게 되었고, 그동안 공무원 시험에 수차례 불합격한 것, 나쁜 남자를 만나 부당한 일을 당한 것 등이 모두 믿음이 약해진 것 때문이라고 생각하게 되었다. A씨의 부모님은 A씨가 B교회에서 3개월간 생활했음에도 증상이 호전되지 않고 오히려 악화되는 것 같다고 판단하였다. 이에 부모님은 A씨의 강력한 거부에도 불구하고 A씨를 귀가시켰다. 집으로 돌아온 후 A씨는 하루에도 수차례씩 "귀에서 여러 사람들이 '같이 천국가자'는 목소리가 들린다."라고 하면서 바닥에 엎드려 비는 행동을 보이기 시작했다. 그래서 집 근처에 있는 정신건강의학과 의원에 방문해 주치의의 권유로 약물치료를 시작하였다. 이후 꾸준히 약물치료를 받았다. 그러나 망상과 환청이 계속되고 불안해하는 모습이 지속돼 1년 전에는 부모님의 동의하에 대학병원 정신건강의학과에서 3개월가량 입원치료를 받았다.

그러나 부모님이 면회를 가보니 A씨가 이전보다 더 바보가 된 것 같아서 주치의의 만류에도 불구하고 A씨를 퇴원시켰다. A씨는 퇴원 후 잠시 안정을 찾는 듯했지만 어느 날 "돈을 모아서 세계일주를 하겠다."면서 편의점에서 아르바이트를 시작하였다. 하지만 손님들이 자신을 무시한다는 이유로 자주 말다툼을 하여 한 달도 채우지 못하고 해고를 당했다. 이후 햄버거 가게, 갈빗집 등에서 일을 했는데 사장이 구인공고에 적혀있던 것보다 적은 월급을 주려고 한다는 이유로 오래 일하지 못했다. 돈을 버는 것을 포기한 후 A씨는 부모님 몰래 정신과 약을 버리는 등 약물치료를 꾸준히 받지 않았다. 아울러 자신의 병은 종교적인 믿음이 부족해서 생긴 것이며 치료를 위해서는 믿음을 회복해야겠다는 생각이 들어 교회에 더 자주 나갔다.

A씨는 집에서 방문을 잠그고 생활하면서 그 누구와도 이야기를 하지 않으려고 했다. 어느 날 A씨가 잠시 산책을 나간 사이에 어머니가 열쇠로 방문을 열어보니 햇빛이 들어오지 못하게 신문지로 창문을 가려놓은 상태였다. 어머니가 산책에서 돌아온 A씨에게 이유를 묻자 "옆집 사람들이 나를 훔쳐보고 있는 것 같아서 그랬다."고 하였다.

A씨는 내원 1개월 전부터 약물복용을 완강히 거부하면서 방안에 누워만 있거나, 일어나 있을 때는 기도에 몰두하는 모습을 보였다. 가족들이 아무리 권해도 세수조차도 하지 않았고, 방에서 거의 나오지 않으면서 배가 많이 고플 때만 가족들 몰래 나와서 간단히 끼니를 해결하였다. 최근에는 거실 소파에 앉아 가끔씩 허공에 손짓을 하거나 바닥에 엎드려 "목사님, 잘못했어요."라고 말하면서 비는 행동을 하며 매우 불안해하는 모습을 보이다가 갑자기 "하나님과 소통하고 있다. 나는 메시아다."라고 하면서 평온해지는 모습을 보였다. 이에 A씨는 부모님의 동의하에 폐쇄병동에 비자의로 입원하였다.

2) 가족력 및 개인력

A씨는 세 자매 중 둘째로 태어났으며 불만이 있어도 속내를 드러내지 않고 부모님의 말에 순종하는 아이였다. 어머니가 맞벌이를 그만두기 전까지는 같은 아파트 단지에 살던 친할머니 손에 자랐는데, 할머니는 할아버지가 바람을 피운다고 의심해 잦은 다툼이 있었고 이 때문에 입원치료를 받기도 하였다.

60대 중반의 아버지는 공무원으로 정년퇴직하였으며, 평소 내성적이며 말수가 적고 무뚝뚝한 성격이다. 평소에는 화를 잘 내지 않고 자식들에게 모범을 보이려고 노력하였다. 자식들에게 엄한 편이어서 딸들의 귀가 시간을 저녁 9시로 정해놓고 이를 어길 때는 심하게 화를 내었다. A씨는 아버지를 무서워하면서도 존경하는 마음을 가지고 있어서 어려서부터 아버지처럼 청렴한 공무원이 되겠다는 꿈을 꾸게 되었다. 한편 아버지는 하고 싶은 것이 있으면 마음껏 하라고 하면서도, A씨가 무언가를 사고 싶다고 하면 매번 집안 사정도 생각하라는 말을 덧붙였다고 한다.

60대 초반의 어머니는 고등학교 졸업 후 의류 회사에서 사무직으로 일하다가 A씨가 초등학교에 입학한 후로는 줄곧 전업주부로 생활하였다. 아버지와 달리 성격이 활달해 친구들이 많고, 교회에서도 사람들과 적극적으로 어울리는 편이다. 딸들에게 기대 수준이 높았고 자식들의 요구를 잘 들어주었지만 사소한 일에도 심하게 화를 내며 딸들을 야단쳤다.

언니는 30대 초반이며 대학에서 유아교육을 전공해 결혼 후 어린이집을 운영하고 있다. 어려서부터 외향적이고 말수가 많은 성격이라서 주변 친구들에게 인기가 많았다. A씨는 자신에게 잘해주는 언니를 좋아했고 언니에게 고마운 마음이 컸다. 하지만 A씨는 언니가 머리도 좋고 외모도 뛰어나 결혼도 했고 부모님의 기대에 맞춰 번듯한 직업도 가지고 있는 것을 부러워한다. 그리고 어렸을 때 부모님이 언니가 사달라고 하는 것은 다 사주는 등 언니만 편애한 것에 대해 서운한 마음이 크다.

여동생은 20대 중반이며 현재 대학 졸업반으로 취업을 준비하고 있다. 평소 내성적이고 말수가 적고 꼼꼼한 편이나 직설적인 성격이라서 A씨와 자주 다투며 자랐다. 여동생은 자신과 달리 부모님에게 하고 싶은 말을 다 하는 편인데, 자신은 언니와 여동생 틈에 끼어서 찬밥 취급을 당했다고 생각한다. 특히 A씨가 언니와 여동생을 대신해 부모님의 심부름을 도맡아 했는데도 이에 대해 가족들은 항상 당연하게 받아들여 여동생이 미울 때가 많았다.

A씨는 만기 정상분만으로 태어났으며 임신 중 산모에게 건강상의 문제는 없었다. 어머니가 회사를 다녔기 때문에 주로 같은 아파트의 다른 동에서 살던 할머니 손에 자랐다. 앉기, 서기, 말하기, 걷기 등 발달 사항의 지체는 없었다. 대소변 가리기도 보통 수준이었다. 성격이 내성적이라서 친구가 많지는 않았지만, 친한 또래 친구들 몇몇과는 잘

어울리는 편이었다. 친구들과의 관계에서 불만이 있어도 감정을 숨기고 다른 사람들에게 최대한 맞추었다.

　초등학교 6년 동안 개근했고 성적도 상위권 수준이었다. 중학교 시절에도 대체로 무난하게 지냈고 성적도 좋았다. 고등학교 2학년 여름 무렵 자신을 많이 예뻐해주던 할머니가 자살시도로 갑자기 돌아가신 후 이제 집안에 의지할 사람이 없다는 생각이 들어 많이 슬펐다고 한다. 이후 공부에 집중이 잘 되지 않아 조금씩 성적이 떨어졌다. 음주, 흡연, 가출 등 품행 문제를 보이지 않았고 자살시도도 없었다.

　부모님은 A씨가 합격한 대학이 매우 실망스러웠지만 겉으로 내색하지 않았고, 오히려 입학해서 공무원 시험을 준비하면 된다며 A씨를 안심시켰다. 아버지는 A씨에게 재수를 하고 싶으면 하라고 하면서도 집안 형편이 좋지 않다는 말을 덧붙였다고 한다. 이에 A씨도 엄두가 나지 않아 재수를 하지 않았다. 현재 언니는 결혼해서 출가한 상태로, A씨는 아버지, 어머니, 여동생과 함께 아버지의 명의로 되어있는 아파트에서 생활하고 있다.

3) 행동 관찰

A씨의 행동 관찰은 심리평가의 정신상태검사(MSE)를 설명하며 상술하도록 한다.

2

심리평가

1) 평가 계획

조현병은 심리적 건강뿐 아니라 사회적 및 직업적 기능에 이르기까지 광범위하고 다양한 영향을 미치는 복합적인 정신증적 장애 중 하나이다. 따라서 근거기반 심리평가를 시행하되 광범위한 영역을 기반으로 종합적인 평가를 시행할 필요가 있다. 특히 DSM-5, ICD-11 등의 진단분류 체계에 기초해 조현병으로 진단한 후에도 환자들이 보이는 증상과 관련된 문제들이 다양하기 때문에 정신건강 전문가는 특정한 장해와 목표 영역에 대해 신중하고 종합적으로 평가를 실시해야 한다.

이러한 종합적인 평가는 통합적인 치료 계획을 수립하는 데 반드시 필요하며, 기본적인 장애의 특성을 비롯하여 부수적인 특징 및 동반이환 진단을 포함해야 한다. 즉, 종합적인 평가에는 환자와 환자 주변 정보원을 통한 반구조화된 심층 면담, 행동 평가, 자기보고식 검사(예: MMPI, BDI, BAI), 표준화된 증상 평가 척도(예: BPRS, PANSS, CDSS), 인지 및 신경심리검사(예: K-WAIS, K-WMS, WCST, TMT), 의학적 절차 등이 포함될 수 있다.

2) 정신상태검사(MSE)

A씨의 MSE 결과지

(1) 전반적인 용모 및 행동

160cm 정도의 키에 보통 체격의 20대 후반 여성으로 화장기 없이 안색이 창백하였고, 구부정한 자세로 느리게 검사실에 입실하였다. 실제보다 나이가 들어 보였는데, 머리를 뒤로 단정히 묶었지만 한동안 감지 않은 듯 기름져 있어 위생 상태가 불량했다. 한여름임에도 계절에 맞지 않게 두꺼운 카디건을 걸치고 있었고 얼굴에 땀이 났지만 불편함을 드러내지 않았다. 얼굴을 절반 정도 돌리고 무표정한 표정으로 팔짱을 낀 채 "누가 심리검사 시킨 거예요?"라며 매서운 눈초리로 평가자를 쳐다보았다.

- 불량한 위생 및 옷차림
- 정신운동 활동 감소
- 비정상적 운동: 함구증, 거부증
- 비자발적 언어
- 평가자에 대한 비협조적 및 회피적 태도

(2) 감정과 정서, 기분

① 기분: 불쾌한, 과민한
② 정동: 둔마된, 부적절한

(3) 지각

① 환청
   - 환자: 부인하였음.
   - 보호자: 갑자기 엎드려 울면서 비는 행동("하나님이 천국 가자고 한다." 등 알아들을 수 없는 혼잣말)을 함. 때로 부적절하게 혼자 히죽거리며 웃는 모습을 보임.
② 환시
   - 환자: 부인하였음.
   - 보호자: 입원 전 허공에 손짓하는 행동을 함.

(4) 사고

① 과정: 적절하고 논리적임.
② 내용
   - 자살사고: 없음.
   - 망상: 종교망상 및 죄책망상("나의 믿음이 약해져서 하나님이 나를 벌주신다."), 과대망상("하나님과 소통하고 있다. 나는 메시아다."), 피해망상("옆집에서 훔쳐본다.")

(5) 추상적 사고
    ① 속담: 정상(예: '낫 놓고 기역자도 모른다.' ⇒ "글을 몰라서 무식하다.")
    ② 유사성: 정상(예: '사과-딸기-배' ⇒ "과일")

(6) 감각 및 인지
    ① 의식: 명료
    ② 지남력: 정상(예: 6월 4일/병원/심리학자)
    ③ 주의집중력: 정상(예: 100-7=93, 93-7=86, 86-7=79, 79-7=72, 72-7=65)
    ④ 기억력: 정상
    ⑤ 지적 기능: 보통

(7) 판단력
    ① 사회적 판단력: 손상
    ② 검사상 판단력: 정상(예: '극장에 불나면?' ⇒ "빨리 뛰어나가서 119에 신고한다.")

(8) 통찰력(병식): 병식 없음.
    "나에게는 병이 없고 종교적 믿음이 약한 것뿐입니다. 병원에 있거나 약을 먹을 필요 없습니다.
    당장 퇴원시켜 주지 않으면 인권위원회에 신고할 겁니다."

정신상태검사(Mental Status Examination: MSE) 결과, A씨는 기본적인 위생관리가 안 되어있는 등 기능 저하 및 무욕증이 시사된다. 또한 언어적 표현이 제한되어있고 평가자에 대한 적대적인 태도가 두드러진다.

환각과 관련해 환자는 완강히 부인하고 있으나 보호자의 보고를 고려할 때 환청 및 환시의 징후가 있다고 볼 수 있다. 사고 과정은 대체로 적절하고 논리적이지만, 종교망상, 과대망상, 피해망상에 몰두해있는 등 사고 내용의 장애가 시사된다. 현재로서는 인지기능이 대체로 양호한 편이지만 지능 검사를 통해 지적 능력에 대한 면밀한 평가가 필요하다.

한편 보호자에 의한 비자의 입원으로 인해 상태 저항 수준이 증가한 것일 수도 있겠으나, 환자가 자신의 심리적인 문제의 원인을 종교에서 찾는 등 병식이 결여되어있다. 따라서 실질적인 치료적 변화를 위해서는 무엇보다 약물치료 및 심리치료에 대한 환자의 저항을 다루는 것이 중요하다.

3) 핵심 증상 평가

일반적으로 정신건강 전문가는 조현병을 가진 환자를 대하거나 평가할 때 환자의 증상을 중시한다. 증상은 약물의 유형과 양을 결정하는 기준을 제공할 뿐만 아니라 직업수행, 대인관계, 사회기술, 기초적인 생활기술 등 다양한 기능 영역에 막대한 영향을 미치기 때문이다. 연구에 의하면 조현병의 양성 증상은 조현병에서 흔히 나타나는 다양한 적응 관련 측면보다는, 초기 평가와 정기적인 평가에서 증상의 재발과 재입원을 상대적으로 더 잘 예측하는 것으로 나타났다(Pratt & Muesser, 2020). 이에 반해 음성 증상은 구직 활동 또는 심리사회적 치료에 참여하고 자조 행동을 하는 것과 같은 전반적인 적응 능력의 개선 정도를 예측하는 중요한 요인이 될 수 있다.

A씨는 면담 중에는 대체로 논리적이고 적절하게 대답하는 모습을 보였다. 하지만 로르샤흐 등 투사 검사를 통해 연상의 이완이나 와해된 사고 경향성을 나타내고 있는지를 확인한 후 사고 과정에 대한 최종적인 판단을 내릴 필요가 있다. A씨의 주요 망상은 종교망상에 근간을 둔 죄책망상("나의 믿음이 약해져서 하느님이 나를 벌주신다.")과 과대망상("하나님과 소통하고 있다. 나는 메시아다.")이며, 부차적으로 피해망상("옆집에서 훔쳐본다.")도 나타나고 있다. A씨 사례처럼 일반적으로 조현병의 망상은 생각의 핵심 주제와 관련해 다양한 망상이 서로 연결되어있는 경우가 흔하다. 또한 조현병에서는 사고가 구체적인 행동으로 표현되는지가 매우 중요한데, A씨가 자기 방의 창문을 신문지로 가려놓은 행위는 피해망상이 기태적 행동으로 표현되고 있는 것이므로 향후 증상 재발이나 재입원의 위험성이 높다고 볼 수 있다.

한편 조현병에서는 환청이 가장 흔하며, A씨처럼 스스로는 환각 경험을 부인하는 경우가 빈번하다. 하지만 A씨의 어머니가 보고한 "하나님이 천국 가자고 한다."는 등 알아들을 수 없는 혼잣말을 하며 바닥에 엎드려 비는 행동 또는 부적절하게 혼자 히죽거리며 웃는 행동을 통해 환청 경험을 유추해볼 수 있다. 또한 A씨가 입원 전에 허공에 손짓을 하는 행동을 한 것은 환시를 의심해볼 수 있다.

발병 초기 A씨의 환각과 망상 등 양성 증상은 가족들이 대수롭지 않게 생각할 정도로 비교적 경미했다. 하지만 고등학교 3학년부터 학교 공부에 흥미를 잃고 주변 사람들과의 말수가 급격히 줄어들기 시작한 것은 조현병의 전구증상으로서 음성 증상이 발현된 것으로 볼 수 있다. 또한 어머니에게 갑자기 소리를 지르며 초조해하며 거실을 돌아다니는 모습을 보였고, 상황에 맞지 않게 평온해지는 모습을 보이는 등 부적절한 정동이 두드러진다.

발병 초기에 학업기능의 저하와 타인과의 사회적 상호작용의 감소가 현저해졌으며, 성인이 되어 목표로 했던 대학에 진학하지 못했고, 수차례 공무원 시험에 도전했지만 결국 실패하고 말았다. 현재는 현실적인 목표를 세우지 못하고 경제적으로도 독립적인 생활을 하기 힘든 상태인 데다 위생관리조차도 제대로 되지 않고 있는 등 기능 저하가 뚜렷한 상태이다.

4) K-WAIS-IV

K-WAIS-IV의 지표 점수 간 최대 차이(VCI-WMI=24, >1.5SD)를 고려할 때, 전체지능지수(FSIQ)는 타당하지 않을 수 있다. 따라서 일반능력지수(GAI=91, 27%ile, 95% 신뢰구간 85-97)를 채택해 전반적인 지적 능력이 평균 범위에 속한다고 해석할 수 있다. 한편 일반능력지수(GAI)와 인지효능지수(CPI) 간의 차이(GAI-CPI=11, 25~29세 규준, 임계치=8.05, 유의 수준 <.15)를 고려할 때, 교육과 경험을 통해 습득한 자원에 비해 실제 상황에서의 즉각적인 문제해결 능력이 저하되어있을 가능성이 있다.

4개 지표 점수를 구성하는 핵심 소검사 간 최대 점수 간 차이가 모두 1.5SD(5점) 이내에 해당하므로 4개 지표 점수에 대한 개별적인 해석이 가능한 것으로 보인다. 언어이해지수(VCI)는 102로 [평균] 수준에 해당한다. 즉 기본적인 어휘력, 언어적 개념형성 능력, 추상적 사고력이 적절히 발휘되고 있는 상태이다. 단, 어휘 소검사의 일부 반응 중 정답을 언급했다가 훼손된 반응에 도달하는 등 연상의 이완, 비논리적 사고 경향이 시사된다.

지각추론지수(PRI)는 82로 [평균 하] 수준에 해당한다. 비언어적 추론 및 문제해결 능력이 동일 연령대에 비해 낮은 수준이다. 토막짜기 소검사 수행 중에는 쉬운 난이도에

지수	환산 점수	조합 점수	백분위 (%ile)	95% 신뢰구간
언어이해 (VCI)	31	102	56	95–129
지각추론 (PRI)	21	82	11	76–91
작업기억 (WMI)	12	78	7	72–87
처리속도 (PSI)	16	92	29	84–102
전체지능지수 (FSIQ)	80	85	16	80–91
일반능력지수 (GAI)	52	91	27	85–97
인지효능지수 (CPI)	28	80	90	74–89

	언어이해			지각추론			작업기억		처리속도	
	공통성	어휘	상식	토막 짜기	행렬 추론	퍼즐	숫자	산수	기호 쓰기	동형 찾기
환산 점수	11	8	12	8	7	6	8	4	7	9

서도 틀린 반응에서 벗어나지 못하고 계속해서 동일한 방식으로 문제를 해결하려는 모습을 보였고, 행렬추론에서는 이미 지나간 문항을 다시 풀어보겠다고 고집을 부리는 등 대안생성 및 주의전환의 곤란, 인지적 유연성의 결여 등이 시사된다.

처리속도지수(PSI)는 92로 [평균] 수준에 해당하는바, 시각적 과제 수행 중 전반적인 정신운동 속도는 양호한 것으로 보인다. 이에 반해 작업기억지수(WMI)는 78로 [경계선] 수준에 속하며 청각적 주의 폭 자체는 양호한 편이지만(숫자=8), 보다 많은 인지적 능력을 요하는 과제에서 지속적 주의력을 발휘하는 데는 어려움을 보이고 있다.

5) MMPI-2

A씨는 면담 시 입원치료의 필요성을 부인하였고, K 척도의 상승을 고려할 때 상당히 방어적인 모습을 보이고 있다. 이처럼 조현병을 가진 내담자들은 지나치게 방어적인 모습을 보이며 검사를 거부하거나 심한 주의집중 곤란 또는 심리적 혼란 상태를 겪을 수 있다. 따라서 프로파일의 타당성 여부를 점검하는 것이 필수적이며, 일차적으로 내담자가 작성한 MMPI-2 기록지를 평가자가 직접 검토해야 한다. 만약 무작위로 반응했거나 기록지에 이해할 수 없는 이야기를 기술한 경우에는 그 자체를 중요한 행동 관찰 정보로 활용할 수 있다. 한편 타당도 척도상 특별한 문제가 없음에도 정상 프로파일을 보이는 경우라면 정신병리 상태가 만성화되어 있고 현재 증상이 상당히 자아동조적인 상태로 공고화되어 있을 가능성이 있으므로, 다른 심리검사 자료를 통해 타당화할 필요가 있다. A씨의 경우 무응답이 없고 기타 타당도 척도의 상승 정도를 고려하면 프로파일을 무효화할수 있는 정도는 아니다.

A씨는 다양한 증상으로 인해 정신적 혼란을 뚜렷하게 경험하고 있으나(BIZ=72T, F=64T), 자신의 심리적인 문제에 대해서는 순박한 자기방어를 시도하고 있는 상태이다(L=71T, K=66T). 반면 심리적 자원의 부족으로 인해 전반적인 적응이 좋지 않은 상태일 가능성이 높다(Es=33T). A씨의 경우 6-8-7 상승 코드를 나타내고 있어 전형적인 조현병 프로파일이라고 볼 수 있으나, 재구성척도에서는 RC2의 상승이 관찰되고 있어 기저의

■ 타당도 척도와 임상 척도

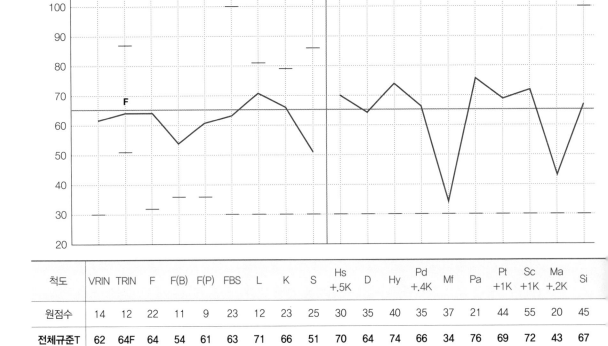

척도	VRIN	TRIN	F	F(B)	F(P)	FBS	L	K	S	Hs +.5K	D	Hy	Pd +.4K	Mf	Pa	Pt +1K	Sc +1K	Ma +.2K	Si
원점수	14	12	22	11	9	23	12	23	25	30	35	40	35	37	21	44	55	20	45
전체규준T	62	64F	64	54	61	63	71	66	51	70	64	74	66	34	76	69	72	43	67

*Mf 척도의 T점수는 성별규준에 의한 것임

■ 재구성 임상 척도와 성격병리 5요인 척도

척도	RCd	RC1	RC2	RC3	RC4	RC6	RC7	RC8	RC9		AGGR	PSYC	DISC	NEGE	INTR
원점수	10	10	11	4	2	7	10	5	5		3	12	9	11	23
전체규준T	50	51	65	40	41	66	54	54	38		35	67	44	45	66

■ 내용 척도

척도	ANX	FRS	OBS	DEP	HEA	BIZ	ANG	CYN	ASP	TPA	LSE	SOD	FAM	WRK	TRT
원점수	14	14	6	17	13	12	5	5	5	11	14	9	10	13	14
전체규준T	62	66	48	61	51	72	45	39	39	57	65	46	55	49	61

■ 보충 척도

척도	A	R	Es	Do	Re	Mt	PK	MDS	Ho	O-H	MAC-R	AAS	APS	GM	GF
원점수	19	30	20	13	18	20	20	6	15	19	17	1	15	19	33
전체규준T	54	71	33	47	49	55	57	53	43	71	42	38	34	37	57

우울한 기분이 상당할 가능성이 높다. 주요 증상은 환각, 망상, 극도의 의심성이며 정서 표현도 매우 제한되어있는 상태이다. 이로 인해 일상생활에서 자신에게 부과되는 책임들을 적절히 다루는 데 어려움이 따를 수 있다.

이에 더해 3-1 상승 코드와 함께 낮은 5번 척도(34T)를 고려할 때, A씨는 타인의 인정과 관심에 대한 욕구가 높아 경쟁적이고 성취 지향적이며, 타인에게 부정적으로 비치는 것을 두려워하는 성격 특성을 가지고 있다. 현재는 자신이 정신적으로 병들어 있다기보다는 신앙심이 부족한 상태임을 주장하고 있는 것으로 보인다. 또한 세상에 대한 경계심과 분노를 외부로 투사하고, '하나님과 가까이 있다'와 같은 과대적인 생각에 몰두하고 있는 것으로 보인다. A씨는 어려서부터 인정과 관심을 받기 위해 부정적인 감정을 억제하고 성취와 자기통제에 많은 에너지를 쏟아왔지만, 학업과 대인관계에서 반복적으로 실패를 경험했다. 이에 따라 현실적인 인생 목표를 세우지 못하고 자신의 손상된 자존감을 보상하고 통제력을 획득하기 위해 공상 속에서 자기정당성과 우월성을 추구하고 있는 상태인 것으로 보인다.

6) 로르샤흐 검사

Exner 종합체계가 제안하고 있는 군집분석에 따르면 특수 지표 중 PTI>3이므로 정보처리, 인지적 중재, 관념화, 통제, 정동, 자기지각, 대인관계 지각 순으로 해석할 수 있다. 아울러 CDI>3이므로 통제, 대인관계 지각, 자기지각, 정동, 정보처리, 인지적 중재, 관념화 순으로 해석해볼 수도 있다. 하지만 A씨의 정신증적 증상이나 자아기능의 붕괴 상태를 고려할 때 PTI>3을 기준으로 해석하는 것이 타당하다.

인지적 특성과 관련해, 전반적으로 다양한 환경적 자극에 대한 관심이 부족한 상태이며(R=15), 회피적이고 상당히 폐쇄적인 인지 양식을 나타내고 있다(L=1.14, EBper: N/A). 또한 정보처리의 효율성이 저하되어있는 상태이다(W:D=12:3, W:M=12:5). 특히 보유하고 있는 인지적 자원에 비해 과도한 통합을 시도하고 있지만(Zf=13), 결국에는 현실과의 연결이 끊긴 생각에 몰두해있는 것으로 보인다(X-%=.33, Xu%=.20). 즉, 지각 과정에서

■ 검사 반응

카드	R#	반응(response)	질문(inquiry)	기호화(scoring)
I	1	가면	눈, 이빨, 아니면 나뭇잎 벌레겠지요. (Q) 마스크인지, 데스마스크인지 모르겠지만.	WSo Fo (Hd) 3.5 DR2 PHR
	2	예수님이 내려다보고 있는 것	여기 가운데가 예수님. 나를 내려다보면서 그렇게 하면 안 된다고 혼내고 있는 것. (Q) 머리는 작고 몸은 크니까.	Do M^p.FD- H, Ay A ALOG PHR
II	3	춤추는 수도승	발, 손, 터반, 탭댄스, 목에 깁스를 했는지 모르지만…. (Q) 목이 없잖아요.	W+ M^a- 2 H, Cg 4.5 ALOG PHR
III	4	아가씨가 바구니를 들고 가고 있네요.	히프, 가슴, 대가리, 발레하는 사람들, 바구니, 성형수술한 코. 인형, 인형 자궁이겠죠.	D+ M^{a}o 2 H, Hh P 3.0 DR1 GHR
	5	두 사람이 심장을 꺼내놓고 싸우고 있다.	여기 두 사람, 오른쪽은 남자, 왼쪽은 남자. 머리, 가슴, 다리. (Q) 자기 심장을 꺼내놓고 서로 자기가 갖겠다고 싸우고 있네요. 여기 심장이 뛰고 있는데, 상처가 났네요.	D+ M^{a}u 2 H, An P 3.0 AG MOR ALOG PHR
IV	6	오페라 가수. 파리넬리 아니겠어?	카스트라토… 대가리, 손, 발, 오페라 가수가 옷 걸쳐 입은 것. 16등신… 고환을 자른 카스트라토든가 아니면 이런 모습 안 나온다. (Q) 골반을 짜개든, 뭘 하든 카스트라토 아니면 이런 모습 안 나온다. 난 8등신. 이것은 나보가 키가 크다는 것만 알아두라고.	Wo Fo. H,Cg,Sx P 2.0 DR2 PHR
V	7	나비	날개, 더듬이, 다리	Wo Fo A P 1.0
	8	새우튀김, 대칭으로 놓은 거	새우 꼬리, 투박하고, 좀 부풀어있고, 거칠거칠한 게 먹고 싶은 느낌이다.	Wo FT- 2 Fd 1.0
	9	죽은 모습 같다. 죽어서 너무 끔찍한 모습. 주워담으려 해도 담을 수 없는 모습. 공포스럽네요.	날고 있는 모습 같은데, 엎어진 것 같다. 날아가는 모습이 아니라 엎어진 듯. 일으키려 해도 주워 담을 수 없을 정도로 그래서 죽은 모습. 내 모습인 것 같다, 내 상태가 이런 것 같다.	Wv M^p- Hx MOR PHR
VI	10	바이올린	활줄, 바이올린 형태, 손잡이	Wo Fu Sc 2.5
VII	11	태아, 이란성 쌍생아	태아가 이렇게 붙지는 않는데…. 똑같은 형태가 아니라 이란성 쌍생아. 잘 모르겠지만, 기분이 그래요.	W+ Fu 2 H 2.5 GHR
	12	과자 같은데요. 과자 이렇게 구워놓은 것 같아요. 과자 부숴뜨려 만든 것 같아요.	전체. (부숴진?) 면이 붙어있어야 정상인데 부숴서 이렇게 만든 것 같다.	Wo Fo Fd 2.5 MOR
VIII	13	알프스산	산 정상, 중심, 하구. 이구아나가 아니라 표범이 아니라 벌레 같은 짐승이 타고 올라가는 것. 자궁도 아니고. (산?) 뾰족하잖아요. 원지 모르지만 이런 동물 본 적 없어요.	W+ FM^{a}o 2 A, Ls P 4.5 DR2
IX	14	자궁	항체호르몬, 프로게스테론…. 난소, 자궁, 질, 거꾸로 보인 거죠. 수란관, 나팔관이 없다. 좋은 자궁이 아니죠. 자궁이 있는 사람만 그걸 알죠.	Wo F- An 5.5 DR2
X	15	심해어	심해동물, 갈치동물, 조개… 플랑크톤, 심해의 식물성 플랑크톤, 동물성 플랑크톤.	Wo Fo A 5.5

■ 구조적 요약 결과: 비율(RATIOS), 백분율(PERCENTAGES), 산출한 점수(DERIVATIONS)

핵심 영역(CORE)			
R = 15	L	= 1.14	
EB = 5:0	EA	= 5	EBPer = N/A
eb = 1:1	es	= 2	D = 1
	Adj es	= 2	Adj D = 1
FM = 1	All C'	= 0	All T = 1
m = 0	All V	= 0	All Y = 0

정서 영역(AFFECT)	
FC : CF+C	= 0:0
Pure C	= 0
SumC' : WSumC	= 0:0
Afr	= .25
S	= 1
Blends : R	= 1:15
CP	= 0

대인관계 영역(INTERPERSONAL)	
COP = 0	AG = 1
GHR : PHR	= 2:6
a : p	= 4:2
Food	= 2
SumT	= 1
Human Cont	= 7
Pure H	= 6
PER	= 0
ISO Index	= .07

관념 영역 (IDEATION)			
a : p	= 4:2	Sum6	= 8
Ma : Mp	= 3:2	Lv 2	= 4
2AB+(Art+Ay)	= 1	WSum6	= 42
MOR	= 3	M−	= 3
		M none	= 0

중재 영역 (MEDIATION)	
XA%	= .67
WDA%	= .67
X−%	= .33
S −	= 0
Popular	= 5
X+%	= .47
Xu%	= .20

처리 영역 (PROCESSING)	
Zf	= 13
W : D : Dd	= 12:3:0
W : M	= 12:5
Zd	= −0.5
PSV	= 0
DQ+	= 5
DQv	= 1

자기지각 영역 (SELF−PERCEPTION)	
3r+(2)/R	= .40
Fr+rF	= 0
SumV	= 0
FD	= 1
An+Xy	= 2
MOR	= 3
H : (H)+Hd+(Hd)	= 6:1

PTI = 4*	DEPI = 3	CDI = 4*	S−CON = 2	HVI = NO	OBS = NO

상당한 왜곡이 나타나고 있어서 현실 상황을 객관적으로 지각하기 어려운 상태일 수 있다. 가장 눈에 띄는 것은 전체 반응 중 절반 이상이 특이한 언어적 반응을 나타내고 있다는 점이다. 의사결정 과정에서 현실적인 판단에 어려움을 보이고 있고 연상의 흐름이 이완되는 양상이다(WSum6=42, DR2=4, ALOG=3). 사고의 내용은 상당히 비관주의적이며(MOR=3), 비현실적 공상에 몰두하고 있을 가능성도 농후하다(M-=3). 예를 들어 Ⅲ번 카드("두 사람이 심장을 꺼내놓고 싸우고 있다")에서 기태적 사고 내용이 두드러진다.

통제 및 스트레스와 관련해 외현적으로는 안정감을 유지하고 있는 것처럼 보인다(D=1, Adj D=1). 하지만 보유하고 있는 자원의 부족을 감안할 때 외부 환경에 쉽게 동요되지 않기 위해서 최대한 시야를 좁혀놓고 있는 상태이다(EA=5, es=2). 이러한 결과는 주관적인 불편감을 호소하고 있음에도 자신의 종교적인 믿음이 약해서 이와 같은 증상이 나타나는 것이라고 강조하면서 타인의 도움을 받거나 치료 장면에 들어오는 것을 거부하고 있는 것과 일관되는 결과이다.

정서조절과 관련해 정서적 상황에 직면하는 것을 지나치게 꺼려하고 감정 표현을 과도하게 억제하고 있는 상태이다(Afr=.25, WSumC=0). 내면 정서를 정확하게 인식할 수 없는 상태이고 정서적 자극에 깊이 있게 접근하기보다는 피상적인 방식으로 처리하고 있으며(Blends:R=1:15), 특히 정서적 강도가 높은 자극 상황에서는 회피로 일관하고 있다.

면담 및 기타 자료에서 현재 명백한 신체적인 문제가 드러나고 있지 않음에도 불구하고, 일반적이지 않은 신체적인 걱정 혹은 몰두가 있을 수 있고 비관주의적인 자기상이 지배적이다(An+Xy=2, MOR=3). 한편 타인에 대한 관심이 비현실적으로 높고 친밀감이나 수동-의존적인 면모를 보이고 있으며(Human Cont=7, T=1, Food=2), 과거의 부정적인 대인관계 경험이 현재의 대인관계에서의 낮은 관여 수준에 막대한 영향을 미치고 있는 것으로 보인다(H:(H)+Hd+(Hd)=6:1). 특히 순수인간반응에서 형태질이 저조하거나 특수점수를 포함하고 있는 것으로 보아 자기 이미지 혹은 자기가치가 부정확하거나 비현실적일 수 있다.

사회적 성숙도 또한 낮아 보인다(CDI=4). 대인관계에 대한 높은 욕구에 비해 사회기술이 부족하고 주변 사람들에게 냉담하거나 무관심한 사람으로 비칠 수 있어서(GHR:PHR=2:6, COP=0, AG=1) 대인관계 상황에서 효과적으로 상호작용하기 힘든 상태이다. 즉, 주변 사람들에 대한 기대는 높지만 타인의 욕구와 흥미에 민감하지 못하고 과거의 거절이나 거부 경험이 대인관계에서 열등감을 초래해 결국 공상 속에서 현실과는 동떨어진 과대적인 자기상과 동일시하고 있는 것으로 보인다. 아울러 대인관계 욕구를 촉발할 수 있는 Ⅲ번 카드("두 사람이 심장을 꺼내놓고 싸우고 있다")와 Ⅶ번 카드("태아, 이란성 쌍생아")에서 대상 간의 경계가 흐린 데다 현실적으로는 실재하기 어려운 관계를 추구하는 등 편집증적 성격 패턴을 나타내고 있다.

임상 장면에서 조현병을 가진 내담자들은 채점조차 할 수 없거나 지나치게 짧은 프로토콜을 보여 Exner 종합체계의 구조적 요약을 통한 분석이 불가능한 경우가 많다. 이러한 경우 질적 분석 위주로 진행하는 것이 현실적으로 타당할 수 있다. 아울러 사고장애의 심각도를 평가하기 위해서는 Johnston과 Holzman(1979)의 사고장애 지표(Thought Disorder Index: TDI)를 사용하는 것도 적절한 방법일 수 있다. A씨의 경우 반응수는 상대적으로 적은 편이며 특수점수가 두드러진다. 이는 외부 환경으로부터의 스트레스를 최소화하기 위해 관심의 폭을 좁혀놓고 있지만 연상의 이완 및 폐쇄적인 인지 양상이 지배적이고, 현실적인 접촉보다는 공상 속에서 과대망상과 피해망상을 통해 미충족된 친밀감의 욕구를 보상하고 있는 것으로 볼 수 있다.

7) 그 외 검사

(1) 양성 및 음성 증상 평가 척도

양성 및 음성 증상을 평가하기 위해 개인적 관찰, 면담, 표준화된 척도 등 다양한 방법을 사용할 수 있다. 가장 널리 사용되는 도구로는 간편 정신장애 평정 척도(Brief Psychiatric Rating Scale: BPRS), 음성 증상 평가 척도(Scale for the Assessment of Negative Symptoms: SANS), 양성 증상 평가 척도(Scale for the Assessment of Positive Symptoms: SAPS), 양성 및 음성 증후군 척도(Positive And Negative Syndrome Scale: PANSS) 등이 있다. 이 척도들은 모두 반구조화된 임상적 면담으로 실시된다. BPRS는 전반적인 정신병리의 심각도를 평가하기 위하여 제작되었으며, 양성, 음성, 와해, 기분 증상과 관련된 문항으로 구성되어있다. A씨의 BPRS 총점은 65점으로, 입원환자 평균(49.0±7.2)보다 월등히 높다. 특히 하위 척도 중 사고장애의 점수는 17점으로, 이 역시 입원환자의 평균치(14.3)를 초과한다.

SAPS는 조현병의 양성 증상을 평가하기 위하여 개발되었으며, 환각, 망상, 기이한 행동, 사고장애를 포함한다. PANSS는 BPRS의 모든 문항을 포함하며, 음성 증상과 인지장해와 관련된 추가적인 문항으로 구성되어있다. 척도의 모든 문항은 면담자의 관찰에 근거하며, 의료기록이나 다른 정신건강 전문가, 가족, 중요한 타인 등으로부터 관련된 정보를 사용할 수 있다. SANS는 조현병의 음성 증상을 평가하기 위하여 제작되었으며, 요인분석 결과 무관심-무쾌락증(apathy-anhedonia), 둔마된 정동(blunted or flattened affect), 무언어증-부주의(alogia-inattention) 등 세 가지 음성 증상으로 구성되어있다.

최근에는 음성 증상 평가를 위해 음성 증상에 대한 임상적 평가 면접(Clinical Assessment Interview for Negative Symptoms: CAINS)이 흔히 사용되고 있다. CAINS는 음성 증

상의 여부와 심각도를 평가하는 13개 문항으로 이루어진 반구조화된 면담 평가 도구이다. 각 문항은 5점 척도로 0(증상이 없음)~4(심각한 결핍)까지의 범위 안에서 평가되며, 25분가량 소요된다. CAINS는 음성 증상의 2요인 가설에 기초해 동기와 유쾌함 영역(MAP) 및 표현 영역(EXP)을 측정하는 2개 하위척도로 구성된다. MAP는 9개 항목으로 구성되며 사회적 관계, 직장과 학교, 여가활동에 대해 지난주에 느꼈던 동기와 유쾌함, 그리고 다음 주에 예상되는 동기와 유쾌함을 측정한다. EXP는 4개 항목으로 구성되며 얼굴 표정, 음성 표현, 표현되는 몸짓, 말하기의 양을 측정한다. CAINS는 많은 선행 연구를 통해 높은 내적 일치도와 검사-재검사 신뢰도, 수렴 및 변별 타당도를 확보하였으며(Kring & Elis, 2013), 한국어로 번안된 CAINS-K 또한 높은 내적 일치도와 평가자 간 신뢰도, 수렴 및 변별 타당도를 나타냈다(Jang et al., 2017). 또한 다양한 임상 현장에서 증상 변화에 높은 민감성을 나타내며, 다양한 문화권에서의 적합도를 검증하는 데 사용하기 용이하다는 점에서 음성 증상 측정에서의 중요한 발전을 보여주고 있다(최혜임 등, 2014).

(2) 인지기능 평가

표준화된 인지 평가는 실시, 채점, 해석에 대해 교육을 받은 사람이 실시해야 하며, 집행 기능, 언어적 기억과 학습, 지속적인 주의 등 조현병에서 흔하게 손상되는 영역들에 대한 평가를 포함해야 한다. 흔히 활용되는 검사들을 함께 표준화하여 한데 묶은 배터리로는 델리스-카플란 실행기능 시스템(Delis-Kaplan Executive Functioning System: D-KEFS)이 있다. D-KEFS는 언어적 유창성, 개정된 스트룹 검사, 주의력과 인지적 유연성을 측정하는 고전적 검사인 선로 잇기 검사(TMT) 확장판, 지각적 개념화 및 시각운동 추적, 언어적 학습 및 기억을 평가하는 캘리포니아 언어 학습 검사-II(CVLT-II)로 구성되어있다.

MATRICS Consensus Cognitive Battery(MCCB)는 인지적인 측정을 위한 배터리이다. 미국 국립정신건강연구소(National Institute of Mental Health)가 임상 장면에서 조현병과 관련된 주요 인지 영역에 대하여 상대적으로 간략하게 평가하고, 조현병에서의 인지기능을 향상시키기 위하여 제작하였다. MCCB는 처리속도, 주의, 작업기억, 언어적 및 시각적 학습, 문제해결, 사회인지에 대한 평가로 구성되어있다.

조현병에서의 인지에 대한 간편 평가(Brief Assessment of Cognition in Schizophrenia: BACS)는 실시와 채점의 용이성을 위하여 제작되었으며, 처리속도, 집행기능, 언어적 기억, 작업기억이라는 4개의 주요 인지 영역에 대한 평가를 제공한다. BACS는 실시에 30분 정도밖에 걸리지 않지만, 150분 동안 실시해야 하는 신경인지 배터리만큼이나 조현병 환자들의 인지장해에 민감하다. BACS의 타당도와 신뢰도는 경험적으로 증명되었으며, 구성된 점수들은 기능적으로 연관이 있는 것으로 나타났다. 특히 BACS는 독립적인 생활기술에 대한 면담 평가, 행동을 기반으로 한 생활기술, 면담을 통한 조현병 환자들의 인지 평가와 상관이 높았다.

간편 인지 평가(Brief Cognitive Assessment: BCA)는 더 간략하며, 실시와 채점에 15분밖에 걸리지 않는다. BCA는 TMT A형과 B형, 홉킨스 언어 학습 검사(HVLT), 언어 유창성 검사(VFT) 등 3개의 표준화된 검사로 이루어져 있다. 조현병에서 흔히 손상되는 인지적 영역들을 평가하며, 항정신성약물로 인한 증상의 호전에 민감한 것으로 밝혀졌다.

간단한 신경인지 배터리조차 실시할 수 없는 경우, 임상가는 개인적으로 어떤 인지적 영역들이 손상된 것으로 보이는지 평가해야 한다. 대표적으로 연속수행 검사(CPT)는 임상적 연구에서 지속적 주의를 측정하기 위하여 가장 흔하게 사용되는 검사이다. CPT는 반복적인 시각적 변별 과제를 통하여 주의집중력의 지속을 측정한다. 작업기억을 측정하기 위한 가장 좋은 표준화된 도구로는 K-WAIS-IV의 숫자외우기(특히 거꾸로 따라 외우기)와 순서화 소검사가 있다. 또 다른 고전적인 검사로는 TMT가 있다.

A씨는 K-WAIS-IV에서 청각적 주의 폭 자체는 양호한 편이지만(숫자=8), 바로 따라 외우기에 비해 거꾸로 따라 외우기와 순서대로 따라 외우기에서 현저하게 저조한 수행을 보였고, 보다 많은 인지적 능력을 요하는 과제에서 지속적 주의력을 발휘하는 데 어려움을 보이고 있다(산수=4). 또한 TMT에서 간섭 자극으로 인해 목표 자극에 주의를 기울이는 데 어려움을 보였고(interference Index=3.94), 스트룹 과제에서도 오류억제의 실패가 두드러졌다.

(3) 기분 증상 평가

조현병을 가진 환자들은 긍정적인 감정의 부족뿐만 아니라 우울, 불안, 적대감 등 높은 수준의 부정적인 정서로 인해 상당한 고통을 겪는다. 사회적 철수와 사회불안이 조현병의 흔한 특징임을 고려하면 긍정적인 정서의 결핍은 흔히 관찰된다. 그러나 부정 정서와 마찬가지로 긍정 정서의 결핍이 개인으로 하여금 사회적 활동을 덜 추구하게끔 하는지, 아니면 사회적 철수가 긍정 정서의 경험을 감소시키는 것인지는 불명확하다. 이러한 효과의 방향성과는 관계없이, 기분과 불안 수준은 치료 계획을 세울 때 평가해야 할 중요한 영역이다. 실시(자기보고식)와 채점, 해석이 용이한 잘 알려진 도구로는 벡 우울 척도-II(BDI-II), 벡 불안 척도(BAI)가 있다. BDI-II와 BAI는 경험적으로 타당화되어 있고, 치료 경과에 걸쳐 우울과 불안을 모니터하기 위해 반복적으로 사용될 수 있다.

한편 조현병을 가진 내담자들은 자기보고식 검사에서 자신의 기분 증상을 부인하는 경우가 흔하다. 따라서 임상가의 객관적인 평가가 필요하다. 한국어판 정신분열병의 캘거리 우울증 척도(Korean Version of the Calgary Depression Scale for Schizophrenia: K-CDSS)(김용구 등, 2005)는 조현병의 우울 증상을 평가하기 위해서 개발된 임상가용 척도이다. K-CDSS는 구조화된 면담 도구로 9개의 문항으로 구성되어있고, 조현병의 음성 증상과 추체외로계 증상으로부터 우울증을 변별할 수 있다. 모든 문항은 0(없음)~3(고도)의 4점 리커트 척도로, 환자와 면담을 한 후 평가자가 평가하도록 되어있다. 표준화 과정에서 내적 일치도(Cronbach's α)는 .852였고, 진단적 정확도를 의미하는 곡선의 아래면적(area under curve: AUC)은 96.8%로 상당히 높게 나타났으며, 가장 이상적인 절단점수(cut-off score)는 8점인 것으로 알려져 있다. A씨는 기분 증상과 관련해 BDI-II에서는 총점 4점, 객관적인 평가 척도인 K-CDSS에서도 총점 6점이어서 임상적 우울증 수준에 해당하지는 않는다.

8) 사례개념화

A씨는 MMPI-2에서 주관적으로 자아이질적 증상을 호소하고 있을 뿐만 아니라, 로르샤흐 검사에서도 심한 지각왜곡 및 비논리적 사고, 자폐적 공상을 나타내고 있다. 망상의 내용이 가족이나 종교적 신념에 국한되어 있어서 기괴한 수준은 아니라고 할지라도, 보호자의 보고에 따르면 환청과 환시를 경험하고 있는 것으로 보인다. 아울러 보호자의 보

고와 더불어 K-WAIS-Ⅳ에서는 주의집중 곤란, 즉각적인 문제해결 곤란을 보이고 있어서 사회적·직업적 기능의 저하가 시사된다.

현재 사회적 철수가 심화되어있는 상태인데, 원가족과의 관계에서 안정적인 애착 경험의 부재로 인해 타인에 대한 신뢰가 두텁지 않은 것으로 보인다. 특히 아버지의 이중구속적인 언어 표현과 어머니의 과도한 정서 표현은 A씨가 자율성을 획득하고 내면 정서를 명확히 인식하거나 욕구를 적절히 표현하는 것을 방해했을 가능성이 높다. 이에 더해, 객관적인 사실과 달리 외모와 관련된 열등감은 남자 친구와의 이별을 통해 더욱 심화되었을 것이다. 현재 A씨는 타인과 친밀한 관계를 형성하고 유지하는 데 어려움을 겪고 있으며, 가족과의 관계에서도 경계심을 보이면서 혼자 고립되어있는 국면이라고 볼수 있다.

 심리 진단 검사 보고서 요약

1 **진단적 인상(diagnostic impression)**
조현병, 다중 삽화, 현재 급성 삽화 상태(Schizophrenia, multiple episodes, currently in acute episode)

2 **치료적 제언(recommendation)**
병식 및 자기관리 능력 개선을 위한 심리교육, 대인관계 및 사회기술훈련, 가족기능 개선을 위한 가족치료, 약물치료 유지

1) 조현병의 진단

(1) 진단기준

DSM-5(APA, 2013/2015)의 조현병 진단기준은 다음과 같다. 주요 진단기준 이외에 장애의 경과, 긴장증 동반 여부, 심각도 등에 대한 명시자 등은 생략하였다.

DSM-5 조현병(Schizophrenia) 진단기준

A. 다음 증상 중 둘(혹은 그 이상)이 1개월의 기간(성공적으로 치료가 되면 그 이하) 동안의 상당 부분의 시간에 존재하고, 이들 중 최소한 하나는 (1) 내지 (2) 혹은 (3)이어야 한다.
　1. 망상
　2. 환각
　3. 와해된 언어(예, 빈번한 탈선 혹은 지리멸렬)
　4. 극도로 와해된 또는 긴장성 행동
　5. 음성 증상(예, 감퇴된 감정 표현 혹은 무의욕증)
B. 장애의 발병 이래 상당 부분의 시간 동안 일, 대인관계 혹은 자기관리 같은 주요 영역의 한 가지 이상에서 기능 수준이 발병 전 성취된 수준 이하로 현저하게 저하된다(혹은 아동기 또는 청소년기에 발병하는 경우, 기대 수준의 대인관계적·학문적·직업적 기능을 성취하지 못함).
C. 장애의 지속적 징후가 최소 6개월 동안 계속된다. 이러한 6개월의 기간은 진단기준 A에 해당하는 증상(예, 활성기 증상)이 있는 최소 1개월(성공적으로 치료되면 그 이하)을 포함해야 하고, 전구 증상이나 잔류 증상의 기간을 포함할 수 있다. 이러한 전구기나 잔류기 동안 장애의 징후는 단지

음성 증상으로 나타나거나, 진단기준 A에 열거된 증상의 2가지 이상이 약화된 형태(예. 이상한 믿음, 흔치 않은 지각 경험)로 나타날 수 있다.

D. 조현정동장애와 정신병적 양상을 동반한 우울 또는 양극성장애는 배제된다. 왜냐하면 ① 주요우울 또는 조증 삽화가 활성기 증상과 동시에 일어나지 않기 때문이거나, ② 기분 삽화가 활성기 증상 동안 일어난다고 해도 병의 활성기 및 잔류기 전체 지속 기간의 일부에만 존재하기 때문이다.

E. 장애가 물질(예. 남용약물, 치료약물)의 생리적 효과나 다른 의학적 상태로 인한 것이 아니다.

F. 자폐스펙트럼 장애나 아동기 발병 의사소통장애의 병력이 있는 경우, 조현병의 추가 진단은 조현병의 다른 필요 증상에 더하여 뚜렷한 망상이나 환각이 최소 1개월(성공적으로 치료되면 그 이하) 동안 있을 때에만 내려진다.

DSM-5에 따라 조현병 진단을 하려면 다섯 가지 주요 증상(진단기준 A)뿐 아니라, 발병 이후 상당 기간 한 가지 이상의 심리사회적 기능 손상(진단기준 B)에 대한 증거가 있어야 한다. 또한 증상의 발현 기간(진단기준 C: 지속적 징후 6개월 이상, 활성기 증상 1개월 이상)을 충족해야 한다. 단, 활성기 증상이 치료에 반응해 1개월 내에 관해된 상황이더라도 만약 치료가 이루어지지 않다면 증상이 지속되었을 것이라고 임상가가 추정하는 경우에는 기간을 충족했다고 볼 수 있으며, 전구증상이나 잔류 증상의 기간도 포함할 수 있다.

아울러 조현정동장애 또는 정신병적 양상을 동반한 우울 또는 양극성장애가 배제되어야 한다(진단기준 D). 또한 물질(예: 남용약물, 치료약물)의 생리적 효과나 다른 의학적 상태로 인한 영향을 배제해야 하고(진단기준 E), 신경발달장애(예: 자폐스펙트럼장애, 아동기 발병 의사소통장애)의 병력이 있고 조현병의 다른 필요 증상에 더하여 뚜렷한 망상이나 환각이 최소 1개월(성공적으로 치료되면 그 이하) 동안 있을 때에는 조현병이 추가 진단될 수 있다(진단기준 F). A씨는 DSM-5(APA, 2013/2015)의 진단기준을 고려할 때, 조현병, 다중삽화, 현재 급성 삽화 상태가 시사된다.

한편 ICD-11(WHO, 2018)은 조현병의 특징을 사고(예: 망상, 사고형식의 와해), 지각(예: 환각), 자기-경험(예: 한 사람의 느낌, 충동, 사고 또는 행동이 외부 힘의 통제하에 있다는 경험), 인지(예: 주의력, 언어기억, 사회인지 등의 손상), 의욕(예: 동기의 상실), 정동(예: 둔마된 정서 표현), 행동(예: 기이하거나 목적이 없어 보이는 행동, 행동의 조직화를 방해하는 예측 불가능하거나 부적절한 정서적 반응) 등에서 나타나는 다중적인 정신적 양식의 기능장해라고 정의한다. 아울러 긴장증을 포함하는 정신운동장해는 현저할 수 있으며, 지속적인 망상 및 환각, 사고장애, 영향, 수동성, 통제 등의 경험을 핵심 증상으로 간주한다. 조현병 진단을 위해서는 증상이 적어도 1개월 이상 지속되어야 한다. 또한 증상은 다른 건강 상태 (예: 뇌종양)의 표현이 아니며, 금단 등 물질이나 중추신경계 치료제(예: 코르티코스테로이드)의 효과(예: 알코올 금단)로 인한 것이 아니어야 한다.

조현병 증상의 구분과 진단기준의 변화

DSM-IV-TR(APA, 2000)에서는 조현병의 특징적인 증상을 크게 양성과 음성이라는 두 가지 범주로 구분하였다. 양성 증상은 정상적인 기능의 과다 또는 왜곡으로서 망상, 환각, 와해된 언어(예: 빈번한 탈선 또는 지리멸렬), 심하게 와해된 행동이나 긴장증적 행동 등 네 가지가 포함되었다. 반면 음성 증상은 정상적인 기능의 감소나 상실로서 정서적 둔마, 무언어증, 무욕증 등이 포함되었다. 이에 반해 DSM-5(APA, 2013/2015)는 진단적 특징으로 양성과 음성을 명확히 구분하지 않은 채 다섯 가지 증상(망상, 환각, 와해된 언어, 와해된 행동이나 긴장증, 음성 증상)을 제시하고 있다. 또한 O'Donnell과 Grace(1998)는 조현병 증상을 현실왜곡(양성), 정신운동성 빈곤(음성), 와해 등 세 가지로 구분한 바 있다. 아울러 미국정신의학협회(APA)의 웹사이트에서는 양성 정신증적 증상(환각, 망상), 음성 증상, 와해 증상, 인지 손상 등 네 가지로 구분하기도 한다 (https://www.psychiatry.org/patients-families/schizophrenia/what-is-schizophrenia).

DSM-IV와 DSM-5의 조현병 진단기준의 변화는 다음과 같다(조철현, 이헌정, 2014; Tandon & Gaebel et al., 2013). 첫째, DSM-IV의 진단기준 A에 '주의' 항목(기괴한 망상 또는 슈나이더 1급 환각 중 1개 증상만 있어도 진단이 가능)이 삭제되었다. 즉 망상의 내용이 기괴하거나, 환각이 개인의 행동이나 생각에 간섭하는 목소리 또는 둘 이상이 서로 대화하는 목소리라고 해서 조현병으로 진단하는 것은 불가능해졌다. 조현병 진단의 역사적 흐름상 DSM-III-R에서는 조현병 진단기준 A2에 기괴한 망상, A3에 슈나이더 1급 환각이 각각 독립적인 진단기준이었다. 하지만 이미 DSM-IV에서 두 가지 진단기준이 '주의' 항목으로 통합되면서 그 입지가 좁아졌다. 이는 망상의 기괴성 판단에 대한 임상가들 간의 신뢰도가 낮고, 슈나이더 1급 환각이 독립적으로 예후의 변화를 예측하지 못했으며, 증상의 가족력도 보이지 않았다는 이유로 '주의' 항목의 임상적 타당성이 부족해 삭제된 것으로 볼 수 있다. 둘째, 진단기준 A에 망상, 환각, 와해된 사고(언어)의 3개 증상 중 최소 1개 이상의 증상이 있고 전체 5개 증상 중 2개 이상이어야 진단이 가능해짐에 따라 진단기준이 다소 엄격해졌다. 셋째, DSM-IV까지 유지되던 조현병의 아형 분류가 삭제되었다. 조현병의 아형 분류는 낮은 신뢰도 및 진단적 안정성 문제, 아형별 예후의 차이 부재 등을 이유로 지속적인 비판이 제기되었기 때문이다. 다섯째, 장애의 경과, 긴장증 동반 여부, 심각도 등과 관련한 명시자가 추가되었다. 단, 명시자 중 심각도는 필수적인 것은 아니다.

조현병의 평생유병률은 인종과 국가에 따라 차이가 있지만 약 0.3~0.7%로 알려져 있다. 한국의 경우 조현병 스펙트럼 장애의 평생유병률은 0.5%로 남성이 0.5%, 여성이 0.4%로 비슷하게 보고되었다(보건복지부, 2017). 또한 단기정신병적 장애를 제외한 조현병 및 관련 장애에서 평생유병률은 0.2%로 남자는 30대, 여자는 20대에서 가장 높은 유병률을 보였다. 조현병의 발병과 관련해 오래전부터 성별, 연령, 사회·경제적 상태, 문화 등 다양한 요인들의 영향에 대한 논란이 있었지만, 현재는 조현병이 사춘기 또는 고연령, 심지어 노년기 등 다양한 연령에서 발병할 뿐만 아니라 사회·경제적 상태 또는 문화의 차이도 없는 것으로 알려져 있다(MacDonald III, 2015). 조현병은 급작스럽게 발병할 수도 있지만 대부분 임상적으로 의미가 있는 다양한 징후와 증상이 천천히 점진적으로 발생하며 우울 증상을 호소한다.

조현병은 다양한 인지적, 행동적, 정서적 역기능을 포함하지만, 장애 특정적 단일 증상을 정의하기는 어렵다. 또한 의사소통 능력에서부터 취업 능력에 이르기까지 개인 삶의 모든 영역에 현실적으로 영향을 미치는 다면적이고 이질적인 양상을 나타낸다. 망상, 환각, 혼란스러운 언어와 같은 조현병의 주요 증상은 현실검증력이 손상되어 비현실적인 지각과 비논리적인 사고를 나타내며 혼란스러운 심리상태를 경험하게 만든다. 또한 조현병 증상의 발병 전에 비해 일상생활의 적응에 필요한 심리적 기능을 현저히 저하시킨다. 따라서 조현병 진단은 환자뿐만 아니라 보호자에게 미치는 영향도 매우 크다는 점에서 주요 증상과 전반적인 기능 수준을 고려해 신중하게 내려져야 한다.

(2) 주요 증상

조현병에 대한 Kraepelin(무욕증, 만성성, 나쁜 예후), Blueler(근본적인 증상으로서 해리적 병리, 음성 증상), Schneider(현실왜곡과 양성 증상)의 상이한 관점은 시대적으로 진단 분류 체계에서 주요 증상의 변화를 초래했다(Tandon & Gaebel et al., 2013). 이에 진단분류 체계는 신뢰도와 타당도를 높이기 위해 진단기준에서 특정 연구자의 관점을 배제하면서 장애의 시간적 안정성을 강조하고 있다. 그러나 조현병 자체가 복합적인 장애이기 때문에 평가와 치료 계획 수립은 여전히 어려운 과제이다. 특히 부수적 특징, 동반이환과 감별진단으로 인해 조현병에 대한 임상적 판단이 복잡해지므로 조현병의 주요 증상을 체계적으로 살펴보는 것이 필수적이다.

① 환각

환각이란 다양한 감각과 관련하여 왜곡된 지각을 경험하는 지각장애로, 외부 자극 없이 일어나는 유사 지각 경험에 해당한다. 조현병 발병 초기에 환자들은 불수의적인 환각 경험과 이에 대한 통제감의 상실로 인해 주관적인 불편감 및 혼란을 경험하기 쉽다.

환각의 유형 중 환청이 가장 흔한데, DSM-IV까지만 해도 자신의 행동이나 생각에 간섭하는 목소리, 또는 누군가 2명 이상이 서로 대화하는 목소리를 듣게 되는 특별한 환각(슈나이더 1급 환각)만으로도 진단기준 A를 충족한 것으로 간주하였다. 하지만 다수의 선행 연구에서 슈나이더 1급 환각만으로 조현병을 진단받는 경우가 흔하지 않다고 보고됨에 따라, 준거 타당성을 높이고 진단의 단순화를 통해 임상적 유용성을 개선하기 위해 DSM-5에서는 삭제되었다. 한편 환각은 어떤 대상과 경험에 대한 투사 과정을 통해 형성되며 성별, 종교 유무, 유병 기간이 환각의 유형을 결정할 수도 있다. 예를 들어 정현진 등(2013)에 따르면 조현병 환자들은 환각의 유형 중 환청(73%)을 가장 많이 경험하였고, 그다음으로 환시(0.1%), 환후 및 환촉(각각 0.02%) 순인 것으로 나타났다. 특히 환후와 환촉은 여성에게서만 나타났는데, 주로 성적인 내용을 포함하고 있었다.

② 망상

대표적인 사고장애 중 하나인 망상은 모순된 증거를 고려하고도 쉽게 변경되지 않는 고

정된 믿음으로, 그 주제는 다양하다. 망상의 주제와 관련해 기괴성 여부를 살펴볼 필요가 있다. 망상의 내용이 같은 문화의 또래들에게 분명히 믿기 어렵고 이해 불가한 경우, 보통의 일상적 경험에서 유래되지 않는, 즉 현실 상황과 무관한 내용인 경우를 기괴하다고 판단한다.

DSM-IV에서는 망상장애의 망상 내용을 기괴하지 않은 망상으로 제한했지만, DSM-5에서는 조현병과 망상장애에서 나타나는 망상을 그 기괴성을 기준으로 구분하지 않는다. 흔히 마음이나 신체에 대한 통제 상실을 표현하는 망상은 기괴한 것으로 간주되는데, 사고탈취(자신의 생각이 어떤 외부 세력에 의해 제거되어 버렸다는 믿음), 사고주입(외계의 사고가 자신의 마음에 밀려들어와 있다는 믿음), 조종망상(자신의 신체나 행위가 어떤 외부 세력에 의해 작동되거나 조작되고 있다는 믿음) 등이 포함된다. 한편, 확신할 만한 증거가 없음에도 자신이 경찰에게 감시당하고 있다는 믿음 등의 피해망상은 기괴하지 않은 망상으로 볼 수 있다.

③ 음성 증상

음성 증상은 정상적인 기능의 감소나 상실이라고 정의된다. 음성 증상은 조현병 환자의 사회적 기능 및 독립적인 생활을 위한 기본 능력에 막대한 영향을 미쳐, 결국 삶의 질을 저하시키는 결과를 초래한다. 조현병의 음성 증상의 구성 개념에 대해서는 평가 도구의 요인분석 결과 및 신경과학적 근거에 기초해 2요인 가설이 지지되고 있다(최혜임 등, 2014). 이 가설에 따르면 음성 증상은 경험 영역과 표현 영역으로 구분될 수 있는데, 무쾌감증, 무욕증, 비사회성은 경험적 손상에 포함되고, 무언어증과 둔마된 정동은 표현적 손상에 해당한다. DSM-5에는 감정 표현의 저하 또는 무욕증을 음성 증상의 예로 들고 있는데(APA, 2013/2015), 조현병의 음성 증상은 시간 안정적인 경향이 있고, 사회적 기능과 독립적 생활을 위한 기본 능력에 심각한 영향을 미친다(Pratt & Muesser, 2020).

④ 와해된 사고(언어)

와해된 언어는 조현병을 가진 환자들의 전형적 증상으로서 부주의와 형식적 사고장애(Formal Thought Disorder)의 차원에 해당한다. DSM-III는 형식적 사고장애에 상응하는 개념으로서 지리멸렬(incoherence) 또는 연상의 이완(marked loosening of association)을 조현병의 진단기준 중 하나로 채택하였고, DSM-IV부터 와해된 언어로 수정되어 현재까지 사용되고 있는 주요 증상이다(김보미 등, 2015).

와해된 사고는 전형적으로 개인의 언어에서 유추된다. 대표적인 증상인 탈선 혹은 연상의 이완은 하나의 화제에서 다른 화제로 옮겨가는 경우이다. 이탈은 질문에 대한 답이 모호하게 관련되거나 완전히 무관한 경우에 해당한다. 지리멸렬 혹은 말비빔(word salad)은 언어가 너무 심하게 와해되어 거의 이해가 불가능하게 되면서 수용성 실어증과 유사한 양상을 보이는 경우에 해당한다. 일반적으로 약하게 와해된 언어는 흔하면서도 비특이적인 현상이기 때문에, 증상은 효율적 소통을 실질적으로 저해할 정도로 충분히 심해야만 한다. 조현병 증상이 심한 환자라 하더라도 지나치게 경계하거나 방어적인 태도를 보인다면 면담 중에는 와해된 언어가 드러나지 않을 수 있다. 하지만 지능 검사 내 언어이해지수(VCI)의 소검사 또는 투사 검사에서 구체적으로 드러날 수 있다.

⑤ 극도로 와해된 또는 긴장성 행동

조현병을 가진 환자들은 극도로 와해된 행동 또는 긴장성 행동을 나타낸다. 와해된 행동은 연령이나 상황에 적합한 목표 지향적 행동을 하지 못하거나, 지나치게 엉뚱하고 기이한 행동을 하는 경우를 뜻한다. 와해된 행동은 주변 사람들로부터 공감을 얻지 못할 뿐만 아니라 때로는 배척을 당하기 쉽다. 오랫동안 머리를 감지 않거나 세수를 하지 않는 것, 계절에 맞지 않는 옷을 세탁도 하지 않은 채로 수개월 동안 입고 다니는 것, 낯선 사람들에게 사전에 양해를 구하지 않은 채 반말을 하거나 불필요한 질문을 지나치게 많이 하는 것 등이 이에 해당한다.

긴장성 행동은 역사적으로 조현병의 하위 특성으로 여겨지거나 긴장증과 조현병이 동일한 진단으로 인식되는 등 조현병과 연관되어왔다. 또한 원인이 다양하고 부동성(immobility), 영양실조(malnutrition)로 인한 합병증이 발생할 수 있어 빠른 진단과 처치가 필요하다(이세정 등, 2017). 긴장증은 일반적인 의학적 상태로 인해 발생하기도 하고 기분장애 등에서 나타나는 등 조현병에만 국한되는 것은 아니기 때문에, DSM-5는 조현병의 아형으로서 긴장형을 삭제하고 긴장증 동반 여부를 명시자로 사용할 수 있도록 개정하였다. 독립적인 진단으로서 긴장증을 진단할 때도 단순화 및 임상적 유용성을 위해 동일한 진단기준을 적용하고 있다(Tandon & Heckers et al., 2013). 강경증, 납굴증, 혼미, 흥분,

함구증, 거부증, 자세, 매너리즘, 상동증, 찡그리기, 반향어, 반향행동 등 12개 증상 중 3개 이상이 존재하면 긴장증으로 진단된다(APA, 2013/2015).

⑥ 기능 손상

심리사회적 기능 곤란에는 직장, 학교, 가정 등에서의 역할수행 실패, 사회적 관계 결여, 부적절한 취미활동, 자기관리(예: 위생관리) 실패 등이 포함된다. 조현병이 아동기 또는 청소년기에 발병하는 경우 기대 수준의 대인관계나 학업·직업 영역에서 기능을 성취하지 못할 수 있다.

조현병을 가진 내담자들은 취업을 최우선 목표로 삼는 경우가 많지만 실제 취업률은 15% 미만이다. 일반 인구에 비해 취업하지 못할 확률이 4배 이상 높아 사회복지 서비스를 필요로 할 수 있다. 미취업으로 인한 경제적 의존은 곧 독립적인 삶의 문제와 연관되는데, 많은 조현병 환자들은 집에서만 지내거나 멀리 떨어진 친인척들의 관리를 받아야 한다. 조현병 환자들에게 만연한 사회적 장해와 타인에 대한 의존은 양성 증상, 인지 증상, 기분 증상과 더불어 가족들에게 높은 수준의 부담으로 작용한다.

기능 손상은 다른 영역에서도 문제를 유발한다. 경제적 어려움은 많은 조현병 환자들로 하여금 빈곤한 생활 환경에서 살도록 하며, 약물남용이나 범죄, 나쁜 식습관과 같은 부분에 영향을 미칠 수 있다. 또한 동기 부족과 기타 음성 증상들은 부족한 병식에 더하여 건강 문제를 자각하는 데 어려움을 초래하고 빠른 신체적 손상을 야기할 수 있다. 항정신병약물은 신진대사에 영향을 미치며 비만에 기여하기도 하는데, 이는 조현병 환자의 기대수명 감소에 영향을 미친다. 많은 연구들에서 조현병 환자들이 20~30년 일찍 죽는다는 사실이 드러났으며, 대부분 심혈관질환으로 인한 것이었다. 따라서 조현병 환자의 치료에 있어서 불안정한 주거, 부적절한 섭식 및 의복, 건강하지 않은 체형, 건강 문제에 대한 무시와 같은 흔한 병리적 결과들에 대한 특별한 주의가 필요하다.

(3) 추가적으로 고려해야 할 사항

다음은 조현병 진단기준에 공식적으로 포함되어 있지는 않지만, 조현병을 가진 환자들에게 흔히 나타나는 부수적 특징이다.

① 인지적 증상

DSM-IV에서는 "주의, 집중, 기억의 어려움에 대한 빈번한 증거가 나타난다."라고 한 문장으로 기술하여 조현병의 인지장애에 대하여 큰 관심을 두고 있지 않지만, DSM-5의 진단기준에는 인지장해 영역을 포함시키는 것을 추천하고 있다(Pratt & Muesser, 2020). 조현병에서의 인지적 증상은 정보처리 초기단계부터 주의집중, 부호화와 저장, 정보처리 속도와 기억, 추상화, 계획, 문제해결 등 더욱 복잡한 상위기술까지 전체적으로 나타나고, 신경인지기능에 대한 평가에서도 인지장애에 대한 증거가 흔하게 발견된다. 그런데 조현병 환자들은 특히 사회적 자극에 대한 평가와 관련된 경우 눈에 띄게 저조한 수행을 보이며, 이는 사회적 기능 문제에 영향을 미칠 수 있다는 점을 유념할 필요가 있다. DSM-5에서도 진단을 뒷받침하는 부수적 특징 부분에서 조현병에서 "인지 결함들이 흔하며, 직업적·기능적 손상과 강하게 연결된다"(APA, 2013/2015: 108)라고 명시하고 있다.

② 정서 문제

조현병이 있는 내담자는 사소한 말에도 과잉반응을 보이거나, 이유 없이 웃거나 침울해지는 등 상황에 맞지 않는 정동을 나타낸다. 하지만 보다 지속적인 기분 문제를 경험하기도 한다. 주요 기분 문제로 우울, 불안, 분노 및 적대감 등이 있다. 특히 우울 문제와 관련해 자살시도가 흔히 나타나는데, 조현병의 평생 자살 위험률은 대략 4~10%인 것으로 추정된다(Roy, 1992; Taiminen et al., 2001). 불안과 공포도 흔하게 나타나며, 이는 증상 악화에 영향을 미친다. 아울러 조현병이 있는 환자는 분노와 적대감도 흔히 나타낸다. 내담자의 폭력 문제에 대해 사회적 관심이 높은 경향이 있으나, 조현병이 있는 내담자는 대부분은 공격적이지 않으며 오히려 폭력의 희생자가 될 가능성에 주의를 기울여야 한다.

(4) 동반이환

조현병을 가진 내담자들은 물질의 향정신성 작용에 민감하고, 알코올과 약물사용을 통제하는 능력이 저조하며, 가난, 낮은 교육 수준, 실업, 그리고 물질을 사용할 기회와 압력을 증가시키는 주거 환경과 같은 위험요인에 더 취약하다. 따라서 입원, 전염병, 노숙, 형사사법제도에의 관여 및 자살과 같은 약물사용의 부정적 영향을 겪을 가능성이 높다. 또한 조현병을 가진 사람의 반 이상은 담배사용장애를 갖고 있어서 상습적으로 흡연을 한다. 조현병이 있는 환자들의 흡연 유병률이 72~90%인 점을 고려할 때, 담배사용은 물질사용에 대한 평가에서 필요한 요소이다. 여기에는 사용의 과거력, 현재의 사용량 및 금연에 대한 관심과 관련된 정보가 포함된다.

조현병과 불안장애의 동반이환과 관련하여, 일반 인구에 비해 조현병을 가진 사람들이 강박장애와 공항장애를 갖는 비율이 높고, 때때로 편집성 성격장애가 조현병에 선행하기도 하며, 관련된 의학적 상태로 인해 조현병을 갖고 있는 사람은 평균 수명이 감소하기도 한다(APA, 2013/2015: 112). 또한 집 없는 여성 조현병 환자들이 범죄의 희생양이 되기 쉬운 것처럼 조현병 환자들은 보통 사람들에 비해 외상사건을 더 쉽게 경험할 수 있으며, 살아가면서 반복적으로 외상화되는 경우가 많다. 조현병 및 다른 정신증 장애에서의 PTSD에 관한 연구는 외상사건에 대한 높은 노출 빈도가 PTSD의 위험을 증가시킨다고 보고하였다. 일반 사람들에서 PTSD의 유병률은 10%인 데 반해, 심각한 정신질환 장애를 가진 사람들에서 유병률은 29~43%이다. PSTD의 임상적 영향은 아직까지는 명확히 알려져 있지 않다. 그러나 스트레스가 조현병의 경과를 악화시킨다는 결과를 볼 때 PTSD와 관련된 만성적인 스트레스가 조현병의 경과를 악화시킬 것이라고 예상해볼 수 있다.

2) 이론적 모형

지각, 사고, 운동, 일상기능 등 다양한 측면을 파괴하는 조현병은 인류에게 치명적이고 심각한 영향을 미치는 지속적인 증후군을 야기한다(MacDonald Ⅲ, 2015). 특히 조현병의 조기 발병과 나쁜 예후(예: 반복적인 재발, 높은 자살률)는 환자 본인뿐만 아니라 그 가족들의 삶에도 파국적인 영향을 미친다. 따라서 조현병은 정신병리학 역사에서 가장 많은 관심을 받아왔다고 해도 과언이 아니다. 하지만 현대의 조현병 증상에 대한 고대의 영적·신비주의적 설명뿐만 아니라 20세기 중반의 '조현병 유발 어머니(schizophrenogenic mother)'(Jackson et al., 1958), '이중구속 의사소통(double bind communication)'(Bateson et al., 1956) 등은 경험적 지지를 받지 못했다(Duran & Barlow, 2016/2018). 한편, 쌍생아 연구 결과에 기초한 유전적 요인이나 뇌의 구조적 또는 기능 결함, 신경전달물질 이상(예: 도파민 분비의 과다) 등을 포함한 생물학적 요인은 상당한 경험적 근거를 축적해오고 있다. 하지만 조현병의 양상은 개인마다 매우 다양하기 때문에 특정 이론으로 조현병 증상, 발병 및 경과를 완전히 설명하는 것은 불가능하다.

따라서 여기에서는 조현병에 대한 약물치료뿐만 아니라 다양한 심리사회적 개입을 포함한 통합적인 접근의 필요성을 시사하고 있는 스트레스–취약성 모형(stress-vulnerability model)(Rudnick & Lundberg, 2012; Zubin & Spring, 1977)을 소개하고자 한다. 일부 학자는 스트레스–취약성 모형 대신에 취약성–스트레스 모형이라는 용어를 사용하기도 하는데(Ingram & Luxton, 2005; Yank et al., 1993), 이 모형의 핵심은 조현병의 발병과 경과를 개인의 취약성과 스트레스의 상호작용의 결과로 설명한다는 것이다(Rudnick & Lundberg, 2012).

취약성(vulnerability)은 다양한 문헌에서 소인(diathesis)이라는 용어와 혼용되고 있다. 소인은 고대 그리스의 체액이론(humoral theory)에서 유래한 것으로서 개인의 기질적 특성이라는 점에서(Ingram & Luxton, 2005) 취약성에 비해 그 범위가 매우 좁은 편이다. 아울러 위험성(risk)(예: 성별)은 상관 연구에 기초해 개인이 장애를 경험할 가능성이 증가하는 것과 관련이 있기 때문에 취약성과 자주 혼용되지만, 위험요인만으로 정신병리 상태가 유발되는 실제 기전을 설명하는 것은 어렵다. 따라서 정신병리의 인과적 기전을 설명하는 데에는 흔히 취약성을 사용한다.

현대 심리학에서 스트레스는 '개인이 보유하고 있는 자원을 제한하거나 초과하는 내·외부적인 요구라고 할 수 있는 스트레스 요인(stressor)에 대한 생리적, 인지적, 정서적 반응'으로 정의된다(Lazarus & Folkman, 1984). 스트레스는 개인이 경험하는 부정적인 생활 사건들뿐만 아니라 비체계적인 환경 등과 같은 외상성 사건에 노출되는 것을 포함하며, 조현병의 취약성에 영향을 주며 재발을 유발하고 다른 영역들의 장해에 영향을 미친다.

하지만 Zubin과 Spring(1977)이 처음에 제안한 모형과 달리, 스트레스와 취약성 요인뿐만 아니라 이들 변인들의 조절변인(예: 대처)을 포함하는 등 다양한 모형이 제안되었다. 또한 Rudnick과 Lundberg(2012)는 스트레스의 주관성, 스트레스 및 취약성의 비특정성, 스트레스와 취약성 간의 불명확한 구분 등 개념적인 문제가 존재한다고 주장한다. 이러한 지적에도 불구하고, 1994년 미국 캘리포니아 노스리지(Northridge) 지역에서 지진 발생 5주 후에 조현병 환자들이 양극성장애 환자들 및 정상 통제 집단에 비해 스트레스 관련 증상들을 더 많이 보고하였고, 낮은 자존감 수준과 회피적인 대처방식을 조금 더 많이 보였다(Duran & Barlow, 2016/2018; Horan et al., 2007). 따라서 조현병에 대한 통합적인 접근에 있어서 스트레스-취약성 모형에 기초하되, 개인이 보유한 대처자원이 스트레스의 영향을 감소시킬 수 있음을 고려하여 주변 사람들의 즉각적인 보살핌 등을 강화하는 것이 필요하다.

종합하면, 스트레스-취약성 모형에 기초한 조현병의 치료에서 개인의 취약성, 스트레스, 대처자원 모두를 치료 목표로 삼는 것이 필요하며 단일한 치료적 접근은 한계가 있다. 예를 들어 약물치료는 취약성을 감소시키는 데 유용하지만 약물치료만 고집할 경우 심리사회적 개입의 중요성이 간과될 수 있다. 따라서 조현병을 가진 내담자의 증상 완화와 재기를 통한 삶의 질 향상을 위해서는 취약성과 스트레스를 감소시킬 뿐만 아니라 다양한 대처자원을 증진할 수 있는 통합적인 개입이 필요하다.

3) 조현병의 치료

조현병은 의사소통 능력에서부터 취업 능력에 이르기까지 개인 삶의 모든 영역에 막대한 영향을 미치는 다면적이고 이질적인 심리장애 중 하나이다. 조현병의 증상은 개인마다 상이하지만 정서적, 인지적, 행동적 역기능을 포함하며 사회적 혹은 직업적 영역에서의 '현저한' 기능 손상을 나타낸다. 나아가 조현병을 가진 환자들은 조현병 발현 양상의 직접적 혹은 간접적 결과로 인지기능 손상, 불안정한 주거 상황, 의학적 상태에 대한 관심 부족, 전염성 질병에 대한 위험 증가 등 많은 문제에 직면하게 된다. 그러므로 정신건강 전문가는 조현병의 독특한 양상을 관리하기 위해 핵심 증상뿐만 아니라 개인에 대한 측면도 종합적으로 평가하여 구체적인 치료 계획을 수립해야 한다. 특히 개인마다 가지고 있는 자원 및 결핍이 다양하기 때문에 초기 치료 계획 수립이 쉽지 않다. 또한 질병의 경과에 따라 치료 목표 및 계획은 유연하게 변경될 필요가 있다.

전통적으로 조현병은 증상의 심각성 및 지역사회에 미치는 부정적인 결과 때문에 사회보호를 목적으로 한 입원치료와 약물치료가 선호되어왔다. 하지만 조현병의 치료에 대한 패러다임은 점차 변화하고 있으며, 조현병을 가진 당사자의 정신건강 서비스 욕구도 다양해지고 있다. 이에 따라 최근에는 '재기(recovery)'를 궁극적인 치료 목표로 삼고 약물치료와 심리사회적 개입을 결합한 통합적 접근이 강조되고 있다. 이러한 접근에서는 조현병 환자들이 자신의 결핍을 보상하고 강점을 활용할 수 있는 개입을 고안하여, 증상을 개선함과 동시에 이들이 지역사회에 융화되고 삶의 질을 개선하도록 돕기 위한 끊임없는 노력이 요구된다.

스트레스-취약성 모형에 기초한 구체적인 치료 목표에는 긍정적인 기능과 지지의 향상, 스트레스의 감소, 기능의 재활, 증상 악화 방지 등이 포함될 수 있다. 환청 및 망상 등 양성 증상 완화를 위해 항정신병 약물이 흔히 처방되는데, 근긴장이상증(dystonia)이나 좌불안석증(akathisia)과 같은 부작용에 의해 이상한 자세, 손떨림, 무표정, 침흘림, 입맛 다시기, 혀의 지속적 움직임 등이 나타난다는 문제점이 있다. 이러한 부작용은 약물치료 불순응의 주요 원인이 되기도 한다. 한편, 조현병을 가진 내담자의 양성 및 음상 증상 완화, 적응기능 개선을 위한 다양한 심리치료 또한 시행되고 있다. 미국심리학회 12분과 임상심리학회가 제시한 조현병의 근거기반치료 목록(https://www.div12.org/treatments)에는 여러 치료법이 포함되어 있지만, 여기에서는 A씨의 증상 완화 및 적응기능 향상을 위해 적용할 수 있는 몇 가지 치료법을 소개하고자 한다.

(1) 인지행동치료

조현병을 위한 인지행동치료에는 ① 자발적인 낙인을 감소시키고 이러한 경험들을 정상화시키기 위해서 진행되는 정신증의 본질에 대한 심리교육, ② 장애와 관련된 주관적 고통을 감소시키기 위한 전략들, ③ 망상 및 환각의 발생과 이로 인한 고통을 감소시키기 위한 구체적인 인지행동적 전략들, ④ 동반하는 불안과 우울을 감소시키기 위한 전략들이 포함된다(Beck & Rector, 2000; Kingdon & Turkington, 1994; Fowler et al., 1995; Chadwick et al., 1996; Rector & Beck, 2002; Tarrier, 1992).

선행 연구들은 CBT가 치료의 종료 시점과 추수 시점에 양성 증상의 수와 심각도, 특히 망상 및 환각과 관련된 고통, 이에 더해 전반적인 정신병리에 이르기까지 상당한 임상적 효과를 미쳤다는 것을 보여주었다(Rector & Beck, 2001). 또한 Rector 등(2003)의 연구는 음성 증상을 분명한 표적으로 삼을 경우 CBT가 음성 증상에도 영향을 미칠 수 있다는 것을 보여주었다. CBT는 6개월 동안 개인 회기로 진행된다. 조현병에 대한 CBT 접근의 경우 Beck 등(1979, 1985)에서 초기에 정서장애 치료를 위해 개발된 원리와 전략들이 소인-스트레스의 체계 안에서 조현병의 특정 증상을 치료하기 위해 응용된다.

조현병의 평가와 개입을 위한 모듈은 ① 인지 모형에 대한 사회화 및 정신증적 증상에 대한 정상화, ② 양성 증상, 음성 증상, 동반되는 불안 및 우울에 대한 치료, ③ 재발 방지를 포함한다. 치료의 첫 단계는 개입과 평가에 집중하는 것이다. 초기 회기는 상대적으로 비구조화되어 있고 공감적인 경청과 부드러운 질문으로 구성되며, 이는 점진적으로 구조화된 평가와 문제목록을 작성하는 것으로 나아간다. 두 번째 단계는 환자를 인지 모형에 대하여 사회화하고 인지행동적 대처 기술들을 알려주는 것인데, 여기에는 사고 기록(thought record)과 과제를 활용한 자기점검(self-monitoring)이 포함된다. 세 번째 단계는 정상화와 함께 심리교육 제공에 집중하는 것이다(Kingdon & Turkington, 1994).

이후 개별화된 인지적 개념화에 기반해 양성 및 음성 증상을 표적으로 특정 기법들이 사용된다. 망상과 이를 유지시키는 인지행동적 양상들을 확인하기 위해서 안내된 발견(guided discovery)이 사용된다. 부드러운 질문을 통해 환자들로 하여금 그들의 삶의 경험이 그들의 망상적 신념을 어느 정도로 지지하는지 질문하고 검증하며 대안적인 평가를 발달시키게 한다. Chadwick과 Birchwood(1994)에 따르면 망상의 치료는 음성(voices)의 기원과 본질에 대해 개인이 지니고 있는 신념을 확인하고 질문하고 검증하는 것을 목표로 한다.

음성 증상에 대한 인지행동적 접근(Beck & Rector, 2000; Rector & Beck, 2002)은 ① 행동적 자기점검, ② 활동 계획, ③ 숙달 및 즐거움 평정, ④ 단계별 과제 부여, ⑤ 자기주장훈련법으로 구성된다. 인지적 전략들에는 ① 무활동에 대한 환자의 이유를 탐색하게 하고 이러한 신념들을 행동적 실험과 함께 직접적으로 검증하기, ② 흥미를 자극하기 위해 직접적으로 시도하기, ③ 수행과 관련한 자기비판적 자동적 사고를 확인하고, 이에 도전하여 변화시키기가 포함된다.

치료의 마지막 단계는 자기 주도적인 CBT 기술의 습득과 재발 방지를 돕는 것에 초점을 맞춘다. 이 단계에서는 환자들에게 회기 사이에 할당된 과제를 완료하도록 요청할 수 있다. 과제로는 독서치료(bibliotherapy), 역기능적 사고 기록지, 음성과 망상에 대해 수정된 역기능적 사고 기록지, 활동 계획표, 다양한 행동 실험 등이 가능하다. 치료자는 각 주간 회기마다 내담자가 과제를 실행했는지 점검해야 한다.

한편, 국내에서는 국립정신건강센터(2019)가 조현병 스펙트럼 및 기타 정신병적 장애 혹은 정신병적 증상을 동반한 기분장애 환자를 대상으로 집단 인지행동치료를 개발해 사용하고 있다. 단, 망상이나 환각 등의 정신병적 증상을 경험하더라도 사고장애나 와해된 행동이 심하지 않아 의사소통 및 프로그램 참여가 가능해야 한다. 또한 인지기능이 심각하게 저하되지 않아 프로그램 내용을 이해할 수 있고 과제 수행이 가능해야 한다. 프로그램의 주요 내용은 ① 스트레스-취약성 모형 교육, ② 생각과 사실 구분하기, ③ 기억 착오 및 생각의 ABC, ④ 원인 찾기, ⑤ 사실과 다른 생각 이해하고 대처하기, ⑥ 환각 이해하고 대처하기, ⑦ 음성 증상 이해하고 대처하기, ⑧ 행동활성화 연습하기, ⑨ 재발방지 연습하기 등이다. 각 회기별 치료자용 교재와 환자용 작업지가 포함되어있어 임상 현장에서 활용도가 높을 것으로 보인다.

A씨의 경우 평균 수준의 언어이해 능력을 보유하고 있다는 점에서 개인 또는 집단 인지행동치료를 적용하는 것이 가능할 것으로 보인다. 다양한 인지행동적 전략을 적용하기에 앞서 A씨가 오랫동안 종교 및 피해망상으로 인해 주관적인 고통이 극심했다는 점을 고려할 때 공감적 경청이 선행되어야 한다. 또한 A씨는 자신의 심리적 문제의 원인을 종교적 신앙심의 부족으로 귀인하면서 치료의 필요성을 부인하고 있기 때문에 부드러운 질문과 안내된 발견법에 기초한 접근이 필요하다. 예를 들어 망상의 비현실성을 받아들이도록 강요하기보다는 소크라테스식 질문에 기초해 망상에 대한 대안적 설명이 가능하다는 점, 기존의 결론이 아닌 다른 결론에 도달할 수 있다는 점 등을 안내하는 것이 도움이 될 수 있다. 아울러 자신의 증상을 부인하는 것은 '나는 미쳐가고 있다', '앞으로 아무것도 할 수 없을 것이다', '계속 정신병원에 강제입원 당해야 할 것이다', '주변 사람들에게 계속 부당한 대우를 받을 것이다' 등의 다양한 파국적 사고와 연관된 극심한 불안감을 시사하는 것일 수 있다. 따라서 탈파국화 작업은 단순히 내담자를 안심시키기보다 심리교육에 기반해 환자의 증상에 대해 명확하게 설명하고 각 증상에 대한 구체적인 대처기법을 교육하는 내용을 포함해야 한다.

보호자의 행동 관찰과 무관하게 A씨는 환청이나 환시에 대해 부인하고 있는 상황이다. 이는 자신이 완전히 붕괴되거나 다시 강제입원을 당해야 할지도 모른다는 두려움에서 비롯되었을 가능성이 있다. 따라서 협력적 경험주의에 기초해 환각에 대한 현실검증 작업을 시도할 필요가 있다. 예를 들어 A씨가 환청에 현혹당해 고통을 경험하고 있다는 점에 공감한 후, 다른 사람들은 들을 수 없는 소리라면 환자의 마음에서 나오는 것임을 받아들이도록 하는 것이다. 또한 퇴원 후 사회적 철수를 개선하기 위해서는 내담자의 욕구(예: 인정의 욕구)를 지지해주고, 방 안에서만 지내며 가족들과 상호작용하는 것이 장기적으로 어떠한 부정적 효과가 있는지를 탐색한 후, 병동환자와의 사소한 대화부터 시작하거나 면회 시 가족들과 상호작용하는 연습과제를 활용하는 것이 도움이 될 수 있다.

(2) 적극적 지역사회기반치료

적극적 지역사회기반치료(assertive community treatment: ACT)는 정신건강 전문가들을 비롯한 다학제적 전문가 팀을 구성하는 것에서 시작된다. 즉, ACT는 다양한 전문가들이 한 팀을 이루어 중증 정신질환을 지닌 환자들에게 집중적인 서비스를 제공하는 것이다. ACT 팀은 다양한 서비스들을 제공하는데, 약물치료, 주거, 재정 등 삶에 있어 개인의 성공과 관련된 중요한 요소들을 고려한 전체론적 접근법(holistic approach)을 취하고 있다 (Bond et al., 2001). ACT의 주요 원리에는 다학제적 팀 구성, 통합적 서비스 제공, 팀 접근, 근무자당 낮은 환자비율, 지역사회 접촉 중심, 복약 관리, 일상생활 속 문제들에 대한 집중, 신속한 조치, 적극적 아웃리치, 개별화된 서비스, 시간-무제한 서비스, 기타 요소(예: 가족에 대한 심리교육 및 지지, 고용전문가 활용) 등이 포함된다.

A씨의 경우 입원 중에는 치료진이 적극적으로 개입하여 약물복용이 어느 정도 유지되면, 퇴원 후의 직업 활동을 위한 구체적인 계획을 세울 수 있다. 하지만 퇴원 후의 증상 관리 및 직업 활동을 환자 개인과 그 가족이 감당하기는 현실적으로 어렵다. 따라서 A씨가 퇴원 후에 활용할 수 있는 자원을 확보하는 데 ACT를 활용할 수 있다. 임상가가 정신건강복지센터 또는 정신재활시설을 중심으로 제공되고 있는 지역사회 정신건강 서비스 정보를 충분히 숙지하고, 내담자에게 이에 관해 구체적으로 안내함으로써 퇴원 후 내담자가 적극적으로 이용하게 한다.

(3) 인지재활

인지재활(cognitive remediation)은 조현병의 인지 손상에 대한 근거기반치료로 알려져 있다. 인지재활 전문가 작업 진단(Cognitive Remediation Expert Working group [CREW], 2010)에 따르면, 인지재활이란 인지(주의, 기억, 집행기능, 사회인지 또는 메타인지) 결손을 표적으로 하는 행동적 훈련 개입이며, 학습의 과학적 원리를 사용하고, 궁극적으로 기능적 결과를 개선하는 것을 목적으로 한다. 인지재활의 효과는 이를 일상기능으로 확대할 수 있는 지원과 기회가 제공될 때 더욱 증가한다. 인지기능과 일상기능 간의 강하고 안정적인 관계를 고려하면, 일상기능의 향상과 장애의 감소 또한 인지재활의 목표이다.

　Wykes 등(2003)의 연구에서 사용된 인지재활 개입의 절차를 살펴보면 다음과 같다. 치료는 40번의 대면 회기로 구성되고, 매뉴얼을 통해서 진행되며, 다양한 인지기술을 연습할 수 있는 많은 수의 지필 과제가 포함된다(Delahunty et al., 2002). 치료는 40회기가 완료될 때까지 적어도 주당 3회기로 개인에게 진행된다. 치료는 ① 새로운 효과적인 정보처리 전략들을 가르치기, ② 개인별 치료(individualizing therapy), ③ 인지적 습득의 실제 세상으로의 전이(transfer of cognitive gains)를 돕기 등 세 가지 일반적인 임상적 원칙들에 기반한다.

　프로그램은 인지적 유연성, 작업기억, 계획이라는 세 가지 모듈로 구성된다(Dela-hunty et al., 2002; Reeder et al., 2004). 각 모듈에는 일련의 과제들이 있고, 이는 '매우 쉬운'부터 '쉬운'까지로 분류되며, 따라서 오류가 없는(errorless) 학습 환경이 제공된다. 인지적 유연성 모듈의 경우 환자들은 특정 인지적 세트 또는 2개의 세트 사이에 대해 관여, 탈관여, 재관여 활동을 연습하게 된다. 작업기억 모듈은 정보 세트 2개를 동시에 유지하도록 요청하고 하나의 정보 세트로 전환하도록 한다. 계획 모듈은 참가자가 목표를 달성하기 위한 순차적인 행동을 계획하는 과제들로 구성된다. 이 모듈에서 강조되는 것은 정보를 조직화하고 하위 목표들을 만들어내고 사용하도록 하는 것이다.

　심리평가에서 A씨의 언어이해 지수는 평균 수준이지만 문제해결 능력, 주의집중력, 정보처리속도, 집행기능의 저하가 시사된다. 따라서 치료 회기에 상기한 인지재활적 요소를 포함하는 것이 필요하다.

(4) 가족 심리교육

가족 심리교육(family psychoeducation)은 조현병을 지닌 개인의 가족에게 정보와 지지를 제공하고 이를 잘 활용하기 위한 목적으로 정신건강 전문가들에 의해서 개발되었다. 가족 심리교육에 대한 무선할당 통제연구의 엄격한 적용과 일관성 있는 결과들은 가족 서비스를 조현병을 지닌 환자들을 위한 실무 치료 지침서들에 포함시킬 근거가 되었다(Dixon, 1999). 가족 심리교육은 각 프로그램에 따라 구체적인 요소와 구조는 다르지만, 성공적인 심리교육 개입은 ① 조현병을 질환(illness)으로 간주하고, ② 전문적으로 만들어지고 시행되며, ③ 약물치료를 포함한 전체 치료 패키지의 한 부분으로서 제공되고, ④ 가족 구성원을 환자가 아닌 치료 주체로서 여기고, ⑤ 환자의 치료 결과에 집중하지만 가족의 결과도 중요시하며, ⑥ 전통적인 가족치료와 달리 가족 내에서의 행동이나 의사소통이 조현병의 발병에 주요한 병인론적 역할을 한다고 가정하지 않는다. 즉, 가족들이 자신들 때문에 환자가 병에 걸렸다는 잘못된 믿음에서 벗어나 치료 주체로서 적극적으로 참여하도록 유도할 수 있다.

가족 심리교육 프로그램은 정신질환에 대한 정보, 실제적이고 정서적인 지지, 문제해결기술 발달, 위기관리 등의 다양한 조합을 통해서 제공된다. 이는 개별 가족 또는 가족 집단과 함께 시행될 수도 있고 가정이나 임상 현장 등 다양한 장소에서 시행될 수도 있다.

가족 심리교육의 목표는 ① 고통스러운 감정들을 말하고 다른 구성원들의 경험을 공유할 수 있는 안정적이고 지지적인 환경 제공하기, ② 장애와 관리에 대한 정보 전달하기, ③ 미래에 대한 희망을 주고 그들이 장애의 경과에 영향을 미칠 수 있다는 것을 알게 하기, ④ 환자에 대한 비난을 줄이고 환자들의 독립성을 증가시킬 수 있도록 보조하기, ⑤ 가족들의 삶을 환자의 중심에 두지 않고 자신들의 욕구와 건강을 희생시키지 않도록 돕기, ⑥ 회기 내에서 드러나는 다양한 태도와 행동을 경험하게 하고 대안적인 태도들과 대처 양식들을 촉진하기 등이 포함될 수 있다(Tomaras et al., 2000). 따라서 초기 집단 회기에서는 조현병의 병인론, 조현병의 증상과 경과, 극적인 증상들에 대한 치료와 재발 방지에 있어 약물의 역할 등 관리 문제, 신경이완제(neuroleptics)의 부작용, 알코올과 약물남용의 영향, 신경이완제 유지에 대한 근거, 과잉 자극(overstimulation)과 저하된 스트레스 내성에 대한 환자의 취약성과 같은 요소를 다루는 강의가 포함될 수 있다(Anderson et al., 1986).

국내에서도 정신의료기관 또는 정신건강증진시설에서 다양한 형태의 가족 심리교육이 시행되고 있다. 주요 내용에는 조현병에 대한 이해, 약물관리, 가족의 스트레스 관리, 의사소통기술, 분노 등 부정 정서에 대한 조절 등이 포함되며, 집단교육 이외에도 다양한 환자 가족들이 참여하는 자조모임 시간을 제공하기도 한다. A씨의 사례에서 어머니는 내담자의 심리적인 문제에 대해 초기에는 종교적인 도움을 받아 해결하려고 시도했고 많은 시간이 지난 후에야 치료 장면으로 들어오게 된 상황이므로, 자신을 자책하거나 환자의 증상이나 기능이 개선되지 않을 것이라는 생각 때문에 무기력감을 경험하고 있을 가능성이 높다. 어머니뿐 아니라 A씨의 다른 가족들 역시 A씨의 문제가 자신들의 잘못된 행동에서 비롯되었다고 생각하며 자책할 수 있다. 따라서 A씨의 가족들에 대한 심리교육은 자신들을 혹독하게 비판하는 대신, 조현병의 원인과 치료에 대한 객관적인 정보에 기초해 현실적이면서도 긍정적인 기대를 갖게 하는 것에 초점을 두어야 한다. 또한 가족 내에 만성화되어 있는 부정적인 감정을 건설적으로 표현하고 구체적인 갈등 상황을 해결할 수 있는 문제해결기술을 배우는 것을 목표로 삼는 것이 바람직하다.

Box 10.2

국내 조현병의 근거기반치료

미국심리학회 12분과에서는 경험적으로 지지된 조현병을 위한 치료 목록을 제시하고 있는 반면, 국내에서는 조현병의 근거기반치료에 대한 체계적인 검토가 이루어지고 있지 못한 상태이다. 최혜임 등(2014)은 음성 증상의 2요인 모형(감정 표현 둔화 요인과 동기의 저하 요인)에 기초한 인지 모형 및 학습 모형을 근거로, 행동활성화 기법과 동기강화 기법을 통합해 조현병 음성 증상을 위한 동기행동활성화 치료를 개발하였다. 예비 연구에서 동기행동활성화 치료는 음성 증상이 있는 조현병 환자에게 실시하였을 때 만족도가 높았으며, 음성 증상 평가 척도, 동기 및 자기효능감 척도에서 중간 정도의 효과 크기를 나타내었다. 회기별 내용은 다음과 같다(최혜임 등, 2014).

1회기	표현하기 연습 및 지난주에 했던 즐거운 활동과 다음 주에 하고 싶은 즐거운 활동 찾아보기
2-3회기	다음 주에 하고 싶은 즐거운 활동 중 나에게 가장 도움이 되고 나의 앞으로의 목표와 관련 있는 활동 세 가지를 골라 행동계획서 작성하기
4-5회기	즐거운 활동을 할 때의 기분과 이유에 대해 생각하기, 내 삶의 목표와 내가 계획한 즐거운 활동이 어떻게 연결되는지 확인하기
6-7회기	지난주의 즐거운 활동에서 주로 활동하는 영역과 활동하지 않는 영역을 구분하고, 활동하지 않았던 영역에서 해보고 싶은 영역과 활동을 찾아보며, 이러한 활동이 목표와 어떻게 연결되는지 확인하기
8-9회기	지난주에 계획했던 활동과 실제로 했던 활동을 비교하고, 하지 못했던 활동은 어떤 점에서 실행이 어려웠는지, 실행할 수 있는 방법은 무엇이 있는지 생각해본 후, 이러한 활동이 목표와 어떻게 연결되는지 확인하기
10회기	즐거운 활동 개수를 그래프에 기록하여 전체 변화를 살펴보기, 이후 프로그램을 하면서 찾은 나의 즐거운 활동, 프로그램 이후에도 즐거운 삶을 살기 위한 나만의 방법 찾기 등을 적어보고, 프로그램 종결하기

11

주의력결핍 과잉행동장애(ADHD)

Attention-Deficit/Hyperactivity Disorder

1) 주 호소 문제와 현 병력

초등학교 3학년에 재학 중인 C군은 담임교사의 권유로 어머니와 함께 소아청소년 정신
건강의학과를 방문했다. 얼마 전 담임교사와의 면담에서 C군이 수업에 집중하지 못하고
멍하게 딴 곳을 바라보거나 학용품으로 장난을 치고, 친구와의 관계에서도 차례를 기다
리지 못하거나 말하는 도중 불쑥 끼어들어 다툼이 자주 생긴다고 했기 때문이다. C군은
신호등 앞이나 줄을 서서 대기해야 하는 상황에서 기다리기 어려워하고, 소지품과 수업
준비물도 자주 잃어버린다. 어머니는 C군이 음식을 많이 흘리면서 먹고 학습지를 할 때
는 10분 안에 풀 수 있는 양도 앉아서 딴 생각을 하거나 학용품으로 장난을 치느라 1시간
내내 학습지를 붙잡고 있다고 말했다.

C군은 초등학교 입학 후부터 수업 시간 40분을 견디기 힘들어했고 학교에 가기 싫
다는 말을 자주 했다. 교사로부터 "산만하다.", "울면서 보챈다."라는 말을 들었고, 집에
서도 원하는 것을 해주지 않으면 울음을 터뜨리고 매달리며 떼를 썼다. 이에 학교에서는
남자아이들로부터 무시당하는 일이 반복되었고 C군도 맞대응하면서 싸우는 일이 잦았
다. 집에서는 어머니가 가벼운 체벌을 하는 등 C군에게 더욱 엄격하게 대했다.

초등학교 2학년부터는 엄격한 담임교사를 만나 수업 시간에 돌아다닐 정도의 행동
은 없어졌으나 수업 시간에 "멍 때리고", "집중을 못하고", "소지품을 만지작거리고", "학
습 교구를 준비하는 데 오래 걸려" 교사로부터 자주 지적을 받았고, 수업 시간에 소변이

마렵다는 말을 자주 했다.

초등학교 3학년 때부터는 친구관계에서 눈치를 보면서 "꼬리를 내리고 들어가는" 방식으로 친구들과 어울릴 수 있었지만, 여전히 친구가 말하는 도중에 불쑥 끼어들어 자기가 하고 싶은 말만 하거나 수업 외 놀이 시간이나 공공장소에서 과격하게 행동하여 친구들과 교사로부터 부정적인 말을 자주 들었다. 어머니는 C군이 초등학교 입학 후 교사나 친구, 어머니로부터 자주 지적을 받고 혼이 나면서 불안정해지고 자신감이 떨어졌으며, 원래 힘든 점에 대해 잘 호소했으나 점점 말수가 줄어들었다고 보고했다. C군은 6개월간 미술치료를 받은 적도 있으나 특별한 호전이 없어 그만두었다. 다행히 학습 부진은 두드러지지 않고 컴퓨터 학원도 흥미 있게 다니지만 국어와 수학 과목은 싫어한다.

2) 가족력 및 개인력

C군은 계획하에 임신된 아이로, 임신기 동안 어머니가 낙상하는 사고가 1회 있었지만 태아 건강에 문제는 없었고 만삭 및 자연분만으로 출산했다. 잔병치레는 없었으나 음식을 가리고 잠투정도 많은 등 기질적으로 까다로운 아이였다. 운동 및 언어 발달이나 배변훈련 등이 또래에 비해 다소 늦은 편이긴 했어도 걱정할 만한 정도는 아니었다. 부모가 맞벌이를 하여 낮에는 외조부모가 돌봐주었다. 조부모는 너그러운 경향이 있어 C군이 원하는 것은 대부분 들어주었고, 조부모를 친구 대하듯 툭툭 치거나 예삿말을 하는 것도 받아주었다고 한다.

아버지는 갓 부임한 대학 교수로 다소 강박적인 성격이며 평일, 주말 할 것 없이 학교에서 지낸다. 아버지도 초등학교 시절 C군과 비슷하게 부주의하고 충동적인 행동을 보여 부모와 교사로부터 지적을 많이 받았으나, 학업 성취도는 매우 우수했고 현재도 집중력 부족을 스스로 보상하기 위해 노력 중이다. 어머니는 대기업에서 대리로 일하고 있으며, 다소 예민하고 걱정이 많은 편이다. 8시경 퇴근하여 외조부모로부터 C군을 데리고 집으로 오기 때문에 집에서는 자녀와 놀아줄 시간이 부족하다.

C군이 혼자 기어 다니기 시작한 후부터는 한시도 가만히 앉아있지 못하는 등 활동량

이 많아 어머니 혼자서 아이를 돌보기 어려워했다. 4세경 어린이집을 다니기 시작하면서 교사들로부터 처음으로 산만하다는 평가를 받았다. 항상 눈에 띌 정도로 움직였고 앉아서도 손발을 가만히 두지 않았으며 단체 놀이 중에 C군이 원하는 결과를 얻지 못할 때는 친구를 때려 다툼을 유발하였다. 5세경 유치원에서도 교사로부터 수업 시간에 돌아다닌다는 말을 들었고 또래관계에서도 친하게 지내는 친구가 없는 양상이었다. 이처럼 C군의 문제행동에 대해 반복적으로 들으면서 어머니도 스트레스를 받았고, C군이 말을 듣지 않으면 큰 소리로 윽박지르기 시작했다.

3) 행동 관찰

C군은 보통 체형에 위생 상태가 양호해 보였다. 눈 맞춤은 다소 회피하는 경향이 있었다. 검사 초반에는 흥미를 보이며 큰 소리로 정답을 외쳤다. 그러나 검사가 진행되면서 어려운 문제에서 실패하거나 실수가 반복되는 것을 자각하면서 울상이 되었고, 수행에 대한 염려 섞인 혼잣말을 자주 했다. 다소 안절부절못함과 동시에 세부사항에 지나치게 집착하다가도 중요한 정보들을 누락하고 넘어가는 패턴을 보였다. 검사 중후반부터는 아무 자극이나 선택하고 마우스를 마음대로 클릭하거나 몸을 앞뒤로 흔드는 등 차분히 앉아있기 어려워했고 충동적으로 반응했지만, 이내 검사자의 눈치를 보며 규칙대로 수행하려고 노력했다. 면담 시 친구관계나 정서적 어려움을 묻는 질문에 대해 부인하는 태도를 보였다.

심리평가

---

1) 평가 계획

주의력결핍 과잉행동장애(ADHD) 진단을 위한 황금표준(gold standard)이 되는 단일 검사는 존재하지 않기 때문에 평가자는 다양한 증거들을 수집하여 통합할 수 있어야 한다. ADHD를 정확하게 평가하기 위해서는 전문적인 면담과 더불어 신경심리학적 검사, 지능 검사, 성격 검사를 포함한 개별 심리검사, 그리고 부모나 교사 평가 척도를 사용하여 다양한 정보를 얻는 것이 바람직하다.

평가자는 우선 전문적인 진단적 면담(diagnostic interview)을 통해 잠정적 진단을 도출할 수 있어야 하며, 이때 심리평가는 여러 대안들 중 더 가능성이 있는(more likely) 진단을 확증하기 위한 근거로 사용될 수 있다. 또한 접수 면담에서 미처 파악하지 못한 장애와 관련된 징후가 심리평가에서 관찰된다면, 이를 활용하여 진단적 면담 시 추가적인 정보를 끌어낼 수 있어야 한다. 특히 ADHD는 신경발달장애(Neurodevelopmental Disorder)이므로 신경심리검사에서 부주의성과 충동성, 전두엽 실행기능의 결함을 시사하는 징후를 잘 살펴보아야 한다. 나아가 이러한 징후가 ADHD 고유의 뇌기능 문제인지 아니면 정서 문제가 함께 관여하거나 오직 정서 문제에 기인한 것인지를 구분할 수 있어야 한다.

2) 신경심리학적 검사

아동 및 청소년, 성인을 대상으로 한 ADHD 평가 및 진단은 다양한 접근을 통해서 실시되어왔다. 그중에서도 객관적인 인지 및 신경심리검사는 증상에 대한 좀 더 세밀하고 민감한 평가가 가능하기 때문에 광범위하게 활용되고 있다(Barkley, 1997b). 그런데 아동의 경우 성인과 달리 발달적 추세는 물론 학습장애, 주의력 문제, 정서적 문제 등과 같은 변인들에서 기인된 영향을 모두 살펴보아야 하므로 해석이 한층 더 어렵다. 신경심리검사에서 얻어진 자료의 임상적 의의는 진단적 가설이나 다른 자료들과의 일치 여부를 살펴보는 데 있다. 다시 말해 특정 검사에서의 점수를 근거로 단일한 병인론적 결론을 내리는 것을 지양하고, 다양한 검사 결과들의 합일점에 근거하여 최종적으로 판단해야 한다.

(1) 시각-운동 통합 검사 및 벤더-게슈탈트 검사

C군의 VMI 일부(왼쪽)와 BGT 모사(오른쪽)

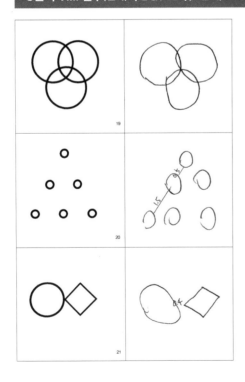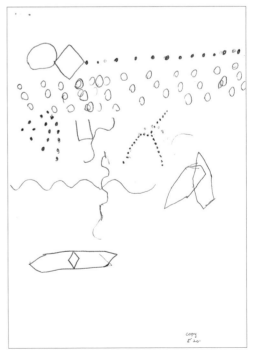

시각-운동 통합 검사(Developmental Test of Visual-Motor Integration: VMI) 결과 등가연령 7세 2개월, 표준점수 78로 시각-운동 통합 능력이 실제 연령에 비해 2년 3개월가량 지연된 수준으로 평가되었다. 다음으로 벤더-게슈탈트 검사(Bender-Gestalt Test: BGT) 결과를 보면 보통 9세경이 되면 아무런 오류 없이 BGT 도형을 그리는 것이 가능해지고 10세경에는 성인과 유사한 수준의 시각-운동 협응 능력을 보이지만(김민경, 신민섭, 1995), C군의 경우 도형의 크기가 일정하지 않고 중첩 경향(collision tendency)이 두드러지며 과대묘사도 관찰된다. 특히 Hutt(1985)는 중첩을 충동성과 계획 능력의 지표로 제안했는데, C군의 경우 이러한 능력이 부족할 것이라고 예상할 수 있다. 반응시간과 관련하여 C군은 8분 20초가 소요되었다. 정상아동의 BGT 소요시간이 약 5분이고 우울이나 불안 등 정서 문제가 있는 집단의 반응시간이 더 길다는 연구 결과를 참고할 때(이은정, 정철호, 2007), C군에게 정서 문제가 함께 있을 가능성을 의심해보아야 한다. 특히 필압이 강하고 5번 도형에서 점의 개수와 같은 세부 요소에 집착하며 수정을 반복하여 소요시간이 증가한바, C군의 불안 수준이 높음을 짐작할 수 있다.

(2) 레이-오스테리스 복합 도형 검사

레이-오스테리스 복합 도형 검사(Rey-Osterrieth Complex Figure Test: ROCF)와 관련된 국내 연구를 살펴보면, ADHD 집단은 정상 집단에 비해 조직화 점수와 세부 요소 정확도 점수가 저조하고 오류수가 많았다(Shin et al., 2008). 이는 ADHD 아동들이 부주의하여 모사 시 모든 세부 요소를 빠짐없이 정확하게 모사하는 데 어려움이 있음을 나타내는 결과이다. 또한 ADHD 집단은 정상 집단에 비해 회상 수행에서도 정확도 점수가 상대적으로 낮았으며, 이는 특히 세부적 요소의 회상 수행에서 두드러졌다. 즉, ADHD 아동들은 정상 아동들에 비해 세부적 요소를 기억해내기 어려워하는 경향이 있다.

　C군은 모사 시 부분-지향적으로 접근하였고, 융합과 보속오류가 나타났으며, 회상 시에는 전체 구조와 세부 요소 모두에 대한 기억력이 저조했다. 좀 더 자세히 살펴보면, C군은 모사 단계에서 부분-지향적으로 접근하면서 요소 간 연결성을 고려하지 않아 교차점에서의 접점 처리가 미흡했다. 이는 C군이 복잡하고 추상적인 시각적 자극을 효율적으로 파악하고 체계적으로 조직화하는 능력이 저조함을 보여준다. 또한 융합과 보속

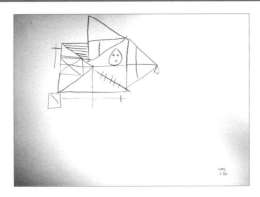

ROCF 모사

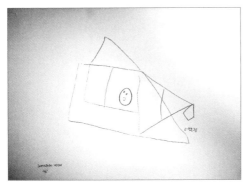

ROCF 즉시회상   ROCF 지연회상

오류가 나타나는 것에서 부주의한 특성도 시사된다. 회상 단계에서 구조적·세부적 요소의 일부만을 그린 것은 모사 단계에서의 조직화 실패를 반영하는 것으로 여겨지며, 결과적으로 시각적 기억력이 저조한 수준으로 나타났다(모사 조직화=25%ile, 지연회상의 구조적·세부적 요소 정확도<10%ile).

(3) 아동 색-선로 검사

선로 잇기 검사(Trail Making Test: TMT)는 주의전환 능력을 평가하는 검사로, 신경심리 검사 시 거의 필수적으로 시행되고 있다. 국내에서는 아동 색-선로 검사(Children's Color Trail Test: CCTT)(신민섭, 구훈정, 2007)가 널리 사용되고 있다. C군의 경우 시각적 추적

C군의 CCTT-1(왼쪽)과 CCTT-2(오른쪽)

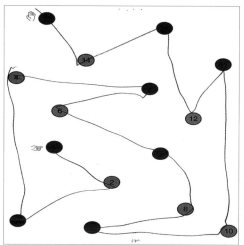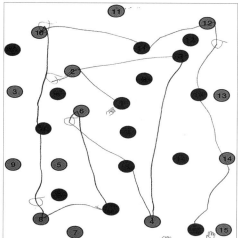

척도	원점수	T점수	백분위 (%ile)
CCTT-1			
완성시간	17	54	66
숫자순서오류	0		>16
근사오류	0		>16
촉진	0		>16
CCTT-2			
완성시간	49	49	46
색순서오류	0		>16
숫자순서오류	0		>16
근사오류	3		2-5
촉진	0		>16
척도	원점수	T점수	백분위 (%ile)
간섭 지표A	1.9		>16
간섭 지표B	32	47	38

능력은 적절한 수준에서 발휘되지만 주의전환 능력이 요구되는 상황에서는 성급하고 충동적인 경향이 다소 나타났다(CCTT-1=54T, CCTT-2=49T, 근사오류=2-5%ile).

CCTT-1은 아동의 지각적 주사 능력, 시각–운동 협응력, 정신적 융통성, 정보처리 속도를 반영하며, 시각적 추적, 정신운동 속도 및 순차처리 능력을 포함하는 주의력 변경 및 지속적 시각 주의력을 요구한다. CCTT-2는 두 범주의 순서를 따라가며 범주를 계속 바꾸어가야 하는 검사로, 지속적 분할주의력과 주의전환 능력을 평가하며 CCTT-1에 비해 뇌기능장애에 대한 보다 변별력 있는 지표로 알려져 있다.

CCTT는 숫자와 색을 범주 자극으로 사용하기 때문에 읽기장애가 있는 아동이나 글자에 친숙하지 않은 아동에게도 실시 가능하다. 색순서오류와 숫자순서오류, 비율간섭지표(CCTT-2 완성시간 원점수 – CCTT-1 완성시간 원점수 / CCTT-1 완성시간 원점수) 외에도 근사오류(잘못된 원이나 방해 자극이 되는 원으로 잘못 연결하기 전에 이를 스스로 수정하는 부정확한 반응의 개시), 촉진점수(10초가 지나도 다음 원으로 연결하지 못할 때 다음 원의 위치를 가리켜 줌), 차이간섭 지표(CCTT-2 완성시간 원점수 – CCTT-1 완성시간 원점수) 항목을 포함한다. 여기서 근사오류는 경미한 뇌기능 손상이나 이와 유사한 저수준의 손상 시 나타나는 인지적 결함을 질적으로 평가하기 위해 고안된 것으로서, C군은 CCTT-1과 2 모두에서 평균 수준의 수행을 보였으나 근사오류가 2-5%ile에 해당하기 때문에 주의전환 능력이 요구되는 상황에서는 다소 성급하고 충동적인 경향이 나타난다고 해석할 수 있다. 지능이 양호한 ADHD 아동의 경우 CCTT-1과 2 모두 오류를 범하지 않고 연령 규준상 평균적인 시간이 소요되었다 하더라도 이러한 간섭 지표에서 유의한 저하를 보일 수 있다.

(4) 아동용 스트룹 색상-단어 검사

스트룹 색상–단어 검사(Stroop Color-Word Test: SCWT)는 ADHD 신경심리검사 시 필수적으로 포함되며, 국내에서는 아동 색상–단어 검사(신민섭, 박민주, 2007)가 널리 사용되고 있다. C군의 경우 단순한 언어 자극이나 색상 자극을 처리하는 속도는 적절하지만(W=46T, C=45T), 이에 비해 간섭 자극이 주어지는 상황에서 자동적인 반응을 억제하는 선택적 반응억제 능력은 다소 저조한 수준으로 평가되었다(CW=41T).

SCWT에서 스트룹의 간섭 효과를 해석하기 위해서는 기본적으로 단어 읽기가 색상 명명보다 빠르고 자동화되어 있다는 가정이 충족되어야 한다. ADHD 아동에게는 읽기 문제가 동반될 수 있으며, 초등학교 3학년이 될 때까지 단어 원점수가 색상 원점수를 초

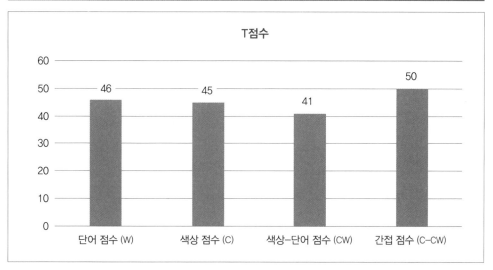

C군의 SCWT 결과지

평가 항목	원점수	T점수
단어 점수 (W)	61	46
색상 점수 (C)	42	45
색상–단어 점수 (CW)	24	41
간섭 점수 (C–CW)	18	50

과하지 못한다면 읽기에 문제가 있을 수 있다. 이처럼 SCWT는 ADHD에서 함께 나타날 수 있는 난독증을 진단하는 데에도 유용한데, 단어점수가 매우 낮고(T<20) 색상점수와 색상–단어점수가 높은 프로파일이라면 난독증을 의심해봐야 한다. 색상 점수가 낮은 경우 색상명을 모르거나 색맹일 가능성이 있으며, 때로 낮은 색상 점수는 색상이 인지적 반응보다는 정서적 반응을 불러일으키는 정신과적 문제를 가진 피검자들에게서 나타날 수 있다.

색상–단어 T점수가 낮다는 것은 과도한 간섭이 발생한 것으로, 융통성 부족, 충동성, 불안과 우울을 반영하기도 하며 주의력 문제를 나타내기도 한다. C군의 경우 단순한 언어자극이나 색상 자극을 처리하는 속도는 적절했지만, 간섭 자극이 주어지는 상황에서 불필요한 반응을 억제하는 능력은 다소 저조하게 평가되었다. 또한 색상–단어 점수가 낮은 것은 충돌하는 반응을 억제하는 능력과 관련된 전전두엽기능상의 병리를 시사할 수 있다. 다만 이는 정서적 혼란(불안 수준이 높거나 연극성 성격 특성을 가진 환자) 때문일 수도 있으므로 해석에 주의를 요한다.

(5) 위스콘신 카드분류 검사

C군의 WCST 결과지				
			교정 연령	
항목	원점수	표준점수	T점수	백분위 (%ile)
총 시행	128			
총 정답	64			
총 오답	64	81	37	10
오답 비율	50%	80	37	9
보속반응	55	74	33	4
보속반응 비율	43%	74	33	4
보속오류	43	76	34	5
보속오류 비율	34%	75	33	5
비보속 오답	21	92	45	30
비보속 오답 비율	16%	95	47	37
개념수준반응	41			
개념수준반응 비율	32%	79	36	8
완성된 범주	3			11–16
첫 범주 완성까지의 시행	11			>16
범주 유지 실패	1			>16
학습 효율성	-17.80			6–10

위스콘신 카드분류 검사(Wisconsin Card Sorting Test: WCST)에서 C군은 수행 초중반에 3개의 범주를 완성하였다. 그러나 이전에 파악한 원리를 새로운 상황에 적용하는 학습 효율성은 부진하며, 추가적인 범주 완성에는 실패하였다. 이는 명확한 지침이 주어지지 않은 문제해결 상황에서 인지적 융통성을 활용하여 문제를 해결하는 능력이 저조할 수 있음을 시사한다(개념수준반응=36T, 학습 효율성=6-10%ile).

국내 연구에서 ADHD 집단과 투렛장애 집단 모두 총반응수, 오반응수, 개념수준반응수, 완성된 범주수에서 정상 집단에 비해 유의하게 저조한 수행을 보였으며, 보속반응수, 보속오류수에서는 ADHD 집단만이 정상 집단에 비해 유의한 차이가 있었다(성형모, 박형배, 2000). 고영건 등(2004)에서도 ADHD 집단이 정상 집단에 비해 총오류수를 유의하게 더 많이 범했고, 박수현 등(1997)에서는 ADHD 아동과 정상 집단 간에 완성된 범주수와 보속오류수에서는 유의한 차이가 없었으나, ADHD 아동이 정상아동에 비해 범주유지 실패 빈도가 더 높게 관찰되었다.

한편 신고은과 신민섭(2013)에서 ADHD 집단의 지능 수준에 따른 WCST 측정치들의 차이를 살펴본 결과, 지능이 평균 이하인 집단에서는 위와 비슷한 결과가 나왔다. 그러나 지능이 평균 이상인 집단에서는 WCST 측정치들이 ADHD 평가에 있어 좀 더 세밀한 민감성을 보여주지 못할 가능성이 시사되었다. 이를 통해 연구자들은 기본적으로 WCST 수행에서 관찰되는 실행기능의 문제가 근본적인 신경학적 장애의 지표가 될 수도 있지만, 저조한 WCST 수행을 전두엽기능과 관련지어 ADHD만을 특정적으로 진단하는 데는 한계가 있다고 제안하였다. 특히 WCST 검사는 지능 검사와 마찬가지로 다양한 인지적 요인을 측정하기 때문에 지능 수준이 우수할 경우 수행에 있어서 일정 부분 보상적 역할을 할 수 있다.

(6) 지속주의력 검사

C군의 ATA 시각 결과(왼쪽)와 청각 결과(오른쪽)

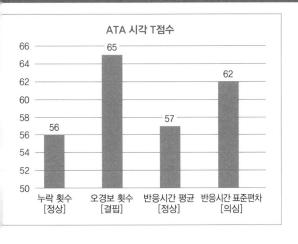

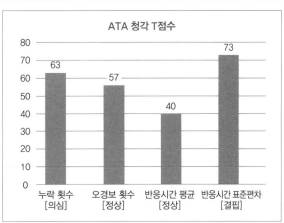

C군은 지속주의력 검사(Advances Test of Attention: ATA) 중 시각 주의력 과제에서 오경보오류가 상승하여 인지적 충동성이 시사된다. 청각 주의력 과제에서는 누락오류가 상승하여 부주의한 경향이 시사된다. 아울러 두 과제 모두에서 반응속도의 일관성이 부족하고 기복이 나타났다(시각 오경보오류=65T, 청각 누락오류=63T, 반응시간 표준편차: 시각=62T, 청각=73T).

ADHD 환자에 대한 연속수행 검사

각성도나 주의집중력을 객관적으로 측정하는 가장 대표적인 방법은 연속수행 검사(Continuous Performance Test: CPT)이다. CPT는 민감도와 특이도가 높은 검사(Tinius, 2003)이며, ADHD 아동의 진단과 치료 효과 평가에 널리 이용되고 있다. 누락오류, 과잉반응오류, 정반응시간 평균, 정반응시간 편차가 결과치로 제시되며, 부주의성과 충동성을 평가할 수 있다. CPT의 누락오류는 부주의성을 시사하며, 충동성 지표는 Barkley(1997a)가 제안한 반응억제 능력을 시사한다. 또한 느린 반응속도 평균과 높은 반응시간 편차도 중요한 징후가 될 수 있다(Huang-Pollock et al., 2012). 특히 반응시간 편차는 ADHD 신경인지 프로파일에 대한 연구의 리뷰 연구(Pievsky & McGrath, 2018)에서 정상 집단과의 표준화된 평균차가 .66으로 가장 크게 산출된 지표로서, 휴식(resting) 또는 기본(default) 상태에서 활성화(active) 상태로 전환하는 능력에서의 결함이 주의력 검사에서 반응시간 편차에 영향을 줄 것이라고 제안하는 'Default mode model'(Sonuga-Barke & Castellanos, 2007)을 지지한다.

ADHD 집단은 정상 집단에 비해 누락오류, 오경보오류 비율이 높고 정반응시간이 느리며 정반응시간 기복이 큰 편이다(신민섭 등, 2000). 그러나 성인의 경우 Downey 등(1997)의 연구에서 아동과 마찬가지로 부주의성을 시사하는 누락오류와 정반응시간 편차는 상승했지만, 충동성을 시사하는 과잉반응오류는 평균보다 높지 않았다. 이처럼 성인 ADHD에서는 충동성이 두드러지지 않을 수 있으므로 과잉반응오류가 상승하지 않았다고 해서 ADHD를 배제할 수는 없다. 또한 아동과 성인 모두 지능이 일정 부분 주의력 관련 문제와 실행기능 문제를 보상할 수 있기 때문에, 지능이 양호한 환자가 CPT에서 양호한 수행을 보인다고 해서 ADHD일 가능성을 배제하기 어려우므로 환자의 지능 수준을 반드시 함께 고려하여 해석해야 한다.

3) K-WISC-IV

K-WISC-IV 결과, C군의 전체지능지수(FSIQ)는 84로 [평균 하] 수준에 속하지만 지적 잠재력은 [평균] 수준은 되어 보인다. 하위 소검사별 편차가 유의한데, 상대적으로 양호한 언어이해지수(VCI)와 지각추론지수(PRI)에 비해 작업기억지수(WMI) 및 처리속도지수(PSI)가 저조한 양상이다. 이로 보아 주의집중을 적절히 유지하며 기민하게 실생활 문제를 해결하고 내재된 지적 잠재력을 충분히 발휘하기 어려울 수 있겠다. 또한 사회문화적 관습에 대한 이해가 다소 부진한바, 대인관계 문제 상황에서 효율적이고 적절한 대처에 어려움을 경험할 가능성이 시사된다.

구체적으로 살펴보면, 먼저 언어이해지수(VCI)는 [평균] 수준의 하단으로 평가되었다. 기본적인 어휘력이나 언어적 개념형성 능력은 연령 평균 수준에 해당하지만 사회적 규칙과 관습적 대처에 대해 이해하는 능력은 다소 저조한 것으로 나타났다. 지각추론지수(PRI)는 [평균] 수준에 해당하였다. 비언어적 자극에서 숨겨진 원리를 파악하는 유추적 추론 능력이나 상위개념을 파악하는 범주적 추론 능력, 시공간 자극을 분석하고 구성하는 능력, 시각적 예민성 모두 연령 평균 수준에서 발휘되고 있었다. 작업기억지수(WMI)는 [평균 하] 수준인데, 수를 통한 논리적 사고력은 연령 평균 수준인데 반해 단순 청각자극에 대한 작업기억력은 부진하게 발휘되었다. 처리속도지수(PSI)는 68로 [매우 낮음] 수준이며, 여타 기능에 비해 유의하게 저조하다. 일련의 시각 자극을 기민하게 탐색하고 변별하는 능력이나 단순 기호를 부호화하는 처리속도 모두 상당히 저조한 수준이다.

ADHD 신경인지 프로파일에 대한 연구의 리뷰 연구(Pievsky & McGrath, 2018)에서는 전체지능지수(FSIQ)만으로 ADHD 집단과 정상 집단을 감별할 수 없었다. 이는 ADHD를 진단함에 있어 전체지능지수(FSIQ)보다는 소검사 프로파일 분석을 통해 유용한 정보를 얻을 수 있음을 의미한다. 지능 검사에서 평가된 아동의 지적 능력은 다른 신경인지기능 검사 결과를 해석하기 위한 기준점이 된다.

지능 검사에서 나타나는 ADHD의 특성을 살펴보면, ADHD 아동은 일반적으로 주의집중력이나 계기적 정보처리를 요하는 소검사(숫자, 산수, 기호쓰기)에서 부진한 수행을 보이는 반면, 총체적 정보처리 능력이나 추론 능력을 요하는 공통성이나 토막짜기 소검

C군의 K-WISC-IV 결과지

지수	환산 점수	조합 점수	백분위 (%ile)	95% 신뢰구간
언어이해 (VCI)	26	92	29.6	85–101
지각추론 (PRI)	31	102	55.6	93–110
작업기억 (WMI)	16	89	22.7	81–99
처리속도 (PSI)	9	68	1.5	63–82
전체지능지수 (FSIQ)	82	84	15	77–92

	언어이해			지각추론				작업기억		처리속도	
	공통성	어휘	이해	토막짜기	공통그림찾기	행렬추리	빠진곳찾기	숫자	산수	기호쓰기	동형찾기
환산점수	10	9	7	10	10	11	11	5	11	4	5
20											
19											
18											
17											
16											
15											
14											
13											
12											
11						●	●		●		
10	●			●	●						
9		●									
8											
7			●								
6											
5								●			●
4										●	
3											
2											
1											

사에서는 상대적으로 양호한 수행을 보이는 경향이 있다(신민섭 등, 1990). 조정숙과 이효신(2013)의 연구에서는 아스퍼거 장애, ADHD, 정상 아동의 인지적 특성을 비교 분석하였는데, ADHD 집단이 아스퍼거 장애 집단과 정상 집단에 비해 작업기억지수(WMI)가 유의하게 저조했고, ADHD 집단 내에서는 다른 지표에 비해 작업기억지수(WMI)가 가장 낮았다. 지능 검사에서 ADHD의 전형적인 프로파일은 시지각-공간 조직화 능력을 측정하는 소검사에서의 수행이 상대적으로 가장 양호하고, 그다음 언어이해력이 위치하며, 계기적 정보처리 및 집중력, 작업기억력을 요하는 소검사에서 상대적으로 부진한 수행을 보인다고 할 수 있다. C군의 경우 지적 잠재력이 평균 정도로 추정되었는데, 이때 시지각적 조직화 및 구성 능력, 비언어적 추론 능력이 강점이었고 언어이해 능력이 그 뒤를 이었으며, 숫자, 기호쓰기, 동형찾기와 같이 주의력과 작업기억력, 정보처리속도가 깊이 관여하는 검사에서는 가장 저조한 수행을 보였다.

과잉행동/충동성을 보이지 않는 부주의 우세형의 경우 숫자에서만 혹은 숫자나 빠진곳찾기와 같은 한두 가지 소검사에서만 저조한 수행을 보이기도 한다. 이는 청각적 주의 폭이 짧고 작업기억력이 부족한 결과일 수 있다. 이러한 작업기억력은 고차원적인 주의집중력을 요하는 것으로서 ADHD 부주의형에서 자주 관찰된다. 산수 소검사에서의 부진한 수행이 실제 수리력의 부족 때문인지, 아니면 주의집중력과 작업기억력의 문제인지는 행동 관찰(예: 정확히 듣지 못하고 반복 질문, 반응속도 등)과 한계검증을 통해 구분해야 한다. 또한 ADHD 환아들 중에서는 사회적 대처 능력과 기술이 부족한 아동이 많기 때문에 이해와 빠진곳찾기에서의 수행도 눈여겨볼 필요가 있다. 주변 상황을 주의 깊게 관찰해 핵심적인 부분과 비핵심적인 부분을 민감하게 구별하는 시각적 예민성이 부족하고 부주의하여, 사회적 상황에서 사건의 본질적인 측면을 파악하지 못할 수도 있다.

지능 수준에 근거하여 ADHD 집단을 [평균 하], [평균], [평균 상]의 세 집단으로 나누었을 때, ADHD 특성이 각종 검사에 가장 명확하게 드러나는 집단은 [평균] 수준의 지능을 가진 집단이다. 지능 수준이 우수하거나 초등학교 고학년 이상의 ADHD 아동의 경우, 구조화된 일대일 검사 상황에서는 주의산만성을 평가하는 소검사에서 주의력 문제를 보상하여 적절한 수행을 보이기도 하므로 다른 신경심리검사 결과를 좀 더 민감하게 살펴보아야 한다(신민섭 등, 1990).

4) 로르샤흐 검사

■ 검사 반응

카드	R#	반응(response)	질문(inquiry)	기호화(scoring)
I	1	생각해보니까 하마 둘이 막 점프하는 거 같은데요. 어 곰, 곰이 점프하는 거 같아요. 하마가 아니라 곰이에요. 두 마리 곰이에요 심지어.	이게 곰같이 보여서 이게 이렇게 점프하는 것같이 보였어요. (Q) 발레하는 것처럼 점프. (Q) 여기요. (Q) 여기가 얼굴 여기는 팔 여기가 다리, 다리 부분.	D+ M^a- (2) A 6.0
	2	음 또 보이는 거 얼굴 2개…. 나뭇잎도 보여요. 얼굴 2개가 아니라 그냥 나뭇잎.	여기 가운데 보니까 갑자기 나뭇잎이 보여요. (Q) 예전에 어떤 나무를 봤는데 도토리나무였나? 이런 잎을 봤어요. 특이한 잎. 이게 꼭다리. (Q) 다른 건 없어요.	Do Fu Bt PER
II	3	보니까 소시지가 구워지는 거 같아요. 다시 보니까 튕겨진 거 같아요. 이게 프라이팬이고.	이게 프라이팬 탱 튕겨서 소시지 2개가 화~ (Q) 얘네 둘이 소시지예요. 얘네 2개가 선 같은 게 빛나는 거 보니까. (Q) 여기 약간 빛나는 거요. 하얀 거. (탱 튕긴다?) 이게 프라이팬이어서 이거 봐봐요. 이게 튕겨져서 약간 분홍색이… (프라이팬?) 이게 소시지니까.	Dd+ m^a.FC. FY- (2) Fd,Sc 5.5
	4	그리고 또 하나는 불꽃놀이 하는 거 같기도 해요.	뒤쪽으로 봤을 때 뭐가 팡팡 같았어요. 그리고 약간 연기 나는 거. (Q) 여기요. 여기가 피융~ 해서 팡 터지잖아요. 그리고 이것들은 다 작은 거는 사람들이라고 쳐도 되죠. 피융 해서 팡 터지는 거. (Q) 이게 불꽃놀이가 하늘 같은 데 날아가서 팡 터지니까 불꽃 같기도….	Do m^{a}o Ex
III	5	보니까 리본 같기도 하고,	가운데 보면 여기. (Q) 여기 하트 같고 안에 집는 그런 붙어있는 거 네모난 거 하면 리본. (Q) 우리 동생이 많이 집어가서 이런 걸 많이 봤어요.	Do Fo Art PER
	6	에일리언 같기도 하면서,	바로 이겁니다. 예전에 비슷한 걸 봐서. 여기 알 같은 거에서 부화해서 치익~ 얘네 한 알에서 두 마리가 파악 나온 거예요. (Q) 머리가 이렇게 동그랗고 이렇게 된 게 딱 에일리언 똑같이 보였어요.	D+ M^{a}u (2) (H),Id 3.0 PER
	7	운석이 떨어지는 거 같기도 해요.	이거 운석 이렇게 생긴 운석이 이렇게 하늘에서 피유우웅 푹 하면서 이런 거 같아요. (Q) 운석이요? 이런 거는 이거 보니까 딱 운석이고 대기권에서 불타는 거 같아서. (Q) 이거 보면서 빨간색 이런 거.	Do m^a.CFu (2) Ls,Fi
IV	8	괴물이요 그리고,	여기 막 뭐 이렇게 뒤집어보면 이거 눈, 눈, 이빨, 이빨, 이렇게 날개 있고 이상한 꼬리 2개 있고 이게 알 낳는데 이렇게 해서 뿌악 뿌악 해서 괴물이라고 생각했어요. (알?) 얘 엉덩이 같아서 불룩 튀어나와 있잖아요. (이빨?) 여기 이빨 있고 여기 송곳니 푸잉. (날개?) 보니까 여기 날개 같아서요.	Wo FM^{a}o (A) 1.0
	9	식충식물 같기도 해요.	식충식물? 이게 분명… 이런 거 이렇게 빼면 왠지 그거 입 벌리고 있는 식충식물 같기도 해서. (Q) 그거 TV 같은 거 보면 가끔씩 입 벌린 그거 안에 동그랗게 되어있고 안에 액체 있는 식충식물 있잖아요. 벌레 유인해서 팍 넣는데 그 꽁다리 같기도 하다는 생각이 들었어요. (Q) 그 주변에 그거 있잖아요.	Do m^p- Bt PER

V	10	부리 2개인 새 같아요.	왠지 이렇게 보면 이게 새고 이게 다리고 그리고 이게 부리가 2개니까 그래서 2개로 생각했어요. (Q) 날개요.	Wo Fu A 1.0 INC1
VI	11	자세히 보니까 이렇게 보니까 배 같기도 해요 배.	여기에서 봐보면 이렇게 뿌~ 이렇게 하는 배 같고, 그거하고 여기 선원들이 타 있고 그리고 이거는 계단이고. (여기?) 파도. (Q) 배 하니까 푸우~ 파도가 보였어요.	W+ m^a.Fro Sc,Ls 2.5
	12	그리고 보니까 뒤쪽이 찢어진 신발 같기도 해요.	이거 신발 이쪽 거랑 닮았고, 그거 집혀서 찢어졌어요. 신발이 뾰족한 거에서 신발이 찢어졌어요. (그려달라고 하자) 이거 윗부분, 이거 신으면 윗부분. 이거 뭐라고 하지. 이렇게 날카로운 거에 찢어져 나간 거죠.	Do m^o- Sc MOR
VII	13	이집트 그거 같아요. 고대 있었던 그림 같기도 해요.	이게 봐보면 이게… 이집트 사람들 중에 머리에 뭐 하는 사람도 있는 거 같아서, 원래 이집트 사람들 요렇게 해서 그렇게 생각했어요. (Q) 이게 사람이고 이거 지 손 대고 이렇게 하는 거. 이렇게 앉아서. 다리 이렇게 치마 같은 데 뭐 이렇게 하고.	W+ M^{p}o (2) H,Art,Ay P 2.5
VIII	14	두 마리의 동물이 걸어 다니는 거	이렇게 봐서는 어떤 동물이 걷는 거 같고. (Q) 뭐였더라, 어느 동물을 봤는데 이거 비슷한 거. (Q) 이거 귀 여기 얼굴 여기 다리 있고 하니까.	Do FM^{o}o (2) A P
	15	비행기가 날아 다니는 거	그리고 이렇게 보면 제가 옛날에 배트맨 장난감 비행기라고 사서 놀았거든요? 딱 그거 같더라고요. (Q) 옛날에 배트맨 비행기가 제가 쓰던 게 뒤쪽에 날개가 있고 이렇게 되어있으니까.	Do m^{a}u Sc PER
	16	동물의 알 같은 것도 보여요.	이게 봐보면 여기 알 같기도 하더라고요 이게. 이게 둥지고. (Q) 여기에서 보니까 알. 뭐 동물 이렇게 생긴 알… 이게 둥지 같고. (둥지?) 이렇게 알을 감싸고 이렇게 있으니까.	D+ Fu Ls,Ad 3.0
IX	17	애벌레가 풀 먹는 거 하나하고	얘네들이 애벌레고… 여기 입 대고 있고 그렇잖아요. 이게 풀이라고 쳐서 아~ 먹으려고요. 여기 파져 있고, (Q) 여기 살짝 보면 파져 있잖아요. (풀?) 애벌레가 있으니까 얘가 지금 먹으려는 게 풀인 거 같았어요. (Q) 뒤쪽은 잘려서 안 보여요. 어쨌든 얘네가 애벌레라서 기니까 그렇게 생각했어요.	D+ FM^p- (2) Fd,A 2.5
	18	원숭이가 다른 원숭이 등 긁어주는 거 같기도 해요.	이거 원숭이. 여기가 원숭이 머리. 이거 볼. 머리, 여기가 팔. 여기가 몸. 이렇게. (Q) 이렇게 보니까 원숭이니까. (Q) 등도 구부린 다음에 다른 원숭이가 긁어주잖아요. 그리고 원숭이가 머리가 살짝 나와 있는데 그거 보고 알았어요.	D+ FM^{a}u A 2.5 COP
X	19	거미가 보여요.	얘네들이 거미예요. 두 마리. (Q) 이게 다리고 이게 몸뚱아리. 보니까 이건 애벌레를 탁 잡으려고. (애벌레?) 초록색이고 그러니까.	D+ FM^a.FC$_o$ (2) A P 2.5 AG
	20	사람 얼굴도 보여요. 콧수염도, 그리고 사람 얼굴에 콧수염도 있고 눈도 있고 코도 있어요.	이거 이렇게 봐보세요. 이거 눈, 눈, 코, 콧수염 해서 생각했어요.	DdSo F- Hd 6.0
	21	그리고 개구리가 뛰고 있는 것도 보이고.	이게 개구리 같았어요. 여기 앉아있다가 놀라서 개굴~ 하고 뛰는 거 같았어요. 양쪽에. (Q) 개구리가 다른 이유 없이 떨어질 이유는 없고 그래서 놀란 거라고 생각했어요.	D+ FM^a- (2) A,Id 4.0
	22	뭐 원숭이가 나무 타는 것도 보여요.	얘네 둘이 똑같은 원숭이인데 같은 나무 타는 거처럼 보였어요. (Q) 이게 나무라고 치면 나무 잘 타는 건 원숭이밖에 없으니까. (Q) 이거 손, 이거 몸뚱아리, 이거 다른 손 또.	D+ FM^a- (2) A,Bt 4.0

■ 구조적 요약 결과: 비율(RATIOS), 백분율(PERCENTAGES), 산출한 점수(DERIVATIONS)

핵심 영역(CORE)					
R	= 22	L	= .29		
EB	= 3:2.0	EA	= 5.0	EBPer	= N/A
eb	= 14:1	es	= 15	D	= −3
		Adj es	= 9	Adj D	= −1
FM	= 7	All C'	= 0	All T	= 0
m	= 7	All V	= 0	All Y	= 1

정서 영역(AFFECT)	
FC : CF+C	= 2:1
Pure C	= 0
Afr	= .69
S	= 1
Blends : R	= 4:22
CP	= 0

대인관계 영역(INTERPERSONAL)	
COP = 0	AG = 1
Food	= 2
ISO Index	= .27
H : (H)Hd(Hd)	= 1:2
(HHd) : (AAd)	= 1:1
H+A : Hd+Ad	= 11:2

관념 영역 (IDEATION)			
a : p	= 13:4	Sum6	= 1
Ma : Mp	= 2:1	Lv 2	= 0
2AB+(Art+Ay)	= 3	WSum6	= 2
M−	= 1	M none	= 0

중재 영역 (MEDIATION)	
Popular	= 3
X+%	= .32
F+%	= .20
X−%	= .36
S−%	= .13
Xu%	= .32

처리 영역 (PROCESSING)	
Zf	= 14
ZD	= .5
W : D : Dd	= 4:16:2
W : M	= 4:3
DQ+	= 11
DQv	= 0

자기지각 영역 (SELF−PERCEPTION)	
3r+(2)/R	= .59
Fr+rF	= 1
FD	= 0
An+Xy	= 0
MOR	= 1

PTI	= 3	DEPI	= 2	CDI	= 5*	S−CON	= 5	HVI	= NO	OBS	= NO

로르샤흐 검사 결과 C군은 지각적 정확성이 저하된 부분 반응이 잦은 양상으로, 주어진 외부 자극에 대해 신중히 생각하고 반응하기보다는 떠오르는 대로 즉흥적으로 반응하는 경향이 시사된다(W:D:Dd=4:16:2, X+%=.32, Ⅱ번 카드 "불꽃놀이", Ⅲ번 카드 "운석이 떨어지는"). 또한 대상을 성급하고 충동적으로 지각하고 결정하는 경향이 있으며, 충동을 억제하고 신중하게 생각하지 못하기 때문에 상황을 주관적으로 조망할 수 있겠고, 관습적으로 해석하는 데 어려움이 발생할 가능성이 시사된다(M−=1). 한편 반응의 구체화 과정에서 반복적으로 자기참조적인 양상이 나타나고 있으며, 때때로 지나치게 예민한 지각 경향도 관찰되는 등 인지적 자원을 효율적으로 배분하기보다는 내적 관심의 대상이 되는 일부 자극에 예민하게 주의를 기울이면서 피상적인 걱정이나 잡념이 높아진 상태가 시사된다(PER=5, FM+m=14).

Box 11.2

ADHD와 관련된 로르샤흐 지표

ADHD 평가를 위한 로르샤흐 검사에서의 진단적 표지자(diagnostic indicator)를 찾으려는 연구를 살펴보면 다음과 같다. Gordon과 Oshman(1981)에 따르면 과잉활동성(hyperactive) 집단이 그렇지 않은 집단보다 M, H 반응이 적었다. 이와 비슷하게 Bartell과 Solanto(1995)에서도 ADHD 집단의 로르샤흐 반응을 Exner(1993)의 연령규준과 비교했을 때 M 반응이 적고, X+%가 저조했으며, EA 점수가 낮았다. Cotugno(1995)에서는 ADHD 집단, ADHD가 아닌 임상 집단, 정상 집단을 비교했는데, 정상 집단에 비해 ADHD 집단과 ADHD가 아닌 임상 집단에서 L값이 높고 음영 반응이 많았으며, FC+CF+C, P, H 반응이 적고 X+%도 저조했다. Jain 등(2005)에서 ADHD 집단은 정상 집단에 비해 D, M, F+%, P가 적거나 낮은 반면, FC+CF+C는 높았다. 이러한 변인들 중 여러 연구에서 다뤄진 몇 가지 주요 변인(M, FC+CF+C, X+%)들에 대해 살펴보면 다음과 같다.

- M: Singer 등(1952)은 M 반응이 즉각적인 욕구 만족을 위한 행동을 억제한 결과로서의 환상(fantasy)이라고 제안했으며, 특히 운동 억제 기간 후에 M 반응이 상승한 것을 발견했다. Werner(1948)도 덜 활동적인 집단에 비해 과잉활동적인 아이들에게서 M 반응이 적다는 것을 발견했고, 다른 연구자들도 M 반응을 많이 보이는 집단이 사회적 상황에서 더 긴 운동 지연을 보였다고 보고했다(Tolman & Meyers, 1956). 즉 M 반응이 저조한 것은 주로 운동성 활동(motor acts)을 억제하는 능력이 저조한 것과 관련이 있어 보이는데, 이는 Rapaport 등(1968)이 제안한 바와 같이 ADHD 아동이 충동조절 및 만족지연 능력이 부족하다는 것을 의미할 수 있다.
- FC+CF+C: 이 변인은 연구에 따라 일치되지 않는 결과를 보이는데, Tuber 등(2007)은 ADHD 아동이 색채 자극에 대한 두 유형의 반응을 보일 것이라고 제안하였다. 그중 하나는 유채색 사용을 회피하는 것(적은 FC+CF+C)이고, 또 하나는 색채 자극의 강도에 압도되어 지각물에 형태를 부여하지 못한다는 것이다(FC<CF+C). 첫 번째 유형의 정서조절 전략에서는 과도하게 자극된 감정 상태를 회피하기 위해 자극의 형태만을 주로 지각하면서 지각된 대상을 단순화

한 결과 Lambda(L)값이 상승할 수 있다. 두 번째 유형의 정서조절 전략에서 아동은 정서적 자극을 지각하고 조절하려 하지만 압도당하는 결과를 초래하며, 충동적인 정서표출행동으로 이어질 수 있다.

- X+%: ADHD 아동의 지각적 정확성이 낮게 나오는 경우가 자주 있다. 이 경우 인지적 충동성으로 인해 순간순간의 주관적 느낌과 인상에 근거하여 반응하기 때문에 지각적 정확성이 저하되고 부적절한 조합 반응도 많이 나타나게 된다. 이는 ADHD 아동이 행동억제의 어려움으로 인해 머릿속에서 생각을 조직화하고 통합하기 전에 먼저 행동해버리는 행동을 설명할 수 있다(신민섭 등, 2007).

이처럼 ADHD와 관련된 로르샤흐 지표를 찾기 위한 연구들이 존재하지만, 이러한 지표들을 환자의 로르샤흐 자료에 기계적으로 적용해서는 안 된다. 중요한 것은 이러한 지표 상승이 어떤 이유에서 발생했는지 파악하고, 이것이 아동의 지각 및 사고에서 무엇을 의미하는지 고민하면서 ADHD 환자의 전체적인 윤곽을 그려내는 것이다.

5) HTP

ADHD 아동의 충동성을 확인하기 위해 Oas의 충동성 지표 중 5분 이하의 완성시간, 전반적으로 저조한 그림의 질, 비연속성, 생략, 부적절한 비율, 크기의 증가, 목의 생략이나 확장, 공격적인 물건이나 움직임 등을 살펴볼 수 있다. 신민섭 등(2002)에 따르면 ADHD 아동은 HTP에서 그림의 크기가 크고 표현 양상이 단순하며 부분별 크기의 비율이 맞지 않는 등 조직화의 어려움을 보일 수 있다. 크고 정교하지 못한 그림은 과잉활동적이고 비계획적인 충동적 경향을 반영한다. 또한 사람 그림에서 좌우가 불균형적이고 신체비율이 부적절하거나 목과 같은 주요 부위가 생략되는 것은 미세한 뇌기능장애가 있을 가능성을 암시하며, 대인관계 상황에서 충동적이고 체계적이지 못하며 조직화 능력

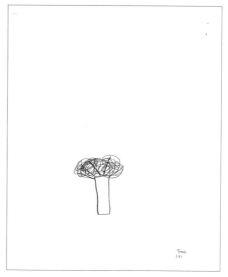

이 부족하고 부주의한 행동을 보일 가능성을 시사한다. 또한 해, 구름, 곤충 등 여러 가지 대상들을 함께 그리는 것은 떠오르는 생각을 상황에 맞게 억제하거나 여과하는(filtering) 능력의 부족을 의미할 수도 있다(신민섭 등, 2005).

하지만 이러한 HTP 지표를 기계적으로 적용하는 것은 지양해야 하며, 다른 검사 결과들과 일치 여부를 살펴본 뒤 진단과 관련된 가설을 떠올리고 보조하는 도구로서 사용해야 한다. C군의 경우 위에서 언급한 충동성 지표는 두드러지지 않지만, 신체 비율이 부적절한 것에서 조직화의 어려움이 시사된다. 특히 짙은 음영(나무 그림), 손가락과 발가락에 대한 세부묘사 및 경직된 자세(사람 그림) 등에서 내적 긴장감과 불안이 시사된다.

6) 사례개념화

주의산만과 과잉활동성을 주 호소 문제로 내원한 C군의 신경심리학적 평가에서는 주의집중기능과 조직화 능력의 부진, 그리고 충동적인 경향이 시사되었다. 그 외 인지적 융통성이나 시각–운동 협응 능력, 시각적 기억력 등 전반적인 실행기능이 저조하게 평가되었다. C군은 의사결정을 내릴 때 심사숙고하기보다는 감정을 즉각 표출하는 행동 지향적인 경향이 있고, 욕구가 좌절되는 상황에서 만족을 지연하지 못한 채 극적이고 강렬한 감정을 경험할 것으로 보인다. 비록 외견상으로는 활기차고 당당한 모습을 보일 수 있겠으나 이면에는 위축되고 취약한 자기상이 내재되어있어, 모호한 걱정과 불안을 쉽게 경험하면서도 정서적 자극이 많아지는 상황을 통합적으로 조직화하여 인식하는 데에는 어려움이 있어 보인다(로르샤흐 VI번 카드 "뒤쪽이 찢어진 신발"; HTP에서 뿌리가 없고 크기가 작으며 음영이 짙은 나무 그림).

특히 C군은 불안장애가 동반이환되었을 가능성이 시사되는데, HTP와 BGT에서 세부 요소에 집착하고 반복 수정하는 행동, ROCF 모사 시 다소 축소된 크기, CCTT-2에서 근사오류만 다소 상승한 것, SCWT에서 간섭점수가 크게 높지 않은 것, HTP에서 충동성의 지표인 크기의 확장이 두드러지지 않고 음영이 강조되어있는 것, 로르샤흐 검사에서 잠입적 관념이 많은 것 등이 C군의 불안을 시사한다고 볼 수 있다. 또한 억압되어 해소되지 못한 불만족감이나 분노감도 내재되어있을 가능성이 시사된다(IV번 카드 '괴물 이빨', '식충식물', X번 카드 '거미가 애벌레를 잡아먹는 것'). 더욱이 C군은 스트레스를 적절히 표현하고 다루는 인지적·심리적 자원이나 자기효능감이 충분히 발달하지 못했고, 이에 문제 상황에서 대처 곤란감이 심화되어 자신의 감정이나 충동을 미숙하게 표현하는 방식으로 행동해왔을 가능성이 있겠다(CDI=positive).

C군은 대인관계상 미성숙한 의존 욕구가 커 친밀한 대인관계 상호작용에 관심이 많지만, 주의집중 능력에 따른 학업부진과 충동조절 문제로 인해 부모, 교사, 또래 등 가까운 타인으로부터 부정적인 피드백을 받고 거절당하는 일이 잦았던 것으로 보인다(Food=2, M-=1, VIII번 카드 '알 둥지', IX번 카드 '원숭이가 다른 원숭이 등 긁어주는 것'). 이에 C군의 내적 욕구가 충족되지 못하면서 소외감과 외로움, 좌절감이 장기간 누적되었을 것으로 사료된다(FM+m=14, Bt=3, Ls=3, VII번 카드 '고대 이집트 사람 그림').

이에 약물치료와 더불어 주의력과 사회기술 증진을 위한 치료가 요망된다. 특히 C군의 부정적인 자기상과 낮은 효능감을 증진할 수 있는 지지적인 놀이치료와 C군의 문제행동을 다룰 수 있는 행동적 부모훈련이 도움이 될 수 있겠다.

 심리 진단 검사 보고서 요약

1 진단적 인상(diagnostic impression)
불안이 동반된 주의력결핍 과잉행동장애, 복합형(Attention–Deficit/Hyperactivity Disorder, combined presentation, with anxiety)

2 치료적 제언(recommendation)
약물치료, 주의력 및 사회기술 증진 치료, 행동적 부모훈련

3 특성과 치료

1) ADHD의 진단

(1) 진단기준과 특성

DSM-5(APA, 2013/2015)의 ADHD 진단기준은 다음과 같다.

DSM-5 주의력결핍 과잉행동장애(Attention-Deficit/Hyperactivity Disorder) 진단기준

A. 기능 또는 발달을 저해하는 지속적인 부주의 및 과잉행동-충동성이 (1) 그리고/또는 (2)의 특징을 갖는다.

1. **부주의**: 다음 9개 증상 가운데 6개 이상이 적어도 6개월 동안 발달 수준에 적합하지 않고 사회적·학업적/직업적 활동에 직접적으로 부정적인 영향을 미칠 정도로 지속됨

   주의점: 이러한 증상은 단지 반항적 행동, 적대감 또는 과제나 지시 이해의 실패로 인한 양상이 아니어야 한다. 후기 청소년이나 성인(17세 이상)의 경우에는 적어도 5가지의 증상을 만족해야 한다.

   a. 종종 세부적인 면에 대해 면밀한 주의를 기울이지 못하거나, 학업, 작업 또는 다른 활동에서 부주의한 실수를 저지름(예, 세부적인 것을 못 보고 넘어가거나 놓침, 작업이 부정확함)

   b. 종종 과제를 하거나 놀이를 할 때 지속적으로 주의집중을 할 수 없음(예, 강의, 대화 또는 긴 글을 읽을 때 계속해서 집중하기가 어려움)

   c. 종종 다른 사람이 직접 말을 할 때 경청하지 않는 것처럼 보임(예, 명백하게 주의집중을 방해하는 것이 없는데도 마음이 다른 곳에 있는 것처럼 보임)

---

d. 종종 지시를 완수하지 못하고, 학업, 잡일 또는 작업장에서의 임무를 수행하지 못함(예, 과제를 시작하지만 빨리 주의를 잃고 쉽게 곁길로 샘)

e. 종종 과제와 활동을 체계화하는 데 어려움이 있음(예, 순차적인 과제를 처리하는 데 어려움, 물건이나 소지품을 정리하는 데 어려움, 지저분하고 체계적이지 못한 작업, 시간 관리를 잘 하지 못함, 마감 시간을 맞추지 못함)

f. 종종 지속적인 정신적 노력을 요구하는 과제에 참여하기를 기피하고, 싫어하거나 저항함(예, 학업 또는 숙제, 후기 청소년이나 성인의 경우에는 보고서 준비하기, 서류 작성하기, 긴 서류 검토하기)

g. 과제나 활동에 꼭 필요한 물건들(예, 학습 과제, 연필, 책, 도구, 지갑, 열쇠, 서류 작업, 안경, 휴대폰)을 자주 잃어버림

h. 종종 외부 자극(후기 청소년과 성인의 경우에는 관련이 없는 생각들이 포함될 수 있음)에 의해 쉽게 산만해짐

i. 종종 일상적인 활동을 잊어버림(예, 잡일하기, 심부름하기, 후기 청소년과 성인의 경우에는 전화 회답하기, 청구서 지불하기, 약속 지키기)

2. **과잉행동-충동성**: 다음 9개 증상 가운데 6개 이상이 적어도 6개월 동안 발달 수준에 적합하지 않고 사회적·학업적/직업적 활동에 직접적으로 부정적인 영향을 미칠 정도로 지속됨

   주의점: 이러한 증상은 단지 반항적 행동, 적대감 또는 과제나 지시 이해의 실패로 인한 양상이 아니어야 한다. 후기 청소년이나 성인(17세 이상)의 경우, 적어도 5가지의 증상을 만족해야 한다.

   a. 종종 손발을 만지작거리며 가만두지 못하거나 의자에 앉아서도 몸을 꿈틀거림

   b. 종종 앉아 있도록 요구되는 교실이나 다른 상황에서 자리를 떠남(예, 교실이나 사무실 또는 다른 업무 현장, 또는 자리를 지키는 게 요구되는 상황에서 자리를 이탈)

   c. 종종 부적절하게 지나치게 뛰어다니거나 기어오름(**주의점**: 청소년 또는 성인에서는 주관적으로 좌불안석을 경험하는 것에 국한될 수 있다)

   d. 종종 조용히 여가 활동에 참여하거나 놀지 못함

   e. 종종 "끊임없이 활동하거나" 마치 "태엽 풀린 자동차처럼" 행동함(예, 음식점이나 회의실에 장시간 동안 가만히 있을 수 없거나 불편해함, 다른 사람에게 가만히 있지 못하는 것처럼 보이거나 가만히 있기가 어려워 보일 수 있음)

   f. 종종 지나치게 수다스럽게 말함

   g. 종종 질문이 끝나기 전에 성급하게 대답함(예, 다른 사람의 말을 가로챔, 대화 시 자신의 차례를 기다리지 못함)

   h. 종종 자신의 차례를 기다리지 못함(예, 줄 서 있는 동안)

   i. 종종 다른 사람의 활동을 방해하거나 침해함(예, 대화나 게임, 활동에 참견함, 다른 사람에게 묻거나 허락을 받지 않고 다른 사람의 물건을 사용하기도 함, 청소년이나 성인의 경우 다른 사람이 하는 일을 침해하거나 꿰찰 수 있음)

B. 몇 가지의 부주의 또는 과잉행동-충동성 증상이 12세 이전에 나타난다.

C. 몇 가지의 부주의 또는 과잉행동-충동성 증상이 2가지 또는 그 이상의 환경에서 존재한다(예, 가정, 학교나 직장, 친구들 또는 친척들과의 관계, 다른 활동에서).

D. 증상이 사회적·학업적 또는 직업적 기능의 질을 방해하거나 감소시킨다는 명확한 증거가 있다.

E. 증상이 조현병 또는 기타 정신병적 장애의 경과 중에만 발생되지는 않으며, 다른 정신질환(예, 기분장애, 불안장애, 해리장애, 성격장애, 물질 중독 또는 금단)으로 더 잘 설명되지 않는다.

* Reprinted with permission from the Diagnostic and Statistical Manual of Mental Disorders, Fifth Edition, (Copyright 2013), American Psychiatric Association.

ADHD는 부주의성, 과잉활동성, 충동성을 주요 특징으로 하는 신경발달장애이다. 초기 아동기부터 시작되어 성인기까지 생애 전반에 걸쳐 지속되며, 학업, 직업, 대인관계, 건강, 금전관리, 운전 등 삶의 다양한 영역에서 손상을 초래할 수 있다. 전 세계적으로 ADHD의 유병률은 아동에서 약 5%, 성인에서 약 2.5%로 보고되며, 남녀 발생 비율은 아동의 경우 약 2:1, 성인은 약 1.6:1로 남자의 발생률이 높지만, 부주의 증상은 남자보다 여자에게서 더 많이 나타난다(APA, 2013/2015). 대표적인 국내 유병률 연구인 김붕년 등(2006)에 따르면, 아동용 진단 면담 스케줄-4판(DISC-IV)을 활용한 구조화된 부모 면담에서 확인된 ADHD의 유병률은 초등학생에서 약 13%였고 중학생과 고등학생에서는 7% 내외로 높게 나타났다. 그러나 다른 연구들에서 초등학생은 1.99~13%까지로 유병률의 편차가 컸고, 중고등학생은 7% 정도의 유병률을 보였으며 남녀 비율은 약 1.5~2:1로 나타났다. 이렇듯 국내 ADHD 유병률은 지역이나 도구에 따라 큰 차이를 보이고 있어 이를 보정한 연구가 필요하다는 주장이 제기되고 있다(김재원 등, 2004; 조선미, 2018에서 재인용).

ADHD는 한때 미세뇌기능장애(Minimal Brain Dysfunction : MBD)라 불렸는데, Weiner(1982)는 이를 공간 지각, 시각-운동 협응 능력, 기억력, 청력, 말하기에서 손상을 보이는 뇌기능장애로 개념화하였다. ADHD의 역사를 대략 살펴보면 처음에는 아동의 주의산만함과 과잉행동을 단순히 버릇없이 자라 자제력이 부족한 데서 기인한 것으로 생각하다가, 이후 뇌손상의 후유증으로 보게 되었으며, 현재는 특별히 관찰되는 뇌손상이 발견되지 않더라도 유전적으로 혹은 선천적으로 나타나는 현상으로 인정하고 있다(안동현, 김붕년, 2014).

ADHD에서 보이는 과잉활동성, 충동성, 부주의성을 구체적으로 살펴보면 다음과 같다. 먼저 ADHD에서 과잉활동성이란 쉴 새 없이 움직이고, 착석이 요구되는 상황에서 가만히 앉아있지 못하거나, 안절부절못하고 꼼지락거리는 행동을 가리킨다. 충동성이란 참을성이 부족하고, 심사숙고하지 않은 채 의사결정을 하며, 자신의 순서를 기다리기 어려워하고, 타인을 방해하는 행동들로 나타난다. C군의 경우에도 수업 시간에 앉아서 학용품을 가지고 장난을 쳐 교사로부터 지적을 받았고, 신호등 앞이나 줄을 서서 대기해야 하는 상황에서 기다리는 것을 어려워했으며, 친구와 상호작용하는 상황에서도 불쑥 끼어들었다.

그러나 이러한 과잉행동이나 충동성은 ADHD 사례의 절반에 불과하며, 또 다른 ADHD 측면으로는 주의력결핍, 즉 부주의성이 있다. 부주의성이란 수행 중인 과제나 주변 상황에 적절한 주의를 기울이지 못하고 사소한 자극에 쉽게 주의가 산만해지는 것을 말한다. 주의가 쉽게 분산되기 때문에 세부사항을 간과하고 부주의한 실수를 저지른다. 또한 조직화기술이 빈약하기 때문에 과제나 기타 자료를 분실하거나 성인의 경우 집안일이나 업무, 중요한 약속을 이행하는 데 어려움이 생긴다(Morrison, 2014/2016). C군 역시 수업 시간에 교사의 말에 집중하지 못하고 멍하게 딴 곳을 바라보곤 하였으며, 개인 소지품이나 준비물도 자주 분실했다.

과잉행동/충동성 표현형 ADHD 아동은 종종 취학 전 아동기에 증상을 보이는 반면, 부주의성 표현형의 경우 취학 전이나 그 이후까지 눈에 띄지 않을 수 있다. 게다가 지능이 우수한 경우 ADHD가 있더라도 주의력 문제를 보상하거나 학업이 우수할 수 있기 때문에 눈에 띄지 않기도 한다. 이처럼 부주의성만 두드러지거나 지능이 우수한 경우 부모나 교사를 성가시게 하지 않아 늦게 탐지되는 경향이 있으므로 보다 세심한 관찰이 필요하다(Blum & Mercugliano, 1997; McBurnett et al., 1999).

한편 ADHD 아동이라고 해서 모든 활동에 주의를 집중하지 못하는 것은 아니다. 재미있거나 즐거운 활동에는 꽤 오랫동안 집중하고 때로는 지나치게 몰입하기도 한다. 그러나 일반 아동과 달리, 즉각적인 만족을 주지 못하거나 자극적이지 않은 과제와 학업에는 집중해서 노력을 기울이기 어렵다. 사례에서도 C군은 학습지와 같이 흥미가 없는 과제를 진행하는 효율성은 극히 저조한 데 반해, 컴퓨터로 하는 활동에는 과도하게 몰입하는 경향이 있었다.

ADHD는 아동기, 청소년기, 성인기 등 연령에 따라 증상의 발현 양상이나 심각도가 다르므로 발달 시기에 따른 특성을 잘 숙지하고 있어야 정확한 평가를 내릴 수 있다. ADHD 아동의 50% 정도는 적절한 치료를 받거나 혹은 치료 없이도 자연스러운 성숙을 통해 회복을 보인다(Weiner, 1982). 성숙 지연(maturational lag) 가설에 따르면 ADHD 증상은 성숙과 발달에 따라 자연적으로 호전될 수 있으며, ADHD는 정상의 스펙트럼에서 보일 수 있는 변형으로서 전두엽기능 발달이 느리긴 하지만 결국에는 따라잡는다고 본다. 실제로 Shin 등(2003)에서도 ADHD 아동들의 조직화 능력 발달 속도가 비록 정상 아동에 비해 완만하지만 연령이 증가하면서 발달하는 경향을 보여주었다.

(2) 시기별 임상 양상

① 영아기 및 학령전기

C군은 음식을 가리고 잠투정도 많은 등 기질적으로 까다로운 아이였다. 또한 기어다니기 시작한 후로 한시도 가만히 앉아있지 못하고 돌아다녔다. 이처럼 ADHD 아동은 영아기부터 지나치게 활동적이고, 섭식과 수면의 질이 불량하며, 자주 울고 운동 및 언어기술 발달이 다소 느리다(Weiner, 1982; Gillberg, 2014). 즉, 아주 어려서부터 까다롭거나 과도하게 활발했던 경우가 많다. 예를 들어 밤낮이 바뀌어있거나 하도 '발발거리고' 돌아다니면서 넘어지고 다쳐서 애를 먹이곤 한다. 하지만 대개는 '철이 없다, 씩씩하다, 극성맞다, 남자답다' 등의 말을 들으며 무심코 지내다가 유치원이나 초등학교에서 단체생활을 시작한 후에야 그 증상을 발견하고 주목하게 된다(안동현, 김붕년, 2014).

② 학령기

학령전기부터 나타나기 시작한 과잉활동성, 주의산만, 충동성, 흥분성은 초등학교 저학년 때까지도 지속되며, 학습 문제와 또래관계 문제까지 동반되면서 적응 문제를 더욱 악화시킨다. ADHD 아동의 약 50~80%는 학습 문제를 보이는데, 이들은 부산함과 주의산만 때문에 수업에 잘 집중하지 못하고 지각 및 인지적 결함으로 인해 특정 과목에서 기본적인 학업기술을 습득하지 못한다(Weiner, 1982).

ADHD 아동들 중 일부는 초등학교 저학년 때부터 정서 문제를 가지고 있을 수 있다. 쉽게 흥분하는 기질과 공격적이고 파괴적인 행동, 자기통제력이 부족한 모습으로 인해 친구나 교사, 다른 성인들로부터 부정적인 피드백을 받고 거부당하면서 정서적 좌절감을 겪기도 한다. 사회적 소외, 축적된 좌절감, 학업 실패는 종종 낮은 자존감과 싸움, 도벽, 거짓말, 속임수 등의 품행 문제로 이어질 수 있다(Cantwell, 1975). 이는 특히 부모가 아동의 충동적인 행동이나 자기통제력 부족에 대해 비난, 처벌하는 경우 더욱 그럴 수 있다.

정서적으로 지지적인 부모 밑에서 자란 아동이라 하더라도 학령기 후반이 되어 자신의 인지적 능력이 부족하다는 것을 깨닫거나 또래와의 경쟁에서 이길 수 없다는 것을 알게 되면서 자존감이 저하될 수 있다. 사례에서 C군은 지능 검사 결과에서 볼 수 있듯 읽기나 산수 등의 학습 문제는 두드러지지 않았으나, 수업 시간에 집중하지 못하고 충동통제의 어려움으로 인해 친구와 교사로부터 부정적인 피드백을 들으며 점차 자존감이 저하되고 불안해지며 말수도 줄어들었다.

③ 청소년기

ADHD 가족력이 없고, 지능 발달이 정상이고, 공격성이나 분노조절 문제가 없이 순수한 ADHD 증상만을 보이는 경우 14세경 전두엽과 소뇌기능이 정상화되면서 약물치료 없이 자연스럽게 관해될 수 있다. 그러나 ADHD 아동의 50% 정도는 청소년기에 접어들어서도 인지적·정서적 문제가 지속되며, 이 시기에 회복을 보이지 못하는 경우 초기 성인기에 들어서도 적응 문제를 보일 수 있다(Brown & Borden, 1986; Thorley, 1984). 이들은 동년배 정상 청소년과 비교했을 때 더 차분하지 못하고, 주의산만하고, 충동적이며, 쉽게 흥분하는 모습을 보일 수 있고, 지각 및 인지적 결함 또한 지속된다. 특히 적절한 치료나 자발적 회복이 충분하지 않은 경우에는 아동기에 보였던 학습 문제, 낮은 자존감, 우울감, 부적절감, 품행 문제 등 이차적 증상들이 더욱 악화될 수 있다.

　　그러나 주의 폭, 과잉행동, 충동통제 능력의 문제는 연령이 높아지면서 경감되는 경향이 있고(Dinklage & Barkley, 1992; Barkley, 1990), 특히 과잉행동과 관련된 움직임이 대근육 운동에서 소근육 운동으로, 외적 행동에서 내적 행동으로 변화한다. 즉, 자리에 앉아서 꼼지락거리거나 외견상 가만히 앉아있지만 좀이 쑤시는 느낌을 받는 등 눈에 띄지 않는 증상으로 나타날 수 있으므로 이에 대한 세심한 관찰이 필요하다(안동현, 김붕년, 2014).

④ 성인기

성인 ADHD 유병율은 약 4%로 추정된다(Kessler et al., 2006). 아동기에 ADHD로 진단받은 아동의 대략 65%는 25세가 된 시점에서 부분관해되지만 15% 정도는 여전히 진단기준을 충족한다(Faraone et al., 2006). Kessler 등(2006)에 따르면 ADHD 성인은 정상적인 성인에 비해 교육 기간이 상대적으로 짧고, 실직률과 임시직 고용률이 높다. 또한 교통사고와 법정 출두가 잦으며, 대인관계 갈등 및 별거와 이혼 사례가 많았다.

　　성인 ADHD 진단의 경우 DSM-5 진단기준에 명시된 바와 같이 ADHD 증상이 아동기에 발현되어야 하기 때문에 아동기 병력 파악이 매우 핵심적이다. 또한 주의력결핍, 집중력 문제, 안절부절못함, 임무 완수 실패, 충동성 등은 양극성장애나 불안장애, 우울장애의 증상으로도 나타날 수 있기 때문에 다른 정신질환의 가능성도 조심스럽게 살펴봐야 한다(Ganellen, 1996/2013). 동반이환율 또한 높은데, ADHD 성인은 불안(51%)과 우울(32%)의 빈도가 높을 뿐 아니라 물질 및 알코올 남용(18%)도 많고, 성인 여성의 경우 섭식장애에 걸릴 위험도 더 높았다(Biederman et al., 2011).

DSM-5에서는 아동과 성인의 ADHD 진단기준 내용(증상)이 동일하다. 그러나 청소년기나 성인기에 접어들어 과잉행동과 충동성이 완화되는 것을 고려할 때, 이러한 진단기준을 청소년이나 성인에게 그대로 적용하는 것은 적절하지 않다. 아동은 과도하게 움직이고 가만히 있지 못할 수 있지만, 성인의 경우에는 외적으로는 움직임이 덜한 반면 내적으로는 부산하게 움직이고 싶고 가만히 앉아있기 싫은 충동으로 인해 갈등하게 되며, 때로는 언어적 충동성으로 표현될 수도 있기 때문이다(Solanto, 2011/2013). 실제로 지속주의력 검사를 사용한 연구에서 성인 ADHD 집단의 경우 충동성을 시사하는 과잉반응오류는 평균보다 높지 않았다(Downey et al., 1997).

마지막으로 청소년 및 성인 ADHD 환자의 학업 문제와 관련하여, 자녀들의 학업에 관심이 많고 적극적으로 개입하는 부모는 ADHD 아동·청소년의 취약한 부분인 학습 상황에 대한 구조화와 조직화, 계획 과제들을 직접 도와주거나 개별 교사의 지도를 통해 도움을 줄 수 있으므로 고등학교 시절까지는 좌절감이 크지 않을 수 있다. 그러나 대학 시기부터는 부모의 도움 없이 방대한 학습량을 스스로 계획하고 독립적, 주도적으로 해 나가야 하므로 ADHD가 있는 대학생들은 수업 시간 지키기, 강의에 집중하기, 필기하기, 장기 계획이 필요한 학기말 보고서나 큰 프로젝트 완수하기 등에서 어려움을 겪는다(Solanto, 2011/2013).

(3) 중복 및 감별 진단

'주의집중을 하지 못하고 산만하다'는 문제는 일반 아동에게도 매우 흔해 그 비율이 22~57%에 달한다(Barkley, 2003). 주의산만 또는 과잉활동은 ADHD 아동뿐만 아니라 다른 장애를 가지고 있거나 정상 발달 과정에 있는 아동에게도 일시적으로 나타나는 증상이다. 그러므로 아동의 ADHD를 평가할 때 과잉행동, 집중력, 충동성 문제는 불안, 조증, 정신증과 같은 여러 기저 장애의 결과물일 수 있음을 명심해야 한다(Cepeda, 2007; Kleiger, 2017/2020에서 재인용). 이러한 이유로 ADHD와 관련된 문제로 아동을 평가할 때는 대부분 부주의성, 충동성, 과잉행동, 실행기능 결함과 더불어 다른 장애 및 증상에 대한 평가가 동시에 이루어진다.

Morrison(2014/2016)은 ADHD 진단 시 놓치기 쉬운 주의사항 중 하나로 지적장애, 불안장애, 기분장애, 자폐스펙트럼장애, 품행장애, 적대적 반항장애, 간헐적 폭발장애, 특정학습장애, 파괴적 기분조절부전장애, 정신병적 장애, 기타 정신질환 및 성격장애와 감별해야 함을 제시했다. 또한 안동현과 김붕년(2014)은 ADHD와 감별이 필요한 질환이나 상태를 다음과 같이 제안하였다.

① 정상적인 외향적 기질
② (신체)의학적 질환
- 갑상선장애, 갑상선호르몬 내성 증후군
- 약물(페노바르비탈, 테오필린, 슈도에페드린)
③ 신경학적 질환
- 대뇌손상(뇌염 후유증, 뇌 좌상, 저산소증, 납중독, 뇌전증)
④ 정신질환
- 품행장애, 적대적 반항장애, 학습장애, 언어장애, 지적장애, 자폐스펙트럼장애
- 우울증, 양극성장애, 불안장애, 조현병, 기타 정신병, 기타 신경증
⑤ 열악한 환경 조건
- 아동학대, 부적절하고 혼란스러운 양육 환경, 부적절한 양육 방법

이를 보면 알 수 있듯, 이처럼 ADHD를 정확하게 진단하기 위해서는 거의 대부분의 주요 정신질환에 대한 이해가 필요하다. 따라서 ADHD 진단은 매우 어려운 작업이며 ADHD 하나를 안다는 것은 이와 관련된 모든 소아정신병리를 안다는 것과 같은 의미이다.

중복 진단과 관련하여, ADHD에서는 동반이환율이 높다고 알려져 있다. 국내 소아정신과에 입원 중인 ADHD 환자 집단에서 평균 2.7개의 공존질환이 보고된 바 있고, 주

의산만 및 과잉운동을 주 호소 문제로 정신과 외래에 내원한 아동 중 주 진단을 ADHD로 받은 환아들의 55.3%가 공존질환을 가지고 있었다는 보고도 있었다(신윤오 등, 1993; 홍강의 등, 1996).

하지만 주의할 점은 환자가 보이는 증상이 ADHD만으로 충분히 설명되지 않을 때는 중복 진단을 고려할 수 있으나, ADHD에 흔히 동반되고 ADHD로 설명할 수 있는 기분 및 행동상의 문제라면 굳이 다중진단을 내릴 필요는 없다는 것이다. ADHD는 감별 및 중복 진단이 매우 중요한 장애로, 세부적인 감별 진단 포인트를 언급하기 전에 Morrison(2014/2015)이 제시한 진단원칙을 ADHD 진단에 적용해보면 다음과 같다.

- ADHD는 유전 가능성이 높으므로 가족력을 고려하면 도움이 된다. C군의 사례에서도 아버지의 경우 고기능 ADHD일 가능성이 있다.
- 신체질환과 이에 대한 약물치료 또는 물질사용이 정신과적 증상을 발생시키거나 악화시킬 수 있으므로, 반드시 일반적인 의학적 상태와 복용 약물 및 (성인의 경우) 물질사용에 대한 탐색이 이루어져야 한다. 신경학적 질환이 아니더라도 통증을 유발하는 신체질환이 있는 아동이 수업 시간에 집중하지 못하는 것은 정상적인 반응으로 볼 수 있다. 특히 신체질환으로 인해 스테로이드 치료를 받는 경우 기억력 저하, 과잉행동 등이 유발될 수 있으므로 이러한 사항에 대한 탐색이 필요하다. 이처럼 다른 신체질환으로 충분히 설명 가능한 수준의 주의력 및 과잉행동 문제가 발생한 경우 정신과적 진단까지 추가적으로 내리는 것은 환자의 삶이나 치료에 크게 도움이 되지 않는다.
- 만약 면담을 통해 얻은 정보들이 서로 일치하지 않는 경우에는 증상보다 징후가 우세하다는 것을 유의해야 한다. 가령 보호자 보고상으로는 ADHD 평가 척도에서 진단 분할점을 초과했다 할지라도, 심리평가에서 이를 지지하는 징후가 관찰되지 않고 다른 장애(지적장애, 기분장애, 불안장애 등)가 우선 시사된다면, ADHD 진단을 내림에 있어 보호자 나름대로 개념화하여 보고한 증상보다는 다른 객관적인 증거들이 더 큰 영향을 미칠 것이다.
- 위기로 인해 생긴 증상을 평가할 때는 주의가 필요하다. 만약 환자가 지속적인 가정폭력이나 교통사고와 같은 외상을 경험했다면 ADHD 진단보다는 다른 가능성

을 우선 고려해야 한다.

- 객관적인 자료가 주관적 판단보다 우세하다. 숙련된 임상가의 직관은 진단에 도움이 될 수 있지만 객관적 자료가 뒷받침되지 않는다면 오류를 범할 가능성이 있으므로 항상 객관적인 증거에 입각한 진단을 내려야 한다. ADHD 환자를 연속적으로 많이 보는 근무 환경에서는 관성에 따라, 그리고 임상가의 확증편향에 따라 ADHD 진단과 모순되는 정보에 주의를 기울이는 것을 간과할 수 있다.

- 자주 발생하는 진단을 우선 택하는 것이 좋다. 흔치 않게 아동기 정신증이나 양극성장애가 발생할 수 있으나, 이는 ADHD에 비해 유병률이 훨씬 낮은 정신장애이므로 이러한 장애로 진단 내릴 때는 보수적인 입장을 견지해야 한다. 그럼에도 불구하고 만약 정신증이나 양극성장애를 지지하는 증상과 검사에서의 징후가 확실하게 파악된다면 이러한 장애로 진단을 내려야 하며, 만약 임상가로서 불확실감을 느낀다면 숙련된 임상가로부터 조언을 구하는 것이 바람직하다.

- 진단과 관련된 불확실성을 해결하기 위해 환자가 과거에 받았던 진단과 치료를 검토할 수 있다. 과거 ADHD 소견 하에 약물치료를 했음에도 불구하고 증상 호전이 미약하고 부작용이 심하다면 과거의 진단에 대한 건전한 의심을 품어야 한다.

교사의 권유로 센터를 방문하는 부모들은 본인의 아이가 ADHD일 수 있다는 가능성에 대해 인터넷 검색을 통해 알아보고 오기 때문에, 다른 부분은 무시하고 자녀가 보이는 부주의하고 충동적인 문제만을 위주로 임상가에게 호소할 수 있다. 임상가는 이러한 확증편향을 경계해야 하며 보호자가 나름대로 해석하여 보고하는 추상적인 표현("산만해요", "사고뭉치예요", "고집을 부려요")에 끌려가기보다는, "실제로 어떤 행동 때문에 그렇게 생각하시나요?"와 같은 질문을 통해 그러한 판단의 근거가 되는 구체적인 행동을 탐색해야 한다. 이와 함께 심리평가에서 획득한 객관적인 증거에 근거하여 진단을 내려야 한다. 무엇보다 ADHD 진단은 평생 꼬리표처럼 따라다니며 낙인이 될 수 있고, 환자 스스로 사소한 실수나 실패에도 "역시 나는 ADHD야"라고 스스로의 능력을 평가절하하면서 패배감을 느낄 수 있다는 점을 염두에 두어야 한다. 다음은 ADHD와 다른 장애와의 감별 및 중복 진단 시 참고할 만한 사항들이다.

① 지적장애

전체지능지수(FSIQ)만으로 지적장애 아동과 ADHD 아동을 구분하기는 어렵다. 따라서 소검사 프로파일 및 다른 신경심리학적 평가를 함께 고려해야 한다. 지적장애 아동은 제반 인지기능 발달이 고루 지체되어있는 반면, ADHD 환자는 주의력 관련 소검사에서 두드러진 저하를 보인다. 지적장애가 아니더라도 ADHD 아동은 부주의성과 충동성으로 인해 지능지수가 낮게 산출될 수 있다. 이 경우 소검사 프로파일과 다른 신경심리학적 평가를 살펴보고 주의력 문제로 인해 전체지능지수가 하락했을 가능성을 고려해야 한다. 간혹 지적장애와 ADHD가 동반이환되는 경우도 있는데, 이때는 생활연령이 아닌 정신연령을 기준점으로 잡고 부주의성이나 과잉활동성의 심각도를 평가해야 한다.

② 자폐스펙트럼장애(ASD)

ASD와 ADHD 아동 모두 주의력 문제, 대인관계 부적응, 행동 관리의 어려움을 보일 수 있다. ADHD 아동이 보이는 대인관계 문제가 부주의하고 과잉활동적인 행동으로 인한 것인지, 아니면 ASD에서 보이는 대인 상호작용에 대한 흥미 결여, 공감 능력의 결함, 사회적 단서에 대한 이해 부족 등 사회성 발달상의 질적인 문제에서 발생하는 것인지 감별해야 한다. 또한 겉으로 비슷해 보이는 분노발작이라 하더라도 ASD에서는 주로 주변 상황의 변화를 인내하지 못해 발생하는 반면, ADHD에서는 주로 충동성이나 자기통제력 부족 때문에 발생한다. 그러므로 문제행동이 발생하는 상황의 맥락을 살펴봐야 한다. 지능 검사를 통한 감별이 유용한데, ASD의 경우 일반적으로 동작성 지능이 상대적으로 양호하게 발달되어 있으나 언어성 지능은 지체되어있다. 특히 언어적 개념형성 능력(공통성)과 사회적 능력과 관련된 소검사(이해, K-WISC-III의 차례 맞추기)에서 지체된 수행을 보이는 반면, 우반구가 담당하는 공간적이고 총체적인 처리 과정이 요구되는 토막짜기와 모양 맞추기(K-WISC-II), 그리고 단순하게 기계적인 암기력과 관련된 숫자 문제에서 상대적으로 우수한 수행을 보이는 등 제반 인지 능력 발달상에 불균형적인 특성을 보인다(양윤란, 신민섭, 1998).

③ 학습장애

학습장애 아동도 부족한 학습 능력과 흥미 결여, 좌절감 등으로 인해 학습에 부주의한 모습을 보일 수 있다. 이러한 학업부진과 부주의성이 ADHD 때문일 가능성도 고려해야 하는데, 이 경우 증상이 다양한 학습 영역과 사회적 맥락에서 드러날 가능성이 크다. 그러나 ADHD가 없는 순수한 학습장애 아동의 경우 학습장애의 징후가 읽기나 계산하기 혹은 해당 학습기술이 필요한 다른 과목이나 활동 등 주로 그 장애 영역과 연관되어 나타날 가능성이 더 크며, 학업 장면 외에는 현저한 부주의성을 보이지 않는다. 지능 검사 프로파일에서 학습장애 아동이 ACID 프로파일, 즉 산수, 기호쓰기, 상식, 숫자에서 저조한 수행을 보이는 경향이 있지만 이는 학습장애에 고유한 것은 아니다. 따라서 주의집중, 조직화, 기억, 읽기 속도와 독해 등에서 보이는 문제가 ADHD 때문인지 아니면 학습장애 때문인지를 구별하기 위해서는 종합적인 심리검사가 필수적이다.

④ 적대적 반항장애(ODD) 및 품행장애(CD)

ODD 아동 또한 타인의 요구에 순응하기를 거부하는 특성으로 인해 학교 수업이나 과제에서 불성실한 모습을 보일 수 있다. 이는 정신적 노력을 지속적으로 기울이는 것과 관련된 어려움이나 충동성 때문에 발생하는 ADHD의 특성과 구분되어야 한다. 또한 CD와의 감별과 관련하여, ADHD에서는 관련된 인지적 결함이 나타나지만 CD에서는 그렇지 않을 수 있다. CD에서 보이는 충동성은 성격 특성과 관련되어 나타날 가능성이 있으며, 충동적인 반응을 제어할 능력이 없기 때문에 유발되는 증상이라기보다는 충동적으로 행동한 뒤에 받게 되는 부정적인 피드백에 둔감하거나 이를 무시해버리기 때문에 나타나는 것일 가능성도 고려해야 한다. 또한 CD에서는 충동성을 포함한 자신의 문제 증상에 대해 자아-동조적인 태도를 지니고 있을 가능성이 있는 반면, ADHD 아동은 자아-이질적인 태도를 지니고 있을 수 있다(고영건 등, 2004).

⑤ 틱 및 불안장애

주의산만을 주 호소로 내원하는 아동 중에 불안 증상이 원인인 경우도 많다. 물론 틱이나 불안장애가 있다고 해서 ADHD를 완전히 배제할 수는 없지만, 틱과 불안이 아동의 주의산만이나 과제 수행을 방해하고 있을 가능성이 있다. 따라서 불안 증상이 처음 발생하기 전에 ADHD 증상이 나타나지 않았다면 불안장애를 우선 고려해야 한다. ADHD 아동은 외부 자극과 새로운 활동에 대한 주의분산으로 인해 부주의한 반면, 불안장애 아동들은 걱정과 반추로 인해 과제에 집중하지 못하는 경우가 많다. 불안 수준이 높다면 지능 검사에서도 분명한 지침이 주어지지 않거나 정답이 즉각적으로 떠오르지 않는 친숙하지 않은 문제 상황에서 수행 불안을 느끼고 인지적 비효율성이 초래되어 자신의 능력을 충분히 발휘하지 못할 수 있다(신민섭 등, 2005). 그러나 불안장애만 있는 아동에게서는 주의집중력(산수, 숫자, 기호쓰기 등)에서 근본적인 주의력 결함이 시사되지 않을 것이며, 이는 한계검증을 통해 알아볼 수 있다.

⑥ 기분장애

보호자에 의해 주의력 문제나 충동적인 행동이 보고되었다면 기분장애에 대해 탐색할 필요가 있다. 만약 기분장애가 주의력 문제나 충동적 행동을 완전히 설명할 수 있다면 기분장애를 우선 고려해야 하며, 그렇지 않고 ADHD 증상에 기분장애가 동반되어 있다면 둘 다 진단 가능하다.

우울장애만 있는 아동도 주의집중에 어려움을 보이지만, 이는 주로 우울한 상태에서만 두드러지게 나타나며 우울 삽화로부터 벗어나면 주의집중력 또한 호전될 수 있다. 만약 부주의성을 주 호소로 내원한 아동의 심리평가에서 주의력 결함보다는 우울한 징후가 두드러지게 나타난다면 우울장애를 우선 고려해야 한다. 아울러 이것이 ADHD에 따른 이차적 우울인지, 우울장애에 주의력 문제가 동반된 것인지, 아니면 ADHD와 우울장애가 공존하는지는 현 병력에 대한 면밀한 탐색과 추적 관찰을 통해 정확한 감별이 필요하다.

ADHD는 꾸준히 부주의하고 산만한 반면, 양극성장애는 기분에 따라 이러한 증상에 기복이 있는 점이 특징이다. 양극성장애 환자도 과잉활동, 집중력 부족, 충동성을 보일 수 있으나 이러한 문제는 들뜬 기분, 과대감 등을 포함한 조증/경조증 삽화 중에만 두드러지게 나타난다. ADHD 아동도 하루 내에 기분이 급격히 변하고 성마름과 분노를 보일지라도 이러한 정서적 불안정성은 ADHD 자체가 지닌 정서적 특성일 수 있다.

⑦ 아동기 정신증

ADHD 아동들의 저조한 지각적 정확도와 성급하고 충동적인 특성으로 인해 사건의 전체적인 면을 조망하지 못하고 전후관계를 제대로 이해하지 못하여 판단 문제가 발생할 수 있다. 정신증과의 감별에는 로르샤흐 검사가 유용한데, ADHD 아동에게서도 특수점수(WSum6)가 상승할 수 있음에 유의해야 한다. Murray(1992)에 따르면 정신증이 아닌 ADHD 집단에서도 비논리적인 연상을 반영하는 INCOM과 FABCOM을 흔히 보이며, 현실검증 곤란 및 장애적 사고의 로르샤흐 지표가 상승할 수 있다. ADHD 아동은 로르샤흐 검사에서 사고 흐름상 합리적이고 객관적으로 판단하는 능력이 부족하여 말의 앞뒤가 맞지 않을 수 있고, 특수점수의 상승이 관찰될 수 있다. 그러나 이는 근본적인 사고장애나 지각적 왜곡에서 기인하기보다 인지적 충동성으로 인해 주변 상황을 부주의하고 성급하게 판단하는 성향에서 기인할 수 있으므로 특수점수 상승이 정신증을 시사하는 지표라고 단정해서는 안 된다. 정신증 아동의 사고장애 반응은 원시적인 방식으로 경계가 붕괴되어 있으며 기이하고 심각하다(Murray, 1992; Kleiger, 2017/2020에서 재인용).

⑧ 약물에 의해 유발된 ADHD 증상

기관지확장제(bronchodilators), 이소니아지드(isoniazid), 신경이완제(neuroleptics), 갑상선 대체제(thyroid replacement medication) 등의 약물은 부주의성, 과잉활동성 또는 충동성을 유발할 수 있으며, 이러한 경우 물질관련 장애로 진단되어야 한다.

⑨ 외상후 스트레스장애(PTSD)

노력이나 동기의 감소와 부주의는 PTSD 증상인 불안이나 우울과 유사하게 보이며, 가족 역기능이나 부모의 학대 혹은 방임에 대한 아동의 반응과도 비슷해 보일 수 있다. 이러한 가능성을 감별하기 위해서는 일련의 발현된 증상들을 평가하고, 그러한 증상들을 발달적 맥락 속에서 원가족의 기능과 특징, 아동이 경험한 사건들과 연관 지어 고려할 필요가 있다(Solanto, 2011/2013).

다음 그림은 부주의성과 과잉행동/충동성을 보이는 환자를 위한 의사결정나무이다. ADHD 진단 시 뇌손상, 복용 중인 약물, 발달 지체, 자폐스펙트럼장애, 기타 정서장애 등에 대한 고려를 간과하지 않아야 함을 강조한다.

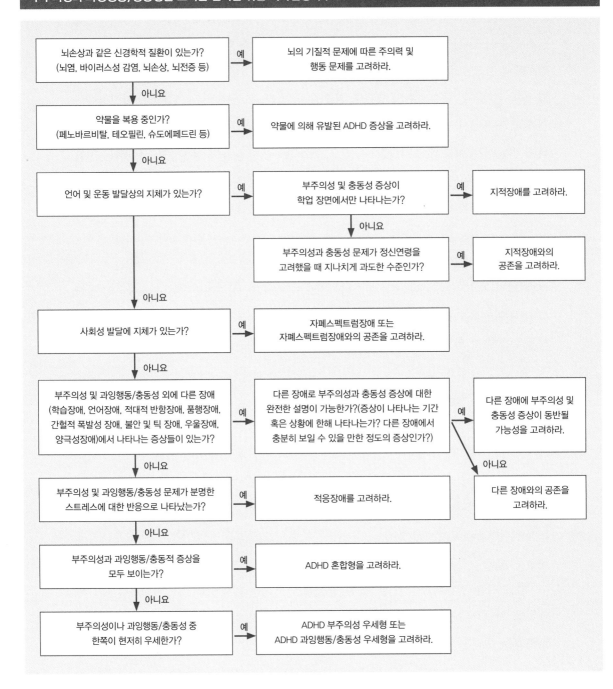

2) 이론적 모형

ADHD의 원인에는 유전적 요인, 대뇌 감염이나 손상과 같은 신경학적 요인, 부모의 심리 특성이나 양육 방법, 부모-자녀관계와 같은 심리사회적 요인 등이 있다. 여기서는 심리 학적 평가 및 치료적 개입에 있어 중요한 신경심리학적 이론 모형을 간략히 살펴보겠다.

먼저 실행기능(executive function)과 관련하여, Pennington과 Ozonoff(1996)는 ADHD의 일부 증상이 전두엽손상 환자들의 증상과 비슷하다는 점에서 ADHD 환자들 의 전전두엽기능 저하가 실행기능손상을 초래한다고 제안하였으며, 이러한 가설은 추 후의 이론적 모형에 대한 기초가 되었다. 실행기능은 작업기억, 자기억제, 집중 방해자 극에 대한 저항, 주의전환, 조직화, 계획, 자기-감찰을 아우르는 넓은 개념이다. 실행기 능의 결함은 아동과 성인을 대상으로 한 신경심리학적 평가 연구에서 다루어져 왔으며, ADHD를 대상으로 한 기능적 뇌영상 연구에서도 실행기능을 보조하는 전전두엽 영역의 활성화에 결함이 있음을 보여주었다.

현재 널리 받아들여지고 있는 ADHD의 병인론은 Barkley(1997b)의 모형으로, ADHD의 핵심적인 손상이 반응억제(response inhibition) 또는 행동억제(behavioral inhibition)라고 제안한다. 반응억제는 ① 자동적 반응이나 즉각적인 보상을 가져오는 반응을 억제하는 능력, ② 이미 시작한 행동을 잠시 멈추거나 지연시킬 수 있는 능력, ③ 방해 자극에 의해 주의가 분산되지 않고 필요한 반응에 주의를 유지할 수 있는 능력으로 구성 된 개념이다. 반응억제 능력의 손상은 실행기능(작업기억력, 자기조절 능력, 말의 내현화, 재 구성)에 직접적으로 지장을 주며, 이는 복잡한 활동과 목표 지향적 행동, 특히 운동 통제, 유창성, 문장 구조에 대한 규칙(syntax)에서 문제를 유발한다.

또 다른 이론에서는 부주의성 우세형과 과잉행동/충동성 혼합형 간의 차이점에 주 목한다. 예를 들어 Diamond(2005)에 따르면 부주의성 우세형은 작업기억력 문제가 핵 심인 반면, 혼합형은 반응억제에서 기인한다는 것이다. 또 다른 모형에서는 부주의성 우 세형과 과잉행동 우세형이 각각 'Cool' 또는 'Hot' 실행기능 경로에서의 혼란과 관련이 있다고 제안하였다(Castellanos et al., 2006). 여기서 'Cool' 경로는 정서가(emotional valence)가 관여되지 않은 과제에 대한 반응을 조절하는데, 예를 들어 ADHD 진단 시 흔히 사용하는 연속수행 검사(CPT)로 평가하는 지속주의력을 포함한다. 반면 'Hot' 경로는 정서가 포함된 과제에 대한 반응을 조절하며 보상과 동기를 포함한다(Castellanos et al., 2006; Rubia, 2011). 그러므로 이러한 이론적 모형에서는 부주의성은 인지 과제 수행에서의 문제와, 과잉행동/충동성은 정서적 자극과 더 관련이 있다고 본다.

이와 달리 몇몇 이론적 모형에서는 ADHD가 세 가지 아형과 관계없이 인지적 통제와 정서조절 모두에서의 결함으로부터 초래된다고 제안한다(Nigg & Casey, 2005; Sergeant et al., 2003). 이 모형들은 ADHD 증상이 반응억제 및 기타 실행기능의 문제와 더불어, 만족을 지연시키고 과제를 수행할 수 있을 정도로 각성하여 에너지를 투입하는 능력의 부족으로 인해 발생한다고 설명한다.

ADHD의 원인론 중 실행기능장애에 기반을 둔 모형들은 양립할 수도 있다. 이들은 번갈아 나타나거나 ADHD 환자 개인에 따라 복잡한 경로를 보이며, 이로 인해 ADHD 진단 분류 내에서 이질적인 특성을 보이게 된다. 중요한 것은 이러한 모형 대부분이 ADHD 환자의 심리평가에서 인지적 문제를 식별할 수 있는 뚜렷한 신경인지 프로파일이 나타날 것이라고 예측한다는 점이다. 현재 다수의 전문기관에서 실시하고 있는 신경인지기능 검사는 이러한 이론적 모형을 기반으로 하여 개발된 것이므로, 검사 결과를 정확하게 해석하기 위해서는 이 모형들에 대한 이해가 바탕이 되어야 한다.

3) ADHD의 치료

ADHD의 심리치료에 대한 연구는 2000년 무렵부터 광범위하게 이루어져 왔으며, 그 효과를 입증하기 위한 다수의 메타분석이 시행되었다(조선미, 2018). 미국심리학회 53분과 아동청소년 임상심리학회에서는 메타분석 연구를 바탕으로 ADHD 치료 권고안으로서 행동적 접근(behavioral approaches)과 조직화 개입(organizational interventions) 방식을 제시하였다. 여기에는 행동적 부모훈련(Behavioral Parent Training: BPT), 행동적 교실관리(Behavioral Classroom Management: BCM), 행동적 또래관계 개입(Behavioral Peer Interventions: BPI), 행동적 기법의 조합, 조직화훈련이 포함되어있다.

(1) 행동적 부모훈련

행동적 부모훈련(BPT)은 ADHD 아동에 대한 심리치료 중 가장 효과가 뚜렷한 개입 방법으로 권고된다(조선미, 2018). BPT는 행동주의 및 사회학습이론의 개념인 조작적 조건형성과 기능적 행동분석에 토대를 둔 프로그램으로, 부모교육이라 불리기도 한다. 부모는 환아와 가장 많은 시간을 보내고 가장 큰 영향을 미칠 수 있는 대상이므로 전문기관에 한해 이루어지는 다른 심리치료보다 훨씬 효과가 크다.

BPT를 통해 ADHD 증상을 보이는 학령전기 혹은 학령기 아동의 부모에게 행동수정의 기본 개념을 가르침으로써 양육행동을 효과적으로 변화시킬 수 있다(Barkley, 1987; 조선미, 2018에서 재인용). 이와 함께 BPT를 함으로써 부모의 정신건강과 부모-자녀관계가 호전됨에 따라 아동의 문제행동이 개선되는 효과도 있다. 특히 ADHD 아동의 약 40%가 부모 중 적어도 1명이 ADHD를 가지고 있다고 보고되었는데(Starck et al., 2016), ADHD가 있는 부모는 자녀들을 일관성 있게 대하거나 정서와 행동의 적절한 표현을 위한 긍정적 역할 모델을 제공하는 것이 더 어려운 경우가 종종 있다(Solanto, 2011/2013).

국내 연구 따르면 ADHD 아동들이 학교나 가정에서 보이는 주의산만함, 충동성, 과잉활동성 등 문제행동을 감소시키고 부모의 양육 스트레스를 감소시키는 데 부모훈련과 약물치료를 병행하는 것이 약물치료를 단독으로 사용하는 것보다 매우 효과적인 것으로 나타났다(신민섭 등, 1995).

(2) 행동적 또래관계 개입

ADHD 아동들은 또래 집단에 비해 규칙을 따르기 어려워하고, 차례를 지키지 못하며, 다른 아동을 방해하고, 결과를 생각하지 않은 채 행동하는 경향 때문에 또래관계 문제를 보이는 경우가 많다(조선미, 2018). ADHD 아동은 이처럼 사회적인 부분에서 많은 결함을 보이므로 부정적인 또래관계의 감소, 친사회적인 행동의 증가를 도모하고 사회적 정보처리, 일반적인 사회적 행동과 학업 수행을 높일 수 있는 효과적인 사회기술훈련이 필요하다(안동현, 김붕년, 2014). 사회기술훈련(social skill training)은 행동적 또래관계 개입의 대표적인 방법으로서, 대개 또래에게 따돌림을 경험하는 아동이나 공격성 및 사회적 고립을 보이는 아동에게 적용된다. 의사소통, 협동, 참여, 동의와 같은 기술을 적절히 사용했을 때 강화를 주는 방식으로 이루어지며 국내에서 활발하게 적용되고 있다.

(3) 인지행동치료

인지행동치료(CBT)에서는 모델링, 역할극 등을 사용하여 실제적인 인지기능 발휘와 사회 적응에 도움이 되는 기술을 습득하고 자신의 문제행동을 스스로 조절하는 방법을 배운다. 이를 위해 주의력과 작업기억력, 행동억제 능력을 향상시키는 직접적인 인지훈련을 실시한다. 또한 ADHD 아동의 경우 우울, 불안, 분노 등의 정서 문제가 동반되는 경우가 많은데, 유관성(contingency)을 활용한 직접적인 행동치료와 인지적 재구성 기법을 통해 자신의 감정, 생각, 행동이 상호 간에 어떻게 영향을 미치는지 이해하고 역기능적인 사고와 문제행동을 수정함으로써 동반된 정서 및 행동 문제를 개선할 수 있다.

이와 같은 권고안이 있더라도 심리평가를 통해 환자의 특성을 파악하여 맞춤형 치료를 제안할 수 있어야 한다. 신민섭과 구훈정(2007)은 이와 관련된 몇 가지 예시를 제안하였다. 첫째, 심한 부주의성과 과잉행동/충동성을 모두 보이는 학령전기 환아의 경우 적절한 중추신경흥분제의 복용이 우선적으로 권고된다. 또한 부모교육과 함께 충동통제 및 조절 능력을 강화하고 조직화 및 계획 능력을 향상시키는 것을 목표로 하는 CBT가 추천된다. 나아가 이후 학교 입학 시 예상되는 문제에 대비하여 과제에 대한 흥미와 동기, 주의력 수준을 높이기 위한 환경적·교육적 개입도 필요하다. 둘째, ADHD 부주의형 진단이 우선 고려되는 가운데 또래와 어울리지 못하고 따돌림을 당하고 있으며 이차적으로(secondary) 우울증 가능성이 있는 환아의 경우, 작업기억력 및 인지적 융통성 증진을 위해 전두엽기능을 강화하는 인지적 훈련이 도움이 될 수 있다. 이와 더불어 환아가 겪고 있는 우울감과 또래관계 문제를 다루기 위해 CBT와 사회기술훈련, 부모교육, 놀이치료 등을 활용할 수 있다. 셋째, ADHD 혼합형 아동이 지속적인 약물치료를 받아 부주의성은 회복되었으나 충동성이 지속되고 있고 부모의 비일관적인 양육방식이 여기에 영향을 주고 있다면, 지속적인 약물치료와 더불어 충동적인 문제해결 방식을 변화시키는 CBT와 부모교육이 병행될 필요가 있다.

(4) C군의 사례

C군은 중추신경흥분제인 메틸페니데이트(methylphenidate) 복용을 통해 주의력 및 충동 조절 문제가 어느 정도 개선되었다. 이에 더해 낮은 자존감, 불안, 사회기술 부족에 따른 또래관계 문제를 개선하기 위해 사회기술 증진을 위한 집단치료를 12회기 진행하였다. 집단치료에서의 목표와 회기별 내용은 다음과 같았다.

집단치료의 목표
1단계(감정 파악하고 이해하기) : 내 감정을 파악하고 이해하며, 다른 사람의 감정과 상황을 파악할 수 있게 한다.
2단계(친구 찾기) : 친구를 사귀기에 적절한 상황과 부적절한 상황을 구분하는 기술, 친구들의 놀이에 참여하는 기술, 거절에   대처하는 기술 등을 습득한다.
3단계(친구 만들기) : 친구와 대화하는 기술, 친구를 놀이에 초대하는 기술, 친구에 대한 예절, 친구와 놀이 활동을 계획하는 기술,   공정하고 재미있게 놀이하는 기술 등을 습득한다.
4단계(친구와의 갈등 해결하기) : 사소한 갈등을 해결하는 기술, 싸움을 피하는 기술, 놀림에 대처하는 기술 등을 습득한다.

집단치료의 회기별 내용	
1회기	워밍업 — 좋은 친구 모임과 집단 규칙 익히기
2회기	감정 인식하기
3회기	사회성기술 I — 친구들과 어울리기
4회기	사회성기술 II — 집단 놀이 상황에 적용하기
5회기	놀이기술 I — 좋은 놀이 친구 되기
6회기	놀이기술 II — 결과를 기분 좋게 받아들이기
7회기	대화기술 — 친구와 이야기 나누기
8회기	생각과 감정의 연결고리 이해하기
9회기	자기주장훈련하기
10회기	놀림에 대처하기 및 문제해결하기
11회기	분노조절 — 부정적인 감정을 조절·표현·해소하기
12회기	총 회기 복습 및 파티

(* 서울대학교 어린이병원에서 실시하고 있는 치료 프로그램을 수정·요약함)

한편, ADHD에 대한 심리치료 중 첫 번째로 권고되는 BPT를 9회 실시했으며, C군의 경우 사회기술훈련을 받는 만큼 이와 관련된 내용으로 구성했다. 각 회기 내용을 요약하면 다음과 같다.

	BPT의 회기별 내용
1회기	ADHD의 증상에 대한 설명과 함께, C군의 현실적인 문제가 무엇인지를 요약·정리해주었다. 아동에게 있어 또래관계의 중요성을 설명하고, 아동에게 사회기술들을 가르쳐주는 교사의 역할, 사회기술들을 사용할 사회적 상황을 만들어주는 역할, 아동이 습득한 기술들을 연습해볼 수 있는 놀이 친구의 역할, 아동이 기술들을 사용한 것에 대해 강화를 해주는 지원자의 역할, 생활 속에서 친사회적 기술들을 직접 시범 보이는 역할 모델의 역할을 교육했다. 특히 훈련 상황에서의 효과가 아동의 일상생활로 일반화되기 위해서는 아동들이 보이는 여러 친사회적 행동들에 대해 지속적인 관심을 가지고 다양한 칭찬과 보상을 제공해야 한다는 점을 강조했다.
2회기	친구들과 어울리기 – 아동을 또래 친구들이 많이 모여있는 곳에 데리고 가 부모님이 함께 있다는 것을 눈치채지 못하도록 거리를 두고 떨어져 관찰하고, 친구들에게 거절당하고 돌아올 경우 위로해주며, 다른 또래 친구들을 찾아보거나 다음 기회를 활용해보도록 했다. 아동이 어울리기 기술을 가족관계 내에서도 연습해볼 수 있도록 했다.
3회기	좋은 놀이 친구 되기 – 부모가 좋은 놀이기술의 중요성에 대해 자주 설명해주고, 아동이 좋은 놀이기술을 보였을 때 즉각적·구체적으로 칭찬해주게 했다. 또한 좋은 놀이 친구가 되어 아동과 자주 놀아주도록 하면서 바람직한 모델을 제시하도록 했다. 온 가족이 참여할 수 있는 놀이를 하거나 친구를 집으로 초대하여 아동이 친구들과 어떻게 노는지를 관찰하면서 좋은 놀이기술을 반복적으로 가르치도록 했다.
4회기	결과를 기분 좋게 받아들이기 – C군은 게임을 하다가 졌을 때처럼 부정적인 사건 혹은 좌절할 만한 사건이 발생했을 때 흥분하거나 화를 내면서 상황을 회피해버리거나 다른 사람들에게 분노를 표현하고 부적절한 행동을 해서 거부나 놀림의 대상이 되곤 했다. 따라서 아동이 보다 적절한 반응을 할 수 있도록 교육했다.
5회기	친구와 이야기 나누기 – C군은 친구와 대화를 나눌 때 다른 아이들의 말에는 반응하지 않고 일방적으로 자기 말만 하거나 부적절하거나 불유쾌한 말을 더 많이 하는 등, 적절한 대화행동이 부족했다. 이에 사회적 상호작용을 유지하고 우정을 발달시키며 공고히 해주는 효과적인 대화기술을 교육했다. 또한 아동이 기술(눈 맞춤, 적극적인 경청, 적절한 질문)을 잘 사용하면 즉각적·구체적으로 칭찬해주도록 했다.
6회기	자기주장하기 – C군의 경우 좌절 상황에서 울음 섞인 목소리로 말을 하고 매달리는 행동으로 대처하고 있었으므로, 침착하게 자신의 생각과 감정을 전달하는 것을 도울 수 있는 방법에 초점을 맞추었다. 상호작용에서 나타나는 자기주장적인, 수동적인, 그리고 공격적인 행동 특성에 대해서 알아보고, 아동이 자기주장을 잘 할 수 있게 격려해주도록 했다.
7회기	친구와의 갈등 다루기 – C군은 남자아이들로부터 가벼운 놀림이나 조롱을 당하고 있었다. 아동이 또래의 놀림이나 갈등 상황에 직면했을 때 흥분, 화내기, 공격적인 대응 등 부적절한 대처 방법이 아닌 다른 대안을 찾아 행동하게 해주는 기술을 교육했다.

8회기	문제해결하기 – 사회적인 문제 상황에 부딪쳤을 때 충동적으로 행동하지 않도록 마음속으로 항상 되새기면서 행동을 결정하는 데 도움을 줄 수 있는 과정을 교육했다.
9회기	나쁜 감정 다루기 – 자신의 감정이 무엇이고, 이 감정을 다루기 위해서 어떤 적절한 행동을 선택해야 하는지 도와주는 데 초점을 맞추었다. 아동이 자신의 감정을 처리하고 있을 때 어떻게 느끼고 있는지 절대로 꼬치꼬치 물어보지 말고, 아동에게 무슨 일이 일어났든 아동의 감정을 최대한 수용해주도록 교육했다.

(* 서울대학교 어린이병원에서 실시하고 있는 치료 프로그램을 수정·요약함)

첫 회기에서 C군의 어머니는 지치고 자신감을 잃은 모습이었으나 프로그램 적용 후 어머니의 양육 스트레스, 아동에 대한 부모의 태도에서 문제는 감소했고 양육 효능감은 증가했다.

12

품행장애

Conduct Disorder

임상 사례

---

1) 주 호소 문제와 현 병력

중학교 2학년인 14세 M군은 유치원 시절부터 사나운 아이였고, 어른의 말을 잘 듣지 않았으며, 이미 초등학교 때 도둑질을 하거나 친구와 싸우는 경우도 종종 있었다. 중학교 진학 후 학업부진이 계속되고 있으며, 지각 또는 무단조퇴를 월 1~2회씩 하는 등 학교생활이 원만하지 않다. 매 학기 급우와 싸움을 하기도 하고, 귀가 시간이 늦고, 나쁜 친구들과 어울려 음주와 흡연을 하고 다닌다. 동네 학원에 다니고는 있으나 성적은 거의 하위권이고 집에서도 공부는 거의 포기한 상태이다. M군은 수학과 국어, 영어를 모르겠고, 학교는 억지로 다닐 뿐 다 재미없다고 하였다.

지난 2학기가 시작될 때, 담임교사가 자기를 무시("자기 성질도 못 다스린다고 말하면서 학교는 왜 다니냐고 종례 시간에 반 아이들이 다 듣도록 훈계")했다며 학교에 안 다닐 거라고 하고는 실제로 이틀간 결석한 적이 있었다. 이때 아버지가 집에 와서 달래고 윽박질러서 다시 학교에 갔다. 그러다 겨울방학이 되었고, 어머니가 방을 치우라고 하면서 언쟁이 심해졌다. 어머니가 책상이 이게 뭐냐며 지적하자 M군이 화를 참지 못하고 쌓여있던 물건들을 확 밀쳤는데 이때 휴대폰이 바닥으로 떨어져 액정이 깨졌다. 이에 M군은 엄마 때문이라면서 욕설을 하며 고함을 지르고 방문을 부술 듯이 발로 찼다. 이 사건을 계기로 M군은 부모의 결정에 의해 반강제적으로 센터에 내원하였다.

2) 가족력 및 개인력

과거력은 주로 어머니가 보고한 내용이다. M군은 정상분만으로 태어났으며 두 살 터울인 남동생이 있다. M군이 3세경일 때부터 아버지가 타 지방에서 근무하느라 주말부부였기에 어머니가 전적으로 두 아이를 길렀다. M군이 4세 무렵 아버지가 교통사고를 크게 내 경제적 손해가 막심했다. 게다가 사고를 수습하면서 남편이 유흥업소에 출입했던 일도 알게 되어 어머니는 당시 이혼을 심각하게 고려하기도 했었다.

유치원에서 M군이 친구들을 괴롭히고 때린다고 해서 다른 학부모의 항의를 받았던 적이 수차례 있었고, 그럴 때마다 M군은 아버지에게 심하게 맞기도 하였다. 동생의 등에 올라타고는 말을 탄다며 좋아하기도 하는 등 동생을 자주 울렸다고 한다. 자신이 형이니까 뭐든지 좋은 것을 가져야 한다며 떼를 써서, 동생 몫은 어머니가 따로 챙겨줘야 했다.

M군은 초등학교 입학 후 거의 매년 같은 반 아이와 치고받는 일이 생겨서 어머니가 학교에 불려가곤 했다. M군이 초등학교 2학년 때 담임교사의 권유로 정신건강의학과에 내원해서 ADHD로 진단받았고, 이후 몇 달간 약물치료를 했으나 그다지 소용이 없어서 그만 다녔다. 한 달에 두어 번 정도 아버지가 집에 머무는 주말에는 M군이 상대적으로 얌전했다고 한다. M군의 아버지는 이따금 불같이 화를 냈고, 때리면 엉덩이에 멍이 들거나 뺨이 벌겋게 될 정도였다. 이런 체벌은 초등학교 때까지 1년에 서너 번씩 있었다. 초등학교 고학년 때 아버지가 M군을 심하게 때려서 '저러다 큰일 나겠다 싶어' 어머니가 악을 쓰며 말린 적도 있었다고 한다.

초등학교 2~3학년경 M군은 부모가 사주지 않은 샤프펜이나 캐릭터 장난감을 친구가 줬다면서 갖고 있기도 했는데, 어머니는 별거 아니라는 생각에 그냥 넘어갔다. 그 시기 어머니의 지갑에서 1~2만 원 정도를 빼가는 일도 있었다. 어머니는 용돈을 정해주고 용돈 기입장을 적도록 했으나 소용이 없었다. 초등학교 4학년경에는 어머니의 카드번호를 입력하여 10만원이나 되는 게임 아이템을 구매하는 일도 있었다. 이때 아버지에게 심하게 혼나고 매를 맞았다. 중학생이 된 요즘도 어머니의 지갑에 손을 대는 일이 반복되고 있으나, 어머니는 액수도 1~2만원이고 남의 돈을 훔치지 않는 것만도 다행이다 싶어서 그냥 넘어가고 있다고 한다. 그러면서 고함과 체벌이 통했던 시기는 초등학교 5학년경이 마지막이었던 것 같으며, 중학교 입학 직전 방학 기간에 아버지가 직장 근처 숙소로 데려가서 한 달 정도 함께 지냈는데 그때가 제일 평온했던 때였다고 말했다.

M군은 중학교에 진학하고 나서 M군은 학원 끝나고 놀다 왔다면서 밤 12시가 넘어서 귀가하는 경우가 잦았다. 어머니는 이제 M군과 싸우는 데 지쳐서 간섭하지 않는 것이 낫다고 생각한다. 어머니는 아버지가 집에 있을 때는 M군도 좀 더 조심하는 것 같고, 그래서 M군이 나아지려면 아버지가 집에 머무는 날이 길어지는 수밖에 없다고 말했다.

M군은 유치원 때부터 어머니의 휴대폰을 손에서 놓지 않았다고 한다. 게임을 금지하면 고래고래 소리를 지르고 어머니에게 욕설을 하는 경우가 있었다. 심하게 떼를 써서 결국은 휴대폰을 줘야만 했다고 한다. 초등학교 4학년 때 아버지가 쓰던 폰을 물려받아서 쓰기 시작했으며, 매년 최신폰을 사달라고 떼쓰는 일이 지금도 반복되고 있다. 이에 대해 어머니는 "다른 애들도 다 그러지 않느냐"는 식으로 말했다.

M군의 아버지는 47세로, 제조관련 중견업체의 간부로 근무한다. M군이 3세경부터 주말부부를 하였다. 어머니의 보고에 의하면, 술과 여자를 좋아하고 바람을 핀 적도 있으며, 자기 좋은 일이 우선인 사람이다. 매우 고집스럽고 한번 화가 나면 물불 가리지 않는 면이 있으며, 아내를 무시하고 부부싸움을 하면 들고 있던 유리컵이나 휴대폰을 내던지며 욕설을 퍼붓기도 한다. M군의 어머니는 그나마 주말부부니까 이혼하지 않고 살 수 있었다고 했다. M군은 "아빠한테는 많이 맞았고, 별로 좋은 기억이 없다."라고 말하였다. 최근에는 M군 때문인지 주말이면 집에 있는 횟수가 늘었고, 예전에 비해 화를 내는 일은 많이 줄었다고 한다.

M군의 어머니는 44세 주부이다. 전문대를 졸업하고 제조업체의 사무직원으로 근무했으며, 붙임성이 좋고 밝은 성격이었고, 원래 친정 집안의 경제적 형편이 넉넉하지 못한 편이었다. 9년 전 남편이 낸 교통사고 수습과 그 과정에서 알게 된 남편의 유흥업소 출입 때문에 정이 딱 떨어졌는데, 애들도 어리고 해서 참고 살아왔다. M군이 너무 속을 썩여 어찌할 바를 모르겠으며, "둘째만 바라보고 산다."라고 표현하였다. 어머니는 "애가 뭘 못하면 '지 애비를 닮으려고 그러느냐'는 식으로 쏴붙이게 된다. 애가 맨날 자기만 미워한다는 말을 한다."라면서 M군의 말을 일부 인정하였다.

M군의 남동생은 초등학교 6학년이다. 매사에 형보다 의젓하고, 학원이 끝나 집에 돌아오면 자기 방에만 있고, 형인 M군을 좋아하지 않는다. 형과 달리 지적할 만한 것이 없

으며 자기 일을 알아서 하는 편이다. 중학교에 가서도 계속 말 잘 듣는 아들일 것이라고 어머니는 얘기했다.

3) 행동 관찰

M군은 신장 170cm, 체중 56kg로 보통 키에 다소 마른 체형이었다. 불만족스러운 표정으로 입실하였고, "쪽팔리게 이런 데를 와야 하나요? 나보다 더한 놈들이 많은데…. 친구들이 알면 놀릴 거 같다."라고 말하였다. M군의 불만에 대하여 그럴 수 있겠다고 하면서 이곳에 계속 와야 할지 자세한 평가를 통해 결정해야 한다고 하자, "어차피 왔으니 얼른 끝내자."라면서 마지못해 임하였다. 오전 내내 진행된 평가에서 별 어려움 없이 수행할 수 있었으며, "캬~ 어렵네", "이거 뭐어…" 등의 감탄사를 연발하였고 "그런 건 몰라요. 그냥 넘어가죠." 식으로 말하곤 하였다.

어머니와 함께 한 최초 면담에서 M군은 내원 사유에 대해 다음과 같이 말하였다. "엄마가 우선 문제고 아빠도 문제다. 둘 다 내 성질을 팍팍 건드린다. 옛날에 학교에서 싸웠던 걸 왜 들춰내고, 맨날 동생하고 비교하면서 듣기 싫은 소리를 하는지 모르겠다. 엄마가 하는 말은 전부 마음에 안 든다. 엄마는 내가 하고 싶은 거는 모두 못하게 한다." 어머니는 못마땅한 표정으로 M군의 말을 듣고 있었고, "평소에 잘했으면 여기까지 안 와도 됐잖아!"라고 쏴붙이는 어투로 끼어들었다. 어머니 면담을 추후 더 하기로 하고, M군과 단둘이 면담을 진행하였다. 면담에서 M군은 "솔직히 나는 왜 여길 와야 하는 건지 모르겠다. 엄마는 뭐든지 못 하게 한다. 아빠는 집에 없는 경우가 많아서 별로 부딪칠 일이 없는데 엄마가 문제다. 엄마도 고래고래 소리 지르고 욕도 한다. 엄마가 나보고 폭력을 쓴다고 하는데 그건 아니다. 너무 화가 나니까 잔소리하는 엄마를 밀치거나 날 붙잡을 때 뿌리치는 거다. 아빠는 간만에 집에 와서 엄마가 이런 얘길 늘어놓으면 못 들은 척하고 나한테 쌀쌀맞게 대한다. 사실 아빠한테 어릴 적에 맞은 기억도 있어서, 아빠가 있으면 좀 조심하려고는 한다."라고 말하였다.

M군은 학교나 학원에서 애들이 건드리면 가만히 있을 수 없다고 했다. 2학년이 된

지난 학기 초의 싸움도 상대방을 쳐다보다가 서로 엉켰고 주변 애들이 뜯어말린 것뿐이었다고 설명하였다. 실제로는 서로 씩씩거리다 끝났다고 했다. 일방적으로 때린 것만은 아니어서 학폭위는 피할 수 있었다. 한 달 정도 학교에서 상담을 했다고 하는데 M군은 "똑같은 소리를 들었고… 그냥 뭐 앞으로 얌전하게 지내겠다고 약속했다. 억지로 간 것이었고, 가기 싫었다."라고 했다.

이제 곧 3학년이니 아니꼬운 놈들이 있어도 못 본 척 넘어가려고 한다고 했으며, 친구는 6명쯤 된다고 하였다. 자주 어울리는 친구는 3명이고, 모두 같은 학교에 다닌다. 친구와 같이 담배를 피우거나 PC방에서 시간을 보낸다고 한다. M군은 가출하고 술 마시고 여자애하고 섹스도 하는 친구들도 있는데, 그에 비하면 자기는 술도 거의 안 마시고 정말 얌전한 거라고 말했다. 최근에 학원 수업을 빠지고 친구 2명과 편의점에서 놀고 있었는데, 껄렁한 애들하고 시비가 붙어서 한두 대 때리고 쫓아버린 적이 있다고 했다. 하지만 자신이 나서지는 않았고 도망가는 놈들한테 소리만 질렀다고 했다. M군은 여자 친구는 없다고 했으며 성경험에 관한 질문을 하자, 그냥 넘어가자고 했다가 키스만 해봤다고 인정했다. "딸딸이(자위행동)는 다른 애하고 비슷할 걸요."라고 말했으며, 외양으로 또래와 비슷한 성적 성숙도를 보였다.

2

심리평가

1) 평가 계획

Matthys와 Lochman(2017)에 의하면 파괴적 행동 문제를 가진 아동·청소년의 평가에서는 다음의 세 가지가 결정되어야 한다. 첫째, 행동적 문제가 진단기준을 충족할 만큼 심각해야 하며 여타 장애의 동반이환 여부가 결정되어야 한다. 일반적으로 규준범위 내 비순응 문제행동은 아동·청소년, 특히 유치원 또는 초등 저학년 아동에게 흔히 나타나는 자기주장적인 행동이다. 반면 임상적 수준의 문제행동은 규준에 비해 매우 일관성 있는 지속 양상을 보이며, 강도가 훨씬 강하고, 공격적 양상이 뚜렷한 것으로 보고된다. 물론 범주적 구분과 동시에 차원적 분류라는 관점이 고려될 필요가 있으며, 특히 DSM-5는 적응기능의 손상 여부를 강조한다는 것을 고려해야 한다.

둘째, 장애의 발달에 연관된 요인들을 규명해야 하며 이를 토대로 진단적 공식화/개념화를 구성할 수 있어야 한다. 일반적으로 임상가에게는 진단 확정 이상의 작업이 요구된다. Rutter와 Taylor(2008)는 임상가가 문제행동의 발생과 유지에 관한 근접/원격 요인들을 밝히고, 이러한 요인들의 작용 방식에 대한 가설을 제공해야 한다고 했다.

셋째, 보호자(주로 부모)에게 원인론과 관련된 고려점과 진단사항을 설명하고 치료계획을 제시해야 한다. 물론 특정 원인이 특정 결과를 초래하는지는 매우 모호하며, 문제행동에 관여하는 여러 요인들의 인과 관계를 분명히 설정하는 것은 거의 불가능하다. 그럼에도 보호자와 아동이 문제행동의 발생과 유지에 관한 가설적 설명을 수긍하게 되면, 행동 변화 과정이 보다 효과적으로 이루어질 수 있다. 단, 실무적 관점에서 아동과 보호자에게 너무 장황한 평가를 실시하느라 치료가 늦어지는 것은 바람직하지 않다. 아울러 부모가 부적절한 훈육방식을 가지고 있다든지, 아동이 뚜렷한 경계선적 지능 수준을 보이는 등의 문제가 있다면, 당연히 심리교육적 개입부터 즉각적으로 개시되는 것이 권장된다.

Matthys와 Lochman(2017)이 권장하는 평가 과정의 세부적인 내용은 다음과 같다. 첫째, 부모에게 서면으로 작성된 정보를 얻는 것이 좋다. 이때 아동 발달력 질문지를 비롯하여 가족의 배경 정보, 부모가 시행하는 각종 질문지(예: 아동·청소년 행동 평가 척도 등)가 사용될 수 있다. 둘째, 부모 및 아동과 초기 면담을 실시한다. 면담 과정에서는 부모와 아동의 편향적 시각에 예민해야 하며, 특히 처음 문제가 생긴 상황과 이후의 진행 과정에 관한 상세한 정보를 수집하고 부모의 양육행동을 상세히 검토해야 한다. 아동의 연령 및 기능 수준을 고려하여 면담이 진행되어야 하며(예: 어린 아동은 장난감을 비치하여 실시), 흔히 관심이 되는 문제는 과잉활동성, 충동성, 주의, 반항행동, 적대행동, 정서조절 불능, 불만 가득한 기분, 협박, 기물파손, 신체적 공격, 규칙 위반, 문제자각 및 고통의 결여, 부정적인 단서에 대한 낮은 예민성, 칭찬에 대한 낮은 예민성, 잔혹하고 무감정적인 특질, 낙담이나 슬픔 등 부정적 정서의 빈곤, 자기도취적 양상, 사회적 정보처리의 결핍 양상, 양심의 결핍 양상 등이다. 셋째, 진단적 공식화를 형성하고 다른 동반이환 장애를 감별한다. 특히 감별되어야 할 장애들은 ADHD, 자폐스펙트럼장애, 양극성장애/주요우울장애/지속성우울장애, 파괴적 기분조절부전장애, 간헐적 폭발장애, 사회불안/격리불안장애, 언어장애, 지적기능장애, 적응장애(품행 및 정서곤란 혼합형), 부모-자녀관계 문제 등이다.

M군의 문제행동 양상은 외현화 양상이 뚜렷하며, 과거력에서 ADHD 및 적대적 반항장애(ODD)가 시사되었다. M군은 '파괴적, 충동조절 및 품행장애(Disruptive, Impulsive-Control and Conduct Disorders)' 유목에 속하는 '품행장애, 아동기 발병형, 경도 내지는 중등도'의 진단이 시사되었으며, 청소년기 ADHD의 동반이환 여부 및 파괴적 기분조절부전장애, 간헐적 폭발장애, 반사회적 성격 등도 감별 진단될 필요가 있었다. 당연히 청소년기 주요우울장애 또는 지속성우울장애와 순환성장애도 감별되어야 했다. 또한 향후 효과적인 개입을 위해 치료적 우선순위에 관한 의사결정과 사례개념화가 요청되었

다. 이에 따라 다음과 같이 면담과 심리검사를 이용한 심리평가를 시행하였다.

- 아동, 부모와의 합동 면담
- 한국판 웩슬러 아동용 지능 검사 5판(K-WISC-V)
- 벤더 시각−운동 게슈탈트 검사(BGT)
- 로르샤흐 종합평가체계(Rorschach Comprehensive System)
- 다면적 인성 검사 청소년용(MMPI-A)
- 아동 · 청소년용 문장 완성 검사(SCT)
- 한국판 아동 · 청소년 행동 평가 척도−부모용(Korean-Child Behavior Checklist: K-CBCL)
- 한국판 청소년 행동 평가 척도−자기보고용(Korean-Youth Self Report: K-YSR)

2) K-WISC-V 및 BGT

M군의 전반적인 능력은 그의 연령대에서 [평균 상] 범위이다(FSIQ=110, 75%ile). 자기표현을 분명히 할 수 있고 일상적 수준의 인지기능도 대체로 원만하다. BGT 모사 및 회상 검사 결과 시각−운동 협응 및 미세운동 조절, 시각 기억은 양호한 수준이다. 그러나 전체 IQ 수준에 비해 처리속도의 빈약이 나타나고, 인지적 노력과 끈기가 요구되는 과제에서 상대적으로 수행이 저조하다. 이는 주로 과제 수행의 흥미와 동기의 빈약이라는 정서적 요인이 영향을 미친 것으로 보이며, 주의의 배분 및 유지와 같은 관리기능의 취약성도 일부 동반되고 있다고 판단된다. 또한 언어이해 중 관습적 판단에서 상대적으로 저조한 수행이 나타나므로 사회적 상황에서의 판단이 다소 빈약할 수 있다.

일반능력은 [평균 상] 수준이지만, BGT 수행에서 경도의 부주의/충동성 양상(침범 오류), K-WISC-V의 처리속도에서 취약한 지표 점수를 보였으며, 인지효율지수(CPI)는 [평균] 수준이나 가장 낮았다. 즉, 인지자원의 활용에서 전반적인 잠재 능력에 비해 비효율성과 수행동기의 부족이 시사된다. 이는 학업에 대한 무관심 및 낮은 성취도 양상과

지수	환산 점수	지표 점수	백분위 (%ile)	95% 신뢰구간
언어이해 (VCI)	25	114	82	105–120
시공간 (VSI)	26	116	86	106–123
유동추론 (FRI)	23	109	71	100–115
작업기억 (WMI)	22	106	65	97–113
처리속도 (PSI)	16	89	24	82–99
전체지능지수 (FSIQ)	80	110	75	104–116

	언어이해				시공간		유동추론				작업기억			처리속도		
	공통성	어휘	상식	이해	토막짜기	퍼즐	행렬추리	무게비교	공통그림찾기	산수	숫자	그림기억	순차연결	기호쓰기	동형찾기	선택
환산 점수	13	12	12	10	13	13	13	10	13	10	11	11	11	8	8	9

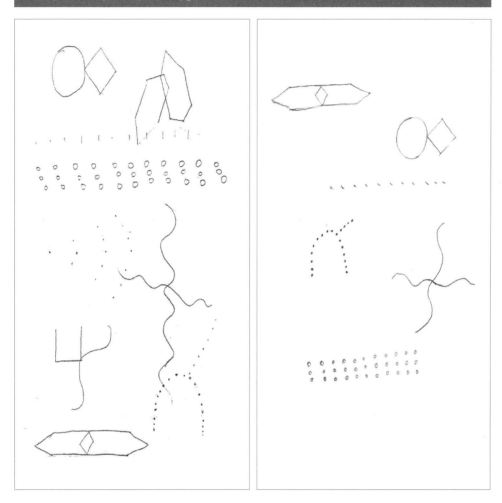

일치한다. 정서적으로 미숙한 충동성과 자기감정 통제의 빈약이 현저하여, 평소 과업 수행 시 전력을 다하지 못하고 자기 뜻대로 되지 않는 경우 쉽게 흥미를 잃고 불성실성을 나타내기 쉬울 것으로 보인다.

M군은 인지적 잠재 능력이 양호한 편이므로 학습 부진을 보완할 수 있도록 체계적인 학업 수행 전략을 지도하고 지속적으로 동기를 부여할 필요가 있다. 다만 미숙한 감정조절 탓에 단번에 해결되지 않는 과제는 쉽게 포기하거나 거부하는 M군의 특성을 고려할 때, 학업 지원 계획은 매우 점진적이며 지지적인 방식으로 상당 기간 지속되는 것이 바람직해 보인다.

3) MMPI-A

■ 타당도 척도와 임상 척도

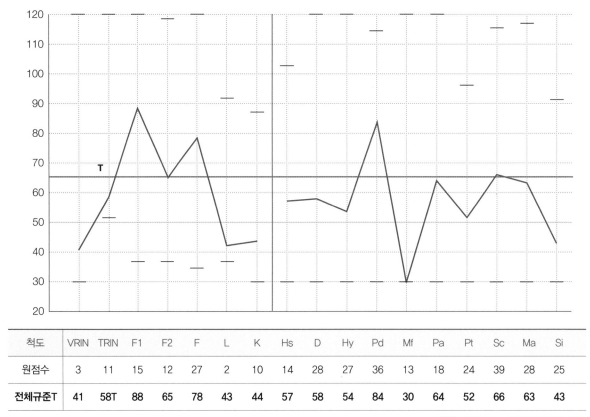

척도	VRIN	TRIN	F1	F2	F	L	K	Hs	D	Hy	Pd	Mf	Pa	Pt	Sc	Ma	Si
원점수	3	11	15	12	27	2	10	14	28	27	36	13	18	24	39	28	25
전체규준T	41	58T	88	65	78	43	44	57	58	54	84	30	64	52	66	63	43

*Mf 척도의 T점수는 성별규준에 의한 것임.

■ 내용 척도

척도	A-anx	A-obs	A-dep	A-hea	A-aln	A-biz	A-ang	A-cyn	A-con	A-lse	A-las	A-sod	A-fam	A-sch	A-trt
원점수	17	8	20	14	14	7	16	21	20	14	11	4	31	16	21
전체규준T	75	47	73	59	75	59	78	83	84	72	70	36	103	83	80

■ 성격병리 5요인 척도와 보충 척도

척도	AGGR	PSYC	DISC	NEGE	INTR		A	R	MAC-R	ACK	PRO	IMM
원점수	17	10	17	12	13		27	8	33	7	29	31
전체규준T	78	67	82	49	57		65	36	76	65	83	79

M군은 MMPI-A에서 자신의 주관적 불만과 분노를 상당히 과장되게 표현하였으며 (F=78T, 4번 척도=84T), 모든 어려움은 "자기를 건드리는 사람들(특히 어머니) 탓"이라고 호소하였다. 이와 관련하여 타당도 척도 중 F1, F2 척도의 차이를 보면, 응답 초반부에서 과장되고 격앙된 부정가장(fake bad) 태도가 시사된다. F 척도의 상승이 전반적으로 다분히 과장된 어려움 호소로 판단되므로, 실제 정서적 어려움의 수준은 MMPI-A 후반부 F2 척도의 수준이 좀 더 현실적인 것으로 보인다. 타당도 척도(L=43T, F=78T, K=44T)의 프로파일은 청소년기에 흔히 나타날 수 있는 도움 호소(cry for help)에 해당한다고 해석할 수 있다.

M군은 사소한 일에도 화를 잘 내는 등 감정조절의 어려움이 시사된다. 행동 지향적인 면이 있고, 독립적이고, 상황을 통제하려는 욕구가 강하며, 특히 스트레스 상황에서 행동화의 양상도 쉬이 나타낼 수 있어 보인다. 문제를 타인이나 외부 환경 탓으로 돌리는 면이 있으며, 특히 가정 및 학교 등에서 발생하는 갈등 상황에서 자기 입장만을 내세우는 불만감/적대감 호소가 뚜렷하다.

매우 전통적인 남성중심성을 강조하는 M군은 아버지의 행동을 모델링한 양상일 수 있으며, 이 같은 '남자다움'을 앞세워 반항이나 불만감을 보다 격하게 표현할 수 있어 보인다. 그러나 정서적 격앙/분노 표현은 일부 갈등 상황과 관련해서만 출현하는 것으로 사료된다.

4) 로르샤흐 검사

M군의 로르샤흐 검사 전체 반응수는 14개로, 구조적 해석이 가능하였으나, 전체 반응수가 최소기준이므로 규준적 해석에는 주의가 요망된다. M군은 정서적 성숙 및 자기감정의 이해가 전반적으로 미숙하고 대처결손 지표(CDI) 외에도 우울 지표(DEPI)가 해당하기 때문에, 외현적인 행동 문제의 이면에 '상당한 부정적 기분'과 '낮은 자존감'이 존재할 수 있다. M군이 경험하는 '부정적/비관적 정서 경험'은 외면적 문제행동에 가려져 본인 및 주변의 주요 인물(특히 부모, 교사)로부터 관심받지 못하기 쉬운 양상이다.

■ 검사 반응

카드	R#	반응(response)	질문(inquiry)	기호화(scoring)
I	1	박쥐	색깔이 검고, 날개 위 아래 두 부분으로 나뉘고 눈, 입. 좋은 느낌은 아니고 공포스러운 느낌. 박쥐에 가깝다. 검은색이라서 박쥐에 가깝다.	Wo FC'o A P ZW
	2	나비	전체 나비. 그냥 모양.	Wo Fo A P ZW
II	3	(거꾸로 보면서) 나비가 날고 있어요.	검붉은색, 날개, 더듬이. 나비가 앞에 것과는 대조적인데, 색이 있고, 날고 있다.	Wo FMªᵉ,FC',FCo A ZW PSV
III	4	(거꾸로 보면서) 거미	거미 다리, 눈 … 전체 중 하위 1/2 부분이고, 윗부분만 … 아랫부분이 잘려있는 거요…. 몸을 다 본 건 아니고. 아래가 잘린 거미.	DdSo Fu Ad MOR
IV	5	뭔가 말하기 힘들다…. 바람돌이… 왜 길거리에 서있는.	사람 몸통과 머리. 만화에 나오는 요정 머리. 팔, 다리. 다리 부분 때문에 바람돌이 같다. 다리만 제일 먼저 봤다. 서있는 것이다. 이 지지대 (바람돌이?) 길거리 광고용.	Wo Mᵖo (H),Sc P ZW GHR
V	6	(거꾸로 보면서) 이건 완전 나비다.	날개, 촉수. 날개를 펼친 모양.	Wo Fo A P ZW
VI	7	위에서 본 탱크	네모스럽고 포. (탱크?) 앞부분 포. 위에서 본 모양이다.	Wo Fu Sc ZW
	8	파리… 입모양이 파리	머리, 입, 잔털 난 것. 위에서 본 것.	Do Fu A
VII	9	바위 위에 토끼가 오므리고 앉아서 바라보는 것	귀가 길고, 몸. 바위.	W+ FMᵖo (2) A, Ls, ZW
VIII	10	(거꾸로 보면서) 꽃	색이 화려해서 꽃 같다. 무슨 꽃인지… 단면. 꽃 잎사귀, 꽃받침. 짝 잘라진 거. 이렇게… 허연 부분도 있고.	WSo CF,C'Fu Bt ZS MOR
IX	11	꽃	수술. 꽃받침. 꽃. 아까 것하고 똑같다. 짝 잘라진 거. 무슨 꽃인지 모르겠다. 색색으로 화려하고 뭐. (아까하고 똑같다?) … 여기 허연 부분도 있고, 색색이고.	WSo CF,C'Fu Bt ZS MOR PSV
	12	폭발할 때 버섯구름 모양의 첫 부분	폭발하면서 올라가는 것. 처음 발생한 구름 붉은색이 뭉게뭉게. 두 번째 발생한 구름. 세 번째 발생한 구름. 가운데 번쩍하는… 다 부서뜨리는. 왜, 핵폭발 그런 거요.	WSv/+ ma,CF,YF,C'Fo Ex,Cl,Sc ZS AG
X	13	(거꾸로 보면서) 사루비아	줄기, 별개요, 안에는 뭐 있는 것들…. (뭐?) 왜, 그거 빨아먹으면 달잖아요. 수술이라고 하던가?	Ddo FCo Bt ZA
	14	(거꾸로 보면서) 괴물 얼굴 거꾸로 보아	눈썹, 눈, 코, 입, 얼굴. 험상궂은 얼굴. (Q. 험상궂은 얼굴?) 궂으면서도 밝게 보인다. 무섭게 보였는데, 또 밝게도 보인다. (Q?) 얼굴부분… 하얗고… 그냥 그렇게 표정을 짓고 있는 걸로 보인다. 무섭게도 아니게도 보인다.	DdSo F− (Hd) ZS PHR

M군의 경우 유의미한 핵심 변인이 DEPI>5와 CDI>3이므로, 해당하는 군집검토 순서에 의해 다음과 같이 정리할 수 있다. M군은 타인과의 관계에서 상호호혜적인 교류가 부족할 것으로 보이며, 자기상이 매우 부정적이고(3r+(2)/R=.07), 자신의 가치를 낮게

구조적 요약 결과: 비율(RATIOS), 백분율(PERCENTAGES), 산출한 점수(DERIVATIONS)

핵심 영역(CORE)					
R	= 14	L	= .75		
EB	= 1:4.0	EA	= 5.0	EBPer	= 4.00
eb	= 3:6	es	= 9	D	= −1
		Adj es	= 9	Adj D	= −1
FM	= 2	All C'	= 5	All T	= 0
m	= 1	All V	= 0	All Y	= 1

정서 영역(AFFECT)	
FC : CF+C	= 2:3
Pure C	= 0
SumC' : WSumC	= 5:4.0
Afr	= .56
S	= 5
Blends : R	= 2:14
CP	= 0

대인관계 영역(INTERPERSONAL)			
COP = 0		AG = 1	
GHR : PHR		= 1:1	
a : p		= 2:2	
Food		= 0	
SumT		= 0	
Human Cont		= 2	
Pure H		= 0	
PER		= 0	
ISO Index		= .43	

관념 영역 (IDEATION)			
a : p	= 2:2	Sum6	= 0
Ma : Mp	= 0:1	Lv 2	= 0
2AB+(Art+Ay)	= 0	WSum6	= 0
MOR	= 3	M−	= 0
		M none	= 0

중재 영역 (MEDIATION)	
XA%	= .93
WDA%	= 1.00
X−%	= .07
S −	= 1
Popular	= 4
X+%	= .57
Xu%	= .36

처리 영역 (PROCESSING)	
Zf	= 12
W : D : Dd	= 10:1:3
W : M	= 10:1
Zd	= .5
PSV	= 2
DQ+	= 1
DQv	= 0

자기지각 영역 (SELF−PERCEPTION)	
3r+(2)/R	= .07
Fr+rF	= 0
SumV	= 0
FD	= 0
An+Xy	= 0
MOR	= 3
H : (H)+Hd+(Hd)	= 0:2

PTI	= 0	DEPI	= 6*	CDI	= 4*	S−CON	= 8*	HVI	= NO	OBS	= NO

평가하고, 스스로를 실패자나 무능한 사람으로 생각하는 식으로 자존감 저하를 경험하기 쉽다(MOR=3). 청소년기 언어적 공격성 및 정서적 흥분성향이 시사되며(CDI=4), 사교적 행동 발달도 취약해 보인다(ISO>.33).

통제 및 스트레스 관리/정동 영역에서 심리적 가용자원이 빈약하고(EA=5), 일상적 경험에 대응하는 방식이 부적절하고 비효율적이며(Adj D=−1), 내외적 대처자원을 동원하는 것이 미발달한 상태이다(CDI=4). 전반적으로 정서적 과부하가 시사되며(WsumC=4), 심리적 방어와 정서적 회피/억제, 부정적 기분의 지속 등도 시사된다(SumC'=5). 기존의 성격적 취약성에 상황적인 스트레스가 가중되는 양상이며 대처 양식은 외향적이다. 그 결과 스트레스 상황에서 정서적 상황을 회피하거나 미성숙한 방식으로 자신의 정서를 표현하고 있는 것으로 보인다. 특히 공백(S) 반응이 5개로 나타나 평소 지시 사항에 반하는 반항적 태도를 보일 가능성도 시사된다.

정보처리와 인지적 중재, 관념 영역을 보면, M군은 일상적으로 당면하는 모호하고 애매한 상황에서 지적·인지적 기능을 효율적으로 사용하지 못해 불편함을 경험해왔을 것으로 보인다. 제시된 자극을 과다통합하려 하고 효율적으로 처리할 수 있는 양보다 지나치게 많은 정보를 탐색하나(W:M=10:1), 노력에 비하여 인지적 효율성은 평범한 양상이다(Zd=.5). 즉, 일상생활에서도 시도에 비하여 실제 성과는 효율적이지 못하다. 현실 판단에 어려움은 없으나, 스트레스에 대한 인내력 및 대처기술이 미성숙하며, 여러 대안을 건설적으로 생각하지 못하고 인지적으로 경직되어 보인다(PSV=2).

한편, M군은 타인과의 애착 및 유대감을 형성하는 데 어려움이 시사되며(Pure H=0, SumT=0, H:(H)+Hd+(Hd)=0:2), 정서적 안정감이 취약하고 대인관계에서 상당한 불편감을 경험할 소지도 보인다. 본인의 바람에 비해 만족스러운 정서적 교류 및 성취감을 경험하지 못하게 되면서, 자신 및 타인과의 관계에서 부정적 불만감이 심화되었을 것이다. 이렇듯 미해결된 욕구나 내재된 불편감은 간혹 사소한 자극에도 과민한 반응으로 표출되어 부적응적인 대처가 나타난다고 할 수 있다. 나아가 스스로의 정서를 통찰하는 능력이 부족하고, 빈약한 심리적 자원 및 효율적인 대처 능력을 습득하지 못하여 낮은 자존감을 형성하고 있는 것으로 사료된다.

5) SCT

외현적인 행동 문제와 관련하여 M군은 상당 기간 가정과 학교생활에서 부정적인 평가를 받아왔으며 이에 따라 부정적 자기개념을 가지고 있는 것으로 보인다(4번 "문제아"). 결과적으로 자기 입장에서 원하는 대로 만족감을 얻지 못한 채 지내왔다고 느끼며, 자존감 수준도 낮아 보인다. 이러한 취약성으로 인해 주변 인물의 조언이나 권고를 '화나게 하는' 것으로 받아들이기 쉽다(26번). 긍정적인 진술도 보이지만(19번, 10번), 책임감 있는 행동통제는 빈약한 양상이기 때문에 실제 일상에서 실천될 만큼 변화 의지가 확고하다고 믿기는 어려워 보인다.

SCT에서는 MMPI-A 및 면담에서 언급했던 부모에 대한 부정적 태도와는 사뭇 다른 표현을 하였다(22번, 14번, 29번, 13번). 이러한 반응의 진실성은 추후 좀 더 검토할 필요

구분	번호	제시 문구	작성 내용
자신에 대한 태도	4	다른 사람들은 나를	문제아라고 한다.
	26	나를 가장 화나게 하는 것은	이래라 저래라 자꾸 말하는 거
	1	내가 가장 행복한 때는	내 맘대로 될 때
	6	나는	좀 문제가 있다.
	20	나는 때때로	화를 참지 못한다. 그래서 여기 왔다.
	8	내가 제일 걱정하는 것은	공부를 못하는 거
	27	나는 공부가	좀 걱정이다.
	19	나의 좋은 점은	그래도 잘하려고 하는 거다.
	10	내가 좀 더 나이가 많다면	주위에서 기대하는 만큼 잘할 거다.
부모에 대한 태도	22	나의 나쁜 점은	불효한 거… 엄마한테 막 화낸 거
	14	내가 가장 무서워하는 것은	부모님이 일찍 돌아가시는 거
	29	우리 엄마 아빠는	사실은 좋은데, 요즘 나 때문에 문제가 많은 거 같다.
	13	우리 아빠는	훌륭하신데… 나한테는 별로 관심이 없으시다.

가 있다. 주로 어머니를 탓하고 자신의 문제를 부인하는 양상이 우세하나 일부나마 반성적인 반응을 할 수 있음을 보면, 관련 주제에 관한 정서적·인지적 추가 논의를 통해 M군의 정서적 안정감 향상과 성숙을 도모할 가능성을 기대할 수 있다.

6) 기타 척도

ASEBA 청소년 행동 평가 척도–자기보고용(K-YSR)에서 M군이 응답한 결과를 보면, 내재화 척도(불안/우울, 위축/우울, 신체 증상)는 낮게 나타났지만(46T, 34%ile), 규칙 위반 척도는 가장 뚜렷하게 상승하였다(70T, 98%ile). 또 공격행동 척도는 상대적으로 경미하게 보고되었다(60T, 84%ile). M군은 자신의 행동에서 욕설이나 거짓말, 말다툼, 고함치기,

고집부리기 등의 문제행동이 있음은 인정하였으나, 기물파손이나 괴롭힘, 위협 등의 공격행동 등은 부인하였다.

M군의 어머니도 M군의 문제행동에 대해 전반적으로 유사하게 인식하고 있었다. 다만 M군이 문제를 인정하는 정도에 비해, 어머니가 시행한 아동·청소년 행동 평가 척도-부모용(K-CBCL)에서는 높은 수준의 공격행동이 지적되었으며(95T, 100%ile), 사회적 미성숙(64T, 92%ile), 주의집중 문제(65T, 93%ile)도 지적되었다. 그러나 M군이 나타내고 있는 규칙위반행동의 심각성이나 주요 인물(주로 가족, 또는 학교의 급우)과의 갈등 수준을 감안할 때, 이러한 어머니의 지적은 다소 과대평가된 것일 수 있다.

7) 사례개념화

의뢰 사유에서 M군은 격앙된 불만과 미숙한 감정폭발, 과격한 언행이 지적되었으며, MMPI-A와 SCT, K-YSR에서 이러한 문제점들을 대체로 인정하였다. 하지만 자신의 빈번한 분노폭발이 주로 타인(주로 가정에서 어머니, 학교 등에서 자신을 건드리는 인물)의 탓이라고 호소했듯이, 스스로 자초한 갈등이나 격앙, 분노 반응에 대해 자신은 어쩔 수 없었다는 식으로 판단하며 남 탓을 한다. 자발적인 숙고나 문제해결을 기대하기 어려운 점도 보이는데, 이러한 대처방식의 취약성은 로르샤흐의 CDI 지표 및 MMPI-A의 F 척도, K-WISC-V의 비효율적인 인지효율성 등과도 일관되는 결과이다.

M군은 감정적인 격앙과 반항적인 면모를 보였지만, 피상적이나마 자신의 문제행동을 인정하고 '불효'하고 있다고 표현하기도 하였다. 막연하게나마 미래에는 자신이 좀 더 좋은 모습을 보일 거라는 바람도 엿보였다. 단, M군의 정서적 미성숙과 취약한 자기조절 능력를 감안할 때, 이러한 자각이 실제 생활 속에서 행동 변화의 양상으로 이어질지는 분명치 않다. 특히 M군은 가정과 학교에서 부여된 규칙이나 지시에 비순응/반항하는 문제행동을 반복하는 것으로 보이는데, 주된 양상은 어머니와의 갈등이며 주말부부인 아버지는 M군의 문제행동에 대한 억제력이 있음에도 양육 과정에서 적절한 훈육을 제공하지 못하고 있다.

결론적으로 M군은 부모나 교사, 친구 등의 주위 사람과 긍정적인 감정을 교류할 기회가 매우 적을 수밖에 없었고, M군이 분명히 인식하지는 못하겠지만 상당한 불만족감과 불행감을 장기적으로 경험하고 있다고 할 수 있다. 현재로는 품행장애, 아동기 발병형, 경도 수준에 해당되며, ODD 진단을 동반하고 있다. ADHD 과거력이 의심되며 현재도 경도의 주의력 문제를 가지고 있어 보인다. 단, 파괴적 기분조절부전장애의 기준은 충족하지 않으며, 경도의 간헐적 폭발장애 양상도 있어 보이나 현재로는 배제될 수 있겠고, 향후 유의할 필요성이 있다. M군에게는 자신의 부정적 감정을 잘 인식할 수 있도록 해주고, 가정과 학교에서 인정받지 못한 불만감을 완화시킬 수 있도록 돕는 것이 필요해 보인다. 이를 위해 부모-자녀 간 긍정적 강화의 증진, 인지적 오류의 개선, 문제해결의 증진, 상호존중과 애착의 향상 등이 요청되고 있다.

 심리 진단 검사 보고서 요약

1 진단적 인상(diagnostic impression)
품행장애, 아동기 발병형, 경도(Conduct Disorder, childhood-onset type, mild)
적대반항장애, 고도(Oppositional Defiant Disorder, severe)

2 치료적 제언(recommendation)
부모관리훈련, 청소년용 문제해결훈련 및 인지행동치료, 기능적 가족개입

1) 품행장애의 진단

품행장애는 DSM-5(APA, 2013/2015)의 '파괴적, 충동조절 및 품행 장애' 유목에 포함된다. 이 유목의 장애들은 여성보다는 남성에게 흔하며, 연령대에 따라 증상 양상의 차이를 보이고, 대체로 아동기나 청소년기에 최초로 발병하는 경향이 있다. 품행장애 환자는 어려서 적대적 반항장애(ODD)로 진단되었던 경우가 흔하며, 일부는 불안장애나 우울장애를 동반할 위험도 있다(APA, 2013/2015). 이들은 흔히 탈억제와 규제라는 성격 차원과 관련된 외현화 문제의 연속선상에 있으며, 부정적 정동과도 일부 관련된다. 이 장애들은 물질사용장애, 반사회성 성격장애의 동반이환율도 높은 것으로 가정된다(APA, 2013/2015).

(1) 진단기준과 임상 양상

품행장애는 공격성, 기물파손, 사기/절도, 심각한 규칙 위반 등의 반사회적 행위를 통해 타인의 기본적인 권리를 침해하고, 연령에 적합한 사회적 규범을 지속적이며 반복적으로 위반하는 문제행동을 보이는 경우이다. ICD-10 및 번역본인 한국표준질병·사인분류 8판(KCD-8)은 '소아기 및 청소년기에 주로 발병하는 행동 및 정서 장애(F90-F98)'로 이를 분류한다. KCD-8은 F.91. '행동장애'라는 번역 용어를 채택했으나, 이 책에서는 한국판

DSM의 번역을 기준으로 삼았다. 이는 일반적으로 '비행행동'이 심각한 경우에 해당하며, Achenbach 등(2001)은 이러한 문제행동을 공격성 증후군과 규칙 위반 행동군으로 분류할 것을 제안하기도 하였다. 공격성 증후군은 규칙 위반에 비해 심각한 발달경로를 밟게 된다. DSM-5 품행장애 진단기준(APA, 2013/2015)은 다음과 같다.

DSM-5 품행장애(Conduct Disorder) 진단기준

A. 다른 사람의 기본적 권리를 침해하고 연령에 적절한 사회적 규범 및 규칙을 위반하는 지속적이고 반복적인 행동 양상으로, 지난 12개월 동안 다음의 15개의 기준 중 적어도 3개 이상에 해당되고, 지난 6개월 동안 적어도 한 개 이상의 기준에 해당된다.

사람과 동물에 대한 공격성
1. 자주 다른 사람을 괴롭히거나, 위협하거나, 협박함
2. 자주 신체적인 싸움을 걺
3. 다른 사람에게 심각한 신체적 손상을 입힐 수 있는 무기 사용(예, 방망이, 벽돌, 깨진 병, 칼, 총)
4. 다른 사람에게 신체적으로 잔인하게 대함
5. 동물에게 신체적으로 잔인하게 대함
6. 피해자가 보는 앞에서 도둑질을 함(예, 노상강도, 소매치기, 강탈, 무장강도)
7. 다른 사람에게 성적 활동을 강요함

재산 파괴
8. 심각한 손상을 입히려는 의도로 고의적으로 불을 지름
9. 다른 사람의 재산을 고의적으로 파괴함(방화로 인한 것은 제외)

사기 또는 절도
10. 다른 사람의 집, 건물, 또는 자동차를 망가뜨림
11. 어떤 물건을 얻거나 환심을 사기 위해 또는 의무를 피하기 위해 거짓말을 자주 함(즉, 다른 사람을 속임).
12. 피해자와 대면하지 않은 상황에서 귀중품을 훔침(부수거나 침입하지 않고 상점에서 물건 훔치기, 문서 위조)

심각한 규칙 위반
13. 부모의 제지에도 불구하고 13세 이전부터 자주 밤늦게까지 집에 들어오지 않음
14. 친부모 또는 양부모와 같이 사는 동안 밤에 적어도 2회 이상 가출, 또는 장기간 귀가하지 않은 가출이 1회 있음
15. 13세 이전에 무단결석을 자주 함

B. 행동 장애가 사회적, 학업적, 또는 직업적 기능 영역에서 임상적으로 현저한 손상을 초래한다.
C. 18세 이상일 경우, 반사회성 성격장애의 기준에 부합되지 않는다.

다음 중 하나를 명시할 것:
312.81(F91.1) 아동기 발병형: 10세 이전에 품행장애의 특징적인 증상 중 적어도 한 개 이상을 보이는 경우다.
312.82(F91.2) 청소년기 발병형: 10세 이전에는 품행장애의 특징적인 증상을 전혀 충족하지 않

는 경우다.

312.89(F91.9) 명시되지 않는 발병형: 품행장애의 진단기준을 충족하지만, 첫 증상을 10세 이전에 보였는지 또는 10세 이후에 보였는지에 대한 정보가 없어서 확실히 결정하기 어려운 경우다.

다음의 경우 명시할 것:

제한된 친사회적 정서 동반: 이 명시자를 진단하려면 적어도 12개월 이상 다양한 대인관계나 사회적 장면에서 다음 중 적어도 2개 이상의 특징을 보여야 한다. 이러한 특성은 해당 기간 동안 그 개인의 대인관계적·정서적 기능의 전형적인 형태를 반영해 주며, 몇몇 상황에서만 가끔 발생하는 것이 아니다. 따라서 명시자를 평가하기 위해서는 다양한 출처에서 정보를 얻는 것이 필수적이다. 자기보고뿐만 아니라 그 개인을 장기간 동안 알던 사람들(예, 부모, 교사, 동료, 친척, 또래)의 보고를 반드시 고려해야 한다.

후회나 죄책감 결여: 본인이 잘못을 저질러도 나쁜 기분이나 죄책감을 느끼지 않는다(붙잡히거나 처벌을 받는 상황에서만 양심의 가책을 표현하는 경우는 배제해야 한다). 자신의 행동으로 인한 부정적인 결과에 대해 일반적인 염려가 결여되어 있다. 예를 들면, 다른 사람을 다치게 하고도 자책하지 않거나 규칙을 어겨 발생하는 결과에 대해 신경을 쓰지 않는다.

냉담, 즉 공감의 결여: 다른 사람의 감정을 무시하거나 신경 쓰지 않는다. 다른 사람들은 이들을 차갑고 무정한 사람으로 묘사한다. 심지어 자신이 다른 사람에게 상당한 피해를 주는 경우에도, 자신이 타인에게 미치는 영향보다는 자기 자신에게 미치는 영향에 더 신경을 쓴다.

수행에 대한 무관심: 학교나 직장 또는 다른 중요한 활동에서 자신이 저조한 수행을 보이는 것을 개의치 않는다. 심지어 충분히 예상 가능한 상황에서도 좋은 성과를 보이기 위해 필요한 노력을 기울이지 않으며, 전형적으로 자신의 저조한 수행을 다른 사람의 탓으로 돌린다.

피상적이거나 결여된 정서: 피상적이거나, 가식적이고, 깊이가 없는 정서(예, 행동과 상반되는 정서 표현, 빠른 정서 전환)를 제외하고는 다른 사람에게 자신의 기분이나 정서를 드러내지 않는다. 또는 얻고자 하는 것이 있을 때만 정서를 표현한다(예, 다른 사람을 조종하거나 위협하고자 할 때 보이는 정서 표현).

현재의 심각도를 명시할 것:

경도: 진단을 충족하는 품행 문제가 있더라도, 품행 문제의 수가 적고, 다른 사람에게 가벼운 해를 끼치는 경우(예, 거짓말, 무단결석, 허락 없이 밤늦게까지 집에 들어가지 않는 것, 기타 규칙 위반)다.

중등도: 품행 문제의 수와 다른 사람에게 끼치는 영향의 정도가 "경도"와 "고도"의 중간에 해당되는 경우(예, 피해자와 대면하지 않는 상황에서 도둑질하기, 공공기물 파손)다.

고도: 진단을 충족하는 품행 문제가 많거나, 또는 다른 사람에게 심각한 해를 끼치는 경우(예, 성적 강요, 신체적 잔인함, 무기 사용, 피해자가 보는 앞에서 도둑질, 파괴와 칩입)다.

DSM-5(APA, 2013/2015)에 의하면 품행장애의 공격적 행동 중 괴롭힘, 위협, 협박에는 문자나 SNS 등을 이용한 괴롭힘도 포함되며, 신체적 폭력은 성폭행(강간), 폭행, 드물게는 살인 등의 형태로도 나타난다. 그리고 가출 삽화가 환자에게 가해진 신체적 또는 성적 학대의 직접적인 결과로 발생한 경우라면, 전형적인 가출 기준에 해당한다고 판단하지 않는다.

품행장애의 아형은 발병 연령을 기준으로 하며, 심각도는 경도(mild), 중등도(moderate), 고도(severe)로 명시한다. 호발 연령은 아동기 중기와 청소년기 중기 사이의 기간(약 10~15세)이며, 성인기에도 진단될 수는 있지만 16세 이후에 발병하는 경우는 매우 드물다. 품행장애는 성인이 되면서 완화될 수 있는데, 특히 청소년기 발병형 품행장애가 그러하다. 이에 비해 아동기 발병형은 성인이 되어서도 예후가 더 부정적이고 범죄행동 및 물질사용 관련 문제행동이 지속될 가능성이 더 크다(APA, 2013/2015).

'제한된 친사회적 정서' 명시자는 냉담하고 감정이 없는 성격적 특질에 관한 연구 결과에 따른 것이다(Frick et al., 2014). 이러한 특성을 가진 품행장애로 진단되는 환자들은 대개 이득을 얻기 위한 도구적인 계획하에 공격하는 경향이 있으며, 주로 아동기 발병형 및 고도에 해당한다. 이들은 면담 상황에서 그들의 특성을 쉽게 인정하지 않기 때문에 다양한 정보 출처, 특히 그간 잘 알고 지냈던 사람(예: 부모, 교사, 동료, 친척, 또래)으로부터 정보를 얻는 것이 필수적이다.

품행장애의 연간 유병률은 2~10%로 추정되고 중앙값은 4%로 보고되며, 이러한 유병률은 여러 국가 및 인종/민족에서 상당히 일관되게 나타난다(APA, 2013/2015). 아동에서 청소년기로 갈수록 유병률은 증가하며, 품행장애 아동이 치료를 받는 경우는 드문 편이다. 성별에 따른 유병률의 차이가 매우 뚜렷하여 흔히 남자가 여자보다 4~12배 정도 많은 것으로 보고된다. 문제행동은 사회적 가시성(social visibility)의 특성을 보이며, 미국의 경우 지역사회 서비스기관 의뢰 청소년의 거의 절반이 품행장애에 해당하고 품행장애의 70%가 ODD 및 ADHD, 내재화장애를 동반하는 것으로 알려져 있다(Mash & Wolfe, 2008).

(2) 동반이환과 감별 진단

① 적대적 반항장애(ODD)

ODD는 품행장애에 가장 빈번히 선행하며, 품행장애의 전조 증상이나 경도의 품행장애로 간주되기도 한다(Wicks-Nelson & Israel, 2014). 그러나 ODD는 품행장애의 세 가지 문제행동 유형인 '사람과 동물에 대한 공격성, 재산 파괴, 사기 또는 절도'를 포함하지 않는 경우가 많고, 품행장애의 진단기준이 아닌 분노/과민한 기분 증상을 동반한다. 품행장애와 ODD 양상이 모두 나타난다면 두 진단을 모두 부여할 수 있다(APA, 2013/2015).

② ADHD

ADHD는 ODD 및 품행장애와 공존하는 경우가 흔한데, ADHD로 진단된 아동의 약 35~70%는 이후 ODD로, 약 30~50%는 품행장애로 진전한다(Ohan & Johnston, 1999). 일반적으로 ADHD와 관련된 주의집중 곤란과 과잉행동, 충동성은 품행장애 경로 중 하나로 여겨진다(Lahey, 2008). 단, 충동성 증상과 관련하여 고영건 등(2004)은 ADHD의 충동성이 실행기능상의 결함에 기초한 증상을 시사하는 것과 달리, 품행장애의 충동성은 충동적인 성격 및 외부의 부정적인 피드백에 대해 자아-동조적 태도를 보이는 것과 연관되어 보이므로 치료 접근에서 이러한 특성을 감안하는 것이 바람직하다고 제안했다.

③ 정서적 장애

ICD-10에서는 우울성 소아기 행동장애(Depressive Condcut Disorder)를 별도로 진단하며, 정서적 어려움이 혼재된 양상의 소아기 행동장애 유형을 따로 두고 있다. 이에 비해 DSM-5는 품행장애에 이러한 동반이환 장애가 공존하는 경우 중복 진단을 부여한다. 특히 DSM-5에서는 만성적인 분노발작을 1년 이상 지속하는 경우를 우울장애 유목의 파괴적 기분조절부전장애로 분류하고 있다(APA, 2013/2015).

④ 또래관계 및 학교생활 부적응

품행장애 아동은 학교규칙 위반, 신체적 공격, 등교거부와 같은 외현화된 행동 문제로 인해 또래로부터 거부당하는 등 학교생활 적응에 어려움을 보일 수 있다. 동시에 잦은 결석 등으로 학업부진이 흔히 나타나고, 10대 초반 이전에 학습장애를 겪기도 한다. 당연히 자존감이 낮으며 중도탈락 등의 부정적인 양상을 보이기 쉽다.

⑤ 물질 오남용

청소년 비행 및 품행장애에서는 대부분 약물과 알코올 남용 등의 문제가 동반된다. 단, 음주나 흡연만으로는 품행장애로 진단되지 않는다. 청소년기에 간헐적으로 나타나는 경미한 반사회적 행동이나 일탈행동, 비행 등은 정상이며, 일반적인 사회적 규범에 대한 가벼운 반항행동 역시 정상으로 간주될 수 있다.

⑥ 반사회성 성격장애

품행장애는 규범적 범위 내의 일탈행동과는 다른 양상으로 발전하며 여러 문제행동이 발생하다가 결국은 심각한 수준에 이르게 된다. 품행장애의 정도가 경미하고 다른 정신장애가 없으며 지능이 정상일 경우에는 비교적 예후가 좋다. 그러나 어린 나이에 시작되고 문제행동의 수가 많으며 다양한 장면에서 반사회적 행동을 보이는 경우는 예후가 좋지 않으며, 만 18세 이상이 되면 반사회성 성격장애로 발전할 가능성이 높다(APA, 2013/2015). 18세 이상으로 반사회성 성격장애로 진단되면 더 이상 품행장애로는 진단하지 않는다.

2) 이론적 모형

품행장애의 원인과 발달경로를 설명하는 관점에는 여러 가지가 있으나, 여기서는 근거기반 심리치료가 채택하고 있는 반사회적 행동 발달에 관한 이론적 모형을 우선적으로 검토하였다. Weisz와 Kazdin(2017/2019)은 외현화장애 및 문제를 다루는 근거기반 심리치료들을 소개하였다. 여기에 속하는 치료로는 부모관리훈련 및 부모-자녀 상호작용 치료를 비롯하여 IY 프로그램(Incredible Years program)과 문제해결훈련, 공격행동 대처 프로그램, 위탁보호, 다중체계치료, 기능적 가족치료, 긍정적 양육 프로그램(Triple P) 등이 있다. 이러한 프로그램들은 공통적으로 사회학습이론과 인지행동적 및 사회생태학적 모형에 근거한다.

행동적 모형은 반사회적 문제행동이 모델링 또는 정적 강화에 의해 습득 및 유지된다고 설명한다. 폭력행위가 빈번한 환경에서 성장하는 아동은 폭력행위의 결과로 강화받는 것을 직·간접적으로 경험하게 된다. 실제로 부모-자녀 상호작용 방식에 관한 연구에 의하면 공격적인 아동의 부모는 자녀와 소통할 때 더 자주 명령하고 질문하며 비난하는 모습을 보였다(Forehand & McMahon, 1981). 이렇듯 아동의 순종행동은 효과적으로 강화하지 못하면서 불순종행동을 처벌(예: 벌주기)하는 데만 초점을 두는 부모의 비일 관적인 양육행동이 아동의 불순종 문제행동을 발달시킨다는 것이 행동적 모형의 관점이다. 즉, 행동적 모형에서는 아동의 순종/불순종 행동과 이에 반응하는 부모의 양육행동 간의 유관성(contingency)이 강조된다.

아동의 반사회적 문제행동이 생성·발달하는 핵심기제로서 강압적 가족 과정(coer-sive family process) 또한 주목된다(Patterson, 1982). 이는 부모-자녀 간에 원하는 결과를 얻기 위해 위협 및 공격적 반응의 양상으로만 교류하는 것을 말한다. 부적 강화(예: 혼나지 않으려면 얼른 해라)에 의한 훈육은 아동이 성장할수록 더욱 거센 반항을 야기하며, 이에 따라 부모의 강압도 함께 상승하는 강화함정(reinforcement trap)에 도달하는 결과로 이어진다. 부적 강화함정에 빠진 가족 성원들은 서로를 비난하게 되고 가족 간의 의사소통은 붕괴된다. 강압적 과정이 우세한 부모-자녀 상호관계에서 아동은 자발적인 친사회적 행동의 발달 기회를 가질 수 없으므로, 강화함정에서 벗어나 부모-자녀 간의 상호교류 과정을 정적 강화에 기초하도록 유관성을 변경시킬 필요가 있다(Patterson, 1982).

심각한 품행장애는 치료가 매우 어려우므로, Webster-Stratton(1981, 2016)은 IY 프로그램을 통해 유소년기(약 6세~10세)의 조기개입을 강조하였다. 그는 IY 프로그램을 통해 부모의 비효과적인 양육과 가족의 범죄력 및 정신건강 문제, 아동이 가진 다양한 발달적·생물학적 문제, 학교 적응 문제, 지역사회 및 또래 문제 등의 여러 위험요인이 반사회적 문제행동 발달에 기여하는 일차적 요인임을 지적하였다. 그러면서 이러한 일차 요인과 더불어 청소년기 이후 비행 및 공격행동이 견고해지고 학업 실패와 무단결석, 비행 또래 집단 형성 등의 이차적 위험요인이 발달한다면 개입의 효과가 낮을 수밖에 없음을 강조하였다. IY 프로그램은 이차적 위험요인이 발달하기 전에 초기 위험요인을 표적 삼아 개입하는 것을 강조하며, 부모, 교사, 아동의 보호요인을 다양한 환경에서 견고하게 보강하는 조기개입을 시도한다.

병행되는 관점으로 부모-자녀 간의 사회인지 과정(social cognition process)을 다룬 연구 결과도 주목할 만하다. 공격적 행동 문제가 있는 아동의 부모는 그렇지 않은 부모에 비해 자녀의 행동에 대해 적대적 귀인편파(hostile attributional bias)를 더 많이 보였다. 다시 말해 부정적인 양육경험 상황에서 역기능적인 아동-중심 귀인을 하는 부모들은 자신보다는 아동에게 문제의 원인을 귀속시키는데, 이때 양육 스트레스가 더 많고

(Bugental et al., 1998) 감정적이며 지나치게 엄격한 훈육방식을 취하여 아동의 문제행동을 심화시킨다(Smith & O'Leary, 1995). 게다가 자녀도 부모의 이러한 귀인편파를 모델링하고 행동함으로써 대인관계에서 공격적 문제행동을 발달시키게 된다(Bickett et al.,1996). 즉, 불순종/파괴적 문제행동이 심한 아동의 부모들은 부모-자녀 간의 부정적인 상호작용을 악화하는 방식으로 생각·판단하며, 자녀의 문제행동을 심화시키는 방식으로 행동한다(박중규, 오경자, 2004).

3) 품행장애의 치료

품행장애의 근거기반 실천방안으로 인정된 개입들은 대부분 유아동기에 집중되어 있으며, 불행히도 청소년기에 이르면 효과가 인정된 방안이 극히 제한적이다. 반사회적 문제행동은 아동이 사춘기적 신체 변화를 겪기 전에, 발달경로 차원에서는 반항/불복종 및 분노조절 곤란, 경미한 공격행동 수준에서 다루어지는 것이 최선으로 알려져 있다. 품행문제 개입에 권장되는 근거기반 프로그램은 다음과 같다(The Advisory Group on Conduct Problems, 2009).

처치(treatment)	연령		
	3~7	8~12	13~17
부모관리훈련	○	○	-
교사관리훈련	○	○	○
부모/교사 결합 프로그램	○	○	-
교실-기반 개입	○	○	-
인지행동치료	-	○	○
다중양식개입(multi-modal interventions)			
다중체계치료	-	○	○
기능적 가족치료	-	○	○
치료위탁보호	-	○	○

다만 가장 심한 수준의 폭력 및 범죄행동을 보이거나 반사회성 성격장애에 해당하는 경우에 효과적인 심리치료 방안은 아직까지 개발되지 못했다. 지역사회의 반사회성 성격장애군을 대상으로 시행된 인지행동치료의 성과도 그다지 성공적이지는 못했다(Davison et al., 2009). 범죄 및 심각한 일탈행동 문제를 보이는 경우에는 부득이 강제적인 구금(예: 병원입원, 기관입소)이 요청될 수도 있다.

(1) 부모관리훈련

부모관리훈련(parent management training : PMT)은 부모(또는 주 양육자)가 치료 개입에 적극적으로 참여할 때 매우 효과적인 것으로 알려져 있다. 주요 원리는 ① 부모–자녀 간 강압적 상호작용의 연속적 행동을 파악하고 이를 변경시키는 방안(Patterson et al., 1989), ② 응용행동분석의 발전에 기초한 확립조작 및 기능분석, 차별강화 등에 기반하고 있다(Weisz & Kazdin, 2017). PMT는 모델링, 강화, 연습, 역할수행, 체계적 둔감화, 이완훈련, 행동계약, 고립법(time-out), 권리제한(반응대가)과 같은 치료적 전략을 통해 비행을 유발하는 환경적 요인을 제거하고 적응적 행동에 대한 강화를 최대화한다. 아울러 대응적 방안을 제시하여 새로운 행동 양식을 습득하게 하는데, 가정이나 학교처럼 문제행동이 실제로 발생하는 상황에서 훈련을 적용한다. PMT는 여러 치료 현장에서 가장 많이 이용되고 있으며, 사춘기 이전의 어린 아동에게 가장 효과적인 치료법의 하나로 인정받고 있다. 부모와 교사의 행동지도훈련과 가족, 학교, 치료자와의 긴밀한 협조체계가 구축되면 더 큰 효과를 기대할 수 있다.

부모가 자녀의 바람직한 행동에 주의를 기울이지 않거나 비행에 대해 지나치게 가혹한 처벌을 주고, 그 결과 부모의 관심을 얻기 위해 자녀가 여러 비행을 저지르는 악순환이 반복되는 경우가 많다. 이렇게 부모의 비일관적 훈육으로 자녀의 바람직하지 않은 행동을 조장하여 품행장애나 비행이 생긴다는 것이 PMT의 이론적 배경이다. PMT는 부모가 부모의 역할에 충실하며 일관적 훈육을 하도록 도움으로써 긍정적인 부모–자녀 상호작용을 증진하기 위한 훈련이며, 공격적이고 반사회적 행동 문제의 아동이나 청소년을 자녀로 둔 가족을 돕는 데 효과적이다. 개입은 개인 또는 집단으로 시행될 수 있으며, 지침서와 동영상 등을 이용하여 성과를 더욱 높일 수 있다. PMT는 국내 연구(박중규, 오경자, 2004) 및 국외 연구 모두에서 부모의 동기가 높고 비교적 기능을 잘하는 가족에서 효과적이었다. Bloomquist(1996/2000)는 행동적 부모훈련 요소에 더불어 인지적 요소를 가미하여 개입의 범위를 확장하였는데, 여기에서 제시한 부모관리훈련의 인지치료적 요소는 다음과 같다.

① 교훈적 설명(didactic explanation)
② 시범 보이기(modeling/demonstration)
③ 역할 연기(role playing)
④ 실생활에서 적용해보기
⑤ 집에서 숙제하기
⑥ 주기적으로 점검하기
⑦ 치료 과정에서 자연적으로 발생되어 호소하는 문제들을 처리하기
⑧ 부모와 자녀가 서로에게 '가르치는' 기회를 마련하기
⑨ 소크라테스식 질문하기: '무엇을 하라'고 시키지 말고, 부모와 자녀가 중요하다고 생각하는 것에 초점을 둘 수 있도록 질문을 이끌어가라.
⑩ 추적 보강(follow-up)하기: 진전을 계속해서 감찰해주고, 장기적 유지 격려, 재발을 예방하라.

(2) 인지행동치료

인지행동치료는 행동적 기법과 함께 내담자의 사고 능력을 적극 활용하는 인지적 기법으로 구성된다. 인지행동적 개입방안은 행동의 자기통제 및 감정조절(예: 분노조절, 충동조절 등), 의사소통 능력 증진 등에 효과적이며, 이는 일반적으로 언어적 의사소통이 가능한 다양한 연령층에 적용될 수 있다. 다양한 인지행동치료가 자녀와 부모에게 적용될 수 있으며 구체적으로 개발된 개입방안으로는 문제해결훈련, 분노조절훈련, 자기관리훈련(자기점검, 자기평가, 자기강화), 자기교수, 대안반응훈련, 귀인재훈련 등이 있다(Hollin, 1990).

(3) 다중체계치료

아동·청소년의 반사회적 행동을 개선하기 위해서는 개입의 범위가 가족을 넘어 또래관계, 학교, 거주지역의 관련 시설 등의 협동작업으로 구성되는 다중체계치료(multisystemic therapy: MST)가 필요할 수도 있다(Henggeler et al., 2009/2020). 기본적으로 Bronfenbrenner(1979)의 사회생태모형에 기초한 이 접근법에서는 청소년의 문제행동이 학교, 가족, 또래, 이웃 등 청소년과 상호작용하는 다중체계의 기능에 의해 결정된다고 본다. 이 모형에 의하면 효과적인 개입을 위해 개인(예: 인지적 오류, 주의결함 문제), 가족(예: 빈약한 부모의 감독, 부모의 약물남용), 동료/또래(예: 비행청소년 친구), 학교(예: 학업부진, 등교거부, 학교를 싫어함), 이웃(예: 친사회적 활동에 대한 기회, 비행유발 요인)을 포함하는 다중수준의 위기 요인을 목표로 할 수 있다. 개입은 각 체계 간에 발생하는 어려움(예: 부모가학교 교사와 협력하기) 및 각 체계 내에서 효과적인 기능을 방해하는 요인(예: 부모의 과다한 업무시간, 비행 참여를 요구하는 친구 등)을 긍정적인 방향으로 변화 및 유지시켜야 한다. 이러한 개입에서도 양육자인 부모가 변화의 주요 요원이며, 양육자의 역량을 증진하기위한 치료진의 노력이 강조된다(Weisz & Kazdin, 2017).

(4) 기능적 가족치료

기능적 가족치료(functional family therapy: FFT)는 적응에 문제가 있는 가족 구성원 간의 상호작용과 의사소통을 변화시키고자 한다. 품행장애 청소년의 가족들은 서로 지지적이지 못하거나 한 구성원이 고립되는 경우가 많다. 또한 다른 가족에 비해 의사소통이방어적이고 처벌과 부적 강화를 많이 사용한다. FFT는 가족 간 긍정적인 재강화를 촉진시키고, 명료한 의사소통을 확립하고, 서로 원하는 행동을 공유하는 것을 돕고, 문제 발생 시에 건설적으로 타협하도록 도와주는 것이다. 이렇듯 가족 구성원 모두의 변화 동기를 고취하고 의사소통기술을 증진하며 강화방식을 변화시킬 때, 가족 구성원 간의 인식, 기대, 태도, 정서적 반응을 수정하고 가족기능의 향상을 도모할 수 있다(Weisz & Kazdin, 2017). 다만 품행장애 청소년의 가족들은 부모 사이에 불화가 있거나 한부모 가정이거나 경제적으로 어려워 치료 참여가 불가능한 경우가 많다는 것이 한계로 지적된다.

(5) 가족교수모델과 치료위탁보호

품행장애 청소년을 가정과 유사한 상황에 배치하고 자연스러운 개입이 이루어질 수 있도록 개발된 지역사회 기반 프로그램에는 가족교수모델(teaching family model: TFM)과 치료위탁보호(treatment foster care: TFC)가 있다. TFM에서는 치료자가 비행청소년이 사는 집으로 가서 가족 모두를 훈련시킨다. 특히 부모에게 치료자가 활용하는 방안을 훈련시킴으로써 개입 효과가 유지되고 확산될 수 있도록 돕는다.

　　TFC에서는 위탁부모가 1~2명의 청소년과 가정 거주형태에서 생활하면서 이들의 행동을 체계적인 행동개입 프로그램에 따라 관리한다. 위탁부모를 지원하고 감독하는 프로그램 관리자(치료자)가 있으며, 이들은 또한 청소년의 친부모와 정기적인 만남을 가지며 향후 청소년과 친부모가 다시 함께 살 것인지, 아니면 다른 방안이 좋을지 의논한다(Chamberlain, 1998).

(6) 약물치료

품행장애 진단군 중 심각한 충동성과 공격성, 폭력행동으로 인해 자신이나 타인에게 위험을 가할 수 있는 경우 또는 ADHD 및 주요우울장애, 기타 정서장애가 동반되는 경우에 약물치료를 병행할 수 있다. 단, 파괴적 행동장애에 관한 약물치료의 성과를 지지하는 연구는 미약하다(McKinney & Renk, 2011). 약물치료는 근거기반 심리치료를 포함한 다중양식치료 접근의 일부로 적용하는 것이 권장된다(Steiner & Remsing, 2007).

(7) M군의 사례

M군이 문제행동을 일으키고 지속하는 것은 일차적으로 부모와의 관계에서 건전한 훈육이 충분히 이루어지지 못했기 때문이라고 볼 수 있다. M군은 긍정적 행동에 대한 정적 강화보다는 처벌과 위협이 앞서는 강압적인 부적 강화가 지배적인 부모와의 상호작용 속에서 성장해왔다. 특히 아버지로부터 유아동기에 심한 체벌을 받았던 M군의 경험은 분노폭발 및 폭력적 행동방식과 관련하여 아버지의 행동을 모델링한 면이 있으며, 어머니

의 격앙된 감정반응 행동도 유사한 방식으로 학습되었다고 할 수 있다. 집에 머무는 시간이 적은 아버지는 M군의 문제행동 표출을 억제하는 인물로서 역할을 할 뿐이었으며, M군의 긍정적 행동을 촉진·발달시키는 긍정적 양육행동은 부족하였다.

치료자는 이러한 상호 부정적인 강압적 가족 과정을 교정하는 것이 중요하며, 이를 위해 부모-자녀가 함께하는 개입이 효과적일 것으로 판단하였다. 아울러 긍정적 감정교류에 근거한 유대감 및 애착경험의 강화를 촉진할 수 있도록 M군과 어머니에게는 PMT와 개인 심리치료를 동시에 진행하였다. 어머니는 개인회기를 통해 스트레스 관리와 문제해결훈련, 역기능적 양육사고의 개선을 이루었고, 감정적인 처벌과 위협을 감소시킬 수 있었다. 무엇보다도 가족이 강화 함정에 빠져있음을 깨닫고 이를 변경시키는 데 지속적인 노력을 할 수 있었다. 약 4개월간 주 1회씩 어머니와 M군이 함께 내원하였으며, 아버지도 월 1회 공동회기에 참여하였다.

M군의 인지적 능력 수준이 비교적 양호하고 피상적이나마 자기 문제를 인정하는 등의 면모를 고려하여 주로 문제해결훈련과 분노조절훈련을 시행하였다. 모자는 함께 지난주 동안의 경험을 20분 정도 논의하였고, 이후 다른 전문가가 주 1회씩 50분간 M군과 개인회기를 진행하였다. M군은 치료 초기에 낮은 자존감과 공부를 못하는 문제에 관한 자신의 인지적 왜곡 및 부정 정서(짜증, 좌절감)를 자각할 수 있도록 도움을 받았다. 특히 아버지까지 함께 내원하여 격려함으로써 M군의 변화 동기가 좀 더 증진될 수 있었다. M군은 부정적인 정서경험과 연관된 왜곡된 사고, 자극-반응 간의 연합과 즉각적인 분노 표출 등을 이해할 수 있게 되었고, 특히 어머니와의 관계에서 즉각적인 감정폭발이 완화될 수 있음을 반복적인 행동시연을 통해 알게 되었다. 이후 집에서 자신도 동생만큼 좋은 소리를 듣기도 했다고 만족하였다.

부모님은 일상에서 M군의 여러 불만감을 포용하려는 노력을 기울였으며, M군에게 변화 동기를 부여하고자 온 가족이 함께 노력하였다. 특히 아버지가 가능한 한 자주 통화를 하고 주말이면 귀가하여 함께 지내는 시간을 늘리는 등의 조력을 충실히 하였다. 이러한 집중적인 개입으로 가족의 분위기는 어느 정도 개선될 수 있었다. 비록 간헐적으로 감정적 격앙이 일어나기도 했으나 크게 번지지 않고 마무리되었다.

M군은 여전히 학교 친구들과 만나고 있었는데, 어머니는 M군의 또래관계를 고려하여 M군이 스스로 귀가 시간을 정하도록 하였다. M군은 친구들에게 자기가 센터에 다니

고 있음을 얘기할 수 있었고, 생각만큼 쪽팔리는 일도 아닌 것 같았다고 말했다. 다만 수행 동기 빈약과 의욕 저하, 수행성과에 대한 무관심 등 학업부진과 관련된 문제는 개인교습이나 보충학습 등 별도의 대책이 요구되었다. 일단 기존에 다니던 학원을 좀 더 열심히 다니고, 어머니가 학교 및 학원 선생님께 M군의 학업진도를 월 2회 정도 확인함으로써 선생님들이 M군에게 보다 관심을 가질 수 있도록 애썼다.

약 4개월에 걸쳐 주 1회씩 집중적인 내원을 한 이후, 월 2회 정도로 횟수를 줄여서 치료를 진행하였다. 중학교 3학년으로서 학업 스트레스가 높아지면서 자신감이 떨어지고 짜증이 증가하는 양상도 보였다. 부모님의 협력과 격려가 지속되었으며, 적어도 지각이나 무단조퇴는 보고되지 않았다. 어머니는 M군을 감정적으로 미워하기만 했던 것 같다며 M군에게 좀 더 너그럽게 해보겠다고 하였다. 집에서의 감정적 격앙과 충돌은 현저히 감소되었다.

13

알츠하이머병

Alzheimer's Disease

1) 주 호소 문제와 현 병력

P씨는 올해 75세인 여성이다. 약 4년 전부터 시작된 기억력 저하를 주 호소로 남편과 함께 ○○병원의 기억장애 클리닉에 방문하였다. P씨와 남편의 보고에 따르면 4년여 전부터 소지품을 어디에 두었는지 얼른 기억해내지 못하거나 가끔 중요한 약속 날짜를 깜빡하는 일이 있었으나, 나이가 들어서 그러려니 하고 대수롭지 않게 여겼다. 그러다 시간이 지나면서 일상생활에서 깜빡깜빡 잊어버리는 일이 잦아졌고, 약 1~2년 전부터는 직접 약속을 챙기기 어려울 정도가 되어 남편이 챙기게 되었다. 하지만 남편이 약속 일정을 미리 말해주어도 이를 정확히 기억하지 못하고 여러 번 다시 물어보기 때문에, 아예 일정 직전에 알려주는 것이 좋다고 했다.

2년 전부터는 식사를 준비할 때 본인이 사용하던 도구나 조미료를 어디에 두었는지 몰라 여기저기 뒤지다가 주방을 엉망으로 어지르기도 했다. 음식을 가스 불 위에 올려놓은 것을 잊어 음식을 태우는 일도 빈번해졌다. 냉장고 안에 음식이나 식재료를 넣어두고는 잊어버려서 상한 식재료를 버리는 일이 늘어나고, 어떤 재료를 샀는지 기억하지 못해 며칠 뒤에 같은 재료를 다시 잔뜩 사오기도 하였다. 남편이 이런 실수들에 대해 아무리 주의를 주어도 P씨는 나아지지 않았고, 도리어 남편의 잔소리에 기분이 상하여 예민하게 화를 냈다. 하지만 P씨가 기억하지 못해 실수하는 일이 점점 잦아지고 돌아서면 잊어버리는 일도 많아지자, 분가해서 살던 자녀들도 P씨의 기억력에 이상이 있다는 것을 알게 되었다. 이에 병원에 가는 것을 내키지 않아 하던 P씨를 설득해 병원을 방문하였다.

P씨는 과거에 직접 운전을 했으나, 70세가 넘어갈 무렵 가벼운 접촉 사고가 몇 번 발생한 이후 스스로 운전을 중단하고 대중교통을 이용하였다. 다행히 P씨가 15년째 살고 있는 동네는 지하철역과 가까워 외출하기 쉬웠고, 자주 가는 교회도 지하철을 한 번만 갈아타면 돼서 교회를 다녀오는 데 큰 어려움은 없었다. 그러나 약 2년 전 P씨는 지하철에서 잠시 머뭇거리다가 내릴 역을 놓치고 몇 정거장을 지나쳐 내리게 되었는데, 이때 너무 당황한 나머지 어떻게 다시 돌아가야 할지 몰라 역 안을 2시간가량 헤맸다. P씨는 이 사건으로 큰 충격을 받았는지 그 뒤로는 지하철이나 버스를 타고 멀리 외출하지 않으려 하였고, 남편 또는 자녀들이 동행하기를 바랐다.

P씨의 남편은 P씨가 전에 비해 어휘력이 많이 떨어졌다고 했다. P씨는 단순하게 표현하거나 적절한 단어로 딱 잘라 말하지 못하고 엉뚱한 단어를 말하거나 "그거, 그거 있잖아, 그거" 하는 식으로 대명사로 지칭하는 경우가 매우 많아졌다. 그리고 일상적인 단순한 대화에는 큰 문제가 없었지만, 집안의 재산이나 세금 문제처럼 다소 복잡하고 어려운 일을 이야기하면 잘 이해하지 못했다. P씨는 원래 책과 신문을 즐겨 보던 사람이었는데 언젠가부터 읽어도 내용이 머릿속에 남지 않는다고 하면서 읽는 것을 피하였고, 손이 떨린다는 핑계를 대면서 글씨도 잘 쓰지 않으려고 하였다. P씨가 써놓은 쇼핑 목록 같은 짧은 메모를 보면 맞춤법이 틀리기도 하고 필체도 전과는 많이 달라 보였다.

P씨는 평소 밝고 명랑하며 사교적인 성격으로 교회에서도 활발하게 활동해서 알고 지내는 사람들이 많았다. 그러나 기억력이 저하되기 시작한 후로는 실수할 것을 염려해서인지 사람들을 만나도 말을 많이 하지 않고, 태도도 수동적으로 변했으며, 점차 모임에 나가기를 꺼리기 시작했다. 또한 본인이 실수하거나 기억하지 못하는 것에 대해 남편이나 자녀들이 알려주면 쉽게 화를 내면서 평소와 다르게 격한 감정을 드러내고 울기도 하였다. 조금씩 자신감을 잃고 울적해하는 듯 보였고, 원래의 밝고 명랑했던 면이 많이 어두워졌다.

P씨는 매사를 귀찮아하는 경향이 심해지면서 전에 좋아하던 독서를 잘 하지 않게 되었고, 이제는 책을 집어 들어도 10분 이상 읽지 못하고 바로 내려놓았다. P씨는 지난 15년 동안 일주일에 세 번씩 수영장에 가서 열심히 운동했고 그곳에서 만난 사람들과 잘 어울렸지만, 약 1년 전부터는 수영장에 가는 횟수가 줄더니 6개월 전부터는 아예 가지 않았

다. 요즘은 저녁식사 후 남편과 함께 30분가량 동네를 산책하는 정도로만 운동을 하고 있는데, 이것도 상당히 귀찮아서 남편이 억지로 나가자고 해야만 갔다. 전에는 화장을 하고 예쁜 옷을 입는 것도 좋아하는 편이었으나 요즘은 이런 일들에 무심하고 외출하지 않을 때는 잘 씻지 않으며 매일 편한 옷 하나만 입으려고 해서 남편이 목욕이나 옷을 갈아입는 것에 대해서 가끔 잔소리를 해야 했다.

집안의 돈 관리는 남편이 도맡아 해왔으나, P씨도 자신에게 지급되는 연금과 남편이 매달 생활비로 주는 일정 금액의 돈을 직접 관리했었다. 평소 은행에 직접 다녀왔고 ATM도 이용했지만 약 3년 전부터는 더 이상 ATM을 이용하지 않고 은행 창구 직원의 도움을 받아 입출금하는 일만 했다. 2년 전부터는 남편에게 돈을 받아도 어디서 무엇을 사는 데 썼는지 잘 기억하지 못했고, 돈을 어디에 두었는지 잊어버리고는 자꾸 없어지는 것 같다고 이야기했다. 요즘은 은행에 가는 것을 꺼리고 돈 관리를 남편에게 부탁할 때가 많아졌다.

2) 가족력 및 개인력

P씨는 2년제 교육대학을 졸업하고 초등학교 교사로 근무하다가 55세 무렵에 그만두었다. 27세에 남편과 결혼하여 계속 수도권에서 살았으며, 자녀로는 결혼해 분가한 1남 1녀가 있다. P씨는 일을 하면서도 살림 솜씨가 야무졌고, 남편과 자녀들에게 헌신적인 아내이자 어머니였다. 자녀들이 모두 결혼하여 분가한 후 집안일의 양이 많지 않아서 본인이 직접 해왔으나, 약 2년 전부터는 음식을 할 때 재료가 어디에 있는지 몰라 우왕좌왕해서 시간이 오래 걸렸고, 만든 음식의 맛도 전과 같지 않았다. 점차 요리를 귀찮아하더니 2년 전부터는 전기밥솥으로 밥을 하거나 간단하게 빵과 삶은 계란으로 아침식사를 준비하는 것만 했고, 남편과 외식하거나 음식을 사와 끼니를 대체하기 시작했다. 점차 집안의 정리정돈에도 무심해졌고 이제는 간단한 설거지나 남편과 함께 장보기 정도의 집안일만 하며, 청소나 빨래는 남편이 전담하고 있다.

P씨의 어머니는 85세로 돌아가시기 전 약 5년 전부터 치매 증상을 보였고, 알츠하이

머병으로 진단받은 가족력이 있었다. P씨의 형제자매들 중 치매 증상을 보인 가족은 없었다. 평소 혈압이 높아 약 10년 전부터 고혈압 약을 복용해왔고, 당뇨에 대해서는 혈액검사에서 경계선 수치라는 말을 들은 바 있었다. P씨는 동네 의원에서 정기적으로 검사받으며 고혈압과 당뇨를 꾸준히 관리해왔고, 약을 복용하면서 혈압은 잘 유지되는 편이었다.

3) 행동 관찰

기억장애 클리닉에 방문했을 당시 P씨의 행동 관찰에 대해서는 1차 신경심리검사를 설명하며 상술하도록 한다.

심리평가

1) 평가 계획

기억장애 클리닉을 방문한 P씨는 의사와의 면담 후 치매 진단과 원인 질환에 대한 탐색이 필요하다는 판단하에 기억력을 비롯한 전반적인 인지기능을 평가하기 위하여 임상심리실로 의뢰되었다. 주의력, 언어기능, 시공간기능, 기억력, 집행기능 등의 인지기능들을 평가하기 위한 객관적인 신경심리검사인 서울신경심리평가 2판(Seoul Neuropsychological Screening Battery 2nd edition: SNSB-II)(강연욱 등, 2012)을 시행하였고, 일상생활수행 능력과 행동 및 심리적인 증상을 평가하기 위한 검사들도 함께 시행하였다.

2) 1차 신경심리검사

남편과 함께 검사실을 방문한 P씨는 보통 키에 다소 마른 체격이었고, 거동에 불편함은 전혀 없었다. 옷차림은 외출을 위해 차려입었다기보다 집에서 편하게 입는 차림이었으며 무언가를 흘린 듯 옷에 얼룩이 있었다. P씨는 면담과 검사에 비교적 협조적으로 임하였다. 일부 과제에서는 시간이 오래 걸리기도 하였으나 검사 지시를 잘 이해하는 편이었다. 다음은 P씨가 병원에 처음 내원한 75세 때 받은 1차 신경심리검사 결과이다.

(1) 전반적인 인지기능 평가

P씨는 전반적인 인지기능(general cognition)의 지표가 될 수 있는 한국판 간이정신상태 검사(Korean-Mini Mental State Exam : K-MMSE)(강연욱, 2006)에서 23점으로 정상 범주에 미치지 못하는 저조한 수행을 보였다. 시간 지남력을 살펴보기 위해 날짜를 물었을 때, 연도와 월을 한참 생각하다 정확히 이야기할 수 있었으나, 정확한 날짜와 요일은 알지 못해 감점되었다. 장소 지남력에서는 별다른 문제없이 모두 정확히 답하였다. K-MMSE 에 속해있는 세 단어의 등록은 한 번에 잘할 수 있었으나 약 3분 뒤에 그 단어들을 다시 물었을 때에는 이를 기억해내지 못하였다. 순차적 빼기 과제(100에서 계속 7을 빼 내려가는 과제)에서 첫 반응은 '93'이라고 잘 이야기하였으나 그 뒤로는 '80, 73, 67, 60'이라고 이 야기하여, 5점 만점에 3점으로 수행은 저조하였다. K-MMSE의 기본적인 언어기능 평가 나 오각형 겹쳐 그리기 과제는 뚜렷한 오류 없이 수행할 수 있었다.

(2) 주의집중 능력 평가

경계력(vigilance) 과제에서는 지시 사항을 숙지한 뒤 오류 없이 수행할 수 있었고, 숫자 외우기 검사에서는 바로 따라 외우기와 거꾸로 따라 외우기 과제 모두 정상 범주에 속하 는 수행을 보였다. 편측 무시(hemispatial neglect)를 확인하기 위한 글자 지우기 과제에 서는 모든 목표 자극을 정확히 찾을 수 있었으나, 목표 자극을 차근차근 훑어나가면서 찾기보다는 여기저기를 보며 산발적으로 찾는 경향이 있어서 수행에 다소 오랜 시간이 걸렸다. 그러나 주의집중 능력을 평가하는 과제들의 수행을 볼 때 기본적인 주의집중 능 력은 정상 수준을 유지하고 있는 것으로 평가되었다.

(3) 언어 능력 평가

P씨는 단어 찾기에서 원하는 단어를 바로 말하지 못하고 에둘러 표현하거나 대명사로 지 칭하는 등 약간의 어려움을 보였다. 그러나 대화를 나누는 데 크게 방해가 될 정도는 아 니었고 비교적 유창하게 이야기하였다. '예/아니요'로 답변하는 이해력 과제에서는 약간

머뭇거리다가 정확하게 답변하였고, 따라 말하기 과제에서도 모두 정확한 반응을 보였다. 하지만 대면 이름대기 능력을 평가하는 한국판 보스턴 이름대기 검사(Korean Boston Naming Test: K-BNT)에서는 60개 항목 중 39개의 정반응을 보여 수행 정도가 정상 범주에서 벗어나 있었다. 짧은 문장을 읽고 쓰는 정도는 큰 어려움 없이 할 수 있었다. 이러한 결과들을 종합해볼 때, P씨는 여러 언어기능들 중 대면 이름대기 능력에 기능 저하가 있는 것으로 시사되었다.

(4) 언어 관련 기능 평가

거스트만 증후군(Gerstmann's syndrome)을 평가하기 위해 시행된 손가락 이름대기 과제에서 엄지손가락이나 새끼손가락을 말하는 것은 어렵지 않았으나 가운뎃손가락의 이름은 이야기하지 못하였다. 그러나 검사자가 이름을 불러주면서 신체 부위를 가리키게 했을 때는 손가락들을 포함해 여러 신체 부위를 잘 가리켰다. 이를 보아 손가락 실인증(finger agnosia)이 있기보다는 이름대기 능력의 저하가 손가락 이름대기 과제 수행에도 영향을 미친 것으로 해석되었다. 본인과 타인의 좌우를 구분하는 것은 모두 가능하였다.

사칙연산 과제에서 덧셈은 쉽게 수행하였고, 곱셈도 자릿수 올림이 있을 때 시간이 좀 더 걸리긴 하였으나 정확히 수행할 수 있었다. 그러나 뺄셈과 나눗셈에서는 두 자릿수 이상의 과제에서 자릿수 이동이 있는 경우 수행을 정확히 하지 못해 감점이 있었다. 이에 수리-연산 능력은 P씨의 학력이나 경력(과거 초등 교사)을 고려할 때 저하된 것으로 시사되었다.

실행증(praxis) 검사에서 얼굴 근육의 움직임이 필요한 안면 실행과제는 잘 수행하였다. 그러나 사지를 이용해 도구를 사용해야 하는 과제에서는 자신의 신체를 도구의 일부로 사용하는 오류(body part as object error: BPO error)를 보여 본인의 손을 칼날처럼 이용하여 음식을 자르려는 시늉을 했고, 지시를 다시 듣고 수행해도 오류를 수정하지 못했다. 상기 검사 결과를 종합할 때, P씨는 거스트만 증후군이 시사되지는 않았지만 계산 능력이 저하된 상태이고 경미한 수준의 관념운동 실행증(ideomotor apraxia)이 시사되었다.

(5) 시공간 능력 평가

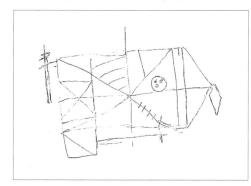

RCFT 모사

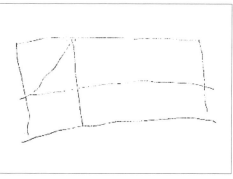

RCFT 즉시회상

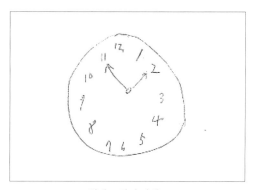

시계 그리기 과제

시공간기능을 평가하는 과제에서 P씨는 전체적으로 약간 저조한 수행을 보였다. 오각형 겹쳐 그리기 과제에서는 2개의 오각형을 어렵지 않게 겹쳐서 그릴 수 있었으나, 레이 복합 도형 검사(Rey Complex Figure Test: RCFT)의 모사 과제에서는 5분 이상 고민하면서 어렵게 그렸다. 전체적인 구성 틀을 갖추고 세부 요소들을 어느 정도 그릴 수 있었으나 일부를 부정확하게 그려 감점되는 양상이었다. 이를 보았을 때 시지각 능력의 손상보다는 시지각 정보를 정확히 구성하는 능력이 저하되어 복잡한 자극의 모사에 어려움이 있는 것으로 시사되었다. 시계 그리기 검사에서는 11시 10분을 표시하는 그림에서 대체로 정확하게 그렸으나 분침의 길이를 시침의 길이보다 짧게 그려 감점되었다. 이는 시공간 능력과는 별도로 시간을 나타내는 표상 능력이 저하되었기 때문으로 보였다.

(6) 기억력 평가

언어적 기억력을 평가하는 서울 언어학습 검사(Seoul Verbal Learning Test: SVLT)에서 P씨는 전반적으로 매우 저조한 수행을 보였다. 3회에 걸쳐 12개의 단어를 학습하는 과정에서 각각 2개, 3개, 6개의 단어를 학습하여 보통 수준보다 현저하게 저하된 수준이었고, 회상 과정에서는 검사자가 불러주지 않은 단어도 1~2개씩 보고하는 침입 오류(intrusion error)를 보였다. 20분 뒤에 시행된 지연 자유 회상에서는 하나의 단어도 정확히 떠올리지 못했으나, 본인이 앞서 단어 목록을 학습했다는 사실에 대해서는 아는 것 같았다. 연이어 시행된 재인 과제에서는 정긍정 반응 7개, 오긍정 반응 2개로 전반적인 수행이 상당히 저조하였다. 언어적 기억 검사의 수행을 종합할 때 정보를 학습하는 과정부터 원활하지 못했고 학습한 단어를 장기기억으로 저장하는 능력 또한 현저하게 저하된 것으로 나타나, 해마를 포함한 내측두엽의 기능 저하가 시사되었다.

시각적 기억력을 평가하기 위해 앞서 모사했던 레이 복합 도형을 즉각회상시켰을 때, 보통 수준보다 현저하게 저하된 수행을 보였다. 20분 지연회상에서는 아예 아무 것도 기억나지 않는다면서 수행을 포기하였다. 재인 과제에서는 정긍정 반응 12개, 오긍정 반응 7개로 대부분의 모양이 있었던 것 같다고 반응했는데, 이는 P씨가 모사한 모양을 정확히 기억하지 못해 변별력 없이 반응했기 때문인 것 같았다. 이를 종합하면 P씨는 시각적 기억력에서도 정보를 장기기억으로 저장하는 능력이 크게 손상된 것으로 나타나 내측두엽기능 저하가 시사되었다.

(7) 전두엽기능 및 집행기능 평가

전두엽기능 및 집행기능을 평가하기 위한 과제들에서는 다소 상이한 수행을 보였다. 운동지속 불능(motor impersistence) 양상은 없었고, 손동작을 이용하는 주먹−손날−손바닥 과제와 손 교대 운동 과제에서는 양손 모두 비교적 양호한 수행을 보여 동작 학습 능력이나 양손의 협응 능력은 유지되어있는 것으로 평가되었다. 보속증 여부를 확인하기 위한 사각형−삼각형 교대나 루리아 고리(Luria loop)의 모사에서도 이상 반응은 없었다.

생성 이름대기 능력을 보기 위한 통제단어연상 검사(Controlled Oral Word Association Test: COWAT)에서는 과제 조건에 따라 상이한 수행을 보였다. 동물 이름이나 가게에서 파는 물건을 이야기하는 의미 유창성(semantic fluency) 과제에서는 수행이 저조하여 정상 범주에 미치지 못하였다. 그러나 한글 ㄱ, ㅇ, ㅅ으로 시작하는 단어를 이야기하는 음소 유창성(phonemic fluency) 과제에서는 정상 범주에 속하는 수행을 보였다. 의미 유창성 과제 수행이 음소 유창성에 비해 상대적으로 낮은 경우는 정상인에서는 드문데, 이런 결과는 의미기억이 저하되었음을 시사하는 결과로, 좌측 측두엽기능 저하 환자에게서 확인된다.

한국판 색상–단어 스트룹 검사(Korean Color-Word Stroop Test: K-CWST) 결과 글자 읽기 조건에서는 제한시간 내에 수행을 모두 마무리할 수 있었으나, 색상 읽기 조건에서는 2분의 제한시간 내에 70개의 정반응을 보여 정상 범주에 간신히 속하는 수준의 수행을 나타냈다. 또한 자동적 반응을 억제하고 상황에 맞게 반응을 통제하는 능력이 기대 수준보다는 약간 낮은 것으로 보였다.

기호 쓰기 검사(Digit Symbol Coding)에서는 정상 범주의 하단에 속하는 수행을 보여 정신–운동 협응 능력에 뚜렷한 장애는 없는 상태로 평가되었다. 또한 한국판 노인용 기호 잇기 검사(Korean-Trail Making Test-Eldery's version: K-TMT-E)에서 Part A의 과제 수행은 정상에 속하는 반면, Part B의 수행은 현저하게 저하되어 정상 범주에 크게 미치지 못하였다. K-TMT-E Part B의 수행 저하에 대해서는 여러 원인이 있겠으나, 인지적인 틀(cognitive set)을 상황에 맞게 변경하지 못했거나, 작업기억의 저하로 인해 두 가지 인지적인 틀 안에서 주의집중 능력을 양분하여 운용하지 못했기 때문일 가능성이 시사되었다.

(8) 일상생활 수행 능력 평가

신체기능을 사용하는 기본적인 일상생활 수행 능력은 바텔 지표(Barthel Index)를 통해 확인하였다. 대소변 관리 및 화장실 사용, 식사, 거동, 옷 입기, 씻기 등 모든 항목에서 정상으로 확인되어 20점 만점을 받았다. 또한 도구 사용을 포함하여 복잡한 일상의 활동을 평가하기 위해 한국판 도구적 일상생활 수행 능력 척도(Korean-Instrumental Activities of Daily Living: K-IADL)(Chin et al., 2018; 강수진 등, 2002)를 시행하였다. P씨는 수행 수준에서 절단 점수인 0.4를 넘는 0.7을 받아 일상생활 수행 능력이 정상 수준을 벗어나 저하된 상태로 평가되었다. 간단한 물건 구입, 집안일, 전화 사용, 텔레비전 시청 등은 혼자서 하고 있으나, 교통수단을 이용하는 일이나 돈 관리, 약 복용, 취미 활동을 하는 데 약간의 도움이 필요한 상태이고, 음식 솜씨가 전에 비해 저하되었으며, 최근 일을 기억하는 것에는 많은 어려움이 있는 것으로 보고되었다. 집안 수리 활동은 전부터 하지 않던 활동이라고 보고되었다.

(9) 치매 관련 이상행동 및 심리/정서적 증상 평가

치매 환자에게서 나타날 수 있는 이상행동 및 심리 증상들을 평가하기 위하여 면밀한 면담과 더불어 치매 정신 증상 척도(Neuropsychiatric Inventory: NPI)(Choi et al., 2000)와 노인 우울 척도(Geriatric Depression Scale: GDS)(정인과 등, 1998)를 시행하였다. 자기보고식 척도인 GDS에서 P씨는 총 30점 중 20점을 받아 경도 수준의 우울감을 보고하였다. P씨의 남편이 객관적으로 보고 평가한 NPI에서는 가족들에게 전보다 화를 많이 내거나 고집을 부린다고 하여 '화를 잘 냄'에 해당하였고, 스스로 보고한 것과 마찬가지로 우울한 양상이 확인되어 '우울/낙담'에 해당한다고 보고되었다. 또한 매사를 귀찮아하고 전에 비해 자발성이 떨어지는 행동이 반영되어 '무감동/무관심' 증상이 있다고 평가되었다.

(10) 임상 치매 평가 척도

치매에 대한 환자의 전반적인 장애 수준을 나타내는 임상 치매 평가 척도(Clinical Dementia Rating: CDR)(Morris, 1993; 최성혜 등, 2001)에서 P씨는 여섯 가지 세부 항목에서 모두 1점을 받아 전체 점수 CDR 1점에 해당하는 경도 치매 수준에 속하였다. 세부 항목을 하나씩 살펴보면, '기억력'에서 P씨는 최근 일에 대한 기억장애가 매우 두드러지는 상태였고, 이로 인해 일상생활에 지장이 있는 것으로 확인되어 1점에 해당하였다. '지남력'에서는 K-MMSE에서 나타났던 것처럼 시간 지남력에 문제가 있었고, 장소 지남력 항목에는 모두 잘 대답하였으나 일상생활에서 길을 찾는 것에 자신 없어 하는 모습이 있다고 하여 역시 1점으로 평가되었다.

'판단력과 문제해결 능력'에서는 최근 은행 업무를 회피하는 경향이 생겼고, 복잡한 상황에서 문제를 회피하며, 논리적으로 판단을 내리기 어려워하는 경향이 시사된 반면, 사람들 사이에서 경우에 어긋나는 행동을 하는 것은 아니어서 1점에 해당하였다. '사회활동'에서는 간혹 사람들을 만나고 모임에도 나가며 혼자서 물건을 사러가기도 하여 일부 활동에 아직 참여하는 듯 보이나, 혼자 알아서 하기보다는 주변의 도움을 받아가면서 사회활동을 하는 편이어서 1점으로 평가되었다.

'집안생활과 취미'에서는 여러 핑계를 대면서 활동을 점점 회피하고 있고 경미하지만 분명한 장애가 있어 보이며 수영장에 가던 취미 활동도 포기한 상태여서 1점에 속하는 것으로 평가되었다. '위생 및 몸치장'에서는 씻고 옷 입기를 혼자서 하고 있기는 하지만 전에 비해 귀찮아하는 경향이 늘어 남편의 잔소리가 필요하다고 보고되었기 때문에 역시 1점에 해당하였다.

3) 의학적 검사 결과

P씨는 신경심리검사가 진행된 날 뇌 자기공명영상(MRI)도 촬영하였다. 그 결과, 다음과 같이 전반적으로 경미한 뇌 위축과 더불어 양측 내측두엽 영역이 약간 위축되어 해마 주변으로 뇌실이 조금 크게 보이는 것을 확인할 수 있었다.

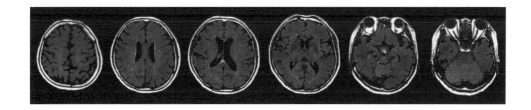

알츠하이머병의 생물표지자인 아밀로이드판(amyloid plaque)의 축적을 확인하기 위해 시행된 [18F]Florbetaben 아밀로이드 양전자방출단층촬영(PET) 검사에서는 다음과 같이 백질 영역에 비해 피질 영역에서 유의하게 아밀로이드가 축적되어 있음을 확인할 수 있었다.

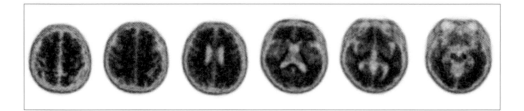

　그 외 일반혈액 검사, 일반화학 검사, 혈액응고 검사, 요검사 결과 모두 정상이었다. 갑상선기능 검사 결과와 비타민 B12, 엽산 수치도 정상에 속하였고, 혈액 검사, 흉부방사선 검사, 심전도도 정상이었다. 유전자 검사 결과, P씨는 아포지단백 E(apolipoprotein E, APOE) 대립 유전자가 ε3/ε4 유형으로 나타나 APOE ε4 유전자 보유자로 확인되었다.

4) 2차 신경심리검사

P씨는 신경과 전문의로부터 알츠하이머병을 진단받은 후 아세틸콜린분해효소 억제제(acetylcholinesterase inhibitor)를 처방받아 복용하기 시작하였다. 그러나 P씨의 상태는 약 2년이 지나면서 서서히 악화되어, 이제는 돌아서면 잊을 정도로 기억장애가 심해졌다. 1차 신경심리검사가 시행된 지 2년가량 흐른 뒤, 경과를 다시 한번 살펴보기 위해 77세에 2차 신경심리검사가 의뢰되었다.

　P씨의 2차 K-MMSE 점수는 20점으로 전반적인 인지기능 수준이 뚜렷하게 저하된 중등도 수준의 치매(CDR=2점)로 평가되었으며, 대부분의 검사에서 수행이 저하되는 양상을 보였다. 주의집중 능력과 관련해서 숫자 외우기 검사의 수행이 소폭 감소하였고, 언어기능에서는 대면 이름대기 능력이 더욱 저하된 것이 확인되었으며, 철자 오류가 늘어나 쓰기 능력도 낮아진 것으로 보였다. 수리-연산 능력과 실행력 또한 더욱 저하되었다. RCFT 검사의 경우 점수만으로는 수행에 뚜렷한 변화가 없어 보였으나, 2년 전에 비해 수행 시간이 길어졌고 모사의 질도 더욱 좋지 않았다. 지남력도 저하되어 시간 지남력에서 저하를 보일 뿐만 아니라, 현 장소가 병원 내 몇 층인지를 정확히 알지 못해 장소 지남력에서도 감점되었다. 언어적/시각적 기억력은 이전 검사에서도 매우 저조한 상태

였으나 2차 평가에서는 지연회상과 재인 과제에서 거의 기억해내는 부분이 없을 정도로 수행이 크게 저조하였으며, 대부분의 전두엽 관련 과제들의 수행도 저하되었다.

이에 P씨는 2년 전인 1차 검사에 비해 치매 중증도가 심화되었고, 특히 기억력과 전두엽 집행기능이 큰 폭으로 저하된 것으로 나타났다. 일상생활 수행 능력의 장애도 더욱 현저해져서 이제는 K-IADL 점수도 1.58로 장애가 상당히 진행되었음을 보여주었다.

P씨의 1차, 2차 신경심리평가(SNSB-II) 시행 결과

검사 항목	1차 SNSB-II 검사	2차 SNSB-II 검사(2년 뒤)
주의집중 능력		
경계력	정상	정상
숫자 바로 따라 외우기	6 (44.18%ile)	5 (16.49%ile)
숫자 거꾸로 따라 외우기	4 (48.62%ile)	3 (11.10%ile)
글자 지우기	정상	정상
언어 및 언어 관련 기능 평가		
자발적 발화 능력	유창함	유창함
이해력	정상	정상
따라 말하기	15 (15≤%ile)	15 (15≤%ile)
K-BNT	39/60 (7.21%ile)	31/60 (0.35%ile)
읽기	정상	정상
쓰기	정상	비정상
손가락 이름대기	비정상	비정상
좌우 지남력 검사	정상	비정상
신체부위 확인 검사	정상	정상
계산 능력 검사 (+, −, x, ÷)	3, 2, 3, 2 (<5%ile)	2, 2, 2, 1 (<5%ile)
실행증 검사	4 (5≤*<10%ile)	2 (<5%ile)
시공간 능력		
오각형 겹쳐 그리기	정상	정상
시계 그리기	<5%ile	<5%ile
레이 복합 도형 검사: 모사	28 (1.96%ile)	27 (0.72%ile)

기억력

K-MMSE 시간/장소 지남력	3 (<5%ile) /5 (15≤%ile)	2 (<5%ile) /4 (<5%ile)
K-MMSE 3 단어 등록/회상	3/0	3/0
SVLT: 즉각회상	11(2+3+6) (2.59%ile)	9(2+3+4) (0.88%ile)
SVLT: 지연회상	0 (0.32%ile)	0 (0.32%ile)
SVLT: 재인 (정긍정/오긍정)	7/2 (2.36%ile)	5/3 (0.02%ile)
RCFT: 즉각회상	5 (3.66%ile)	0 (0.47%ile)
RCFT: 지연회상	0 (0.44%ile)	1 (0.70%ile)
RCFT: 재인 (정긍정/오긍정)	12/7 (5.38%ile)	7/3 (1.67%ile)

전두엽/집행기능

운동지속 불능	정상	정상
Contrasting program	20 (15≤%ile)	15 (<5%ile)
Go-no-go test	18 (5≤*<10%ile)	10 (<5%ile)
주먹-손날-손바닥	정상	비정상
손 교대 운동	정상	정상
삼각형-사각형 교대 모사	정상	비정상
루리아 고리 모사	정상	정상
COWAT: 동물/가게	9 (4.81%ile) / 10(8.82%ile)	5 (0.46%ile) / 8 (4.45%ile)
COWAT: ㄱ/ㅇ/ㅅ	6/7/9 (22.08%ile)	4/4/3 (2.16%ile)
K-CWST: 단어/색깔	112/70 (18.73%ile)	110/32 (0.34%ile)
기호 쓰기 검사	43 (28.14%ile)	29 (4.29%ile)
K-TMT-E Part A/B	23 (58.44%ile) / 123 (0.35%ile)	40 (9.76%ile) / 300 (<.01%ile)

다른 지표들

K-MMSE	23 (0.01%ile)	20 (<.01%ile)
CDR	1	2
CDR S/B	6	10
GDS	8/15	3/15
바텔 지표	20	19
K-IADL	0.70	1.58

5) 사례개념화

P씨는 4년 전부터 시작되어 서서히 진행되어온 기억장애를 주 호소로 병원에 내원하였다. 초기에는 가끔 깜빡하는 정도였으나 시간이 지나면서 기억력뿐만 아니라 길 찾기 능력, 단어 말하기 능력, 쓰기 능력 등 다영역의 인지기능들이 점차 손상되는 경과를 보였다. 또한 내원 2년 전부터는 일상생활의 활동들이 저하되기 시작해 전에는 손쉽게 하던 집안일이나 금전 관리에 이상이 생겼고, 게을러지고 사회활동을 회피하게 되었으며, 위생관리도 소홀해졌다. 또한 감정조절이 잘 되지 않아 격하게 화를 내거나 울적해하면서 우는 등의 모습도 보였다. 이러한 변화는 서서히 나타나서 점진적으로 진행되었는데, 이는 알츠하이머병과 같이 퇴행성 신경 질환들이 가지는 특징이며 P씨의 경우는 이미 경도인지장애 단계를 지나 초기 치매의 상태에 접어든 것으로 보였다(CDR=1점).

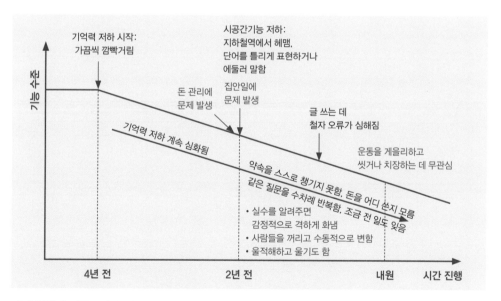

시간 변화에 따른 P씨의 기능 저하 양상
(검정 글씨: 인지기능 변화, 파란 글씨: 일상생활 수행 능력 변화, 회색 글씨: 정서 및 행동 변화)

신경심리검사에서는 기억장애가 가장 두드러지며 일부 전두엽/집행기능, 복잡한 시각 자극에 대한 구성 능력과 대면 이름대기 능력이 저하된 것으로 나타났다. P씨는

APOE ε4 유전자 보유자로 확인되었고, 뇌 MRI에서는 경미한 뇌 위축과 더불어 양측 내측두엽의 경미한 위축이 확인되었으며, 아밀로이드 PET 검사에서는 피질 영역에 아밀로이드가 축적되어 있음을 확인할 수 있었다.

임상적 증상 경과, 신경심리검사 결과, 생물학적 지표인 아밀로이드 PET 검사에서 양성으로 확인된 점을 바탕으로 P씨는 치매의 원인 질환으로 알츠하이머병을 진단받았다.

 심리 진단 검사 보고서 요약

1 **진단적 인상(diagnostic impression)**
   알츠하이머병 치매(Alzheimer's Disease with Dementia)

2 **치료적 제언(recommendation)**
   약물치료, 인지중재치료

3 특성과 치료

---

1) 알츠하이머병의 임상 양상

연령이 증가하면서 기억력을 비롯한 인지기능이 저하되고 지적 능력이 감퇴한다는 점은 다양한 문헌들에서 언급되어왔다. 그런데 과거에 비해 인간 수명이 길어지다 보니 치매 환자의 수도 늘어나고 있다. 국제알츠하이머협회(Alzheimer's Disease International)에서 2015년에 발간한 「세계 알츠하이머 보고서(World Alzheimer Report)」에 따르면, 전 세계 적으로 치매 환자의 수는 4,680만 명에 이르고, 2030년에는 7,470만 명까지 증가할 것 이라고 예상된다(Prince et al., 2015). 많은 사람들이 치매와 알츠하이머병을 같은 단어라 고 생각하지만, 사실 치매의 원인인 되는 뇌질환들은 매우 다양하며 알츠하이머병은 그중 하나이다. 다만 알츠하이머병은 전체 치매 환자의 약 60~70%에 해당하여 가장 큰 비중 을 차지한다.

미국에는 2017년 현재 51만여 명의 알츠하이머병 환자가 있으며 이는 2050년까지 약 3배 증가할 것으로 예측되었다(Alzheimer's Association, 2017). 국내 자료로는 중앙치 매센터에서 발표한 「전국 및 시도별 치매유병현황」을 참고할 수 있는데, 여기에 따르면 2019년 국내 치매 환자 수는 794,280명으로 전체 65세 노인 인구 중 10.29%로 추정되 었고, 그중 알츠하이머병 추정 환자는 595,239명으로 치매 환자 중 약 75%에 해당하였 다(이지수 등, 2020). 알츠하이머병 치매의 유병률은 연령 증가에 따라 증가하며, 65~74세 에서는 3%, 75~84세에서는 17%, 85세 이상에서는 32%의 유병률이 보고된 바 있다

(Evans et al., 1989). 또한 알츠하이머병은 남성에 비해 여성이 더 많은 것으로 알려져 있다(Mielke et al., 2014). 이러한 성별 차이의 원인으로는 여성의 수명이 남성보다 긴 점, 호르몬과의 관련성 등이 논의되고 있다.

알츠하이머병은 1907년 독일의 의사 Alois Alzheimer가 처음으로 51세의 여자 환자 Auguste Deter의 사례를 보고하면서 그 이름을 얻게 되었다. 현저한 기억장애, 언어장애, 실행증, 망상 등의 증상을 보이던 Deter는 1911년에 사망하였는데, Alzheimer는 환자의 뇌를 부검하여 뇌조직의 일부를 은 염색법(silver staining)으로 염색하고 현미경으로 관찰하였다. 그 결과 알츠하이머병의 주된 특징인 신경판(neuritic plaques), 신경원섬유매듭(neurofibrillary tangle: NFTs), 그리고 아밀로이드 혈관병증(amyloid angiopathy)을 발견할 수 있었다. 초기 알츠하이머병에 대한 연구들은 상대적으로 이른 나이인 65세 이전에 발생하는 환자들을 대상으로 하는 것이 많았으나, Katzman(1976)이 노년기에 발생하는 알츠하이머병과 초로기에 발생하는 알츠하이머병이 병리학적으로 같은 기전을 가진다는 점을 보고한 이후로는 노년기에 발생하는 주요 건강 문제로 인식되었다.

(1) 알츠하이머병의 생물표지자

알츠하이머병의 원인은 베타 아밀로이드(beta amyloid)가 축적된 아밀로이드판과 과인산화된 타우 단백질(hyperphosphorylated tau protein)로 이루어진 신경원섬유매듭으로 알려져 있다. 이런 병리적 소견들은 알츠하이머병의 생물표지자(biomarker)로 불리며, 이미 Alzheimer가 부검하여 보고한 환자 사례에서 밝혀졌다.

최근에는 뇌척수액을 뽑거나 PET 영상 촬영을 통해 뇌에 침착되어있는 베타 아밀로이드와 타우 단백질의 정도를 확인할 수 있게 되었다. 알츠하이머병이 진행됨에 따라 뇌척수액에서 확인되는 아밀로이드의 양은 적어지고 타우 단백질은 더 높은 수치로 나타난다. 그리고 PET 촬영에서는 방사성 추적자(radiotracer; 양전자를 방출하는 방사성동위원소를 결합한 의약품을 체내에 주입하는 것)와 결합된 아밀로이드와 타우 단백질이 뇌 안의 여러 영역에 축적된 정도를 확인하여 양성인지 아니면 음성인지를 확인할 수 있다. 현재까지 개발되어 연구와 임상에서 사용되고 있는 방사성 추적자들은 매우 다양하다. 아밀로이드 PET의 추적자로는 ^{11}C radiotracer Pittsburgh Compound B, $[^{18}$F]Florbetapir,

[^{18}F]Florbetaben, [^{18}F]Flutemetamol이 있고, 타우 PET에 사용되는 추적자로는 [^{18}F]THK5317, [^{18}F]THK5351, [^{18}F]AV1451 등이 있다.

최근 연구들에서는 베타 아밀로이드의 증가가 타우 단백질의 축적을 가져오며, 이 것이 결국 신경퇴행성 질환의 발병과 치매로 이어진다는 보고가 많았으나(Jack et al., 2013; Jack et al., 2010; Jack, Wiste, Knopman et al., 2014; Jack, Wiste, Weigand et al., 2014), 현재까지 뇌 안에 아밀로이드와 타우 단백질 중 어느 것이 먼저 축적되기 시작하는지에 대해서는 확실하게 결론이 나지 않은 상태이다. 다만 최근의 또 다른 연구들은 타우 단백질의 비정상적인 축적이 아밀로이드 축적이 많이 발생된 피질 영역을 중심으로 퍼져 나간다는 결과들을 보여주고 있으며(Hanseeuw et al., 2017; Johnson et al., 2016; Sepulcre, Grothe et al., 2017; Sepulcre, Sabuncu et al., 2017), 이러한 결과들은 아밀로이드와 타우 단백질이 알츠하이머병의 병리적 확산에 서로 상호작용한다는 점을 시사한다.

아밀로이드와 타우 단백질이 축적되면 그다음 단계로 뇌세포가 손상되기 시작하여 신경퇴행 또는 신경 손상이 나타나게 된다. 이러한 변화들은 뇌의 구조를 촬영하는 MRI 기법들을 통해 확인할 수 있다. 특히 해마를 비롯한 내측두엽의 위축, 뇌 피질 두께의 감소, 피질하 구조에 있는 백질의 변화, 전반적인 대뇌의 위축은 알츠하이머병과 관련된 대표적인 신경퇴행성 변화들이다.

이러한 생물표지자들의 중요성은 그동안 학계에서 계속 강조되어왔다. 2011년 미국 국립노화연구소(National Institute of Aging: NIA)와 알츠하이머협회(Alzheimer's Association: AA)가 공동으로 발표한 NIA-AA 알츠하이머병 치매의 진단기준(McKhann et al., 2011)에는 아밀로이드의 축적 및 신경퇴행적 변화와 같은 생물표지자들을 진단기준으로 포함하였다. 특히 인지기능의 장애나 행동 변화와 같은 임상적 증상이 없는 전임상 단계(preclinical stage)에서도 알츠하이머병의 생물표지자가 발견될 수 있음을 언급하였다(Albert et al., 2011). 이뿐만 아니라 2018년에는 생물표지자를 아밀로이드병증(amyloidopathy), 타우병증(tauopathy), 신경퇴행(neurodegeneration 또는 neuronal injury)의 세 범주로 구분하고, 이의 영문 첫 글자를 따서 만든 ATN 분류체계를 이용하여 연구 진단 준거인 'NIA-AA Research Framework'를 발표하였다(Jack et al., 2018). 이 기준에 따르면 생물표지자가 전혀 없는 경우는 정상군, 아밀로이드 침착만 확인된 경우는 알츠하이머병리 변화 단계, 그리고 타우병리까지 확인되면 알츠하이머병에 해당하는 것으로 보았고, 아밀로이드 침착이 확인되지 않지만 다른 생물표지자가 있는 경우에는 알츠하이머병 외 다른 병리를 가지는 것으로 보았다. 즉, 아밀로이드의 침착이 알츠하이머병에 특이적이라면 타우병리는 알츠하이머병의 진행 정도를 반영하며, 신경퇴행은 신경 손상의 정도 및 질병 상태를 반영한다고 볼 수 있다(윤영철, 고성호, 2021).

(2) 알츠하이머병의 유전자 연구

1990년대부터 2000년대 초반까지 알츠하이머병을 야기하는 유전자 연구에서 획기적인 발견들이 이루어졌다. 우선 가족성 알츠하이머병의 가계에서 주요한 세 가지 유전자(amyloid precursor protein gene on chromosome 21, presenilin 1 gene on chromosome 14, presenilin 2 gene on chromosome 1)가 발견되었다. 그러나 가족성 알츠하이머병은 전체 알츠하이머병 환자 중 1~2%에 해당하는 매우 드문 경우이다. 후기 발현 알츠하이머병에서 보다 흔하게 발견되는 유전자는 APOE 유전자의 ε4 대립 유전자(allele)형이다(Strittmatter et al., 1993). 이 유전자형은 정상 노인의 약 20~25%에서 발견되는 데 비해 알츠하이머병 환자들의 약 50~60%에서 발견된다. 또한 반드시 병이 발현되도록 만드는 유전자는 아니지만 이 유전자형을 하나라도 가진 사람은 그렇지 않은 사람에 비해 알츠하이머병에 걸릴 확률이 3배가량 더 높다고 알려져 있고, 2개를 모두 가진 사람의 발병 확률은 8배가량 더 높은 것으로 보고된 바 있다(Katzman & Kawas, 1994).

(3) 알츠하이머병의 경과

알츠하이머병은 서서히 발병하고 점진적으로 진행되어 시간이 지남에 따라 임상 증상들이 점차 심해지는 퇴행성 뇌질환이다. 현재까지 밝혀진 바에 따르면, 알츠하이머병의 원인이 되는 베타 아밀로이드와 타우 단백질은 치매로 진단받기 약 15~20년 전부터 뇌 안에 서서히 축적되기 시작한다(Rowe et al., 2010). 즉, 아직 정상적으로 활동하고 있는 사람들의 뇌에 베타 아밀로이드와 과인산화된 타우 단백질로 이루어진 신경원섬유매듭이 서서히 나타나기 시작하고(Aisen et al., 2017), 이것이 점차 뇌세포의 파괴를 가져오면서 인지기능이 저하되어 경도 인지장애의 시기에 이르게 된다. 증상들은 시간이 지남에 따라 점차 심해지다가 일상적으로 하던 활동들을 더 이상 할 수 없을 정도가 되어 치매 상태에 도달한다. 아래 그림과 같이 정상 인지 노화 과정을 겪던 사람들은 시간이 흐르면서 스스로 변화를 느껴 기능 저하를 호소하는 주관적 인지 저하 단계를 지나는 반면, 병리적인 인지 변화를 겪는 사람들은 주관적 인지 저하 단계를 거쳐 경도 인지장애 단계를 지나 치매에 이르게 되는 것이다.

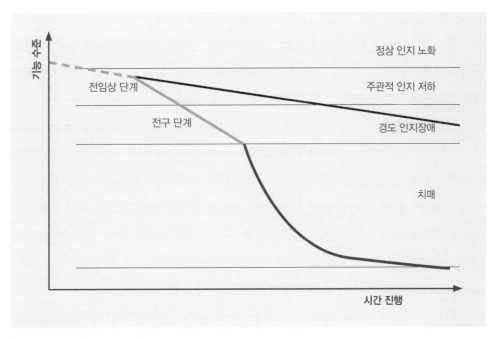

시간 흐름에 따른 정상 인지 변화와 병리적인 인지 변화

객관적인 인지기능 검사에서는 연령, 학력, 성별 규준과 비교해 정상 수준에 속하지만 본인 스스로만 기억력의 저하를 호소하는 단계를 주관적 인지 저하(subjective cognitive decline) 상태라고 한다. 사실, 우울증이나 불안장애로 인한 심리적 불안정감, 노화에 따른 자연스러운 기능 저하도 주관적인 인지 저하를 호소하는 원인일 수 있다. 그러나 Jessen 등(2014)은 다른 인지기능보다도 기억장애를 주관적으로 호소하고, 본인 외 다른 보호자들도 환자의 인지기능 저하를 눈치채고 있으며, 60세 이상에서 최근 5년 사이에 인지기능의 저하가 시작되었고, 같은 연령 또래의 다른 사람들에 비해 더욱 심하게 저하되었다는 느낌이 든다면, APOE ε4 유전자형의 유무나 알츠하이머병의 생물표지자의 증거가 있는지를 확인하여 전임상 단계의 알츠하이머병의 가능성을 고려해야 한다고 제안하였다.

경도 인지장애의 개념은 알츠하이머병과 같은 퇴행성 뇌질환의 초기 특성에 대한 이해를 높이고, 치매로 진행할 가능성이 높은 위험 집단의 요인을 밝히는 데 중요한 역할을 하였다. 경도 인지장애 진단을 위해서는 다음과 같은 진단 조건을 충족시키는 것이 필요하다. 첫째, 주관적으로 인지기능의 장애를 호소하고, 둘째, 객관적으로 기억력을 비롯한 인지기능에 대한 평가에서 연령 및 학력 규준에 비해 저하된 수행을 보이며, 셋째, 전반적인 지적 능력은 상대적으로 유지되어있고, 넷째, 일상생활 수행 능력은 양호한 상태이며, 다섯째, 치매는 아닌 상태여야 한다(Petersen et al., 1999). 경도 인지장애는 기억력의 저하 여부에 따라 기억성과 비기억성으로 구분할 수 있으며, 저하된 인지 영역의 수에 따라 단일영역 또는 다영역의 조건으로 구분할 수 있다(Petersen, 2004; Winblad et al., 2004). 또한 경도 인지장애 하위 유형들은 원인 질환에 따라 서로 다르게 나타날 수 있다고 보는데, 예를 들어 기억성 경도 인지장애는 알츠하이머병으로 진행될 가능성이 높고 비기억성 경도 인지장애는 전두측두 치매나 루이체 치매와 같은 다른 퇴행성 뇌질환으로 진행될 가능성이 높다고 보고 있다(Petersen & Morris, 2005; Smith & Bondi, 2013).

알츠하이머병의 총 유병 기간은 9~12년으로 이야기되나 개인차가 크다(이재홍, 장재원, 2021). 경도 인지장애를 지나 초기 치매 수준에 이른 알츠하이머병 환자들은 뚜렷한 기억장애, 특히 최근 일들에 대한 기억장애가 두드러져서 일상생활에 문제를 야기할 정도가 된다. 이는 CDR에서 1점에 해당하는 수준이며, MMSE에서는 20~26점 사이의 점수를 받을 가능성이 높다. 환자는 기억장애로 인해 같은 질문을 반복할 수 있고 날짜를 정확히 인지하지 못할 수 있다. 오래전 과거의 기억은 보전되어있기 때문에 본인의 과거 이야기를 할 수는 있지만, 이야기했던 것을 쉽게 잊으므로 다시 말하기도 한다. 언어적 이해력은 비교적 유지되어있고 말도 유창하게 하는 편이나, 적절한 단어를 얼른 떠올려 말해야 하는 상황에서 단어 찾기의 어려움이 두드러질 수 있다. 방향감각이나 길 찾기 능력이 떨어지기 시작해서 운전을 포기하고, 익숙하지 않은 곳에서는 길을 잘 찾지 못할 수 있다. 일상에서 쉬운 활동은 가능하지만 은행 업무, 재산 관리, 직업 수행 등 복잡한 활동을 하는 것은 어려워진다. 환자는 본인의 인지장애가 뚜렷해지는 것을 느끼면서 새로운 일에 직면하는 것을 회피하려 하고, 본인의 실수들에 대해 좌절감을 느껴 우울해하며, 이를 지적하고 고쳐주려는 주변 사람들에게 적대적으로 행동할 수 있다. 앞서 소개한 P씨의 상태는 CDR 1점에 해당하는 초기의 경도 치매 상태로 볼 수 있다.

중등도 알츠하이머병 치매 환자들은 기억력 저하가 더욱 두드러지고 판단력이 흐려져서 사회적인 상황에 대해 정확히 판단하는 것이 어렵다. 이 시기의 환자는 주로 CDR 2점에 해당하며, MMSE 점수는 10~19점 사이에 속할 가능성이 높다. 단어 찾기가 더욱 어려워지고, 이해력이 조금씩 저하되어 단순한 대화는 가능하지만 내용이 조금만 복잡해도 이를 이해하지 못해 대화를 포기해버린다. 또한 읽고 쓰는 것도 힘들 수 있다. 혼자서는 시간에 맞춰 약을 복용하지 못하고, 장보기같이 계획을 세워서 하는 일도 혼자 하기 어렵다. 집안의 간단한 가전제품도 사용하기 어렵고, 위생을 관리하는 데도 보호자의 도움이 필요하다. 즉, 혼자서는 간단한 활동도 힘들어져 매사를 보호자의 도움으로 지내야 한다. 안절부절못하고 초조해하거나 환각 및 망상, 수면장애, 일몰 증후군(sundowning syndrome) 등의 행동심리증상들도 두드러지게 나타날 수 있다.

마지막 중증 알츠하이머병 치매에 이르게 되면, 환자는 더 이상 사고하는 능력을 발휘할 수 없는 상태가 된다. 기억은 거의 사라져서 본인과 관련된 개인적인 정보도 잘 기억하지 못한다. 이해력이 저하되고 말도 적절히 하지 못해 사람들과 의미 있는 만남을 가지기 어렵다. 식사나 몸단장, 위생관리에도 전적으로 도움이 필요하다. 대소변 실금이 심하고, 면역력이 약해져 쉽게 감염될 수 있으며, 음식물을 씹거나 삼키지 않으려고 하고, 체중이 줄어든다. 이런 상태의 환자들은 CDR 3점 이상에 해당하며, MMSE에서는 10점 미만의 점수를 받는다. 알츠하이머병 환자에게서 걷고 말하고 감각을 느끼는 신체 증상은 비교적 뒤늦게 나타난다고 알려져 있으나, 중증 알츠하이머병 치매 환자들은 결국 움직일 수 없어 침상에 누워 지내게 되고 염증이나 합병증이 발생해 사망에 이르는 경우가 많다.

이처럼 알츠하이머병 환자가 보이는 임상 양상은 시간이 지남에 따라 계속 변화하기 때문에 임상가가 어떤 시점에 환자를 만났는지에 따라 환자의 상태는 다를 수 있다. 그러므로 임상가는 병의 초기에서부터 말기에 이르기까지 어떤 임상 증상들이 나타날 수 있는지 알고 있어야 한다.

(4) 인지기능장애 및 신경심리학적 특성

신경심리학은 알츠하이머병과 관련된 인지 및 행동 증상을 밝히는 데 결정적인 역할을 하였고, 이는 치매를 야기하는 다른 질환과 알츠하이머병을 변별 진단하는 데 중요한 요인이다. 나아가 최근에는 경도 인지장애나 전임상 단계의 알츠하이머병에서 나타날 수 있는 미묘한 인지적 변화들을 탐색하는 연구들이 활발히 진행되고 있다. 알츠하이머병 환자들이 보이는 인지기능의 장애를 영역별로 살펴보면 다음과 같다.

① 기억장애

1990년대에 들어서는 알츠하이머병 환자의 인지기능 손상을 연구하는 데 뇌와 행동 사이의 관련성에 대한 심리학의 이론과 연구 방법들이 활발히 사용되기 시작하였다. 특히 일화기억의 장애는 알츠하이머병에서 나타나는 가장 초기 증상이자 병의 진행에 걸쳐 가장 두드러지는 증상이며, 이는 알츠하이머병의 병리가 해마 또는 내후각피질(ento-rhinal cortex)과 같은 내측 측두엽 구조에서 가장 먼저 발생한다는 연구 결과와 연결된다 (Hyman et al., 1984). 즉, 알츠하이머병 환자는 새로운 정보를 부호화하고 저장하기 어렵기 때문에 기억 과제 중 지연회상에서 저하된 수행을 보이고, 초두 효과가 잘 나타나지 않는 비정상적인 위치 계열 효과(serial position effect)를 보이며, 인출의 노력이 적은 재인 과제에서도 손상된 수행을 보인다고 알려졌다(Delis et al., 1991). 이뿐만 아니라 알츠하이머병 환자들은 정상 노인에 비해 의미적으로 관련된 것들끼리 함께 기억하는 부호화 전략을 잘 활용하지 못하고(Buschke et al., 1997), 이전에 학습한 정보가 새로운 정보의 회상을 방해하는 간섭 오반응(intrusion error)이 더 많이 나타나는 등(Butters et al., 1987; Jacobs et al., 1990), 다른 질환과 구분되는 기억장애의 특징을 나타낸다.

② 언어기능장애

알츠하이머병의 신경병리가 내측두엽 외 다른 뇌 영역에 퍼져서 측두엽, 두정엽, 그리고 전두엽의 연합 피질 영역들까지 침범하면 기억력 외의 다른 고등인지기능들도 저하되기 시작한다. 병의 초기에 언어기능의 장애는 주로 대면 이름대기의 장애로 나타나며, 의미기억의 저하로 인해 의미 유창성 검사나 의미적 범주화 과제에서 저조한 수행을 보일 수 있다(Hodges & Patterson, 1995). 이러한 결과는 알츠하이머병 환자들이 의미적 지식 (semantic knowledge ; 일반 지식 또는 단어의 의미)까지 손상될 수 있음을 나타낸다(Salmon et al., 1999).

③ 시공간장애

병의 초기에는 다른 인지기능의 장애에 비해 시공간 능력의 장애가 두드러지지 않을 수 있지만(Storandt et al., 1984), 시공간 지각 능력과 구성 능력 외에도 개념적 지식이 필요한 시계 그리기 과제 또는 계획 능력이 필요한 토막짜기 과제에서는 알츠하이머병 초기부터 손상을 보일 수 있다는 연구 결과들이 있었다(Rouleau et al., 1992). 병이 진행됨에 따라 시공간 구성 능력이 저하되어 레이 복합 도형과 같은 복잡한 도형을 모사하는 과제의 수행이 저하되며, 양측 두정엽의 위축이 심한 환자들은 시각적 자극에 대한 지각 능력이나 자극의 위치를 잘 파악하지 못하는 시공간기능의 장애를 보일 수 있다.

④ 집행기능 및 주의집중 능력의 장애

전두엽-피질하 구조의 손상으로 인한 피질하 치매들에 비해 알츠하이머병에서의 집행기능과 주의집중 능력의 손상은 덜 주목받아왔다. 그러나 병이 진행됨에 따라 알츠하이머병 환자들도 비교적 초기부터 통제 능력, 개념형성 능력, 문제해결 능력 등 집행기능이 점차 손상되는 양상을 보인다(Bondi et al., 1993 ; Perry & Hodges, 1999). 주의집중 능력의 장애는 주로 이중 과제나 작업기억을 요구하는 과제에서 확인되는데(Parasuraman & Haxby, 1993 ; Perry & Hodges, 1999), 초기에 단순 또는 일시적인 주의집중 능력은 유지되는 반면에 주로 중앙집행기(cental executive)의 손상으로 나타나는 작업기억의 장애가 두드러진다(Baddeley et al.,1991).

(5) 행동심리증상

치매 환자에서는 다양한 행동심리증상(behavioral and psychological symptoms)이 나타나는데, 주요 증상에는 우울, 불안, 운동 초조, 공격행동, 배회, 무감동, 과다행동, 환청, 환시, 망상 등이 있다. 이런 증상들은 알츠하이머병 이외에도 치매를 일으키는 다양한 신경학적 질환들에서 공통적으로 나타날 수 있으며, 질환에 의한 병변의 위치와 정도, 치매의 심한 정도뿐만 아니라 환자 개인이 처한 사회적 환경과 심리 상태 등 다양한 요인의 영향을 받는다(나해리, 2021).

우울증은 알츠하이머병에서 흔히 보고되는 행동심리증상으로, 약 40~50%에서 발생한다고 알려져 있다(나해리, 2021). 그러나 치매 환자들이 보이는 우울증은 일반 성인들이 보이는 양상과 달라서, 흥미가 없고 일을 시작하거나 지속하는 능력이 감소되며 자신감이 결여된 모습을 보인다. 반면 청장년층 우울증 환자들에게 나타나는 것과 같은 슬픈 정서, 죄책감이나 자살사고는 심하지 않다. 치매의 경과 중에 우울증을 보이는 경우, 인지기능 저하에도 부정적인 영향을 미치기 때문에 면밀한 관찰이 필요하다. 우울증과 유사해 보이는 무감동(apathy) 증상은 동기 상실과 목표 지향적 행동의 감소를 말하는 것으로, 정서 표현이 거의 없고 주변에 무관심하며 매사에 흥미를 보이지 않고 지적인 호기심이나 일상적인 일에 대한 관심이 낮아지는 모습을 보인다. 이러한 증상들은 사실 우울증과 구분이 어렵다. 알츠하이머병 환자에서 시행된 연구에 따르면, 무감동 증상은 주로 앞띠다발이랑피질(anterior cingulate cortex)을 포함하는 전전두엽의 대사 및 혈류 감소와 관련된 것으로 나타났다(Benoit et al., 2002).

알츠하이머병이 진행되면 공격성뿐만 아니라 환자가 이유 없이 초조해하며 안절부절못하는 양상을 보일 수 있고, 특히 해가 질 무렵부터 야간 시에 이런 증상이 더욱 현저해지는 일몰 증후군을 보일 수 있다. 또한 망상은 기억력 저하가 심해짐과 더불어 나타날 수 있는데, 치매에서 나타나는 망상은 조현병에서 나타나는 것과는 달리 구체적으로 체계화되어 있지 않고 내용도 자주 바뀐다. 망상은 알츠하이머병의 경과 중 특히 중기에 발생률이 높다가 말기로 가면서 점차 감소하는 것으로 알려져 있다. 흔한 망상으로는 TV나 거울 속 인물을 현실과 구분하지 못하고 거울에 비친 자신을 타인으로 인식하거나 TV에 나오는 사람을 실제 주변 사람인 것처럼 여기는 증상(picture sign), 사기꾼이 내 가족의 모습으로 여기 와 있다고 믿는 캡그라스 증후군(Capgras syndrome) 등의 피해망상, 실제로는 자신이 물건 둔 곳을 잊어버린 것임에도 누군가 그 물건을 훔쳐갔다고 믿는 도둑망상이 있다. 배우자가 외도하였다고 믿는 부정망상도 종종 보고된다.

이러한 행동심리증상들은 보호자들을 매우 힘들게 만들며, 보호자가 치료를 포기하거나 환자를 전문보호시설에 입소시키는 주요 원인이 된다. 행동심리증상들은 병의 경과 중 나타났다가 사라지기도 하고 약해지는 경우도 있지만, 지속되는 경우 병의 진행을 가속화하는 요인이 되므로 적절한 치료 개입이 반드시 필요하다. 치료에 대한 반응도 인지기능에 대한 치료보다 양호하기 때문에 환자와 보호자의 삶의 질을 고려한다면 반드시 주의를 기울여야 한다.

2) 알츠하이머병의 진단

(1) 진단기준

알츠하이머병에 대한 진단기준들은 현재까지 여러 가지가 발표되었고, 이들은 임상 진단의 신뢰도를 높여주었을 뿐만 아니라 연구 발전에도 많은 기여를 하였다. 치매에 대한 진단기준들은 대부분 인지기능의 장애와 그로 인한 일상생활 수행 능력의 장애를 기본으로 하며, 섬망(delirium)과 구분되고 다른 정신질환으로 설명되지 않는다는 점을 포함한다. 인지기능의 장애를 정의하기 위해서는 정신상태검사 또는 신경심리검사를 시행하여 기억력, 언어기능, 시공간기능, 집행기능 등 여러 인지 영역 중 1~2개 이상의 영역에서 기능 저하가 있는 것을 확인하도록 명시하고 있다.

① NINCDS-ADRDA 진단기준

1984년 National Institute of Neurological and Communicative Disorders and Stroke(NINCDS)와 Alzheimer Disease and Related Disorders Association(ADRDA)이 공동으로 발표한 NINCDS-ADRDA 진단기준은 알츠하이머병에 대한 진단기준의 내용을 처음으로 비교적 자세히 소개하였다(McKhann et al., 1984). 이 진단기준에서는 알츠하이머병을 확정(definite), 추정(probable), 가능(possible)으로 나누는데, 추정 알츠하이머병은 신경심리검사 등으로 두 가지 이상의 인지 영역에서 장애가 확인되고, 기억력을 비롯한 인지기능장애가 점진적으로 진행되어야 하며, 의식장애가 동반되지 않고, 다른 질환으로는 환자의 증상이 설명될 수 없어야 한다고 정의한다. 가능 알츠하이머병은 추정 알츠하이머병과는 달리 비전형적인 병의 과정을 보이는 경우에 해당하고, 확정 알츠하이머병은 추정 알츠하이머병 진단기준을 모두 충족하면서 뇌 부검에서도 알츠하이머병의 병리가 확인된 경우를 말한다. NINCDS-ADRDA 진단기준은 임상적으로 사용할 때, 85~90%의 정확성이 있다고 보고된 바 있다(이재홍, 장재원, 2021).

② DSM 진단기준

알츠하이머병에 의한 치매 진단기준은 1980년대 DSM-Ⅲ(APA, 1980)에 처음 포함되었고, 가장 최근에 발표되어 사용되고 있는 DSM-5에서는 기존의 진단 준거들과는 달리 치매라는 용어 대신 주요 신경인지장애(major neurocognitive disorder)라는 용어를 사용하였으며, 경도 인지장애에 해당하는 개념을 경도 신경인지장애로 명명하였다(APA, 2013/2015). 주요 신경인지장애는 하나 또는 그 이상의 인지 영역(복합적 주의, 집행기능, 학습과 기억, 언어, 지각-운동 능력 또는 사회 인지)에서 기능 저하가 병전기능 수준에 비해 현저하다는 것과 인지장애가 일상생활에서 독립적으로 활동하는 것에 지장을 초래한다는 점을 기본으로 하여, 다른 치매에 대한 진단들과 유사한 내용을 포함한다. 따라서 섬망 상태에서 발생하는 인지장애나 다른 정신질환에 의한 인지장애는 주요 신경인지장애에서 배제된다. 인지장애는 환자 본인 또는 환자의 보호자가 이를 호소하거나 임상가가 이를 인정해야 하고, 표준화된 신경심리검사 또는 정량적 임상 평가에 의해 입증된 근거가 있어야 한다. 경도 신경인지장애는 하나 또는 그 이상의 인지 영역에서 기능 저하가 있지만, 일상에서의 독립적인 생활에 지장을 초래하지는 않는 경우를 말한다.

알츠하이머병으로 인한 주요 및 경도 신경인지장애에 대한 DSM-5의 정의는 인지 손상이 서서히 시작되고 점진적으로 진행되어야 한다고 설명하고 있다. 특히 기억과 학습 영역에서의 기능 저하가 두드러지며, 주요 신경인지장애라면 그 외에 1개 이상의 다른 인지 영역에서 기능 저하가 증명되어야 한다. 유전자 검사에서 알츠하이머병의 원인이 되는 유전적 돌연변이의 증거가 발견되는 경우에는 다른 사항들을 따지지 않아도 추정 알츠하이머병으로 진단될 수 있다.

③ NIA-AA 진단기준

2011년 발표된 NIA-AA 알츠하이머병 진단기준은 1984년에 발표된 NINCDS-ADRDA 진단기준을 재정비하였고(McKhann et al., 2011), 경도 인지장애에 대한 진단기준(Albert et al., 2011)과 전임상 단계 알츠하이머병의 개념 및 연구를 위한 진단기준(Sperling et al., 2011)을 함께 소개하였다. 이런 진단기준이 발표될 수 있었던 것은 알츠하이머병에서 생물표지자의 중요성이 계속 강조되었기 때문이다. NIA-AA 알츠하이머병 치매 진단기준은 앞서 기술한 공통적인 치매의 진단기준(인지장애 확인, 평상시의 일상생활 수행 능력 저하, 섬망이나 정신질환으로 설명되지 않음)과 크게 다르지 않으나, 생물표지자로 아밀로이드의 침착과 신경퇴행의 여부를 확인하여 진단기준에 활용하도록 제안한 점이 특징이다.

추정 알츠하이머병 치매의 핵심 임상 기준은 치매 진단기준에 합당함과 동시에, 수년에 걸쳐 점진적으로 발병하고, 인지기능 악화의 병력이 명확하게 확인되어야 함을 명시하고 있다. 또한 가장 첫 증상으로 나타나는 인지기능의 장애는 기억장애 양상이든지, 아니면 언어장애, 시공간장애, 집행기능의 장애로 나타나는 비기억장애 양상이든지 둘 중 한 가지 형태를 보여야 한다. 알츠하이머병으로 인한 경도 인지장애는 환자 본인, 보호자 또는 임상가에 의해 인지기능 저하에 대한 보고가 있고, 전형적으로는 기억력을 포함하여 한 가지 이상의 인지 영역에서 객관적인 검사로 기능 저하가 확인되어야 하며, 일상생활에 필요한 활동에서 독립적인 수행을 유지하고, 치매는 아닌 경우를 기준으로 하여 진단한다. 뇌영상 촬영이나 뇌척수액 검사를 통해 생물표지자가 확인될 때 알츠하이머병에 의한 경도 인지장애임을 시사한다고 제시하였다.

한편, 전임상 단계 알츠하이머병의 개념은 알츠하이머병의 원인이 되는 아밀로이드와 타우 단백질의 축적이 치매가 발현되기 오래전부터 시작된다는 연구 결과들에 따라 나타나게 되었다. 다음 그림과 같이 경도 인지장애로 인지기능의 경미한 저하가 나타나기 한참 전부터, 전임상 단계 또는 무증상 단계에서도 아밀로이드의 침착, 신경세포의 소실, 타우 단백질의 침착, 뇌 위축이 이루어지기 때문에, 이 단계를 전임상 단계 알츠하이머병이라고 명명하였다.

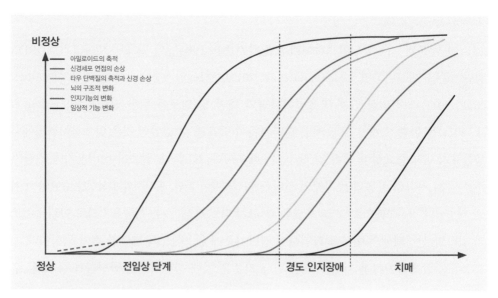

알츠하이머병과 관련된 생물표지자 및 임상 증상의 발생
출처: Sperling et al. (2011)

전임상 단계는 다시 세 단계로 나누어진다. 1단계는 아밀로이드만 침착된 상태이고, 2단계는 아밀로이드 침착 외에도 신경퇴행이 진행되는 시기이다. 3단계는 전임상 단계이기는 하지만 본인만 주관적으로 경미한 인지기능의 저하를 느끼거나 기존에 치매의 인지기능 평가에 사용되던 신경심리검사에는 드러나지 못했던 매우 미묘한 인지 저하가 나타나는 시기이다. 이는 아밀로이드와 신경퇴행, 그리고 인지기능 저하 사이에 시간적 순서가 있음을 가정한 것인데, 최근 연구들에서 지지되고 있기는 하지만 때로는 예외의 경우도 발견되기 때문에 앞으로 더 많은 연구가 필요하다.

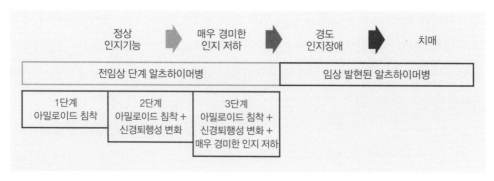

알츠하이머병의 진행 양상
출처: Schindler et al. (2017)

(2) 감별 진단

알츠하이머병에 의한 치매는 전체 치매 환자에서 가장 높은 비중을 차지한다. 하지만 처음 진단을 위해 병원을 찾는 환자들에게 병력 청취와 관찰을 통한 정보 외에 다른 정보를 얻기까지는 시간이 필요하므로, 치매를 야기할 수 있는 다른 뇌질환들에 대해서도 숙지하고 있어야 한다. 여기서는 퇴행성 뇌질환으로 인지기능과 성격 변화가 나타날 수 있는 전두측두 치매, 운동 증상이 동반되지만 인지기능의 저하도 함께 나타날 수 있는 파킨슨 증후군, 그리고 뇌혈관의 막힘이나 출혈로 인해 발생하는 혈관 치매의 특징에 대해 간략히 살펴보고자 한다.

① 전두측두 치매

해마와 내측두엽의 손상으로부터 시작해 기억장애가 첫 증상으로 두드러지는 알츠하이머병과는 달리, 전두측두 치매(Frontotemporal Dementia)는 전두엽의 손상으로 인해 성격 변화와 이상행동이 주 증상으로 나타나는 퇴행성 뇌질환이다. 전두측두 치매에는 행동변이 전두측두 치매, 비유창/비문법변이 원발진행실어증, 의미변이 원발진행실어증의 세 가지 임상적 아형이 있다. 전두측두 치매는 알츠하이머병에 비해 젊은 나이에 시작되기 때문에 평균 발병 연령이 50~60대이다(알츠하이머병에서도 초로기 발병 유형의 경우는 65세 이전에 발병하는 경우가 있다).

행동변이 전두측두 치매(Behavioral Variant Frontotemporal Dementia)는 이름대로 전두엽과 측두엽의 손상으로 인해 나타나는 행동 및 성격 변화가 주 증상이다. 진단기준에 따르면 병의 초기에 탈억제적 행동, 무관심/무기력, 연민이나 공감 능력의 상실, 보속적/정형화된 강박적/의식 행동을 보이고, 식탐이 증가하는 식이 변화를 보이며, 신경심리검사에서는 다른 인지기능에 비해 집행기능의 장애가 가장 두드러지게 나타난다(Rascovsky et al., 2011). 환자 본인은 자신의 증상에 대한 통찰을 갖지 못하기 때문에, 이상행동 증상들로 인해 보호자들에게 큰 고통을 야기할 수 있다. MRI에서는 전두측두엽의 위축이 두드러지게 나타나며, 포도당 흡수 정도를 확인하는 PET 영상에서는 전두측두엽 영역의 대사 저하가 나타나서, 알츠하이머병과의 감별 진단에 도움이 된다.

비유창/비문법변이 원발진행실어증(Nonfluent/Agrammatic Primary Progressive

Aphasia)과 의미변이 원발진행실어증(Semantic Variant Primary Progressive Aphasia)은 언어장애가 주 증상이자 첫 증상으로 나타나는 퇴행성 뇌질환이다. 비유창/비문법변이 원발진행실어증은 유창성이 저하되는 브로카 실어증(Broca Aphasia)의 양상을 띤다. 말을 할 때 문법적 오류와 더불어 상당히 머뭇거리며 힘들게 말하고, 이러한 특징은 병이 진행되어감에 따라 더욱 심해진다. 뇌영상에서는 주로 좌반구의 전두엽 위축이 두드러진다. 의미변이 원발진행실어증은 명칭실어증(Anomic Aphasia)의 양상으로 시작하여 병이 진행되면 초피질감각실어증(Transcortical Sensory Aphasia) 또는 베르니케 실어증(Wernicke Aphasia)으로 진행된다(정지향, 2021). 주로 측두엽의 손상이 두드러지며, 단어를 들어도 그 의미를 알지 못하는 특징을 보이고, 우반구 손상으로 시작되는 경우에는 얼굴실인증(prosopagnosia)이 초기에 나타날 수 있다.

② 파킨슨 증후군

파킨슨 증후군(Parkinsonian Syndrome)은 떨림(tremor), 운동완만(bradykinesia), 경축(rigidity), 자세불안정성(postural instability)과 같은 운동 증상들을 특징으로 하는 임상 증후군을 말한다. 파킨슨 증후군에는 파킨슨병(Parkinson Disease)뿐만 아니라, 루이체 치매(Dementia with Lewy Body), 진행성 핵상 마비(Progressive Supranuclear Palsy), 다계통 위축증(Multiple System Atrophy), 피질기저핵 증후군(Corticobasal Syndrome) 등 다양한 질환들이 포함된다. 이들은 퇴행성 뇌질환이므로 병이 진행되면서 인지장애가 동반되고 치매를 보일 수 있다. 그러나 알츠하이머병과 가장 큰 차이점은 파킨슨 증후군에 속하는 질병들의 경우 대체로 전형적인 운동 증상들이 첫 증상이거나 함께 동반된다는 것이다. 반면 알츠하이머병에서는 이러한 운동 증상들이 병의 초중반에 나타나는 경우는 매우 드물다(그러나 초로기 알츠하이머병 환자에게서 신경학적 검사상 파킨슨 증상이 확인되는 경우는 있다).

파킨슨병 치매(Parkinson Disease Dementia)는 처음에는 파킨슨병의 전형적인 운동 증상으로 시작되지만 병의 경과 중 치매 증상이 나타나는 경우이다. 파킨슨병 환자들의 약 78%가 추후 치매로 진행된다는 보고가 있을 만큼 파킨슨병에서 치매의 유병률은 상당히 높다(Aarsland et al., 2003). 신경전달물질인 도파민과 관련된 흑질(substantia nigra)의 퇴행적 변화가 파킨슨병 운동 증상의 원인으로 알려져 있으며, 알파 시누클레인(α-synuclein)이라는 단백질로 구성된 루이체가 뇌간과 후각신경 영역에 침착되다가 점차 변연계와 피질로 퍼져나가는 것이 파킨슨병의 병리적 특징이다. 파킨슨병 환자들이 보이는 인지기능장애는 주로 전두엽기능장애이므로, 인출장애 형태의 기억장애와 집행기능의 장애가 두드러지며, 시공간기능장애가 병의 초기부터 심할 수 있다. 또한 반응속도가 느린 것이 특징이며 우울증이 공존하는 경우가 많다.

또 다른 파킨슨 증후군 중 하나인 루이체 치매는 알파 시누클레인이 병의 초기부터 뇌간이나 피질하 영역보다는 피질에 침착하여 나타나는 질환이다. 이는 알츠하이머병 다음으로 흔한 신경퇴행성 치매로 알려져 있다. 며칠 또는 몇 주 사이에 인지기능이 좋았다가 나빠지는 굴곡 현상(fluctuation)을 보이고, 환시와 급속눈운동 수면장애(Rapid Eye Movement Sleep Behavior Disorder)가 파킨슨 운동 증상들과 함께 나타난다(McKeith et al., 2017).

루이체 치매와 파킨슨병 치매는 병리적인 소견이나 임상 증상이 매우 유사하기 때문에 감별 진단이 어렵다. 인지기능장애가 파킨슨 운동 증상보다 먼저 나타나거나 파킨슨 운동 증상이 나타나고 1년 이내에 치매가 동반되면 루이체 치매를 의심하며, 파킨슨 운동 증상 발병 이후 1년이 지난 뒤에 치매가 나타나기 시작하면 파킨슨병 치매로 진단하는 것이 일반적이다. 이를 '1년 원칙(1 year rule)'이라고 한다(McKeith et al., 2005). 루이체 치매 환자는 알츠하이머병 환자들에 비해 병의 초기부터 더 심한 시공간 능력의 장애를 보이는 것이 특징이며, 주의력의 장애와 더불어 전두엽/집행기능의 장애를 보인다. 알츠하이머병과는 달리 초기의 기억장애는 인출장애 양상을 보인다. 환시를 치료하기 위해 항정신성 약물을 사용할 경우 신경이완제에 대한 민감성 때문에 심한 부작용을 보일 수 있으므로 주의해야 한다.

③ 혈관치매

혈관치매는 뇌혈관 질환으로 인해 인지기능 및 행동에 관여하는 뇌 주요 영역이 손상되어 치매가 나타난 것으로 정의한다(서상원, 2021). 뇌혈관 질환에는 혈관이 막히는 뇌경색과 혈관이 터지는 뇌출혈이 있으며, 고혈압, 당뇨, 고지혈증, 비만, 심장질환 등의 위험인자가 많을 경우 발생 가능성이 더 높다.

혈관치매는 손상된 혈관의 위치와 병인에 따라 다양한 유형으로 구분될 수 있는데,

가장 대표적인 것은 전략뇌경색 치매, 다발경색 치매, 피질하혈관 치매가 있다. 전략뇌경색 치매(Strategic Infarct Dementia)는 인지기능장애를 초래하기 쉬운 뇌 영역에 발생한 한 번의 뇌경색으로 인해 심각한 인지기능의 장애가 발생하여 치매가 되는 경우이다. 다발경색 치매(Multi-Infarct Dementia)는 주로 큰 혈관에 반복적으로 뇌졸중이 발생하여 생기는 치매이며, 뇌졸중이 한 번 발생할 때마다 인지기능 등 치매 증상이 급격히 손상되므로 뇌졸중의 발생과 시간적 연관성이 뚜렷하고 계단식으로 병이 진행된다. 이처럼 다발경색 치매나 전략뇌경색 치매는 뇌혈관장애의 발생과 증상 발생 간의 시간 연관성이 뚜렷하기 때문에 알츠하이머병에서 증상이 서서히 나타나 점차 진행되는 것과는 임상 경과가 뚜렷하게 다르다. 또한 이들 혈관치매에서 나타나는 인지장애 및 행동장애의 양상은 발생하는 뇌졸중의 영역에 따라 다르다.

그러나 피질하혈관 치매(Subcortical Vascular Dementia)에서는 고혈압, 고지혈증, 당뇨, 심장질환 등의 위험인자를 가지고 있으면서 오랜 시간 동안 소혈관이 서서히 막히는 경과를 거치기 때문에 증상이 점진적으로 나빠지므로 알츠하이머병과 구분되기 어려울 수 있다. 다만 MRI와 같은 뇌영상을 촬영해보면, 심한 백질 변성(white matter changes)과 다발성 열공경색(lanunes)을 확인할 수 있어 알츠하이머병과 구분되며, 이런 병변들은 전두엽과 피질하 구조를 연결하는 회로들을 손상시켜서 인지기능의 장애를 유발한다. Erkinjuntti(1999)의 진단기준에 따르면 피질하혈관치매는 MRI에서 백질변성과 다발성 열공경색이 있음과 더불어 집행기능장애가 두드러지고 기억력 저하는 상대적으로 경미하여 재인 과제나 단서 제공 시 수행이 향상되는 특징이 있어야 한다고 언급하고 있다.

3) 알츠하이머병의 치료

알츠하이머병은 현재까지 병의 원인이 명확하게 밝혀지지 않은 만큼 병을 완치하는 치료 방법도 없다. 다만 가장 일반적인 치료방법은 알츠하이머병으로 인한 증상을 완화시킴으로써 병의 진행 속도를 늦춰서 환자와 가족의 삶의 질을 높이는 것이다. 증상 완화를 위해서는 일차적으로 약물치료가 시행되며, 인지중재훈련을 통해 남아있는 기능을 보존하고 기능 저하를 최대한 예방하는 접근을 시도할 수 있다. 최근에는 치매의 상태에 이르기 전, 정상 인지기능 또는 경도 인지장애 상태에서 인지훈련, 운동, 식사조절, 적극적인 치매 위험인자조절을 통해 기능 저하와 치매로의 진행을 예방하는 프로그램들도 진행되고 있다.

(1) 인지기능에 대한 약물치료

알츠하이머병의 인지기능장애에 대해서는 특정 신경전달물질에 변화를 유발하는 약물치료가 가능한데, 특히 아세틸콜린이 치료 목표로 가장 큰 주목을 받았다. 뇌의 바닥앞뇌(basal forebrain)에 있는 Meynert 기저신경핵(nucleus basalis of Meynert)에서는 콜린 신경세포가 발견되는데, 이들은 대뇌피질, 해마, 편도체 등과 연결된 회로를 통해 집중력, 기억력 등 인지기능에 영향을 미친다. 알츠하이머병 환자들은 뇌 속의 아세틸콜린 양이 정상인에 비해 낮고 콜린 신경세포도 적은 것으로 알려져, 이것이 인지기능의 장애와 관련될 것이라는 가설(일명 아세틸콜린 가설)이 많은 지지를 받았다. 따라서 콜린분해효소를 억제시켜서 아세틸콜린의 양을 증가시키는 아세틸콜린분해효소 억제제가 현재까지 알츠하이머병의 치료제로 가장 많이 사용되고 있다. 이에 해당하는 약제로는 도네페질(done-pezil), 갈란타민(galantamine), 리바스티그민(revastigmine)이 있다.

한편 흥분성 뇌신경전달물질인 글루탐산(glutamate)은 해마 신경세포에서 장기 증강(long term potentiation) 형성에 중요한 역할을 하여 기억력에 영향을 주는데, 과다분비되었을 때에는 오히려 신경세포를 손상시킨다. 알츠하이머병 환자에서는 글루탐산이 과다 분비되어 신경세포가 제대로 작용하지 못하는 것으로 알려져 있다(양동원, 2021). 메만틴(mematine)은 이온성 글루탐산 수용체의 하나인 NMDA 수용체(N-methyl-D-aspartate receptor)의 길항제인데, 칼슘이 신경세포 안으로 과도하게 유입되는 것을 차단하여 신경세포 손상을 막고 신경세포의 기능을 정상화시키는 작용을 하는 것으로 알려져 있으며, 알츠하이머병 치료제로 승인받아 사용되고 있다.

알츠하이머병의 원인이 되는 아밀로이드나 타우 단백질에 직접 작용하여 이를 억제하는 신약에 대해서는 많은 연구들이 진행되었지만, 대부분 그 효능을 인정받지 못했다. 그러던 중, 2021년 아밀로이드를 표적으로 한 '아두카누맙(aducanumab)'이라는 신약이 미국 식품의약국(FDA)의 조건부 승인을 받으면서 치료에 새로운 바람이 불었지만, 유효성에 대한 의문과 안전성에 대한 논란이 계속되며 시장에 자리 잡지는 못했다. 하지만 더 좋은 효과성과 안전성을 보인 레카네맙(lecanemab)이 2023년 7월 미국 FDA의 승인을 받았고, 도나네맙(donanemab)은 2023년 7월에 3상 임상 연구에 성공한 것으로 발표되었다. 이에 따라 아밀로이드를 표적으로 한 알츠하이머병의 약물 치료에 대한 기대가 더욱 높아졌다.

(2) 치매 위험인자 관리를 통한 예방

현재까지 알츠하이머병의 근본 원인을 치료할 수 있는 치료제가 개발되지 않은 상태여서, 최근에는 위험인자를 관리하여 알츠하이머병을 예방하고자 하는 비약물적 개입 연구들이 광범위하게 진행되고 있다. 2019년 세계보건기구(WHO)는 'Risk Reduction of Cognitive Decline and Dementia'를 발표하여 인지장애와 치매를 예방하기 위한 가이드라인을 제시하였다(WHO, 2019). 여기에는 그동안 수많은 연구를 통해 밝혀진 인지기능 저하와 치매의 발병에 영향을 미치는 위험인자들을 경고하고, 치매 예방을 위해 적절한 신체 운동, 금연, 지중해식 식사 또는 건강하고 균형 잡힌 음식 섭취, 절주, 인지훈련, 사회 참여와 사회적 지지, 중년기 과체중 또는 비만의 관리, 고혈압, 당뇨, 고지혈증, 우울증, 청력의 관리 등을 권고하였다.

이뿐만 아니라 2020년 란셋 위원회(Lancet Commission)가 발표한 'Dementia Prevention, Intervention, and Care'에서는 열두 가지 위험 요소를 조절하는 것이 치매를 약 40%까지 예방하거나 발병을 늦추는 효과를 가진다고 밝혔다(Livingston et al., 2020). 이 열두 가지에는 당뇨조절, 고혈압 치료, 두부 손상의 예방, 금연, 공해 저감, 중년기 비만 억제, 과도한 음주 절제, 운동, 우울 예방, 청력 장애 치료, 사회적 접촉 유지, 높은 교육 수준 획득 등이 포함된다. 즉, 혈압은 중년기부터 정상 혈압을 유지할 수 있도록 철저히 관리하고, 과도한 소음에 노출되는 것을 방지하여 청력을 보호하며, 청력장애가 있을 때 보청기를 사용할 것을 적극 권장하였다. 또한 공해에 노출되지 않도록 하고 간접흡연도 피할 것을 권장하고 있다. 나아가 머리를 다치는 것을 피하고, 절주하는 것이 유익하며, 금연하고, 모든 아동에게 기본 교육을 실시하여 저학력자를 줄이는 것이 치매 예방을 위해 중요함을 강조하였다.

최근에는 영양 관리, 대사성질환의 관리, 운동, 인지훈련 등 다양한 영역의 중재프로그램을 동시에 시행하여 인지기능 저하와 치매의 예방 효과를 보고자 하는 노력들이 많아지고 있다. 그중에서 가장 많은 관심을 받은 연구는 'The Finnish Geriatric Intervention Study to Prevent Cognitive Impairment and Disability'의 약자를 따서 명명한 FINGER 연구이다(Kivipelto et al., 2013). 이는 핀란드에서 시행된 연구로 2년 동안 다기관에서 시행된 무작위 통제 연구였다. 치매의 위험이 높은 1,260명의 노인에게 다양한 생활 방식에 대한 중재를 시행한 뒤 인지기능 저하 여부를 확인하였다. 이들은 영양 관리, 운동, 인지훈련, 사회활동, 그리고 혈관 및 대사성 질환의 위험 요소에 대한 관리를 받았다. 2년 뒤 인지기능을 평가했을 때, 중재군은 대조군에 비해 종합적인 인지기능이 25%가량 더 높았고 몇몇 인지 영역에서는 그 효과가 더욱 큰 것으로 나타났다(Ngandu et al., 2015). 이 연구를 통해 다영역으로 중재를 시행하는 접근이 효과적이라는 결론을 얻은 연구자들은 전세계적으로 연구 네트워크를 이루어 'World Wide FINGERS'라는 이름으로 활동하고 있다. 2018년 몇몇 유럽 국가들과 미국, 중국, 싱가포르, 호주 등에서 WW-FINGERS 연구가 계획되었고, 현재는 중앙 및 남아메리카와 캐나다, 인도, 일본, 말레이시아뿐만 아니라 한국에서도 연구가 진행 중이다.

(3) 인지중재치료

인지중재(cognitive intervention)는 뇌의 신경가소성 이론에 기초하여 정상인에서는 치매 발병 위험을 낮추고 경도 인지장애에서는 치매로의 진행을 늦출 목적으로 시행되는 치료적 개입이다. 신경가소성(neuronal plasticity)이란 뇌손상 후 신경계의 적응 과정을 통해 대뇌피질의 기능과 형태가 재구성되거나 재배치되는 것을 말한다. 이는 뇌손상 이후 기능 회복에 중요한 역할을 하며, 뇌 안의 신경망 연결이 새롭게 구성되면서 학습 및 기억력 등 인지기능 회복에 영향을 미칠 수 있다.

인지중재는 크게 인지 자극, 인지재활, 인지훈련으로 나눌 수 있다. 인지 자극은 주로 중등도 이상의 치매 환자에게 적용되는 것으로, 감각 자극을 이용하거나 사람 및 대상 인식, 노래, 회상 및 신체 게임 등을 이용하여 치매 환자의 인지기능 개선 및 정서조절과 행동 개선의 효과를 기대할 수 있다. 인지재활은 인지뿐만 아니라 질병에 대한 정서적 반응, 가족 및 사회 안에서의 관계 변화 등을 모두 고려하여 일상생활 기능을 향상시킬 수 있도록 지원하는 것이다(박희경, 2021). 증상 및 치매의 심한 정도에 따라 목표를 다르게 세울 수 있고 적용 방법 및 기법도 매우 다양하다. 인지훈련은 손상된 특정 인지기능의 회복을 목적으로 하며 인지 저하의 정도에 따라 다양한 난이도의 과제를 사용할 수 있다. 다만 정상 노인과 경도 인지장애 환자들을 대상으로 하는 것이 효율적이다. 이는 특정 인지 영역을 훈련하지만, 그 결과로서 해당 인지 영역 외 훈련받지 않은 다른 인지 영역도 향상되는 원근 효과까지 기대할 수 있다. 최근 국내에서도 개인 및 집단을 대상으로 한 다양한 인지훈련 도구들이 개발되어 시행되고 있는데, 전통적인 방식의 지필 과제들도 있으나 컴퓨터, 태블릿 PC, 스마트폰, 로봇 등을 활용한 과제들도 점차 폭넓게 활용되고 있다.

(4) P씨의 사례

P씨는 처음 신경과를 방문하고 알츠하이머병으로 진단받은 뒤 아세틸콜린분해효소 억제제를 처방받아 복용하기 시작하였다. 또한 치료자는 P씨에게 햇빛이 있는 낮 동안에 30분 이상 걷기, 빵이나 과자 등 단 음식을 줄이고 생선과 야채, 견과류 중심의 식단으로 식사하기, 적절한 운동을 병행하기 등을 권유하였고, 체중이 급격히 증가하지 않는지 관찰하였다. 아울러 고혈압 약을 꾸준히 복용하게 하고 당뇨가 되지 않도록 혈당을 주기적으로 확인하였다.

P씨는 인지훈련을 권고받아 처음에는 집에서 가족들의 도움을 받아 각종 인지훈련 책자들을 스스로 풀어보고자 하였으나, 혼자 하는 것이 어려워 1~2주에 한 번씩 총 6회 동안 병원의 신경심리실을 방문해 개인 맞춤형 인지훈련을 받았다. 병원에 오지 않는 날에는 집에서 숙제로 받은 인지훈련 책자를 풀었는데, 처음에는 P씨의 남편뿐만 아니라 P씨 본인도 치료에 대한 의지가 높아 열심히 하였으나 "이거 (내가 전에 가르쳤던) 초등학생들이나 하는 것 같다."고 하면서 이내 시들해졌다. 가족들은 P씨의 사회활동이 위축된 것이 염려되어 현재 살고 있는 지역의 치매안심센터를 방문해 여러 프로그램에 참여시켜 보고자 하였으나 이 역시 P씨가 그다지 흥미를 보이지 않아 지속하지 못했다.

P씨의 상태는 약 2년이 지나면서 서서히 악화되어, 돌아서면 잊을 정도로 기억장애가 심해졌다. 또한 가끔씩 사소한 일에 화를 내거나 스스로의 인지장애를 인식할 때면 남편에게 신경질을 부리는 일도 많아졌다. 이에 기존에 복용하던 아세틸콜린분해효소 억제제 외에 메만틴을 함께 복용하기 시작하였다. P씨가 점점 더 우울해하고 그럴 때마다 가족들에게 화를 내는 일이 많아진다는 보고에 따라 우울증에 대한 약물치료도 더해졌다.

남편이 하루 24시간 함께 지내면서 P씨의 생활을 도와주다 보니 스트레스가 매우 높아져, 알츠하이머병 진단을 받은 지 4년이 되었을 무렵 가족들은 결국 P씨를 치매 환자를 위한 주간보호센터에 다니게 하기로 하였다. P씨는 아침 9시에 오는 셔틀버스를 타고 센터로 가서 점심과 간식을 먹고 운동, 미술치료, 노래 교실 등의 프로그램에 참여하다가 저녁식사까지 마치고 저녁 8시에 집으로 귀가하였다. P씨가 주간보호센터에 다님으로써 그 시간 동안 남편도 개인 업무를 보고 휴식을 취할 수 있게 되었다. P씨 역시 활동이 늘어서 잠도 좀 더 잘 자게 되었고, 집에서 무기력하게 지내던 때보다 활기를 찾을 수 있었다.

찾아보기

저자 소개

신민섭(1장) 고려대학교 심리학부 특임교수, 서울대학교 의과대학 명예교수

서울대학교 소비자·아동학과(심리학과 부전공) 학사, 서울대학교 심리학과 석사, 연세대학교 심리학과
    박사(임상심리학)
서울대학교병원 신경정신과 임상심리전문가 3년 수련
임상심리전문가 및 정신건강임상심리사 1급
(전) 미국 하버드대학교 의과대학 소아정신과 방문교수/미국 캘리포니아대학교 샌디에이고 의과대학 정신과
    방문교수
(전) 한국임상심리학회 회장, 한국인지행동치료학회 회장, 한국자폐학회 회장
(전) 서울대학교 의과대학 정신과학교실 교수
(전) 서울대학교병원 소아청소년정신과 교수

박은희(2장) 한림대학교성심병원 정신건강의학과 임상심리전문가

성신여자대학교 심리학과 학사, 석사, 서울대학교 심리학과 박사(임상심리학)
임상심리전문가 및 정신건강임상심리사 1급
(전) 한국임상심리학회 산하 정신병리연구회 회장
(전) 한국임상심리학회 산하 수련감독자 협의회 회장
(전) 서울대학교병원 정신건강의학과 임상심리전문가
(전) 경기도립노인전문병원 임상심리 과장

최승원(3장) 덕성여자대학교 심리학과 부교수

고려대학교 심리학과 학사, 석사, 박사(임상심리학)
임상심리전문가 및 정신건강임상심리사 1급
(전) 분당서울대학교병원 정신건강의학과 임상심리전문가
(전) 미국 밴더빌트대학교 심리학과 박사 후 연수
(전) 대전대학교 산업광고심리학과 조교수
(전) 스위스 로잔대학교 의과대학 정신의학교실 방문교수

양재원(4장) 가톨릭대학교 심리학과 부교수

연세대학교 심리학과 학사, 석사, 박사(임상심리학)
임상심리전문가 및 정신건강임상심리사 1급
(전) 연세대학교 학부대학 조교수
(전) 삼성서울병원 정신과 임상심리레지던트

장은진(5장) 한국침례신학대학교 상담심리학과 교수

이화여자대학교 심리학과 학사, 석사, 이화여자대학교 심리학과 박사(발달임상심리학)
임상심리전문가 및 정신건강임상심리사 1급, 학교 & 발달심리사 1급, 중독심리전문가
(현) 대전스마일센터장
(전) 한국심리학회 회장, 한국임상심리학회 부회장, 한국학교심리학회 회장
(전) 미국 보스턴 대학교 방문연구교수
(전) 계명대학교 동산의료원 정신건강의학과 연구교수

이영준(6장) 연세대학교 의과대학 의학교육학교실 연구부교수

연세대학교 신학과 학사, 연세대학교 심리학과 석사, 박사(임상심리학)
임상심리전문가 및 정신건강임상심리사 1급
(전) 연세대학교 정신과학교실 강사
(전) 연세대학교신촌세브란스병원 정신건강의학과 임상심리 수퍼바이저
(전) 한국임상심리학회 임상심리전문가 수련이사, 정책 및 제도이사, 총무이사

유성진(7장) 한양사이버대학교 상담심리학과 교수

서울대학교 심리학과 학사, 석사, 박사(임상 및 상담심리학)
임상심리전문가 및 정신건강임상심리사 1급
(현) 심리상담연구소 사람과사람 자문교수
(전) 한국임상심리학회 학술부회장

박선영(8장) 심리상담연구소 사람과사람 소장

고려대학교 심리학과 학사, 서울대학교 심리학과 석사, 박사(임상 및 상담심리학)
임상심리전문가 및 정신건강임상심리사 1급
(전) 서울대학교병원 신경정신과 임상심리전문가
(전) 서울대학교 대학생활문화원 전임상담원
(전) 마음사랑인지행동치료센터 부소장
(전) 차의과학대학교 상담심리학과 초빙교수

최윤경(9장) 계명대학교 심리학과 교수

고려대학교 심리학과 학사, 석사, 박사(임상심리학)
임상심리전문가 및 정신건강임상심리사 1급
(현) 한국트라우마스트레스학회 부회장

(전) 한국심리학회 재난심리위원회 위원장
(전) 고려대학교 의료원 정신과 임상심리전문가
(전) 한국인지행동치료학회 회장

원성두(10장) 대구가톨릭대학교 심리학과 조교수

강원대학교 행정학과 학사, 아주대학교 심리학과 석사, 박사(임상심리학)
임상심리전문가 및 정신건강임상심리사 1급
(현) 한국심리학회 재무이사, 한국인지행동치료학회 총무이사
(전) 아주대학교 심리학과 대우조교수
(전) 계요의료재단 계요병원 임상심리과장, 고려대학교 안산병원 정신건강의학과 연구원

김일중(11장) 서울대학교병원 정신건강의학과 임상심리전문가

중앙대학교 심리학과 학사, 서울대학교 심리학과 석사, 서울대학교 임상의과학과 박사 수료
서울대학교병원 정신건강의학과 임상심리전문가 3년 수련
임상심리전문가 및 정신건강임상심리사 1급
(현) 서울대학교병원 정신건강의학과 임상심리 수퍼바이저

박중규(12장) 대구대학교 재활심리학과 교수

연세대학교 심리학과 학사, 석사, 박사(임상심리학)
서울대학교병원 신경정신과 임상심리전문가 3년 수료
임상심리전문가 및 정신건강임상심리사 1급, 인지행동치료전문가
(현) 대구대학교정신건상담센터장
(전) 연세대학교신촌세브란스병원 정신과 강사
(전) 인제대학교일산백병원 신경정신과 조교수
(전) 한국임상심리학회 회장, 한국심리학회 부회장

진주희(13장) 삼성서울병원 신경과 임상심리전문가

연세대학교 심리학과 학사, 석사 및 박사(임상심리학)
임상심리전문가 및 정신건강임상심리사 1급
(현) 성균관대학교 심리학과 겸임교수
(전) 성균관대학교 의학과 연구교수
(전) 미국 미시건대학교병원 정신과 방문연구원
(전) 대한치매학회 학술이사(신경심리)